KB265675

개혁주의
기독교교육학

개혁주의 기독교교육학

이 홍 찬 지음

한국학술정보㈜

학문의 고민은 깊이와 효용성의 두 마리 토끼를 어떻게 잡는가 하는 것이다. 우리는 자주 지나치게 학문의 세계로 들어가 현실세계에 전혀 영향을 주지 못하는 상황을 보며 안타까움을 느낀다. 또 반대로 너무나 기술적인 고민만 이루어져서 그 본래 목적과 의의를 상실하는 상황 또한 만나게 된다.

기독교교육학에서는 특히 이러한 경우가 많이 있다. 일반교육학을 무비판적으로 수용하는 경우나, 교육현장을 무시하는 신학적 원론만을 강조하는 혼란이 기독교교육학에서 발생한다. 여기에 우리에게 필요한 것은 균형이다.

기독교교육학에서 신학적 기반, 학문적 깊이, 현장에 대한 대안이라는 문제를 균형있게 풀고 있다는 점이 이번 「개혁주의 기독교교육학」이 가지는 가장 큰 의의라고 할 수 있다.

이 책은 보수적이며 성경적인 기초 위에서 21세기 교육의 문제에 대한 구체적인 대답까지 제시하고 있다. 한국기독교교육학의 2세기의 장을 여는 현시점에서 기독교교육의 역사, 신학, 철학을 모두 다루며 균형 잡힌 전체적 결론을 제시하고 있다는 점에서 이 책은 높이 평가될 수 있다.

또한 거기에서 머물지 않고 현장의 문제를 더 깊이 고민하여 교육행정의 부분이나 기독교 사이버학습 시스템의 가능성까지 비평하면서 현실적인 문제의 대답을 제시하고 있다는 것을 또 하나의 의미로 꼽을 수 있다.

이 책은 교육학에 대한 깊이 있는 대답이 이루어지지 않고 있는 현실을 극복할 수 있는 책으로서, 이 시대에 꼭 필요한 저서이다. 교회학교 담당자뿐만 아니라 목회자, 신학생, 일반 평신도들에게 모두 권할 만한 책이라고 할 수 있다. 부디 이 책이 기독교교육학이 한 계단 올라서게 하는 책이 되길 바라며, 새로운 세대를 하나님 앞에 세우는 좋은 초석이 되길 바란다.

총장 길자연 박사

現칼빈대학교 총장
現서울왕성교회 당회장
現기독교북한선교회 총재
前한국기독교총연합회대표회장
前총신대학교신학대학원운영이사장
前대한예수교장로회(합동) 제83회 총회장

기독교교육은 기독교세계관(통전적　세계관)에 입각한 창조세계의 모든 법칙과 현상에 관해 하나님의 계시 의존 믿음으로 가정, 교회, 학교, 사회 등 다양한 교육의 장에서 하나님의 뜻을 살피고 그 적용을 강구하는 크리스천들과 교회의 적극적인 활동 전체이며 그 구체적인 방안이다. 이 책의 주된 관점은 첫째는 주권적 하나님의 역사로 인한 만물의 창조, 둘째로 인간의 타락과 이로 인한 세상 죄악의 관영, 셋째로 그리스도의 구속으로 말미암은 인간과 세상의 회복, 넷째는 그리스도의 심판주로 재림하심과 새롭게 회복하심 등이다. 이와 같은 창조-타락-구속-완성의 함의에서 창조세계 전반에 하나님의 나라의 회복의 비전을 구체화시키도록 제자도의 실천을 요청하는 성경적 명확성이 기독교교육의 이상에 기초가 되어야 한다. 그리하여 오직 하나님 안에서만 모든 진리를 발견할 수 있다는 사실을 입증하는 것이야말로 하나님이 우리에게 맡겨 주신 교육적 위임을 수행하는 것이다. 그러므로 진정한 기독교교육의 특징은 신앙-학습 과정으로 교사가 크리스천인가, 성경이 읽혀지고 가르쳐지고 있는가, 그리고 예배가 드려지고 있는가 하는 문제보다도 교육과정의 각 과목이 창조주 하나님을 바라보는 시각에서 제시되고 있는가 혹은 그렇지 못한가 하는 점에서 나타난다.

이 책의 내용은 개혁주의 교육신학자들에게 큰 빚을 지고 있다는 점에서 독창적인 것은 아니지만 성령의 조명을 구하며 성경 중심적 접근을 시도하여 진정한 기독교적 가르침을 발견하고 안내하여, 모든 삶의 영역에서 하나님의 교육을 실천해 나가기 위해, 이 분야에서의 더 깊이 있는 연구를 자극하게 하는 것이다.

이 책을 출판할 수 있도록 섭리해 주신 하나님께 영광을 드리며, 이 책의 출판을 추천해 주신 한국교회의 지도자이신 칼빈대학교 총장 길자연 박사님께 진심으로 감사드린다. 또한 이 책이 나오기까지 간절한 기도와 잔잔한 격려로 지원해 준 아내 남경우, 듬직한 믿음의 아들 데이빗, 존귀히 여김을 받는 사랑스런 딸 에스더의 후원에 감사드린다. 그리고 이 책이 세상에 널리 읽혀질 수 있도록 기회를 허락하신 한국학술정보(주) 대표이사님과 수고를 아끼지 않으신 직원 여러분들께 진심으로 감사드린다.

주후 2008년 6월
연구실에서 이 홍 찬

CONTENTS

제3장 | 기독교 교육철학

제4장 | 기독교교육의 원리

제6장 | 기독교교육과 공동체

제1장

기독교교육의 기초

I. 기독교교육에 대한 이해

1. 기독교교육의 개념

1) 교육이란 무엇인가?

교육이란 무엇인가? 교육의 다면성과 프리패러다임적(Preparadigmatic, 선모범적) 본질을 갖는 교육이라는 말은 형식적, 무형식적, 비형식적인 면에서 다양한 의미로 제시될 수 있다. 형식적인 교육은 학교기관과 실제학교 수업경험과 밀접한 관계가 있으며, 비형식적인 교육은 공유된 정체성과 삶의 경험을 통해 이루어진다. 그리고 비형식적 교육은 가족, 교회, 공동체, 경제와 같은 대행자들을 통해 이루어지는 사회화 및 문화화의 과정으로 보았다. 미국의 교육역사학자 버나드 베일린(Bernard Bailyn)은 식민지시대의 미국과 관련하여 교육을 '세대에 거쳐서 전달되는 문화의 전체적 과정'이라고 보았다.1) 그가 말하기를 역사는 네 가지의 큰 대행자가 교육에 관여했는데 이는 곧 가족, 교회, 공동체 그리고 경제라고 하였다. 그는 형식적인 교육에 맞춰져 있던 초점을 사회과학의 교육을 위한 용어와 비교되는 문화화(Enculturation)와 사회화(Socialization)의 거대한 과정으로 돌리게 했다. 이와 관련하여 기독교 교육학자들이 말하는 교육의 의미는 다양하지만 그 가운데 개혁주의 신학자 헤르만 바빙크가 말하기를 교육이란 도덕적이며 정신적인 성질의 것으로서 의식적, 의도적, 체계적, 계획된 과정이다. 교육은 미성숙아에게, 어린이에게, 소년 소녀에게, 젊은 남자와 처녀에게 완전한 의미에서 인간으로서의 삶에

---

1) Bernard Bailyn, *Education in the Forming of American Society* (New York: W. W. Norton, 1960), 14.

들어가게 하기 위해서 성인(Adults)에 의해서 맡겨진 형태대로 만드는(Moulding), 지도하는(Guidance) 노력이다. 그래서 교육은 하나의 기술이며, 인격적, 의식적, 의도적, 그리고 도덕적인 행위가 된다. 이런 의미에서 교육이란 형태를 만드는 것(Moulding)과 준비(Preparation)하는 것으로 설명된다. 또 다른 관계에서 바빙크는 교육을 삶의 기능(Function of life)과 적응의 과정(Process of adjustment)이라고 말한다. 인생의 모든 것은 교육적이고 예비교육과정(Process of orientation)이며, 적응의 양식(Mode of adjustment)이다. 그러므로 교육이란 하등 동물 형태에게가 아니라 오직 인간에게만 적용될 수 있다. 헬라어의 *Teknogonia*, 라틴어의 *Educare*[2]은 모두 동일하게 사람이 더 고상한 동기와 목적에 의해서 지도되는 과정을 가리킨다. 그것은 외적인 행동의 장식물 이상이지만, 하나의 목표를 향한 내적 변화이다. 그러므로 인간의 교육은 의식적이고 의도적이며, 체계적인 적응(Adjustment)과 오리엔테이션(Orientation)과 개인의 형태를 만드는 인생의 과정이라고 할 수 있다.[3] 영어의 'Teach'는 앵글로 색슨어인 *Taecean*에서 유래한 것으로 그 의미는 '할 바를 보여 주다'라는 뜻이다.

또한 근대교육의 아버지라고 불리는 코메니우스(Johann A. Comenius, 1592~1670)의 인간 교육에 관한 명저 「인간개선에 관한 일반담론」에서 그의 교육사상의 중심사상이자 교육체계를 대변하는 가장 핵심적인 교육적 형이상학의 나타난 '범교육학'의 핵심은 교육을 한 인간의 생의 주기(The life cycle) 중 학령기에 제한시키지 않고 '모태에서 죽음에 이르기까지' 결코 종말이 없는 하나님의 영원한 신적 과제로 간주하며, 전 세계와 우주만물이 인류를 위한 학교가 되며, 그리고 모든 지식을 부분적이며 단편적이 아니라 통일된 전체적 내용으로 범교육 즉, '모든 사람에게', '모든 것을', '모든 방법'으로 가르쳐서 하나님의 형상을 회복하는 것을 의미하는 것이다.[4]

---

2) *'educare'*는 'e'와 *'ducare'*의 합성어로서 'e'는 'out'의 의미를 가지고 있으며 *'educare'*는 'lead up or bring up'을 의미한다. 그러므로 *'educare'*는 '밖으로 이끌어 낸다', '끌어 올린다'는 뜻을 가지고 있다.

3) Cornelius Jaarsma, *The Educational Philosophy of H. Bavinck A Textbook in Education*, 헤르만 바빙크의 기독교교육철학, 정정숙 역 (서울: 총신대학출판부, 1983), 156~58.

4) 이러한 코메니우스의 '범교육사상'은 「인간개선에 관한 담론」제7권 중 네 번째 *'Pampaedia'*에 수록되어 있는데 그가 망명생활 중 1650년 이후에 네덜란드의 암스테르담에 머물고 있을 때 거의 30년에 걸쳐서 저술된 인간교육에 관한 명저이다. *'Pampaedia'*는 모든 사람을 위해서 παντεσ-omnes, 모든 것에 관해서 παντα-omnia, 모든 방법으로 παντως-omnino, 가르치는 것을 목적으로 하고 있다.(J. A. Comenius, *The Pampaedia in Jean Piajet*, John Amos Comenius on Education, Columbia University: Teacher's College, 1967), 116.

교육학(*Pedagogiek*)은 교육의 이론이며, 교육의 과제와 목적의 체계적인 표현이며 그 것에 의해서 목적들이 실현될 수 있는 방법과 수단이다. 교육학의 이론은 철학과 밀접하게 관계를 맺고 있다. 종교와 윤리학, 철학과 심리학은 교육의 이론이 추론될 수 있는 관리들을 포함한다. 실험도 아니고 과학도 아니며 오직 철학만이 교육의 근본적인 질문에 대해서 답변한다. 주제를 선정해서 그것을 어떤 목적에 영향을 주도록 조직하는 것은 교육학의 독특한 기능이다. 인간은 그들이 근본적인 질문에 대해서 의견이 다르기 때문에 교육적 이론에서도 의견이 다를 것이다. 한 집단의 신념인 철학은 인간의 삶 전체에 파고 들어가는 방법을 가지고 있다. 그것은 교육의 체계를 구성한다. 교육학의 이론이 하나의 과학이거나 과학이 될 수 있는가? 바빙크는 신학과 철학으로부터 교육의 이론을 해방시키기 위해서 교육의 현대운동의 시도를 인식한다. 그는 교육의 원리들이 다른 인간 자신의 사실들과 마찬가지로 귀납적으로, 연역적으로 그리고 관찰과 사유, 분석과 종합에 의해서 도달되어야 하는 정도에서 이것을 이해한다. 교육에서는 인간이 실재의 인간 존재를 다루는 것이지 추상적인 개념을 다루는 것이 아니다. 교육적 영향과 관련해서 어린이의 행동에 대한 객관적 연구는 교육학에서는 필수조건(*Sine que non*)이다. 생물학, 생리학, 그리고 심리학은 교육의 과학을 구성하는 데 필수 불가결한 것이다. 그러나 교육적인 이론은 묘사적이고 설명적인 것과 똑같이 규범적이고 목적론적이며 구성적이다. 이와 같이 그것은 객관적으로 표현할 만한 증거를 요구하는 정밀과학을 결코 구성할 수는 없다. 교육학은 내용상 경험적이고 철학적인 지식의 체계적이며 조직적인 본체(Body)라는 의미에서 하나의 과학이 될 수 있으며, 과학이 되어야 한다. 경험적으로 그것은 직접적이며, 의도적인 관찰과 실험, 조직과 방법에 의해서 결정해야 한다. 철학적으로 그것은 성질상 그것을 규범적이고 목적론적인 것으로 만드는 가치관을 결정해야 한다. 교육학이 교육의 목표, 조건, 규범을 결정하는 한, 그것은 하나의 과학(*Wetenschap, Wissenschaft*)이라고 부를 수 있다. 교육은 그것이 과정(*Procedure*)상 기술(*Techniques*)과 책략(*Devices*)을 결정하려고 할 때 하나의 기술이 되고 만다. 이것들은 하나의 과학과 같이 교육의 일부를 구성한다는 일반적인 방법과 혼동해서는 안 된다. 심리학과 사회학은 방법의 주요 결정자(*Chief determiners*)를 구성한다. 교육은 사회의 근본적인 기능이다. 학교와 사회는 개인의 관심 속에서 통합되어야 한다. 날로 새로워지는 운동의 결과로 교육적 방법 속에서 형성된 많은 변화의 인식으로 인해서 근본적인 철학이 유신론적인 것이 아니라 성질상 인간적이며, 자연주의적이라고 하였다.5)

2) 교육의 목표

독일의 교육학자 클라프키(W. Klafkie)는 교육의 과제와 목표에 대하여 다음과 같이 진술한다. 교육의 목표에 대하여 말하려는 자는 적어도 주어진 상황의 해석과 가치 평가와 경제적이며, 사회적인 그리고 정치적이며, 문화적인 체계의 계속적인 발전의 역사적 상황을 전제하여 자라는 성장 세대의 입장에 대한 이해와 갖추어야 할 그들의 모습에 대한 지도적인 입장과 선취적인 미래로 향한 세대의 가능성과 과제들에 관한 사상들을 포괄적으로 표현해야 할 것이다. 인간과 그 인간을 둘러싼 환경과의 관계에서 교육적 가치와 의미를 전제하여 종합적이며, 복합적인 것에서의 일치를 이루는 것이어야 한다는 것이다. 그리고 성장 세대들이 미래적으로 어떤 인간으로 나타나야 할 것인지를 전제하여 선취적인 관계에서 결정하는 일이 쉬운 것이 아님을 말해 준다. 또한 한 사회 내에서 이루어야 하는 교육의 목표는 결코 교육학 자체가 결정할 수 있는 것이 아님을 말해 준다. 물론 교육의 궁극적인 강조점은 역시 개인 자신에게 있다. 인격적인 주체로서의 인간 개체의 완성이다. 결코 다른 이를 위한 인간으로의 교육은 아니다. 이러한 이해를 전제하면서 일반교육의 목표들은 어디에 두고 있는지를 살펴보면 도움이 될 것이다.

Gunter R. Schmidt가 제시하는 교육의 목표는 첫째로 교육이란 인간의 육체적이며 심리적인 성장발달에 도움을 제시해 주는 행위이다. 즉 성장 세대는 그들의 육체적이며, 정신적인 건강과 그들의 신체의 지배와 생각, 느낌 그리고 원함의 기능들이 도움을 받아 성장과정에서 잘 발달되도록 해야 한다. 특별히 아이는 자신과의 조화 속에서 자라야 한다. 그리고 어느 정도 자기를 신뢰하는 가운데 실제적인 목표를 설정하고, 그것들의 실현이 그에게 가능한 적중된 자기 모습을 발전시켜 가야 할 것이다.

둘째로 성장 세대를 교육하는 것은 먼저 개인의 가치에 중점을 두어야 한다. 교육은 바로 아이 자신을 위하여 자신이 교육되는 것이 아니다. 먼저 다른 이를 위하여 자신이 교육되는 것이 아니다. 물론 교육자는 다른 이에게서 아이에게로 미쳐 오는 영향에 대하여 책임을 짊어져야 한다. 아이와 환경 사이의 관계들은 양쪽 다 만족스러워야 한다.

셋째로 성장세대는 끊임없이 사회적인 영향 가운데서 자란다. 이것은 역시 사회적 가치들이 아이에게 미치는 영향을 말하는 것이다. 여기서 교사는 그러한 영향들을 평가하

---

5) *Ibid.*, 157~59.

고, 강화하며, 수정하거나 부정적인 영향을 걸러 내도록 노력해야 한다. 아이는 그러한 방식으로 배움을 통하여 사회에 적응하게 될 때에 그는 사회 속에 다만 존재할 수 있는 것이다. 그럼에도 불구하고 아이는 먼저 그 사회를 위하여 교육되는 것은 아니다. 자기 자신을 위하여 교육되는 것이다. 자신의 성장과 자신의 발달, 그리고 인격체로서 성장되어 감을 말한다.

넷째로 문화는 인간에게서 만들어진 교육내용과 교육 형식의 총제이다. 교육이란 문화에 대한 수동적이며, 활동적인 참여를 의미한다. 그 문화적 활동에 참여하여 자기의 모습으로 형성되어 가는 것이다. 그리고 교육은 이러한 참여를 돕는 것을 자기 과제로 삼는다. 성장 세대의 능력들은 문화적인 형태들과 내용들에서 발전되는 것이다. 성장 세대가 모든 면에서 자신을 발전하게 할 수 있도록, 그는 여러 가지 문화 영역과 접촉되어야 한다. 그리고 교육(*Bildung*)이란 이와 같이 아이와 문화적인 내용의 상호 교환의 추구로서 이루어진다(*Klafkie*, 1963, 38ff.). 성장 세대는 하나의 문화적인 영역을 추구하며, 동시에 이러한 영역을 위하여 자기 스스로를 추구한다. 그는 이러한 특별한 내용들과 교육할 수 있는 그것들을 통하여 인식의 형태와 사고의 형태, 그리고 행위의 형태를 전문화해 가는 것이다. 문화적인 참여의 여러 면의 도움은 세 가지 목적을 갖는다. 첫째, 도움은 성장 세대를 인격적으로 풍성하게 해 주어야 한다. 여기서 자기의 가치가 개인의 능력들과 문화적인 참여의 발전에 이르게 하는 것이 전제되었다. 둘째, 도움은 성장 세대가 자신의 방향을 정하고, 행동하도록 그에게 선택의 자질을 갖게 해 주어야 한다. 성장 세대는 사회적인 총체적 삶을 함께 지탱하고, 공동의 책임을 짊어지는 상태로 옮겨져야 한다. 셋째, 문화적 참여의 조력은 성장 세대인 자신이 행하여야 할 우선인지를 발견하도록 도와야 한다. 현대 문화는 개인 각자가 동시에 추구할 수 있도록 벌써 풍부한 것을 가지고 있다. 거기서 중요한 것들을 찾아내야 한다. 자기의 장래를 위한 직업이 거기서 이루어질 수 있다.

다섯째로 자연에 대한 관계는 문화적으로 조건적인 것이다. 한편 성장 세대는 그 어디에서도 접하지 않은 자연을 대하는 것은 아니다. 다른 한편 매일의 과학적이며, 기술적인, 그리고 종교적인 해석들을 통하여 자연에 대한 인지적이며, 감성적인 관계를 이루어 간다.

여섯째로 지금까지 관련된 그 어떤 것도 성장 세대의 삶에 궁극적인 것을 부여해 줄 수는 없다. 교육의 이러한 의미에 관한 물음에 있어서 성장 세대들이 모든 기존

문화의 영역들과의 논쟁을 통하여 스스로 자신의 대답을 찾을 수 있도록 개방적인 입장을 취해야 한다.

일곱째로 교육은 미래의 가능성들을 바라보면서 현재적인 삶을 도와야 한다. 한편으로 교육은 미래의 가능성들을 열어 주어야 하며, 가능성을 인식하고, 붙들 수 있도록 준비하게 하는 것이다. 다른 한편으로 현재를 미래의 제물이 되도록 해서는 안 된다. 현재와 미래의 요구는 교육에서는 평준화를 유지해야 한다는 것이다.(비교, G. R. Schmidt, 79쪽 이하)

결과적으로 교육은 이러한 관점에서 이해되는 교육의 과제는 아직 미성숙의 현재적인 상태에 있는 자들의 삶을 돕는 일이며(*Lebenshilfe*), 미래에 성인의 모습에 대하여 준비하는 양 차원적인 관계의 것이라 하겠다.

그러면 현대교육학이 설정하는 교육의 궁극적인 목표는 무엇인가?

슈미트는 계속하여 현대교육학이 설정하는 교육의 궁극적인 목표를 성숙성이라고 설명한다. "그것은 무엇보다도 인간의 성숙성에 있다. 즉 인간으로 하여금 미성숙의 상태에서 성숙한 인간이 되도록 돕는 것이다." 우리가 성숙이란 말에 대한 개념적 이해를 더 보충해 본다면, '성숙이란 먼저 사회법적인 의미로 유효한 질서들의 범주에서 그의 삶의 모습에 대한 완전한 책임을 짊어지는 자를 말한다'고 하겠다. 그리고 교육적인 의미에 있어서 '성숙이란 사회적이며, 도덕적이며, 인격적인 본체로서 행동하는 자질과 그 준비성을 의미한다'(*M. Langeveld, Einfuhrung in die theoretische Padagogik*, 1969, p.79.). 이러한 설명에서 성숙이란 역시 교육의 포괄적인 목표로서, 그것은 개인적이며, 동시에 사회적인 삶에 있어서 개체의 자질과 한 국가의 기본법이 개인에게 보증하는 자유와 자유들을 실현할 수 있는 자질을 이해한 것이다.

슈미트는 역시 성숙을 다음과 같이 설명한다. "성숙이란 자유를 실현하고 그 자유의 실현에 있어서 많은 자유로부터 다른 이들을 돕는 자질성과 준비성을 포함한다. 그리고 주어진 사회적 환경 안에서 그 사회의 더 나은 가능성을 보면서, 자신의 통찰에 근거한 책임을 짊어지는 자질성과 준비성을 포함한다. 그것은 모든 삶의 영역에서 자신과 다른 이를 위한 자질과 준비성이다(친구 관계, 사랑, 가족, 이웃과의 관계, 직업과 노동 단체, 교회, 국가, 총체적인 사회 등). 개별적인 문화 영역의 참여에 대한 자질과 준비성이 포함한다(종교, 정치, 경제, 문학, 과학, 기술 등). 슈미트는 계속해서 성숙의 요소에는 '인지적인 것'과 '감성적인 것' '할 수 있음'과 개인 자신의 '입장'들이 포함된다는 것을 강조한다. 그리고 '자유'란 타의에 의하여 제한받음 없이 자신이 생각한 가치적 입장에 따라, 자신의 삶의 목표들을 선택하고, 자신의 판단에 근거하여 목표 달성을 위한 수단을 스스로 설정하는 상태에 있음을 의미한다. 자유란 부정적으로는 내적이며, 외적인 강요의 부재함을 뜻하며, 긍정적으로는 자기 책임적인 통찰과 행동의 자질을 뜻한다"(G. Schmidt, *Autorität in der Erziehung*, Freiburg, 1975: 142). 역시 성숙이란 하나의 사회적인 차원을 가진다. 자유란 다만 자신의 인격을 위하여 다른 이의 희생으로 요구되는 것이 아니라, 바로 다른 이를 위하여 요구되는 것이다. 성숙성이란 여러 가지 자유의 요구들을 서로 정당하게 평준화하는 의지와 자질이기도 하다. 이로써 성숙이란 하나의 윤리적인 개념이라고 하겠다. 그것은 중심적으로는 도덕적인 행위의 자질이요, 인격에 대한 도덕적인 자기 목적이다. '성숙'이란 다른 이에 대립하여 요구되지 않고, 그들과 함께, 그들을 위하여 요구되었다. 역시 그것은 연대성과 관련하여 이해되어야 하는 개념이다. 우리는 민주적인 사회를 우리 스스로가 자유로운 개체들로서 우리 자신의 발전을 위한 사회적 공간으로 이해해야 하는 것이다. 그러한 사회로서의 가장 좋은 구조는 결코 궁극적으로 발견되는 것이 아니다. 사회 문화적인 과정이란 개인과 그룹을 위하여 항상 다시 새롭게 자유의 제한성과 박탈이 생겨나게 하고 있는 것이다. 그러므로 사회의 책임적인 공동성은 불이익의 제거를 위한 가능성들의 찾아냄을 의미한다고 할 것이다. '성숙'이란 작고 큰 영역에서 자립적이며, 자기 책임적인 지향점을 뜻한다. 그리고 그것은 포괄적인 문화 참여를 통하여 가능하게 된다. 성숙이란 자기 스스로 삶의 과제를 해결하는 완전히 무장된 자질인 것이다. 성숙은 성숙된 모델을 통하여 도움을 받아야 한다. 그것이 바로 교사가 직시해야 할 과제이다. 여기서 요구되는 것은 인간의 성숙을 지향하는 교육의 목표는 바로 교사의 성숙에 달려 있기 때문이다. 그것은 또한 하나의 교육과정(Curriculum)을 전제한다.

(1) 희미한 재료의 처방에 비하여 문제 해결을 위한 어떤 생각들이 강조되는가?

(2) 성장 세대의 현재와 미래적인 생존의 충돌과 문제의 어떤 부분이 관찰되었는가?

(3) 가치의 유발에 관한 훈련이 사고하기를 돕는 것처럼, 어떤 것을 강하게 강조하는가? 성숙성은 다만 이론적인 생각을 통하여서만 생기는 것이 아니라, 실천적인 훈련을 통하여 생긴다. 결과적으로 교육은 중간 활동의 가능성들을 같은 나이의 또래들과 함께 이루어지도록 해야 하는 과제를 가진다. 성숙을 위한 교육은 자아

목적, 자아실현 그리고 자아통합이란 세 가지 중심 사상을 지향해야 한다(Broudy, 1954, Schmidt 1975: 143~91).

여기에서 먼저 '자아 목적'은 무엇을 의미하는 것인가? 그것은 인간이 존재하는 목적의 깨달음이다. 이것은 교육적인 과제로서 아이에게서 자기 목적이 추구되도록 해야 하며, 다른 사람의 의지에 종속되는 것을 막아 주어야 한다. 교육은 다른 힘이 자기 위에 지배하는 메커니즘(Mechanism)을 직시하고, 다른 이의 행동의 기대들이 동기를 인식하고, 평가하도록 성장 세대를 도와야 한다. 더욱이 성장 세대의 자유는 외부와 다른 이에게서 위협을 받을 수 있지만, 내면적으로 역시 자신에게서 더 위협적이다. 자기의 습관적인 것에 비하여 순간적인 기분과 자극들을 다스리기가 더 어렵다. 교육자는 여기서 순간적인 틈들에 비하여, 총체적인 삶(미래적인)의 대리적 역할자가 되어야 한다. 즉 깊이 생각되지 않은 계획들을 정지시키고, 강제적으로 여유 있게 생각하는 시간을 갖도록 해 주는 역할이다. '자기 목적'이란 핵심에는 도덕적인 통찰을 갖는 것이다. 그것은 다만 표면적인 것만 아니라, 내면적인 자기모순을 다스릴 수 있도록 하는 것을 뜻한다.

두 번째로 자아실현의 과제가 중요하다. 성장 세대는 교육을 통하여 자기 스스로의 결단으로 자라가야 한다. 그것은 진정한 자기 모습에 이름을 의미한다. 자아실현은 사회 문화적인 환경의 도전들에 대하여 자기의 대답을 통하여 나타난다. 그리고 그의 대답은 도전들의 방식에 의존한다. 그 방식에 따라 인간은 거기서 자기를 경험한다(자아실현). 만일 성장 세대가 도전들에 대한 자기와의 대질에 자기 확인이 이루어지지 않으면(도전의 극복), 여기서 교육은 문화적인 다양성에 따라 자문이나 상담의 형태를 취하게 된다. 그리고 상담은 의사소통의 행위에로 나아간다. 그것은 역시 의미의 방향(문제의 인식)과 행동 목표(자신감에 의한 극복)에 대한 알려줌에로 나아가는 것이다. 조언이나 상담은 결단의 도움을 목표한다. 자아실현의 규범 하에서 성장 세대에게 타의 결단이 작용되도록 하는 것이 아니라, 결단에 필요한 전제들의 해명에 의한 결단의 도움이 제시되는 것이다.

세 번째로 자아 통합의 과제이다. 자아 통합이란 자신의 고유한 가치 소유를 목표할 뿐 아니라, 그것들의 통일을 목표한다. 이것은 다만 개별적인 것이 아니라, 전체적인 것을 뜻한다. 어떤 것을 중심으로 나의 삶이 질서를 갖는지, 무엇에서부터, 무엇을 향하여 가고 있는지, 삶의 궁극적인 목적에 대한 통찰이 요구된다는 것이다. 성숙은 자신의 고

유한 삶의 중심에 대한 자아의 투명성과 명료성을 전제한다. 만일 교육이 인간을 성숙케 하는 데 도움을 주는 역할로 이해한다면, 그 교육은 통합하는 중심과 의미에 대한 이러한 근본적인 물음에서 벗어날 수 없을 것이다. 자아 통합에 대한 도움은 인간의 성숙을 지향했던 교육의 결정적인 과제이다. 그러나 교사는 이러한 물음에 대리적으로 학생을 위하여 대답할 수 있거나 대답해서도 안 된다는 것은 명백하다. 교사는 학생이 그 물음을 진지하게 수용하고, 그러한 물음이 위협받는 것을 방해하도록 다만 의미의 물음을 언어적으로 의식시킬 수 있다. 그러므로 교사는 학생에게 의미(*Sinn deslebons*)의 물음에 낯선 대답들과 자신이 논쟁할 기회를 줄 수 있다. 그리고 스스로의 대답에 이르도록 그를 자극할 수 있는 것이다. 교사는 역시 학생의 인격에서 의미 있는 삶이 가능하다는 것이 분명하게 되도록 할 수 있으며, 그리고 그에게 의미 있는 삶을 가능하게 하는 것이 무엇인지에 대하여 자신과 대화의 방식으로 고백하게 할 수 있을 것이다. 슈미트(Schmidt)는 이런 자아목적과 자아실현, 그리고 자아 통합을 이루기 위한 교육은 중심이 바로 종교교육이라고 반증한다(86쪽). 이것은 교육이 근본적으로 종교와의 관계에서 이러한 세 가지(자아목적, 자아실현, 자아통합)의 근거들을 찾아야 하기 때문으로 이해된다. 결론적으로 슈미트의 견해에 따르면 인간을 교육한다는 것은 실제로 종교교육과 깊은 관계에 놓여 있다는 것을 깨닫게 된다.6)

개혁주의 기독교교육은 무엇보다 하나님의 말씀에 그 기초를 두어야 한다. 타락한 인간은 성경을 통해서 하나님의 창조세계를 보다 분명하게 이해할 수 있다. 성경은 교육의 제반 이론적 활동과 실제에서 우리의 왜곡된 시각을 다시금 교정하고 바르게 초점을 맞출 수 있도록 도와주는 역할을 한다. 동시에 교육은 인간이 인간을 대상으로 하는 형성적 활동이다. 그러므로 인간에 대한 이해가 없이는 교육의 본질을 올바로 이해할 수 없다. 인간이 하나님의 형상으로 지음 받은 존재라는 것은 본질상 관계적 존재임을 의미한다. 인간의 타락은 인간을 고립시키고 비인간화시키는 결과를 가져왔다. 그러나 그리스도를 말미암아 구속받은 인간은 하나님과 자신과 이웃, 그리고 자연과의 회복된 관계 속에서 공동체적, 책임적, 응답적 존재로 재창조되었다. 그러므로 기독교교육자는 피교육자의 본질을 창조-타락-구속의 맥락에서 이해하는 성경적 인간관은 교육의 이론과 실제에 특별한 함의점을 던져주고 있다.

---

6) cf, 정일웅, *기독교교육학(강의안)*, 총신대학교신학대학원, 23~32.

2. 기독교교육의 정의

1) 기독교교육이란 무엇인가?

기독교교육이란 무엇인가? 개혁주의적 관점에서 기독교교육을 한마디로 정의할 수 없는 다면적이고 복합적인 현상으로 인간 형성 활동의 협의적인 의미의 기독교적 내용뿐만 아니라 창조세계의 모든 법칙과 현상에 관련된 다양한 교육내용을 매개체로 하여 가정, 교회, 학교, 사회 등 다양한 교육의 장에서 일어난다. 그래서 미국복음주의 기독교교육학자인 로이 죽크(Roy B. Zuck)는 기독교교육이란 사람들을 그리스도에게로 인도하고 그들이 그리스도 안에서 변화되도록 할 목적으로 성령의 능력을 통하여 하나님의 기록된 말씀으로 대화하는 그리스도 중심적이며 성경을 기초한 학생과 관계된 의사소통의 과정이라고 하였다. 즉 다른 사람들을 그리스도에게로 인도하고 그 안에서 그들을 세우기 위해서 성령의 권능을 통해 하나님의 말씀을 나누는 그리스도 중심, 성경 중심, 설교 중심의 과정이다.7)

노만 드종(Norman Dejong)은 교육이란 하나님과 인간, 사람과 사람, 그리고 사람과 자연의 전체 사이에 참된 관계를 위한 재창조와 발전을 뜻한다. 그리고 교육이란 신적인 선동이며, 인간이 자라고 생명 안에서 발전하는 인간적인 협동적 과정이라고 하였다. 그것은 신적으로는 그리스도를 통하여 지식과 신앙과 희망과 사랑의 관계이다.(*Education in the Truth*, p.118)

로버트 파즈미노(Robert W. Pazmino) 기독교교육이란 기독교 신앙을 함유하거나 일치된 지식들, 가치들, 태도들, 기술들, 감상들과 행동들을 나누거나 지니도록 생각하고, 조직적이며, 지속적인 그리고 신적인 노력을 뜻한다. 그것은 변화와 새롭게 함과 개인과 그룹의 변화를 길러 주는 일로 본 것이다. 그리고 신구약 성경 안에 표현된 것처럼 하나님의 계시된 뜻을 확인하도록 성령의 능력에 의해서 체계를 만드는 사역이다(Pazmino was indebted to Lawrence Cremin's definition).

독일의 기독교교육학자인 닢코(K. E. Nipkow)는 기독교교육에 대한 질문에서 다음과

---

7) Roy Zuck, *Scriptural Power in Your Teaching*, rev. ed. Chicago, IL: Moody Press, 1972, 9.

같은 대답을 제시하고 있다. 이는 근본적으로 두 가지 차원의 책임을 전제하고 있다. "첫째는 사람들을 기독교의 하나님을 믿는 자들이 되도록 하는 것과, 다른 하나는 믿음으로 살아가도록 돕는 일이다. 이러한 양면적인 책임은 교회와 사회 안에서의 과제를 가리키는 것이다. ……그러므로 기독교교육은 신앙의 근본 바탕 위에서 행하는 믿음으로의 교육으로서 신앙과 삶을 향한 안내 또는 지도"(*Bildung als Lebensbegleitung und Erneuerung*, S. 263f.)라고 말한다.

독일의 기독교교육학자 슈미트(Gunter R. Schmidt)는 기독교교육에 대한 정의를 여섯 가지로 구분하여 대답해 주고 있다. (1) 기독교교육이란 기독교와 교회에 적극적인 가치를 돕는 일을 중심에 두고 노력하는 교육적 행위이다. (2) 기독교교육이란 교사의 믿음으로 행하는 교육이다. (3) 기독교교육이란 기독교적인 인간상의 표준에 따라 행하는 교육이다. (4) 기독교교육이란 세례받은 자들을 통하여 세례받은 자들과 받을 자를 위한 교육이다. (5) 기독교교육이란 교회 안에서, 그리고 교회와 함께 살아가는 삶에 대교회 내에서의 교육이다. (6) 기독교교육은 그 중심에 하나님의 말씀에 대한 상기와 성례의 영접 대한 교육이다. 이러한 두 학자의 견해는 기독교교육이란 무엇인지를 개념적 차원에서 쉽게 이해하도록 돕는 설명이라 하겠다.8)

기독교교육이란 역시 그리스도의 교회를 중심으로 이루어지는 교육 행위로 이해하게 하는 정의들이라 하겠다. 그러므로 기독교교육은 기독교인에 대한 교육으로 하나님과 그의 말씀에 근거하고 시작하고 있다. 이와 같이 기독교교육은 신학과 밀접한 연관을 맺고 있다. 기독교교육의 본질을 따져 본다면 기독교교육이란 하나님과 그리스도를 중심에 두고 성경에 기초하여 성령의 인도하심에 따라 학생들과 관계를 맺고 사회에 적응하는 과정이다(Dr. Gerrs Benn). 그래서 아델레이드 케이스(Adelaide Case)는 기독교교육을 정의하기를 "하나님의 구속 사업을 그리스도를 통하여 개개인의 심령 속에서 역사하여 인간들의 공동생활에 영위한다는 관점에서 출발하여 풍부한 기독교적 사상과 생활을 어린이와 젊은이와 장년들에게 유용하게 적용시키는 데 있다"고 하였다.9) 골로새서 1:18에 "그는 만물의 으뜸이 되려 하심이라"고 했다. 그리스도는 인간 사상과 생활의 중심이고, 기독교교육의 중심 메시지이고, 중심 내용이다. 이것은 그리스도를 통해 하나님과 올바른 관계를 맺게 하는 것이다.

---

8) 정일웅, *op. cit.*, 41~42.
9) 김득용, *기독교교육 원리* (서울: 대한예수교장로회총회출판부, 1980), 12~14.

최근에 미국의 기독교교육학자 웨너 C. 그랜도르프(W. C. Graendortf)는 성경에 기초해 성령의 능력을 받은 그리스도 중심의 가르침과 배움의 과정이다. 삶의 모든 면에서 하나님의 목적과 계획을 경험하고 알게 하기 위한 현대의 교육수단을 통해 성장의 모든 수준에서 각 개인을 가르치고자 하는 것이 기독교교육이다. 이는 위대한 교사로서의 그리스도를 본받고 성숙한 제자를 기르라는 그분의 명령에 따라 그들에게 효과적인 사역을 준비하게 하는 것으로 보았다.[10] 웨너 C. 그렌돌프(Werner C. Graendorf)는 기독교교육을 3가지 차원에서 정의하였다.[11]

(1) 서술적 정의: 성경에 근거를 두고 성령의 권능을 받아서 그리스도 중심으로 가르치고 배우는 과정이다.

(2) 기능적 정의: 모든 연령층의 학생들에게 하나님의 목적과 계획을 경험하고 알도록 하기 위해서 그들의 성장 수준에 맞추어서 현대적인 교육방법으로 가르치는 것이다. 한 걸음 더 나가서 기능적 정의는 삶의 모든 영역에서 보다 효과적인 사역을 감당하도록 양육시키기 위하여 그리스도를 통하여 가르치는 것이다.

(3) 철학적 정의: 기독교 세계관을 가지고 예수 그리스도를 교사 중의 교사, 철학적 정의로 삼아서 성숙한 제자들을 만들어 가는 것이다.

그러므로 기독교교육은 모든 삶의 영역에서 삼위일체 하나님 중심, 성경 중심, 교회 중심으로 창조, 타락, 구속의 우주적이며 보편적, 전체적 의미를 강조하며, 하나님의 주권과 언약, 그리스도의 우주적 왕권, 그리고 하나님의 법에 대한 종교적 존재(homo religiosus)로서의 인간의 순종과 책임에 대해 자발적으로 반응할 수 있도록 인간을 형성해 가는 과정이라고 말할 수 있다. 그러므로 기독교교육은 모든 삶의 영역에서 하나님께 참되고(Genuine), 올바른(True), 하나님께 영광을 돌리는 '하나님의 교육'이 되기 위해서는 교육내용 뿐만 아니라 전체의 요소들이 성경적 세계관 위에 구성되고 진행되어 나가야 한다.

---

10) W. C. Graendorf, ed. *Introduction to Biblical Christian Education* (Chicago, IL: Moody Press, 1981), 16.
11) 정정숙, *기독교교육학*(서울: 도서출판 베다니, 2000), 23.

2) 현대적 의미의 기독교교육

현대적인 의미에서 본 기독교교육은 과연 그것이 오늘날의 상황에 적합한 것인가? 여기에 대해 무디성경학교(Moody Bible Institute)의 기독교교육학과 W. C. Graendorf 교수는 성도들을 격려할 뿐 아니라 세 가지 분야에서 도전을 줄 수 있는 긍정적이고도 확고한 3가지 해답을 제시하고 있다.[12]

첫째는 성경적 기독교교육의 필요성을 절박하게 강조하고 있다는 사실이다. 성경을 가르치는 것에 대한 성경의 명령을 발견하고 깨닫게 될 것이다. 기독교교육자인 제임스 머치(James Murch)는 "기독교교육은 교회의 주된 기능 중의 하나이며, 그것의 초기 교육은 교회의 진보와 복지에 없어서는 안 될 활력소를 불어넣어 왔다. 기독교교육의 기본목표와 취지 그리고 기술적인 내용은 2000년 전이나 거의 다를 바 없이 지금까지 이어져 내려왔으나 접근방식이나 그것의 형식, 프로그램 등은 시대의 흐름에 따라 변하게 되었다. 지금 현시대에 결정적으로 중요한 것은 기독교교육의 지도자들이 상황을 제대로 파악하고 그에 맞는 적절한 조치를 취하는 길이 급선무라고 할 수 있겠다."[13]

둘째는 역사적 사실로도 성경적 가르침은 지난날 기독교 공동체에 의해 수용되었다. 사도행전에는 초대교회에 대하여 예수님을 따르는 무리들이 매일 성전 안에서 그리고 이집 저집을 다니면서 "예수는 그리스도라 가르치기와 전도하기를 쉬지 아니하니라"(행 5:42)라고 기록하고 있다. 그때부터 교회의 역사는 교육자들과 그들의 영향력으로 충만하게 되었다. 켄딕 켈리(Kendig Cully)는 그의 저서 「기독교교육의 기초 저술들」(Basic Writing in Christian Education)에서 "1세기부터 지금까지 교회는 가르치는 사역과 공존해야만 했다. 교회가 그 책임을 충실히 감당해 왔다는 사실은 시대가 바뀜에 따라 증가하는 실질적인 교재의 풍부함과 무엇을 어떻게 교육시킬 것인가에 대한 높은 관심도가 입증해 주고 있다."[14] 「가르치라」는 성경의 명령에 대한 교회교육의 긍정적인 효과를 역사적으로 평가해 보는 것은 어려운 일이 아니다. 한편으로는 중세 암흑시대에서처럼 교회의 생명력이 위협을 받는 상황에서 기독교교육 역시 제대로 이루어질 수 없었다는 사실은 누구나가 인정하고 있는 점이다. 분명 역사는 교회가 행하는 생산적인 사역에서

---

12) W. C. Graendorf, *op. cit.*, 19~21.

13) James D. Murch, *Teach or Perish!*(Grand Rapids: Eerdmans, 1961), 1~2.

14) Kendig B. Cully, ed., *Basic Writings in Christian Education*(Philadelphia: Westminster, 1960), 9.

기독교교육이 차지하는 비중을 확실하게 보여주고 있다.

마지막으로 기독교교육에 요구되는 신선한 긴박감은 교육적인 과정, 그 자체가 실질적인 기본원리를 지니고 있다는 사실을 인식해야만 한다. 성경적인 명령과 역사가 보여주는 그것의 당위성을 포함해 보았을 때 기독교교육은 그 자체로서의 훌륭한 의미와 가치를 지니고 있다. 교육과정에 대해 생각해 보았을 때, 그리스도인의 가치 있는 생활과 사역을 위한 근거로서 설교와 더불어 가르치는 지도방식에 있어서의 신령한 지혜가 거론되기도 한다. 그 누구도 설교사역의 타당성에 대하여 의문을 제기할 사람은 없을 것이며, 여기에 나타나는 교육적 요인은 몇 가지 독특한 가치를 지니고 있다.

① 일반적으로 설교는 성인 지향적인 경향이 있는 반면, 교육은 모든 연령층을 포용할 수 있는 의사전달의 잠재 가능성을 제공해 준다. 뿐만 아니라 영적인 성숙에 있어서도 다양한 단계에까지 영향력을 미칠 수 있다. 교육적 접근방식은 4세 수준의 단계에까지 메시지를 전달할 능력을 가지고 있으며, 신앙의 연조가 깊은 성숙한 신자를 포함해서 초신자가 필요로 하는 부분까지도 다 조정할 수 있다. 교회의 사명 중의 하나가 모든 연령에 있어서 그리스도인의 필요성과 성장에 대한 사역이라고 할 때, 기독교교육은 필수불가결한 요인이다.

② 가르치는 매체는 다음 세대에게 정신적 유산과 신앙의 의미를 전달해 주는 통로를 제공하고 있다. 일찍이 교회는 복음의 내용과 함축된 의미를 깨달아 성도들이 필요로 하는 부분을 알았으며, 초대교회 당시에는 고난과 핍박을 무릅쓴 가운데 기독교의 원동력이 활발하게 형성되었다. 스탠리 글렌(J. Stanley Glen)은 「가르치는 사역의 회복」(The Recovery of the Teaching Ministry)이라는 그의 저서에서 "가르치는 사역은 인간의 방법과 수준에 맞춰서 진리를 전달하는 심각한 책임을 떠맡고 있다. 이 사역은 교회가 참다운 교회가 되기 위해서 그리고 믿는 사람들이 하나님의 말씀을 제대로 듣기 위해서는 성경의 실체와 본질에 대한 이해가 분명하게 성립되어야 하며 한 세대에서 그 다음 세대까지 바르게 전달되어야 한다. 또한 가르치는 사역은 교회의 전통적인 역할 중의 하나로 인식되어야 하며 그렇게 깨닫도록 인도해 주는 안내자의 역할을 해야 한다."[15]

---

15) J. Stanley Glen, *The Recovery of the Teaching Ministry*(Philadelphia, PA: Westminster, 1960), 25~26

③ 교육의 특징이라면 단체의 원동력에 건전한 자극과 직접적인 상호 영향력을 제공하는 것이며, 효율적인 지도방식이란 학생들의 참여를 권장하고 그들이 지식과 경험을 나누도록 격려하는 것이다. 여기에 선행되는 필수요건이라면 동년배로 구성되었거나 혹은 공통적인 관심사를 주제로 해서 모인 소그룹에 기독교교육이 어떻게 적용되는가의 문제를 해결해야 하는 것이다.

④ 가르치는 과정에 대한 창조적인 활용은 의사를 전달하는 과정에 있어 광범위한 수단과 방법들을 제공해 주며 현대적인 학습지도 방식과 기술적인 진보는 점차 지향적인 세대에 살고 있는 사람들에게 성경의 메시지를 널리 그리고 알아듣기 쉽게 전달하게 해준다.

⑤ 기독교교육의 다양한 형태는 교회 자체의 발전뿐 아니라 외부사역의 효율적인 결과를 위한 광범위하고도 흥미진진한 선택의 범위를 제공하고 있다. 다채로운 양상의 캠프나 일일 성경학교 그리고 가정 성경반이나 주일학교 등 보다 높은 수준을 지향하는 기독교교육의 전반적인 영역을 포함해서 이 모든 것들이 현대적 의미의 기독교가 미치는 영향력의 교육적 통로가 될 수 있다. 일단 기독교교육에 대한 전체적인 의미가 제대로 이해되고 그것의 성경적인 목표가 명확하게 성립되었다면 그 다음으로는 기독교교육이 외부적으로도 영향력을 미칠 수 있는 무한한 잠재 가능성을 소유하고 있다는 사실을 잊어서는 안 된다.

⑥ 그 출발은 지역교회에서부터 시작될 수도 있겠지만 좀 더 높은 수준의 기독교교육에 의해 표명되는 경배와 사명의식의 훈련이 광범위하게 확산되어야 한다. 이러한 목적을 위해서 성경협회나 성경학교, 기독교 인문과학대학 그리고 신학대학 등이 성립된 것이다.

⑦ 마지막으로 기독교교육에서 제자도에 관한 성경적 정의는 철저하게 현대적인 맥락으로 반영되어 있다. 이런 의미에서 다시 한 번 그러한 사역들이 개인적으로 이루어지고 있으며, 본이 되는 모델에 의해 도전을 받는다는 사실과 현대문명의 특성과 필요성을 충분히 반영하고 있는 교육철학과의 연관성을 주목해야 한다.

성경의 권위에 근거를 두고, 성령의 권능을 받아 행해지는 사역의 하나로서 현대적 의미의 기독교교육은 인간지향적인 교회들에게 기독교의 기본 관심사인 교육에 대하여, 확고한 접근방식을 제공하고 있다. 이것이야말로 하나님이 그의 백성들에게 그들의 삶과 사역을 위하여 선택해 주신 최고의 수단이요, 도구라고 할 수 있겠다. 그러나 효율적인 기독교교육은 기본적으로 도전을 수반하기 마련이다. 제자도를 지향하고 있는 사도 바울은 고린도에 있던 그의 제자들을 향하여 이렇게 외쳤다. "내가 그리스도를 본받는 자 된 것같이 너희는 나를 본받는 자가 되라"(고전 11:1). 또한 디모데에게 "네가 이것들을 명하고 가르치라……믿는 자에게 본이 되어"(딤전 4:11~12). 여기에서 바울은 그들에게 완벽함을 요구하고 있는 것이 아니라, 그들이 가르치고 인도하는 만큼 영적인 성숙을 추구하는 가운데 참된 그리스도인으로 성장하기를 부탁하고 있는 것이다. 그러므로 현대적 의미의 기독교교육이 주는 도전은 기꺼이 자기 자신의 삶을 제자도의 정신에 입각한 가르치는 사역에 바치기로 결단 내린 교사들을 향하여 제시되고 있다.

개혁주의 기독교교육은 '외부로부터의 교육'(education from without)을 일방적으로 강요하거나 '내부로부터의 교육'(education from within)만을 주장하지 않는다. 그렇다고 기독교교육은 그 방법에 있어서 목표지향적인 인도의 요소를 배제해서는 안 된다. 교사는 합법적인 권위이며 인격적인 권위를 가지고 있다. 기독교적 가르침은 역할모범(Modeling), 훈련(discipline), 격려(encouragement), 동기부여(motivation), 그리고 경건활동(devotional activity) 등을 통해서 피교육자에게 방향을 제공하는 인도적 기능을 가진다. 이러한 점에서 기독교적 가르침의 활동은 분명히 가치중립적인 행위라고 할 수 없다. 개혁주의 기독교적 가르침의 핵심적인 원리 중 하나는 하나님이 지으신 창조세계와 인간의 타락으로 인한 죄의 비참한 결과, 그리고 그리스도 안에서의 우주적 구속 사역을 학습자들에게 펼쳐 보는 주는 개현(unfolding)의 원리이다. 개현(unfolding)이란 '열어 보여 주는 것'(opening up)이다. 시어펠드(Calvin Seerveld)는 가르침의 활동을 "어떤 사람에게 지금까지 파악되거나 실행되지 아니한 경의(wonders), 차이(difference), 행동(actions) 등을 개진하여 보여 주는 과정"(Cultural Objectives for the Christian Teacher, Toronto: ICS :18~19)이라고 하여 개현의 원리를 설명하였다.

개혁주의 기독교적 가르침은 학습자로 하여금 하나님이 지으신 창조세계 속에서 그리스도의 '구속적 사역'(redemptive work)에 능동적이며 유능한 참여자가 될 수 있도록 세워주는 '능력부여 원리' 또는 실행의 원리이다. 이러한 실행과정은 미래지향적일 뿐만 아니라 현재에도 초점을 맞추고 성숙하고 책임성있는 기독교적 제자도로 학습자를 인도해 간다는 궁극적인 목표를 교사는 잊지 말아야 한다.

Ⅱ. 기독교교육의 성경적 기초

1. 구약의 교육적 기초

1) 인류를 위한 하나님의 계획

개혁주의 기독교교육은 하나님의 말씀에 그 기초를 두어야 한다. 인간은 성경을 통해서 하나님과 그의 창조 세계를 보다 분명하게 이해할 수 있다. 성경은 하나님께서 인간을 창조하셨음을 증거하기를 "하나님이 자기 형상 곧 하나님의 형상대로 사람을 창조하시되 남자와 여자를 창조하시고"(창 1:27)라고 기록되어 있다. 인간은 하나님의 형상(Image－bearer)으로 지음 받은 존재이다. 모든 피조물 가운데서 오직 인간만이 하나님의 형상으로 지음 받았기 때문에 하나님의 창조의 면류관이다. 인간이 하나님의 형상이라는 것은 인간이 책임적, 반응적, 응답적 존재(Responsible being)존재라는 것이다. 인간은 하나님의 형상으로 창조되었기 때문에 삶의 모든 영역과 순간에서 하나님과 하나님의 창조질서에 따라 창조 세계를 돌보고 관리하는 문화적 사명과 책임을 가지고 있다.

그러나 인간은 자신을 위해 하나님의 뜻과 교훈을 거스르고 불순종함으로써 하나님과의 완전한 관계를 지속시킬 수 없었다. 그러나 하나님 인간에게 자신의 뜻을 가르쳤다. 인간은 지상에서 생육하고 번성해야 하며 지상을 정복해야 하며 지상의 모든 것을 다스려야 한다. 또한 하나님은 인간에게 다른 살아 있는 피조물은 물론 인간 역시 생존하는 방법에 관하여 가르쳤다(창 1:28~30). 하나님은 인간에게 해야 할 일과 성취시켜야 할 과제를 부과하셨다. 이러한 것들을 통하여 인간은 하나님이 인간과 세상에 부여한 능력과 자질을 개발하고 성숙해야만 했다. 하나님의 가르침에는 아담을 한 개인으로 간주할 뿐만 아니라 전 인류의 대표자로서 포괄적인 인간으로 간주하였다. 따라서 아담에게 주어진 과제는 지상의 전 인간에게 주어진 과제의 전형인 것이었다. 이는 중요한 두 가지 요소가 포함되어 있다. 첫째는 인간이 효과적으로 이 과제를 수행함에는 교육이 불가피한 것이요 둘째는 이 과제를 수행함으로써 인간은 개인적으로 그리고 집단적으로 교육된다는 사실이다.

인간이 하나님의 형상(Image-bearer)이라는 것은 본질상 관계적 존재임을 의미한다. 인간은 하나님과 자신, 자신과 이웃 그리고 자연과의 관계 속에서 생활하는 존재이다. 하나님은 인간을 관계적이며 공동체적 존재로 창조하였다. 인간의 타락은 하나님과의 단절로 인해 인간을 고립시키고 비인간화시키는 결과를 가져왔다. 그러나 그리스도를 통한 구속은 파괴된 인간의 모든 관계를 재창조하고 올바르게 회복시킨다. 하나님께서 인간에게 주신 세상을 정복하여 다스리라는 명령에서 발견되는 하나님의 계획과는 불일치하는 사건들이 지상에는 존재하였다. 하나님은 인간을 에덴동산에 두시고 그것을 다스리며 지키게 하였다(창 2:15). 그러나 하나님을 거역하는 세력을 통하여 인간에게 유혹이 들어왔다. 사단의 거역으로 인하여 하나님과 더불어 영속적이며 신비한 갈등의 관계로 돌입되었고 지금도 지상에서 이 갈등의 양상은 발생하고 있다. 이 갈등 속에서 인간은 하나님이 부여한 사명을 감당키 위하여 교육받지 않으면 안 된다. 인간이 그 자신을 통치할 수 있기 전에는 하나님의 영광을 위한 세상을 통치할 수는 없다. 인간이 먼저 그 자신을 정복하기 전에는 악을 정복할 수도 없다. 오직 도덕적 갈등 속에서 인간은 하나님을 위하여 어떻게 다스려야 할 것인가를 배울 수 있다. 오직 악의 유혹에 이김으로써 인간은 세상을 통치함에 필요한 권위를 획득할 수 있고 또 그렇게 함으로써 만물을 하나님께 복종시킬 수 있다.

하나님의 형상(Image-bearer)으로서 인간을 창조(Creation)-타락(Fall)-구속(Redemption)의 맥락에서 이해하는 성경적 인간관은 교육의 이론과 실제에 특별한 함의점을 던져주고 있다. 선악을 알게 하는 나무의 열매에 대한 금지의 사실을 통하여 하나님은 불순종의 결과에 관하여 분명하고도 명확한 교훈을 주었다. 아담과 하와에 있어서의 불법은 단순히 금단의 열매를 먹었다는 사실보다도 선악을 알게 하는 지식을 추구함으로써 하나님과 동등하게 되려는 금지된 행위를 선택한 데 있다(창 3:5). 그러므로 선악과는 단지 인간을 다스리는 하나님의 규범의 상징에 불과한 것이며 하나님의 뜻에 인간의 의지를 기쁘게 순종시키고자 하는 표현에 불과한 것이었다. 선악과란 인간을 교육시키기 위하여 하나님에 의하여 사용된 하나의 방편이었고 또 인간교육을 통하여 만물을 완전히 하나님께 영광이 되도록 순종시키고자 하는 방편이었다.

인간은 하나님의 무한한 충분성을 자신의 허약한 불충분성으로 대치시켰다. 선악을 알게 하는 지식은 인간의 소유가 되었지만 인간이 독력으로 무엇인가 할 수 있다는 잘못된 관념으로 말미암아 인간은 큰 손상을 당하고 말았다. 그 결과 인간은 잃어버린 영광을 회복하고자 갈망하는 불만족의 생활을 영위하게 되었고 영광을 되찾으려고 영속적이며 무익한 시도를 하지만 아무런 기쁨이 없게 되었다. 인간을 위한 하나님의 계획을 효과적으로 성취시키기 위하여 하나님은 인간에게 두 가지 큰 과제 즉 인간 자신의 불충분성과 하나님의 완전 충분성을 가르치지 않으면 안 되었다. 인간은 하나님의 명령에 거역함으로 말미암은 타락의 무서운 결과들을 배우지 않으면 안 되었다. 인간은 그 자신의 절대 무능과 전적 무능을 배우지 않으면 안 되었고 자신의 구원을 성취함에 불가능한 자신의 한계를 깨닫지 않으면 안 되었다. 인간의 영적 이해는 어두워졌고 그의 이성은 흐려졌다. 그는 선악을 혼돈하게 되었고 스스로가 선을 소유한 것으로 착각하게 되었다. 인간 스스로가 강하고 의롭다고 신앙하는 한 유일한 구원자이신 하나님의 충분성을 깨달을 수 없게 되었다.

하나님은 인간에게 올바른 깨달음을 주기 위하여 수천 년 이상 연장되는 교육적 프로그램을 마련하였다. 인간이 매사에 있어 전적으로 무력함을 배움으로써 그 자신의 한계를 깨닫게 하였다. 따라서 이 교육적 프로그램은 인간에게 인간 스스로의 힘의 무능함을 완전히 이해하도록 하기 위하여 자신의 능력을 실험해 보도록 마련되었다. 그러므로 이 교육적 프로그램의 모든 국면은 인간의 실패에 관하여 배우도록 하는 목적을 지니고 있다. 포괄적인 교육목적은 인간의 상실한 지위와 무력한 상태를 배우도록 함에 있다. 이렇게 함으로써 인간이 모든 면에 부족함을 깨닫고 구원과 해방의 유일한 원천으로써 하나님을 신앙하도록 한 것이다.16)

---

16) C. B. Eavey, *History of Christian Education*(Chicago, IL: Moody Bible Institute, 1977), 21~23.

2) 하나님의 교육 프로그램

개혁주의 세계관의 관점에서 볼 때 기독교교육의 교육과정과 교육활동은 모두 하나님의 창조세계와 그 법칙을 반영하는 것이다. 기독교교육의 모든 내용은 결국 하나님의 창조세계와 그 질서에 관한 것이다. 모든 인간을 하나님의 형상(Image-bearer)으로 창조하신 하나님은 세계와 그 안에 있는 모든 만물을 창조한 하나님이시다. 하나님은 "인류의 모든 족속을 한 혈통으로 만드사 온 땅에 거하게 하시고 저희의 연대를 정하시며 거주의 경계를 한하셨으니 이는 사람으로 하나님을 흑 더듬어 찾아 발견케 하려 하심이로되 그는 우리 각 사람에게서 멀리 떠나 계시지 아니하도다. 우리가 그를 힘입어 살며 기동하며 있느니라"(행 17:26~28). 그러나 모든 시대를 통하여 많은 인간들이 하나님을 떠나 살았지만 하나님은 여전히 전 인류와 인격적인 관계를 유지하고 있다. 하나님은 국가의 장래를 좌우하며 '그에게는 열방은 통의 한 방울 물 같고 저울의 적은 티끌 같다'(사 40:15) 하나님은 일반 세속 역사와 구속 역사의 중심이다. 그는 세계 역사의 한계 속에서 특별한 역사 즉 계시사(The history of Revelation)를 주도하며 그 속에서 자신을 인격적으로 인간에게 알게 하신다.

하나님은 인간 창조 이후 아브라함의 소명 시까지는 어떤 특정한 무리를 사역의 대상으로 제한하지 아니하였고 전 인류를 상대하였다. 그러나 인간들은 연합된 세력으로 하나님을 거역할 뿐만 아니라 그의 영광을 탈취함으로 하나님의 인류에의 통일성을 파괴하였기 때문이다. 이후 하나님은 그의 계시를 한 개인에게 제한하여 부여하였고 신령한 자손들에게만 부여하였다. 그렇다고 하여 하나님이 민족들을 저버리신 것은 아니었다. 하나님은 여전히 그들의 하나님이었다. 그러나 하나님은 그들과의 관계에 있어 언약이나 직접적인 계시를 허락하지 않았다. 그러나 하나님은 여전히 세상의 한계를 정하고, 민족적 제한을 설정하며. 한 민족을 이루기도 하고 몰락시키기도 하며 역사적 사건들을 지배하며, 인간의 문화와 영적 생활 속에서 역사하며 그들의 미래와 풍습과 도덕에 영향력을 행사한다. 하나님이 인간을 위한 그의 계획을 완성한 후에는 예수 그리스도 안에서 은혜로 구속의 길을 예비하였음과 그의 행하심이 의로웠음을 보여줄 것이다. 그 후 새 땅에는 새로운 민족들이 나타나서 하나님의 천성을 이루어 '만국이 그 빛 가운데로 다니고 땅의 글들이 자기 영광을 가지고 그리로 들어오리라'(계 21:24)고 한 예언이 이루어질 것이다. 아브라함과 그의 후손으로 이루어진 나라가 이 사실을 성취할 것이다.17)

(1) 족장들에 의한 교육

하나님은 선민 이스라엘로 하여금 그들과 인류를 위한 자신의 계획을 성취하도록 하는 중요한 수단으로써 교육을 시도하였다. 하나님은 세상 역사의 범주 안에서 특별한 계시의 역사를 지배하였고 이같이 일반적인 교육사의 범주 안에서 그가 인류에게 행하는 계시에 관한 특별한 교육을 지배하였다. 족장시대에 행하여진 특별한 교육은 믿음을 통하여 구속받은 사실을 보여주는 계시를 인류에게 제공하기 위한 통로로써 하나님이 선택한 선민 중의 한 사람인 아브라함이었다.

먼저, 하나님은 아브라함을 통해 '여호와의 의'와 '여호와의 공도'를 가르치려고 택하셨다. 아브라함의 가르침의 견실함에 관하여 찬사하기를 '내가 그로 그 자식과 권속에게 명하여 여호와의 도를 지켜 의와 공도를 행하게 하려고 그를 택하였나니 이는 나 여호와가 아브라함에게 대하여 말한 일을 이루려 함이니라'(창 18:19) 하였다. 이는 하나님이 자신의 길을 지키도록 하기 위하여 아브라함과 그의 자녀와 가정을 선택하여 책임을 부과한 것이다. 하나님에 대한 이해와 그로부터 받은 영광스러운 언약을 기억하고 있는 아브라함이 하늘의 뭇별들을 바라보며 바닷가의 모래들을 바라볼 때 그는 틀림없이 언약에 관하여 그리고 언약을 주신 자에 관하여 이야기하였을 것임에 틀림이 없다. 그러므로 그의 자녀들이나 그의 주변의 사람들은 하나님에 대한 신앙과 소망을 배우게 되었을 것이다. 물론 족장시대의 교육은 형식적이며 정규적인 요소 대신에 자연적이며 비형식적인 것이었다. 족장들의 배회하는 유목생활은 학교의 건립을 허락하지 않았다. 아브라함과 이삭과 야곱은 제단을 쌓고 번제를 하나님께 드릴 때 그들의 자녀들이 보고 하나님에 대한 경배의 책임과 어떤 번제를 받으시는가를 배웠을 것이다. 그때에 하나님께서 계시한 바를 자연스럽게 그들에게 교육하였을 것이며 그들은 하나님에 관하여 보다 더 깊이 배웠을 것이다.

둘째, 아브라함은 '여호와의 의'와 '여호와의 공도'를 그의 소명으로부터 이스라엘 자손들이 출애굽할 때까지 약 430여년 동안 그의 후손들에게서 증명된다. 특히 모리아산(Mountain Moriah)에서 이삭을 번제로 드린 사건은 아브라함의 교육이 그의 아들에게 얼마나 효과적이었는가를 잘 보여준다. 이삭은 번제의 필요성과 하나님이 받는 번제의 조건들을 알고 있었다. 또한 하나님의 뜻에 대한 이삭의 완전한 순종은 그것이 죽음을

---

17) *Ibid.*, 34-36.

뜻하는 것임에도 불구하고 그가 배운 바에 의한 올바른 반응이었음을 잘 보여준다. 이삭과 야곱의 경우에도 아브라함의 가르침에 전적으로 순종함을 그들의 생활을 통하여 볼 수 있으며 또한 아브라함의 가르침을 전수하고 있음도 알 수 있다. 이삭과 야곱은 하나님으로부터 아브라함에게 주어졌던 그 언약의 확실성을 시인하였고 그 가르침에는 허위가 없음을 알았다. 애급에 체류할 동안 그들의 자손들은 그곳에서보다 영구한 처소를 가졌지만 여전히 하나님의 뜻에 따랐다. 출애굽 시까지 히브리 민족(Hebrews)을 형성하여 수 세기 동안 하나님에 대한 가르침들을 보존하였고 마침내 하나님은 아브라함과의 언약을 기억하시고, 노예에서 구출해 달라는 그들의 음성을 듣고 응답하였다.18)

(2) 율법에 의한 교육

이스라엘의 교육은 하나님의 말씀인 율법을 중심으로 이루어 졌다. 하나님께서 아브라함과 맺으신 언약을 기억하사 히브리 민족을 애급에서 구출한 역사는 아브라함의 7대 후손인 모세를 통하여 이루었다. 이적과 기사로 이루어진 출애굽 사건은 하나님을 거역하는 자들에 대한 하나님의 심판과 하나님의 전능에 관하여 이스라엘과 애굽은 물론 온 인류에게 가르치는 것이다. 특히 출애굽 때에 이스라엘 백성에게 있었던 유월절(The Passover)은 그 후 모든 유대인들에게 매우 중요한 교육적 방법이 되었다. 왜냐하면 하나님이 교육적 목적을 위하여 그의 백성에게 이 유월절을 영원한 규례에 의한 절기로써 지키도록 명령하였기 때문이다. 뿐만 아니라 이 유월절의 의미를 그들의 자녀에게 가르치도록 명령하였기 때문이다. 여기에는 두 가지 의미가 있는데 역사적으로는 애굽의 종살이에서 해방되었음과 예언적으로는 그리스도로 말미암아 죄의 종살이에서 해방됨을 암시하는 것이다.

하나님은 그의 백성이 애급의 구속에서 해방될 때 그들에게 율법(The Law)을 주었다. 이것은 인류를 위한 하나님의 교육 계획의 과정 중 하나이었다. 성경에서 율법은 '우리를 그리스도에게로 인도하는 몽학선생이 되어 우리로 하여금 믿음으로 말미암아 의롭다 함을 얻게 하려'(갈 3:24)는 것이라고 말한다. 이와 같이 율법을 주신 주요 목적은 인간이 하나님으로부터 받은 과업을 이루지 못하는 것을 보여줌으로써 죄의 성질에 관하여 인간에게 알려주며 하나님을 거역하는 불순종과 위법과 배신에 관하여 알려준다. 또한

---

18) *Ibid.*, 37~40.

율법은 죄책을 선언함으로써 죄인이 받을 죄의 형벌을 제시한다. 율법은 거룩과 의를 요구한다. 율법의 근본 기초는 하나님의 거룩성에 있다. 이에 위배되는 인간의 연약성과 죄악성과 부족성을 명료하게 밝힌다. 인간이 악한 행위의 원천이 되는 그 속에 내재한 죄를 바라볼 때 그의 교만과 자만은 폐쇄 당한다. 그러므로 그의 율법 속에 나타난 하나님의 거룩성의 현현은 인간의 상실된 신분을 깨닫게 하고 더 나아가 하나님의 은혜의 필요성으로 인식케 하며 마침내 그리스도에게로 돌아갈 원인이 되게 한다.

모세의 율법은 그 조항이 적용되는 면에 있어 모든 사람에게 동일하다.(신 27:26, 마 5:18, 갈 3:10, 약 2:10) 율법은 세 가지 부분들로 성립된다. 첫째 부분은 도덕법으로 하나님의 거룩한 뜻을 수록한 계명들이며(출 20:1~26), 둘째 부분은 사회법으로 사회생활의 통치에 관한 심판들과 규칙들이며(출 21:1~24:11), 셋째 부분은 의식법으로 구약의 제사에 관계된 명령들과 규례들(출 24:12~31:18)이다. 계명과 규례들은 상호 유기적인 관계를 지니고 있다. 따라서 어떠한 계명을 범하는 것은 규례에 따라 속죄를 위한 번제를 행할 필요성을 동반하는 것이다.

광야교회에서 이스라엘에게 율법이 주어진 이후 교육의 핵심은 율법이었다. 율법은 의식법(Litualistic Code)보다 오래된 것으로써 생활의 전반적인 국면을 규정하는 것이다. 율법에는 가정, 의복, 음식, 일, 행동, 재산, 정치, 사회생활까지 규범화되어 있었다. 그리고 율법의 조문들 속에는 교육을 위한 계획을 포함하고 있으며 또한 교육도 규범하고 있다. 신명기 6:4~9에 이스라엘에게 주신 '쉐마'(Shema, 들으라, 이스라엘이여)명령을 철저하게 실천하였다. 하나님이 자기 백성을 교육할 계획에 있어서 가정은 기본적 교육의 장소였다. 가정에서 아버지는 절대적 권위자였고 특히 자녀들에게는 순종을 제일 요소로 하였다. 이렇게 함으로서 그들은 지혜의 근본이신 여호와를 경외하는 것을 배우게 하였다. 따라서 그들의 교육의 포괄적인 목적은 의(Righteousness)의 교육을 실시함이었다. 이를 이루기 위하여 세 가지 종속적인 목적으로 하나님과 더불어 가지는 친교와 선한 성품과 행복을 추구하였다. 드라진(Drazin)은 요세푸스(Josephus)가 한 말을 인용하여 말하기를 "우리 모두에게 있어 제일의 과제는 우리의 자녀들을 잘 교육하는 일이다. 그리고 우리의 전 생애에 있어 가장 중요한 일은 우리에게 주어진 법들을 관찰하며 경건한 통치자들로부터 전수된 법들을 지키는 일이라고 생각한다. 우리들의 입법자(모세)는 교육의 방법론에 있어 두 가지를 조심스럽게 연결시켰다. 즉 말로만 가르쳐서 실제를 저버리지 않도록 하였고, 행함이 없이 율법만 듣도록 허락하지도 않았다. 유대민족의 전

역사를 통하여 보면 하나님은 그들의 교육의 중심이 되었고 율법은 교육의 바탕이 되었다. 하나님께서 이스라엘에게 율법을 줄 때에 '세계가 다 내게 속하였나니 너희가 내 말을 잘 듣고 내 언약을 지키면 너희는 열국 중에서 내 소유가 되겠고 너희가 내게 대하여 제사장 나라가 되며 거룩한 백성이 되리라"(출 19:5~6)고 말씀하지 않았는가? 그들의 교육적 이상은 주님께 대한 거룩이었다. 인간의 연약성에도 불구하고 하나님은 언제나 그들에게 접촉하였고 그들이 언제나 하나님을 제일로 경배하지 못하였어도 그들에게 제일 중요한 존재로 접촉해 주었다. 유대인의 교육은 오히려 생활과 공존하는 것이며, 생활을 번성케 하는 것이며, 생활의 방향과 의미를 주는 것이었다. 교육이라는 현대 히브리어 용어인 *'Hinuk'*이라는 말은 성경에서 '훈련시킨다'(To Train)는 의미로써 발견되고 있는데 어원상의 의미는 헌신(Dedication) 혹은 개시(Initiation)를 뜻한다. 이러므로 유대교육을 받은 자녀들에게 있어 교육이란 자기의 생활을 하나님을 봉사함과 그의 율법을 준수함에 헌신하는 것을 뜻할 수 있을 것이다.[19]

(3) 부모들에 의한 교육

이스라엘의 백성들의 교육헌장 즉, '쉐마'(Shema, 신6:4~9)는 하나님께서 부모에게 직접 부과하신 하나님의 명령이므로 가정은 기본적 교육의 장소였다. 따라서 부모는 교사로서의 신분의식에 투철하여 출생에서부터 끊임없이 자녀들을 가르치고 양육하여 하나님에 대한 언약의 사상을 부모세대에서 자녀세대로 전수해 주는 일에 전념하였다. 따라서 부모들에게는 율법의 계명과 규례와 이스라엘 역사에 관하여 자녀들에게 가르치도록 명령이 주어졌다.[20](출 12:26~27, 신 4:9~10, 6:6~7, 11:19) 그리고 모세에게 이스라엘을 가르칠 직무가 주어졌다.(출 18:20, 24:12, 신 4:14, 6:1, 31:19) 제사장에게도 백성을 가르쳐야 할 직무가 주어졌다.(레 10:11, 신 24:8, 31:9~13, 33:8~10) 유대인들에게는 종교와 교육은 동일한 것이었고 그 둘 사이에 명확한 구분이 없었다. 그들은 '토라'(Torah)라

---

19) *Ibid.*, 47~50.
20) 유대인의 자녀교육에서 부모는 가정의 교사이다. 가정의 아버지는 그 가정의 제사장이며 교사이다(Stalnaker, 1977, p.38). 부모가 가정의 교사라는 개념은 히브리어 단어에서 잘 나타나고 있는데 교사들을 '모림'이라 하며, 부모들을 '호림'이라고 한다. 교사와 부모라는 단어는 같은 어원을 갖고 있다. 또한 '아버지'를 '아바'라 하는데 이는 히브리어 알파벳 중 첫 자음과 두 번째 자음으로 형성된 단어이다. 이것은 아버지가 자녀의 올바른 성장을 위해 얼마나 필요하고 기본적인 역할을 하는지를 말해준다.(Lamm, 1993, p.146)

는 한 단어로써 종교와 교육에 공통적으로 사용하였다. 이 용어는 구약성경에 여러 번 나타나는데 일반적으로 '율법'으로 번역되었지만 실제적 의미는 '가르침'(The Teaching)이었다. 이스라엘 백성이 바벨론 포로로부터 귀환하기까지는 현대적 의미의 학교란 그들에게 존재하지 않았다. 가족이 최초의 학교 구실을 하였고 그들의 생활이 시작되는 가정이 가르침이 시작되는 교육 장소였다. "오늘날 내가 네게 명하는 이 말씀을 너는 마음에 새기고 네 자녀에게 부지런히 가르치며 집에 앉았을 때에든지 길에 행할 때에든지 누웠을 때에든지 일어날 때에든지 이 말씀을 강론할 것이며 너는 또 그것을 네 손목에 매어 기호를 삼으며 네 미간에 붙여 표를 삼고 또 네 집 문설주와 바깥문에 기록할지니라"(신 6:6~9)고 한 말씀은 이 같은 사실을 밝혀주고 있다. 또 "여호와께서 증거를 야곱에게 세우시며 법도를 이스라엘에게 정하시고 우리 열조에게 하사 저희 자손에게 알게 하라 하셨으니 이는 저희로 후대 곧 후생 자손에게 이를 알게 하고 그들은 일어나 그 자손에게 일러서 저희로 그 소망을 하나님께 두며 하나님의 행사를 잊지 아니하고 오직 그 계명을 지켜서 그 열조 곧 완고하고 패역하여 그 마음이 정직하지 못하며 그 심령은 하나님께 충성치 아니한 세대와 같지 않게 하려 하심이로다"(시 78:5~8)라고 한 말씀에서 알 수 있다. 유대인들의 부모들은 자녀들을 유아기부터 가르치기 시작하였다. 필로(Philo)는 "유대인들은 신성한 법들이나 기록되지 않은 관습을 배우기 전에 그들의 강보 속에서 그들의 부모들과 교사들과 그리고 가르치는 자들에 의하여 하나님은 아버지며 세상의 창조자인 사실을 인식하도록 훈련받았다"고 말하며 "어린 시절부터 율법에 관한 가르침 받았음으로 그들의 영혼 속에는 계명에 대한 인상이 새겨져 있었다"고 하였다.

요세푸스(Josephus)도 "그들이 아주 어릴 때부터 율법을 가지고 율법을 배웠기에 마치 율법이 그들의 영혼에 새겨진 것과 같다"고 하였다. 하나님의 선민들에게 늘 하나님의 말씀을 그들의 마음에 가지며, 표로써 그들의 손에 매달 뿐만 아니라 말씀을 집의 문설주에 기록하도록 하는 책임이 있었다. 더욱이 가족들의 생활에 배어 있는 신령한 분위기는 그들에게 지울 수 없는 깊은 인상을 심어주었다. 그들은 아침과 저녁은 물론 식사 전후에도 기도하도록 되어 있다. 가정의 종교의식들로써 매일 말씀을 기록한 쪽지를 갖고 다녀야 하였고, 매주 안식일이면 등불을 켜야 했으며, 안식일에만 먹는 음식에 동참하여 매일 먹는 식사 대신 무교병을 먹기도 하였다. 그리고 가족 전체가 가정을 떠나 율법에 명하신 절기에 참석하곤 하였다. 이러함으로써 아이들은 출생부터 계속하여 가정생활의 종교적 분위기로 말미암아 연단되었다.

아이들이 말을 시작할 무렵이 되면 곧 그의 부모들은 그에게 단어들과 문장들을 가르치기 시작하였다. 그들이 맨 처음으로 암기하도록 요청받는 것은 주로 그들의 매일 기도에 포함되어 있었던 기도문들이었다. 아이들은 아침에 잠자리에서 일어나면서 이것들을 암송하였고 저녁에 잠자리에 들면서도 유일한 하나님에 대한 신앙을 선언하는 말들을 암송하였다. 암기를 매우 중요시하고 강조하였다. 아이들은 나이가 점점 말아지면 성경의 구절들을 암기하도록 요청되었다. 아이들이 아주 어릴 때에는 그들을 훈련시키는 일을 주로 어머니가 책임졌으나 그들의 나이가 많아질수록 자녀교육의 책임은 아버지에게로 그 비중이 증대되었다. 아이들이 책임을 감당할 만큼 나이가 들면 가족의 생계를 마련하는 일들에 참여하도록 요청하였다. 이런 점에서 가정교육은 직업 교육적인 요소가 강했다. 그러나 이 같은 교육이 단지 일시적이며 세속적인 목적만 지니는 것은 결코 아니었다. 생계를 돌보는 것은 하나님의 뜻에 전적으로 배치되는 일은 아니다. 그러므로 직업 훈련은 영적인 의미가 전혀 없는 것은 아니었다.

유대 사회에 있어 모든 절기들과 의식들은 자녀들을 가르치는 수단으로 이용되었다. 율법은 여러 가지 종교적 절기를 규정하였다. 즉 안식일, 나팔절, 장막절, 유월절, 안식년, 희년, 오순절, 속죄일 등이 그것들이다. 이러한 절기들은 하나님의 선하심과 자비하심에 대하여 젊은이들을 교육하는 기초로써 사용되었다. 하나님이 기념하도록 정한 종교적 절기에는 이에 따르는 종교적 의식이 행하여졌고 그때에는 그러한 일들이 자연스런 대화의 주제가 되었다. 이때에 아이들은 종교적 의식의 의미에 대하여 질문하였다. 그들의 부모들은 대답하였는데 이는 비형식적인 교육적 행위가 되었다.

유대인들의 가정생활과 교육은 특히 자녀들에 관하여는 순종이 요구되었다. 무엇보다도 아이들은 그들의 부모에 존경과 애정을 표해야 하였다. 가정교육은 매우 엄격하였다. 자녀들이 순종하는 면이 부족할 때는 부모들은 주저 없이 엄한 방법으로 자녀들이 순종하도록 만들었다. 유대인의 가정에서 '매를 아낀다든가 부드러운 교수법'은 찾아볼 수가 없다. 율법은 자녀들이 범죄할 때에 심한 징벌을 가하는 것을 부모들의 애정 있는 처사로 가르쳤다. 가정에서 아버지의 권위는 절대적이었고 그에 대한 순종은 가정교육의 초석이 되었다. 이렇게 행함으로써 그들은 지혜의 근본인 여호와를 경외하는 것을 배우게 되었다. 근본적으로 부모들의 교육적 활동에 기인한 교육이었기 때문에 가르치는 자에 대하여 보다 깊은 관심이 쏠리게 되었다. 유대인뿐만 아니라 누구라도 마찬가지지만 그 자신이 결코 배운 바가 없는 자는 그의 자녀들을 가르칠 수가 없는 것이다. 율법은 규범에 관한 단순한 경전이 아니었다. 누구라도 율법을 성실히 순종하고자 할 때에는 부단히 영적인 도전은 물론 지적인 도전에 직면할 수밖에 없다.

존경받은 유대인 율법사 힐렐(Hillel)은 "교육을 받지 못한 자는 죄를 두려워하는 사람이 될 수가 없으며, 무식한 사람은 경건한 사람이 될 수가 없다"고 말하였다. 배우지 못한 부모는 바르게 그 자녀에게 가르칠 책임을 수행할 수가 없다. 그러므로 자녀를 가르치도록 명한 율법의 조항에는 자녀교육뿐만 아니라 부단히 계속되어야 할 성인 교육에 관한 사항도 포함하고 있다

구약시대의 유대인 교육사는 모든 시대를 통하여 가정은 근본적인 교육의 기관으로 고려되었다. 부모들은 그들의 자녀들을 교육하며 바르게 행하도록 가르칠 책임이 있었다. 물론 부모들이 그들의 교육할 책임을 충실히 감당한 것은 아니었다. 이스라엘 백성이 가나안에 들어간 후 자녀교육을 게을리 하고 세속적인 일에 몰두한 적도 있었다. 이 같은 자녀교육에 대한 나태 때문에 여호수아 시대 이후에는 하나님을 알지 못하는 세대가 있었다. 하나님의 율법에 순종하는 대신에 그들이 자행자지함으로써 혼돈의 시대가 다가왔다. 스위프트(Swift)는 "일상 종교교육의 과제가 주어진 초등학교 제도의 도래에도 불구하고 가정은 여전히 자녀교육에 책임을 감당했어야 하였고 이 책임이야말로 가정의 가장 중요한 책임이었다"고 말하였다.21)

(4) 제사장들에 의한 교육

이스라엘의 교육은 가정에서는 부모들에 의한 이루어졌다면 이스라엘 민족 공동체의 교육은 제사장의 교육적 사역에 의해서 이루어 졌다. "모세가 이 율법을 써서 여호와의 언약궤를 메는 레위 자손 제사장들과 이스라엘 모든 장로에게 주고 그들에게 명하여 이르기를 매 칠년 끝 해 곧 정기 면제년의 초막절에 온 이스라엘이 네 하나님 여호와 앞 그 택하신 곳에 모일 때에 이 율법을 낭독하여 온 이스라엘로 듣게 할지니 곧 백성의 남녀와 유치와 네 성 안에 우거하는 타국인을 모으고 그들로 듣고 배우고 네 하나님 여호와를 경외하며 이 율법의 모든 말씀을 지켜 행하게 하고 또 너희가 요단을 건너가서 얻을 땅에 거할 동안에 이 말씀을 알지 못하는 그들의 자녀로 듣고 네 하나님 여호

---

21) *Ibid.*, 51~54.

와 경외하기를 배우게 할지니라"(신 31:9~13)고 제사장의 교육적 책임과 사역을 보여주고 있다. 이 밖에도 신 3:8~10에 보면 제사장들은 다양한 많은 의무들을 수행하였다. "주의 법도를 야곱에게, 주의 율법을 이스라엘에게 가르치며"라고 한 말씀을 볼 때 제사장들의 교육적 사역은 매우 중요한 것이다. 제사장들은 백성들에게 율법을 가르칠 책임과 율법을 전수할 책임이 있었다. 더욱이 대를 이을 제사장들에게 제사법과 의식법을 가르칠 책임이 있었다. 물론 제사장들은 백성들이 어떻게 희생을 드리며, 제사를 드리며 의식을 행하여야 할지를 교육하였다. 제사장들이 그들의 기능을 수행하는 모든 장소는 곧 교육하는 장소였다. 모든 번제와 상징과 의식에 있어서 하나님께 대한 사람의 감정과 태도는 교육 여하에 따라 달라지는 것임으로 신앙과 율법을 가르쳐 주는 수단이 되었다. 따라서 제사장들은 성막 예배와 관련하여 백성들이 이 같은 일들을 잘 수행하도록 하기 위하여 하나님의 거룩성과 신앙의 중요성 그리고 회개의 필요성을 가르쳐야 했다. 모든 희생은 성막에서나 혹은 하나님의 성품을 간접적으로 선포하는 곳에서 드려졌는데, 이는 남녀노소를 초월하여 단지 말로만 가르치던 것보다 더 생생하게 가르치는 일이 되었다. 그리고 제사장의 직무 중에는 백성이 서로 간에 어떻게 관계를 가지며 살 것인가에 대한 교육적 책임도 있었다. 제사장들은 백성들을 조언하기도 하였고 그들의 질문에 응답하기도 하였다. 따라서 제사장들은 백성들에게 윤리와 시민법을 교육하였다. 뿐만 아니라 백성들의 개인적 문제와 관련하여 그들을 도왔고, 그들의 실제 생활이 하나님이 기뻐하는 방향으로 나아가도록 말씀을 해석해 주었다. 왜냐하면 선민 이스라엘에 있어서 윤리와 시민법과 하나님에 대한 의무는 유기적으로 공존하는 것이었기 때문이다. 하나님은 제사장들이 율법을 운용하도록 하였고, 제사장들로 하여금 백성들의 일상생활의 모든 면에 교훈과 인도가 되도록 하였다. 바벨론 포로 때까지 제사장들은 백성들을 가르치는 공인된 교사로서 중요한 교육적 사역을 감당하였다. 이 같은 제사장들은 레위 지파 출신의 남자들이어야 했다. 그들에게는 병역의무가 면제되었고 경작할 농토가 주어지지 않았다. 그들의 생계는 십일조에 의하여 유지되었고, 그들의 전체 시간은 율법의 운용과 이에 관련된 일들에 바쳐졌다. 자연히 백성들은 제사장들의 신적 권위를 믿게 되었고 제사장들에게 신적 권위를 두었다. 이와 같은 상황들은 제사장들에게 보다 폭넓은 교육적 기회를 제공하게 되었다.

(5) 지혜자들에 의한 교육

이스라엘 교육사를 더듬어 보면 지혜자(현인)들의 교육적 사역이 있었다. 구약에서 지혜자들에 관해서는 사울 왕조 이전에는 족장시대인 욥기에서 발견되며 삼손시대에도 찾아볼 수 있다(사 14:12~18). 현인들은 바벨론 포로 이후에 더욱 현저하게 나타났고 그들은 장로로서도 언급되기도 했다. 이들은 나이가 많았으므로 통찰력과 이해력 그리고 경험에 있어서 교사로서 충분한 자질이 있었다. 이스라엘의 현인들은 다른 이방나라의 현인들과는 근본적인 차이가 있었는데 이스라엘의 현인들은 '하나님을 경외함이 지식의 근본'이라는 점을 강조하였다. 사울왕조 이후 수 세기가 지난 예레미야 시대의 사람들은 하나님의 계시와 관련하여 현인들을 제사장과 선지자의 반열에 두기도 하였다. 이는 '제사장에게서 율법이, 지혜로운 자(현인)에게서 모략이, 선지자에게서 말씀이 끊어지지 아니할 것(18:18)이라는 말씀에서 찾아 볼 수 있다. 특히 잠언의 일부는 하나님을 경외하는 현인들의 금언들로써 하나님의 백성이 이 세상을 사는 동안 어떻게 살아야 할 것인가에 대한 신령한 지혜를 가르치는 성경이다. 이에서 알 수 있는 것은 현인들의 가르침이 주로 하나님을 경외하는 데 있었다. 솔로몬 잠언에 삽입한 금언들은 이 현인들의 가르침을 정돈한 것들로써 그중에 어떤 것들은 당시에 사용되던 것들도 있었고 어떤 것들은 수년이 된 것들도 있었을 것이다(전 12:9).

현인들의 교육의 목적은 잠언 1:2~6에 다음과 같이 나타나 있다. "이는 지혜와 훈계를 알게 하며 명철의 말씀을 깨닫게 하며 지혜롭게, 의롭게, 공평하게, 정직하게 행할 일에 대하여 훈계를 받게 하며 어리석은 자로 슬기롭게 하며 젊은 자에게 지식과 근신함을 주기 위한 것이니 지혜 있는 자는 듣고 학식이 더할 것이요 명철한 자는 모략을 얻을 것이라 잠언과 비유와 지혜 있는 자의 그 오묘한 말을 깨달으리라" 이 말씀은 이스라엘 현인들의 교육목적이 지성적 지식의 개발이 아니라 전인(The whole man)적 지혜의 개발에 두었고, 이 지혜는 하나님을 떠나서 존재할 수 없으며 오로지 하나님을 경외함에 그 기초가 있음을 보여준다.

따라서 현인들의 교육은 지혜와 정의와 올바른 행위를 강조하는 영적인 교육이었다. 이러한 요소는 하나님 법칙의 특징에 합하는 것이었고, 지식을 실제생활을 지배하는 것으로 수용하도록 가르친 것이었다. 이런 지혜와 지식은 남녀노소를 초월하여 누구에게나 유용한 것이었다. 지혜 있고 선량한 사람에게는 더욱 지혜롭게 그리고 선량하게 만드는 요소가 되었다. 현인들에 의한 가르침의 목적은 이미 하나님의 사람들에 의하여 가르쳐진바 된 도덕적, 영적 원리들을 이해시키는 것이었고 학습자로 하여금 경건하게 살도록 하는 데 있었다. 현인들은 죄악과 거짓과 교만과 부모를 경멸함과 불의와 잔인과 방종과 불경을 경계하도록 강조하였고 덕과 진리와 정직과 공정과 인내와 용기와 겸손과 자비와 신앙심을 높이 평가하였다. 이 같은 교육은 개인적이며 인격적인 교육이었기에 매우 중요한 교육이었다.

사울왕의 즉위로부터 바벨론 포로에서 귀환할 때까지인 유대인 교육은 부모와 제사장들과 현인들이 계속적으로 교사로서 활약하였다. 성전 건축과 더불어 하나님을 예배하는 일에 강조를 둔 교육의 기회가 더 많아졌다. 성전에서 제사장들은 민족적 번제를 드렸고 예배와 관련된 교훈을 베풀었으며 율법을 가르치기도 하였다. 일반적으로 백성들은 구전(Oral tradition)에 기초한 것에 불과한 비형적인 교육을 받았다. 바벨론 포로에서 귀환 후 이스라엘 교육은 쓰는 것이 개발되었고 읽는 것은 보다 보편화되었다. 의심할 여지없이 제사장들이 제일 먼저 쓰기를 시작하였으며 그들은 역사적 기록을 남겼다. 질문들에 응답기 위하여 제사장들에 의하여 만들어진 신조들도 보존되었다. 제사장직은 법정적 문헌과 역사적 문헌을 보존하며 더욱 시민을 연구하게끔 되었다. 일반적으로 레위인들이나 제사장들이었던 서기관들이 한 계층으로 중요하게 성장하였다. 처음에 그들은 주로 사본들을 만드는 일에 헌신하였다. 시간이 갈수록 서기관들은 율법에 정통하게 되었다. 따라서 제사장들이 성전에서 예배와 관련된 일에 종사할 동안 그들은 율법의 보존자로서 그리고 교사로서 활약하게 되었다. 그러나 바벨론 포로 이후에만 제사장들과 서기관들이 분명하게 특수화된 것으로 보인다.

(6) 선지자들에 의한 교육

하나님의 교육적 계획을 성취하기 위하여 여러 종류의 교육적 사역자들을 세웠으나 교육이 실패함에 따라 선지자들을 세워 교육적 사역을 감당케 하였다. 이 같은 사실에 대해 스위프트(Swift)는 "아마 고대 이스라엘의 선지자에 비교될 만한 종교적이며 또한 도덕적인 무리를 다른 나라들에서는 찾아볼 수가 없을 것이다. 선지자들은 말씀 선포와 기록을 통하여 사회의 정의를 정립하였고 민족적 종교를 확립하였으며, 사회의 관념을 주도하였고, 정치를 비판하였으며, 사회적 도덕을 공격하였고, 개인적이며 사회적인 의를 선포하였으며, 이스라엘 민족의 사명과 하나님에 대한 고결한 관념을 생산하였다. 이러한 활동들을 성취함에는 그들이 공인된 교사로서 활동함이 수반되어야 했다. 그들은 민족적인 위기가 발생할 때마다 최일선에서 공격하며, 격려하며, 위로하며 항상 가르쳤다. 그들은 이스라엘의 공인된 양심이었고, 이스라엘 종교의 핵심이었고, 대중여론의 조성자였고 가장 철저한 존재였고, 가장 존경받는 존재였고, 가장 확신 있는 교사들이었다"고 말한다. 이 같은 선지자들은 하나님께서 세우신 것이었다. 그들은 직업이 아니라 신적 소명감에서 사역을 수행하였다. 하나님은 선지자들을 개인적으로 선택하였고 그의 백성에게 전할 메시지를 위탁하였다. 제사장들이 백성의 입장에서 하나님께 말씀드렸다면 선지자들은 하나님의 입장에서 백성에게 말씀을 선포하였다. 그들은 참된 영적인 신앙을 선포하였다. 아브라함도 선지자였고 모세도 선지자 중의 한 사람이었다.

선지자들의 교육은 하나님 중심 교육으로 매우 고차원적인 교육이었다. 그들의 메시지는 과거에 계시된 하나님의 말씀에 근거하였고 그들의 가르침은 특히 모세의 율법에 근거하였다. 그러나 그들의 가르침은 율법 의식이나 외형적 형식보다는 하나님에 대한 영적 예배에 중점을 두었다. 그들은 하나님의 신성한 본성에 대하여 깊은 관심을 가지고 교훈하였다. 그 결과 가나안 입국 이후 하나님에 대한 교육이 등한히 됨으로써 하나님에 대한 예배나 하나님에 대한 율법에 무식하여 가나안 잡신에 빠져 우상숭배를 하던 많은 이스라엘 백성들에게는 매우 영향력 있는 교육적 사역으로 나타났다.

선지자들은 오직 하나님만이 창조자이며 섭리자이며 또한 통치자인 사실을 강조하였다. 뿐만 아니라 하나님은 천상천하의 만물과 인생을 역사하는 분으로 가르쳤고 하나님은 본래적 의지와 허용적 의지로써 섭리하심을 교육하였다. 또한 하나님은 거룩하고 의로우며 정의를 시행하며 자비한 분으로 강조하였다. 하나님이 인생 전체를 그리고 동시에 한 사람 한 사람을 다스린다는 사실을 상기시켰다. 하나님은 전능하며 전지하며 거룩하며 의로우며 사랑하며 자비한 이스라엘 하나님이며 그가 지상의 모든 민족 중에서 이스라엘을 자기 자신의 백성으로 선택하였다. 하나님은 오래 참으며 그들을 훈련시키며 그들이 선을 추구하도록 기대하심을 교훈하였다.

선지자들은 때로 이스라엘 백성이 하나님의 뜻을 거역하면 징계를 가하며 심판을 행함으로써 죄에서 돌이켜 하나님께로 돌아오도록 한다는 사실을 교훈하였다. 하나님은 결코 이스라엘 백성을 저버리지 않으며 그들의 실패가 하나님의 목적을 결코 파괴시킬 수 없도록 함으로 그들을 자기 백성으로 삼았다. 선지자들은 죄에 대하여 심각히 공격하여 회개하고 하나님과 화해하기를 요청하였다. 회개하는 자에게 사랑과 자비가 풍성한 하나님을 소개하였다. 선지자들의 교육에 있어 최고의 선행은 하나님의 목적에서 의를 행함이라고 가르쳤다. 이 같은 의를 추구함에 장애가 되는 일체의 것은 죄로 정죄되었다. 그리고 그들이 하나님을 떠나서 행하는 그에 대한 예배는 공허한 것임을 교육하였다. 올바른 길은 한 길뿐인데 그 길은 하나님이 바로 가르쳐 준 길이며 이 길을 떠날 때는 그가 왕이든지, 제사장이든지, 선지자이든지 그 밖에 누구라 하여도 죄의 형벌을 받게 됨을 가르쳤다. 선지자들이 촉구한 회개는 죄를 인식하며 죄를 슬퍼하는 것이요. 하나님께로 전심으로 돌이키는 것이며, 선한 길을 선택하는 것이며, 악을 떠나는 것이었다. 그리고 그들은 선한 성품은 회개의 열매임을 강조하고 하나님을 신앙함으로써 자신의 책임을 다할 수 있는 힘을 공급받을 수 있음을 가르쳤다. 선지자들은 한결같이 '너희는 내가 호렙에서 온 이스라엘을 위하여 내 종 모세에게 명한 법 곧 율례와 법도를 기억하라'(말 4:4)는 말씀을 강조하였다.

선지자들의 교육적 사역에 있어 무엇보다 중요한 것은 그들의 교훈이 미래와 관계를 갖고 있다는 사실이다. 특히 '주 여호와의 날'에 대하여 심각하게 교훈하여 모든 사악과 범죄를 회개치 않으면 이 날에 두려운 심판이 임할 것을 상기시켰다. 그리고 하나님이 선택한 백성의 장래는 영광스러울 것임을 상기시켰다 이 영광스러운 미래는 선지자들이 여러 방면에서 많이 예언한 것으로써 에덴동산에서부터 그 같은 예언이 시작되었고 메시아에 의하여 성취될 것임을 강조하였다(창 3:15). 이 사실은 8세기 이후의 선지자들에게서 더욱 강조되었다. 더욱이 메시아는 선지자와 제사장과 왕의 직을 가지고 고난과 배신과 죽음을 통하여 승리를 얻을 것과 그의 왕국을 육체적 폭력에 의해서가 아니라 진리를 소유함으로써 영원히 이루어갈 것을 보여주었다. 메시아는 심판할 것이되 보는 대로 혹은 듣는 대로 비난하지 않을 것이며 현존할 도덕법에 따라 할 것이다. 의와 공평과 정의는 그의 통치의 특색이 될 것이며 그의 통치하에서 무력과 폭력은 사라질 것이다. 여호와에 대한 지식이 바다를 덮고 있는 바닷물같이 땅을 덮게 될 것이다. 선지자들의 교육적 사역과 관련하여 소위 '선지학교'를 언급하지 않을 수 없다. 이 선지학교는 이스라엘 전국에 산재해 있었는데 특히 엘리야와 엘리사 시대에 왕성하였다.(왕하 2:3~5, 4:38, 6:1) 초기 선지학교는 사무엘 시대에 존재하였다. 이들을 성경은 '선지자의 아들들'이라고 언급하였다.

2. 신약의 교육적 기초

하나님의 구속 역사는 하나님의 계시의 역사이다. 구약시대를 거쳐 오면서 하나님의 구원 계시는 점진적으로 확장되어 왔다. 기독교교육은 이와같은 하나님의 계시의 점진성과 연속성에 따른 그리스도의 성육신 사건에 기초하여 구약의 사건을 조명하여 그 안에서 교육적 의미를 발견한다. 이런 면에서 구약의 이스라엘의 신앙교육은 기독교교육의 원형이라고 할 수 있다. 그래서 초대 교회에서는 교육은 교회생활의 본질적 요소로 간주되었고 교육은 예배와도 직결되어 있었다. 그리스도의 고난과 대속적 죽음과 부활을 전파하는 복음을 나타내기 위하여서 설교뿐만 아니라 가르침도 이에 못지않게 필요한 것이었다. 설교로써 수행되는 복음적 사역에도 교육을 통한 완성과 보충이 필요한 것이었다. 신약 성경을 통하여 예수님도 설교한 것보다 가르친 것이 많음을 알 수 있다. 기독교의 신앙은 교육이라는 과정을 통하여 보다 견고하고 확실해지는 것이다. 기독교 신앙을 고백하기까지에는 기본적 진리에 대한 교육은 필수적이었다. 초대교회는 유대인 기독신자들에게 기독교적 생활양식을 따르도록 철저히 교육했어야 했고 심지어는 이방인 기독신자들에게도 기독교적 생활양식에 순응하도록 생활교육을 실시하지 않으면 안 되었다. 따라서 초대교회에서 "우상의 더러운 것과 음행과 목매어 죽인 것과 피를 멀리하라"(행15:20)고 가르친 것을 볼 수 있다.

1) 예수님의 교육

예수 그리스도는 기독교교육의 목표가 되시며, 기독교교육의 내용이시며 또한 교육을 가능케 하시는 주체가 되신다. 예수님이 가르친 모든 것은 구약적 상황과 현시대에 전적으로 부합되는 것이었지만 그러한 가르침은 예수님 당시에나 혹 그 이전에 존재한 어떤 것에 기인한 것은 아니었다.22) 그의 교훈들에 인간적 원천을 지닌 것은 전혀 없다. 심지어 예수님의 대적이었던 관원들까지도 "이 사람과 같이 말한 사람이 결코 없었다"

---

22) 예수께서 이 말씀을 마치시매 무리들이 그 가르치심에 놀래니 이는 그 가르치시는 것이 권세 있는 자와 같고 저희 서기관들과 같지 아니함일러라(마 7:28~29).

라고 하였다. 그는 하나님께로 와서 하나님의 메시지를 가르쳤고 하나님의 역사하심을 보여 주었다. 하나님께로부터 오셨으므로 하나님의 권위로써 가르쳤다. 그가 가르친 모든 것은 그의 행동이 예증하였다. 교훈의 고상함에 있어서나 성품의 거룩함에 있어 그와 상반될 만한 증거는 신앙적 관점으로 주님을 보며 따르던 그의 제자들이나 추종자들뿐만 아니라 이성적 관점으로 주님을 보던 합리주의자나 회의론자도 주님을 능가할 수는 없다고 단정한 사실이다. 그 누구도 그와 같이 가르치는 자가 없었다.

주님은 가르침을 그의 사역에 주된 방법으로 사용하였다. 가르침은 그의 사역에 거의 전체를 차지하였다. 그는 종종 치유자로 혹은 기적을 베푸는 자나 설교자로 사역하였지만 교사로서의 사역을 지속하였다. 인간이 하나님에게 나아가는 길을 가르쳤고 인간의 태도나 생각이나 행동이 하나님의 뜻을 이루도록 가르쳤다. 예수님은 자신의 메시지에 대한 교육만 한 것이 아니라 적은 제자의 무리를 교육하였고 훈련시키는 일에 집중하였다. 그리고 그의 제자들로 하여금 다른 사람들을 다시 가르칠 수 있도록 교육하였다.

예수님은 그의 공생애를 복음적 설교와 선포로 시작하였지만 얼마간의 추종자가 생겼을 때 그는 설교의 방법에서 교육의 방법으로 사역 방법을 전환하였다. 예수님의 사역 기간 중 중기와 말기는 설교보다 철저히 가르치는 일에 집중되었고 특히 하나님의 왕국의 성격이나 왕국의 법도, 그리고 왕국에 관련된 자신에 관하여 가르쳤다. 그는 말씀하기를 "내가 스스로 아무것도 하지 아니하고 오직 아버지께서 가르치신 대로 이런 것"(요 8:28)을 가르친다고 하였다.

예수님께서도 자신을 교사로 간주하였다. 뿐만 아니라 다른 사람들이 그를 교사로 인식하도록 허용하였다. 복음서에 흔히 사용된 '선생'(Master)이란 용어는 헬라어 '디다스카로스'(*Didaskalos*)란 말인데 이는 교사라는 통용적 의미를 지니고 있는 용어였다. 예수님의 제자들도 그를 교사로 고려하여 '선생'으로 불렀다. 예수님은 제자들에게서 보다 일반인들에 의하여 더욱 교사로 인식되었다. 특히 니고데모도 예수님을 교사로 인식하여 "랍비여 우리가 당신은 하나님께로서 오신 선생인 줄 아나이다"(요 3:2)고 하였다. 심지어 바리새인 중에서 그를 대적하는 이들도 그리고 사두개인, 헤롯파 사람들까지도 예수님을 교사라고 불렀다. 그리고 매 안식일마다 회당에서 거행되는 두 차례 예배에서 여러 차례 예수님은 교사로서 가르치는 사역을 하였고 유대인들도 그를 교사로 받아들였다.

특히 회당에서 거행되는 오후예배는 오전예배의 설교 위주와는 달리 가르침 위주의 예배였고 예수님의 사역은 이와 관련이 깊음을 복음서에서 보여주고 있다. 더욱이 사복음서 전반에서 보여주고 있는 바는 예수님은 어느 곳에 있든지 교육적 사역과 깊은 관계를 갖고 있는 사실이다. '걷고'(Walked) '말씀하심'(Talked)이란 용어는 가장 흔히 사용하는데 이는 예수님께서 같이 친밀하게 거닐면서 자연스럽게 진리를 교육한 방법임을 잘 보여주고 있다. 예수님의 교육방법은 공식적이며 정규적인 것보다는 비공식적인 것이었다. 주님은 걸으면서 하나님에 관한 것들을 말씀하였고 말씀하면서 교육하였다. 그는 장소를 초월하여 길가에서, 해변에서, 광야에서, 산에서, 집에서, 우물곁에서 그리고 회당과 성전에서도 가르쳤다.

바울 사도 후기에 그의 제자들에게 '가르치기에 적합한' 자가 되라고 하였듯이 예수님은 그가 있는 곳에서 언제나 가르치기에 적합하도록 준비하였다. 교사로서의 예수님은 일상생활과 평범한 활동들과 관련하여 사람과 자연과 사물에 관하여 단순하게 가르쳤다. 그는 있는 그대로의 환경 속에서 사람들 사이를 거닐면서 그들의 일상생활을 관찰하였다. 그는 그들의 영적 관심사와 문제들을 걱정하면서 하나님에 대하여 그들에게 말씀하였고 하나님에 대한 그들의 관계를 알려주었다.

예수님은 언제나 분명한 목표를 설정하고 이를 달성키 위하여 가르쳤다. 그는 목적을 달성키 위하여 분명하게 그의 마음속에 의도를 가졌다. 그는 이미 알려진 말로써 행동하도록 자극하는 교수 방법을 사용하지 않았다. 그는 모든 가르침에 있어 먼저 하나님 올바른 관계를 가지며 그 후 인간들과 올바른 관계를 갖도록 하였다. 그는 올바른 관계를 기초로 하여 올바른 태도를 개발시키고 적합한 사상을 형성시키며, 생의 문제들을 효과적으로 대비시키며 성숙한 인격을 배양시키며, 봉사를 위한 훈련을 시켰다.

예수님은 그의 지상 사역을 완성한 후 승천 직전에 그의 제자들에게 가르칠 사명을 주었다. "그러므로 너희는 가서 모든 족속으로 제자를 삼아 아버지와 아들과 성령의 이름으로 세례를 주고 내가 너희에게 분부한 모든 것을 가르쳐 지키게 하라 내가 세상 끝 날까지 너희와 항상 함께 있으리라"(마 28:19~20)고 하였다. 여기에 그는 이중적인 교육적 과제를 주었다. 즉 사람들로 하여금 하나님과 교제하도록 가르칠 것과 또한 하나님과의 교제에 이르는 방법을 가르칠 것을 명하였다. 이 일에는 세 가지 요소를 포함하였다. 즉 하나님의 왕국의 건설에 본질적으로 가르침에 대한 인식과 신앙 인격 형성에 가르침의 필요성과 개인에게 성령이 내주함으로써 가르치라는 그리스도의 명령을 순종함이다.

2) 사도들의 교육

사도시대의 교육은 주님의 지상 명령을 순종함으로써 시작되었다. 오순절에 사도들을 중심한 교육이 행동으로 옮겨졌다. 흔히 베드로의 설교라고 불리는 사도행전의 초반부 말씀(행 2:14~42)은 예수님에게서 예언이 성취되었음과 주와 그리스도로서의 그의 사역을 수행한 사실에 관한 사도시대의 가르침의 요약이라고 볼 수 있다. 이 같은 사도들의 가르침은 초대 교회 신자들의 신앙을 견고하게 만들었다. 사도들은 "날마다 성전에 있든지 집에 있든지 예수는 그리스도라 가르치기와 전도하기를 쉬지 아니하였다."(행 5:42) 사도들은 기독신자였지만 유대인들로서 이미 유대교적 성경 교육을 받았기에 성경을 가르침에 있어 보다 효과적이었다. 특히 사도들을 중심한 초대교회 신자들은 가르침(Teaching)과 설교(Preaching)의 차이점을 인식하고 예수님께서 그렇게 하였듯이 그들도 설교사역보다 가르치는 사역에 더욱 매진하였다. 물론 그들이 설교도 하였지만 그들의 설교에는 교육적 가르침의 요소가 풍부하였다. 특히 베드로, 바울, 스데반의 설교에서 현저하게 들어난다.

사도시대의 교사들에 의하여 가르쳐진 진리는 유대교적 진리와는 현저한 차이가 있었지만 교수방법은 근본적으로 동일한 것이었다. 교사들은 개종한 신자들에게 그리스도를 중심한 교훈과 과제와 예배에 관하여 교육하였다. 그들의 교육 주제는 자기를 믿는 자에게 영생을 주는 부활한 그리스도였지만 교육 자료는 구약을 중심한 하나님의 말씀이었다.

이 시대에 탁월한 교사는 바울 사도이다. 그는 다른 사람들과는 달리 예수님께 직접 교육을 받지는 못했지만 당시 유명한 율법교사인 가말리엘(Gamaliel)의 문하생이었다. 그러므로 그는 유대교 최고 학부를 수료하였고 기독교인이 된 후에는 그의 학문적 재능을 그리스도를 위하여 활용하였다. 바울 사도는 바나바와 함께 만 일년간 안디옥에서 가르치는 일에 종사하였다. 바나바와 사울(바울의 개명 전 이름)이 안디옥에서 가르치는 사역을 수행할 때, 성령이 그들로 하여금 보다 위대하고 보다 폭넓은 사역을 감당하도록 사명을 부여하였다. 바울 사도는 안디옥을 떠나 여러 지역을 다니면서 전도함으로써 교육선교가 포함된 위대한 세계 전도 여행을 하게 되었다.

바울 사도는 회당에서, 강가에서, 감옥에서, 아덴의 아레오바고 언덕에서, 학교에서, 시장터에서, 극장에서, 가정에서, 선상에서, 법정에서 공사를 초월하여 가르쳤고 유대인이나, 이방인이나, 헬라인이나, 로마인이나, 친구나, 적이나, 철학자나, 군주나, 왕을 가리지 않고 가르쳤다. 그는 개인이든지 단체이든지 큰 총회이든지 가르치기를 힘썼다. 그는 큰 무리에게 설교하는 것보다 적은 무리를 가르치는 일에 그의 사역을 활용하였다. 그는 교육방법에 있어 전형적으로 토의법을 주로 사용하였다. 특히 로마서에서 이 같은 그의 교육방법이 두드러지고 있다.

데살로니가전후서에서 그는 그리스도의 재림에 관하여 가르쳤으며, 고린도전후서에서 탈선한 윤리상황을 정정하기 위하여 기독자로서의 사회생활의 영적 규범을 가르친다. 갈라디아서에서도 믿음과 성령의 권능에 의하여 칭의되며 성화 생활하게 됨을 가르친다. 그리고 로마서에서 모든 사람이 범죄하였으므로 하나님의 요구를 만족시킬 수 없음과 그리스도를 믿음으로써 구원받은 자만이 하나님께 헌신하며 서로 사랑할 수 있음을 가르친다. 에베소에서도 그는 참된 교회의 성격을 가르친다. 그는 빌립보에서 기독자의 내면적 경험과 외적 행동의 유기적 성격을 가르치며, 골로새서에서는 금욕주의적 율법주의와 탈선적 신비주의를 고치기 위하여 교육하였다. 그는 디모데전후서와 디도서에서 교회 사역의 질서와 교회의 안전과 유지에 관하여 가르쳤다. 이같이 그 사역의 중심은 가르침에 있었다.

초대교회 시대의 성도들은 유대인들이었기에 그들이 기독교 신앙을 가져도 그들 고유의 종교적 풍습에서 급격한 변화를 요청받지 않았다. 따라서 유대교에서 기독교로 개종하여도 회당학교에서 성경 교육을 계속적으로 받았다. 초대교회는 유대인들만 관련이 되어 있었지만 점차 비유대인 신자들이 증가하게 되었다. 따라서 이들은 유대적 종교나 생활에 대하여 전혀 익숙지 못한 사람들임에 이들을 위한 특별한 교육제도가 요청되었다.

초대교회에 의하여 최초로 형식적 교육이 초신자 세례준비 학교(Catechumenal School)를 통하여 나타났다. 물론 이 학교는 로마가 기독교 국가가 되기 이전인 1세기와 2세기에도 설립되어서 개종자들을 교육하였지만 3세기에 들어서면서 정규적 교육기관으로 성장하였다. 이 학교는 남녀노소, 유대인, 비유대인을 초월하여 새신자들을 교육하였기에 세례예비생들(Catechumens)만이 입학할 수 있었다. 교리 문답(Catechism)이란 말과 세례예비생이라는 'Catechumnen'이란 말은 동일한 어근을 가진 헬라어의 '가르친다'는 말에서 나왔는데 이 말의 문자적 의미는 '귀에 반복적으로 들려주다'라는 의미이다. 이 말은 신약성경에서 7회 나타난다(눅 1:4, 행 18:25, 21:21, 24, 롬 2:18, 고전 14:19, 갈 6:6). 초신자 세례준비 학교의 수학 기간은 2년 내지 3년이었다. 학생들을 3등급으로 나누고 각 등급별 학급을 설치하여 교육하였는데 초급반은 '청강반'(Hearers)으로 성경 낭독을 경청하며, 설교를 경청케 하여 근본적 기초 교리와 신앙생활의 원리를 터득케 하였다. 중급반은 '기도반'(Kneelers)으로 수업 후에 특히 기도하도록 요청되었다. 상급반에 진학하려면 생도들의 생활규범이 상급반에 합당하다고 증명되어야 했다. 고급반은 '선별반'(the chosen)이라고 불렸는데 보다 고차원적인 교육이 실시되었다. 주로 교리와 예배 의식과 세례에 필요한 예비 훈련이었다. 이 학교의 교사는 초기에는 감독과 사제와 집사들이었다. 후기에는 전담 강사나 교리문답 전문 교사들이 주로 교사로 활동하였고 심지어 탁월한 평신도들도 이에 참여하였다.

초대교회 부모들은 그들의 자녀들을 로마학교(Roman Schools)에 보내는 것을 이교 문학과 사상에 감염케 하는 계기가 될까봐 싫어하였다. 그러나 교회가 성장하고 기독신자들이 헬라나 로마문화와 접촉하게 되자 기독교 진리에 대하여 지성적 이해를 추구하는 이교 교육을 받은 이들은 난해한 질문들을 교회 지도자에게 하게 되었다. 더욱이 이교 철학자들의 질문과 이교신도들의 공격은 이에 대응할 수 있는 성경적 교육을 받은 성직자들을 필요케 하였다. 이러한 상황에서 2세기 말엽과 3세기 어간에는 초신자 세례 학교(Catechumenul Schools)에서 발전된 새로운 양상의 '교리문답학교'(Catechetical School)를 시작하였다. 이 학교의 목적은 당시 이교 교육을 받은 사람들과 대응할 수 있는 지적 교육으로 훈련된 성직자를 배출하는 것이었다. 이 교리문답 학교들에게 배출한 기독교 학자들은 당시 헬라와 로마 문화를 통달한 교사들이 소유한 지식에 못지않은 지식을 소유하였다.

그러나 교회는 점점 세계로 뻗어 나갔지만, 주님께서 명하신 지상명령인 가르침을 수행하는 일에 등한시함으로써 교회의 영적 생명을 상실하고 말았다. 인간은 성경에 계시된 진리에 의해 살 수 있지 스스로 사색에서 얻어지는 인간적인 진리로는 살 수 없다. 헬라학문이 들어옴으로써 성경은 멀어졌고 성경이 멀어짐으로써 영적 생활은 퇴보하게 되었다. 하나님의 말씀 교육이 중지될 때 교회는 교권주의와 형식주의가 기본적 진리를 대치하게 되었다.

3. 교회의 교육적 임무

기독교교육학자 로버트 W. 파즈미노 박사는 기독교교육에 대한 성경적 기초에 근거하여 '교회의 교육적 임무'를 위한 모델을 다음과 같이 제시하였다.

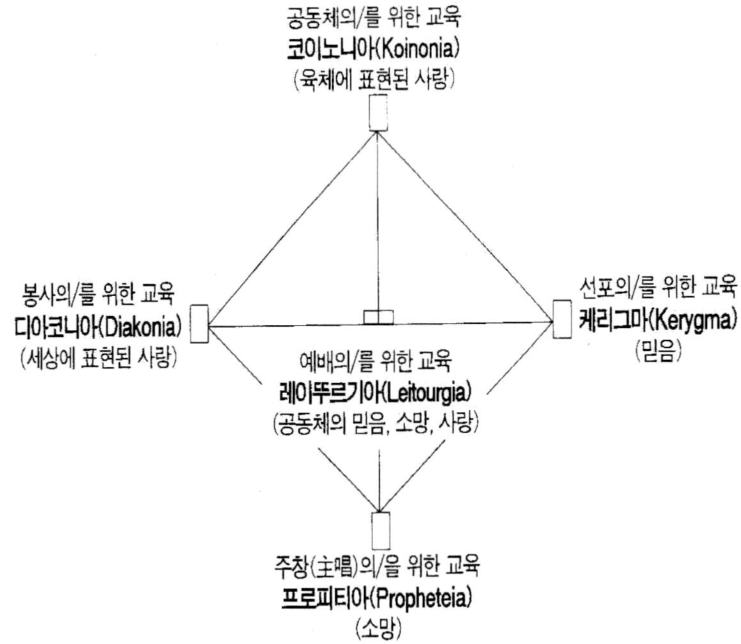

1) 선포를 위한 교육(케리그마, *Kerigma*)

위 모델에서 로버트 W. 파즈미노 박사는 <선포−케리그마, *Kerigma*를 위한 교육/믿음>을 나타내는 베이스는 사람으로 하여금 예수 그리스도를 위해 헌신을 하도록 한다. 선포의 임무는 복음 전도사역과 함께 복음을 가르치는 것을 포함한다. 필연적으로 이것은 기독교 믿음의 기본적인 것을 나누는 것을 포함한다. 또한 개인적인 반응의 필요성을 가르치는 것과 예수 그리스도 안에서 누리는 새 삶에 대한 결단의 필요성을 가르치는 것을 포함한다. 기독교교육에서 가장 강조되는 가치는 바로 믿음이다.23) 믿음은 사람이 하나님의 역사와 예수 그리스도의 계시에 반응을 보이듯이 *Notitia*(지적 확인), *Asseosus*(감정적 확인), *Educia*(의도적 확인)의 차원을 포함하는 것으로 볼 수 있다. 선포와 전도를 위한 교육은 사람으로 하여금 믿음에 대해 알며 이해하는 것과 그것에 반응을 보이도록 격려하는 것에 중점을 둔다. 개인이 반응을 보이고 난 후에 믿음을 다른 사람들과 나누는 것이 이 반응에 포함된다. 케리그마의 선포는 이 과정에서 복음의 선포에 의한 믿음에 관한 의견에 대한 교육적 만남과 함께 매우 중요한 것이 된다. 이 기초는 역사 속에서 완성된 그리스도의 사역에 기초한 확신과 함께 과거의 일시적인 차원에 종종 연관이 되는 믿음에 중심을 두고 있다. 케리그마에 대한 분명하고 적극적인 강조와 함께 선포를 위한 교육에 더하여 이 기초 원리도 선포의 교육을 의미한다. 선포의 교육은 말과 행동으로 나타난 기독교 믿음의 증언을 통해 나타나는 수용적이고 절대적인 가르침을 보인다. 선포를 위한 교육에는 불신자들이 그리스도를 알게 되도록 권고하는 것과 다양한 환경에서 기독교인들이 증언할 수 있도록 그들을 가르치는 것이 포함된다. 선포의 교육은 기독교인들이 개인적으로 또는 공동체적으로 그리스도께 헌신하고, 그러한 헌신을 세상 앞에서 다양하게 실행할 수 있는 방법을 소유하고 있음을 포함한다.24) 예수 그리스도께서 그의 사도들과 교회에 주신 최대의 사명은 복음전파($\mu\alpha\lambda\tau\upsilon\rho\iota\alpha$)의 사명이었다.(마 28:19~20, 행 1:8) 이러한 복음전파는 교회에 주신 사명이지만 구체적으로 모든 믿는 성도들 즉 하나님의 백성들에게 위임된 것이다.

2) 공동체를 위한 교육(코이노니아, Koinonia)

두 번째 베이스는 <공동체를 위한 교육-코이노니아, *Koinonia* / 육체에 표현된 사랑>, 즉 하나님과의 교제와 다른 기독교인들과의 교제를 나타낸다. 사람들이 성장하고 그들의 믿음을 성숙하게 하는 훈련(Training), 교육(Instruction), 양육(Nurture)의 과정이 이에 포함된다.25) 기독교 공동체와 친교의 속성인 성숙과 성장에는 개인적 성화(Sanctification)뿐만

---

23) 기독교교육에서 가치관이 중요한 자리를 차지하게 된 이유는 사람이 어떤 사람인지와 그 사람이 예수 안에서 무엇이 되는지가 주요 관심사이기 때문이다. 디모데전서 4:12~16을 보라.

24) Robert W. Pazmino, *Foundation Issues in Christian Education*(Grand Rapids, MI: Baker Books House, 1997), 박경순 역, 기독교교육의 기초(디모데, 2002), 55~56.

아니라 단체 또는 공동의 교화(Edification)가 포함된다. 이것을 분석할 때는 훈련, 교육, 양육으로 구분할 수 있고, 개인적 차원과 공동체적 차원 모두를 포함할 수 있다. 하지만 현실에서 이러한 다양한 요소들은 상호 보완이 되어야 하고 믿음과 삶에서의 개인적 경험과 성경적 내용의 통합이 육성되어야 한다. 공동체를 위한 교육에는 동일성의 추구 또는 개인과 다른 사람들의 공통점이 무엇인가에 관한 탐구를 포함한다. 목사와 지도자의 책임 중 하나가 단체성이나 공동체성을 형성하는 데 도움이 되는 공통점을 찾아보는 것이다. 첫 번째 베이스에 설명된 적극적이고 수용적인 모델과 비교하여 두 번째 베이스 또한 두 가지 양상을 보인다. 공동체의 교육에는 하나님과의 교제를 반영하는 신앙 공동체와의 공유된 삶에서 전해지는 배움과 적용된 지식과 가치들을 포함한다.26)

그리스도 안에서 계시된 진리를 깨달은 자들은 그 어떤 세력으로도 억제할 수 없는 자발적인 모임으로 나타나는데 그것이 성도의 교제이며, 그것은 초대교회에서부터 시작된 성도의 교제를 통해 결속되며 새로운 공동체 형성을 위한 중심점이 되었다. 특히 예배와 성찬은 초대교회에서부터 하나님과의 교제뿐만 아니라 성도들 간의 교제가 이루어지는 거대한 장이요 근거가 되었다. 이러한 성례전은 그리스도께서 제정하신 것으로 하나님의 은혜의 경험하는 수단으로 교회는 받아들였다.

3) 봉사를 위한 교육(디아코니아, *Diakonia*)

세 번째 베이스는 <봉사를 위한 **교육—디아코니아,** *Diakonia* / 세상에 **표현된 사랑**>, 즉 하나님과 다른 사람들과 세상을 위한 봉사를 나타낸다. 기독교교육자들은 기독교인들이 지역교회에서 봉사할 수 있도록 그리고 그들이 삶 속에서 자신들의 믿음을 실현시킬 수 있도록 그들을 교육해야 한다. 더 넓은 사회의 차원에서 기독교인들은 다양한 수준의 효과를 나타내는, 그리스도의 변화시키는 능력을 위한 도구로 사용되어야 한다. 다양한

---

25) 훈련은 교육의 보존적인 요소인데 그것은 변하지 않는 전통의 전승과 과거의 연속성을 강조하고 있다. 교육(Instruction)은 예측 불가능한 상황의 교육으로 정의될 수 있다. 변화하는 사회에 대한 반응과 과거와의 단절에 대한 고려에서 회복과 변화를 강조하는 교육의 변화 요소가 교육(Instruction)이다. 이것은 새로운 가능성을 모색하고 기독교인들의 개인적이고 공동체적인 반응을 요구한다. 양육(Nurture)에는 사랑, 격려, 영적 지도가 포함된다. 양육은 그 본질에 의해 다른 사람들과의 깊고 친밀한 관계와 교제를 필요로 한다.

26) Robert W. Pazmino, *op. cit.*, 57.

조직과 기관에서 기독교인들은 빛과 소금이 되어야 한다. 다양한 경제, 정치, 사회, 교육, 교회의 구조 안에서 정의와 공정함을 위해 일해야 하는 것이다. 에베소서 4장 7~12절에서 말하고 있는 교회의 체제에서 본문은 모든 신앙인들의 가정, 직장, 공동체, 사회, 세상에서 일어나는 사역을 위해 일해야 한다는 필요성을 언급하고 있다.

그리스도의 변화시키는 힘은 지식과 의미가 생산되고 퍼져나가는 계획적이고 관념적인 영역에도 효과가 있다. 기독교 세계관과 인생관은 삶의 의미와 목적, 완성을 깨닫는 데 매우 중요하다. 이에 우리가 해야 할 일은, 지혜를 주시는 분이 주님이시고 그분의 입에서 지식과 지혜가 비롯된다는 것(잠 2:6)을 깨달아 우리의 사고를 그리스도를 향한 순종 안에 두는 것이다(고후 10:5). 그리스도의 이러한 변화시키는 힘은 다양한 가치, 신념, 태도와 같은 문화의 영역에서도 필요하다. 그리스도는 문화를 보호하고, 회복하며, 바꾸기 원하신다. 기독교인은 기독교 믿음이 어떻게 주변 문화와 교류하는지에 대한 영적 분별력을 가져야 한다.27) 수직적 차원의 봉사는 하나님을 위한 직접적인 섬김으로써 기독교적인 예배의 본질적인 의미를 뜻하며, 수평적 차원의 봉사로서 이웃을 사랑하라 하신 사랑의 실천적 행위와 관련하여 이해되어야 할 과제이다.

4) 주창(主唱)을 위한 교육(프로피티아, *Propheteia*)

네 번째 베이스는 <주창을 위한 교육─프로피티아, *Propheteia* / 소망>을 뜻한다. 기독교인들은 소망이 하나님 안에 있음과 역사 속의 하나님의 주권을 깨달아야 한다. 이와 같은 관점에서 있을 때 그들은 세상에서 하나님의 목적을 이루는 데 필요한 것들을 주창할 수 있게 된다. 이 주창은 더 넓은 범위의 공동체와 사회에서 소망을 회복하는 데 쓰인다. 어거스틴(Augustine)은 말하기를 '소망에는 사랑스런 두 딸이 있는데, 그들은 노여움과 용기다.' 노여움은 자신의 현 상태에 대한 노여움이고 용기는 지금 상태를 유지할 필요가 없다는 것을 볼 수 있는 용기다. 삶과 사역의 다양한 영역에서 인간의 노력은 반드시 하나님 나라의 가치와 관련해서 평가받아야 한다. 그리고 그 결과물들은 반드시 인간을 위한 하나님의 창조적이고 구속적인 목적과 관련해서 평가받아야 한다. 그 목적에는 창조물 전체의 정의, 평화, 공의에 대한 것들을 포함한다. 하나님의 목적은 에베소

---

27) *Ibid,* 58~59.

서 1장 10절에 잘 나타나 있다. "하늘에 있는 것이나 땅에 있는 것이 다 그리스도 안에서 통일되게 하려 하심이라." 모든 창조물은 하나님의 자녀들이 완성된 자녀로 회복될 것과 그들 육체가 구속되는 결실을 통해 하나님이 가져오실 미래의 영광을 기다리고 있다(롬 8:18~27). 하나님이 약속하신 것처럼 정의의 보금자리가 될 새 하늘과 새 땅이 열릴 것이다(벧후 3:13, 계 21:1~5을 보라).

하나님의 미래의 왕국에 대한 이 시각은 과거의 판단이나 교회 안과 세상 속에서 하나님의 목적을 달성하는 데 노력하는 적극적인 자세를 부인하지 않는다. 주창을 위한 교육은 미래에 대한 시각을 얻고, 현재의 상황에 대한 하나님의 목적을 알도록 권고한다. 네 번째 베이스에 필연적으로 연관된 기독교 가치는 소망이다. 이 소망은 예전의 선지자가 그랬듯이 개인, 공동체, 사회를 부름으로써 인간을 미래에로 참여시키고 하나님의 미래를 계획한다. 노년기 성인에 대한 대언해 주는 것에 대해 아더 베커(Arthur Becker)는 다음과 같은 세 가지 측면으로 보았다. 이것은 불의의 징계, 정의의 긍정적 추구, 불의의 방지이다. "이 세 가지 측면은 하나님의 백성들에게 있어서 예언적 소명의 구성 요소다. 교회의 예언적 임무에 대한 본래의 도전은 구약의 선지자들이 보여준 것처럼 위험과 비난을 수반한다. 이러한 위험을 피하고자 하는 것은 교회에 주어진 화해의 사역을 무시하는 것과 같다"(고후 5:16~21). 선지자들은 하나님 앞에 책임을 다하는 모습으로 사람들과 나라에 대한 예언의 임무를 수행했다. 각 연령층의 기독교인들은 이러한 요구에 위축되어서는 안 된다. 이를 위해 공동체 삶에서 예언적인 말들이 존중받아야 하고, 그리스도 복음의 요구에 응답하기 위해 자원하는 마음을 나타내야 한다.

주창을 위한 교육에는 문화 변용(Acculturation)과 비문화화(Disenculturation) 두 가지 모두가 포함된다. 문화 변용이란 특정한 기독교 문화의 역할을 긍정하고, 그 문화가 인정된 곳에서 사회의 책임 있는 일원이 되는 과정을 말한다. 문화 변용과는 반대로 비문화화란 어떠한 문화적 표현이나 기독교 신앙의 공동체보다도 하나님 나라의 가치를 우선시하는 과정을 말한다. 두 과정 모두 상호 의존적이고 필요한 것이다. 레슬리 뉴비긴(Leslie Newbigin)은 그 과정을 다음과 같이 관찰했다. "복음은 모든 문화를 평가할 수 있는 자세를 제공한다. 하지만 복음은……어떠한 문화적 형태에 구체화되어 있다."28) 주창의 교육은 하나님의 통치하심의 궁극적인 목적에서 볼 때 바로 다음 목표의 비판적인

---

28) Ieshe Newbigin, *Foolishness to the Creeks: The Gospel and Western Culture*(Grand Rapids, MI: Eerdmans, 1986), 21.

의식을 가능하게 하는 수용적인 자세를 포함하고 있다.29)

5) 예배를 위한 교육(레이뚜르기아, Leitourgia)

네 개의 베이스를 통합하고 그 중심을 강조하는 것이 다이아몬드의 중앙에 위치한 〈예배를 위한 교육-레이뚜르기아, *Leitourgia* / 공동체의 믿음, 소망, 사랑〉이다. 교육적 사역에서 사람들은 하나님을 예배하고, 영광을 돌리며, 찬양받으시기에 합당한 모든 것의 주인으로 섬기도록 권고 받아야 한다. 예배를 위한 교육은 삶의 모든 영역에서 하나님의 현존하심을 찬양하고 자신들을 희생함으로써 응답하도록 권고하고 있다(롬 12:1~2). 아브라함 헤스첼(Abraham Heschel)은 그 필요성을 직접적으로 말한 종교 교육자였다. 헬라인들은 이해하기 위해 배웠고 현대인은 사용하기 위해 배웠지만 히브리인들은 경배하기 위해 배웠다고 헤스첼은 말했다. 그는 기독교교육자에게 말하기를 학생들이 주님을 경배하고 하나님과 다양한 피조물에 응답하여 경이로움과 경외를 느끼도록 격려하라고 했다.

마즈미뇨가 제시한 모델에서 왜 예배가 그 중심인지에 대한 논리적인 질문이 제기될 수 있다. 모든 피조물과 사람의 통일을 이루는 것은 하나님께 대한 예배와 찬양이다. 삶과 마찬가지로 교육의 주된 결과와 목적은 하나님을 찬양하는 것과 주안에서 기뻐하는 것이라 볼 수 있다. 대주교인 윌리엄 템플(William Temple)은 이렇게 말했다. "예배를 드리는 것은 하나님의 신성에 의한 의식을 자극하는 것이고, 하나님의 진리로 마음의 양식을 삼는 것이며, 하나님의 아름다움으로 상상력을 깨끗케 하는 것이고, 하나님의 사랑에 마음을 여는 것이며, 하나님의 목적을 위해 헌신하는 것이다."30)

최상의 기독교교육은 사람들로 하여금 오직 한 분이시고 진실하신 하나님의 충만하심과 위대하심을 찬양하게 하는 것이다. 예배는 하나님께 영광을 돌리고 찬양을 드리는 신앙 공동체의 예전(Liturgy)에 적극적으로 참여하는 것이다. '예전'이라는 말은 '레이뚜르기아'라는 단어에서 파생된 것으로, 신앙 공동체의 예전적 삶에 교육을 연결할 필요가 있음을 강조한다. 적극적인 예전의 참여는 하나님, 자신, 다른 사람들 또는 세상과

---

29) Robert W. Pazmino, *op. cit.*, 60~63.
30) William Temple, *The Hope of A New World* (London: Student Christian Movement Press, 1941), 30.

관련된 새로운 통찰력을 잘 받아들이는 결과를 낳는다. 이러한 수용성에는 인지적, 심미적, 감성적, 직관적, 의지적, 영적 통찰력이 포함되고, 삶에 더 큰 의미의 완전함과 통합을 가져온다. 예전적 삶을 이행하는 것은 자유로운 방법으로 모든 삶에 영향을 준다.

각 베이스의 특성을 넘어서, 교육자는 네트워크를 형성하기 위해 베이스 상호 간의 연결성을 반드시 알아야 한다. 첫 번째 베이스의 케리그마(*Kerygma*)는 주로 지식과 행함을 강조하는 세 번째 베이스의 디아코니아(*Diakonia*)를 보완해야 함을 역설한다. 효과적인 교육사역을 위해 믿음의 지식과 행함은 첫 번째 축과 함께 반드시 행해져야 한다. 두 번째 베이스의 코이노니아(*Koinonia*)는 세상의 모든 피조물에 대한 느낌 또는 하나님과 화해하는 것을 강조한다. 이것을 보완하는 것이 네 번째 베이스의 하나님나라의 가치와 관련해 세상에 속해 있지 않거나 구별되어 있다는 느낌을 받는 것에 그다지 큰 강조를 하지 않는 프로피티아(*Propheteia*)이다. 첫 번째 축과 함께 두 번째 축의 교육사역을 이해하기 위해서는 세상에 있으나 세상에 속하지 않은 존재로서의 그리스도인들의 소명감을 조화시키고, '아직 도래하지 않은' 기대되는 축복과 함께 하나님이 이미 주신 현재 축복과의 조화를 균형 잡아주는 것이 요구된다. 다섯 번째이자 중심 베이스인 '레이뚜르기아'(*Leigourgia*)는 두 축의 연결점 역할을 한다. 이 연결점에서 하나님의 영원한 목적을 구별하는 것과 하나님께 영광 돌리고 찬양을 드리기 위해 모든 삶을 그분께 향하게 하는 지식, 감정, 행함의 관점이 형성된다. 교회의 교육 사역이 세워져야 할 곳이 바로 이들 베이스인 것이다.

Ⅲ. 교회의 교육적 사명

교회의 교육적 사명은 교회에 주어진 과제와 사명을 성취하기 위한 수단으로서 모든 하나님의 백성들에게 복음을 증거하며, 예배하며, 성도의 교제를 나누며, 봉사의 책임을 다하는 사람들이 되도록 하기 위해서는 가르치고 양육하며 훈련하는 교육적 사역이 절대적으로 요구된다. 좀 더 구체적으로는 먼저 복음 증거, 또는 하나님의 말씀의 전파와 깊은 관련을 가지고 있다. 그리고 실제로 교회교육은 복음 증거의 사명을 방법적으로 교육적인 관계로 성취시키려는 노력이요, 책임이라 하겠다. 여기 '교육적 관계'란 지금까지 복음 전파와 증거의 유일한 수단으로 취급 사용되어 온 '설교'의 방식과는 구별하여 좀 더 구체적이며, 분명한 의도와 함께 단계적이며, 계획적인 방법으로 접근하며, 하나님의 말씀을 이해적 차원에서 더욱 심도 있게 종합적이며, 체계적으로 가르치는 교육적 행위를 뜻하는 것이다. 교회는 처음부터 이러한 가르치고 배우는 교육적 행위를 복음증거와 관련하여 사용하였다(행 2:24~46). 그리고 교육의 본질적인 행위가 인간의 올바른 성장과 인격의 성숙을 도모하는 기능으로 이해한다면, 교회도 그러한 성격을 역시 전제하여 교회의 교육적 과제를 수행해 왔던 것이다.

지금까지 우리는 교회의 교육적 사명을 교회 안에 있는 성장 세대를 가르치는 사역으로만 이해하는 경향을 가지고 있었다. 성장 세대를 하나님의 말씀으로 가르치고 양육하는 것이 가장 큰 교육의 과제이다. 그러나 교회교육이란 성장 세대와 기성세대에도 필요하며, 일반교육에서 이미 제기하는 있는 대로 인간의 '요람에서 무덤까지의 교육' 또는 '모태에서 무덤까지의 교육'(코메니우스의 범교육)이 절대적으로 요구되는 시대를 맞이하고 있다. 뿐만 아니라 하나님의 교회는 처음부터 전 세대 간의 교육과 인간의 전 삶을 통한 '평생교육'을 실천해야 하며, 이러한 교육적 행위는 주님이 다시 오시는 그날까지 행하여야 할 교회의 중요한 과제 중에 하나인 것이다. 이러한 관점에서 교회의 교육적 사명을 이해할 때, 교회의 목회적 사역은 바로 그 자체가 교육과 직결된 것이며, 또한 교육적인 사역 그 자체임을 인식하게 된다. 교육의 성격은 그 자체가 하나의 과정을 요구하는 것처럼, 목회 사역도 하나의 과정을 필요로 하는 것이다. 또한 오늘날에 와서 서구의 교회들에서는 교회의 교육적 사명을 중히 여겨 교회 자체를 '교육 공동체'(*Bildungsgemeinschaft*), '학습의 공동체'(*Lerngemeinschft*) 또는 '배움의 공동체'로 불리기도 한다.

1. 교육목회로서의 기독교교육

교육목회(Ministry of Education)란 목회의 모든 분야에 기독교교육의 원리를 적용해 가는 사역이다. 교회의 본질은 성경적으로 하나님의 백성들의 소집, 또는 하나님으로부터 부름을 받은 하나님의 백성의 모임을 뜻한다. 이들은 동시에 그리스도와 더불어 시작된 하나님의 나라의 백성으로서 택함 받고 부름 받은 신학적으로는 새 언약의 백성들이다. 그리고 새 언약에 따라 하나님을 창조의 하나님, 은혜와 자비와 사랑을 베푸시는 살아 계신 하나님으로 믿는 믿음의 사람, 곧 하나님의 백성들이다. 그리고 동시에 예수 그리스도를 구주로 믿고, 그리스도를 통하여 부르심을 받고 선택된 왕 같은 제사장이며, 하나님의 구속의 새 언약을 믿는 거룩한 천국의 시민이다. 이들을 전도의 사역을 통하여 교회에로 초대할 뿐 아니라 하나님의 말씀의 가르침을 받고 떡을 떼며 성령 안에서 교제하며 기도하는 그리스도의 말씀을 따르는 신앙적 삶을 살아야 하는 자들이다. 이런 교회의 신학적 이해에 기초하여 하나님의 백성들을 가르치며 보호하고 양육하며 훈련시키는 사역을 우리는 교회의 교육적 사명으로 이해하는 것이며, 동시에 교회교육으로 이해하는 것이다. 역사적으로 유대 종교의 신앙교육에서는 이미 하나님의 자녀들의 신앙양육이란 관점에서 그들의 신앙교육이 더 잘 이해되고 있다. 그런데 우리는 기독교적으로 생각하여 역시 그리스도 안에 부름 받은 하나님의 백성들의 가르침과 양육과 훈련으로 생각하게 된다. 여기서 한 가지 더 생각해야 할 일은 신앙에 관한 일이다. 기독교교육은 그 중심적 과제가 하나님을 신앙하는 사람들로 이끌어 주는 데 있다. 그것은 곧 기독교 신앙의 가르침, 또는 기독교 신앙교육으로 이해하는 것이다. 그러므로 우리는 신앙교육의 의미를 되찾기 위해서 무엇보다도 중요한 것은 기독교의 종교적 이해가 요구되는 것이다. 이것은 일찍이 서구의 교회들이 기독교의 종교적 이해를 전제하여, 기독교교육을 일명 종교교육으로 명명하였고, 기독교 종교교육에 대한 이론을 체계화하였던 것이다.

　서구의 교회는 오래전부터 교회와 기독교의 교육적 사역을 종교교육이란 이름으로 이해하였고, 현재까지도 여전히 이러한 개념으로 더 잘 이해하고 있다. 이러한 개념 사용은 역시 기독교의 오랜 역사와 전통적인 문화를 사회적으로 형성하고 있는 서구 사회에서는 필수적인 것이며, 종교라고 할 때도 그것은 기독교를 뜻하는 것이지 다른 일반 종교를 뜻하는 것은 아니다. 그러나 우리 한국 교회의 상황에서는 종교교육이라는 이름 하나만으로는 다른 종교와의 관계에서 기독교의 정체성에 대한 개념적 혼란을 가질 수 있는 것이다. 이러한 개념적 혼란을 피하기 위해서는 오히려 기독교 종교의 교육적 행위를 기독교교육으로 표현하는 것은 기독교의 정체성을 들어내는 더 분명한 개념이라고 할 것이다. 서구의 기독교가 오늘날도 종교 교육이라는 명칭을 통념으로 사용하는 이유는 그 나름대로의 이론적 배경을 가지고 있다. 이것은 먼저 기독교의 종교적 성격을 전제한 데서 출발하고 있는 것이다. 즉 기독교의 종교적 이해는 교육적으로 중요한 의미를 내포하고 있다. 그것은 종교의 개념이 지니고 있는 의미에 기인한 것인데, 즉 종교는 신을 경외하고 사랑하며 신뢰하는 인간의 활동과 노력으로서 실제적인 삶의 태도를 표현하는 종교의 보편적 이해로서 기독교 신앙의 가르침을 교육적으로 접근하기에 더 적절한 의미를 가진 것으로 본다. 특히 성장 세대에게 하나님을 개념화하고 궁극적으로는 신앙의 경험과 더불어 종교적인 신앙생활로 이끌기 위해서는 종교라는 개념은 더 많은 의미를 교육적으로 가능케 해 주는 것이다. 더욱이 기독교의 신앙이 인지적인 차원에서만 이해되는 것이 아니라 오히려 경험적이며, 삶의 실천적 차원의 의미를 가진 것으로 볼 때, 종교교육의 개념은 교육적 이론의 가능성을 더 많이 가진다고 하겠다.

　일반적으로 사회학적 관점에서 해석되고 있는 종교의 보편적 이해는 종교가 지닌 본질적인 기능의 관계에서 더 깊은 교육적 의미를 생각하게 된다. 대체로 종교의 사회적 기능은 먼저 인간의 초월적 경험을 말한다. 거기서 인간은 불안을 극복하는 방법을 얻게 된다는 것이다. 그리고 종교는 인간의 자기 발견과 자아실현에 도움을 제공한다. 또한 종교는 세계를 해석하는 도식을 제함으로써 삶의 의미를 밝히는 기능을 갖는다는 것이다. 둘째 종교의 사회적 기능은 사회 속에 실재하는 여러 세계관과 가치관을 통합해 주는 기능을 가진다. 이것은 세계를 보존하는 하나의 통합된 질서(가치 체계)를 제시하게 된다.(K. Dienst, *Die Lehrbare Religion*, p.171 이하) 이러한 종교의 기능적 이해는 오늘날 모든 사회학자들이 밝혀 주고 있는 것처럼, 하나의 공동체, 또는 하나의 사회를 유지하고 보존하는 근원적 힘으로 해석되며, 인간이 존재하는 공동체, 즉 사회는 반드시 종교를 필요로 한다는 점이다. 그리고 이러한 종교적인 이해와 관련하여 기독교는 성장 세대들에게 종교적 경험과 가치들로 기독교의 실체를 경험하도록 교육적인 접근이 용이하게 되는 경험에 이르는 것이다.

그런데 여기서 한 가지 분명히 하고 싶은 것은 '종교교육'이란 명칭이 미국의 기독교적 환경(교회)에서 기독교교육에 있어서 신학의 보수주의와 진보주의를 구분하는 명칭으로까지 대변되었다는 점이다. 신학의 진보주의를 지향하는 교회와 학자들은 여전히 기독교의 교육적 행위를 구라파에서 명명한 대로 '종교교육'이란 이름을 그대로 사용하였으며, 신학의 보수주의를 지향하는 교회와 학자들은 기독교의 정체성을 더 분명히 하는 이름으로 바꾸어 '기독교교육'이란 이름 사용을 더 선호했다는 것이다.31) 이러한 경향은 한국 교회 내에서도 그대로 반영되어 대체로 신학 사상에 있어서 보수주의적이며, 복음주의의 입장을 견지하는 교회들은 역시 '기독교교육'이란 이름을 사용하며, 그 반대는 역시 '종교교육'이란 명칭 사용을 계속하는 것으로 본다.32)

---

31) 미국에서 영적 대각성 운동과 남북전쟁의 종결로 인해 새로운 사회가 정착되고 학교제도의 발전기를 맞이하여 공교육은 누구에게나 유용한 것이 되어야 한다는 공립학교운동이 정착되어 가는 교육환경의 변화와 다양한 교육활동 속에서 '종교교육운동'이라는 새로운 변화의 바람이 교회 안에서 일어나게 되었다. 이러한 종교교육운동은 근대종교교육의 아버지라고 불린 부쉬넬(Horace Bushnell), 자유주의적 종교운동의 개척자 코우(George A. Coe) 등 진보주의와 자유주의적 신학을 사상적 기반으로 생성된 것이었다. 그러자 종교교육운동의 반작용으로 기독교교육(Christian Education)운동이 일어났다. 이처럼 기독교교육 분야에서도 자유주의 신학적 경향에 대한 반동으로 신정통주의 신학이 대두되어 기독교교육에 대한 관심과 변혁을 시도하면서 종교교육운동을 비판하게 되었다. 이러한 신학적 사상적 변화에 따른 기독교교육에 대한 배경의 차이는 서구의 종교교육과 미국의 종교교육의 이해에 차이를 둘 수 있다.

32) 정일웅, *기독교교육학*, op. cit., 43~44.

1) 만인 제사장(Priesthood)

모든 성도의 제사장직에 대한 교리는 기독교교육의 대헌장이라고 할 수 있다.33) 이 교리는 기독교교육을 명령하고 가능하게 해주며 기독교교육을 위한 함축성 있는 신학적 기초를 제공한다. 모든 성도들이 제사장이라는 성경적 원리를 바로 이해할 때 그것은 기독교교육에 신선한 생동력과 갱신의 정신을 불어 넣는다. 그러나 다른 어떤 경우에 있어서 그것은 개인주의와 지적인 무기력을 변명하는 구실로 사용되기도 한다. 모든 성도가 제사장이라는 것에 관한 균형 잡힌 개념은 모든 그리스도인들의 개인적인 영적 의무를 확고히 해주며 그리스도의 이름으로 섬기는 권리와 의무를 확실하게 해준다. 마틴 루터(Martin Luther; 1483~1546)는 모든 성도의 제사장직 교리를 그리스도의 최종적 구속사역에 근거하고 있는 것으로 보았다. 그에 의하면 그리스도의 죽음과 그 효과는 믿음으로 말미암아 은혜로 받아들여지며 모든 회개하는 성도들에게 완전히 유용한 것이다. 그러므로 구원은 사제에 의해서 시행된 성례에 의해서가 아니라 그리스도께 대한 개인적 회개를 통하여 주어진다. 루터는 그리스도께서 미사 중에 더 이상 헌신될 필요가 없으며 그러므로 독점적인 제사장직의 필요성은 없어졌다고 본다. 계속적인 제사 의식을 대신하는 단번의 완전한 구속사역에 관한 교리가 존 칼빈(John Calvin; 1509~1564)과 율리히 쯔빙글리(Ulrich Zwingli; 1486~1531)에 의해서 개진되었다. 그들은 그리스도의 완결된 구속사역이 교회의 사제들에 의해서 반복될 수 없는 것과 그리고 그의 구속사역은 믿음을 통해서 그를 신뢰하는 모든 사람들에게 분담되었음을 주장했다. "하나님의 말씀의 명증성과 확실성에 관하여"라는 제목의 설교에서 쯔빙글리는 베드로전서 2장의 '왕 같은 제사장'이 "주 예수 그리스도께서 모든 성도들을 왕으로서 그리고 제사장으로서 부르심으로 그들을 도울 또 다른 제사장이 필요 없도록 하셨음"(1953, p.88)을 의미한다고 하였다. 그리스도의 영적 임재는 만인 제사장 교리의 근거를 이룬다. 루터,

---

33) 만인제사장설(priesthood)이란 종교개혁의 기본적이며 두드러진 원리들 가운데 하나로서 모든 신자는 대제사장이신 그리스도를 통해 하나님께 직접 나아갈 수 있으며 따라서 사제로서의 중재자는 필요 없다는 주장이다. 더 나아가 모든 그리스도인은 하나님 앞에서 다른 사람을 위해 기도할 수 있고 하나님에 관한 것들을 다른 사람에게 가르칠 자격이 있다고 한다. 따라서 하나님 앞에서 특별한 직위와 도덕성을 가진 성직자의 특수집단이 있다는 관념들을 부인한다. 다만 공적 사제직을 인정하기는 하나 그것은 실제적인 직무상의 일, 혹은 직업(혹은 소명)상의 일로 간주한다. 이것이 로마가톨릭에 대한 프로테스탄트의 일반적 개념으로, 이 설에 대한 성경적 근거로는 베드로전서 2:9과 요한계시록 1:6, 5:10 등이 제시된다.

칼빈, 그리고 쯔빙글리 모두는 그리스도의 구속적 은총을 사제의 도움을 거치지 않고도 영적으로 수용할 수 있으며 거듭난 사람들이라면 그리스도로부터 직접 받을 수 있다는 진리를 강조했다. 그러나 그리스도께 직접적으로 나아갈 수 있는 진리를 강조한 것이 개인주의에 대한 구실을 제공하는 것이 되어서는 안 된다. 쯔빙글리는 그의 설교에서 계속하여 신약성경의 만인 제사장직의 근본적인 의미를 규명하였는데 그것은 모든 성도들이 그들의 영적 은사를 교회의 유익을 위하여 행해야 하는 책임이라고 하였다. 그는 "그들 모두가 (그들의) 영적 은사를 제단에 바치는, 즉 그들 자신을 하나님께 전적으로 헌신하는 제사장이다"(1953, p.88)라고 말했다. 성도의 제사장직에 대한 소명은 다른 사람들을 섬기기 위한 것이며 하나님께서 그들에게 주신 그 은사들을 통하여 하나님을 경배하기 위한 것이다.

(1) 성도의 영적 책임

루터는 만약 모든 성도들이 책임 있는 봉사자와 예배자로 불렸다면 그들은 반드시 훈련되어야 하며, 이러한 소명을 감당할 수 있도록 준비되어야 한다는 사실을 인식하였다. 따라서 그는 기독교교육에 관심을 가졌다. 그의 유명한 소요리문답은 교육에 대한 그의 관심을 보여준다. 소요리문답은 가까운 교구 마을을 방문한 이후에 썼는데 거기서 그는 목사들의 무식함에 크게 놀랐다. 루터가 십계명에 대한 주석을 만들자 어느 목사가 그것이 어떤 새로운 책이냐고 물었다는 말이 전해져 온다. 그의 교리서 서문에서 루터는 평신도의 신앙교육에 관한 그의 관심을 밝혔다. 루터는 모든 성도들이 제사장들이므로 각 개인 성도들은 그들 자신의 영적 상태에 관하여 그리스도께 궁극적으로 대답할 수 있어야 한다는 사실을 분명히 알았다. 그날 그가 만났던 많은 그리스도인들의 전적인 무지는 그에게 충격을 주었다. 만약 이 사람들이 그들의 신앙에 대하여 책임 있는 존재라면 그들은 영적인 문제들에 대한 가르침을 받아야만 한다고 루터는 생각하였다. 루터와 그 밖의 개혁자들은 기독교교육을 지지하였다. 왜냐하면 그들은 그리스도인들이란 부분적으로 단지 경건한 종교 생활 이상의 일에 소명 받았음을 인식하였기 때문이다. 목사만이 유일하게 성경 연구를 하고 이웃을 섬기기 위해 소명받은 사람이 아니다. 모든 그리스도인은 하나님을 경배하도록 소명을 받았고 그들의 은사를 사용하여 성경에 기록된 대로 하나님 말씀의 원리를 따라서 이웃을 섬기도록 소명을 받았다. 이 신성한 의무에 관한 오해나 무지가 이런 책임을 폐지시키는 구실이 될 수 없다.

필립 야콥 스페너(Philipp Jacob Spener; 1635~1705)와 다수의 루터주의적 경건주의자들은 이 교리가 기독교교육에 대하여 갖는 중요성을 보다 진보시켰다. 스페너는 총명하고 감수성이 예민한 루터파 목사이며, 신학박사 학위를 소지하였으며, 외국어에도 능통하였다. 그는 목회에 있어서 주입적인 또는 형식적인 교육보다 더 중요한 것은 활력 있는 신앙심인 것을 분명히 확신하였다. 그는 신학적 훈련을 무시하지는 않았다. 그러나 그는 목회를 위해서 꼭 필요한 것이 중생한 양심과 마음이 필수불가결한 것임을 깊이 느꼈다. 그는 비록 루터주의가 만인 제사장 교리를 가르쳤으나 여전히 사람들이 교회 내에서는 목사를 유일한 영적 중심인물이요, 신학의 전문가로 본다는 사실을 알았다. 대부분의 경우 평신도들은 설교와 성례에 있어서 수동적이었다. 이것을 교정하기 위해서 스페너는 소규모 그룹의 평신도 교육, 사회봉사, 그리고 개인적인 성경 공부를 요청하였다. 그의 저서 「경건한 소망」(*Pia Desideria*)에서 스페너는 영적 제사장직의 점진적이며 '근면한 사용'을 요청하였다. 그는 루터의 작품을 재진술하면서 만인 제사장직을 강조하였다. "어느 누구나 루터의 작품을 보면 루터가 얼마나 진지하게 영적 제사장직을 옹호했는가를 알 수 있다." 스페너는 성도의 만인 제사장직에 대한 강조가 교회로 하여금 봉사, 예배, 상호 관심, 간증, 그리고 기도 등의 성경적 책무를 수행케 하는 데 꼭 필요하다고 생각했다. 그는 그 제사장직을 사례비를 받고 일하는 목사직과 비교하지 않았다. 오히려 제사장으로서 평신도들 한 사람이 홀로 할 수 없는 일들을 협력하여 성취할 수 있다고 하였다. "제사장직의 합당한 사용은 목회에 어떤 해도 끼치지 않는다. 사실상 목회가 제대로 모든 것을 성취할 수 없는 주요한 이유 중의 하나는, 만인 제사장에 입각한 평신도 사역자들의 도움이 없어서 너무 허약한 상태에 있기 때문이다." 요컨대, 루터와 스페너의 만인 제사장직 교리에 대한 해석은 기독교교육의 현대적 중요성의 근거를 이룬다. 만인 제사장직은 교회교육 사역의 중심부에 책임 있는 행동과 청지기적 사명에 대한 훈련이 있도록 한다. 만약 각 사람이 그리스도 앞에서 영적으로 책임이 있다면 그때 각 개인은 책임 있게 활동할 수 있는 준비가 되어야만 한다.

(2) 성도의 삶의 의미와 책임

오늘날 많은 현대인들은 인생의 의미를 찾아 헤맨다. 일시적이고 무규범적인 사회 속에서 매일 보는 것은 세계 도처에서 일어나는 잔혹한 사건과 생태계를 위협하는 여러 가지 사건들로 인해 많은 사람들이 은연중에 삶에 대한 회의를 품는다. 심지어 겉으로는 평온해 보이는 때조차도 삶에 대한 회의의 순간이 있다. 왜냐하면 인생의 필연적인 상실과 고통이 쾌락과 부에서 삶의 의미를 찾고자 하는 쾌락주의적인 사회를 근본적으로 뒤흔들어 놓기 때문이다. 그러나 만인 제사장직은 인생의 의미를 찾게 해주며, 인류가 원래 '매우 선하게'(창 1:31) 창조되었다는 하나님의 말씀을 확증시켜 주는 진리이다. 그러나 무의미한 삶은 영적 질병처럼 퍼져 있고 많은 사람들이 절망 가운데 있다. 우리가 사람들에게 삶의 의미와 목적을 심어주고자 하는 가장 위대한 시도 중의 하나는 그들이 무엇을 선택하여 살 것인가를 확정시켜 주는 것이다. 그것은 그들의 삶과 타인들의 삶에 영향을 미친다. 오늘날 물론 많은 사람들이 인간이 의미 있는 선택을 할 수 있는 가능성을 부인한다. 예를 들면, 정신과 의사인 스키너(B. F. Skinner)는 그의 책『자유와 존엄을 넘어서』(*Beyond Freedom and Dignity*)에서 인간이 인격적 자유와 의미 있는 선택을 할 수 있는 품위를 지녔다는 사실을 부정한다. 스키너는 사람을 그 삶의 태도에 대하여 칭찬하거나 벌할 수 없는 단지 주어진 환경의 산물로 보았다. 왜냐하면 "과학적 분석에 따르면 환경이 그 사람에 대한 비난과 신뢰의 책임을 갖게 되기 때문이다"(1971, p.19). 스키너에 의하면 우리의 생활은 '환경의 조절'을 통하여 형성된다. 만약 스키너가 사회 정책 결정에 관하여 그렇게 말했다면 전적으로 옳다. 왜냐하면 그것은 개인의 자유와 존엄성을 넘어선 문제이기 때문이다. 그러나 그의 일반 독자들에 대해서 그는 자신이 경시하는 인간의 자유와 존엄성 위에 기계적 결정론의 절망을 깔고 있음을 말하지 않았다.

인간은 자신의 삶에 대해서 개인적인 책임을 갖고 있다는 사실을 알면서 야고보는 성도들에게 다음과 같이 말했다. "내 형제들아 너희가 여러 가지 시험을 만나거든 온전히 기쁘게 여기라 이는 너희 믿음의 시련이 인내를 만들어 내는 줄 너희가 앎이라"(약 1:2~3). 만인 제사장 교리는 인간의 영적 책임감을 확고히 함으로써 인격의 존엄과 삶의 목적을 분명하게 해준다. 우리의 영적 생활은 우리의 결정에 의해서 영향을 받으므로 우리는 이러한 결정에 대해서 책임이 있는 것이다. 각 개인의 영적 삶에 대한 책임은 배우자, 부모, 목사 또는 사제, 또는 상담자에게 전가될 수 없다. 각 개인 성도는 하나님의 사역에 대해서 중요하며 하나님 앞에 반드시 책임 있는 행동을 해야만 한다.

2) 성도의 봉사직

(1) 책임적 행동

우리가 모두 하나님의 제사장이기 때문에 하나님은 우리가 그의 종으로서 책임 있게 살 것을 기대하신다. 창세기 1장과 2장에서 아담과 하와가 창조된 직후 하나님은 인간의 주요한 책임들을 말씀하셨다. 하나님의 말씀의 초점은 신실한 행동에 있었다. 나중에 가서 성경 속에 심적 성향과 의도에 관한 강조가 두드러지게 나타나나 원래 하나님께서 요구하시는 것은 선한 의도나 따뜻한 마음 정도가 아니라 적합하고 올바른 동기에 입각한 신실한 행동이다. 이런 까닭에 기독교교육은 지식이나 기술과 같은 것보다 책임 있는 행동을 통해 하나님을 섬기는 것에 관하여 분명히 가르쳐야만 한다. 니콜라스 월터스토프(Nicholas Wolterstorff)는 그의 저서 「책임적 행동에 관한 교육」(*Educating for responsible action*)에서 이러한 과정을 분명히 밝히고 있는데 그는 "교육이란 학생들의 잘못된 행동을 개선하는 것을 겨냥해야 한다"(1980, p.15)고 말했다. 기독교는 반드시 사람들의 삶의 모든 영역에 관계해야만 한다. 즉 사고, 감정, 그리고 행동 등이다. 여기서 행동에 대한 강조는 행동주의 심리학과 같은 입장의 의미는 결코 아니다. 성경에 요구된 책임적 행동은 단순히 어떤 자극에 대한 반사작용이 아니다. 성령의 열매는 단순한 행동 수정의 정도에 의해서 얻어질 수 없다. 오히려 성령의 열매는 하나님께 대한 깊은 이해와 그와의 굳건한 관계, 그리고 인격적 건강과 활력의 결과인 것이다. 병든 나무는 풍성한 열매를 맺을 수 없듯이 단지 영적으로 온전한 사람이라야 풍성한 성령의 열매를 맺을 수 있다.

책임적 행동에 대한 그리스도인의 의무는 단순히 책임적 생활이 탐욕적이고 쾌락적인 삶보다 더 만족한 삶이기 때문이 아니라 그리스도께 대한 충성이 그것을 요구하고 있기 때문이다. 그리스도께서는 그리스도인들이 그의 명령을 준행하며 그 앞에서 겸손히 행하기를 원하신다. 그리스도인은 완전한 복종과 순종을 요구하시는 예수님을 '주님'으로 부르는 것 때문에 책임적인 삶을 산다. "예수가 주시다"라는 고백은 교회의 가장 오래된 신조 중의 하나이다. "이 책임적 삶의 소명과 함께 구약의 백성들은 하나님께 복종하였으며 동시에 그들은 하나님을 세상의 통치자로 고백했다"(Bietenhard; 1976, p.514). 예수를 주님으로 부르는 신앙고백은 한 특정한 세계관과 가치관에 대한 그리스도인의 자원적 순종을 말하고 있다. 그리스도인은 하나님의 명령을 따르길 원한다. 예를 들자면 "사람아 주께서 선한 것이 무엇임을 네게 보이셨나니 여호와께서 네게 구하시는 것이 오직 공의를 행하며 인자를 사랑하며 겸손히 네 하나님과 함께 행하는 것이 아니냐"(미 6:8). 그것이 바로 예수 그리스도께서 원하시는 것이기에 그렇다. 예수를 주님으로 인정하는 진실한 신앙은 삶의 방식을 자기만족에 두지 않고, 사랑과 순종에 둔다. 예수를 주님으로 인정하는 것은 자신을 예수와 다른 사람들의 종으로 인정하는 것이며 하나님의 왕국에 대한 증인임을 인정하는 것이다.

(2) 섬김의 공동체

하나님의 나라는 성도들이 하나님을 그들의 삶의 통치자로 믿고 따르는 정도만큼 우리에게 보인다. 결국 교회는 하나님의 의와 의로운 왕권에 대한 성도들의 겸손한 복종을 통하여 하나님의 주권이 분명하게 명시되는 곳이다. 하나님의 나라가 드러나며 하나님의 통치가 있는 교회는 네 가지의 속성을 보여주는데, 즉 예배, 봉사, 교제, 그리고 훈련이다.

첫째, 예배는 교회의 성격을 결정한다. 교회는 사도들과 제자들이 예배드리려고 한자리에 모였을 때 성령의 권능에 의해서 오순절에 일어난 것이다. 사도행전을 통하여 교회는 예배 공동체로 묘사되어 있다. 성도들은 떡을 떼며 성전에 모여서 노래 부르고 기뻐하며 기도를 드렸다. 그리고 한자리에 모였을 때 그들은 하나님께 존귀와 영광을 돌렸다. 교회는 예배 중에 태어났으며 마찬가지로 종말에 가서도 교회는 계속하여 하나님께 예배드릴 것이다(계 7:9~17).

두 번째 특성은 서로 섬기는 봉사이다. 그리스도인은 세상 가운데서 하나님의 사랑과 봉사의 도구로 하나님께 소명을 받았다. 봉사의 모델은 예수님이시다. 그는 "섬김을 받기 위해서가 아니라 섬기러 오신"(마 20:28) 분이며 "오히려 자기를 비어 종의 형체를 가져 사람들과 같이 되었고 사람의 모양으로 나타나셨으매 자기를 낮추시고 죽기까지 복종하셨으니 곧 십자가에 죽기까지 하신"(빌 2:7~8) 분이시다. 이 섬김의 본은 교회로 하여금 고통으로 신음하는 세상을 위해 봉사하도록 이끌 뿐만 아니라 부정과 억압 그리고 타락의 요인들을 제거하기 위하여 싸우도록 한다. 봉사함에 있어서 교회는 전인적 봉사를 위해 요구되는 모든 은사와 교회가 소유한 자원들을 사용할 수 있다.

셋째, 하나님께서 다스리시는 교회는 하나님께 대한 증인의 역할을 한다. 교회는 고통하는 세상에 반드시 전해주어야 할 기쁨과 희망의 메시지를 갖고 있다. 즉 하나님과 인간의 화해 그리고 예수 그리스도로 말미암은 자유의 메시지이다. 충성된 교회는 교회의 삶을 통하여 선포되고 기록된 메시지의 진실성을 확증해야만 한다. 교회는 교리에 충실해야 하며 서로서로 사랑하는 모습이 우리의 행실에 의해서 우리가 전하는 메시지의 진실성을 합법적으로 시험할 것을 지적하셨다. "새 계명을 너희에게 주노니 서로 사랑하라 내가 너희를 사랑한 것같이 너희도 서로 사랑하라 너희가 서로 사랑하면 이로써 모든 사람이 너희가 내 제자인 줄 알리라"(요 13:34~35). 여기서 그리스도는 진실한 사랑이 교회 공동체의 특징이 될 수 있음을 주장하신다. 그리고 그러한 사랑이 강력한 증거가 될 것을 우리에게 확신시키신다. 지난날, 교회는 하나님의 능력이 나타남을 보아 오면서 단지 하나님만 이루실 수 있는 부흥을 체험해 왔다. 주께서는 지금도 모든 교회가 모든 족속에게 이 구원의 메시지를 전할 것을 명하고 계신다.

마지막으로 교회교육에 가장 중요한 것은 교회가 하나님의 백성들을, 즉 "하나님께 합당히 행할"(살전 2:19) 개인을 훈련시켜야 한다는 것이다. 그러면 그들은 예수 그리스도에 대한 순종의 삶의 증인이 될 것이다. 예수의 제자들은 예수께 순종하였을 뿐만 아니라 예수를 닮아가는 모습을 보여주었다. 세례요한의 제자들이 예수의 제자들이 금식하지 않는 것을 보고 예수께 찾아가서 물었다. "우리와 바리새인들은 금식하는데 어찌하여 당신의 제자들은 금식하지 아니하나이까"(마 9:14). 여기서 예수의 제자들의 생활양식은 그들의 스승을 본받은 것임을 알 수 있다. 이것은 제자도의 중심 사항이다. 제자의 생각과 행동은 스승의 생각과 행동을 그대로 반영한다. 예수의 처음 제자들처럼 우리도 우리의 행동양식이 주님의 뒤를 따라가야 할 것이다. 그때 우리는 바울처럼 다음과 같이 말할 수 있을 것이다. "내가 그리스도를 본받는 자 된 것같이 너희는 나를 본받는 자 되라"(고전 11:1)

(3) 만인제사장으로서의 교육

우리의 삶은 비유와 상징에 의해 크게 감화받는다. 비유와 상징이 그리스도인들에게 생소한 것은 아니다. 왜냐하면 성경은 그런 풍부한 문학적 재료로 꽉 차 있기 때문이다. 황금으로 된 천국의 도로, 목자로 비유된 예수, 그리고 그리스도의 몸으로서의 교회와 같은 성경적 상징들은 겸허한 성도들에게 문학적 표현이 줄 수 있는 것 이상의 큰 감동을 준다. 기독교교육자들의 앞날에 대한 비전과 목적의식을 새롭게 하는 가장 쉬운 방법은 그들의 업무에 대한 새로운 상상을 갖게 하는 것이다. 제사장과 종의 상징들은 성경적 기독교교육의 필연적 특징들을 담고 있으며 성경이 말하는바 기독교교육 원리의 정신과 그 세부 사항들을 신실하게 반영한다. 제사장의 상징은 사람의 마음을 하나님께 이끌며 교제, 예배, 봉사, 책임, 그리고 청지기직 등을 다하는 데로 이끈다. 종의 상징은 그리스도 안에서 구속받은 자들이 그리스도와 다른 사람들을 섬기며, 사랑함으로 믿음 안에서 자라가는 책임적 존재로서 그리스도 앞에 서 있음을 일깨워 준다. 모든 그리스도인들은 종이며, 구원의 하나님에 대하여 말과 행실로 증거해야 할 증인인 것이다. 만인 제사장 교리는 기독교교육을 명령하고 또 그것을 가능하게 함으로써 기독교교육의 근거를 제공한다. 그 교리는 성도 각 개인이 자신의 신앙 성장에 대하여 하나님께 책임 있는 존재라는 사실로 인하여 기독교교육의 시행을 명한다. 그것은 우리 각자에게 하나님을 더욱 알아가며 혼동된 세상 속에서 삶의 의미를 찾고 있는 다른 사람들을 도와야 할 책임을 부과한다. 하나님과의 관계를 전문적인 목회자에게 의존하는 것보다 오히려 우리 자신에 의지하여 ― 또는 함께 협력하여 ― 하나님을 알아가고 그가 주신 삶의 의미를 찾아야 한다.

만인 제사장 교리는 또한 평신도가 다른 사람들을 가르칠 수 있고 또 가르쳐야만 한다는 사실로 인해 기독교교육을 가능하게 한다. 평신도 교사의 가르치는 사역은 현대 기독교교육의 필수적인 요소이다. 제사장은 또한 종이어야 한다. 그는 영적 부흥을 위해 그리고 주님과 그의 백성들을 섬기기 위해 헌신되어야 한다. 제사장이자 종으로서 기독교교육자들은 다른 사람들을 도와서 삶의 의미를 발견하도록 도우며, 그들 자신은 지극히 높으신 하나님의 보다 능력 있는 왕 같은 제사장이요 종이 되는 것이 가장 중요한 책임인 것이다.[34]

---

34) Jim Wilhoit, *Christian Education and the Search for Meaning*, 신서균 역, 「현대기독교교육」 (서울: 기독교문서선교회, 1991), 15~26.

2. 전인교육으로서의 기독교교육

  '전인교육'이란 무엇인가? 「교육학용어사전」(서울대학교교육연구소편, 1994)에는 이렇게 정의되어 있다. 전인교육(全人敎育), 즉 지(知)·정(情)·의(意)가 완전히 조화된 인격자를 기르는 것을 목적으로 하는 교육, 공리주의와 입신 출세주의를 동기로 하거나, 국가 권력이 요구하는 부국강병 주의에 지배되어서 인간 생활의 일면에 지나지 않는 지식·기능이나 극단적인 애국심만을 강조하는 교육에 반대하여 나타났다. 이러한 전인교육은 학교뿐만 아니라 가정·교회, 혹은 지역 사회 등의 유기적 조화를 통해서만 가능하다. 전인교육은 특정의 지식·기능·주의에 쏠리지 않는, 폭넓은 교육을 지칭한다. 페스탈로치의 삼육론(三育論), 곧 지, 덕, 체의 조화적 발전의 논리가 그 원형이라 할 것이다. 따라서 전인교육은 지육, 덕육, 체육은 물론이요, 예능, 전문, 기능, 예절, 직업, 환경, 노작, 평화, 교육 같은 모든 교육의 기초를 그 안에 담는다. 전인교육은 우리말로 '온전한 사람 교육'이라고도 할 수 있다. 영어로는 '온전한 교육'(wholeman education)으로 쓰이고, UNESCO 교육 문서에는 Complete man education이라는 표현을 썼다. 패터슨 같은 최근의 미국 교육학자들은 Humanistic education 또는 Humanistic foundation of education 이라는 표현을 쓴다. 독일어로는 '문화 인격교육'(*kulturmenschbildung*)이나 '인간성을 일깨워준다'는 뜻의 '인간성 지향 교육'(*Erzienhung zur Menschlichkeit*)이 쓰이고 있다. 또 라틴어로는 '전인'을 '총체적인 인간'(*Homo totus*)이라고 표현한다. 이 용어는 괴테의 친구이자 낭만주의 문학자인 쉴러가 처음으로 사용하였다. 그래서 '전인교육'은 *Education homo totus*다. 이처럼 일반 교육에서도 가장 이상적인 교육의 목표를 전인교육에다 두고 있다. 코메니우스는 그의 교육론에서 교육의 궁극적인 목표는 인간의 인간성을 형성하도록 돕는 것으로 설명하였고, 그 인간성이란 지성과 도덕성과 경건성의 세 가지 요소를 지닌 모습으로 규정하고 있다.[35)]

  첫째, 모든 사람이 지식으로 지혜롭게 된다는 것은 자신의 목적과 모든 사물의 목적, 그리고 그 목적에 이르는 방법을 바르고 가치 있게 활용하는 것을 의미한다. 즉 모든 사람은 각자가 자연을 통하여 터득한 모든 지식을 지혜롭게 합리적으로 표현하여 활용

---

35) 이숙종, *코메니우스의 교육사상*(서울: 교육과학사, 1996), 393~94.

할 수 있는 존재가 되어야 한다.

둘째, 모든 사람은 범교육에 의하여 새로운 도덕성을 개발하여야 한다. 새로운 도덕성의 특징은 자율성과 자기 결단력에서 비롯된 합리적인 비판의식 및 능력이다. 모든 사람은 사물을 통하여 올바르고 진실한 도덕성을 배양할 수 있는 능력을 내재하고 있기 때문에 내면세계의 모든 것을 덕스럽고 가치 있게 표현할 수 있어야 한다. 그 이유는 모든 사람이 하나님의 형상을 나타낼 수 있는 존재로서 그 영혼 속에 있는 모든 것을 선하고 아름답게 발전할 수 있기 때문이다.

셋째, 모든 사람이 자기 자신과 다른 사람들에게 선하게 되는 것은 하나님 앞에서 경건하며 신실하게 살아가는 것과 밀접한 관계가 있다. 하나님의 형상인 인간은 하나님의 탁월성을 모방하여 인간의 영혼에서 경건성과 신앙을 꽃 피울 수 있다. 경건은 인간의 모든 생활을 지배하며 영위할 수 있는 가장 기본적 영적인 속성으로서 한편으로 모든 인간적 실수와 오류에서부터 인간 자신을 보호할 수 있으며, 다른 한편으로 하나님과 영적인 관계를 맺을 수 있는 힘이 된다고 하였다.

또한 코메니우스는 골로새서 1:28절의 말씀에 근거하여 모든 사람에게 모든 것을 모든 지혜로 가르침을 받는 교육을 전제하고 있으며, 그리스도의 형상을 본받는 자로서의 완전한 인간상을 전제하고 있다. 이러한 코메니우스의 관점에서 보면 지금 일반교육의 전인이란 인간성의 중요한 기본적 요소인 하나님을 아는 경건성 즉 신앙이 결여되는 것이다. 그 때문에 일반교육의 전인이란 창조주 하나님을 알지 못하는 믿음의 사람으로서의 인간의 인격성은 결코 온전한 것이 될 수 없는 것이다. 이 점에 있어서 우리는 기독교교육이야말로 참교육으로서 전인교육이며, 타락으로 불완전해진 인간을 구원으로 인도하는 전인격적인 교육이라고 할 수 있다. 따라서 전인교육으로서의 기독교교육은 하나님의 교육으로서, 인간을 구원으로 인도하시는 하나님의 통치방식을 교육의 현장인 가정, 교회, 학교, 사회에 확대하여, 전체적인 차원에서 교육영역을 재정립해야 할 것이다.

3. 평생교육으로서의 기독교교육

평생교육이란 요람에서 무덤까지 평생을 통한 계속적인 교육을 의미하는 것으로 '인간의 삶의 질 향상'이라는 이념 추구를 위하여 태아로부터 시작하여 무덤까지 한 개인의 생존 기간 전체에 걸쳐서 이루어지는 태아 교육, 유아 교육, 아동 교육, 청년 교육, 성인 전기 교육, 성인 후기 교육, 노인 교육을 수직적으로 통합한 교육과 가정교육, 교회교육, 사회교육, 학교교육을 수평적으로 통합한 교육을 총칭하여 말하며 그것은 개인의 잠재 능력의 최대한의 신장과 사회 발전에 참여하는 능력의 개발을 목적으로 한다는 개념으로 받아들여지고 있다. 교육 양태 상으로는 형식, 비형식, 무형식 교육이며, 교육 영역 상으로는 가정교육, 교회교육, 사회교육, 학교 교육을 포괄하는 총체적 이념이며, 궁극적으로는 학습자의 자율적 학습 수행과 교육적 선택의 자유를 통한 학습권이 보장되는 학습사회를 지향하는 교육 이념을 말한다.

원래 평생교육이라는 개념은 1965년 12월 유네스코의 성인교육 발전을 위한 국제위원회(International Committee for the Advancement of Adult Education)에서 랭그랑의 계속교육에 관한 연구 논문을 검토한 끝에 유네스코는 "출생에서부터 죽음에 이르기까지 인간의 일생을 통하여 행하는 교육의 과정 — 전체적으로 통합적이어야 할 필요성이 있는 교육의 과정 — 을 만들어 활동하게 하는 원리로서 평생교육이라는 구상을 승인해야 한다"라는 건의를 유네스코 사무국에 제출하여 1970년대의 유네스코 기본교육 사업으로 채택되었고, 그해를 "국제교육의 해"라는 주제로 내걸고 평생교육을 표방하기도 했다. 우리나라에 있어서도 유네스코 한국위원회가 큰 구실을 담당하여, 1973년 유네스코한국위원회에서 "평생교육 발전을 위한 전국 세미나"를 개최한 바 있고, 제5공화국(1980년) 시절, 전면 개정된 헌법에 평생교육진흥에 관한 조문이 제정되어 크게 부각되기 시작하였다. 이러한 평생교육은 학자에 따라 여러 가지로 정의되고 있으나 종합적으로 다음과 같이 정의할 수 있다. 랭그랑(Lengrand)의 견해는 '개인의 출생에서부터 죽을 때까지 전 생애에 걸친 교육(수직적 차원)과 학교 및 사회 전체 교육(수평적 차원)의 통합'이라고 말함으로써 교육의 통합성과 종합적 교육체계를 강조하였다. 다베(Dave)의 견해는 '개인적 및 사회적 삶의 질을 계속적으로 향상시키기 위하여 평생 동안에 걸쳐 연장 실시되는 모든 형태의 형식적, 비형식적 학습 활동'이라고 말함으로써 개인적 성장과 사회적 발전을 함께 관련시키는 것으로 보았다. 張眞鎬 교수의 견해는 "개인이 전 생애를 통하여 능동적으로 계속적 학습의 기회를 포착함으로써 인간성의 조화적 발달을 꾀하며 변화하는 현대적 생활에 슬기롭게 대처하고 창조적으로 개척해 갈 수 있는 지식과 기능을 익히며 다른 사람과 더불어 공동체의 복지를 증진시켜 나가는 인간화 교육을 의미한다."라고 정의함으로써 평생교육의 내용면, 실질면을 중심으로 정의하고 있다. 특히 여기서 주목할 것은 피교육자를 주체적 능동적으로 파악하여 교육의 궁극적인 이념을 인간교육에 두고 있는 점이다. 유네스코 한국위원회의 견해는 '평생을 통한 계속적인 교육'을 의미하며 급변하는 현대사회에 있어서 한편으로는 일정 연령층을 대상으로 하는 한정된 기간의 교육으로서의 학교 교육과 다른 한편으로는 조직화되지 못한 비효율적 상태로 방치되어 있는 사회 교육의 기능을 다 같이 개편·강화하고 한 사회가 가지고 있는 교육자원을 효율화함으로써 교육역량의 극대화를 지향하려는 노력을 의미한다고 하였다. 이처럼 인간의 배움은 학교 교육에 한정된 것이 아니라, 일생 동안 끊임없이 계속되는 것이다. 현대 교육학에서는 인간의 일생과 관련하여 이미 교육의 장을 크게 나누어 공식 교육(Formal Education)과 비공식 교육(Informal Education)으로 구분한다. 그리고 공식 교육은 일반 학교의 공교육을 의미하며, 비공식 교육은 학교 교육 밖의 삶의 현장에서 배움을 지속하는 교육이라고 본다. 이것은 삶의 실제에 결부된 경험을 통한 교육이다. 비공식적 교육과정이 공식 교육의 과정보다 더 길고 일생을 통하여 끊임없이 지속되는 사건이다. 이런 관점에서 평생교육의 문제가 현대에 이르러 일반 교육에서 크게 대두된 것이다. 그리고 이에 따라 직업 재교육, 기술 재교육이 나타나며, 생애 교육, 계속 교육의 의미가 부가되는 것이다.

기독교 교육적 측면에서는 교회를 통한 교육이 이미 초대 교회에서부터 평생 교육적 차원에서 전 세대를 통하여 이루어져 왔음을 보여준다. 그 가운데 코메니우스의 교육론에서 역시 인간의 평생교육의 의의를 새롭게 발견하게 된다. 그에 의하면 인간은 두 가지 삶의 주거지를 거쳐 세 번째 거주지를 향하여 가는 존재로 해석된다. 그것은 곧 모태와 현세, 그리고 천국이라고 하였다. 모태에서의 준비가 현세에서의 삶을 준비하며, 현세에서의 준비가 영원한 세계에서의 삶의 준비라고 보았다. 코메니우스의 범교육사상은 교육을 한 인간의 생의 주기 중 학령기에 제한시키는 것이 아니라 '모태에서부터 죽음에 이르기까지' 결코 종말이 없는 하나님의 영원한 신적 과제로 간주하며, 전 세계와 우주만물이 인류의 학교가 되며, 그리고 모든 지식을 부분적이며 단편적이 아니라 통일된 전체적 내용으로 가르쳐야 하는 범지학 사상과 밀접한 관계가 있다. 그러므로 기독교교육은 한 세대의 교육이 아니며, 한 시대의 교육이 아니다. 기독교교육은 전 세대의 인간을 모태에서 죽을 때까지 하나님의 말씀으로 가르치고 배우게 하는, 그리고 믿음을 양육하고 훈련하게 하는 하나님의 학교에서의 평생교육인 것이다(cf. 범교육학).36)

---

36) *Ibid.*, 52.

제2장

기독교 교육신학

I. 교육신학에 대한 이해

1. 교육신학의 개념

기독교교육은 신학과 관계된 학문일 뿐 아니라 신학에 속한 학문이기 때문에 교육신학은 기독교교육의 한 영역일 뿐 아니라 핵심적인 영역이라고 할 수 있다. 기독교교육은 성도들로 하여금 잃어버린 하나님의 형상을 회복하게 하여 하나님의 영광을 돌리게 한다는 점에서 그 목적이 신학적이고, 성경을 가르친다는 점에서 그 내용이 또한 신학적이다. 교육신학이라는 학문은 신학자들이 교육에 관하여 논의한 것을 체계화한 것이 아니라, 신학적 관점에서 교육에 사용되는 개념이나 활동들을 정의하고 규정하는 것이다. 다시 말하자면 교육신학이란 신학자들의 교육론이 아니라 교육내용, 개념, 이론들을 신학적 관점에서 조명하는 학문이다.

교육신학은 기독교교육의 기초를 제공하며 방향을 제공하는 학문일 뿐 아니라 기독교교육의 철학, 목적, 내용, 방법 등을 신학적인 관점에서 조명한다. 신학에 근거하여 교육의 기초를 세우고 발전시키는 영역이 바로 '교육신학'이다. '교육신학'이라는 영역을 학문적으로 처음 명명한 학자로는 폴 틸리히(Paul Tillich)이며, 다른 한 사람은 넬스 페레(Nels F. S. Ferre)이다. 폴 틸리히는 문화신학이라는 논문집에서 '교육신학'이라는 글을 발표하였고, 넬스 페레는 「기독교 교육신학」(A Theology for Christian Education)이라는 책에서 '교육신학'이라는 용어를 사용하였다. 이 두 사람이 '교육신학'이라는 용어를 같이 사용하지만 그 개념 사이에는 공통점과 차이점이 있다. 공통점은 기독교교육의 영역에 방법과 내용의 차원을 넘어 근거와 방향을 설정하는 교육신학이 필요함을 강조한 것이다. 차이점으로는 틸리히가 교육신학의 출발을 실존의 물음에서 찾고자 노력한 반면에 페레는 기독교 신앙과 그 신앙이 가지고 있는 역사적 의미에서 찾으려 한 것이다. 그는 교육신학은 계속 세계와 역사와 그 속에서 말씀하시는 하나님의 말씀과 씨름하는 제삼의 양식이 모색되는 바로 그곳에 언제나 생동한다고 하였다.

다시 말하면, 교육신학은 교육의 여러 요소들을 신학의 관점에서 조명하는 것이다. 따라서 신학과 기독교교육은 상호관계가 있으며, 기독교교육의 요소들을 신학적으로 조명함으로 기독교교육이 성경에 기초한 교육이 되게 한다. 그리고 이러한 교육신학의 과제로서 제기되는 것들에는 신학에 토대를 둔다는 측면에서는 신학적 정립에 대한 필요성이, 그리고 교육활동에 관계된다는 측면에서는 교육학적 정립에 대한 필요성이 제기된다.

2. 지식의 철학적 개념

지식은 교육의 본질적인 요소에 속한다. 그러므로 교육의 주된 의무 중 하나는 지식의 발전을 추구하고 그 결과로 얻은 지식을 삶에 응용하여 또 그 지식을 전수하는 것이다. 이와같은 이유와 목적으로 지식을 탐구하는 학문적 영역을 인식론(認識論)이라고 하는데 그 구체적인 내용은 지식의 본질, 원천, 확실성을 연구하고 규명하는 것이다. 기독교는 인식론적 문제와 관련하여 성경이라는 분명한 준거점(reference)을 가지고 있으며, 이는 기독교교육을 하는 사람들에게도 매우 흥미 있는 논제이다. 왜냐하면 교육에는 반드시 분명한 목적이 있고, 이 목적의 배후에는 지식의 근거와 배경이 되는 사상이 녹아 있고, 교육자는 자신이 선택한 그 '지식'에 의해 그의 교육의 목적과 방향, 구체적인 행동원리까지 도출해내기 때문이다. 인식론의 중요성이 바로 여기에 있다.

지금까지의 교육은 이론적인 지식이 먼저인지, 혹은 실제적인 행동이 먼저인지의 문제에 부딪쳐왔다. 그러나 쉐퍼(F. A. Schaeffer)는 기독교인식의 준거점인 성경을 은총 대 자연의 닫힌 체계(a closed system) 안에서 생각한다면 이는 불가능할 것이지만 이 둘을 통합적 시각으로 보는 열린 체계(a open system)에서 생각한다면 기독교인식론은 진정한 도덕의 차원을 넘어선 특별한 지성적 통합점을 갖게 될 것이라고 이야기했다.

기독교교육에 있어 앎과 실천 사이의 문제는 그동안 무수한 토론의 주제로 존재해왔으나 여전히 그 둘은 이원화된 형태로 한쪽은 지나친 관념론적 지식으로 다른 한쪽은 지나친 행동주의 사상으로 발전해왔다. 그러나 관념과 행동, 성(聖)과 속(俗), 이러한 이분법적 사고 자체가 과연 기독교적인 것인가? 성경은 무한하고 인격적인 하나님은 역사와 우주 안에서 역사하실 때는 이 둘이 일치하게 되도록 역사하셨으며 이 양자는 모두 하나님이 창조하신 것이고, 이성적인 하나님이 나를 만드셨다면 나의 정신의 범주와 외부세계 사이에 상관관계를 주셨다고 해도 놀랄 일이 아니라고 말씀하신다.

1) 지식의 철학적 관점

인식론은 지식의 방법 혹은 근거, 즉 우리는 어떻게 알며 혹은 우리가 안다는 것을 어떻게 아는가에 관한 질문이다. 인식론과 관련된 철학의 문제는 다음과 같은 지식의 본질을 성찰한다. 즉 앎에 포함되는 모든 상이한 활동에는 어떤 공통점이 있으며, 안다는 것과 믿는다는 것 사이에는 어떠한 차이점이 있고, 감각에 의해 제공되는 정보를 넘어 우리가 알 수 있는 것은 무엇인가 하는 것에 관한 고찰이다. 또한 우리가 가지고 있는 지식이 참이라는 것을 어떻게 증명할 수 있느냐에 관한 문제는 모든 과학과 종교가 사력을 다해 증명하려고 하는 문제이기도 하다. 먼저 이러한 지식의 유형을 전통적인 철학의 관점에서 분류하면 다음과 같이 분류할 수 있다.

(1) 지식의 원천

지식에 관한 연구(인식론)가 보다 구체적으로 학문의 방식으로 자리한 것은 근세에 이르러 서지만 더 거슬러 올라가자면 헬라철학의 플라톤과 아리스토텔레스에게서 찾을 수 있다. 플라톤은 개인주의에 초점을 맞춘 소피스트들에게 반기를 들고 우주적 진리는 감각의 세계를 넘어선 관념의 세계에 있다고 관심을 옮겼다. 한편 아리스토텔레스는 플라톤으로부터 영향을 받았지만 이것으로는 진리 자체를 다 설명할 수 없으며 모든 물건은 형상과 질료로 구성되어 있다고 주장하고 우주적 개념들은 구체적 물건이나 물질의 연구를 통해서 알 수 있다고 주장했다. 그리고 이런 줄기들은 합리론을 주창한 데카르트와 경험론을 주창한 로크에게로 양분화되어 내려온다. 따라서 이러한 인식론의 두 가지 큰 유형에 따라 각 유형별 특징과 인식의 범주를 고찰해 보겠다.

① 합리론적 인식론

인식론에서 합리론은 데카르트의 회의론(skepticism)적 방법에 의해 형이상학적 관념에 도달하는 것을 목표로, 직관과 연역의 방법을 중요시하는 유형으로 이러한 합리론의 특징은 이성의 작용에 의해 일관성을 부여받으며 지적(知的) 사고 과정에 의해 불변의 원리와 진리를 발견할 것을 강조하는 관념론의 기초가 되었다. 이러한 합리론적 인식론의 유형에는 아래와 같은 것들이 속한다.

첫째, '계시'적 지식이란, 신이 인간에게 알려준 지식이라고 할 수 있다. 즉 신은 전지전능한 힘으로 어떤 사람을 감동시켜 그에게 계시한 진리를 기록하게 하는데 이렇게 기록된 진리는 모든 인간에게 알려지게 된다는 것이다. 기독교나 유대교에서는 신의 말씀이 성경에 나타나 있고 회교도에서는 코란, 힌두교에서는 바가바드기타나 우파니샤드 속에 나타나 있다. 거기에 나타난 말씀은 신의 말씀이기 때문에 영원한 진리이며 이것 때문에 종교에 있어 계시적 인식론은 자연적 질서를 깨트리는 초월적인 초자연적인 실재의 전제조건을 가진다.

둘째, '직관'적 지식이다. 계시적 지식은 신이 부여한 것으로 인간외부의 지식이다. 이에 비해 직관적 지식은 인간이 순간적 통찰을 통하여 그 자신의 내부로부터 발견해 내는 지식이다. 통찰 혹은 직관은 오랫동안의 무의식적 작업과정을 통하여 의식세계에 돌연히 나타난 관념이나 결론이다. 이 직관적 지식은 그것을 제안한 사람의 개인적 상상력에 의하여 제안되고 받아들여진다. 위대한 작가나 예술가들의 시나 그림이 이러한 직관적 지식을 바탕으로 제안된 것이며 따라서 우리는 이러한 진리를 관찰이나 실험에 의해 검증하고자 하지는 않는다.

셋째, '이성'적 지식은 실제적 상황에 대한 관찰로써는 획득할 수 없는 이성적 활동에 의한 지식을 말한다. 형식논리학과 순수수학의 원리는 이성적 지식의 전형이다. 형식논리학과 순수논리학의 진리성은 추상적 추리에 의해서만 증명 가능하다.

이성은 인식론의 합리론적 특징을 가장 잘 설명해 주는 단어이다. 이는 합리론이 지식의 과정에서 감각적 지각과의 일관성을 발견하여 감각작용에서 생기는 부정확한 일반화를 제거하도록 도와준다. 그러나 이 합리론의 방법으로서의 이성은 결론이 참(眞)이 되기 위해서는 전제조건이 필연적으로 진리여야 하는 것이 요구된다.

　② 경험적 인식론

　인식론의 또 다른 근원으로서 경험론은 감각적 지각을 통한 과학적 진리를 강조하는 것으로 실용주의와 실증주의의 근원이 되었다. 그러나 이러한 인식론의 방식은 경험에 근거한 기술적 측면을 말하는 것으로 논리적 근거와 타당성을 설명하는 것이 어렵다고 이야기한다. 따라서 철학적 인식론에서 합리론과 경험론은 서로 분리된 것으로 이해하고 있으며 이를 다시 설명적 언어적 주장과 행동적 실천으로 구분함으로써 더욱 명확해졌다. 이러한 경험론적 인식론의 유형에는 아래와 같은 것들이 있다.

　첫째, 감각적 지식이다. 인간은 고립되어 실존하지 않고 현실 속에서 끊임없는 상호작용을 통하여 생존해 나간다. 헤센(J. Hessen)은 이러한 인간의 생존방식이 감각을 배제한 것이라면 불가능할 것이라고 이야기한다. 감각은 인간으로 하여금 이 현실을 파악하고 현실 속에서 방향을 정하게 하는 기관으로서, 관찰되고 감각된 사실과 일치되도록 형성된다. 합리주의자가 만약 사물을 "철저히 사고하라"고 한다면, 경험주의자들은 사물을 "관찰하라"고 할 것이다. 이러한 감각적 지식의 전형은 바로 현대과학으로 나타났다. 과학은 가설을 통해 일련의 현상을 밝히도록 관찰과 실험의 방법을 동원하며 여기서 밝혀진 사실들은 '실재'를 대표하는 가치로서 받아들여졌다. 그러나 이러한 감각적 경험적 확률도 확실성에 근접해 갈 수는 있지만 확실성을 갖지는 못하는데 그 이유는 미래가 과거를 반복한다고 확신할 수 없기 때문이다. 또한 이러한 감각도 때로는 우리를 속이는데 예를 들어 곧은 막대기가 물 속에서는 굴절해 보이는 경우이다.

　둘째, 권위적 지식이다. 우리는 많은 지식을 진리로 받아들이지만 이것은 우리가 그런 지식을 직접 검토하여서가 아니라 학계의 권위자들에 의해 보증된 지식을 의미한다. 예를 들면 영국의 수도는 런던이라든지 광선의 속도는 초속 186,281이라든지, 워털루 전투는 1815년에 일어났다든지 하는 사실을 우리는 의심 없이 받아들인다. 내가 이러한 사실을 정당한 것으로 받아들이는 것은 그러한 사실을 전문가에 의해 쓰인 백과사전이나 또는 다른 저서에서 발견하기 때문이다.

(2) 지식의 종류

지식은 그 분류하는 기준에 따라 다양한 종류로 나누어질 수 있다. 첫째는 지식은 절대적인가? 혹은 상대적인가? 하는 기준에 따른 분류인데 이 질문은 '지식은 변화하는가?'를 묻는 것이다. 이러한 질문에 대한 대답이 만일 '그렇다'이면 그것은 상대적 진리 혹은 상대적 지식을 의미하는 것이고, 만일 '아니다'이면 절대적 진리 혹은 상대적 지식을 말하는 것이다. 절재적 진리란 시간과 장소를 초월하여 영원히 변화하지 않는 진리인 것을 말하는데 만일 절대적 진리라고 한다면 그것은 교육의 내영이 되어야 한다.

둘째는 지식이 주관적인가? 또는 객관적인가? 하는 질문에 따른 분류이다. 모리스 (Van Cleve Morris)는 지식의 개관성에 대해서 세 가지 입장을 말한다. 첫째, 지식은 외부에서 온다는 입장이다. 수학자, 물리학자들이 지식과 진리를 이러한 측면에서 본다. 둘째는 지식은 그것을 소유 하는 사람에 따라 다를 수 있다는 입장이다. 이는 주로 사회학자, 행동주의학자들의 견해이다. 셋째는 지식은 창조되는 것이라는 입장이다. 대부분의 예술가, 문학가, 음악가들이 이러한 견해를 갖고 있다.

셋째는, 지식은 경험과 관계가 있는가? 하는 질문이다. 지식에는 경험을 앞선다고 생각하는 선험적 지식이 있는데 이는 실재의 본질을 이루는 지식이고, 사람의 지성과 무관하게 존재한다. 예를 들면, 원둘레와 지름의 비율을 나타내는 원주율이다. 이는 우리의 지식과 생각과는 관계없이 3.141592……로 나타난다. 또한 지식에는 인간의 지각에 근거한다고 생각하는 후험적 지식이 있다. 예를 들면, 하나의 원과 또 다른 원과의 관계 곧, 어느 하나가 다른 하나보다 크다던가, 혹은 작다든가 혹은 같다든가 하는 관계는 인간의 경험과 판단에 따르는 지식이다. 전통 철학자들은 선험적 지식의 우월성을 주장한다. 그 이유는 선험적 지식은 고정되고 영원한 세계를 나타낸다고 생각하기 때문이다. 그러나 현대철학자들은 후험적 지식의 우월성을 주장한다. 이는 과학적 지식 혹은 실증적 지식에 근거하기 때문이라 할 것이다.

(3) 지식의 요소

지식은 무엇으로 이루어져 있는가? 이러한 지식의 요소가 되는 것으로는 사실, 실재, 개관적 사실성 들이 있다. 이 네 가지 요소를 다음과 같다.

첫째, 사실(Fact)이다. 이 사실이라는 말은 라틴어 *facere*(만들다)에서 온 것이다. 그 어원을 생각한다면 '사실'이란 인간의 손에 의해 가공되는 것임을 의미한다. 영어단어 가운데 이 어원을 가진 단어들이 있는데 예를 들면, manufacture(제작), artifact(가공품) 등이다. 이들 단어들의 공통점은 사람이 가공한 물건을 가리킨다는 점이다. 인간이 소유하고, 전승하는 지식이란 사실(fact)을 가지고 살기 좋은 세계를 구축하는 일의 수단이다. 그러므로 인류는 이러한 지식의 전승 및 발전에 관심을 가지고 노력한다. 이러한 사실에 대한 신뢰'는 종교적 신앙 곧 세계가 우리를 위해 창조되었다고 믿는 신앙이 쇠퇴하는 것과 반비례 하여 커져갔다. 이것은 우리 인간 자신이 창조자가 되는 것이다.

둘째, 이론(Theory)이다. 이론이란 사실들의 세계를 하나로 엮어주는 실이라고 할 수 있는데 이 단어의 어원은 헬라어 *theoros*(구경꾼, 영어 spectator)에서 왔다. 이는 극장의 관객이 구경하는 것과 유사한 종류의 관찰을 나타내는 개념과 관련이 있는 여러 가지의 헬라어 단어들 중 하나에 속한다. 이것은 현대인의 '앎'의 특징을 보여주는데 곧 우리는 앎의 대상을 '저쪽' 무대 위에 있는 것으로 여기며 그것과 멀찍이 떨어진 채로 관계를 맺는 의미이다. 곧 현대인은 지식을 앎의 대상과의 관계 속으로 이끌어 들이지 않는다.

셋째, 객관성이다. 불완전의 소지가 있는 주관성을 배제한다는 의미를 가지고 다른 단어들 앞에 쓰여서 '조금도 착오가 있을 수 없음'을 나타낸다. 이러한 단어가 사용되는 예로서는 객관적 사실, 객관적 이론, 객관적 실재 등이 있다. 여기에서 사용된 '객관적'(Objective)이라는 라틴어 어원은 "...에 맞서다. ..에 대항하다."라는 의미인데 독일어로는 "...에 대항하여 맞서 있는"이라는 뜻을 가지고 있다. 여기에서 대지식의 특징을 볼 수 있는데 곧 현대지식은 우리를 다른 사람 그리고 세계와 적대관계에 둔다는 것이다. 우리는 세계를 자기 필요대로 강제할 수 있는 힘을 주는 지식을 높이 평가한다. 객관적 지식은 우리를 우리 자신과 맞서는 적대자로 만든다.

넷째, 실재이다. 이는 모든 지식과 존재 의미에 대한 판결 기준이 된다. 즉, 신화, 소설, 시 등은 우리의 지식에 아무런 기여도 하지 못한다. 그 이유는 그것들은 '실재' 세계에 대한 것이 아니기 때문이다. 그리고 종교 및 다른 형태의 신념이나 믿음도 마찬가지다. 실재를 나타내는 단어 reality의 어근은 재산, 소유물, 물건을 의미하는 라틴어 'res' 이다. 영어의 예를 들자면, 부동산을 의미하는 real estate가 있다. 여기에서 현대지식의 특징을 볼 수 있는데 우리는 사물에 대한 권리를 주장하기 위해, 그것들을 소유하고 지배하기 위해 실재에 대해 알려고 노력한다. "아는 것(지식)이 힘이다."라는 말은

"부동산(가진 것)이 힘이다."와 같은 의미이다. 이는 힘이란 소유하고 지배하고 있는 것으로부터 나오므로 우리는 사물에 대한 지배권을 주는 지식만을 가치가 있는 것으로 여긴다.

(4) 지식의 확실성

지식의 확실성이란 "획득한 지식이 옳은가, 또는 확실한가?" 하는 문제 제기를 가지고 출발한다. 이러한 확실성을 규명하기 위하여 "어떤 지식의 옳고 그름을 판단하는 근거는 무엇인가?"를 논의하는 것이다. 지식의 확실성을 검증함에는 대체로 세 가지의 방법을 사용하고 있다.[1]

첫째는, 상응이론(Correspondence theory)인데 이는 대응설(對應說)이라고도 한다. 이 이론은 주로 실재론자들이 주장한다. 어떤 것이 사실과 상응하면, 곧 객관적 실재와 일치하면 참 지식이 되고 아니면 거짓이 된다. 이러한 지식은 주로 과학 분야에서 주장하는 지식이다. 이러한 지식을 비판하는 이론들이 있는데 그 근거는 ① 사람은 자신의 경험을 넘어설 수 없는데 어떻게 우리의 지식과 경험을 넘어서는 실재를 비교할 수 있는가? 라는 것이고, ② 우리의 감각 자료가 분명하고 정확하다고 가정하는 것은 문제가 있지 않느냐 하는 것이며, 그리고 ③ 아직 나타나지 않았을지라도 사람의 사고영역밖에도 많은 개념들이 존재할 수 있다는 점이다

둘째는, 지속이론(Coherence theory)인데 이는 정합설(整合設)이라고도 한다. 이 이론은 주로 관념론, 지성주의, 주지주의 주창자들에 의하여 제기되고 주장된다. 이들은 지식이란 다른 사람들의 판단과 지속성(일관성)을 가지는 것이라는 것에 그 강조점을 두고 있다. 즉, 이러한 관점에서의 지식이란 이전에 참된 것으로 수용된 판단과 일치하는 것들만이 참 지식이라는 것이다. 이러한 지식개념은 많은 정보의 제시가 아니라 정보의 내용에 질서와 의미를 부여할 수 있도록 학생을 도와주는데 교수의 목적을 둔다. 이러한 지식을 비판하는 이론들 그 근거는 거짓된 사상체계도 그 나름대로의 지속성을 유지시킬 수 있다는 점이다. 그렇게 되면 실재로는 거짓된 정보인데 참 지식으로 간주될 수도 있게 된다.

셋째로는, 실용이론(Pragmatic theory)인데 이는 실용주의자들이 주장하는 이론이다. 실

---

1) 이돈희, *敎育哲學槪論* (서울: 교육과학사, 1983), 238~46.

용주의자들은 경험할 수 없다는 것 때문에 상응(相應)이론을 거부한다. 또한 이들은 형식적이고 합리주의적이라는 점 때문에 지속(持續)이론을 거부한다. 실용주의의 주창자들인 듀이와 제임스는 지식을 "유용성"이라는 면에서 보았다. 이러한 실용이론의 측면에서 본다면 참 지식이란 학습자들이 사회적, 자연적 환경을 잘 이해할 수 있도록 교사는 학습상황을 구성하고, 전통적인 교재를 따르는 대신에 교사와 학습자는 현실의 특정한 문제에 함께 참여하여 그것을 실제로 해결하는 데 도움이 되는 지식에 관심을 가지며, 교과 개용은 학습자들의 흥미와 욕구를 만족시키는 수단이 되는 것을 의미한다.

(5) 철학적 지식의 방법적 한계

우리는 하나의 도덕적 기준을 정할 때에도 옳은 것과 그른 것에 대한 절대기준이 필요하다. 만약 이런 절대기준(혹은 보편자)을 갖지 못한다면 종국적으로 현대의 개념은 사회학적으로 치우칠 수밖에 없다. 다시 말해 옳고 그름이 통계적 측정에 전적으로 의존한 것이라면 우리는 종국적으로 사회를 이끌어 갈 엘리트의 출현에 기대를 걸 수밖에 없다.

희랍철학자들은 우리가 진정으로 무엇이 옳고 그른가에 알려면 모든 개별자를 망라한 하나의 보편자를 가져야 한다고 이해했다. 그래서 희랍철학자들은 이 보편자를 갖기 위해 두 가지 방법을 사용했는데 그 하나가 폴리스(Polis)의식이었다. 이 폴리스의식은 단순히 '도시'의 차원을 넘어 사회구조로 관계되었고 그들은 이 폴리스가 보편자를 제공해 줄 수 있다고 믿었다. 그 다음 단계로 신(神)들을 생각했으나 희랍의 신들은 그렇게 큰 존재가 못 되었다. 다시 말하면 이 희랍의 신들은 인간이 가진 약점을 그대로 지닌 채 그들의 소설과 그림 속에서 싸움을 벌이거나 사소한 일에도 의견을 달리하는 한계를 보였다. 그러므로 희랍의 인식론은 적절하지 못하다는 지적 속에 어떤 또 다른 보편자를 발견할 여지를 제공하지 못했다.

그리고 토마스 아퀴나스(T. Aquinas)는 이러한 희랍철학자들의 한계를 지적했다. 아퀴나스 이전의 비잔틴 세계는 개별자에 대해서 관심을 갖지 않았으나 아퀴나스가 자연의 일부로서 개별자를 강조함으로 다시 자연이 인간 사고에서 중요성을 가지게 되었다는 것이다. 그러나 아퀴나스의 인식론은 인식의 방법으로서 지성을 중요시하나 처음부터 개별자만을 강조하는 경험론적 한계를 가지고 있었다. 그렇지만 인간은 지식에 대한 충동에 몰두하면 할수록 모든 인간의 인식작용에 그어져 있는 한계를 깨닫게 되며, 이는 다시 말하면 소크라테스의 고백처럼 "나는 내가 아무것도 알지 못한다는 것을 안다"로 나타나 인간이 처음 자기의 지성으로 하늘을 공격하려고 망상했다면 그 시도가 실패한 후에는 파우스트적인 환멸에 빠질 수밖에 없다고 헤센은 이야기했다. 또한 쉐퍼는 이 아퀴나스에 의해 세계는 은총과 자연의 이원론적인 세계관이 본격적으로 자리 잡게 되었다고 이야기했다. 지금까지 우리는 플라톤과 아리스토텔레스로부터 기원하는 이원론적 인식론의 출발과 그 한계점을 살펴보았고 이 사상들이 합리주의와 경험주의의 인식론 속에서는 어떠한 한계점을 갖는지를 고찰해 보겠다.

① 합리주의 인식론의 한계

모든 초감성적 인식작용의 한계는 최고 최후의 문제인 이른바 세계관의 문제에서 명확해지는데 그중 가장 중심적인 문제는 신의 문제이다. 여기서는 유한적인 것은 무한적인 것에, 인간적 지성은 신적 본질에 대립한다. 절대자를 파악하기 위해 인간은 그 자신이 절대적이어야 하나 그렇지 못하다는 사실이 인간본질의 가장 내면적인 구조에 속한다. 그러므로 이러한 구조 속에는 인간의 신 의식에 대한 제한성과 불완전성이 가장 깊게 기초하고 있다. 이러한 합리주의 인식론의 한계는 다음과 같은 면에서 한계를 지닌다고 볼 수 있다.

첫째, 사람은 감각을 통해서 외부를 알 수 없다는 사실을 부정할 수 없다.

둘째, 유한한 인간은 절대자를 파악할 수 있는 능력이 없다.

셋째, 합리주의는 의식적이든 무의식적이든 정신과 물질, 마음과 몸의 이원론에서부터 유래하나 인간은 유기적 전체이며 한 인격이다.

넷째, 합리주의는 관념의 기원을 설명하지 못한다.

다섯째, 합리주의의 발전은 범신론적 가능성을 안고 있기에 종국적으로는 비합리적인 신념인 '신비주의'에서 해답을 찾게 될 것이다.

② 경험론적 인식의 한계점

헤센은 이 감각의 한계에 대해 "우리가 갖고 있는 감각은 존재자에 전적으로 한정된 측면에 종속되어 있다. 그것은 한정된 무리 성질이나 과정의 이해에 적합하다. 이러한 것을 넘어서서는 그것은 어떠한 것도 지각하지 못한다. 예컨대 시각, 소리, 감각 등은 파장의 연속체에서 나온 매우 제한된 단면이다. 이 단면에 속하지 않은 사람은 감각이 직접적으로 접근할 수 없다." 우리는 감각적으로 주어진 것을 오성에 좇아서 파악하고 개념적으로 관철하려 한다. 하지만 이것 역시 우리들의 이해작용, 개념파악 작용, 통찰도 지극히 한정된 형식이나 범주에 구속되어 있다. 이러한 경험주의 인식론의 한계를 요약하면 다음과 같다.

첫째, 경험주의는 어떤 지식이, 필연적이고 보편적인 지식인지 설명하지 못한다. 왜냐하면 경험주의에서는 감각의 객관적 실체만을 인정하기 때문이다.

둘째, 경험주의는 사회적 양식으로 전해 내려오는 진리와 경험적으로 그들이 진리라고 인식하는 것 사이의 구별을 하지 못한다.

셋째, 인간의 지식은 보편자가 없으면 알 수 없는 것이기에 상대적인 것 또는 관계 있는 현상으로 제한된다.

넷째, 합리주의와 마찬가지로 경험주의도 어떤 통합점을 이끌어내지 못한 채 이원화된 구조 속에서 발전한다면 인간을 기계로 보는 유물론으로 끝날 가능성이 많다.

그렇다면 이제 위의 철학적 인식론의 한계를 극복할 수 있는 대안은 없는지 기독교 인식론의 기원과 역사를 고찰해보기로 하자.

2) 지식의 성경적 개념

(1) 성경적 지식의 이해

① 히브리적 지식의 이해

'알다'라는 의미의 지식에 대한 히브리 동사는 '야다'이다. 히브리인들에게 있어서 '야다'는 정신에 의해서 아는 앎을 관찰하기 위하여 뒤로 물러섬으로써 생기는 것이 아니라 활력 있는 경험 속에 적극적으로 의도적으로 참여함으로 생긴다는 뜻이다. 지각(知覺)은 구약성경에서도 역시 지식의 필수부분으로 여러 가지 방식으로 나타나며 이해, 능력, 그리고 행해져야 할 필요가 있는 것에 대한 어떤 파악이라는 의미가 함축되어 있다. 히브리인들이 안다는 말이 의미하는 것은 상당히 경험적이고 관계적인 암시라는 것을 동사 '야다'가 인칭목적어를 부여받을 때 성행위를 가리켜 사용된다는 사실에서도 알 수 있다. 히브리인의 하나님은 역사에서 멀리 계시다가도 역사의 한 가운데서 인간과 관계 맺기를 원하신다. 그래서 히브리 성경은 하나님의 선취권을 행사하는 그런 활동으로서 '여호와를 아는 것'에 대하여 말한다. 그리고 이 선취권은 활력 있는 경험, 곧 사건들, 관계들, 창조 등에서 나타나 언제나 만질 수 있는 것이 되었다. 또한 보만(T. Boman)에 의하면 히브리인의 사고 자체는 그 신앙의 토대로서 그들의 행동적인 신으로부터 기적을 요구했고, 그리스인들은 자신 안에 근거를 둔 이성(理性)에 의한 증명들을 요구했다고 이야기했다.(고전 1:22)

또한 더 나아가 여호와에 대한 지식은 여호와를 실제로 인정함을 요구한다. 그리고 이 지식은 다음에 하나님의 뜻에 대한 복종을 요구한다. 즉 이 복종의 의미 속에 비로소 여호와를 안다는 의미가 포함되는 것이다. 성경에서는 어리석은 자나 무지한 자는 지적으로 무엇을 관하여 알지 못하는 사람이 아니라 그보다는 오히려 하나님의 뜻을 행하는 데 실패한 사람을 가리킨다. 그러므로 성경적인 의미에 있어서 무지는 죄악과 동의어이다. 하나님 자신은 항상 계시기만 하는 그런 분이 아니다. 그는 요구하시거나 축복하시거나 심판하실 때 특별한 목적을 가지시고 계시는 의지적 존재이다. 그러므로 하나님을 아는 것은 그의 은혜, 능력, 요구를 인정하는 것이다. 따라서 우리는 지식을 단순한 정보나 신비적 사상으로 소유하는 것이 아니라 오로지 그 실행에서만이 소유할 수 있게 된다. 하나님을 아는 것은 하나님의 행동을 시인하는 것이고(신 4:39), 그의 이름을 영화롭게 하며 그의 뜻을 행하는 것이다(삼상 2:12, 사 4:6). 하나님의 경우 아는 것은 의지의 행동이기 때문에 어떤 대상에 관심을 갖는 것을 의미하고 그 다음에는 그 지식이 하나님 뜻에 대한 복종을 요구한다. 사실상 하나님의 뜻이 경험에 의한 응답으로서 인간의 수행을 요구한다는 의미이다.

그러나 희랍인들은 가능한 한 앎의 주관적 차원을 말살시키고 객관적인 지식을 얻기 위해 씨름하였다. 반면 히브리인들의 경우 이와는 확실히 달랐다. 그 결과로 '지식은 정보의 소유라는 견지가 아니라 그것의 행사 또는 현실화를 통해서만이 소유된다'는 인식을 갖게 만든 것이다. 불트만도 '알다'라는 의미와 '무지'라는 말의 의미를 다음과 같이 기록하고 있다. '알다'라는 것은 정서의 요소는 물론 의지의 움직임의 요소를 지니고 있고 그래서 무지는 잘못을 의미할 뿐만 아니라 죄악을 의미하며, '그를 안다', '하나님의 이름을 안다'는 것은 그에 대한 신앙고백을 한다는 것, 그를 영화롭게 하고 그의 뜻에 복종한다는 것이다. 이와 같이 히브리적 의미에서 '야다'는 활력 있는 경험이며 세속적인 문제뿐만 아니라 여호와를 아는 것과 하나님과 인간의 관계를 가리키는 데 사용된다. 하나님이 참으로 알려지는 것은 경험과 응답 속에서의 삶이다. 이런 히브리적 앎의 방법은 신약성경에도 그대로 이어지고 있다.

② 신약에서의 지식의 이해

신약에서는 '기노스케인'과 '에이데나이'가 '알다'라는 말로 사용되고 있다. 그러나 어떤 동사를 사용하든지 희랍어의 안다의 개념은 히브리적으로 수정되어 신약성경에도 계속 이어지고 있다.

토마스 그룸에 의하면 '알다'의 의미는 신약에서 "앎과 사랑", "앎과 복종", "앎과 믿음"의 형태로 나타나고 있다고 주장한다. 첫째, "앎과 사랑"에서는 요한 일서 4:8절을 들어 "사랑하지 않는 자는 하나님을 알지 못한다"라는 말로 사랑의 강조점을 두고 있고 이에 대해 맥켄지(J. Mackenzie)는 요한에게 있어 사랑은 지식과 함께 성장하는 것임을 이야기한다.

둘째, "앎과 복종"에서는 하나님에 대한 지식은 구체적으로 행동을 요구하는 것임을 말한다. 불트만은 다음과 같이 이야기한다. 요한에게 있어 '기노스케인'은 탐구, 관찰, 사색에서 얻어지는 지식이 아니라 역사적인 행동 속에서 그 구체적 표현이 성취되는 것임을 이야기한다.

세 번째 "앎과 믿음"은 요한이 '믿는다' 또는 '신앙을 가진다'는 의미로 사용하는 동사로서의 의미인데, 요한에게 앎과 믿음은 구분되지 않으며 신앙을 갖는다는 것은 앎과 마찬가지로 활동적인 과정을 말하는 것임을 이야기하는 것이다. 그래서 요한은 믿음에 대하여 언급할 때 항상 동사형을 사용했다.

그러나 "하나님을 알다"라는 것은 신약성경에서도 히브리 성경에서와 마찬가지로 계속 동일한 근본적인 의미를 가지고 있다. 이 사실은 '기노스케인'이 앎에 대한 것뿐만이 아니라 성행위를 가리키는 말로도 계속 사용되고 있다는 사실로부터 명백해진다고 그룸은 주장한다. 그래서 불트만은 공관복음에서의 하나님에 대한 앎을 고찰하면서 그것의 일차적인 의미는 여전히 하나님의 뜻과의 관계, 그 뜻의 인정, 그 뜻에 대한 복종의 의미라고 주장한다. 그리하여 기독교적인 지식관은 주로 구약에 의해 결정되며 하나님의 행위들과 요구에 대한 복종적이고 감사어린 인정은 하나님 및 그가 행하고 요구한 것에 대한 지식과 연결되어 있고 이 사실은 기독교적인 지식이 어떤 고착된 소유가 아니라 기독교인의 삶 속에서 지속적인 복종과 성찰로서 발전한다는 것과 일치를 이루고 있다고 이야기한다.

바울에게 있어서도 하나님과 그리스도에 대한 참된 지식은 아가페, 곧 이웃 사랑으로 표현되어야만 하는 동적이며 경험적인 관계이다. 고린도전서 13장에서 "그노시스(지식)"은 아가페 밑에 위치하고 있다. 그 이유는 아가페 없이는 지식이 무가치하기 때문이다. 지식은 사랑 속에 근거를 지녀야 올바른 행동을 낳을 수 있다. 하나님에 대한 앎은 사랑의 관계 속에 근거를 두며 타인에게 대한 사랑의 섬김을 낳게 하는 것이다.

(2) 성경적 지식의 원천

기독교적 지식의 원천으로는 특별계시인 성경, 일반계시인 자연, 그리고 이성을 제시한다. 특별계시인 성경은 인간에게 있어서 으뜸가는 지식의 원천이며 가장 권위가 있는 지식의 원천이다. 따라서 성경 이외의 모든 것들은 성경을 규범으로 삼아 검증되고 평가되어야 한다. 성경이 다루는 문제들로는 인간의 구원, 삶과 죽음의 의미 우주와 세상의 기원, 그 세계의 종말과 새로운 세계의 도래, 인간의 죄 문제의 기원과 그 해결 방안 등이다. 성경을 통해 주어진 계시의 목적은 사람으로 하여금 "그리스도 예수 안에 있는 믿음으로 말미암아 구원에 이르는 지혜가 있게" 하는 것이며, 교훈과 책망과 바르게 함과 의로 교육하여 "하나님의 사람으로 온전케 하여 모든 선한 일을 행하기에 온전케"하는 것이다(딤후 3: 15~17).

종교개혁자들에 의하면 죄가 세상에 들어온 이후로 하나님의 자연계시는 흐려지고 사람의 이해력은 몽롱화, 흑암화되어 자연에 하나님이 쓰신 글을 읽고 해석하기 불능하였다. 그 결과로 하나님은 사람이 자연계시에 의하여 본래적으로 배울 수 있는 진리들을 초자연적 계시로서 재공포, 교정, 해석하심이 필요하였고 성령으로 사람을 조명하여 그로 하여금 창조물을 통하여 하나님을 다시 보게 하심이 필요하였다. 칼빈은 말하기를 일반계시의 진리는 비록 죄 때문에 어떤 한도까지 몽롱하여 졌을지라도 오히려 십분 명료히 하나님을 계시하여 사람들로 하여금 핑계하지 못하게 한다고 하였다. 바빙크는 말하기를 피조물에게 하나님에 관한 지식이 있다는 것은 하나님에 기인한 것뿐이라고 하였다.

둘째로, 일반적 학문에서 지식의 외적 원리는 하나님께서 지으신 대로의 세계 곧 자연이다. 하나님은 자신의 원형적(原型的) 지식으로 모형적(模型的) 지식을 사람에게 전달하시되 자기의 창조물을 통하여 하셨으니 이것은 유한한 인생 의식에 적응하는 지식이다. 자연의 모든 세계는 창조주 하나님의 계시이다. 시편 19편 1~4절에서 다음과 같이 표현하였다. "하늘이 하나님의 영광을 선포하고 궁창이 그 손으로 하신 일을 나타내는 도다. 날은 날에게 말하고 밤은 밤에게 지식을 전하니 언어가 없고 들리는 소리도 없으나 그 소리가 온 땅에 통하고 그 말씀이 세계 끝까지 이르도다. 하나님이 해를 위하여 하늘에 장막을 베푸셨도다." 또한 사도 바울은 로마서 1:20에서 "창세로부터 그의 보이지 아니하는 것들 곧 그의 영원하신 능력과 신성이 그 만드신 만물에 분명히 보여 알게 되나니 그러므로 저희가 평계치 못할지니라."고 하였다.

그러나 이러한 모형적(模型的) 지식은 하나님 안에서 발견되는 원형적(原型的) 지식의 복사이기 때문에 대체로 참된 지식임에 틀림없으나 시간적 유한적 형식을 취하였을 뿐만 아니라 창조세계에 죄인의 인혼(印痕)이 그려진고로 완전히 명백한 지식도 아니며, 절대적으로 참된 지식도 아니다. 그러므로 하나님의 지혜를 반영하는 그의 미려한 창조물은 모든 비신학적 학문의 지식의 외적 원리 즉 하나님으로부터 유출하는 지식이 사람에게 전달되는 외적 방편이다. 그 이유로서 사도 바울은 모든 피조물의 세계가 인간 타락에 의해 영향을 받았음을 말한다. 로마서 7:22에서 바울은 "피조물이 다 이제까지 함께 탄식하며 함께 고통하는 것을 우리가 아나니"라고 말함으로써 자연세계가 궁극적인 실재에 대하여 불충분한 지식의 원천이 되었음을 증거하고 있다.

셋째로, 지식의 내적으로서 일반학문에서는 이성을 주역으로 삼으나, 신학에서는 신앙이 주역이 된다. 인간은 하나님의 형상으로 지음을 받았기 때문에 본질적으로 합리적 존재이다. 즉, 인간은 추상적인 사고를 할 수 있으며, 숙고함으로 원인과 결과를 추리할 수 있다. 그 근거는 인간은 타락으로 말미암아 그의 이성은 감퇴되었으나 완전히 파괴되지는 않았기 때문이다. 하나님의 도우심을 받지 못한 인간의 이성은 속임을 받고 진리로부터 멀리 떠날 수 있다. 이런 면에 있어서 신앙은 성령의 증언에 의하여 계시 진리를 수납하고 이성을 훈련하여 진리의 이해에 조력하게 한다. 버나드 램(Bernard Ramm)은 "이성이 종교적 권위의 한 근원이 아니라 진리의 이해를 돕는 한 조력자이다."고 하였다 그러므로 이성을 통하여 발견된 것들은 언제나 성경의 진리에 의해 재공포, 교정, 해석함으로 검증되고 평가 되어야만 한다.

(3) 성경적 지식의 본질

기독교에서 말하는 지식의 본질은 과연 어떠한 것인가? 기독교적 지식의 목적은 무엇이며 또 어떤 속성을 갖고 있는가에 대하여 생각해볼 필요가 있다. 여기에서는 먼저 기독교적 지식의 초월성, 지식의 유신론적 근거, 그리고 지식의 그리스도 중심성 등을 살펴보기로 한다.

먼저, 기독교적 지식은 그 본질상 초월적이다. 왜냐하면 초월적 존재인 유일신이 모든 지식의 준거를 제공하기 때문이다. 기독교에서의 준거의 핵심은 피조세계가 아니라, 초월하시며, 불변하시며, 전지하신 하나님이시다 하나님은 시간을 초월하시고, 또 공간을 초월하시고, 영역을 초월하셔서 모든 것을 아시고 계신다. 인류의 모든 과거를 아시고, 현재를 아실뿐만 아니라 미래까지도 알고 계신다. 그리고 모든 영역의 학문, 예술, 그리고 그들의 상호관계, 그 목적 등 모든 것을 다 알고 계신다. 따라서 하나님의 지식이 진리의 궁극적인 근거가 되는 것이다. 그러므로 지식이란 시간에 따라 변하는 상대적 지식이 아니 절대적이고 불변하며 우리의 감정이나 사고에 의하여 투사된 주관적인 것이 아니라 객관적인 것이다. 기독교에서의 진리는 플라톤의 이데아처럼 자존하거나 독립적인 것이 아니라 하나님의 지혜와 지식 속성이다.

둘째로는, 기독교 지식은 유신론적 근거를 가진다. 인본주의자들은 인간의 능력에 의하여 지식을 얻으려 한다. 그러나 그리스도인은 하나님이 진리의 원천이요 지식을 가능케 하시는 분이심을 믿는다. 하나님은 자기 계시자로서 성경을 통하여 계시하신다. 성경은 살아있는 하나님의 말씀이요, 기록된 하나님의 말씀이다.

셋째로는, 기독교 지식은 그리스도 중심적이다. 교부들은 '모든 진리는 하나님의 진리'라고 하였다. 이것은 바로 하나님은 전지하시고, 진리는 통일성을 지님을 의미한다. 어떻게 진리가 통일성을 가질 수 있는가 하는 것은 그 진리에 중심이 있기 때문이다. 그 중심이 바로 하나님이시고 하나님을 중심으로 통일성을 가진다. 그러므로 성경 각 부분의 지식은 일관되고 지속성이 있게 그리스도 중심으로 정립되어 있다.

결론적 기독교적 지식의 본질은 초월적, 유신론적, 그리스도 중심적이다. 성경에서 말하는 모든 진리는 하나님의 진리를 의미한다. 이것은 곧 모든 진리의 근원은 하나님이시므로 세속 진리와 거룩한 진리를 나누는 것은 잘못된 이원론이라는 것과 모든 진리의 근원은 하나님이시라는 사실을 함의한다. 이러한 기독교 진리는 우주에 실제적으로 존재하는 것에 대한 진리이기도 하다. 이는 기독교 진리는 우주의 보편적, 구원적 진리라는 의미이며 따라서 모순이 없다. 이 모두가 믿음에 근거한 것이며 삶에 적용되어져야만 하는 것이다.

3. 정통주의 신학과 기독교교육

1) 정통주의 신학

정통주의 신학은 교회사적으로는 16세기와 17세기를 정통 시대로 종교개혁의 전통이 16세기와 17세기 유럽에서 여러 신앙고백서들을 통해서 유지되고, 미국으로 건너가서 구 프린스턴(Old Princeton)학파를 거쳐 웨스트민스터 신학교를 중심으로 전개되고, 또 한국으로 건너와서 정통신학자로 널리 알려진 故박형룡 박사는 정통신학을 청교도적 개혁주의신학으로 규정했다. 그는 정통신학은 칼빈적 개혁주의에 청교도 사상이 가미되었으며 웨스트민스터 신앙고백서로 고백된 신학으로 보았다(박형룡, 한국교회의 신학적 전통, 신학지남 43권 3집, p. 11). 정통신학은 이렇게 역사적으로 웨스트민스터 신앙고백에서 청교도를 거쳐 칼빈에 까지 거슬러 올라가는 신학이다. 그러나 그 뿌리를 더 캐어보면 결국 바울 사도를 비롯한 사도들의 정통신앙에까지 이르게 된다. 왜냐하면 칼빈의 신학적 교리들은 어거스틴 교리의 부흥이요, 어거스틴의 교리는 사도 바울의 교리의 부흥이기 때문이다(박형룡, 칼빈신학의 기본원리 , 신학지남 29권 1 집, p.20). 정통신학의 뿌리를 사도적 정통신앙에서 찾는다면 결국 정통신학은 성경적 정통신앙에 근거한 것이라 볼 수 있다. 왜냐하면 사도들의 뿌리는 삼위일체 하나님이요, 성경이 곧 하나님의 말씀이기 때문이다.

정통신학은 복음주의, 개혁주의 및 근본주의가 본질적으로 종교개혁에 뿌리를 두고 있는 연속적인 운동이라고 하겠다. 다만 근본주의는 19세기 자유주의가 기독교의 기초를 붕괴시키려 함으로 기독교 근본교리를 절대 양보할 수 없다는 위기감에서 일어난 운동이다. 복음주의는 18세기의 부흥운동 혹은 더 멀리 본다면 종교개혁 시대까지 올라갈 수 있다. 그리고 개혁주의는 그 뿌리를 칼빈에 둔다. 그런 의미에서 정통신학의 범주를 복음주의, 개혁주의, 그리고 근본주의로 한정하여 그 개념과 특징을 살펴보자.

(1) 복음주의

복음주의는 교회사적으로 종교개혁의 전통을 따르는 운동이며, 천주교에 대립된 의미로서 개신교회(Protestant)를 지칭하는 것이며, 자유주의에 대립되는 의미로서 복음주의 등 다양하게 이해되고 있다. 그 내용은 죄로 말미암아 멸망할 수밖에 없는 인간들을 구원하시기 위하여 하나님께서 은혜로 독생자 예수 그리스도를 세상에 보내어 십자가 위에서 대속의 죽음을 죽게 하신 것을 믿음으로 받아드릴 때 무조건 구원을 얻는다는 복된 소식을 천명하는 입장이나 운동이다(김명혁, 복음주의의 특성과 방향, 성경과 신학, 제21권: 15~16). 복음주의는 객관적으로는 성경의 권위를 평가 절하시키는 성경 비평가들과 달리 성경의 권위를 인정하고, 주관적으로는 로마가톨릭의 신앙과 선행의 점진적인 교리에 반대하여 믿음으로 말미암아 의롭다 함을 받는다는 칭의론을 받아들이며, 사회적으로는 신부를 중보자로 두는 로마가톨릭의 고해성사에 반대하여 만인제사장 원리를 받아들인다(박용규, 미국복음주의 발흥, 신학지남, 1908:281~306). 이러한 복음주의는 다양하게 이해되어 지역에 따라 개념을 달리한다. 즉 유럽에서는 로마가톨릭 신학과 구별하여 루터의 종교개혁 입장을 따르는 비로마가톨릭교회의 신학을 통칭하여 복음주의 신학이라 일컫는다. 그러나 미국에서는 로마가톨릭 신학과 구별하는 의미에서보다는 자유주의 신학과 구별해서 쓰고 있다. 혹은 좁은 의미에서 근본주의나 보수주의 신학과 구별해 쓰고 있다(김의환, 복음주의운동의 역사적 조명과 선교적 전망, 신학지남 제245호, 1995: 8~18).

또한 복음주의는 관점에 따라 신학적인 관점과 역사적인 관점 두 가지로 나눌 수 있다(김의환, 전게서, p. 8). 신학적인 관점에서의 복음주의는 천지를 창조하시고 주관하시는 초월적이시며, 인격적이시고, 무한하신 하나님 그 주권, 하나님의 영감으로 기록된 계시로서의 성경, 인간의 전적인 타락, 그리스도의 구속, 믿음으로 말미암는 구원, 하나님 말씀의 전파, 그리고 예수 그리스도의 가시적이고 인격적인 재림을 강조한다. 블러쉬(D. G. Bloesch)는 복음주의의 특징으로 하나님말씀의 최고권위, 초월적 하나님, 죄의 근본적 오염, 예수 그리스도의 유일성, 구원의 무상의 선물, 내적 종교를 말한다. 역사적인 관점에서의 복음주의는 헌신, 절제 그리고 선교적 열망을 그 특징으로 한다. 곧 이러한 특징을 가진 복음주의는 교회역사를 통하여 이단 및 세속화 경향에 의하여 복음이 변질되려 할 때 복음을 재천명하며 전파하기에 힘을 써왔다. 초대교회 시대에는 유대주의 이단, 영지주의, 마니교 그리고 펠라기우스 등 이단의 공격에 대항하여 복음의 본질을 재천명하므로 복음을 수호하였고, 중세시대에는 복음이 순수성과 생동감을 잃게 되자 수도원운동과 왈도파 등의 분파운동을 통하여 복음의 본질을 새롭게 추구하였고, 그 후의 종교개혁도 복음의 본질을 재천명한 복음주의 운동의 연장인 것이다. 그 후 합리주의, 사변주의 등에 의하여 복음운동이 생동감을 잃게 되자 17세기 말엽 독일에서는 경건주의 운동으로 18세기 중엽 영국에서는 복음주의 각성운동으로, 그리고 18세기 중엽에서 19세기 초엽 미국에서는 1, 2차 대각성 운동으로 복음의 본질이 이어져 왔다. 19세기 말과 20세기 초엽에는 현대 자유주의 신학에 대항하여 근본주의 운동으로 발전하였다. 20세기 중엽부터는 복음주의 연합운동으로, 20세기 후반에는 로잔 세계복음화 운동으로 이어졌다. 특히 17, 18세기 이후의 복음주의의 강조점은 십자가의 복음, 중생의 체험, 성경의 권위, 성경적 성결(경건), 그리고 전도와 봉사 등이다. 이러한 복음주의는 경건주의로, 다시 경건주의가 종교개혁까지 기원을 거슬러 올라간다는 면에서 복음주의와 개혁주의는 연속성을 가지므로 서로 배치되는 개념으로 받아들여서는 안되며, 상호보완적 개념으로 받아들여야 한다.

(2) 근본주의

근본주의는 1895년 세대주의자들이 나이야가라 사경회에서 만든 신앙의 근본조항 5개를 믿는 것에 그 사상적 근거를 둔다. 실제적으로는 제1차 세계대전 이후 미국에서 일어난 것으로서 자유주의가 자라남에 따라서 보수주의자들이 초자연주의를 강조하는 의미에서 각 교파를 초월하여 모인 것이 그 역사적인 배경이다. 곧 1919년 5월 미국 필라델피아에서 열린 세계근본주의학자 모임(The World Conference in Christian Fundamentals)이 있었는데 그 결과로 모임이 결성되었고 그 이름을 세계 근본주의신학회(The World's Christian Fundamentals Association)라고 명명한 것에서 근본주의가 출발하였다.

근본주의는 아홉 가지의 교리 곧 ① 성경의 영감과 무오 ② 삼위일체론 ③ 그리스도의 신성과 동정녀 탄생 ④ 인간의 창조와 타락 ⑤ 대속적 구속사역 ⑥ 그리스도의 육체의 부활과 승천 ⑦ 성도의 중생 ⑧ 그리스도의 인격적이고 급박한 재림 ⑨ 모든 사람의 부활과 마지막 심판을 강조한다. 쿤(Harold B. Kuhn)은 근본주의를 기독교의 기초가 되는 원리들을 보존하며 현대주의라는 신학운동에 존재하는 위험한 신학적 경향들에 저항하는 것을 목적으로 근래에 일어난 신학운동이며 교리신조는 어떤 개신교파에만 있는 독특한 것이 아니라 종교개혁의 모든 교파들에게서 내려오는 기독교 복음의 핵심들을 포함하고 있다고 말한다. 그리고 패커는 근본주의의 근본적 교리로 성경의 무오성, 예수 그리스도의 동정녀 탄생, 그의 대속적 죽음, 그의 부활, 그리고 그리스도의 이적 등 다섯 가지를 제시하고 있다. 이에 반하여 자유주의적 입장에서는 근본주의를 19세기적 성경의 영감론에 회의를 품는 자들에 대한 반항적 운동이다. 이 운동의 이대 산맥으로서 프린스톤신학교를 중심하는 구파 칼빈주의자와 세대주의자들이 있다고 정의한다.

박윤선은 근본주의와 개혁주의의 다른 점을 세 가지 면에서 설명하면서 근본주의의 약점을 다음과 같이 말한다(개혁주의 소고, 신학지남, 제185호, 1979년 가을호: 13~14).

첫째는, 교리의 균형문제이다. 개혁주의는 하나님의 영광을 위하여 사람이 존재하는 것을 강조하는 반면에 근본주의는 하나님의 영광보다 인간의 구원을 더 강조하는 것이 개혁주의와의 차이점인 동시에 근본주의의 약점이다.

둘째는, 개혁주의는 성경의 모든 부분을 전체에 비추어 그리스도 중심의 경건 곧 오직 믿음의 생활을 강조하는 반면에 근본주의는 성경을 단편적으로 보고 체계적으로 깊이 보지 못하기 때문에 율법주의로 전락할 수 있는 경건주의로 흘러가는 약점이 있다.

셋째는, 개혁주의는 신구약의 연속성을 지적하고 계시의 단일성에서 진리의 확신을 가지도록 하는 것에 비하여 근본주의는 구약과 신약의 연속성에 대하여 이해하지 못하는 약점이 있다. 이러한 약점에도 불구하고 성경말씀에 근거한 신앙과 신학을 유지하려고 노력한 것은 근본주의의 장점이기도 하다.

그러나 근본주의 운동은 1930년대 들어 지나친 분열로 인해 분리주의자들이란 오해를 받았고, 매킨 타이어에게서 볼 수 있듯이 역사적 개혁주의에서 소중히 다루었던 대사회적 책임을 소홀하게 함으로 반문화주의자라는 비평을 받았던 것도 사실이다. 근본주의자들이 가지고 있는 신학적 입장을 우리가 따라가야 하지만 개혁주의적 입장에서 볼때 그들이 간과했던 대사회적 책임에 대한 약점을 보안해야 하지 않을까 생각한다.

(3) 개혁주의

개혁주의는 스위스에서 일어난 종교개혁의 전통을 따르는 신학으로 루터, 쯔빙글리, 칼빈 등으로 대표되는 종교개혁자들은 중세 로마가톨릭의 경직되고 폐쇄된 성경이해와 해석에 대항하여, 오직 성경, 오직 은혜, 오직 믿음(*Sola scriptura, Sola gratia, Sola fide*)을 근본으로 삼았다. 이들 개신교 신학자들 중에서도 루터파와 구별되는 신학, 특히 요한 칼빈과 그의 신학을 추종하는 사람들의 신학을 일컫는 용어로 '개혁주의'라는 용어를 사용한다(김길성, 미국의 개혁주의 신학전통, 신학지남, 1998, 가을호: 132). 교회사적으로 볼 때 개혁주의는 종교개혁에서 나온 교회들의 사상과 삶에 속하나, 루터주의 및 영국국교주의와 구분되며 동시에 소위 급진주의와도 구별되는 사상이기도 하다.

드윗(John Kobert de Witt)은 개혁주의의 특징으로 다음의 7가지를 말한다. 첫째로 성경에 대한 교리로서 '오직 그리고 전적으로 성경' 곧 성경의 권위를 강조한다. 둘째는 하나님을 주권적 하나님으로 알고 예배한다. 셋째는, 하나님의 은혜는 불가항력적임을 말한다. 넷째는 세상에 살지만 하나님 존전임을 의식하며 의무와 책임을 다하는 그리스도인의 생활에 대한 성경적 교리를 강조한다. 다섯째는, 율법과 은혜를 분명하게 구분한다. 즉 율법은 복음이 아님을 말한다. 여섯째는, 하나님의 나라와 세상과의 관계에 관하여 적극적이고 긍정적인 견해를 갖는다. 마지막 일곱째는, 설교는 하나님의 말씀의 강해이고, 적용이고, 선포이고, 자유적임을 인정하는 독특한 관점을 지닌다. 이와 유사하게 헤세링크는 개혁주의의 핵심으로 다섯 가지 곧 하나님 중심, 성경중심, 교회중심, 교리와 삶의 일치, 그리고 인생관과 세계관을 말한다(존 헤세링크, 최덕성 역, 개혁주의 전통, 1977: 130~54).

2) 정통주의 신학과 자유주의 신학의 차이

20세기에 들어서면서 19세기의 정통신학에 대하여 강한 비판을 하면서 일어난 것이 자유주의 신학이다. 이 새로운 신학은 독일 자유주의자들의 고등비평사상에 기초하여서 성경의 저작연대와 역사성에 대한 의문, 그리고 성경의 유기적 영감설과 성경의 무오설을 비판하였다. 특히 뉴욕유니온신학교의 찰스 브릭스가 성경의 유기적 영감설과 무오

교리를 비판한 것을 기점으로 미국 장로교회는 자유주의 논쟁에 빠져들었다. 그는 성경에 많은 오류가 있다고 주장하면서 성경의 원본에는 오류가 없다고 가정하는 것은 순진한 생각이며, 모세오경의 모세저작설과 이사야서의 단일 저자설은 받아들일 수 없다고 하였다. 메이첸(Gresham Machen)은 이러한 자유주의신학을 구속적 종교인 정통기독교에 대항하는 "현대의 비구속적 종교"라고 하였다(오덕교, 장로교회사, 합동신학교출판사, 1995: 226~29).

20세기 초에 미국과 영국에서는 자유주의와 정통복음주의 사이에 큰 격돌이 있었다. 양 진영 간의 격돌은 영국보다 미국에서 더욱 격렬하였다. 그 첫째 이유는 영국보다 미국의 복음주의 진영에 학문적인 깊이와 신학적인 통찰력 그리고 지적인 충만함을 가진 사람들이 더 많았기 때문이다. 워필드(B. B. Warrield)와 메이첸(G. Machen)은 그 대표적인 인물로서 정통신학뿐 아니라 자유주의 신학에 대해서도 깊은 이해가 있었기 때문에 복음주의의 관점에서 자유주의의 문제점들을 지적하고 정통신학의 입장을 정확히 제시할 수 있었다. 둘째 이유는, 미국의 자유주의가 더 급진적이고 영향력도 더 컸기 때문이다. 곧 미국의 자유주의는 영국의 자유주의보다 전통적인 교회에 더 큰 충격을 주었다. 그러므로 그에 대한 반작용으로 복음주의 쪽에서의 대항도 더 격렬하였다(J. I. Packer, Fundamentalism and Word of God, Eerdmans Publishing. Co.,1983: 25).

이러한 자유주의 신학의 본질은 어떤 것인가? 영국의 자유주의 신학보다 더 과격한 미국의 자유주의 신학의 관점은 다음과 같이 요약할 수 있다(*Ibid.* 25~26). ① 하나님의 성품은 순수한 사랑이다. 모든 사람은 하나님의 자녀요 어떠한 죄라도 사람을 하나님의 사랑에서 끊을 수 없다. ② 사람들의 마음은 원래 선한 것이므로 그들의 본성적인 선을 나타낼 수 있도록 격려하는 일 외에는 어떤 것도 필요하지 않다. ③ 예수 그리스도를 인간의 구세주라고 칭하는 것은 그가 인간의 온전한 선생이요 모범이시라는 의미이다. 그는 참 하나님이 아니라 첫 그리스도인이요 하나님의 백성 중에서 맏아들이요, 하나님을 의식하고 하나님의 인도하심을 받은 사람이다. ④ 그리스도와 사람들과의 차이는 상대적인 것이지 절대적인 것이 아니며 기독교는 다른 종교와 본질적으로 다른 것이 아니라 지금까지 존재한 것 중에서 최고요 최상의 종교에 불과하다. ⑤ 성경은 하나님의 계시의 기록이 아니라 종교에 대한 인간의 증언이며, 기독교의 교리가 인간의 경험을 통제하는 것이 아니라 그와는 반대로 인간의 경험이 기독교의 교리를 통제한다고 말한다(*Ibid*, 25~26). 이러한 자유주의 사상은 "기독교를 현대과학과 조화를 이루게 하려고 시도하였으나 실제로는 기독교의 모든 특징들을 전부 말살하였으며 그러한 시도로 남은 것은 기독교가 출현하기 전의 종교적 야망뿐이었다"고 할 수 있다(J. Gershem Machen, *op. cit.* 7).

쉰(Roger Shinn)에 의하면 자유주의자들에게 있어서 성경은 인간이 하나님을 찾은 기록으로, 죄는 무지와 몰이해로, 칭의는 선을 행함으로 얻을 수 있는 것으로, 역사는 하나님의 사역을 말해주는 것으로, 미래의 소망은 지상에서 이루어지는 것으로 이해한다. 스미스(H. Shelton smith)는 자유주의자들의 사상을 다음과 같이 요약한다.

첫째는 하나님의 내재성인데 하나님은 인간으로부터 떨어져 있는 초월적 존재가 아니라 인간의 과정에 내재하신다는 것이다. 즉 하나님은 사회적 상호작용을 통해서 그리스도가 행하신 것처럼 기능적 가치를 발휘하게 될 때 그곳에 함께 내재하신다는 것이다(G. M. Schreyer, 채위 역, 신학교기독교육, 기독교교육협회, 1976: 12).

둘째는, 자유주의자들은 성장을 강조하는데 특히 세 가지 측면, 즉 개인에게 있어서 종교의 성장, 인종에게 있어서 종교의 성장, 개인적 사회적 변화를 성취하는 모형으로서의 성장을 강조한다.

셋째는, 인간을 선한 존재로 간주한다. 따라서 자유주의 신학은 사회부조리의 근본원인으로 인간의 부패성이 아니라 구조적 문제를 강조한다. 마지막으로는 역사적 예수를 말하는데 이 예수는 1세기의 랍비가 아니라 20세기의 현대인이다(한춘기, *op. cit.*, 64).

이러한 자유주의사상의 유형은 계시된 메시지의 내용보다는 개인의 사회에서의 역할에 관심을 가진다. 이러한 관점의 변화는 부분적으로는 19세기 유럽의 학자들의 영향 때문이다. 자유주의 신학사상에 영향을 끼친 학자들로는 '현대신학의 아버지'이며 '19세기 대이단'이라고 불리는 슐라이막허(Friedrich D. E. Schleiermarcher, 1768~1834)는 정통주의 신학을 배격하고 인간의 종교적 경험을 신학의 토대로 삼았으며, 튜빙학파의 창시자 바우어(Ferdinand Christian Baur, 1792~1860)는 성경을 이해하고 연구하기 위하여 인본주의적 방법을 채택할 것을 주장하였다. 그리고 '자유주의 신학의 왕'이라고 불리는 리츨(Albrecht Benjamin Kitschl, 1822~1899)은 그의 저서 「칭의와 화해의 그리스도적 교리」(The Christian Doctrine of Justification and Reconciliation)에서 의인은 인간의 죄 의식과 불신이 제거되는 일이며 화해는 하나님 나라를 위해 사는 것이다(목창균, 1995: 117~18, 재인용)라고 주장함으로 기독교는 본질적으로 실천적인 삶에 대한 것이지 신학적인 것이 아니라고 주장하였다. 그리고 마지막으로는 다윈(Charles Robert Darwin,

1809~1882)인데 그는 인간의 삶을 이 세상과 직접적으로 연결하였다. 자유주의 신학의 대표적인 기독교교육학자로는 코어(George A. Coe, 1862~1951)가 있는데 그에게 기독교교육은 하나님의 민주주의에 참여하도록 경험과 실험에 초청하는 행위이다. 즉 사회와 역사의 죄를 극복해가는 경험 속에 피학습자를 참여시키는 것이다. 따라서 사회유산 및 건강한 사회의 창조, 곧 사회화가 이뤄지는 곳이면 어느 곳에서든 모두 기독교교육이 발생한다고 말했다. 이러한 코오의 사상은 윌리암 C. 바우어(William C. Bower), 어네스트 J. 쉐이브(Ernest J. Chave)로 이어지면서 약 40년간 미국의 기독교교육 학계를 휩쓸어 갔다.

3) 정통주의 신학과 신정통주의 신학의 차이

신정통주의(N대－orthodoxy)는 인간을 지나치게 의지함으로써 자연신학으로 치우치게 된 자유주의 신학을 거부한다. 자연신학에서는 종교적인 물음에 대하여 이성만을 사용하여 응답하려고 하였는데 토마스 아퀴나스는 자연신학에 근거하여 하나님의 존재를 증명하려고 시도하였다. 자연신학은 하나님이 인간을 찾아오시는 신학이 아니라, 인간이 하나님을 찾는 신학이다. 신정통신학도 처음에는 자연신학 위에 계시신학을 접목시키고자 하였으나 결국에는 포기하고 말았다. 신정통신학자들의 사상은 매우 다양하여 명료하게 진술하기는 어려우나 그들의 근본적인 공통점으로는 자유주의 신학과 정통주의 신학 모두를 배격한다는 점이다.

호던(William Hordern)에 따르면 '신정통신학'이라는 용어는 다양한 입장과 신념을 포용하는 신학을 가리킨다(New Directions in Theology Today, Westminster Press, 1966: 14). 다른 이름으로는 '위기 신학', '말씀 신학', '변증법적 신학'이라고도 지칭하였는데 그 이유는 당시의 사회가 파시즘(Fascism), 세계대전, 대량학살과 같은 위기들로 휩싸였기 때문이다. 또한 "발티안니즘"이라고 하였는데 그 이유는 칼 바르트(Karl Barth)가 신학을 정립하는 데 영향을 끼쳤음을 말한다. "신정통신학"이란 용어는 컬리(Kendig Cully)가 이 새로운 신학의 방향을 지칭하며 사용한 것이 즉, 기독교의 정통성을 띠면서도 그 표현에 있어 더 활력이 있는 형태임을 나타내기 위하여 사용하였다.

신정통신학은 제1차 세계대전 후에 서구문화의 기독교 동화, 하나님의 내재성, 인류의 진보적 개선을 강조하는 개신교 자유주의 신학에 대한 거부로부터 시작되었다(Walter A. Elwell, Evangelical Dictionary of Theology, Baker, 19984: 신정통주의). 신정통주의 신학에 큰 영향을 끼친 인물은 키르케고르(Soeren Kierkegaard, 1513~1555)이다. 그는 자유주의 신학이 견지하는 낙관주의에 반대하고 인간의 절망, 불안과 죄를 강조하였다. 그리고 바르트는 키르케고르에게서 시간과 영원 사이에 질적 차이가 있다는 견해를 받아들였다. 바르트가 절대 타자로서의 하나님에 관하여 말한 것은 인간과 하나님은 완전히 반대적인 것이라는 관념에 기초한 것이다. 이에 근거한다면 예수님이 하나님도 되시고 인간도 되신다고 말하는 것은 절대적인 역설(paradox)로 나타난다. 바르트도 처음에는 자유주의 신학자로 출발하였다. 제1차 세계대전으로 말미암아 그는 큰 충격을 받고 자유주의 신학사상에서 현실 문제의 해결책을 찾는 데 실패하자 성경으로 관심을 돌렸다. 그는 당시의 신학은 사람이 하나님을 찾아가는 잘못된 신학이라고 확신하였다. 신정통신학을 주창하는 첫 번째 중요한 책은 1919년에 출판된 칼 바르트의 「로마서 주석」이다. 그리고 1921~1922년 어간에 출판된 브루너(Emil Brunner)의 「경험, 지식, 신앙」(Experience, Knowledge and Faith)이다. 초기의 신정통주의 신학자들의 공통점은 인간의 지식과 사역에 대한 하나님의 절대적 초월, 예수 그리스도 안에서의 주권적인 계시, 성경의 권위성, 인류의 죄악성 등이었다. 이들 신학에 신정통이라는 새로운 이름을 붙인 것에는 몇 가지의 이유가 있다.

첫째, 전통적인 개신교의 신조를 포기하고 정통의 새로운 기치를 내걸었고, 둘째, 전통적인 개신교의 입장보다 자유신학 쪽을 선호하였으며, 셋째, 20세기에 복음의 진리를 선포하기 위하여 종교개혁의 기본적인 사상과 심지어는 초대교회로 돌아가려는 노력을 하였으며, 넷째, '신'이라는 단어에서 성경을 좀 더 명확하게 보려는 새로운 철학적 원리의 타당성을 생각하였기 때문이다.

신정통주의가 주장하는 내용은 자유주의에 대한 스미스의 비판에 잘 나타나 있다. 첫째 스미스는 하나님의 내재성을 주장하는 자유주의를 비판하고 대신에 하나님의 초월성을 말한다. 즉 하나님은 세상과는 떨어져 있는 타자이다. 둘째, 역사적 성장과 진보를 말하는 진보주의를 비판하고 인간의 비극과 사회의 파탄을 강조한다. 셋째, 인간의 선천적인 선함을 주장하는 진보주의에 대하여 스미스는 인간의 부패하고 죄악된 성품을 말하며 구원은 영원한 자로부터 온다고 말한다. 넷째, 역사적 예수를 찾는 대신에 신정통 신학자는 "믿음의 그리스도를 탐구한다"는 스미스의 자유주의에 대한 비판이 신정통의 기본 골격을 이루고 있다(Timothy, Arthur Lines, Systemic Religious Education: Religious Education Press, 1987: 14). 이러한 신정통의 메시지의 핵심은 인간은 스스로를 구할 수 없다는 것이다. 지상의 천국을 소망하던 자유주의자들의 꿈은 세계 제1차 및 2차 대전과 같은 험악한 현실 앞에서는 무산될 수밖에 없었다. 그래서 신정통신학은 희망을 오직 인간의 이해와 영역 너머에 있는 주권자 하나님께 두었다. 20세기 초의 기독교교육도 이러한 도전에 직면하고 있었다.

박형룡은 정통주의 신학과의 비교를 통하여, 신정통주의 신학을 다음과 같이 요약하고 있다(박형룡, 정통과 신정통, 신학정론, 1950: 124).

첫째, 정통주의 신학은 신구약성경은 하나님의 말씀이며, 신앙과 본분에 대하여 정확무오한 유일한 법칙으로 믿는다. 여기서의 강조점은 성경은 하나님의 말씀으로서 정확무오한 말씀이며, 그리고 최고권위의 말씀이라는 것이다. 그러나 신정통주의 신학은 말씀의 신학이라고는 하나 성경과 계시의 동일성을 부정한다. 곧 성경은 하나님의 계시를 전하나 그 자체가 하나님의 계시는 아니라는 것이다. 성경은 경험되어야 한다고 주장하는데 이는 슐라이어마허와 리출의 경험의 신학과 유사하다. 그리고 성경의 무오성을 부정한다. 바르트는 "성경은 고대 민속적 종교와 근동의 헬라시대의 의식적 종교의 문학적 산물이다. 이것은 다른 인간적 문서와 같은 인간적 문서이므로 특별한 주의를 요구하지 못한다"고 하였다. 그리고 성경이 최고의 권위를 가진다는 것도 부정한다. 브루너가 1949년 11월 중순 서울 기독교청년회관에서 강연할 때 "브루너가 신조나 성경을 믿는다고 다른 사람들에게 말하지 말라. 나는 오직 하나님과 그리스도를 믿는다."고 한 것은 성경의 권위를 부인하는 것이다.

둘째, 계시관에 있어서도 정통주의 신학에서는 하나님의 특별계시가 성경에서 그리스도를 절정으로 하여 완성되었다고 믿는다. 웨스트민스터 신도게요 제1장 제7절에도 "하나님 자신의 영광, 사람의 구원, 신앙, 생활을 위하여 필요한 모든 것에 관한 하나님의 의도는 성경에 기록되었거나 성경에서 추론될 수 있으므로, 성경은 아무것도 아무 때에도 하나님의 계시에 의해서나 사람의 전통에 의해서 추론될 것이 아니다."고 하였다. 그러나 신정통주의 신학에서는 완성된 계시를 반대한다. 그들은 완성된 계시는 계시가 아니며 계시는 경험적이어야 하고 계시는 하나님과 사람 사이에 상호작용이 있기 전에는 계시가 아니라고 주장한다.

셋째, 정통주의 신학에서는 하나님의 초월성과 내재성을 인정한다. 즉 예수교장로회

신조와 같은 신관을 가진다. 그러나 신정통주의 신학에서는 하나님의 성만을 말한다. 그러한 초월성은 유신론적 개념이라기보다 초연신론적 개념이다. 즉 그 하나님은 우주에 대하여 소극적인 관계를 가지시는 분이시다.

넷째, 정통주의 신학에서의 사람은 하나님의 형상으로 창조되었으나 자의로 범죄하여 타락한 존재이다. 이는 대한예수교장로회 신조에도 나타나 있다. 그러나 신정통주의 신학자인 바르트와 브루너 등은 창조설을 믿지 않는다. 브루너는 자신은 원래 진화론자요 에덴동산의 아담 하와가 역사적 인물임을 믿지 않는다고 하였다. 그리고 아담의 타락 사실성과 더불어 완전상태의 창조를 믿지 않는다.

다섯째, 정통주의 신학에서는 사도신경에 나타난 기독론을 믿는다. 그러나 신정통주의 신학에서는 예수의 성육신은 역사에서가 아니라 선역사 곧 관념상에서의 성육신의 의미가 강하게 내포되어 있다.

여섯째, 정통주의 신학에서는 죄를 "하나님의 법을 순종함에 부족한 것이나 혹 어기는 것이다"고 한다. 이는 소요리문답 14조에 나타나 있고 그러한 관점의 성경적 근거는 요한일서 3장 4절과 로마서 3장 23절 등에 나타나 있다. 그러나 신정통주의 신학에서는 죄가 불순종으로 온 것이 아니고 본래적인 것이라 주장한다. 곧 이들은 인간이 유한한 존재이기 때문에 악한 것으로 본다. 위와 같은 내용을 근거로 한 신정통주의 기독교교육 이론가의 견해는 다음과 같이 요약할 수 있다. ① 기독교교육은 신학적 근거에 뿌리를 둔다. 그리고 그 신학은 하나님의 자기계시와 인간의 응답을 근거로 한 것이다. ② 기독교교육의 능력은 인간의 선함보다 하나님의 주권에 더 의존한다. ③ 기독교교육의 중요 임무는 사람이 하나님과 대면케 하고 또 하나님의 계시에 응답하도록 돕는 데 있다. ④ 기독교교육은 사람으로 하여금 하나님과 만날 준비를 시키고 그 만남이 성령을 통하여 실생활과 상관되고 실제 삶에 적용하도록 돕는다. ⑤ 인간은 죄의 상태에 있으므로 하나님께 의존하고 그의 계시에 응답하는 삶이 되게 한다. ⑥ 기독교교육의 속죄적 역할은 하나님의 영에 감동된 사람들의 집단체로부터 온다. ⑦ 하나님과 동역하는 사람이 책임을 수행하는 사람이다. 그러나 그 책임을 감당하게 하시는 분은 언제나 하나님 자신이다. ⑧ 하나님의 계시는 주로 성경과 그리스도에게서 나타나고, 또 현재의 교회생활 경험에서 계속 나타난다. 이러한 신정통주의 신학에서 말하는 기독교교육을 구체적 내용들을 연구해 보아야 할 것이다.

Ⅱ. 교육신학의 기초

1. 창조, 타락, 구속

1) 하나님의 창조

(1) 창조론 교육의 필요성

천지창조의 기원에 관한 견해나 학설에는 여러 가지가 있으나, 크게 자연적인 것과 초자연적인 것 두 모델로 나눌 수 있다. 자연적인 모델은 진화론이고, 초자연적인 모델은 창조론이다. 우리나라에서는 1933년 '발명회'가 '과학조선'을 창간하는 한편 찰스 다윈의 기일인 4월 19일을 전후하여 '과학주간'을 설정한 것은 이 시기에 이미 진화론 교육이 공교육기관에서 실시되었다는 것을 뜻한다. 그러므로 서양문물이 들어오면서 이 창조와 진화라는 두 가지 견해가 함께 들어 왔다고 할 수 있다. 지금 공교육 기관에서 시행되고 있는 제6차 교육과정에서는 창조론을 다루지 못하게 되어 있다. 그래서 공교육기관에서 학생들은 창조과학자들의 학설이 반영되지 않은 교과서를 통해 일방적으로 진화론만 과학적 진실인 것처럼 배우고 있는 것이 현실이다(허성욱. 주일학교 공과에 창조과학을 심어야. 한국창조과학회지 창조 1993년, 2월호).

① 구속사적 관점

창조론을 교육해야 할 필요성은 첫째로, 구속사적 관점을 명백히 하기 위해서이다.

성경이 우리에게 주어진 이유는 인류구원을 위한 하나님의 계획을 알리기 위해서이다. 성경은 인류의 모든 역사를 기록한 것은 아니다. 하나님의 인류를 구원하시기 위한 구속사의 함의는 '창조-타락-구원'의 순서로 이어진다. '창조'는 기독교의 기본 교리이다. 그러므로 기독교 신앙의 출발점은 하나님께서 천지만물을 창조하셨음을 믿는 창조신앙에 있는 것이다. 창조 신앙이 기독교 신앙의 근간이므로 그 믿음이 확고하지 않으면 신앙은 모래 위에 지은 집이 되고 만다. 기초가 튼튼한 신앙, 그것은 창조신앙이 확고한 신앙일 것이다. 왜 대적 마귀가 하나님의 창조를 부인하는 진화사상을 퍼뜨렸을까? 그것은 기독교 신앙의 기초가 창조신앙임을 사탄이 너무 잘 알기 때문이다. 그래서 그 기초를 허물어 버리기 위해 과학이라는 이름으로 포장된 사이비과학 진화론을 등장시킨 것이다. 그 진화론이 공격하는 방향은 기독교의 근간인 '창조'이다. 창조를 부정하면 당연히 기독교가 허물어질 것이기 때문이다. 그들의 속삭임은 얼마나 그럴듯한지 모른다. '신앙과 과학'은 추구하는 방법과 방향이 다르기 때문에 함께 다룰 수 없다고 말한다. 창조는 성경에나 등장하는 종교적인 사실이고, 따라서 비과학적이라고 아주 쉽게 말해 버린다. 교과서와 각종 과학도서, 각종 매체에 그렇게 자주 가르쳐지고 주장되는 진화론이야말로 과학적 사실이라고 속삭인다. 그 속삭임 앞에 엄폐되어 있는 천길 낭떠러지, 소중한 영혼들에게 그곳이 낭떠러지임을 알려주고 하나님께서 만유의 창조주이심을 증거해 주는 일이 가르치는 자들의 사명일 것이다.

② 세계관 문제

창조론을 교육해야 할 필요성은 둘째로, 세계관 문제에 관한 것으로 세상에 대한 지식과 경험이 인간의 사유, 감정, 의지 및 행위와 관련하여 하나의 의미 있는 사상으로 짜여진 눈으로 보는 것이다. 그 속에는 우주의 근원, 본성, 인류의 본질과 의미, 인간의 생활태도에 대한 견해들이 들어 있고, 정치, 경제, 사회, 문화, 과학적 견해들도 스며 있다. 이러한 견해들 가운데서 만유와 생명의 기원에 대한 관점도 중요한 위치를 차지하고 있다. 그것은 창조론적 관점과 진화론적 관점이다. 같은 사물, 같은 화석 자료를 보더라도 그것을 관찰하는 사람의 관점에 따라 어떤 사람은 창조론적으로 해석하고, 다른 사람은 진화론적으로 해석한다. 사물을 보는 눈이 각자 다른 것이다. 창조론은 유신론적인 입장이다. 그래서 창조주가 계시고, 창조주의 지혜와 설계대로 만유와 사람이 피조되었고, 창조 때부터 지금까지 하나님은 모든 피조물을 통제하시며 붙들고 계신다고 보는 견해이다. 그러나 진화론은 무신론이고, 하나님의 존재하심을 부인한다. 만물이 우연히 저절로 생겨날 수 있으며, 자연법칙에 따라 운행된다는 것이다. 세계관의 변천 과정을 보면, 15C 이전의 영적 세계관이 16~18C의 과학혁명 시대를 거치면서 기계론적 세계관으로 대치되었으며, 기계론적 세계관의 한계성이 노출되면서 19세기 후반의 '신과학 운동'에 의하여 시스템적이며 유기체적인 세계관이 추구되었다. '신과학 운동'에서는 우주와 인간의 근원자 및 존재의 근원에 대해서 인정하기를 거부한다. 그들에 따르면 우주는 '저절로' 또는 '자율적'으로 창조 목적을 향해 진화한다.

그러나 우주 만물은 창조주께서 '목적을 가지고' 그의 의도와 법칙에 따라 만드셨다. 그것을 인정하는 세계관이 '기독교적 세계관'이다. 기독교 세계관은 창조−타락−구속을 중심으로 발전되어 왔다.(이광원. 창조신앙교육 이렇게 하자. 교사창조과학회 창립세미나, 1999. 2.) 그 눈은 하나님을 통해서만 참자유와 부요를 누릴 수 있으며, 타락 이후 인간은 자신의 노력으로 구원받을 수 있는 것이 아니라, 오직 예수 그리스도를 통해서만 하나님 나라에 이를 수 있다고 믿는 눈이다. 이러한 세계관은 창조론을 배워 알아 하나님을 믿을 때에만 가능하다.

③ 유일신 신앙

창조론을 교육해야 할 필요성은 셋째로, 창조론과 진화론이라는 만물의 기원을 보는 관점들은 현상계를 다루는 자연과학의 연구방법으로 증명할 수 없다는 한계가 있다. 그러면서도 사람들이 두 관점을 견지하는 이유는 무엇인가? 그것은 그들의 믿음 때문이다. 즉 진화론자는 창조주가 없다고 믿고, 창조론자는 창조주가 계신다고 믿는다(히 11:3). 창조주 하나님을 믿는다는 것은 하나님이 만유를 지으신 바로 그분이시고, 만유를 직접 창조하셨으므로 만유의 시작을 직접 목격하셨다는 사실을 믿는 것이다. 그 믿음은 하나님을 만유의 창조자이시며, 만유의 대주재자로 믿는 것이다. 그러므로 여호와는 홀로 이스라엘을 인도하시는 유일하신 하나님(신 32:12)이시다. 그 하나님은 그들을 도우시고 보호하시는 유일하신 분(신 32:39)이시다. 세상을 친히 창조하신 하나님께서는 그 사실을 우리들에게 알려주실 수 있는 유일하신 분이시다. 그러므로 우리는 하나님께서 천지와 만유와 생명을 창조하셨음에 대해 언급하시는 구절을 성경 곳곳에서 접할 수 있는 것이다. "여호와께서는 지혜로 땅을 세우셨으며 명철로 하늘을 굳게 펴셨고"(잠 3:19), "여호와께서 그 조화의 시작 곧 태초에 일하시기 전에 나를 가지셨으며……"(잠 8:22~31

절). 이 하나님 여호와께서는 우리의 "의지할 자"이셔서 "발을 지켜 걸리지 않게"(잠 3:26) 하신다. 창조주 하나님께서는 "너는 나 외에는 다른 신들을 네게 있게 말지니라"(출 20:3). 십계명 중의 첫 계명이다. 창조론을 가르치는 일은 진화론적 철학이 청소년들에게 주는 위험을 방지하기 위해서 뿐만 아니라, 유일신 사상을 가르치기 위해서도 필요한 일인 것이다.

④ 인간의 존엄성

창조론을 교육해야 할 필요성은 넷째로, 진화론과 창조론은 생명에 대하여 상반된 인식을 갖게 한다. 그것이 바로 생명의 존엄에 관한 인식이다. 진화론자들은 인간 스스로가 아무에게도 의존되어 있지 않으며 스스로 자연의 법칙 속에서 진화해 왔다는 주장이야말로 인간에게 진정한 자유와 삶의 의미를 주며 인간을 인간답게 하는 것이라고 주장한다. 인간이 신에 의해 창조되었다는 주장은 인간 운명의 예속을 의미하므로 인간의 존엄을 파괴하는 것이라고 한다. 그러나 진화론적 관점에서 볼 때야말로 인간의 존엄성을 인정받을 길이 없다. 인간은 단지 물질로부터 화학 진화한 존재에 불과하기 때문이다. 인간의 기원이 된 물질 즉 분자 원자에 사랑이니 윤리니 하는 것을 요구할 수도 없을 뿐만 아니라 물질 자체가 존엄한 존재일 수 없는 것이다.(한국창조과학회. 진화는 과학적 사실인가. 서울: 태양문화사. 1981.) 그러므로 각종 패륜 행위, 인간 박해, 폭행, 핍박, 집단 따돌림까지라도 진화론적 사고로는 나무랄 수 없는 것이다.

그러나 성경은 인간이 하나님의 형상대로(창 1:26~27) 지음받은 특수한 존재(창 2:8, 고전 15:39)라고 말씀한다. 인간은 또 다른 피조물을 다스리라는 명령을 받은(창 1:28) 특별한 지위를 갖고 있다. 타락하여(창 3:6) 비참하게 되었지만(창 3:17~19, 22~24), 창조주 하나님은 인간을 그냥 버려두지 않으셨다. 가죽옷을 지어 입히셨고(창 3:21), 메시아 약속을 하셨으며(창 3:16), 구약 시대 내내 인간에게 그 계획을 알려 주셨고, 마침내 메시아를 보내셔서 십자가 수난을 통한 구원을 이루어 주셨다. 인간은 복중에서 짓기 전부터 하나님께서 아셨고(렘 1:5), 형질이 이루어지기 전에 주의 책에 다 기록된(시 139:16) 존재이다. 하나님의 형상대로 지음받은 존재임을 인식할 때 생명의 존엄성이 인정되고, 피조된 인간에게는 창조주의 창조 목적에 맞게 살아야 할 윤리 도덕과 의무가 따르게 되는 것이다. 그러므로 인간의 존엄성을 가르치기 위해서도 창조론 교육은 필요한 것이다.

⑤ 인간의 자연과의 바른 관계 정립

창조론을 교육해야 할 필요성은 다섯째로, 진화론은 "생물의 종이나 혹은 그 이상의 계통군(系統群)은 불변하는 것이 아니라 과거로부터 현재에 이르는 동안 변화해 온 것이다. 이와 같이 생물은 어떤 공통의 조상에서 점차 분지(分枝)하여 오늘의 수많은 종에 이르게 된 것이라 할 수 있다"(성기창 외. 생물진화학. 서울: 형설출판사. 1990.)고 주장한다. 따라서 진화론상의 인간은 진화의 산물로서 자연 현상 중의 하나일 뿐이다. 그러므로 인간에게 특별한 지위를 부여할 수 없다. 그러나 창조론에서 인간은 식물이나 다른 동물과 달리 "하나님의 형상대로"(창 1:26) 창조된 특별한 존재(창 2:7)이다. 하나님은 인간에게 스스로 생각하고, 행동하고, 물건을 만들어 내고, 조절하는 기능을 부여하셨다. 그래서 시조 아담은 모든 생물에게 이름을 줄(창 2:19~20) 만큼 뛰어난 능력이 있었다. 인간을 창조하신 하나님은 인간에게 복을 주시며 피조세계를 정복하고 다스리며 지키게(창 1:28, 2:15) 하셨다. 이 말씀은 두 가지로 나누어 생각할 수 있다. 하나는 모든 자연만물은 인간의 관리의 대상이지 숭배의 대상이 아니라는 것이다. 또 다른 하나는 하나님께서 인간에게 자연의 소유권을 양도한 것이 아니라 자연의 관리를 위임했다는 사실이다. 그러므로 창조주에 의하여 만들어진 자연이나 인간을 예배하는 일은 실로 창조주에 대한 모독이다(호리꼬시 노부지. 임번삼 역. 인간의 탄생. 서울: 한국 창조과학회. p.127.). 태초에 하나님은 지구 환경과 생태계를 창조하실 때 질서와 조화를 주셨고 종의 다양화를 통해 환경조건의 변화에 대해서 상당한 복원능력과 안정성을 유지할 수 있도록 하셨다. 그러나 인간문명 활동에 의한 의도적이고 지속적인 환경파괴는 생태계의 자정능력이나 조절 기능을 약화시키고 치명적인 손상을 가해 생태계의 위기를 초래할 수 있다. 이것은 정복하라는 말씀을 파괴하라는 것으로 오해한 데서 시작된다. 이 말씀은 오히려 "경작하라, 발견하라"라는 뜻에 더 가깝다. 그러므로 피조세계를 창조주의 뜻에 합당하게 개발하고 보존하는 것이 우리의 책임과 의무를 다하는 길이 된다. 이것은 하나님을 창조주로 알 때에만 가능하다.

이와 같이 창조론을 교육해야 할 필요성은 유일신 신앙을 바탕으로 구속사적 관점을 명백히 하는 데에 있다. 그리고 인간의 존엄성을 알게 하며, 기독교적 세계관을 견지하고 인간과 자연과의 바른 관계 정립을 위해서이다. 게다가 진화론은 열역학적으로, 생물학적으로, 화석학적으로 부정되고 있으며, 그 과학적 증거도 없다. 그러므로 바른 진리를 가르치기 위해서도 창조론 교육은 실시되어야 한다.

(2) 진화론 교육의 허구성

진화론은 정말로 과학적 사실인가? 진화론은 고대 그리스 철학자 엠페도클레스(Empedocles, 504~433 B.C.)의 생물 진화에 대한 생각, 아리스토텔레스(Aristoteles, 384~322 B.C.) 생물의 자연발생설에서 그 기원을 찾을 수 있다. 지난 18세기 초에 마우퍼튜스(Maupertuis, 1698~1759)가 다지증(polydactyly)의 유전을 연구하여 격리와 진화에 의한 자연선택의 역할에 대해 인식하게 되었다. 그 후 분류학자들(린네 Linne, 1707~1778)에 의해 다양한 생물이 분류됨으로써 진화적 사고에 대한 빠른 진전을 맞이하게 되었다. 그 후 진화론은 지질학의 발달로 상당한 영향을 받는다. 영국 학자 허튼(Hutton, 1726~1797)이 동일 규모, 동일 속도의 지각변화라는 균일론을 주장하였고, 1798년에는 맬서스(Malthus, 1766~1834)가 <인구론>을 발간하였다. 그는 이 책에서 "인구는 기하급수적으로 증가하지만 식량은 산술급수적으로 밖에는 증가하지 않는다"고 말하고, "인구 증가가 빈곤이나 악덕 등 사회악의 원인인 만큼 식량에 알맞도록 인구를 억제해야 한다."고 주장하였다. 이 내용은 후에 다윈에게 상당한 영향을 주었다. 19세기 초에는 균일론을 격렬하게 비판하면서 프랑스의 퀴비에(Cuvier, 1769~1832)가 창조론적 입장에서 동물의 구조와 기능, 화석에 대해 연구하여 대변혁론(Catastrophism)을 주장하였다. 이에 반기를 든 라마르크(Lamark, 1744~1829)가 용불용설(획득형질의 유전)을 주장하였고, 영국의 지질학자 라이엘(Lyell, 1797~1875)이 1830년 「지질학의 원리」를 발간하였다. 그는 "현재는 과거를 아는 열쇠이다."라는 유명한 말을 남겼다. 그리고 이들의 영향을 받은 다윈(Darwin, 1809~1882)이 「종의 기원」을 통해 자연선택적 진화설을 주장하게 된다.

그의 주장은 창조론자들에게 집중적인 공격을 받았고, 헉슬리(Huxley, 1825~1895)가 토론회에서 다윈의 설을 옹호하였다. 영국 박물관의 오웬(Owen, 1804~1892)은 다윈의 이론에 가장 격렬하게 반대하였다. 이러한 분위기는 하버드대학의 유명한 어류학자였던 아가시(Agassiz, 1807~1873)에 의해 미국으로 확산되었다. 아가시는 북유럽 전체가 최근의 지질연대에 얼음으로 뒤덮여 있었다고 주장하고, 대변혁론을 수정하여 신이 이 대변혁에 이어 몇 가지 특수한 경우에 대해서 창조적인 작업을 수행하였다고 추정하였다. 이러한 점진적 창조(Progressive creation)에 따르면, 신은 천지 창조했던 그 이래로 자신의 창조물이 점차적으로 최종의 목표에 이를 때, 즉 하나님의 모습과 똑같은 사람이 창조될 때까지 재창조를 시작한 것이라고 설명하였다.

1860년에서 1902년에 이르는 기간에 생명과학은 다윈의 이론에 사로잡혀 있었다. <종의 기원> 발간 6년 후, 수도사 멘델(Mendel, 1822~1884)이 유전의 법칙을 발표하였지만 다윈의 진화론에 어긋난다는 이유로 받아들여지지 않았다가 드프리스(Hugo de Vies, 1848~1935)의 실험 후 부활하였으며, 1862년에는 프랑스의 파스퇴르(Pasteur, 1822~1895)가 백조목 플라스크를 사용한 실험을 통해 생물의 자연발생설을 반박하고, "생명은 기존의 생명으로부터 생겨난다"는 생명속생설을 주장하였다.

1938년 구소련의 화학자 오파린(Oparin)은 그의 저서 <생명의 기원>을 통해 생명이 어떠한 신비로운 창조에 의하여 생겨났으리라는 가정을 완전히 배제하고, 물질로부터 생명이 생성되었다는 화학진화를 주장하였다. 그의 주장은 1953년 시카고 대학의 화학자인 유레이(Urey)와 밀러(Miller)의 실험으로 뒷받침되었다. 1940년경, 골트슈미트(Goldschmidt)는 종(種)의 형성과정에서 다윈이 제안한 많은 작은 변이들의 느린 축적보다는 커다란 유전적 변화가 중요하리라는 생각을 제시하였다. 그러나 많은 지지자가 없었다. 1960년대 초까지는 모든 생물학적 형질은 자연선택에 적응적이라고 해석하는 것이 일반적인 견해였다. 그리고 진화의 기구에 대해서는 거의 신다윈설에 의해 이해되는 것같이 보였다.(성기창 외, 생물진화학, 형설출판사, 1990.)

1980년 10월 16일~19일, 시카고자연사박물관에서 열린 진화론자 학술회의에서 점진론적 진화가 부정되기에 이르렀다. 미국의 현대적 종합이론의 제일인자로 알려진 아얄라(Francisco Ayala)는 "화석학자들이 말하는 것처럼 작은 변이들이 축적되지 않음을 이제 확신한다"고 했다. 그 후 하버드 대학의 구울드(Gould) 교수는 갑작스럽게 다른 종으로 변한다는 「단속평형설」(斷續平衡說)을 주장하였다. 진화론은 이렇게 진화를 거듭해 왔지만, 여전히 열역학적으로, 생물학적으로, 화석학적으로 부정되고 있으며, 그 과학적 증거는 없다(한국창조과학회, *op. cit.,* 1981).

(3) 지적 설계(Intelligent Design)

지적설계란 우주와 생물에서 발견할 수 있는 잘 갖추어진 복잡한 기능들(Organized complexity)이 긴 시간과 우연만으로 설명될 수 없고, 어떤 지적(知的) 능력이 있는 존재의 설계에 의해서 이루어진 것이라는 주장으로서, 다윈(Darwin)의 무신론적 진화론에 맞서는 이론이라고 할 수 있다. 지적 설계의 개념은 William Paley가 1802년에 주장한 이래, 오래전부터 창조론자(Creationist)들이 계속 주장해온 내용이다. Paley는 시계를 예로 들어 각 부품들이 일정한 목적을 가지고 질서정연하게 일을 하고 있는 시계는 결코 우연의 결과로 저절로 만들어질 수 없기 때문에, 지능을 가진 존재에 의해서 의도적으로 설계되어 만들어진 것이 분명하므로, 비록 직접 목격하지는 못했다 할지라도 시계를 만든 사람(Watchmaker)을 생각하는 것이 당연하다는 것이다. 시계를 만든 존재를 생각해야 하는 것이 당연하다면, 시계보다 훨씬 더 복잡하고 기능이 탁월한 기관들을 가지고 있는 생물은 그것을 설계한 고도의 지적 능력을 가진 존재가 반드시 있을 터인데, 그 설계자(Designer)가 바로 성경에 기록된 창조주 하나님이라는 것이다. 이것은 매우 이해하기 쉽고 누구나 공감할 수 있는 논리로서 창조과학에서 다루는 중요한 부분이고, 또한 성경에서도 이에 대한 근거를 찾아볼 수 있다. "창세로부터 그의 보이지 아니하는 것들 곧 그의 영원하신 능력과 신성이 그 만드신 만물에 분명히 보여 알게 되나니 그러므로 저희가 핑계치 못할지니라"(롬 1:20)

따라서 지적 설계 이론이 미국공립학교에서 받아들여지기 시작하고 있는 것은 그 동안 거센 진화론의 물결 앞에서도 굴하지 않고 벌여온 창조과학 운동의 결실로 볼 수 있기 때문에 크게 기뻐해야 할 일이다. 물론 우리의 궁극적인 목표는 진화론을 폐기하고 창조론을 가르치는 것이지만, 현재는 전략적으로 중간단계를 거치는 것이라고 생각할 수 있다.

몇 년 전 미국타임지(TIME誌)에는 "진화론 전쟁(Evolution Wars)"이라는 제목으로 이 문제를 크게 보도하였는데, "지적 설계"에 대한 반응이 다시 일어나게 된 데에는, 법학자 Phillip Johnson과 수학자 William Dembski 등이 주도하고 있는 소위 "지적 설계운동" 그룹의 역할이 컸다. 이들은 기원에 대한 문제를 순수하게 과학적으로만 접근하기 때문에, 믿지 않는 사람들에게는 기독교인임을 처음부터 표방하는 창조론자들의 주장보다 더 설득력이 있다는 이점이 있기 때문이다. 그러나 이들이 진화론의 문제점을 제기하고 그 대안으로 "지적 설계이론"을 주장하는 것은 환영할 만한 일이지만, 그 설계자가 창조주 하나님이라는 것을 말하지 않는 데 문제가 있다. 이 점이 창조론자들과 지적 설계운동가들의 큰 차이이다. 창조론자들이 대부분 복음주의 신앙을 가진 독실한 크리스천들인 데 비해서 지적 설계운동을 하는 사람들 중에는 크리스천이 아닌 사람들도 포함되어 있고, 심지어 설계자가 꼭 하나님일 필요는 없다고 말하는 사람도 있다. 그리고 창조론자들은 우주와 생물의 기원 이외에 노아의 홍수, 바벨탑 사건, 등 성경의 진실성을 뒷받침할 수 있는 여러 가지 사실들을 다루는 데 비해서 "지적 설계운동"을 하는 사람들은 오직 "진화의 원인"에만 관심이 있다. "지적 설계"가 창조론자들에게는 한 부분이지만 지적 설계운동가들에게는 전부인 셈이다. 그러기 때문에 크리스천들은 "지적 설계운동"을 주시해 보아야만 한다. 이 운동은 "설계자"이신 하나님을 가리키는 역할을 할 수도 있고, 한편으로는 진화론의 문제점을 보완해 주거나 우주 자체가 설계할 수 있는 의식(Cosmic consciousness)을 가지고 있다는 범신론적인 New Age 운동으로 발전할 수도 있기 때문이다. "지적 설계"는 설계자이신 창조주 하나님을 증거하는 도구로 사용되어야 하며, 이것을 포함하고 있는 창조과학은 궁극적으로 우리의 구원자이신 예수 그리스도를 증거하는 선교의 수단이 되어야만 한다.[2]

2) 인간의 타락

기독교적인 관점에서 인간을 이해하기 위해서는 칼빈의 기독교강요에 기초하여 창조(Creation)-타락(Fall)-구속(Redemption)의 함의 속에서 찾아볼 수 있다. 성경에 계시된 하나님 형상으로 창조된 인간은 칭의에 의해 예수 그리스도의 형상으로서의 인간의 구원과 그의 신적 성품에 참여함은 개혁주의 인간론의 핵심이다. 기독교교육이란 하나님의 형상인 예수 그리스도를 믿음으로 새롭게 된 인간(새로운 피조물)이 성령의 열매를 맺음으로 하나님의 형상을 닮아가게 하는 과정을 일컫는다. 왜 하나님은 인간과 교제를 원하시는가? 그것은 하나님의 자녀들을 만들기 위해서이다. 여기에 기독교교육의 정체성이 있다. 하나님은 인간을 자기의 형상대로 만드셨다(창 1:26). 그러나 하나님의 형상으로서의 인간은 죄로 말미암아 하나님과 인간, 인간과 인간, 그리고 인간과 자연과의 관계에 부조화를 가져왔다.

(1) 하나님의 형상으로 창조된 인간(창1~2장)

① 피조물로서의 인간(창 1:26)

하나님에 의해 창조되어진 모든 피조물은 전적으로 하나님께 의존되어 있는 존재이

---

2) 창조신앙 부흥이라는 사명을 가진 세계창조선교회 박창성 회장은 서울대에서 지구과학을 전공하고, 미국창조과학 연구소의 대학원을 졸업한 창조과학 전문가로 현재, 미 오레곤 성경대학원에서 창조과학을 강의하고 있다.

다. 하나님은 인간의 창조주이실 뿐 아니라, 피조된 인간을 보살피고 돌보시는 섭리주가 되신다. 피조물로서의 인간은 창조주이시며, 섭리주가 되시는 하나님 앞에서 항상 자신의 위치를 기억하며 겸손히 행해야 할 것이다. 또한 흙으로 지어진 보잘 것 없는 존재인 인간은 이러한 흙으로 만들어진 존재에게 생명을 불어넣어주시고, 영원한 생명을 가진 결과로 영생의 가능성을 가진 특권, 하나님과 교통할 수 있는 특권, 그리고 만물을 주관하는 특권을 부여주신 하나님의 은혜를 기억해야 한다.

② 문화명령의 수행자로서의 인간(창 1:26)

인간은 피조물 가운데 하나이지만, 다른 피조물들과의 차이점 가운데 하나는 인간을 창조하신 하나님께서 피조세계를 다스리는 사명을 인간에게 부여하신 점이다. "생육하여 번성하고 땅에 충만하라. 땅을 정복하고 다스리라"는 하나님의 명령을 받들어 첫번째 인간 아담은 동물들의 이름을 짓는 일부터 순종하였다. 하나님은 자신이 창조하신 이 피조세계를 자신을 대신해서 인간들로 하여금 다스리고 돌보도록 명령하시고, 인간들이 하나님의 청지기로서의 역할을 잘 수행하는지 관심을 가지고 지켜보고 계시는 것이다. 인간은 문화명령의 수행자로서 하나님 나라의 청지기로서의 역할과 사명을 충실하게 수행해야하며, "맡은 자에게 구할 것은 충성"이라고 하신 말씀처럼 이 사명을 맡겨주신 창조주 하나님 앞에서 부끄럽지 않은 신실한 문화 명령의 수행자가 되는 것이 하나님께서 인간에게 허락하신 문화명령의 본문이다.

③ 하나님의 형상으로서의 인간(창1:27)

모든 인간은 연령, 성별, 인종에 관계없이 하나님에 의해서 하나님의 형상으로 창조되어진 창조의 면류관이다. 하나님의 형상이란 하나님으로부터 아담이 부여받았던 하나님의 속성과 하나님과 교제할 수 있는 능력 그리고 만물을 다스리는 통치권 등 신령함과 탁월함을 갖춘 인간 본성 전체의 완전성을 의미한다. 바울은 에베소 4:24에서 하나님의 형상을 지식, 순결한 의와 거룩함이라고 말하고 있는데, 이러한 하나님의 형상은 복음을 통하여 회복되어짐으로써, 그 모습을 확인할 수 있게 되는데, 영적 중생은 다른 말로 표현하면 하나님 형상의 회복이라고 표현할 수 있을 것이다. 이렇듯 인간은 다른 피조물과는 구별되게 하나님의 형상으로 창조되어진 존재이기에 그 존재 자체로서도 존귀하다하겠다. 인간의 존귀성의 근원이 인간됨에 있는 것이 아니라, 인

간이 하나님의 형상으로 창조되어졌다는 사실에 그 기초를 두고 있다는 것을 기억할
때, 인간의 존귀성은 복음 안에서 하나님의 형상적 본질을 회복하고 성화의 삶을 살
아가면서 더 가치있게 그 모습을 드러내게 될 것이다.

(2) 타락한 죄인으로서 인간(창 3장)

① 죄인으로서의 인간

아담이 범한 죄는 하나님과 맺은 생명언약의 파괴였다. 이 범죄는 하나님 앞에서
법적 지위의 변화를 뜻하며 따라서 신분상의 변화를 가져 온 것이다. 다시 말해서 인
간은 죄 값 곧 형벌을 받아야 자리에 떨어졌고 "본질상 진노의 자녀"(엡2:3)라는 신분
으로 전락하였다. 칼빈은 이에 대해 "부모의 불결이 자녀에게 전달되어, 모든 사람은
예외 없이 날 때부터 이미 불결되어 있다는 말을 듣게 되었다"라고 하였다. 아담의
부패는 인류의 부패였으며, 인간의 뿌리로부터의 부패였음을 기억해야한다. 인간의 죄
는 교만과 불순종과 불신앙이다. 선악과를 먹지 말라고 하신 창조주 하나님의 명령은
아담과 하와에 대한 믿음과 순종을 시험하는 것이었다. 교만으로 유혹에 넘어간 인간
은 하나님의 명령을 불순종함으로써, 하나님과의 언약을 파괴하고 말았다. 이러한 죄
악의 결과, 인간은 죄를 전가되어 죽음을 유산으로 물려받게 되었으며, 죄의 본성으로
말미암는 또 다른 죄악을 저지르는 삶에서 결코 자유로울 수 없는 사망의 존재가 된
것이다.

② 훼손된 하나님의 형상으로서의 인간

인간의 타락 이후 하나님의 형상은 인간에게서 사라져 버렸는가? 칼빈은 하나님 형
상의 특징들은 비록 희미하지만, 인간 안에 남아 있으나, 아담 이래 인간의 타락으로
하나님의 형상은 너무나 오염되고 훼손되었으며 파손되어 버렸다고 설명한다. 그러나
종교의 씨앗은 남아 있는데, 이것은 인간 안에 남아있는 하나님 존재에 대한 지식으
로서 모든 인류의 토속 신앙부터 고등 종교의 미신 또는 신앙의 형태로 나타나고 있
다. 하나님께서는 원래 인간에게 영원한 구원을 받을 수 있는 하나님의 형상 즉, 좁은
의미의 하나님의 형상으로서의 참지식과 의와 거룩함(엡 4:24; 골3:10)과 넓은 의미로
서의 하나님의 형상 즉, 인간 이성, 지성, 양심, 만물 통치권 등의 하나님의 형상을 선

물로 주셨는데, 좁은 의미의 하나님의 형상은 인간의 타락으로 말미암아 상실하였지만, 넓은 의미의 하나님의 형상은 부패되었으되 인간 안에 남아 있다. 그러나 타락한 인간은 참지식과 의와 거룩함의 초자연 은사가 없이는 자연적 은사 또한 부패되고 오염되어지기 때문에, 중보자로서 성육신하신 구속주 예수 그리스도가 아니면 인간은 결코 하나님의 형상을 회복하는 것은 불가능하며, 범죄 후에 남아있는 자연적 은사로는 영적 진리를 분별하거나 영적인 선을 행하는 일이 전혀 불가능하게 되었다.

③ 피조세계의 파괴자로서의 인간

하나님께서 인간에게 부여하신 하나님의 형상의 파괴는 초자연적 은사의 소멸과 자연적 은사의 불완전성로 이어지게 되고, 이 영향력은 피조세계 전체로까지 확장되어 우주 전체에 편만하게 되었다. 이 말은 창조주 하나님께서 창조하신 모든 피조물들을 본래의 창조 질서대로 유지하고 배양하는 의무와 능력을 인간에게 주셨으나, 인간 안에 있는 창조 시의 하나님의 형상이 불순종의 죄로 인하여 훼손되어 모든 피조 세계에 까지 미치게 되었다는 것을 의미하며, 한편으로는 인간의 죄로 인하여 창조주와 섭리주 하나님의 창조질서를 위배할 경우, 이 위배는 동시에 인간을 파멸에 이르게 할 것(창 3:17~18)이라는 뜻이다. 인간의 죄는 인간 자신을 포함한 모든 피조물들을 허무함에 굴복하고 예속하게 했지만, 이러한 굴복 아래 있는 모든 피조물들은 신음하고 참으면서 기다리는 순종의 본을 보이고 있는데 이 순종은 구원의 소망 가운데 생겨난 것으로서, 구속주 예수 그리스도의 오심으로 말미암아 인간은 하나님의 형상이 회복되고, 모든 피조물들과 피조세계는 또한 그 본질이 회복됨으로써 그 영광의 광채를 드러내게 될 것(롬 8:20~21)이다.

(3) 구속의 대상으로서의 인간(창 3:15)

① 은혜언약 아래 있는 인간

은혜언약이란 행위언약의 위반, 즉 범죄로 말미암아 형벌을 받게 된 인간 가운데 얼마를 은혜로 값없이 구원하시기 위해서 그리스도 안에서 인간에게 세우신 언약이다. 하나님 나라에 들어갈 수 있는 하나님의 자녀가 되기 위해서는 인간은 다시 태어나야한다. 이 중생은 성령의 사역이다. 중생은 인간이 새로운 몸을 입는 것이 아니라, 성령의 은혜에 의하여 영과 정신과 마음이 새로워질 때, 비로소 거듭나게 된다. 육적으로 난 것은 인간의 몸뿐 아니라 영혼 모두가 죽음의 상태에 있기 때문에 원래 창조된 인간의 모든 특성들이 제 기능을 할 수 없으므로 인간의 순전하고도 의롭고 거룩하신 본성의 유일한 창조자이신 성령 하나님에 의해 다시 태어나야한다. '완전한 구원'은 그리스도에게서 발견 되므로 인간도 그 구원에 참여할 수 있기 위해서 그리스도께서는 우리들에게 성령과 불로 세례를 주시고, 그의 복음을 믿는 신앙의 빛으로 우리를 인도하시며, 우리를 중생하게 하셔서 새로운 피조물이 되게 하신다. 또한 세상의 더러운 것을 씻어 버리고 깨끗하게 된 인간을 하나님의 거룩한 성전으로 성별하시는 성령께서는 인간을 중생시키는 영이시기 때문에, 칼빈은 성령을 '성결의 영'으로 부르며, 장자의 영'으로, 천국의 기업에 대한 '보증 과 '인' 이라고 부른다.

② 하나님의 형상이 회복된 인간

성령께서 인간을 중생시키실 때, 인간은 하나님의 형상으로 회복되는데, 이 때 회복될 하나님의 형상의 내용은 어떤 것인가? 칼빈은 예수 그리스도는 하나님의 형상이므로 우리가 그 형상과 같이 될 때, 우리도 그와같이 참된 경건, 의, 순결, 지성에 이르기까지 하나님의 형상을 지니게 된다고 말한다. 이는 완전하신 하나님의 형상이신 예수 그리스도를 바로 알 때, 하나님의 형상이 회복된 우리 자신에 관한 지식을 갖게 된다는 것을 의미한다. 또한 중생한 인간은 '새 사람을 입었으니 이는 자기를 창조하신 자의 형상을 좇아 지식에까지 새롭게 하심을 받은 자'(골3:10)가 되는데, 이런 의미에서 우리는 성령 하나님의 지식으로 인하여 하나님의 형상이 회복된 인간에 대한 지식을 알 수 있게 되는 것이다. 중생은 회개를 수반하게 되는데 이 회개는 일회성 사건이 아니라, 평생의 과정을 걸쳐 일어나며 완성되어져야 한다. 칼빈은 '선택받은 사람들은 평생을 통하여 회개를 실천하며, 사람이 하나님의 형상에 가까워질수록 하나님의 형상은 의안에서 빛나게 되며, 신자들이 이 목표에 도달할 수 있도록 하나님께서는 그들에게 회개의 경주를 하게 하시며, 평생을 두고 달리게 하신다'고 표현한다.

③ 피조세계의 청지기로서의 인간

하나님의 형상에 훼손되어진 인간의 죄악은 인간만을 죽음에 이르게 한 것이 아니라 창조주와 섭리주 하나님에 의해 창조되어진 피조 세계의 훼손을 초래하게 되었다.

그러나 구속주 하나님 예수 그리스도 안에서 성령 하나님의 역사로 '살리는 영'을 소유하게 됨으로써 하나님의 형상이 회복된 인간은 피조세계에서 청지기의 사명을 수행할 수 있게 된다. 하나님의 형상이 회복된 인간이 피조세계의 청지기로서 그 사명을 감당할 수 있는 원칙은 창세기 2:15에 "여호와 하나님이 그 사람을 이끌어 에덴동산에 두사 그것을 다스리며 지키게 하시고'에서 찾을 수 있는데, 인간은 하나님께서 부여하신 자연의 경작과 노동과 관리의 책임을 다하며 청지기로서 자연환경을 다스리며 지키는 사명을 감당해야 하는 것이다. 피조세계의 청지기로서의 역할을 감당하는 중생한 그리스도인들은 피조물의 고대하는 바를 기억하면서 훼손의 아픔과 고통의 마음을 품고 해방과 회복의 그 날을 소망하며 인내심을 가지고 기다려야 한다. 아울러 신자들은 장차 다가올 복된 회복의 날에 대한 기대와 소망을 가지고 현재의 고난들을 극복하며 현재의 모습이 아닌 장차 회복되어질 영광스러운 모습을 생각하며 소망을 품고 청지기 사역을 감당해야 할 것이다. 그러므로 인간은 그리스도 안에서 죄로 인하여 더 이상 정죄될 수 없다. 이 속에서 인간의 가능성을 추구하고자 하는 것이 기독교교육의 핵심이다.

3) 구속의 언약

(1) 구약에 나타난 언약 사상

구약 성경은 예수 그리스도를 바라보면서 구속의 완성인 메시아에게 초점이 맞추어져 있다. 그래서 구약과 신약은 하나의 목적을 향해 연결되고 있다. 언약이란 무엇인가? 성경은 분명히 하나님의 언약의 중요성을 증언하고 있다. 하나님은 특정한 사람들과 언약 관계를 자주 맺으셨는데, 그 예로는 노아(창 6:18), 아브라함(창 15:18), 이스라엘(출 24:8), 다윗(시 89:3)과의 언약 수립에서 찾을 수 있다. 그리고 이스라엘의 예언자들은 '새로운' 언약(렘 31:31)이 성취될 날을 예언했으며, 예수 그리스도 자신은 최후의 만찬을 언약적인 언어로 설명하고 있다3)(눅 22:20). 그리고 O. Palmer Robertson은 언약이란 "주권적으로 사역되는 피로 맺은 약정이다. 즉 하나님은 인간과 언약 관계를 수립할 때

---

3) O. Palmer Robertson, 『계약신학과 그리스도』, 김의원역, (서울: 기독교문서선교회, 1995), 11.

주권적으로 삶과 죽음의 약정을 세운다. 그렇기 때문에 언약은 피로 맺은 약정, 또는 주권적으로 이루어지는 삶과 죽음의 약정이다."4)고 말한다. 그리고 구약에서의 구속의 개념은 주로 물질적인 구출 또는 구체적인 구출을 말한다. 즉 구속은 개인이나 백성이 처해 있는 환경 속에서 영위하는 생활과 관계가 있다. 구원을 받는다는 것은 사람이 재난이나 곤궁이나 환난이나 대적이나 질병이나 사망의 위험이 있는 형편 가운데서 벗어나 안전하게 되는 것을 의미한다. 따라서 구약에서의 구속은 신약과 달리 죄로부터 구원이라는 의미가 매우 약하다.

그러나 죄로부터 구속을 받는다는 것을 간과하지 않는다. 왜냐하면 구속의 본질적 차원은 근본적으로 잃어버린 하나님의 형상을 찾는 것이기 때문이다. 그렇기 때문에 구약을 간과할 수 없는 것이다. 인류는 첫 사람 아담의 타락의 결과로 죽음을 선사받았다. 그러나 하나님은 첫 인류에게 인애를 베풀어 주셨다. 죄의 결과로 부끄러워 수치를 가리기 위해 나뭇잎을 사용한 인류에게 언약의 상징인 양을 잡아 그 가죽으로 부끄러움을 가려 주신 것이다. 하나님은 타락한 인류를 구원하시기 위해 구체적인 계획을 세우시고, 타락한 인류와 첫 번째 언약을 맺으신다. 인류의 가장 비극적인 상태가 창3장 1절로 24절까지에 잘 묘사되어 있다. 창3장 15절은 인류에게 소망을 주고 그리고 구약에 전반적인 메시아적 약속에 근거를 제공한다.5)

두 번째 언약은 인류가 온갖 죄악으로 가득차 하나님의 심판 아래 놓이게 된 상황에서 하나님은 노아와 언약을 맺으신다. 노아는 순종의 사람이다. 그는 하나님의 명령에 따라 방주를 건조하였고 하나님의 심판은 세상에 약 일년 동안 임하였으며 노아는 방주에 갇혀 있었다. 죄로 가득찬 인류를 멸하려는 하나님의 계획이 성취되었다. 당시 심판의 척도는 국지적인지, 세계적인지는 그리 중요하지 않다. 중요한 것은 방주를 떠나라는 명령을 받은 인간은 새로워진 세상에서 새로운 기회를 맞게 되었다.6) 그리고 노아와의 언약은 모든 혈육 있는 자와의 언약으로 매우 일반적인 성질을 가지고 있다. 그래서 이것은 단지 자연적인 축복이므로 흔히 자연의 언약 또는 일반 은총의 언약이라고 불린다.7) 그리고 홍수 이후의 인류의 문명은 인종적으로 언어적으로 하나의 단일체였기 때문에 확실히 알 수 없는 어느 기간 동안 한 지역에 머물러 있었으며(창 11:1~9), 이 문

---

4) *Ibid.*, 12.
5) Samuel J. Schultz, 「구약 총론」, 송인규 역, (서울: 생명의말씀사, 1985), 29~30.
6) *Ibid.*, 30~32.
7) 신학교재 편찬위원회 편, 「조직신학」, (서울: 세종문화사, 1991), 125.

명은 희생 제물로부터 시작된다. 이에 대한 응답으로 하나님은 노아와 그 후손에게 항구적인 무지개 언약을 맺으신다. 그리고 인류에게 온 땅에 편만할 것을 축복한다. 그러므로 노아와의 언약은 ① 창조 언약과 구속 언약의 면밀한 상호관계 즉 창조에서 하나님의 목적과 구속에서 하나님의 목적을 연합한다. ② 하나님의 구속의 특이성을 말하고 있다. 홍수 전 인간의 좌악으로 하나님으로 하여금 지면에서 인간을 없애 버리도록 결정하셨다(창6:5~7). 이 엄숙한 결정과는 대조로 하나님은 노아에게 은혜를 보이셨다. 노아에게 나타난 하나님 은혜의 특이성은 은혜에 의하여 믿음으로 말미암아 얻는 구원의 경험은 허물과 죄로 죽었던 인간들에게 하나님의 선물로서 오게 된다(엡 2:1~10 참조). ③ 언약 관계에서 가족을 다루신다. 가족 중 한 개인의 의로움은 그의 전 가족이 방주로 들어가게 하는데 기여한다. 노아가 의로운 사람이므로 그의 전 가족은 홍수로부터 구원을 받게 된다(창 7:1). ④ 마지막으로 노아의 언약은 보존의 언약이라고 특징지을 수 있 수 있다. 이런 개념은 홍수의 물에 빠진 후 하나님께서 노아의 감사제단에 응답하시는 데에서 명백해진다(창 8:20~22). 이 법령으로서 하나님은 완성의 때까지 지구를 현재의 세계 질서대로 보존할 것을 약속하신다. 요약하면 노아 언약은 임마누엘 원칙이 충분히 실현될 수 있는 역사적 기초를 제공한다. 하나님은 심판을 가져오셨지만, 또한 구원의 은혜가 행해지도록 보존이라는 뼈대를 마련하셨다.8)

세 번째 언약을 하나님은 아브라함과 맺으신다. 구약 성경에서 하나님의 구원의 상대는 먼저 이스라엘 민족이다.9) 하나님은 족장들을 불러 그와 언약 맺음을 통하여 이스라엘 민족을 택하신다. 더욱 놀라운 사실은 여호와 자신이 족장들 곁에 나타나셨다는 것인데, 후에 신의 현현(顯現)으로 칭하였다(창 18:1). 살아계신 하나님의 현존의 실재는 그의 언약의 말씀과 위로와 지시의 중요성과 신빙성을 뒷받침하였다. 그리고 세 사람의 족장들(아브라함, 이삭, 야곱) 모두가 그들의 삶에서 하나님의 현존을 경험하였다.10) 아브라함과의 언약은 언약의 형식적인 확립을 나타내는 것이다. 이 언약은 구약의 특수한 통치의 시작인데 이것은 아브라함과 그의 후손에게만 국한한다. 그리고 신앙은 뚜렷하게 언약의 필연적인 요구로 나타나며, 할례는 언약의 백성이 되는 증표로 행하여진다. 할례예식에서 상징된 그 실재는 분명히 신약 신자들에게 의미를 준다. 더러움에서 깨끗

---

8) O. Palmer Robertson, *op cit.*, 113~30.
9) 이성호, 「새성서대사전」, (서울: 성지사, 1978), 308~09.
10) Walter C. Kaiser, 「구약성경신학」, 최종진 역 (서울: 생명의말씀사, 1982), 118.

하여지고 언약의 공동체 속으로 합한다는 것은 기독교인들에게 중요한 의미를 준다. ①
옛 언약의 할례와 새 언약의 핵심을 연결시키고 있다. 아브라함은 믿음으로 된 의의
표적으로서 할례를 받았다. 아브라함의 진정한 의는 곧 외부적인 할례의 상징과 연관
된다. 이는 아브라함이 두 가지 조상이 됨을 말하고 있다. 첫째, 아브라함은 할례 받지
않은 믿음을 가진 모든 자(이방 신자)의 조상이다. 둘째, 그는 외부적 할례를 경험했을
뿐 아니라 아브라함의 믿음의 자취를 쫓는 할례 받은 사람들(유대 신자)의 조상이다.
옛 언약의 할례는 인간을 하나님 앞에서 합당한 자로 만드는 것이 아니다. 오직 성령
에 의한 마음의 할례만이 인간을 깨끗하게 하여 하나님 앞에서 합당한 자로 만든다(롬
2:28~29). ② 로마서 4:1에서 할례는 "믿음으로 된 의를 인친 것"(σφραγίς)으로 표현된
다. 바울은 다른 곳에서 신약의 성도들이 성령을 소유하는 것에 대해 같은 말(σφραγίζε
σθαι)을 사용하고 있다(고후 1:22; 엡 1:13, 4:20). 할례와 성령을 소유한 것은 똑같은
용어를 사용한 것은 계약에서 인치는 예식은 새 계약에서 새롭게 인치신 실재에서 성
취된다. ③ 할례의 표적과 성령의 표적 사이는 상호관계는 신구언약의 같은 정화예식
이 서로 연결되는 기반을 제공한다. 옛 언약에서 할례는 새 언약에서의 세례로 대치된
다. 한 언약에서의 정화예식은 다른 언약에서의 정화예식으로 대치되는 것이다.

넷번째 언약은 40년 광야교회에서 하나님은 모세와 시내산에서 맺으셨다. 이 언약은 여
호와의 사랑과 자비와 은혜로 시작되었음을 간과해서는 안 된다.(신 4:37, 7:7~9, 10:15
등) 시내산 언약은 출애굽에서 하나님의 구원의 은혜를 경험했던 사람들에게 순종의 필
요성을 강조하였으며 여호와 하나님은 "자비롭고 은혜롭고 노하기를 더디 하고 인자와
진실이 많으시다(출 34:6)"[11]는 진리를 강조한다. 하나님은 출애굽을 통하여 이스라엘을
국가적으로 형성시킨 후로, 끊임없이 이스라엘을 돌보고 도우시며 인도하셨다. 하나님은
이스라엘에 대하여 구원의 하나님이셨고, 이스라엘은 하나님의 백성이며 구원에 이르는
자였다. 그리고 이스라엘 백성들은 광야에서 천막을 치고 성막 또는 성소를 중심으로
생활하였으며, 시내산에서 받은 제사법을 따라 제물을 통하여 자신의 죄를 속량받는 의
식을 행하였다. 제사법에는 크게 번제, 화목제, 속죄제, 속건제, 소제가 있으며, 안식일
을 거룩히 구별하였고, 삼대 절기로 칠칠절, 초막절, 속죄일을 지켰으며, 율법은 이스라
엘을 하나의 행동 방식으로 이끌어 주었는데, 이러한 방식은 이스라엘이 주변의 이방
문화와는 대조적으로 하나님의 언약 국가라는 구별을 짓게 했다.[12]이처럼 모세 언약을

---

11) *Ibid.*, 156~57.

신학적 배경에서 보면 세 가지 면을 강조할 수 있다. ① 율법 언약은 하나님의 구속 목적의 전체와 유기적 기능적으로 연관되어 있다. 즉 구속역사 전체에 걸쳐 율법이 존재했음을 인식해야 한다. 법은 모세 이전에도, 이후에도 중요했던 것이다. ② 율법 언약은 하나님의 구속 목적에 있어서 전체와 점진적으로 관련된다. 즉 하나님의 뜻이 점진적으로 전개된 하나님의 율법 계시의 특징은 각 시대에 하나님의 진리가 점점 더 명백해졌음을 보여준다. 그리고 새 언약의 법의 특징은 내부적 성격에 있다. ③ 율법 언약은 그리스도 안에서 완성된다. 마태복음 5:17에 의하면 그리스도는 율법을 폐지하기 위해 온 것이 아니라 율법을 완전케 하기 위함이라고 지적하였다. 그가 옴으로서 율법 수여에서 하나님의 모든 목적을 완성하였다. 산상수훈에서 그리스도는 자신을 율법의 수여자로 나타냈다(마5:22). 모세 보다 우월하신 그리스도께서 자신이 새 언약의 율법을 제의하셨다. 모든 면에서 율법 언약은 예수 그리스도 안에서 완성된다.[13]

다섯 번째 언약은 인류를 구속하려는 하나님의 목적으로 하나님과 다윗과 맺은 왕국의 언약이다. 언약의 관점에서 다윗 언약의 수립은 그리스도 자신이 실제로 나타나기 이전의 구속 역사에서 최고의 완성적인 면을 나타낸다. 다윗 왕권은 새 기원을 끌어들였으며, 동시에 그리스도의 메시아적 왕권을 전형적으로 예언한다.[14] 그리고 다윗 언약의 수립에서 "다윗의 아들"과 "하나님의 아들" 사이에 세워진 관계는 메시아가 올 때 완성된다. 그리고 다윗 언약들의 규정들은 두 가지 약속을 중심으로 하고 있다. 한 가지는 다윗의 계열에 관한 것이고, 또 한 가지는 예루살렘 땅에 관한 것이다. 백성을 구원하는 데에서 하나님의 목적은 다윗의 계열과 예루살렘의 왕권, 이 두 가지에 모이게 된다.[15] 그리고 다윗의 나라는 영원하리라는 선포가 여섯 차례에 걸쳐 사무엘하 7:13, 16, 24, 25, 26, 29절에 나타난다. 다윗은 이와 동일한 언약을 사무엘하 23:5절에서 회고하여 그것을 "영원한 언약"[16]이라 하였다. 그리고 시편 89:28~37절에서 또한 이 영원한 언약의 불변성에 대하여 말한다. 그것은 영원하며, 하늘의 날과 같으며, 해와 같고, 궁창의 확실한 증인 달같이 아니할 것이다. 그러나 아직도 조건성에 대한 문제는 남아 있다. 여기서는 무조건적이니 조건적이니 하는 문제는 그다지 중요한 것이 아니다. 이러한

---

12) Samuel J. Schultz, *op. cit.,* 98~108.
13) O. Palmer Robertson, *op. cit.*, 179~94.
14) *Ibid.*, 222.
15) *Ibid.*, 233~40.
16) Walter C. Kaiser, *op. cit*., 212~13.

질문에 대한 충분한 통찰은 구약 성경 자체에 나타난 다윗과 그 후손의 왕권을 검토함으로써 얻어질 수 있다. 그리고 이 질문의 진정한 성경적 통찰이 이루어지려면 이스라엘 왕권과 하나님 왕권의 실제적인 통일성을 인식해야 한다. 앞에서 이미 지적한 것처럼 다윗 계약의 중심이 되는 두 가지 양상은 이스라엘 왕권과 하나님 왕권을 곧바로 연결한다. 다윗 혈통과 예루살렘 지역은 하나님 자신의 주권과 상호 관계한다. 한 사람의 위대한 다윗에 관한 예언적인 계획은 하나님의 언약의 보증 위에서 세워지며, 하나님의 약속의 최종 실현을 기대한다.

이제 우리는 이상의 다섯 개의 언약을 통해서 하나님의 자기 백성을 구속하시는 개념들을 살펴보았다. 구속이란 말은 구약 성경을 통틀어서 구원이라는 일반적인 의미로도 사용되었고, 구원이란 모든 종류의 "악한 운명과 국가적인 불운"(사 52:9), "역병, 사망과 공포, 사자의 입"(시 78:35, 52, 6:4, 5, 22:21), 또는 전쟁(신 20:4)과 악한 자(시 59:2) 환란(렘 30:7, 14:8, 삼하 22:3, 사 43:3, 겔 34:22) 죄(시 51:14, 130:18, 겔 36:29), 그리고 모든 종류의 재난으로부터 놓임 받는 것을 의미한다.

그러므로 구속이란 말은 가족법의 영역에 속하는 것으로써 환란에 빠진 친척을 구원하는 책임 있는 말로써 하나님께 적용되고 있다. 그러므로 하나님은 이스라엘을 구속해 낸 분이라는 의미에서 이스라엘의 구속자이시며, 온 인류의 구속자가 되시는 것이다. 그리고 하나님의 언약의 구조적인 통일성은 아브라함, 모세, 다윗의 언약에서 잘 나타난다. 먼저는 역사 경험에서 언약 수립의 내용이 통일성을 나타낸다. 그리고 언약 아래서의 백성들의 삶의 역사에 통일성이 있다. 그리고 혈통적인 민족적 사역에서 통일성을 찾아 볼 수 있으며, 새 언약을 연합시키는 통일성을 가지고 있다. 즉 이스라엘의 예언자들에 의해 약속된 새 언약은 하나님의 앞선 사역과 무관한, 구별된 언약으로 나타나지 않는다. 오히려 이스라엘에게 약속된 새 언약은 먼저 수립된 언약의 완성을 의미한다. 그리고 간과할 수 없는 것은 아담에서 노아에 이르는 하나님과의 언약 관계이다. 창조 당시 세워진 언약과 하나님의 구속 언약과의 관계가 문제시되기는 한다. 그럼에도 인간은 시대를 통하여 하나님의 형상으로 만들어진 존재로써 창조주에 대한 의무를 가지는 것으로 존재해 왔다. 이처럼 창조자에 대한 피조물의 계속적인 관계를 볼 때 인간에 대한 최초의 하나님의 약속은 계속적인 의미를 갖고 있다고 볼 수 있다.17) 그러므로 성경의 언약적인 구성은 놀라운 통일성을 나타낸다. 따라서 아담부터 그리스도까지 언약적 구속 사역의 통

---

17) O. Palmer Robertson, *op. cit.*, 36~52.

일성은 하나님과 그의 백성과의 관계에 대한 구속사를 나타내 준다.

(2) 신약에 나타난 언약 사상

이제 예언자들이 예언한 새 언약 즉 완성된 언약을 신약 성경에서 고찰해 보고자 한다. 구약 성경과 신약 성경의 계시는 근본적으로 일치되며 서로 구속의 관계로 연결되어 있다. 예수께서는 구약의 진리를 수납하시고 이것을 모든 교훈의 전제로 삼으셨다. 구약의 어떤 진리는 신약에서 성취된 관계가 있음을 보여주며 신약의 어떤 진리는 구약의 어떤 진리를 더 풍부하게 발전시키는 관계를 가지고 있다. 신약의 진리는 구약에 예언된 진리를 선행적(先行的)인 진리에 비하여 생각할 때에 신약에서 성취되거나 혹은 더 풍부하게 하는 관계를 가짐이 분명하다. 구약의 교리적 진리가 신약에 성취된 것은 구속의 대진리를 생각할 때에 더욱 명백하다. 구약의 구속 경험은 언약 관계를 중심으로 하였으며 율법을 순종하는 것도 언약의 관계와 분리할 수 없다. 이 언약의 관계는 사람의 죄와 허물을 전제로 하는 것이며 또한 하나님의 은혜를 표현하는 것이다. 그래서 구약의 신자들은 하나님과 교통함으로 마음의 평화를 가지게 되었다. 그러나 구약의 구속의 경험은 성질상 선행적이며 예상적인 것이다. 장래의 그들 자신이 하나님의 율법을 완전히 지키고 성령으로 인하여 죄를 이길 수 있는 힘을 주실 구주를 바라보았던 것이다.

그러므로 예수 그리스도와 그의 구속은 신약에 있어서 근본적으로 중대한 의의를 가지게 된다. 그리스도의 속죄하심은 그의 인격에만 있는 것이 아니라 그의 죽으심에 더욱 관계된다. 신약 성경에서 구원을 나타내는 단어는 주로 헬라어 동사 σώζω(구원하다)와 명사 σωτηρία(구원)인데 약 150회 이상(동사가 106회, 명사가 45회)쓰였다.[18] σώζω는 육체적인 의미에서의 구원뿐만 아니라 영원한 의미에서의 구원이라는 양면성을 지니고 있다. 그리고 σωτηρία는 육체의 질병(마 9:27, 눅 8:36)과 위험(마 8:25, 14:30), 미혹(눅 19:10), 죄와 분노(롬 5:9)로부터의 구원을 뜻한다. 특히 이 말은 종말론적 의미를 함의하는데, 그 완전한 성취는 그리스도께서 이 세상에 재림하실 때에 비로소 실현될 것이다.(롬 13:11, 고전 5:5, 히 9:28)

이상에서 본 것처럼 신약에서 구원 용어는 매우 다의적으로 사용되었다. 곧 병, 자연의 위험, 귀신의 압박, 죽음 등에서의 해방, 치유, 구조, 구출, 해방을 의미하며 또한 죄

---

18) Gerhart Kittel, et al., 「신약성서 신학사전」, (서울: 요단출판사, 1980), 재인용, 1258~1259.

와 멸망으로부터 영적 구원을 뜻하는 것이다. 신약에서 제시하는 구원은 주로 죄로부터, 그리고 죄인에 대한 하나님의 종말론적인 징벌로부터의 구원에 초점을 맞추었다.[19) 그리고 구약에서의 구속의 경험은 민족이라는 집단을 중심으로 하는 것이었다. 그러나 신약의 구원은 개개인이 현재적으로 경험하는 것이다. 따라서 신약에서의 복음의 선포는 개인의 영혼을 대상으로 하며, 복음을 받아들이면 사회적 민족적 상황과 관계없이 개인적으로 영혼의 구원을 받게 된다. 이런 점에서 역시 역사적이다. 그리고 신약의 성도들은 종말적인 구원을 지향하고 대망한다. 그리고 이 구원의 역사는 구약에서, 신약에서 모두 하나님의 구속적 섭리에 의한 것이다. 그리고 모든 시대에 구원은 오직 메시아, 예수 그리스도를 통해 받게 된다. 즉 구약의 백성들이 오실 메시아를 기다리며 믿음으로 희미한 구원을 받았다면, 오늘날의 성도들은 계시의 빛 아래 이미 오신 그리스도를 믿음으로 구원을 받는다. 그리고 신약의 구원은 하나님께서 예수 그리스도를 통하여 성취하신 업적과 근본적으로 일치한다.

예수께서 강조한 것은 하나님 중심의 생활이다. 산상수훈 역시 하나님 중심의 생활을 강조하신 것이다. 예수 그리스도의 모든 교훈은 하나님 중심의 생활, 하나님의 뜻에 순종하는 사랑으로 충만한 생활이다. 그리고 예수 그리스도의 가르침은 인간의 구속을 바탕으로 하여 전개된다. 예수께서는 인류의 죄를 구속하기 위하여 예언의 말씀의 성취로 이 땅에 오셨고 죄인들에게 회개의 복음을 전파하시고 하늘나라의 축복을 강조하셨다. 그리고 예수께서는 인간의 본질적인 가치를 존중하는 교훈을 하셨다. 이것은 그리스도의 구속 사역이 민족이나 집단이 아니라 개인을 중심으로 한 구속이다. 예수 그리스도의 가르침의 중심 과제는 하나님의 나라였다. 이 하나님의 나라는 현재성과 미래성을 동시에 가지고 있는 것으로 특별한 의미를 강조한다. 즉 하나님의 나라는 구속 사회에서의 하나님의 주권적 통치 영역이다. 구속 사회란 하나님의 통치를 인정하고 그의 뜻에 순종하는 생활을 실현하려고 노력하는 개인들로 구성된 사회를 말한다. 구원 사건 안에 도래하는 통치자는 사랑하는 아버지로써 현재 속으로 들어온다. 예수에게는 모든 윤리적 요청 안에 언제나 하나님 중심이 된다. 예수의 윤리는 구원 시대의 윤리적 혹은 새로운 언약의 윤리로 적절하게 표현할 수 있다. 그러므로 예수의 구속사적인 힘은 예수의 인격 안에 시작되고 그의 완성을 기대하는 하나님의 구원 행동에 대한 신앙적인 승인에 달려 있다.[20)

---

19) 롬 5:9, 살전 1:10 등.

새 언약의 수립은 그리스도께서 저주의 희생 제물로서 자신의 몸을 십자가에서 쪼개신 것이다. 이런 관점에서 복음서에 있는 예수 그리스도의 새 언약 수립에 대한 기록을 자세히 검토하는 것이 좋을 듯하다. 예수께서는 제자들에게 잔을 주면서 "이것은 죄 사함을 얻게 하려고 많은 사람을 위하여 흘리는바 나의 피 곧 언약의 피니라"(마 26:28)고 말한다. 바로 예수께서 피를 흘리는 것은 구약에서의 희생 제물의 언어를 반영하여 언약의 저주가 대속물 위에 얹혀지는 과정을 나타낸다.21) 그리스도는 그의 죽음을 죄 사함을 얻게 하기 위한 것이라고 말한다. 즉 그리스도는 언약의 저주로부터 구원을 마련하기 위해 그의 피를 흘리셨다. 그리고 누가복음서는 그리스도에 의해 세워지는 언약을 '새' 언약이라고 언급함으로써 더 깊은 차원을 나타낸다. "이 잔은 내 피로 세우는 새 언약이니 곧 너희를 위하여 붓는 것이라"(눅 22:20)고 말한다. 그러므로 그리스도 피의 이런 이중적 의미는 구원의 언약이 처음 세워질 때 아담에게 하신 하나님 말씀의 이중적인 역할을 반영한다. 그리고 구약 성경의 상징이 신약 성경에서 성취되는 것을 볼 수 있다. 아브라함과 맺은 상징적 표징이 신약 성경에서 성취된다. 즉 예수 그리스도의 할례의식이다. 영광스러운 새 언약이 시작되면서 옛 언약들이 쓸모없게 되는 것이 아니라, 율법 아래 있는 인간을 구원하기 위해 하나님은 그의 아들을 율법 아래 동정녀 탄생을 하게 하셨다. 예수 그리스도는 성령으로 잉태되어 죄를 몰랐다. 그러나 모든 의를 이루기 위하여 그는 정결하게 하는 규정된 예식을 받았다. 예수 그리스도는 먼저는 할례를 받고 후에는 요한의 세례를 받았다.22) 그리고 그는 천국 복음을 선포했으며 도래할 하나님 나라를 선험적으로 사시며 증언하였다. 그리고 인류의 죄를 속량하기 위하여 오랜 세월 동안 약속된 언약을 성취하시기 위해 십자가에 죽으셨다. 그리고 부활을 통해서 미래에 대한 밝은 희망을 주었다. 바로 새 언약은 우리를 위해 고난을 당하신 예수 그리스도와 더불어 시작된 것이며, 그에 의해서 완성된 것이다. 인류의 시조 아담이 죄로 말미암아 죽음을 가져왔다면 예수 그리스도는 십자가의 대속과 부활을 통하여 영원한 생명을 인류에게 언약의 성취자로써 선물로 주신 것이다.

보른캄은 "예수가 그의 말과 행동에서 이미 일어난 신의 나라의 시작을 선포하는 반면 부활절 이후의 소식에서는 그의 죽음과 부활, 승천에서 세대의 전환과 구원의 개시,

---

20) W. G. Kümmel, 「신약성서신학」, 박창건 옮김, (서울: 성광문화사, 1994, 재판), 55.
21) 70인 역 성경에 이 말이 이스라엘의 희생 제물과 관련되어 사용되고 있다. 레위기 4:12, 17, 18, 29, 30, 34, 8:15, 9:9, 17:4, 13절 참조. 재인용.
22) O. Palmer Robertson, *op. cit.*, 160~62.

신의 도래와 지배가 이미 사건이 되었다"[23)]고 한다. 그러므로 신자의 경험은 그리스도와 연합이라는 개념과 연결되며, 신자가 죽어서 다시 사는 것은 그리스도 안에서 주어진다.

이제까지의 내용을 통하여 성경이 말하는 구원의 개념에 대하여 살펴보았다. 결국 신·구약성경의 구속의 교리는 동일하다는 것을 알 수 있다. 모든 언약적 예언은 예수 그리스도에게서 성취되었으며, 완성된 것이다. 성경에서 구원은 육체, 정신, 생활, 사회, 그리고 영혼 등 인생의 모든 영역에 적용된다. 특히 성경에서 말하는 영적 영역의 구원은 구체적으로 "죄로부터의 구원, 형벌적 사망으로부터의 구원, 영혼의 구원, 장차 하늘나라에 들어가는 것으로서의 구원 등이다. 따라서 성경적 의미의 구원 곧 기독교적 구원이란 죄로 인하여 멸망할 죄인이 하나님의 은혜로 예수 그리스도의 대속의 공로를 통하여 죄의 사함을 받고, 죽은 영혼이 살림을 받고, 사망에서 생명으로 옮기고, 심판과 형벌에서 모면되고, 영생을 얻고, 장차 천국의 영원한 복락을 누리게 되는 것"이라고 정의할 수 있다. 바로 이것이 본질적인 의미에서 구속이며 참 구원이라 할 것이다.

(3) 언약의 백성으로서의 삶

성경은 신앙의 본질적인 구속의 측면과 함께 신자들의 실천적 삶의 문제를 제시하고 있다. 즉 신앙과 현존의 삶이 공존하고 있기 때문에 신앙을 떠난 삶, 삶을 떠난 신앙은 현재라는 현존에서 서로에게 필요충분조건을 충족시켜야 하는 것이다. 우리는 현존의 삶의 현장에서 즉 현재의 시점에서 이미 구원을 선취하셔서 살았던 그리스도 예수와 함께 사는 것이다. 그러므로 우리에게 구원은 이미 성취된 것이며, 우리는 이 구원의 은총 안에서 하나님의 신민으로써 뿐만 아니라 우리의 현존 세계에서 백성으로서의 의무와 책임을 가지게 되는 것이다. 이것이 구원받은 성도들이 나아가야 할 길이며 열매 맺는 생활인 것이다. 따라서 세상 백성으로서 구속받은 성숙한 신앙인의 삶과 천국 시민으로서 구속받은 성숙한 신앙인의 삶은 현존에서의 신앙인의 삶의 자세를 확고히 하는 기초를 제공하고자 한다.

① 세상 백성으로서 성도

지상에서 나그네의 삶을 사는 성도는 지금이라는 현재에 존재하는 인간이다. 그렇기

---

23) Günther Bornkamm, 「바울－그의 생애와 사상」, 허혁 역, (서울: 이대출판부, 1994), 163.

때문에 우리는 현재를 벗어날 수 없으며, 세상의 권력의 주체이며, 우리의 삶의 울타리인 국가를 벗어날 수 없다. 우리는 세상이라고 하는 영역에 속해 있으며, 지역적으로 국가라고 하는 민족의 공동체 속에 존재하며, 작게는 가정이라고 하는 환경 속에 내가 존재하고 있다. 따라서 우리에게는 세상 권세에 대하여, 개인의 삶에 대하여 신자로서뿐만 아니라 국민으로서의 의무와 책임이 있는 것이며, 특별히 신자로서 빛과 소금의 삶을 통하여 이 세상에서 사명을 감당해야 하는 것이다. 그래서 하나님의 나라가 이미 하늘에서 이루어진 것처럼 이 세상에서도 이루어지게 하는 것이 신자로서, 세상에 속한 백성으로서, 구속받은 성숙한 신앙의 삶을 사는 것이다.

우리는 관원들과 우리를 다스리는 권세자들에 대해 어떻게 처신해야 할 것인가? "각 사람은 위에 있는 권세들에게 굴복하라 권세는 하나님께로 나지 않음이 없나니 모든 권세는 다 하나님의 정하신 바라. 그러므로 권세를 거스르는 자는 하나님의 명을 거스름이니 거스르는 자들은 심판을 자취하리라. 관원들은 선한 일에 대하여 두려움이 되지 않고 악한 일에 대하여 되나니 네가 권세를 두려워하지 아니 하려느냐 선을 행하라 그리하면 그에게 칭찬을 받으리라. 그는 하나님의 사자가 되어 네게 선을 이루는 자니라 그러나 네가 악을 행하거든 두려워하라 그가 공연히 칼을 가지지 아니하였으니 곧 하나님의 사자가 되어 악을 행하는 자에게 진노하심을 위하여 보응하시는 자니라. 그러므로 굴복하지 아니할 수 없으니 노를 인하여만 할 것이 아니요 또한 양심으로 인하여 할 것이라. 너희가 공세를 바치는 것도 이를 인함이라 저희가 하나님의 일꾼이 되어 바로 이 일에 항상 힘쓰느니라. 모든 자에게 줄 것을 주되 공세를 받을 자에게 공세를 바치고 국세 받을 자에게 국세를 바치고 두려워할 자를 두려워하며 존경할 자를 존경하라."(롬 13:1~7).

Murray는 말하기를 바울은 합법적인 권위에 대하여 복종할 것을 말한다. 우리가 정부 당국에 순종해야 한다는 의무는 "하나님의 선하시고 기뻐하시고 온전하신 뜻"(롬 12:12)에 속하는 것이기 때문이다. 바울은 로마서 13장 1~7절에서 그리스도인들이 행정관의 손에 의해서 고난을 받거나 또는 행정관에 의해 적절하게 보복당하는 문제 등을 다루고 있는데, 앞에 기록된 본문이 나타난 이유를 이런 것들과 관련해서 인위적으로 찾아보려 해서는 안 된다는 것이다. 로마서 13:1~7절은 신자들의 생애와 증거에 영향을 끼치는 매우 중대한 관계가 있다. 그래서 바울이 이러한 관계를 다루어야 할 이유가 있는 것이다. 바울은 당시 로마교회의 신자들에게 관원의 대권과 백성의 의무에 대해서 교훈할 필요가 있었던 것이다[24]고 하였다.

박윤선 박사는 로마서 13:1~7절은 "정부에 순종할 것을 말하는데, 여기서 우리가 발견하는 원리는 신본주의 윤리이다. 곧 정권 순종의 이유는, 모든 권세는 다 하나님이 정하셨기 때문이다(1절). 물론 정권만이 하나님이 정하신 바는 아니다. 신약 성경에 의하면, 인류 사회에 모든 필요한 제도는, 모두 다 하나님의 제정하신 것이다. 만일 침해한다면, 그것은 하나님이 주신 권위를 침해함이다. 그러므로 여기서 권세에 대한 순종의 요청은 모든 다른 사회생활 분야의 자유를 무시하는 데까지 이르는 것이 아니다. 따라서 이것은 정권이 하나님을 반역하는 일을 명령할 때에도 무조건적으로 순종하라는 의미가 아니다. 그러므로 신자가 하나님의 계명과 위배되는 정부의 시책에 대해서는 개인적으로 순종을 거절할 수 있다. 그러나 정치 문제에 있어서는 신자가 개인적으로 폭군이나 정권을 반역해서는 안 된다."[25] 그러나 Calvin은 "다만 공무원이나 혹은 부속 관원들이 폭군이나 혹은 기타 집권자의 방종을 막으려고 합법적으로 운동할 때에, 기독 신자도 가담할 수는 있다"[26] 그리고 "우리 국가를 폭군에게서 건져내는 것처럼 아름다운 일은 없다"[27]고 한다. 그리고 그는 "정치권력이 하나님 앞에서 신성하고 정당할 뿐만 아니라 유한한 인생에게 있어서 모든 면 중 가장 존중할 만한 것임을 아무도 의심할 수 없다고 했다. 그러므로 통치자들은 하나님의 섭리와 보호와 은혜와 인애와 공의의 어떤 형상을 자신에게 재현(再現)해야 한다. 그리고 국민은 집권자들을 하나님의 사자로 알고 저들의 권세를 존중히 여기며 정부가 합법적으로 하는 일에 대하여 정부가 국무를 정당하게 집행하는 데 있어서 국민이 반드시 순종해야 하며 정부를 위하여 봉사해야 한다"[28]고 하였다.

이상근 박사는 사회생활의 첫째 문제는 역시 국가적 권세에 대한 의무이다. 먼저 원리적으로 권세에 복종할 것을 권하고 그 이유로서 권세가 하나님의 정하신 바인 것과 하나님의 인간 지배의 사자로서 상선벌악하는 것을 든다. 그리고 구체적으로 국가에 대한 각종의 의무를 열거하며 권장하고 있다. 같은 사실은 웨스트민스터 신경에도 계승되었고 그것은 모두 '가이사의 것은 가이사에게'(마 22:21) 하신 그리스도의 교훈에 입각

---

24) John Murray, *op. cit.*, 261.
25) 박윤선, *op. cit.*, 357~58.
26) Calvin, Institutes. Ⅳ, 20:31.
27) Calvin, Institutes. Ⅱ, 10:6.
28) *Ibid.*, Institutes Ⅳ, 20:4.

한 것이다. 그리스도인의 국가에 대한 태도는 흔히 좌우에 치우쳐 성경의 근본정신을 그릇 반영하였다. 바울 당시에도 헤롯당 같은 것이 있어 권세에 아부하며 타락한 것은 그 한 가지였고, 정면 항거했던 열심당, 소극적으로 도피했던 옛 세네파 등은 다른 한 경향이다. 이런 태도에는 참된 그리스도교의 윤리는 있지 않다.29)

Matthew Henry는 우리 머리 위에 권세를 가지고 있는 자들을 가리켜 '위에 있는 권세들'이라고 부르는 것은 왕과 그 밑에 따르는 모든 권력자들의 권위와 위엄을 두고 하는 말이다. 공의로운 권세는 복종하고 순종해야 한다. 그리고 임무 부과의 이유는 기독교 신앙이 이 세상에서 사회 안녕과 질서, 정부에 원수요, 가이사의 원수요, 공적 권세에 대해 달리 생각을 품기 쉬운 유혹 때문이다. 따라서 바울은 이러한 증상을 제거하기 위해서 공적 권세에 순종하는 것이 그리스도의 율법의 하나라고 지적하고 있다. 그리고 임무 실천의 이유로, 당시 그리스도인들은 그들의 신앙 때문에 권세자들의 칼을 받기가 쉬웠는데 그들의 반역으로 이걸 더 악화할 필요가 없었다. 그리고 우리는 양심을 위해서 복종해야 한다. 이것이 일반 공공 임무를 하나님께서 기쁘게 받아들이는 이유이다.30) 이제 우리의 신앙의 양심으로 하여금 세상의 권세에 복종케 하는 의무와 책임을 위한 몇 가지의 이론을 전개하면 다음과 같다(롬 13:1~6).

첫째로, 권력의 제도적 측면에서 "권세는 하나님께로 나지 않음이 없나니"(롬 13:1), '권세'라는 말은 보다 문법적인 번역으로서, 이에 관련된 사람들에게 속하는 통치권을 가리키며 또 백성들 편에서 요청되는 순종을 가리킨다. 바울이 편지를 쓴 당시에는 정부의 통치권은 로마 정부에 의해 행사되고 있었으므로 따라서 여기서는 정부의 집행자를 직접 가리키고 있는 것이다.31)그러나 제기되는 문제는 '권세'가 인간 정권자 배후에 있는 불가시적 천사의 능력을 가리키고 있느냐는 것이다. Oscar Cullmann은 이 경우에서 권세라는 말은 이중적인 언급, 즉 천사적 능력과 인간적 집행자 양자를 가리키는 것이라고 강력하게 주장했다.32)그리고 이상근 박사는 "권세는 하나님께로 나지 않음이 없나니", 이 어조는 현 정권을 부정하려는 경망한 태도에 대한 경계조가 보인다. 권세가 하나님의 정하신 바라는 것은 성경에 일관된 사상이다. 그러므로 주권자를 위해 기도하는 것은 신자의 가장 신성한 의무로 생각되었던 것이다.33) 또한 박윤선 박사는 "권세는

---

29) 이상근, *op. cit.*, 287~88.
30) Matthew Henry, op. cit., 333~36.
31) John Murray, *op. cit.*, 261~62.
32) O. Cullmann, 「Christ and Time」, (E.T. Philadelphia, 1950), 195. 재인용.

하나님께로 나지 않음이 없나니", 이것을 구약의 인용절 단 2:21, 4:25, 사 10:5~6절 등을 보면, 모든 정권은 하나님께서 보내신 것이 확실하다고 주석한다.34) 그리고 우치무라 칸조우는 로마서 13장1절은 이 세상의 정치적 권능에 복종하라는 권면이다. 그 이유는 이 세상의 정치적 권능이라 해도 모두 하나님께서 세우신 것이기 때문이다. 바울은 하나님께만 복종하고 세상 권세에는 복종하지 않아도 된다고 하는 자들을 경계하기 위한 권면이다. 그리고 이 권능에 복종은 질서이며 평화이다. 따라서 이 국권 복종의 근저에 놓여 있는 것은 그리스도적 사랑의 대정신이다. 바울의 로마 정부에 대한 태도는 복종을 권한 것이다. 이것은 그의 박애의 정신에서 나온 것이다. 제국도 하나님의 섭리 중에 나타나는 것이다.35)

둘째로, 권력의 의도적인 측면에서. "관원들은 선한 일에 대하여 두려움이 되지 않고 악한 일에 대하여 되나니"(롬 13:3) 이 말씀은 복종의 대상이 되는 정권의 성격을 밝혀 준다. 우리가 복종할 만한 정권은 그 원칙에 있어서 악을 방지하고 선을 장려하기 위하여 보복을 정당하게 실시하는 정권이다.36) 그리고 권력은 악한 행위와 악인들에게 무서운 존재이며, 선을 행하는 자들에게는 칭찬이다.37) 여기서 집중되고 있는 사상은 악행에 대한 형벌이며, 정부 관원들의 행위이며, 우리가 국가의 구성원으로 봉사에 의해 취할 수 있는 선에 대한 중대한 정의를 마련해 준다. 즉 국가 관원이 촉진하고 있는 선은 경건의 유익에 도움이 된다.38) 따라서 우리는 양심을 위해서 거기에 복종해야 한다.

셋째로, 우리는 이런 것으로부터 얻는 유익의 측면에서. "그는 하나님의 사자가 되어 네게 선을 이루는 자니라"(롬 13:6) 우리는 정부의 혜택을 받고, 보호를 받는다. 그러므로 우리가 정부에 충성을 하고 복종하는 것은 우리의 의무이며 책임인 것이다. 우리가 공세를 바치는 것도 이것 때문이다.(6절) 곧 양심에 따라 복종과 감사의 표로 바치는 것이다. 우리가 공세를 바치는 것은 마치 축복과 혜택을 돌려받을 것을 알고 빌려 주는 것과 같은 것이다. 그러므로 그리스도인들은 이것을 배워서 실천해야 한다.

박윤선 박사는 "국가의 명령이 하나님을 모독하는 것이 아닌 한, 신자들은 그것을 하

---

33) 이상근, op. cit., 289.
34) 박윤선, op. cit., 360.
35) 우치무라 칸조우, *op. cit.*, 298~305.
36) 박윤선, *op. cit.*, 361.
37) Matthew Henry, *op. cit.*, 338~39.
38) John Murray, *op. cit.*, 266~69.

나님의 내신 제도인 줄 알고 관원의 감시가 있든지 없든지 성의 있게 복종해야 한다. 그리고 공세는 인구세로, 국민으로서 나라의 유지를 위해 세금을 잘 바쳐야 한다.”39) 그리고 권세에 복종하는 구체적인 길은 공세를 바치는 것이다. 즉 국가에 대한 양심적 순종의 증거로 납세의 의무와 책임을 충실히 수행하는 것이기 대문이다(롬 13:7). 따라서 그리스도인들은 세상에 속한 현존을 경시하지 말고 세상의 권세와 정치를 무용한 것으로 생각하지 말아야 한다. 그리스도인들은 공의와 평화를 보증하는 자로서, 확립된 정부를 존중하고, 성실로써 사랑하며 복종해야 한다. 이 복종은 하나님께 복종하는 마음의 자세로 복종하는 것을 의미하는 것이다. 만약 국가의 권력이 부패한다면 인내하며, 모든 사람을 위해 기도하며, 중보하고, 감사함으로 복종해야 한다.

바울은 로마서 12장 9절~21절에서 모든 신자들이 준수해야 하는 공통적인 의무와 책임에 대해서 말하고 있다. 즉 개인이 실천해야 할 사랑(우애, 열심, 소망, 인내, 기도, 자선, 관용, 미덕)을 중심으로 개인의 삶에 대한 의무와 책임을 살펴보려고 한다.(롬 12:9) 이것은 도덕에 있어서 요긴한 것이다. 사랑만 있다면 그것은 계명 전부를 지킴과 같은 것이다.(롬 13:8~10) 그러나 이 세상에서 제일 결핍된 것은 참된 사랑이다. 사람들은 제각기 남을 사랑한다고 하지만, 실상은 남을 사랑한다는 명목으로 자기 자신을 사랑하는 것이다. 이러한 사랑은 참사랑이 아닌 거짓 사랑이다. 세상을 향한 신자로서의 가장 중요한 의무가 있다면 논자는 서슴지 않고 거짓이 없는 사랑을 실천하는 것이라 말할 것이다. “사랑엔 거짓이 없나니”(12:9절) 같은 교훈이 고린도 후서 6장 6절에는 “거짓이 없는 사랑”이라고 기록하고 있다. 사랑은 그리스도교 전체의 윤리를 표시하는 낱말이다. 일역 성경에는 “사랑은 거짓이 없도록 하라. 악은 미워하고, 선은 가까이 하며, 형제의 사랑으로서 서로 사랑하고, 예의로써 서로 양보하라”(롬 12:9~10)고 되어 있다.40) 그리고 사랑은 전적인 사랑이다. 가면적 또는 얕은 사랑은 악을 증오할 줄을 모른다. 그리스도의 사랑은 깊고 참된 사랑이다. 하나님께 대하여 진리에 대하여 열애를 품고, 또 사람에 대하여서도 깊은 사랑을 가졌던 것이다. 참된 사랑은 악을 미워하고 선을 강하게 사랑하는 것이다.41) 그리고 사랑은 하나님과의 관계를 표시하는 ‘믿음’과 대응된다. 그리고 이 사랑 “ἀγάπη”는 그대로 믿음의 이면을 말한다. 아가페는 부단히 하나님께로

---

39) 박윤선, *op. cit.*, 361.
40) 우치무라 칸조우, *op. cit.*, 236.
41) *Ibid.*, 237~38.

부터 받고 사람에게 주기 때문이다. 이와 대조되는 사랑 "ἔρως"는 인간적인 것으로 이웃 관계로서 하나님을 알지 못한다.42) 서로에 대한 우리의 모든 의무는 달콤한 한 마디 곧 사랑이라는 말로 요약된다. 그러므로 바울은 이 말을 제일 먼저 언급한다. "사랑에 거짓이 없나니" 진정한 사랑은 거짓이 있을 수 없다. 이 말은 아첨이나 겉치레가 아니라 실제로 사랑하라는 말이다. 사랑에는 "벗들에게 베풀어야 할 사랑과 원수들에게 베풀어야 할 사랑"43)이 있다.

첫째로, 우리의 벗들에 대하여. 그리스도인들에게는 서로가 빚지고 있고 갚아야 하는 상호간의 사랑이 있다. 정다운 사랑은 "형제애를 가지고 서로 사랑하라(새 번역), 육친의 사랑으로 서로 다정하게 대하며"(표준새번역, 롬 12:10), 이것은 부모의 자식에 대한 사랑과 같은 것이니 더 없이 부드럽고 더 없이 자연스런 사랑이다. 이러한 사랑은 우리로 하여금 더없이 겸손하고 공손하게 말과 행동으로 우리 자신을 나타내게 한다.44) 그리고 존경하는 사랑은 "존경하기를 서로 먼저 하며"(롬 12:10) 이것은 "각각 자기보다 남을 낫게 여기라"(빌 2:3)는 말씀으로 설명될 수 있다. 우리는 사람을 대할 때에, 그의 재능이나 소유물에 의하여 그를 잘못 평가한다. 사람의 가치는 그의 재능이나 그의 소유물에 있는 것이 아니고 그의 영혼에 있다. 한 영혼은 천하보다 귀한 존재이다. 그리스도께서 그 한 사람의 영혼을 위하여 피 흘려주신 것이다.45) 사랑은 무례히 행치 아니한다.(고전 13:5). 예의를 겸전한 사랑만이 오래도록 지속하며 결실하게 되는 것이다. 이러한 사람은 "부지런하여 게으르지 말고 열심을 품고 주를 섬기라"(롬 12:11)는 의미이다. 그리고 소망 중에 즐거워하며, 환란 중에 참으며, 기도에 항상 힘쓰는 생활을 하도록 한다.(롬 12:12) 그리고 풍성한 사랑으로 "성도들의 쓸 것을 공급하며 손 대접하기를 힘쓰라"(롬 12:13)고 말한다. 여기에 사랑의 구체적인 실천 방법이 두 가지 제시되어 있다. 교회 내부의 어려운 교우를 돕는 일과 지나가는 나그네의 대접이다. 유무상통은 초대 교회의 미덕이다.(행 2:44) 시대와 생활 방식의 변천에 따라 그 방법은 변할지라도 그 사실만은 지속되어야 한다. 특히 '공급하며(κοινωνέω)'는 'κοινωνία를 한다'는 뜻이다.46) 그러므로 가진 자들은 필요로 하는 자들에게 '공급'할 의무가 있는 것이다. 바울은 빌립보 사람들

---

42) 이상근, *op. cit.*, 281.
43) Matthew Henry의 '신약주석' 참고.
44) Matthew Henry, *op. cit.*, 320.
45) 박윤선, *op. cit.*, 321~22.
46) 이상근, *op. cit.*, 283.

이 자신에게 베푼 사랑을 그는 자신의 고통에의 동참이라고 부르고 있다. 따라서 우리는 능력과 기회가 주어지는 대로 궁핍한 자들을 도와주고, 짐을 덜어 주어야 할 뿐만 아니라 그런 사람들과 동거 동락할 의무가 우리에게 있는 것이다. 그리고 동조적인 사랑, 연합된 사랑 또는 통일된 사랑, 공손 또는 겸손한 사랑, 모든 사람으로 더불어 평화롭게 사는 사랑이다.

둘째로, 우리의 원수에 대한 사랑을 보면, "아무에게도 악으로 악을 갚지 말고" "내 사랑하는 자들아 너희가 친히 원수를 갚지 말라." "네 원수가 주리거든 먹이고 목마르거든 마시우라 그리 함으로 네가 숯불을 그 머리에 쌓아 놓으라." 결론적으로 "악에게 지지 말고 선으로 악을 이기라"(롬 12:21) 이는 우리가 선한 것에 대한 선택과 진지한 애착 그리고 그 안에서의 부단한 인내를 표시한다.47) 그리고 우리가 감정을 이길 때에, 원수의 악독이 역시 감소되고, 그 원수는 점차로 친구로 변화될 수가 있는 것이다.

② 천국 시민으로서 성도

현존의 삶 속에서 미래의 천국 시민으로서의 선취된 실존의 삶의 모형으로써 교회 중심의 의무와 책임, 하나님 나라의 복음 선포, 성령의 열매 등에 대하여 천국 시민으로서의 기본자세에 대하여 논하려고 한다. 그리스도인들은 누구나 예수 그리스도를 믿는 믿음 안에서 신앙 공동체에 속하여 신앙의 성장을 위하여 노력을 한다. 그리고 가시적인 교회 또는 불가시적인 교회를 중심으로 하나님을 경배하며 봉사와 교육과 연보로 신자의 교회에 대한 의무와 책임을 수행한다.

첫째로, 진정한 의미에서 예배는 하나님께 대한 신자들의 의무이다. "그러므로 형제들아 내가 하나님의 모든 자비하심으로 너희를 권하노니 너희 몸을 하나님이 기뻐하시는 거룩한 산제사로 드리라 이는 너희의 드릴 영적 예배니라."(롬 12:1) 우리는 먼저 우리 자신을 하나님께 드려야 한다. 이것이 여기서는 우리의 신앙의 모든 의무와 순종의 원천으로 강조되고 있다. 우리는 우리의 몸을 하나님께 드려야 한다.(롬 12:1) 이 몸은 희랍어 σῶμα인데, 이 몸은 인간의 생리적 신체를 의미한다. 그리고 여기서 영혼 없는 몸을 의미하지는 않는다. 이 말이 여기서 가르치는 것은 신자들이 이상으로만 하나님 봉사를 꿈꾸지 말고, 몸으로 거룩되어 구체적 생활을 가져야 된다는 것이다. 그리고 이 몸은, 과거에는 더러움의 기계가 되었으나(롬 1:24), 이제는 성결의 생활을 위한 기능을

---

47) Matthew Henry, 「신약주석」, *op. cit.*, 1095.

한다. 이제 이 몸은 그리스도의 지체이며, 성령의 전으로서, 거룩한 제물이 될 수 있는 것이다. 하나님이 기뻐하시는 제사는 "거룩한 산 제사"인 것이다. '산 제사'는 구약의 죽은 제물, 즉 레위기의 규례를 따라 제단에 죽여 바친 제물의 상대되는 것이다. 신자의 생애가 그대로 하나님께 제사가 되리라는 뜻이다.[48] 그리스도인은 자신의 몸을 하나님께 제물로 드린다. 진심으로 하나님께 바쳐진 몸이 곧 산 제물이다. 그리고 몸을 산 제물로 만드시는 분은 믿음으로 말미암아 우리 영혼 속에 살아계시는 그리스도이시다 (갈 2:20). 거룩한 사랑이 제물을 불태우며 의무에 활기를 불어 넣어 준다. 살아 있다는 것은 곧 하나님께 대하여 살아 있다는 말이다.[49](롬 5:11절) 그리고 제물은 하나님께 드려진 것이기에 상대적인 거룩이다. 그러나 우리 마음과 생활이 강직하며 마음과 몸이 하나님의 성품과 뜻에 일치하는 데서 찾을 수 있는 그러한 진정한 거룩이 뒤따라야 하는 것이다. 참으로 성전의 그릇들이 하나님께 바쳐져 거룩하듯이 하나님께 구별되어야 한다. 거룩의 주체는 영혼이다. 그러나 성화된 영혼은 몸에 거룩을 가져다준다. 몸의 행동이 거룩하면 그 몸도 거룩한 것이다. 이 몸은 "성령의 전"(고전 6:19)이니 만큼 "몸을 성결하게 간직해야 한다"(살전 4:4, 5).[50] 우치무라 칸조우는 이것을 "하나님의 뜻에 합한 산 제물"이라고 한다. 그리고 하나님이 기뻐하시는 희생 제물은 하나님이 거룩하시니 거룩하지 않으면 안 된다. 그리고 희생 제물은 산 것이라야 한다. 이 점에서 신약의 희생 제물은 구약의 그것과 다르다. 구약에 있어서는 소나, 양이나, 염소는 잡아 화제로서 여호와 앞에 드려졌으나 신약에 있어서는, 신자는 그 몸을 산채로, 예수 그리스도의 아버지이신 하나님께 드리는 것이다.[51] 즉 신자는 살아서 선행의 선한 열매를 맺는 희생 제물로서 하나님께 드리는 것이며, 거룩하신 하나님의 거룩한 그릇으로 쓰이기 위한 희생 제물인 것이다. 성화된 몸과 영혼은 하나님의 뜻을 따르는 것이다.

John Murray는 바울은 '몸'이란 말을 온 인격을 대표하는 데에 쓰고 있다고 지적하면서, 산 제사로 바쳐야 할 것은 죄의 몸이나 범죄한 몸은 아니다. 로마서 6:13절은 이것의 부록으로 "또한 너희 지체를 불의의 병기로 죄에게 드리지 말고 오직 너희 자신을 죽은 자 가운데서 다시 산 자같이 하나님께 드리며 너희 지체를 의의 병기로 하나님께 드려라." 신자가 드려야 하는 것은 죽음에서 살아난 몸이다. 그리스도의 속죄로 말미암

---

48) 이상근, *op. cit.*, 276.
49) Matthew Henry, 「신약주석」, *op. cit.*, 1088.
50) *Ibid.*, 「로마서」, *op. cit.*, 304.
51) 우치무라 칸조우, *op. cit.*, 199~200.

아 죄의 몸이 멸했기 때문에 죽음에서 살아난 몸이다. 그러므로 우리가 드려야 할 몸은 그리스도의 한 지체며 성령의 전이다(고전 6:15, 19).52)그리고 예배는 영적인 것이다. 이 예배는 이성의 행동이 요구된다. 몸을 바치는 것은 영혼이기 때문이다. 너희의 영적 예배란 말씀은 희랍어 τὴν λογικὴν λατρείαν인데,53) 이것은 '말씀에 입각한 너희의 예배'라고 읽을 수도 있다. 말씀에 입각한 예배라야만 하나님께서 기쁘시게 받으실 만한 예배인 것이다. 이것이 복음적인 예배요 영적인 예배인 것이다.54) 하나님은 이성적인 피조물로서의 우리를 상대하고 계신 만큼 우리 또한 그런 신분에서 하나님과 대면하기를 원하시는 것이다. 바울은 이 말을 다른 곳에서는 결코 사용하지 아니했고, 여기서만 이 분명한 용어를 쓰는 데에는 어떤 이유가 분명히 있다. 여기서 말한 예배는 경배적 예배이다. 바울은 그것을 합리적이라고 특징짓는다. 그 이유는 그것이 우리의 정신과 지성을 열거하고 사실로 보아 하나님께 합당한 성질을 이끌어 오고 있는 예배이기 때문이다. 이 예배는 기계적이고 자동적인 것과는 대조적인 합리적인 예배이다.55) 이처럼 우리의 몸과 영혼이 하나님께 드려져야 한다. 이것이 천국 시민으로서 하나님께 대한 신자들의 의무이며 동시에 책임인 것이다. 우리는 언제나 하나님이 부르시면 하나님의 백성으로서 응답하며 그 응답에 책임을 지는 존재이다.

둘째로, 우리는 하나님께 자신을 드린 후에 그분을 섬겨야 한다. 우리는 "오직 각 사람에게 하나님께서 나눠 주신 믿음의 분량대로"(롬 12:3), "우리에게 주신 은혜대로"(롬 12:6~8), 하나님을 섬기며 봉사해야 한다. 그런즉 우리는 이제 마음속에 생각하고 있는 재능, 은혜, 직분, 믿음에 관한 다양성을 인식해야 한다. 이러한 다양성은 그리스도의 교회 안에서 성화에 관련된 지침(指針)을 보게 된다. 바울은 자신의 사도직임에서 그에게 수여된 특별한 은혜를 언급하고 있다(롬 1:5, 15:15, 16, 고전 3:10, 15:9, 10, 갈 2:9). 바울은 적절하게 이 은혜를 활용했다. 그리스도의 몸의 통일성 안에서 다양성을 인식하게 하며, 질서와 조화 유지 및 맡은 바 직분을 행해 내는 지침을 내릴 수 있었던 것은 그것이 하나의 과정이었기 때문이다.56) 그리고 그리스도의 교회 안에는 많은 지체가 존재한다. 인간의 몸은 지체 자체의 특수한 기능을 지닌 많은 지체를 소유하고 있다. "이

---

52) John Murray, 「로마서」, *op. cit.*, 219~20.
53) The Greek New Testament., 563.
54) Matthew Henry, 「로마서」, *op. cit.*, 306.
55) John Murray, *op. cit.*, 220~21.
56) *Ibid.*, 225~28.

와 같이 우리 많은 사람이 그리스도 안에서 한몸이 되어 서로 지체가 되었느니라"(롬 12:5). 그리스도 안에서의 한 몸으로서의 교회에 대한 개념이 나타난다. 다시 말하면 지체는 많으나 그 지체들이 동일한 기능을 이행해 내는 것은 아니라는 사실을 신자의 공동체 속에 투입하려는 것이다. 지배적인 사상은, 곧 피차 의존의 조화 속에서 믿음의 분량에 따라 역사되고 있는 은사와, 직분의 다양성이 표현양식을 결정하는 것이다. 그들은 하나님께서 자신의 뜻에 따라 분배해 주셨던 성령의 모든 은사들에 참여하고 있기 때문이다.57) 이것은 봉사로 나타난다.

따라서 그들은 피차간의 은사 및 은혜를 공유하고, 다양성은 각 지체들을 부요하게 한다. 초대 교회의 공동체는 철저하게 분배가 이루어진 공동체이다. 그리고 신도들은 자신이 받은 은사에 따라서 교회를 중심으로 봉사하는 생활을 통해서 자신들을 하나님이 기뻐하시는 뜻에 헌신적으로 참여하였다. 그러므로 시대와 환경은 다르다 할지라도 현재를 살고 있는 신자도 자신이 받은 은사와 믿음의 분량대로 천국 시민으로서 하나님의 교회를 중심으로 봉사해야 할 의무와 책임이 자율적으로 주어지는 것이다. 여기서 조심해야 할 문제는 믿음의 분량이다. 어떤 이는 5달란트, 혹은 2달란트, 혹은 1달란트의 분량이다. 교회생활에서 빠지기 쉬운 과오는 자기의 받은 은사를 과대시하고 남의 것은 무시하는 데서 일어나는 신앙적 교만이다. 여기에서 교회의 분규와 혼란이 있는 것이다.58) 그러므로 "마땅히 생각할 그 이상을 품지 말고─우리에게 주신 은혜대로 받은 은사"(롬 12:3, 6)를 가지고, 각자가 자기의 본분을 지키는 겸손의 미덕이 필요하다. Augustine은 "그리스도인의 생활의 첫째 중요한 것은 겸손이요, 둘째 중요한 것도 겸손이요, 셋째 중요한 것도 겸손이다"고 했다. 진정한 아름다운 봉사는 자기를 나타내지 않는 겸손에 있다.

셋째로, 바울은 그의 서신에서 오직 한 번 교육에 대해서 언급하고 있다. 그것은 디모데 후서 3장16절에 "모든 성경은 하나님의 감동으로 된 것으로 교훈과 책망과 바르게 함과 의로 교육하기에 유익하니." 신자들의 교육을 위한 텍스트를 바울은 성경에 기초하고 있다. 현대 사회는 교육의 홍수 시대라 할 수 있을 정도로 각종 교육이 다양성을 띠고 이루어지고 있다. 뿐만 아니라 신학 교육에 있어서도 다양하게 폭넓은 교육이 이루어지고 있다. 그리고 교회에서도 각종 교육 프로그램을 통하여 교육하는 행위가 이

---

57) *Ibid.*, 229~30.
58) 이상근, *op. cit.*, 278.

루어지고 있다. 그런데 문제는 이처럼 다양성을 띤 교육이 학교에서 교회에서 가정에서 사회에서 이루어지고 있지만 우리의 신앙생활에 새로운 변화를 주지 못하는 것이 심각한 문제이다. 그리고 현대인들은 교훈, 책망, 바르게 함 등을 말하면 잘 받아들이지 못하는 것이 특징이다. 오직 자기와 직접 관련이 없으면 접하려 하지 않는 것이다. 그렇기 때문에 천국 시민으로서 하나님의 백성 된 신자는 하나님의 말씀을 텍스트로 하여 신앙의 질적인 성장과 하나님의 자녀로서의 자질을 갖추기 위하여 자신에게 부여된 교육을 받을 권리로서의 의무와 책임이 있는 것이다. 우리는 알고 있는 것만큼 믿을 수 있음을 간과해서는 안 될 것이다. 성화의 성숙은 교육적인 과정을 통해서 완성되어 가는 것이다. 교육은 우리의 신앙을 윤택하게 하며 하나님의 구속받은 자녀로서 하나님의 목표에 도달하게 하는 지름길이다. 이러한 차원에서 교회에서 이루어지는 신앙의 기초 교육은 매우 바람직하며, 신자들은 더 나은 교육을 받을 권리를 포기해서는 안 된다.

넷째로, 바울은 연보에 대하여 고린도 전서에 2회, 후서에 5회 언급하고 있다. 바울은 성도를 위한 연보에 대하여 언급한다.(고후 16:1) 바울은 유대에 있는 교인들의 고난과 빈곤을 도울 특별한 연보를 걷도록 권하고 있는 것이다. 바울은 이 권면을 하면서 신중하게 갈라디아 교회를 언급한다. 이것은 교회 간의 경쟁을 피하면서 그들이 자유롭게 연보하도록 하기 위함이다. 그리고 연보하는 방법은 모든 각 사람이 얻은 대로 저축하여 두는 것이다. 우리가 소유하고 있는 모든 것은 하나님께서 내려 주신 축복의 결과이다. 따라서 연보금은 하나님께서 축복하신 대로 하면 된다. 그리고 연보를 하는 때는 매주일 첫날에 즉 주의 날에 한다. 이 날은 거룩한 안식일이다. 이 날의 모든 일은 자비의 실천에 집중된다. 자비의 일은 하나님께 대한 참사랑의 열매이다. 바울은 그가 갈 때까지 모든 것이 준비되기를 원했다. 이처럼 준비된 연보는 고난당하는 형제에게 사랑을 더 잘 전할 수 있는 방법이다.59) 그리고 바울은 가난한 사람들을 위해 연보에 동참할 것을 권면한다. 바울은 고린도 성도들이 마게도냐 교회들의 관대함을 알게 한다. 마게도냐 사람들은 그들이 곤궁한 처지에 있으면서도 사랑으로 구제하는 데 동참을 하였다. 그리고 그들은 자원하는 마음으로 넘치게 연보를 하였다(고후 8:3). 마게도냐 교회의 신자들은 하나님의 영광을 위하여 연보를 드렸다. 이 교훈을 들은 고린도 교회의 신자들은 거액의 연보를 가난한 사람을 위하여 드렸다(고후 8:20). 그리고 바울은 약속한 연보를 미리 준비하도록 권면하는 것이 필요한 줄로 알고 미리 준비케 한다(고후). 이것

---

59) Matthew Henry, 「신약주석」, *op. cit.*, 1159.

은 연보가 억지가 아니라 참 연보답게 하기 위함이다. 그리고 모든 일에 부요하여 너그럽게 연보를 함은 저희로 우리를 인하여 하나님께 감사하게 하는 것이기 때문이다(고후 9:5). 그리고 복종하는 것과 저희와 모든 사람을 섬기는 너희의 후한 연보는 하나님께 영광을 돌리는(고후 9:13)것이라고 바울은 말하고 있다.

넷째로, 성령은 삼위일체 하나님의 제3위가 되신다. 또한 성령은 인격자로서 지적인 요소와 정적인 요소 그리고 의지적인 요소를 포함하고 있다. 그리고 성령은 유일한 영이시다. 성령은 구원의 역사를 완성하시기 위해서 언제나 우리와 함께 계시며, 우리의 의지적 행동과 정신적 활동을 하나님의 뜻에 합당하도록 이끌어 주는 역할을 하신다. 그리고 구원받은 천국 시민으로서 열매 맺는 삶을 살도록 우리를 격려해 주시고 인도해 주신다. 참신앙은 열매로 그 나무를 알 수 있듯이 성령 안에서의 삶을 통하여 신령한 열매 및 윤리적 열매를 보아 가늠하여 볼 수 있는 것이다. 그러므로 논자는 무엇보다 성령에 대한 인식이 필요하다고 생각한다. 성령에 대한 올바른 이해가 없이 성령의 열매를 생각할 수 없기 때문이다.

① 성령의 인격성을 부인한 이단자 Arius는 그리스도의 인격과 성령의 인격에 관한 성경적 교훈에 대하여 성령은 단지 피조된 세계에 나타난 "하나님이 사용하시는 에네르기"에 불과한 것이라고 말하면서 그리스도의 영원성과 성령의 인격성을 부정했다. 그러나 성령의 교리와 변천은 실로 여러 세기 동안 계속되었지만 복음주의 정통 기독교 신앙의 주류는 성경에 나타난 계시에 따라 성령은 한 인격자이심을 주장한다. 즉 성령의 속성이 그의 인격성을 증거하며, 성령의 사역이 그의 인격성을 증거한다. 또한 인칭 대명사의 사용이 그의 인격성을 증거한다.60) 이처럼 성령은 인격자이신 것이다. 그렇기 때문에 성령은 우리와 함께 하시며 우리로 하여금 바르게 행동하게 하며, 성령의 의지에 따라 하나님의 기뻐하시는 성숙한 천국 시민으로 살게 하시는 것이다.

② 성령의 신성에 대해 정통적인 기독교는 성령의 신성과 인격성을 함께 긍정하여 왔다. 핫지는 "제4세기 이래 성령의 참된 신성은 그의 인격성을 받아들이는 사람들에 의해 부정된 일이 결코 없었다"61)고 말했다. Cummings는 "구약에 성령에 관한 언급이 86회, 신약에 261절수 중에서 복음서에 56구절, 사도행전에 57구절, 바울서신에 103구절, 그 밖에 다른 곳에 36구절에, 성령에 대한 기록을 포함하고 있다"62)고 말했다. 이처

---

60) J. F. Walvoord, 「성령」, 이동원 역, (서울: 생명의 말씀사, 1981), 27~30.
61) *Ibid.*, 31.

럼 거룩한 성경에는 성령의 신성의 증거가 넘치도록 풍성하다.

③ 성령의 속성에 대한 성경적 계시는 완전한 신성을 소유하고 계시다는 오류 없는 결론으로 인도한다. 바울에 의하면 성령은 생명을 소유하고 계신 것으로 계시되어 있다(롬 8:2). 또한 인격의 속성에 대한 증거는 이미 열거한 바 있다. 성령은 무소부재하시며(시 139:7), 전지하시며(고전 2:10~11), 전능하시며(창 1:2), 거룩한 영이시며, 영원하시다(눅 11:13, 히 9:14).

마지막으로, 성령의 열매란 무엇인지에 대하여 살펴보도록 한다. 바울은 로마서 8장 2절 "이는 그리스도 예수 안에 있는 생명의 성령의 법이 죄와 사망의 법에서 너를 해방하였음이라"고 했다. 죄로 말미암는 사망의 법에서 벗어나게 하는 것이, 생명의 성령이라고 말한다. John Murray는 "생명의 성령의 법"은 우리 안에 역사하며 작용하는 하나의 권세라는 말로 해석되어야 하며, 지배적인 사상은 죄책에서의 구출보다는 죄의 권세, 곧 "죄와 사망의 법"에서부터 우리의 구출이라고 주석한다.63) 이러한 사상은 내적인 작용의 영역에서 움직이는 것이지, 객관적인 성취의 영역에서 움직이는 것은 아니다. 그리고 이러한 내적 작용이 바울에게서 멀리 떨어진 것으로 생각해서는 안 된다. 왜냐하면 바로 다음 구절에서 분명해지기 때문이다. "율법이 할 수 없는 그것"(3절)을 하나님은 생명의 성령을 통하여 행하셨다. 우리 인간에게 있어서 가장 어려운 문제를 생명의 성령의 내적인 작용에 의해서 할 수 있게 하신 것이다. 우리를 억압하는 본질적인 요소는 죄이다. 성령은 우리로 하여금 생명의 열매를 맺도록 우리를 자유하게 하신 것이다. 바울은 로마서 5장에서 구체적으로 성령의 열매를 말하고 있다. 그것은 믿음, 소망, 사랑의 열매이다. 이는 신자들에게 있어서 기본적인 신앙의 덕목들이다. 바로 성령은 우리로 하여금 이와 같은 열매를 맺도록 내성으로 우리를 인도하시는 것이다. 그리고 갈라디아서 5장에서 그리스도인의 참 자유를 논한다. 인간이 참 자유를 얻기 위해서는 "굳세게 서서 다시는 종의 멍에를 메지 말라"(갈 5:12)고 말한다. 그리고 우리를 구원에 이르게 하는 것은 "그리스도 안에 있는 사랑으로 역사하는 믿음"(갈 5:6)이라고 선언한다. 그리고 신자에게 있는 자유는 "육체의 기회를 삼지 말고, 사랑으로 종노릇하며, 이웃을 사랑하기를 자기 몸"(갈 5:13~14)같이 하라는 것이다. 그러므로 예수를 믿음으로 의롭게 된 성도는 성령의 소욕을 덧입어 내성의 변화를 가져와야 한다. 그 결과로 성령의 아홉

---

62) *Ibid.*, 32~33.
63) John Murray, *op. cit.*, 18.

가지 열매[64]를 맺게 되는 것이다. 이처럼 신자들이 성령의 열매를 맺는 이유는 그리스도 예수의 사람들은 육체와 함께 그 정과 욕심을 십자가에 못 박았기 때문이다(갈 5:24). 그리고 성령으로 행하기 위함이다(갈 5:25). 다시 말하면 성령 안에서 새 생활의 정정당당한 모습을 말하는 것이다. 성령의 열매라는 것은 성령을 받은 사람들이 맺는 삶의 열매를 가리키며 또 그러한 열매들을 맺을 수밖에 없는 필연적인 상태를 의미한다. 그리고 성령의 열매들을 대적할 율법도 없으며, 어느 누구도 성령의 열매를 소멸할 수 없다. 왜냐하면 성령의 아홉 가지 열매는 인간이 자신의 힘으로 맺는 것이 아니고 성령에 의하여 성령을 힘입고 맺는 것이기 때문이다. 이것이 성숙한 신자에게 남겨진 의무이며 책임인 것이다. 우리의 미래는 우리가 어떻게 행동하느냐에 따라서 어떤 이는 영벌에, 어떤 이는 영생에 도달하게 될 것이다.

2. 기독교 세계관과 교육

1) 세계관의 정의

세계관(Weltanschauung)은 독일의 근대철학과 낭만주의 문학의 시대로부터 오늘날에 이르기까지 광범위하게 사용되는 용어이다. 기독교철학자들의 기독교 세계관의 정의들을 살펴보면, 앨버트 월터스(A. M. Wolters)는 세계와 인생관, 삶의 관점, 고백적 비전, 원리들 혹은 이념들의 총체, 이데올로기, 가치체계 등으로 표현되어 온 관련 용어들과 간단히 비교한 후, 세계관이란 '사물들에 대한, 한 인간의 기본적 신념들의 포괄적인 틀'이라고 정의하였다(A. M. Wolters, *Creation Regained: Biblical Basics for a Reformational Worldview*, Grand Rapids: Eerdmans, 1985, p. 2). 그리고 베니 판델발트(B. J. van der Walt)는 세계관을 "인간행동의 기초가 되며, 구체적인 행동을 형성하고, 동기부여하며, 방향과 의미를 부여하는, 실재에 관한 통전적이고 해석적인 일련의 고백적 관점들'이라

---

64) 갈라디아서 5:22~23, "오직 성령의 열매는 사랑, 희락, 화평, 오래 참음, 자비, 양선, 충성, 온유, 절제"이다.

고 정의하였다(B. J. van der Walt, *The Liberating Message: a Christian Worldview for Africa*, Potchefstroom: IRS, 1994, p. 39). 니콜라스 월터스톨프(N. Wolterstorff)는 세계관을 스스로 부여한 가치와 결합된, 인생과 세계에 관한 사고방식으로 정의했고, 그는 만일 어떤 사회를 제대로 파악하고자한다면 그 사회를 구성하는 세계관을 고려하지 않으면 안 된다고 주장하였다. 제임스 사이어(J. Sire)는 세계관을 이 세계의 근본적 구성에 대해 우리가 의식적으로든 무의식적으로든, 일관적이든 비일관적이든 견지하고 있는 일련의 전제들이라고 정의하였다. 브라이언 왈쉬와 리차드 미들톤(B. J. Wash & J. R. Middleton)은 세계관을 인식의 틀, 보는 방식으로 표현하면서, 세계관이란 신학이나 철학과 같은 사고체계가 아니므로 그것을 학문과 구별하였고, 세계관은 일상의 삶에서 육화되어 표현될 때 가장 잘 이해될 수 있는 것이라고 설명했다. 위에서 언급된 세계관의 개념 정의들은 세계관의 본질을 설명하는 여러 가지 특성들을 표현하고 있다. 기독교철학자들이 제시하는 세계관의 일반적인 특성들을 종합적으로, 그리고 특성에 따라 분류하여 정리해보면 다음과 같다.

2) 기독교 세계관

세계와 인간과 삶의 총체에 대한 기독교적 관점을 뜻하는 기독교세계관은 기독교공동체가 성경에 비추어 해석하고 역사와 상황 안에서 형성해 온 세계관이다. 따라서 기독교세계관은 특정 기독교공동체의 성경 이해 정도, 성경 해석에 대한 입장에 따라 다양하다. 그리고 해당 기독교공동체가 존재하며 대응하는 문화 및 시대정신의 영향으로부터도 완전히 자유로울 수 없다. 그 결과 기독교 역사를 살펴보면 공동체에 따라 다양한 형태의 기독교세계관이 존재해 왔음을 확인할 수 있다.

로마가톨릭, 정교회, 루터교회, 복음주의교회, 그리고 칼빈의 신학적 입장을 존중하는 개혁교회와 장로교회의 기독교 세계관은 내용과 정도에 있어서 분명한 차이점을 보여주고 있다. 현대 신학자들과 기독교철학자들은 기독교공동체가 견지하는 다양한 유형의 기독교세계관들을 기독교와 세계, 그리고 그 양자 사이의 관계에 대한 이해의 패턴에 따라 몇 가지의 유형으로 정리해왔다. 기독교철학자 베니 판델발트는 기독교세계관의 유형을 4가지의 형태로 정리했다(B. J. van der Walt, *op. cit.*, pp. 99~118). 그가 구분한 유형에 따라 기독교세계관들의 유형을 간단하게 정리해보면 다음과 같다

첫째 유형은 자연에 대립하는 은총(gratia contra naturam)의 유형이다. 여기서 자연은 세상, 문화, 세계, 학문 등을 의미하고, 은총은 기독교, 복음, 교회 등을 뜻한다. 이 유형은 기독교와 세계가 언제나, 상호 타협 없이, 상대방을 제거하거나 대체하려는 반립(反立) 상태에 있다는 신념을 드러낸다. 여기에 속한 사람들은 소위 정치 , 철학, 과학 등은 모두 세상에 속한 것들이기 때문에 거부하거나 기독교로 대체되어야 한다는 신념을 가지고 있다. 이 유형의 기독교세계관은 오순절신학 그룹 및 초기 복음주의자 그룹에서 종종 발견된다.

둘째 유형은 자연 위에 있는 은총(gratia supra naturam)의 유형이다. 이 유형의 기독교세계관에서는 은총이 자연을 지배하고 특히 자연을 온전하게 한다는 신념을 드러낸다. 그래서 학문을 어느 정도 중립적 혹은 긍정적인 기능으로 간주하고, 기독교신앙이 그것을 지배하여 더 온전하게 해야 한다는 신념을 드러낸다. 이 세계관 유형은 토마스 아퀴나스의 신학사상 이후 로마가톨릭의 주도적 세계관이 되어왔다.

셋째 유형은 자연과 병행하는 은총(gratia juxta naturam)의 유형이다. 이 유형의 기독교세계관은 마치 마틴 루터가 그리스도인은 동시에 두 세계에 산다고 표현했던 것처럼, 이 세상에서는 자연(학문)과 은총(신앙)이 각각 유효하고, 서로 절충하려는 연관성 없이 나란히 자리 잡고 있다는 신념을 드러낸다. 그러므로 서로 각각의 영역을 인정해야한다고 보고, 그 양자 사이를 연결시키려는 적극적인 시도를 하지 않는다. 이 유형은 전통적 루터파와 많은 복음주의자들의 기독교세계관으로 간주되고 있다.

넷째 유형은 자연을 관통하는 은총(gratia in naturam)의 유형이다. 이 유형의 기독교세계관은 자연에 대하여 대단히 적극적인 태도를 갖고서, 은총이 자연의 깊은 내면까지 침투하여 자연 자체를 변화시키고, 치료하고, 회복시켜, 그것이 하나님께 드려지도록 하는 것을 목표로 삼는다. 그래서 이 모델은 자연을 변혁하는 은총(gratia naturam transformans)의 유형이라고 표현되기도 한다. 개혁교회 및 장로교회는 이 유형의 기독교세계관을 따른다.

다섯째 유형은 자연과 유사한 은총(gracia instar naturae)의 유형이다. 이 유형의 기독교세계관에서는 은총과 자연이 거의 차이가 없다. 실제로 자연으로부터 은총이 발전한다고 생각하는 경우도 있다. 그래서 선하고 인간적이고 도덕적인 것이라면 그것이 바로

기독교적인 것으로 간주된다. 이 유형은 인본주의를 신봉하는 기독교 철학자들과 자유주의 신학자들에게서 되는 자유주의적 기독교세계관으로 기독교 세계관에 포함시키기를 주저하였다(강용원, 기독교교육학 개론, 생명의 말씀사, 2007, pp. 53~58).

이상의 다섯 가지 유형들을 공통성에 유의하여 다시 살펴보면, 그 순서에 따라 처음 세 가지 유형에서는 모두, 자연과 은총의 두 영역이 상호갈등, 위와 아래의 병행, 혹은 나란한 병행으로 나뉘어져 있어서 각각 별개의 영역 가진 것으로 간주되기 때문에 이원론적이다. 그래서 이 유형에서는 세계 자체가 두 영역, 곧 자연적이고 세속적인 영역과, 또 종교적이고 초자연적이고, 영적인 영역으로 양분되어 있다. 전자는 타락의 직접적인 영향을 받았거나, 어느 정도중립적인 것으로 간주된다고 하더라도 여전히 부족한 것이고, 후자는 거룩하고 온전한 구속의 영역으로 간주된다. 종종 전자가 세상이라면, 후자는 교회로 간주된다. 따라서 이 세 가지의 유형들을 이원론적 기독교 세계관이라고 부른다.

순서상 마지막의 두 가지 기독교세계관유형들은 모두 이원론적 존재 영역 구분을 거부한다. 앞선 이원론적 기독교세계관과 비교할 때 네 번째의 유형(자연을 관통하는 은총)이 통전적 성격의 기독교세계관이라 한다면 다섯 번째의 유형(자연과 유사한 은총)은 일원적 성격의 기독교 세계관이다. 그런데 다섯 번째의 유형은 그 지지자들이 자신의 세계관을 기독교세계관이라고 주장하기는 하지만 사실상 인본주의적 세계관과 거의 차별성이 없는 세속적 세계관이기 때문에 기독교철학자인 베니 판델발트는 이 유형을 기독교세계관 유형에 포함시키기를 주저하였다.

위의 다양한 기독교세계관의 차이를 좀 더 자세히 살펴보면, 성경과 성경의 가르침에 대한 이해와 통찰, 좀 더 구체적으로 설명하면 성경의 가르침의 골격을 이루는 창조와 타락과 구속의 성격과 영향과 범위에 대한 신학적 이해 차이가 발견된다. 특히 자연과 그 자연에 대한 인간의 형성 작업인 문화에 대한 타락의 영향과 범위와 정도, 그리고 그리스도의 복음을 통한 구속의 영향과 범위와 정도의 차이가 이러한 유형의 차이를 만들어낸 것이다. 예컨대 첫 번째 유형(자연에 대립하는 은총)에서 자연은 타락으로 완전히 못쓰게 되었으므로 완전히 부정되어야하고, 새롭게 들어온 은총이 그것을 대체해야 한다고 본다. 두 번째의 유형(자연 위에 있는 은총)에서 자연은 비록 타락의 영향을 받았으나 상대적으로 보존된 영역이 있는 것으로 간주되었고, 그것은 은총의 지도를 받으면서 온전하게 될 수 있다고 보았다. 물론 은총은 거룩하고 온전하다. 세 번째 유형(자연과 병행하는 은총)에서 자연은 타락의 영향 아래 현 세상에서 잠정적이기는 하지만 나름대로의 가치를 가지고 그대로 존재한다. 동시에 거룩하고 온전하고 영원한 은총의 영역이 들어와 함에 존재한다. 다섯 번째의 유형(자연과 유사한 은총)에서는 타락이 자연에 거의 혹은 전혀 영향을 주지 않았거나, 처음부터 자연은 중립적이므로 구속이 필요하지 않다. 세상은 곧 자연이며, 은총이라는 영역이 별개로 달리 존재하는 것도 아니다. 이렇게 볼 때, 네 번째 유형(자연을 관통 하는 은총) 외의 모든 유형들은 타락으로 인한 자연의 전체적인, 그리고 철저한 부패를 인정하지 않거나, 혹은 적어도 지상 교회는 자연과는 무관한 온전한 은총의 영역이므로 타락의 영향 밖에 있는 것으로 종종 간주한다. 그러므로 네 번째의 유형(자연을 관통하는 은총)을 지지하는 개혁주의자들은 다른 네 가지의 유형들이 성경의 가르침을제대로 반영하지 못하고 있고, 또한 성경 자체가 보여주는 세계관의 카테고리를 따르는 것이 아니라 오히려 비기독교적 세계관에서 무의식중에 이원론적 혹은 일원적 카테고리를 차용했다고 주장한다. 비기독교적 세계관의 카테고리를 그대로 추종 하는 다섯 번째 유형(자연과 유사한 은총)을 제외하고도, 다른 세 가지의 유형들조차 모두 비기독교적 세계관의 카테고리에 따라 이원론의 시각으로 창조세계 자체를 두 영역으로 잘못 구분하였고, 특히 자연과 은총을 대립 관계로 설정하는 오류를 범했다고 본다.

개혁주의자들에 따르면 하나님이 창조하신 자연의 영역과 하나님의 은총 영역은 상호 대립되어 있지 않다. 실제로 대립하는 것이 있다면 그것은 타락으로 인한 하나님의 진노와 하나님의 은총이 상호 대립하고 있고, 그 대립과 투쟁은 창조세계 내의 특정 영역에만 한정된 것이 아니라 모든 영역에서 진행되고 있다. 성경에 기록된 빛(하나님)의 나라와 어둠(사단)의 나라의 대립과 투쟁은 창조세계 안에서 구별된 두 영역 사이의 존재론적 긴장과 갈등을 뜻하는 것이 아니라 두 가지의 상호 배타적인 영적 방향에서 이루어지는 전체적 투쟁을 의미한다고 본다.

다른 기독교세계관들은 실재를 이원론적으로 잘못 파악함으로써 일상적 삶과 문화를 일방적으로 악으로, 또 교회와 신학교는 일방적으로 선으로 추하는 오류를 범했고, 은총의 영역에 들어가기 위해 문화와 사회를 버리고 교회와 수도원과 신학교 안으로 귀의하게 만드는 잘못된 결과를 초래 했다. 그 결과 그리스도인들은 삶과 사회와 문화와 과학과 학문에서 은총 그 빛과 능력으로 개혁해야 할 과제를 망각하거나 포기하게 되었고, 동시에 교회와 신학교와 기독교공동체 안에서도 은총의 능력으로 끊임없이 영적 투쟁을 감행해야 할 개혁의 과제를 망각하는 결과를 초래했다고 본다. 그러므로 베니 팔델발트는 이러한 이원론적인 세계관들을 "잘못된 관점들", "왜곡된 세계관들", "해로운 결과들", "만성적 질병"이라고 비판하였다.

인본주의와 이원론을 비판하면서 기독교세계관 연구와 운동에 참여하는 사람들이 집착하는 기독교세계관 유형은 네 번째 유형(gatia in naturam or gratia naturam tramsformans)이다. 이 유형의 기독교세계관 지지자들은 종교개혁자들의 정신에 따라 성경적 관점에 철저하고자 한다는 의미에서 자신들의 세계관을 '개혁적 세계관' 또는 '성경적 세계관'으로, 또 이원론적 세계관들과 구별시킨다는 의미에서 '통전적 세계관'으로 표현하기도 한다. 이 유형의 기독교세계관은 성경적 관점에 따라 '창조−타락−구속' 또 "창조−타락−구속−완성"의 카테고리를 창조세계 전체 차원에서 지속적으로 그리고 일관성 있게 적용한다. 그 카테고리의 의미를 간단하게 요약하면 다음과 같다.

첫째, 하나님은 온 우주와 만물을 하나님의 말씀으로 선하게 창조하셨고, 하나님의 형상인 인간으로 하여금 하나님의 법에 순종하여 창조세계를 발전시키며 돌보게 하셨다. 창조세계는 하나의 왕국이었다.

둘째, 인간은 하나님께 불순종하여 창조주와 멀어졌고, 결과적으로 죄와 사단의 노예가 되어 하나님의 심판과 죽음에 복속되었다. 그 결과 창조세계도 허망한데 복속되어 해방을 갈구하게 되었다. 타락으로 하나님의 세계는 세상, 곧 어둠의 왕국이 되었다.

셋째, 그리스도의 구속사역을 통하여 인간은 죄와 사망의 속박에서 해방되었고, 성령의 능력으로 새로운 삶을 살 수 있게 되었다. 그 결과 빛과 어두움의 두 왕국이 하나의 세계에서 모든 영역에 걸쳐 겹쳐 존재하고 서로 투쟁하게 되었다.

넷째, 그리스도의 재림으로 죄와 사단은 최종적 심판을 받게 되고, 그 영향력이 종결되며, 결국 그리스도인들은 새롭게 재창조된 세상을 상속하게 된다. 세계는 하나님이 통치하시는 온전한 하나의 왕국으로 존재한다. 이 카테고리에서 창조는 창조세계의 모든 것을 포괄하고 있다. 타락은 창조세계 전체를 오염시켰다. 그리고 구속과 완성으로 그리스도께서 창조세계 전체를 회복시킨다. 따라서 개혁적 기독교세계관은우주 전체가 하나님 의 나라이며, 그리스도는 전체 세계를 통치하시는 황이 되신다는 사실을 강조한다. 이러한 의미에서 기독교세계관을 근본적이고, 전체적이며, 통전적인 세계관이라고 표현한다. 이러한 기독교세계관은 그리스도인들에게, 구속의 회복사역에 동참하여 완성에 이르기까지 창조세계 전반에서 하나님 나라 건설의 비전을 구체화시키도록 제자도를 요청한다.

3) 성경적 세계관의 3가지 요소

성경적 지식관의 출발점은 하나님이 그분의 주권과 신실함으로 모든 만물을 다스리신다는 것이다. 모든 지식은 하나님의 계시에 의존적이다. 하나님은 창조 세계에서, 성경에서, 그리고 예수 그리스도 안에서 자신을 계시하신다. 교실에서 우리는 하나님의 계시 속에 있는 의미를 한 겹 한 겹 벗겨 나갈 것이다. 하지만 우리의 결론이 항상 완전한 것은 아니다. 잠언 30장에서 아굴이 이미 말한 것처럼, 우리는 결코 완전하게 이해할 수 없으며, 그 양파의 속을 다 벗겨낼 수는 없다. 하지만 우리는 하나님의 영광을 위하여 그리고 인간의 삶을 위하여 하나님의 규범에 순종함으로써 우리가 얻은 지식을 사용할 수 있다. 따라서 성경적 지식관은 우리에게 위로와 희망을 준다. 뿐만 아니라 그것은 과학 교육에 필요한 건전한 기초를 제공해 준다. 그것이 바로 하나님이 인간에게 주신 첫째 명령, 즉 창조 명령(the Creation Mandate)의 기초다.

하나님이 인간에게 주신 둘째 명령은 대명령(The Great Commandment)이다. 즉 하나님을 사랑하고 네 이웃을 네 몸과 같이 사랑하라는 명령이다. 가령 과학 기술은 인간에게 새로운 기회를 열어 주기도 하지만 동시에 인간을 예속시키기도 하는데, 우리는 물리 시간에 이 과목이 어떻게 이러한 기술로 이어지는지를 토론할 수 있다. 현대 산업 국가들에서는 청지기 정신보다 오히려 소비가 규범이 되고 있다. 오늘날 서구의 기술 지향적 풍토는 이윤 추구를 향한 탐욕과 결합하여 전 세계에 만연되어 있으며 결국 사람들에게 말할 수 없는 고통을 안겨 주고 있는 실정이다. 그런데 우리는 물리 시간에 사람들이 적게 소유하고도 풍요롭게 살도록 돕기 위해서 어떻게 기술을 사용해야 하는지를 탐구하고 있는가? 또 어떻게 전 세계의 사람들에게 바람직한 삶을 제공할 수 있는지를 탐구하는가? 개인적으로나 사회적으로 과학 기술을 사용할 때 어떻게 덜 자기중심적일 수 있는지를 탐구하고 있는가? 물리 수업은 여느 다른 수업과 마찬가지로 하나님과 이웃을 향한 성경적 '아가페' 사랑을 반영하도록 구조화되어야 한다. 물리학은 실용 과학이기 때문에 우리는 넓은 스펙트럼의 학생들이 흥미를 가질 수 있는 방식으로 가르칠 수 있다. 가령 우리는 이론적인 성향을 가진 학생들과 실천적인 성향을 가진 학생들이 교실에서 서로 돕는 것을 배울 수 있도록 물리 수업을 구조화하고 있는가? 이론 지향적인 학생들은 자신의 소그룹 학생들에게 기본적인 개념과 사상을 설명하는가? 반면에 실천적인 성향을 가진 학생들은 실험을 하고, 모델을 세우고, 그들의 작업을 교실에

전시하는 일을 통해 리더십을 발휘하는가? 이러한 방식으로 우리는 학생들이 각자의 다양한 은사들을 통해 서로를 인정해 주고, 지원하고, 서로 관심을 갖도록 돕고 있는가?

하나님이 우리에게 주신 셋째 명령은 대위임령(the Great Commission)이다. 이것은 복음을 선포하고 그리스도가 명하신 모든 것을 모든 민족에게 가르칠 것을 명령한다. 물리 수업은 그저 물리학 이론이나 그 적용 방법을 설명하는 데 그쳐서는 안 된다. 가령 우리는 과학 기술이 어떻게 복음을 전하는 데 도움을 줄 수 있는지 토론할 수 있다 하지만 여전히 그 이상의 것이 있다. 예수님도 우리에게 이렇게 가르치셨다. "화평케 하는 자는 복이 있나니 저희가 하나님의 아들이라 일컬음을 받을 것임이요"(마 5:9). 평화를 증진하기 위해서 우리는 어떻게 물리 극을 사용할 것인가? 물리학을 사용하는 방법에서 우리가 고려해야 할 윤리적인 차원은 무엇인가?

우리는 인류에게 주신 하나님의 세 가지 명령. 즉 창조 명령. 대명령, 대위임령을 다른 과목 영역에서 어떤 주제를 가르칠 때, 이 세 가지 명령이 어떤 영향을 미칠 수 있을지 제안할 수 있는가? 세계관은 삶에 대한 기본적 신념들의 포괄적인 틀이다. 그것은 실재, 인간, 지식 그리고 사회적 삶의 본질과 목적에 대하여 우리가 믿는 바를 포괄한다. 그러나 우리가 고백하는 세계관이 언제나 우리가 실제로 실천하는 세계관인 것은 아닐 수도 있다. 사실상 우리의 행위는 우리가 말하는 것보다 더 큰 목소리를 발한다. 하지만 우리가 가진 궁극적 신념의 틀은 우리가 삶을 바라보고 살아가는 방식에 결정적인 역할을 한다. 세계관은 우리 사회 속에서 작용하고 있지만 종종 눈에 보이지 않는 원칙들이다. 세계관은 또한 우리가 그를 바라보고 구성하는 방식을 형성한다. 오늘날 그 사회의 지배적인 세계관은 세속주의다. 이것은 하나님과 기독교 신앙을 부적절한 것으로 만드는 데 성공했다. 따라서 응답하는 그리스도인이 되고자 한다면 반드시 성경적 세계관을 이해하고 그것을 방어할 수 있어야 하고 또한 그것을 실천해 내야 한다.

기독교 세계관은 하나님의 말씀 즉 창조 세계 속에 계시된 말씀, 성경 속에 계시된 말씀, 그리고 성육신하신 말씀 곧 예수 그리스도 안에 나타난 하나님의 계시에 의해 형성된다. 성경은 실재가 하나님의 창조임을 분명히 한다. 하나님은 그분의 세상을 창조하셨고. 붙드시며, 또한 통치하신다. 그분은 자연의 법을 유지하신다. 그분은 또한 우리에게 인간의 문화와 사회를 위한 규범 또는 가치들을 주시고, 우리가 하나님의 일을 수행하는 자신의 동역자가 되도록 부르시고 능력을 부여하신다. 인간의 삶을 위한 하나님의 규범은 사랑, 신실함, 동정심, 의, 성실, 정의, 책임 있는 청지기 정신, 그리고 평화 등을 포함한다. 하지만 인류의 타락은 하나님의 선한 창조를 왜곡시켰다. 죄는 인간의 모든 삶, 곧 개인의 도덕, 결혼과 가정생활, 정치 체제, 경제 및 환경과 관련한 관행들, 과학 기술의 사용, 순수 예술. 농업 그리고 건강 등을 일그러뜨렸다. 죄는 하나님의 창조 질서에 낯선 것이며 오직 그리스도의 죽음을 통해서만 구속과 회복이 가능하다. 사회 속에서 그리스도인의 사명은 예수 그리스도의 복된 소식을 선포하는 것이다. 그들은 다른 사람들을 제자 삼음으로써, 또한 하나님의 창조 규범에 따라서 문화의 모든 영역을 회복하기 위하여 부름 받고 일함으로써 그렇게 할 수 있다. 동시에 그리스도인은 하나님의 창조 세계가 오직 그리스도가 다시 오실 때에야 비로소 완전히 회복될 것임을 인식한다.

그럼에도 불구하고 그때까지 하나님은 우리를 부르셔서 그 나라를 위한 이정표를 세우실 것이다. 우리는 성경적 세계관에 필수적인 세 가지 성경적 책임 혹은 명령과 교육의 관련성을 숙고하게 될 것이다. 이것은 곧 창조 명령(또는 문화 명령), 대명령 그리고 대위임령이다. 그러고 나서 우리는 이러한 명령들에서 비롯되어 하나님이 우리에게 든든히 붙잡기 원하시는 가치들을 논하게 될 것이다. 먼저 하나님은 사람을 창조하시고 땅 위에 거하게 하실 때에 그들에게 창조 명령을 주셨다. 인류가 죄로 인해 타락한 후에 하나님은 여러 계명들을 추가로 주셨는데, 예수님은 그것을 대명령으로 요약하셨다. 하나님은 우리에게 순종으로 그분을 섬기는 것이 무엇을 의미하는지를 가르치셔야 했다. 예수님의 죽음과 부활 후 성령의 부으심이 임박하였을 때, 예수님은 창조 명령, 대명령과 아울러 대위임령을 보충해 주셨다. 대위임령은 그리스도의 구속과 화해를 통해 우리에게 하나님의 동역자가 되는 특권을 부여해 주었다. 이 세 가지 명령은 무엇보다도 먼저 하나님의 나라와 그의 정의와 의를 구할 것을 요구한다. 이 명령 들은 삶의 모든 부분에서 그리스도의 형상을 따라 살도록 부른다. 이것은 또한 복음의 능력을 가지고 사람들과 이 세상을 향해 나가서 전할 것을 가르친다. 그리고 이 명령들은 우리에게 하나님이 주신 변함없는 가치들을 토대로 세상을 이해하고, 평가하고, 변혁하도록 도전한다. 교육과정 기획을 위한 세계관 질문들 다음은 네 가지 기본적인 세계관 질문이다.

첫째, 나는 누구이며 어디에 있는가? 인간의 본질, 사명, 그리고 목적은 무엇인가? 내가 살고 있는 세상과 우주의 본질은 무엇인가?(창조)

둘째, 무엇이 잘못되었는가? 개인적으로나 사회적으로 우리는 왜 완전에 훨씬 미치지 못하고 타락하였는가? 고통과 악은 어디서 유래하는가?(타락)

셋째, 치유책은 무엇인가? 우리는 인간의 곤경에 대한 해답을 어디서 발견하는가?(우

리가 회복을 향해 일하는 것을 가능케 하는 구속)

넷째, 미래를 유지해 주는 것은 무엇인가? 우리는 어디서 희망을 발견하는가?(새 하늘과 새 땅에서의 완성), (Walsh and Middleton, 1984, 35)

여러 교육과정 주제들을 계획하기 위해서 우리는 이 질문들을 다음과 같이 바꾸어 표현할 수 있다.

1) 우리가 탐구하고자 하는 창조 세계 혹은 문화의 특정 영역에 대한 하나님의 의도는 무엇인가?

2) 인간의 불순종과 죄의 결과로 인해 이러한 목적은 어떻게 왜곡되었는가? 하나님의 본래 의도에서 인간은 어떻게 이탈하였는가?

3) 하나님은 우리가 어떻게 응답하기를 원하시는가? 그리스도의 구속 사역을 통해서, 우리가 세상을 향해 본래 하나님이 의도하신 사랑, 의, 정의를 최소한 부분적으로라도 회복할 수 있는 방법이 있는가?

4) 학생들이 기독교적 삶의 방식을 더욱 깊이 이해하고, 경험하고, 또 그것에 헌신케 하기 위해서 우리는 어떻게 도울 수 있는가? 수많은 문제와 논쟁에 직면하고 있음에도 불구하고 우리는 어떻게 학생들에게 희망과 힘과 용기를 심어 줄 수 있는가? (Blomberg, 1991, 9)

(1) 창조 명령(The Creation Mandate or Cultural Mandate: 창 1:26~28)

시편 17편은 하나님의 창조 세계와 그 안에서 우리의 위치에 대하여 많은 것을 말한다. "하늘이 하나님의 영광을 선포하고 궁창이 그 손으로 하신 일을 나타내는도다. 날은 날에게 말하고 밤은 밤에게 지식을 전하니……여호와의 교훈은 정직하여 마음을 기쁘게 하고 여호와의 계명은 순결하여 눈을 밝게 하도다"(시 19 1~2, 8). 피조된 실재는 하나님의 솜씨를 반영하고 있다. 하나님이 그분의 창조 질서 속에서 우리에게 말씀하시는 방식을 통해 우리는 경외심과 이해와 통찰을 얻는다. 과학 실험을 할 때, 수학 시간에 도형에 대해 토론할 때 우리는 하나님을 그저 가만히 내버려두지 않는다. 그러나 하나님의 법은 그분이 창조하신 자연 법칙 이상의 것이다. 하나님은 또한 우리에게 신뢰할 만한 법을 주셔서 우리의 매일의 삶을 다스리신다. 이러한 계율들은 힘과 위로와 분별력을 준다(시 17:7~8). 자연법에 대해서는 우리가 복종 외에 달리 반응할 수 없지만 하나님이 순종하는 삶을 위해 주신 규범의 영향력은 사람들의 순종 여부와 또 그것을 어떻게 실천하는가에 달려 있다.(Wolters. 1985, 36) 우리가 기억해야 할 것은 모든 진리는 하나님의 진리라는 점이다. 세속적 영역과 거룩한 영역이 별도로 분리된 것이 아니며 또한 하나님이 세속적 영역과 무관하신 것도 아니다. 오히려 하나님은 우리의 영적, 윤리적, 정치적, 사회적, 경제적, 심미적인 삶을 위해서 주신 지침을 따라 우리가 그 놀라운 물질적 선물을 사용하도록 부르신다. 그분의 모든 말씀에 순종하는 것을 포함해서 하나님을 경외하는 것은 지혜와 분별력과 지식의 근본이다(시 111편).

　타락 이전에 하나님은 아담과 하와에게 생육하고 번성하여 땅을 정복하고 하나님의 동산을 경작하며 지키라고 말씀하셨다(창 1:27, 2:15). 이 구절들은 '창조 명령' 혹은 '문화 명령'(Cultural Mandate)이라고 불린다. 곧 하나님은 인간이 이 땅에 잠재된 것을 개발하고 펼쳐보이도록 부르셨으며 또 그들이 문화를 형성함으로써 하나님의 대리 통치자가 되도록 하셨다. 성경에서 다스림과 리더십은 항상 섬김을 포함하는 용어로 쓰인다. 따라서 이 땅을 다스린다는 말은 곧 다른 사람들의 유익을 위하여 섬긴다는 것을 의미한다. '지킨다'(taking care)는 것은 인간이 책임 있는 청지기로서 하나님의 세상에 존재하는 모든 것으로 하여금 하나님이 본래 의도하신 기능을 완수하도록 돕는다는 것을 내포한다. 하나님은 온갖 다양한 것들로 가득한 창조 세계를 인간에게 위임하시어 모든 피조물들이 유익을 얻도록 하셨다. 그리스도가 재림하실 때까지 죄가 끊임없이 인간의 노력을 약화시킬지라도, 타락이 이러한 부르심을 무효화하지 않는다. 하나님은 여전히 우리를 이 세상의 소금과 빛으로 부르신다. 우리는 복음의 메시지를 발하며 그 복음에 걸맞은 삶의 태도로 빛을 비추어야 한다. 우리는 참되고 가치 있고. 올바른 것에 담대히 헌신해야 한다. 우리는 가족과 정부와 사회 구조를 보존한다. 하나님의 은혜로, 이들이 죄를 억제하고 덕과 정의와 안전과 동정심과 인간의 존엄을 증진시키는 한 말이다. 우리는 또한 인종 차별, 불평등, 학대를 야기하는 것과 같은 반성경적인 행위와 구조들을 변화시키려고 애써야 한다.(Stott, 1978, 57~68) 이것이 우리 교실에 주는 의미는 무엇인가? 하나님은 친히 창조하신 세상에서 학생들을 그분의 종으로 부르셨다. 우리는 학생들이 이 부르심을 인식할 수 있도록 돕는다. 우리는 학생들이 자신과 자신의 주변에서 하나님이 주신 은사들을 사용하는 청지기가 되도록 초대한다. 학생들은 수학적, 물리적, 생물학적 실재와 이론을 배우고, 사용하고, 평가한다. 그들은 또한 하나님이 주신 규범이 커뮤니케이션, 경제, 사회적 관계 예술, 정부와 법, 가정생활에서 어떻게 사랑과 성실과 정의를 진작시킬 수 있는지를 경험한다. 우리는 학생들이 하나님 나라를 위한 섬김에 헌신하며 또한 참여할 수 있도록 북돋워 준다. 창조 이야기와 아울러 시편 17편은 우리가 모든 지식과 의미를 개인적으로 구성해 내는 것이 아님을 분명히 밝혀 준다. 성경적 지식관은 우리의 관찰과 이론과 적용이 제한적이고 불완전한 것임을 인식하게 해준다. 이러한 것들은 항상 우리를 진리로 인도해 주는 것은 아니지만, 우리 삶을 풍요롭게 한다. 우리의 해석과 추정과 적용은 신앙적 한계 내에서 생기는 것이다. 하나님은 우리가 과학적 현상들을 탐색하도록 부르셨으며, 따라서 우리는 그분의 창조 세계를 이해하고 사용할 수 있다. 하지만 또한 해석과 적용을 위해서 우리는 하나님이 주신 특별 계시, 곧 성경 의 틀에도 의존한다. 비록 우리의 지식이 잠정적이라는 것을 인식할 때에라도 하나님과 다른 사람들을 섬기는 데 이러한 결과물들을 사용하기 위해서 우리는 해석과 적용이 필요하다. 창조 명령은 그리스도인들에게 문화를 형성하는 데 참여할 것을 요구한다. 따라서 우리는 현 사회의 구조와 관행 속에서 어떻게 학생들이 더욱 성경적인 방향에서 일하고 성취할 수 있는지 탐구하도록 도전하는 교육과정을 계획한다. 가령 학생들은 어떻게 하나님이 우리에게 경영과 법 그리고 과학 기술의 사용에 대한 기본적 지침을 주셨는지를 연구한다. 우리는 학생들이 그리스도인 사업가, 그리스도인 의사, 그리스도인 변호사, 그리스도인 음악가, 그리스도인 예술 가 등으로 이루어진 네트워크의 일원이 되도록 격려하여, 그들이 공동으로 삶의 중요한 영역들을 교정하고 전략적으로 변혁시켜 나가는 것이 어떤 의미인지를 탐색할 수 있게 한다. 또한 그들은 성경이 하나님 나라의 삶을 위한 안내서이긴 하지만 그리스도인은 언제나 겸손해야 함을 배운다. 그들도 모든 해답을 가지고 있지 않으며, 그들의 생각과 행위도 여전히 그로 오염되어 있기 때문이다.

(2) 대명령(The Great Commandment: 마 22:37~39)

"예수께서 가라사대 네 마음을 다하고 목숨을 다하고 뜻을 다하여 주 너의 하나님을 사랑하라 하셨으니 이것이 크고 첫째 되는 계명이요 둘째는 그와 같으니 네 이웃을 네 몸과 같이 사랑하라"(마 22:37~37). 예수님은 대명령 속에서 구약 성경에 나오는 두 구절. 곧 신명기 6:5과 레위기 19:18을 하나로 엮으셨다. 이렇게 함으로써 예수님은 이웃 사랑이 하나님 사랑으로부터 자연스럽게 흘러나와야 할 것을 강조하신다. 사랑은 이 세대를 본받지 않고 우리의 마음을 새롭게 함으로 변화를 받기 위한 열쇠다(롬 12:2, 7이하). 우리는 대명령에 순종하지 않으면서 창조 명령을 책임 있게 수행할 수 없다. 예수님이 사용하신 아가페 사랑이란 단어는 친구 간의 사랑이나 감상적인 사랑을 의미하지 않는다. 그것은 자기희생적인 사랑 심지어 사랑할 수 없는 사람을 향한 사랑이다. 아가페 사랑은 전적인 헌신. 신중하게 선택하고 믿음에 기초한 헌신으로 구체화된다. 그것은 우리가 가진 모든 힘. 곧 확신 힘, 성품의 힘, 의지의 힘을 다하는 것이다(막 12:30). 그래서 사랑은 우리 모든 마음을 포함한다. 즉 하나님을 사랑하기 위해 우리는 그리스도의 마음을 가져야 한다. 데이비드 퍼펠(1989)은 학교가 이러한 불안을 더욱 조장하는 데 공헌했다고 말한다. 그는, 우리가 사용하는 가르침의 방식과 내용이 자기만족적인 개인주의를 강화시켰다는 점을 보여 주었다.

대명령은 교사들이 공유된 가치들을 기초로 하는 사랑의 공동체로서의 교실을 만들고자, 즉 온전한 공동체를 세우기 위해 사랑 가운데 서로 수용하고 각자 자신의 은사를 발휘할 수 있는 곳을 만들고자 힘써야 함을 의미한다(엡 4장). 예수님은 이것이 의미하는 바를 스스로 실천해 보이셨다. 그분은 사랑 가운데 진리를 말씀하시고 그를 만나는 모든 사람들을 소중히 대하셨다. 또 그들을 격려하시고 각자의 다양한 은사들을 하나님 나라의 유익을 위해 사용하고 발전시킬 수 있게 하셨다. 예수님의 사랑과 은혜는 아이들, 병든 사람들, 가난한 사람들에게 미쳤고, 나아가 그 사회의 지도자들에게도 전해졌다.

레슬리 뉴비긴(Lesslie Newbigin, 1989, 227~233)은, 기독교적 소명에 충실한 공동체가 복음을 어떻게 삶을 위한 틀로서 이해하고 또 그것을 어떻게 형상화할 수 있는지에 대해 설명한다. 이것은 한없는 인애를 베푸시는 하나님의 놀라운 은혜 가운데 살아가는 찬양과 감사의 공동체다. 이것은 참으로 겸손하고 현실적이면서도 현대의 선전에 대해서는 회의적인 진리의 공동체다. 자신만을 위해 살거나 또 자신만을 초점으로 삼지 않고 이웃에 대한 진심 어린 관심을 가진 공동체다. 우리 사회의 공적 삶에서 자신의 다양한 은사들을 실천함으로써 사랑과 순종의 희생을 바치는 공동체다. 서로 책임을 지는 공동체다. 하나님의 평화와 정의에 기초한 사회 질서의 전조가 되는 공동체다. 끝으로 이것은 소망의 공동체, 곧 서구 사회의 왜곡된 기술주의적 낙관론 및 현대 서구 문학의 허무주의와 절망을 거부하는 공동체이다. 다음은 대명령에 순종하기 위해 애쓰는 교실들이 가지는 몇 가지 표지들이다.

* 교사는 학생들을 돌보고, 그들을 위해 기도하며, 또한 그들이 하나님이 원하시는 모습이 되도록 돕는다.
* 교사는 학생들을 격려하여 그들의 지성을 하나님과 이웃을 섬기고 사랑하는 데 최선을 다해 사용하고 그리스도의 마음을 키우도록 한다(고전 2:17).
* 교사는 건설적이고 공정한 인간관계를 증진시킨다. 교사는 반성, 보상, 용서. 상호 존중에 기초하여 갈등을 해소하는 전략을 수행한다.
* 개인의 권리를 강조하기보다는 교사와 학생이 함께 하나님의 은혜의 선물에 대한 개인적이고 공동적인 감사를 드리기를 권장한다.
* 교사는 찬양과 감사가 교육과정 속에 포함되도록 힘쓴다. 학교는 학생들의 다양한 은사를 축하한다.
* 교사는 학생들이 학급 활동에 적극적으로 참여하여 다른 급우들을 돕고 지원하도록 이끌어 준다.
* 교사는 학교 공동체의 모든 구성원들에 대하여 높고도 현실적인 기대를 세운다. 평가 수행은 학생들을 공정하게 다루고 그들의 학습을 개선하는 데 도움이 되도록 한다.
* 교사는 신중하고 책임 있게 학생들을 신뢰하고, 학생들이 함께 따르기로 동의한 규정들에 책임을 지도록 한다.
* 교육과정 내용은 우리 사회의 문제들을 다루며 아가페 사랑이 이에 대해 어떤 변화를 만들어 낼 수 있는지 탐구한다. 또 교육과정은 죄가 사회에 미친 결과들에 대해 다루기도 하지만, 미래에 대한 희망을 선포하기도 한다. 하나님은 영원토록 신실하시기 때문이다(시 146편).
* 학교는 학생들이 이웃에게 사랑을 실천할 수 있는 사회봉사 프로젝트를 마련한다.

학교와 관련하여 대명령의 핵심적인 부분은, 교육과정이 학생들로 하여금 다른 사람들을 섬기기 위해 자신의 은사를 펼치도록 도와준다는 데 있다. 학생과 교사는 기쁨을 함께 나누고 짐을 함께 나눈다. 이러한 실천이 가능할 때 그들은 모두 하나님의 샬롬을 이루고 그것을 세상에 알리게 된다. 하지만 죄의 능력이 편만할 때 그들은 하나님의 샬롬이 상실된 것을 슬퍼하게 된다. 이러한 교육과정은 그리스도를 닮은 공동체로 기능하는 학교에서 가장 성공적일 수 있다.

(3) 대위임령(The Great Commission: 마 28:19~20)

하나님은 인간에게 제일 먼저 창조 명령을 주셨다. 그리고 죄로 인한 타락 이후 대명령을 추가로 주셨다. 오늘도 하나님은 여전히 우리를 부르셔서 땅을 돌보게 하시며, 하나님뿐 아니라 다른 사람들과 더불어 사랑하며 책임 있는 관계를 맺어 가기를 원하신다(롬 8:17 고전 3:9). 그리고 부활 후에 그리스도는 대위임령을 더해 주셨다. 예수께서 나아와 일러 가라사대 하늘과 땅의 모든 권세를 내게 주셨으니 그러므로 너희는 가서 모든 족속으로 제자를 삼아 아버지와 아들과 성령의 이름으로 세례를 주고 내가 너희에게 분부한 모든 것을 가르쳐 지키게 하라. 볼지어다. 내가 세상 끝 날까지 너희와 항상 함께 있으리라 하시니라(마 28:18~20). 그리스도인들은 대개 대위임령을 그리스도를 믿지 않는 사람들에게 복음을 증거하라는 의미로 생각한다. 사실 이것은 매우 중요한 측면임에 틀림없다. 하지만 선입견을 버리고 이 구절들을 다시 읽어 보자. 예수님은 모든 민족들을 제자로 삼으시려고 우리를 부르신 것이다. 제자란 자신의 생각과 말, 그리고 그 행위의 기초를 예수님이 가르치신 원칙들에 두고 살아가는 사람들이다. 만일 어떤 민족 전체가 하나님을 섬기는 것이 무엇인지를 인식하게 된다면, 결과적으로 그것은 더 사랑하고, 더 정의로우며, 더 기쁨이 넘치는 방식으로 하나님의 위임 명령을 수행할 수 있도록 해줄 것이다. 뿐만 아니라 예수님은 거기에 원대한 명령을 덧붙여 주셨다. 이것은 특히 교육과정과 관련하여 매우 의미심장한 것이다. 예수님은 우리에게 사람들을 가르쳐서 "내가 분부한 모든 것을 지키게 하라"고 말씀 하신다. 모든 민족—그리고 우리 모든 학생들—에게 그리스도가 명령하신 것들을 가르칠 때, 바울이 말한 바와 같이 예수님은 우리를 하나님의 동역자로 삼으신다. 우리가 마땅히 가르쳐야 할 그리스도의 명령(Decrees)은 무엇인가? 하나님 나라의 복음으로서 마태복음은 대위임령을 포함하고 있으며, 이 명령들을 분명히 제시해 준다. 온유하고 겸손하며 자비롭고 화평케 하며, 공의와 공평을 추구하라. 성실한 사람이 되고 우리를 반대하는 사람에게조차 관용과 용서를 베풀라. 배우자에게 충실하라. 세상의 부에 가치를 두지 말라 하나님의 축복을 감사하고 누리라. 궁핍한 사람에게 관대하게 베풀라. 자신의 사업을 책임 있게 감당하라. 하나님이 주신 은사를 의미 있게 활용하라. 율법주의와 위선을 피하라. 천국은 모든 만물을 새롭게 하며 큰 권능이 있음을 믿으라. 하지만 그리스도가 재림하시기 전까지 천국의 현시(顯示)는 죄로 인해 제한되어 있음을 기억하라.

레슬리 뉴비긴은 이러한 제자도를 다음과 같이 요약해 준다. 그리스도인의 제자도란 부활의 능력 가운데 예수님이 가신 길을 따르는 삶이다. 예수님의 길은 순전히 내적인 영적 순례의 길도 아니고, 새로운 사회 질서를 창조하려는 현실 정치의 길도 아니다. 그것은 예수님이 걸어가신 길을 밟는 것이다. 그것은 곧 희망적이긴 하지만 비난받기 쉬운 주장을 가지고 세상의 경제와 정치의 중심부로 나아가는 것이다. 그것은 자신이 어떤 행동을 취해서는 결과로서가 아니라 오직 하나님의 은혜로 말미암는 정의와 평화의 세상을 추구한다. 이러한 제자도는 사적인 영역뿐만 아니라 공적인 영역 모두에 공평하게 관심을 기울인다……그것은 그이지 않는 하나님의 주권을 가시적으로 볼 수 있도록 해주는 여러 표지들을 제공해 줄 것이다(1983, 37).

따라서 대위임령은 모든 그리스도인에게 구원의 이야기를 말하는 것뿐 아니라 동시에 그 요구들을 따라 실천할 것을 촉구한다. 성령의 능력으로 그리스도 안에서 살아가는 공동체는 개개인들뿐만 아니라 정사와 권세자들, 가령 전 세계적 소비주의와 같은 사회구조들에 대항하여 도전한다. 우리의 말과 행위 모두 정의와 평화를 증진시킬 수 있다. 물론 어떠한 인간의 노력도 부패시키는 죄의 능력으로부터 자유로울 수 없다는 점을 기억할 필요가 있다. 만일 우리의 말이 우리가 참여하는 모든 일상적인 활동들 속에 반영되지 않는다면, 그 말은 공허한 메아리가 될 뿐이다.(Newbegin, 1989, 119~139)

그리스도의 부활 이래 대위임령과 대명령, 그리고 창조 명령은 아주 밀접하게 연계되어 왔다. 이 점에서 베드로전서는 매우 교훈적이다. 예수 그리스도의 부활을 통한 새 생명과 소망 때문에(벧전 1:3) 우리는 행동하는 지성을 구비하고(1:12), 거룩한 삶을 살게 된다(1:15: 2:1). 사도 베드로는 계속해서 이렇게 말한다. 우리가 행하는 모든 것에서, 하나님은 우리를 부르셔서 그분의 종이 되어(2:16), 선한 삶을 살며 우리의 선한 행위를 통해 다른 사람들이 하나님께 영광을 돌리는 법을 배우게 하셨다(2:12). 우리가 마음을 같이하여 동정하며 겸손하게 살아가며 악에 대해 보복하지 않고 오히려 축복하고 선을 행할 때(3:5~9, 14), 우리가 가진 소망에 관한 이유를 묻는 사람들에게 우리는 선한 양심과 친절함으로 대답을 줄 수 있을 것이다(3:15). 우리가 받은 것은 무엇이든지 사람들을 섬기기 위해 사용해야 할 것이다(4:10). 요컨대 이 세 가지 하나님의 위대한 명령들은 마치 삼각대의 세 다리처럼 그리스도인의 삶에 없어서는 안 될 요소들이다.

여기서 다시 한 번 이 명령들이 교실에 적용되는 여러 의미들을 정리해 보자.

* 우리의 모든 삶과 존재는 하나님과의 관계에 의존하고 있음을 분명히 하라(행 17:28).
  학생들이 소망과 평화의 근원에 대하여 물을 때 교사는 그들이 하나님과 인격적인
  관계를 맺도록 이끌어 주는 기회로 삼아야 한다.
* 기쁨으로 순종하는 삶의 모범을 보이라. 그러면 학생들도 자신의 삶을 하나님의 손
  에 맡긴다는 것이 무엇을 의미하는지를 이해하게 될 것이다.
* 교실에서 그리스도의 권위와 임재를 인식하라. 또한 학생들이 성령의 열매, 곧 동
  정심. 자기희생, 공평, 정의, 진실 등의 열매를 맺도록 강조하고 격려하라.
* 사람들이 어떻게 하나님의 명령에 순종으로 혹은 불순종으로 응답하는지를 보여
  줄 수 있는 교육과정 내용을 선택하라. 죄의 영향력을 이해하고 이에 대한 그리스
  도인의 바른 응답을 모색하기 위해 때때로 현대의 록(Rock) 뮤직 비디오와 같이
  반기독교적이고 논쟁을 불러일으킬 만한 소재들을 가지고 토론을 유도하라. 이러
  한 방식을 통해 학생들은 자신이 읽고, 듣고, 보는 것들을 섣불리 받아들이지 않는
  법을 배우게 되고, 또한 개인적인 혹은 사회적인 문제들에 대해 기독교적 원칙을
  어떻게 적용해야 할지를 깨닫게 된다.
* 학생들과 함께 그리스도가 가르쳐 주신 하나님 나라의 법이 무엇인지 또 그것이
  우리 사회에 주는 의미는 무엇인지 점검해 보라. 이는 학생들이 자신이 어느 곳에
  있든지 각기 자신의 수준에 따라 그리스도의 대사가 된다는 것이 의미하는 바를
  깨닫는 데 도움이 된다.

세속주의에 흠뻑 젖어 있는 현대 사회에서 이 모든 것은 사실 엄청난 요구들이다. 그
럼에도 불구하고 대위임령의 중요성을 깨달은 교사는 학생들이 예수님이 '분부한 모든
것'을 배울 수 있도록 모범적인 삶을 살아가고, 학습 단원들을 고안하고, 참고 자료와
문헌들을 선택하고 여러 과제들을 조직할 것이다. 교사의 목표는 자신의 학생들이 더
나아가 그리스도 공동체의 한 일원으로서 '가서 모든 민족으로 제자를 삼는 것'이다.

다음은 카나다 Trinity Western University 교육학과 학장, 해로 반 브루멜른 교수의
기독교 세계관의 요소들을 도표로 나타낸 것이다(Harro Van Brummelen. Steppingstones
to Curriculum, 이부형 역, *기독교적 교과과정 디딤돌*, IVP, p.162)

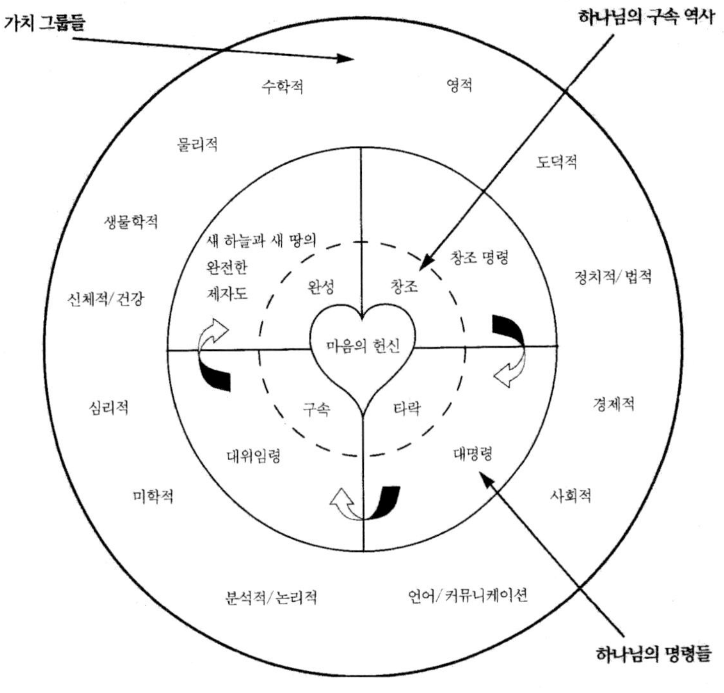

≪기독교 세계관의 요소들≫

3. 기독교 세계관과 학교교육

1) 기독교 미션스쿨

기독교학교는 구체적으로 무엇인가? 일반 공교육의 문제를 해결하기 위한 시도로 최근에 대안학교법이 국회를 통과하고 '대안학교의 설립 및 운영에 관한 규정'이 발표 됨으로 그 효력을 발휘하여 일반 대안학교가 설립되고 있다.65) 여기에 기독교적인 접근을

---

65) 대안학교는 이반 일리치가 제창한 탈학교교육(deschooling)에서 이론적 기초를 둔다. 공통적인 개념은 국가가 설립한 공교육시스템이 진정한 교육을 파괴하고 있기 때문에 대안적인 교

시도하는 학교를 기독교대안학교라고 할 수 있다. 기독교 대안학교는 일반대안학교와는 달리 기독교인 세웠거나, 기독교 교과목이나 채플과 성경공부 시간을 가진다거나, 설립 이념을 기독교적 성격을 가진다거나, 기독교적 특성을 지닌다는 점에서 차이가 있다. 그러나 기독교대안학교들은 주요 관심사는 공립학교의 문제점에 대한 대안적 교육이므로 '기독교계학교' 또는 '미션스쿨'이라고 할 수 있다. 한국에 기독교가 전파되면서 선교를 위해 세운 미션스쿨은 기독교적 정신에 입각하여 운영되었다. 독재정권 하에서 학교의 평균화정책을 편성하여 정부 지원금을 받음으로 학교의 독립성을 잃고 선교적 기능에 제약을 받게 되었다. 현재 한국기독교학교연합회에 소속된 미션스쿨은 132개 학교 정도로 전체학교의 1% 수준에 가깝다.

2) 기독교 학교

미션스쿨의 선교적 기능이 제 역할을 하기 힘든 현 상황에서 새로운 형태의 학교를 모색해야 할 필요가 있다. 하나님께서 믿는 자들에게 명령하신 자녀교육의 임무를 다하기 위해 하나님을 믿는 자녀와 언약의 자녀들에게 하나님의 일군으로 양육하고 훈련하기 위해 모든 교과목을 성경적 세계관으로 교육하며, 교육활동, 학교의 운영 및 관리를 기독교적으로 행하는 학교가 절실한 현실이다. 이를 '기독교학교'라고 할 수 있다. 이 기독교학교는 단순한 대안학교도 아니며 미션스쿨과도 구별되는 전혀 다른 차원의 학교이다. 기독교학교의 일차적인 관심은 교육 자체나 혹은 학문보다 자녀들로 하여금 성경과 창조세계를 통해서 하나님을 바로 알고 하나님께 영광을 돌리며 그분을 인하여 영원토록 즐거워하는 것이다. 그러므로 기독교학교에서 이루어지는 교육은 여러 가지 선택 가능한 방법 가운데 하나의 대안이 아니다. 본래부터 있었지만 기독교 역사 가운데 잃어버렸던 '원안 교육'이라고 할 수 있다. 기독교학교는 학생들로 하여금 하나님에 대한

육을 시작해야 한다는 것이다. 영국의 A. S. 닐이 1921년에 설립한 서머힐(Summer Hill)을 시작으로, 1960년대 후반 미국에서 일어난 자유학교(free school)와 열린학교(open school),우리나라에서는 2005년 3월 24일 개정된 '초중등교육법' 제60조 3항(대안학교)에는 다음과 같은 조항이 추가되었다. "학업을 중단하거나 개인적 특성에 맞는 교육을 하고자 하는 학생을 대상으로 현장실습 등 체험위주의 교육, 인성위주의 교육 또는 개인의 소질, 적성개발 위주의 교육 등 다양한 교육을 실시하는 학교이다." 그 후 2006년 12월 5일 입법 예고되었고, 2007년 6월 28일 '대안학교설립 및 운영에 관한 규정'이 발표됨으로 그 효력이 시작되었다.

지식과 하나님을 향한 봉사를 가르치고 훈련시켜 창조세계를 탐구한다는 점에서 단순한 공교육의 대안교육을 한다는 개념과는 차원이 전혀 다르다.

알버트 그린의 저서 『기독교 세계관으로 가르치기』에서 현대 그리스도인들은 대안의식을 가져야 한다고 주장한다. 그는 이원론적 세계관에 의해 살아가는 세상과 기독교인이면서 이원론적 세계관 아래 살아가는 삶을 비판한다. 현대사회는 모든 지식을 사적인 영역과 공적인 영역, 그리고 합리적인 것과 비합리적인 것, 객관적인 것과 주관적인 것, 사실과 가치를 분리시킨다(pp. 47~58). 이러한 세계관은 교육에까지 영향을 미쳐 심각한 문제를 야기 시키고 있다. 이런 관점에서 기독교 학교는 세상과 기독교 영역에 대한 대안적 방향을 제시하는 대안적 학교라고 할 수 있다. 그러나 기독교적 관점을 강조하는 기독교학교와 대안성을 강조하는 기독교 대안학교는 구분되어야 한다.

3) 기독교학교의 필요성

하나님은 이스라엘 백성들에게 약속의 땅 가나안에 들어가기 전에 하나님의 언약의 백성으로서 합당한 삶을 살며, 자녀들에게 신앙을 계승하기 위한 것으로 교육이라는 방법을 사용하셨다. 이것은 선택이 아닌 하나님의 명령이었다(신 6:4~9). '쉐마'는 들으라!는 히브리어 명령형이다. 이 명령의 일차적 대상은 가정의 부모이다. 가정은 하나님이 세상에 최초로 만드신 기관(Original Divine)이다. 자녀교육에 책한 책임과 권리는 가정에 주어졌다. 이것은 다른 어떤 기관에 빼앗겨서는 안된다. 따라서 교육은 네 가지 영역에서 이루어져야 한다. 첫째는 가정에서 부모들이 하나님의 말씀으로 자녀들에게 신앙교육에 전념하여야 한다. 둘째는 교회는 언약의 공동체로서 하나님의 모든 자녀들에게 성경과 교리를 가르쳐야 한다. 셋째는 건강한 사회적 환경을 조성하며 하나님 나라의 확장을 위해 사회 공동체에 빛과 소금의 역할을 다하는 기독교 가르침의 행위를 최선을 대해야 한다. 마지막으로 공교육의 반기독교적 가르침에 대항하여 기독교학교를 세워 성경적 세계관으로 창조 세계와 여호와 하나님을 아는 것이 지식의 근본임을 고백하도록 가르쳐 한다.

그러나 오늘날 현대 사회에는 주요한 영향력이 혼합되어 하나의 가치 체계를 전파하고 있으며, 결국 그것은 공정하고 시민적이며 신뢰할 만하고 평화로운 사회를 침식시키고 있다. 첫째, 기술은 사람들의 소비가 끊임없이 증가하는 경제 체제를 만들었다. 동시에 기술은 사람이 자신의 삶과 운명을 통제할 수 있다는 거짓된 생각을 부추기고 있다. 둘째, 미디어는 종종 이윤 극대화를 추구하는 대기업들의 지시를 받아 개인주의적인 쾌락을 조장한다. 셋째, 포스트모더니즘은—교육에서 구성주의를 포함하여—가치란 각 개인에 따라 상대적이라는 생각을 진작시킨다. 이와 같은 세 가지 영향력은 다음과 같이 공통적으로 받아들여지고 있는 가치의 틀을 산출해 냈다.

* 인간은 자율적이고 선하기 때문에 편하고 재미있고 행복한 삶을 영위할 가치가 있다. 행복은 물질적인 것에서 기인한다.
* 인간의 자아외부에 있는 어떤 근원에 기초한 초월적인 가치란 존재하지 않는다. 인간은 자신이 즐거운 대로 행할 수 있는 자유와 권리가 있다.
* 전통적 유산이나 공동체에 의해 형성된 공통의 윤리는 중요하지 않다.
* 권위는 오직 편의에 의해서만 용인될 수 있다. 폭력은 충돌을 해결하기 위해서라면 사용될 수 있다.
* 한 어머니와 한 아버지가 있는 가정은 유별난 것이며, 가족 관계는 기껏해야 피상적일 뿐이다.

오늘날 공교육에 관한 강연자들은 유대-기독교적인 가치에 기초하여 우리 사회를 치유해야 하며, 또 학생들이 공동체 속에서 진리를 존중하고 책임 있게 살아가는 윤리의 주체가 되도록 도와야 한다고 공공연히 말하고 있다. 아울러 학교 내에서 인성 발달 교육을 수행할 것을 강조하는 목소리가 커지고 있다. 그럼에도 불구하고 연구 보고에 의하면 교사들의 실질적인 대다수가 학부모들의 기대와는 달리 학교가 가치를 공개적으로 가르쳐서는 안 된다고 믿고 있다. 따라서 공립학교의 교사들은 결국 처음부터 개인주의적인 가치 상대주의를 가르치고 있는 셈이다. 여기서 사회가 공통적으로 견지하는 가치 기반을 논하는 의도는 다음의 세 가지다.

첫째, 우리는 학생들이 사랑과 원칙을 지닌 인격체로 자라고, 예수님을 따름으로써 사회에 긍정적으로 기여할 수 있도록 돕는 가치들을 육성해야 한다. 하지만 이것이 그리 쉬운 일이 아님을 인식할 필요가 있다. 우리 사회는 전반적으로 기독교적 가르침과는 정반대되는 것, 즉 극단적 개인주의, 공격성, 성적 착취, 물질주의 등에 고착되어 있다. 게다가 포스트모더니즘은 개인이 가치를 취사선택할 수 있는 권리를 가진다고 주장함으로써 이러한 상황을 더욱 심화시키고 있다

둘째, 가치는 우리의 삶과 학교 교육의 모든 국면에 두루 영향을 미치기 때문에, 우리는 기독교 세계관에 심겨져 있는 광범위한 가치들을 주의 깊게 정의할 필요가 있다. 단순히 우리가 동의하지 않는 몇몇 가치들을 선택하여 반대하는 것만으로는 충분하지 않다. 그리스도인들이 때때로 여타 중요한 가치들을 무시하면서 특정한 성경적인 가치들을 강조한다는 비난을 받은 것은 정당하다.

셋째, 우리가 추구하고 따라야 할 가치는 창조 세계의 법 수여자이신 하나님이 제정하신 가치들이다. 그것이 없이는 하나님의 창조 세계와 피조물들이 하나님의 의도하신 대로 기능할 수 없다. 가치들은 종종 가르쳐지기보다는 발견되기 때문에 학교는 그러한 가치들이 명시적으로나 암시적으로나 학생들의 가치에 어떤 영향을 끼치는지를 주의 깊게 고려해야 한다.

하나님께서 부모에게 위탁하신 자녀들을 부모의 것이 아닌 하나님의 것이다. 그러므로 자녀들이 성인이 되어 하나님과 사람 앞에 성숙한 그리스도인으로 세워질 때까지 부모의 보호와 교육과 훈련 아래 놓여 있다. 가정은 자녀의 전인적 교육기능을 전문기관인 학교에 맡겨 버렸다. 이러한 경향은 미국 공립학교 주창자로 알려진 호레이스 만(Horae Mann) 이후 더욱 심하게 나타나기 시작했다. 가정은 그 본래의 기능인 자녀교육의 권리와 의무를 되찾아야 한다. 또한 학교는 부모의 고유 권한인 자녀교육의 요소를 침해해서는 안된다. 부모는 학교에서 배우고 가르치는 것을 모니터를 해야 한다. 자녀교육의 최종적 책임은 부모에게 주어진 것이다. 기독교학교는 자녀 교육에 대한 부모의 책임을 존중하면서 학교의 고유의 역할을 충실하려고 노력해야 한다.

Ⅲ. 교육신학의 성경적 기초

1. 교육자로서의 하나님

1) 하나님의 교육 계획

"하나님이 자기 형상 곧 하나님의 형상대로 사람을 창조하시되 남자와 여자를 창조하시고"(창 1:27)라고 하나님께서 인간을 창조하신 바를 보여 주신다. 무한하신 창조주 하나님께서 피조물인 유한한 인간을 '하나님이 보시기에 좋았더라'고 할 만큼 모든 면에서 완전하게 창조되었다. 그러나 이 완전은 절대 완전은 아니다. 인간은 미성숙한 존재이며 따라서 하나님이 정한 바에 따라 교육받아야 할 필요성이 있다. 인간을 성숙하게 하기 위하여 하나님은 인간과의 친밀한 교제의 관계를 지속시키려 한다. 인간은 한동안 하나님에게 잘 순종함으로써 완전하신 창조자 앞에서 성숙해 가는 존재로서의 한계를 유지하였다. 그러나 인간은 자신을 위하여 하나님의 뜻과 교훈을 거스르고 선악을 알게 하는 지식을 추구함으로써 하나님과의 완전한 관계를 존속시켰다.

하나님은 인간에게 자신의 뜻을 가르쳤다. 인간은 지상에서 생육하고 번성해야 하며 지상을 정복해야 하며 지상의 모든 것을 다스려야 한다. 또한 하나님은 인간에게 다른 살아 있는 피조물은 물론 인간 역시 생존하는 방법에 관하여 가르쳤다(창 1:28~30). 하나님은 인간에게 해야 할 일과 성취시켜야 할 과제를 부과하셨다. 이러한 것들을 통하여 인간은 하나님이 인간과 세상에 부여한 능력과 자질을 개발하고 성숙해야만 했다. 하나님의 가르침에는 아담을 한 개인으로 간주할 뿐만 아니라 전 인류의 대표자로서 포괄적인 인간으로 간주하였다. 따라서 아담에게 주어진 과제는 지상의 전 인간에게 주어진 과제의 전형적인 것이었다. 이는 중요한 두 가지 요소가 포함되어 있다. 첫째는 인간이 효과적으로 이 과제를 수행함에는 교육이 불가피한 것이다. 둘째는 이 과제를 수행함으로써 인간은 개인적으로 그리고 집단적으로 교육이 이루어진다는 사실이다.

하나님께서 인간에게 주신 세상을 정복하여 다스리라는 교훈에서 발견되는 하나님의 계획과는 불일치하는 사건들이 지상에는 존재하였다. 성경의 역사는 하나님이 인간의 창조와 같이 좋으신 세상인데도 불구하고 마침내 부분적이기는 하지만 하나님을 거역하는 세력 아래로 전락하는 바를 지적한다. 하나님은 인간을 에덴동산에 두사 그것을 다스리며 지키게 하였다(창 2:15). 그러나 하나님을 거역하는 세력을 통하여 인간에게 유혹이 들어왔다. 의심할 여지없이 하나님이 통치하는 곳이 전 지상이라면 하나의 동산은 불필요할지 모른다. 하나님께서 인간을 통하여 이루고자 하는 계획에 조화되며 자신과 교통하는 거처로써 특별한 영역을 그의 창조의 결정체인 인간을 위하여 예비한 것이다. 이 계획은 하나님의 감독 하에서 인간이 지상을 통치하는 것이었고 만물로 하여금 의에 있어 완전케 하며 악으로부터 구속하고자 하는 하나님의 목적에로 일치시키는 데 있었다. 하나님은 그 자신의 영광을 위하여 완전한 인간과 완전한 창조물을 지으려고 하였다. 이 일은 천상에서 하나님을 거역한 바 있는 사단의 반대를 받게 되었다. 이 사단의 거역으로 인하여 하나님과 더불어 영속적이며 신비한 갈등의 관계로 돌입되었고 지금도 지상에서 이 갈등의 양상은 발생하고 있다.

이 갈등 속에서 인간은 하나님이 부여한 사명을 감당키 위하여 교육받지 않으면 안 된다. 인간이 그 자신을 통치할 수 있기 전에는 하나님을 위하여 세상을 통치할 수는 없다. 인간이 먼저 그 자신을 정복하기 전에는 악을 정복할 수도 없다. 오직 도덕적 갈등 속에서 인간은 하나님을 위하여 어떻게 다스려야 할 것인가를 배울 수 있다. 오직 악의 유혹에 이김으로써 인간은 세상을 통치함에 필요한 권위를 획득할 수 있고 또 그렇게 함으로써 만물을 하나님께 복종시킬 수 있다. 선악을 알게 하는 나무의 열매를 먹지 말라고 금지한 사실은 새롭게 발생하는 그와 같은 일을 이해하는 차원을 고려하도록 만든다. 그 같은 금지의 사실을 통하여 하나님은 불순종의 결과에 관하여 분명하고도 명확한 교훈을 주었다. 불순종의 결과가 인간에게 초래한 갈등은 본질적으로 영적인 문제이다. 왜냐하면 이 갈등에 포함된 바가 인간을 다스리는 하나님의 절대 권위에 관한 것이기 때문이고 아담과 하와에 있어서의 불법은 단순히 금단의 열매를 먹었다는 사실보다도 선악을 알게 하는 지식을 추구함으로써 하나님과 동등하게 되려는 금지된 행위를 선택한 데 있다(창 3:5). 그러므로 선악과는 단지 인간을 다스리는 하나님의 규범의 상징이며, 하나님의 뜻에 인간의 의지를 기쁘게 순종시키고자 하는 의도로 제정하신 것이다. 선악과란 인간을 교육시키기 위하여 하나님에 의하여 사용된 하나의 방편이었고 또 인간교육을 통하여 만물을 완전히 하나님께 영광이 되도록 순종시키고자 하는 방편이었다. 그러나 인간은 시험에 실패하고 말았다. 인간은 스스로의 길을 가고 말았다. 즉 지성을 사용함으로써 기쁨과 만족에 도취되었고 자신의 이성적 활동의 능력과 쾌락을 즐겼다. 또한 보다 폭넓고 심원한 지적 이해를 추구함으로써 하나님의 뜻에 불순종하게 되었다. 인간은 하나님이 기뻐하는 길을 포기하였고 하나님이 계시한 바를 확신하지 않았으며 하나님에 의하여 주어진 진리를 전적으로 수용하지도 않았다. 또한 선한 지식의 유일한 원천인 하나님 자신을 전적으로 의존하지도 않았다. 한마디로 말한다면, 인간은 하나님의 무한한 충족성을 자신의 허약한 불충족성으로 대치시켰다. 선악을 알게 하는 지식은 인간의 소유가 되었지만 인간이 자력으로 무엇인가 할 수 있다는 잘못된 관념으로 말미암아 인간은 하나님과의 부조화를 가져오고 말았다. 그 결과 인간은 잃어버린 영광을 회복하고자 갈망하는 불만족의 생활을 영위하게 되었고 영광을 되찾으려고 영속적이며 무익한 시도를 하지만 아무런 기쁨이 없게 되었다.

2) 하나님의 교육내용

인간의 타락으로 하나님 앞에 죄인이 되었음에도 불구하고 하나님의 사랑의 대상으로써 존속되었다. 그러나 인간의 타락은 하나님이 인간을 다스리는 방법에 있어 변화를 초래케 하였다. 인간은 영혼과 육에 있어 죽음에 굴복 당하게 되었다. 인간은 자신을 죄악 속으로 몰아넣을 뿐만 아니라 만물을 죄의 굴레로 끌고 들어갔고 죄의 조성자인 사단의 권세 아래로 놓이게 되었다. 따라서 인간을 섭리하는 하나님의 방법에 변화가 필요하게 되었다. 인간을 위한 하나님의 계획을 효과적으로 성취시키기 위하여 하나님은 인간에게 두 가지 큰 과제 즉 인간 자신의 불충족성과 하나님의 완전 충족성을 가르치지 않으면 안 되었다. 인간은 하나님의 명령에 거역함으로 말미암은 타락의 무서운 결과들을 배우지 않으면 안 되었다. 인간은 그 자신의 절대 무능과 전적 무능을 배우지 않으면 안 되었고 자신의 구원을 성취함에 불가능한 자신의 한계를 깨닫지 않으면 안 되었다. 인간의 영적 이해는 어두워졌고 그의 이성은 흐려졌다. 그는 선악을 혼돈하게 되었고 스스로가 선을 소유한 것으로 착각하게 되었다. 인간 스스로가 강하고 의롭다고 신앙하는 한 유일한 구원자이신 하나님의 충족성을 깨달을 수 없게 되었다.

하나님은 인간에게 올바른 깨달음을 주기 위하여 수천 년 이상 연장되는 교육적 프로그램을 마련하였다. 인간이 매사에 있어 전적으로 무력함을 배움으로써 그 자신의 한계를 깨닫게 하였다. 따라서 이 교육적 프로그램은 인간에게 인간 스스로의 힘의 무능함을 완전히 이해하도록 하기 위하여 자신의 능력을 실험해 보도록 마련되었다. 그러므로 하나님의 교육적 프로그램의 모든 국면은 인간의 실패에 관하여 배우도록 하는 목적을 지니고 있다. 포괄적인 교육목적은 인간의 상실한 지위와 무력한 상태를 배우도록 함에 있다. 이렇게 함으로써 인간이 모든 면에 부족함을 깨닫고 구원과 해방의 유일한 원천으로써 하나님을 신앙하도록 한 것이다. 그래서 하나님은 종종 인간이 하나님에게 순종할 기회를 줌으로써 시험한다. 이 모든 시험은 하나님의 뜻과 계획을 계시한 후에 주어지지만 인간은 하나님에 대하여 거역을 일관한다. 그러므로 이 모든 시험의 양상은 인간의 불순종에 대한 하나님의 심판으로 끝맺는다.

인간을 타락하게 한 선악에 관한 지식으로 인간의 양심이 깨우쳐진 이래로 하나님은 인간에게 선을 행할 수 있는 자유와 악을 삼갈 수 있는 자유를 줌으로써 인간을 시험하였다. 인간의 허약해진 마음은 오직 악을 행하기에 이르렀고 하나님은 마침내 홍수 심판을 행하게 되었다. 그 후 하나님은 인간을 세상 통치의 책임자로 세웠다. 그러나 인간은 이 일에도 실패하였다. 그러므로 하나님은 언어의 혼잡과 민족의 분열로 세상을 심판하였다. 그 다음 하나님은 신앙교육을 행하시기 위하여 한 민족을 선택하였다. 그러나 그 결과도 불신앙으로 끝났다. 왜냐하면 그 민족에게 도무지 깨닫지 못하는 마음을 갖게 하는 심판을 행하셨기 때문이다. 그 후 수 세기 동안 하나님은 그들에게 율법으로써 시험하였다. 율법은 회개케 하는 교육을 포함하고 있었다. 그래도 인간은 다시 실패하였다. 인간은 반복해서 율법을 범하고 말았다. 이 시험은 이스라엘 민족이 포로가 되고 흩여짐으로 하나님의 심판아래 놓이게 되었다.

그 후 하나님은 인간을 은혜 아래 두시고 대속주로서 그리스도를 영접할 기회를 주었다. 그러나 인간은 예수 그리스도를 영접하지 아니하고 거절하였다. 마지막에는 하나님의 영광의 왕국을 나타낼 것이다. 하나님의 통치를 거역한 인간에 대한 심판은 파멸과 영벌이 될 것이다. 인간의 역사에 나타난 이 같은 실패들은 하나님의 교육의 원리의 실패가 아니라 인간적 요소에 있어서의 실패인 것이다. 어느 때든지 하나님의 교육적 프로그램은 전 인류 중에서 얼마간의 사람들에게는 효과적인 것이었다. 하나님이 죄로 인하여 인간을 심판할 때마다 도처에서 하나님이 가르친 교훈을 받아들인 자들이 있었다. 세상에는 하나님의 계획을 수행한 소수의 경건한 사람이 있었다. 비단 그들이 전적으로 하나님을 순종하지는 않았다 하더라도 그들은 하나님을 순종하려고 하였다. 이들 중에는 에녹, 노아, 아브라함, 요셉, 욥, 다윗, 다니엘 그리고 선지자들이 있다. 세상에 드러나지도 않고 오히려 멸시받은 이 소수의 신앙인들은 하나님에 관한 순수한 증거를 보유하고 있었다. 하나님은 이 소수를 통하여 그의 왕국을 전진시켰다. 하나님은 그의 계획을 수행함에 있어서 인간의 무력함을 깨닫게 하기 위하여 미련한 자들과 멸시받은 자들을 사용하였다. 그는 '세상의 미련한 것들을 택하사 지혜 있는 자들을 부끄럽게 하였다'(고전 1:27~29). 그러므로 하나님 앞에서 인간이 영광 받을 것은 아무것도 없도록 하였다.

3) 그리스도 안에서의 교육계획

하나님은 인간을 위하여 마련한 영광스러운 목적을 성취하시려고 오랜 세월 동안 인간 역사에 폭넓게 역사하였다. 하나님은 결코 그 자신이 침해하거나 제거하지 않는 자유의지를 인간에게 주었다. 사단은 영속적으로 부단히 그가 에덴동산에서 행한 것과 같이 꼭 인간 속에서 그리고 인간을 통하여 하나님의 순수한 사역을 오염시키려고 시도하고 있다. 이 같은 결과는 교육에 있어 신적 요소와 인간적 요소가 혼합된 상태로 나타나고 있다. 태초에는 하나님이 직접 인간을 가르쳤기 때문에 신적인 요소가 압도적이었다. 그러나 인간이 사단에 의하여 선동된 후로는 하나님에 관하여 배우기를 거절하였고 하나님은 인간이 그 자유를 마음대로 행사하도록 허용하였다. 그렇지만 하나님은 언제든지 인간이 자신의 가난하고 연약하며 부적당한 길을 돌이켜서 하나님에게 순종하며 그의 완전한 길로 돌아오기를 기쁨으로 기다린다.

일반적으로 교육사는 신적인 요소는 점진적으로 감퇴하고 인간의 사상과 이상 등 그나마 하나님의 원수인 사단의 속임수에 감염된 요소들이 증가됨이 특색이다. 인간의 타락과 아브라함의 소명 사이의 시대를 기독교교육사의 원시시대(The Primitive Period) 혹은 하나님을 중심한 교육시대라 칭할 수 있을 것이다. 인간은 언어를 구사할 수 있는 존재로 창조되었고 언어를 개발시켰다. 노아 시대로부터 하나님은 그의 교훈을 개인에게 전달하는 수단으로써 한 가정의 대표자를 대리인으로 선정하였다. 원시 시대의 지식은 하나님의 권위에 의하여 부여된 것이었다. 그러므로 지식 그 자체가 신적 권위를 가졌다. 개인의 의무는 이 같은 지식을 수용하고 그 배운 바대로 행하는 것이었다. 이 같은 지식을 부여한 목적은 인간으로 하여금 하나님의 뜻을 알고 행하도록 함에 있었다. 아담과 하와에게 주어진 죄에 대한 형벌은 그 자체가 하나님의 심판이었고 도덕적 영역에 속하는 것이었다. 그러나 "여자의 후손은 네 머리를 상하게 할 것이요 너는 그의 발꿈치를 상하게 할 것이니라"(창 3:15)라는 말씀은 죄의 원천인 사단에 대한 진리의 승리를 선언함이며 진리가 인간과 더불어 존속할 것을 선언함이다. 인간 사단에게 공격당하였지만 '여자의 후손'으로 오실 그리스도 안에서 승리 실현할 것이다. 하나님이 죄로 인하여 인간에게 심판을 선언함으로써 그는 인간에게 죄에서 구속받음에 관하여 세 가지 기본 요소를 가르친다. 그리스도의 도성인신과 그리스도의 죽음과 죄와 죽음에 대한 그리스도의 승리를 가르친다. 창세기 3:21에서 "여호와 하나님이 아담과 그 아내를 위해 가죽옷을 지어 입히시니라"고 하였다. 아담과 하와가 죄를 범한 후에 자신들을 감싸기에 무화과 나뭇잎을 엮어 치마를 하였다. 이때 하나님은 그들을 위해 입기에 적당한 가죽옷을 지어 입혔다. 가죽옷을 짓기 위하여서 생물의 생명이 희생된 것이다. 그러므로 이 사건에서 인간에게 두 가지 교훈을 제시해 주었다. 즉 인간 자신이 죄의 결과에서 벗어나려고 함의 부적합성과 피흘림으로 마련된 하나님의 준비의 완전성에 관한 교훈이다. 피의 희생은 가인과 아벨에 의하여 드려진 번제의 적절한 기초였다. 가인의 제사가 열납되지 못한 것은 피가 없는 제사였기 때문이라고 하는 것은 분명하지 않다. 그러나 가인과 아벨이 그들의 제사가 하나님 앞에 똑같은 가치를 지닌 것이 아니었다는 사실을 안 것은 분명하다. 가인과 아벨의 제사의 차이점은 가인의 제사는 자신의 노력과 활동에 의하여 산출된 것이었고, 아벨의 제사는 죄 없는 희생 제물의 피흘림이 있는 것이었다. 히브리서 11:4의 진술로 보아 아벨의 제사는 가인의 제사보다 더 탁월한 것이었다. 왜냐하면 아벨의 제사는 하나님께서 그들에게 알게 한 진리에 순응한 것이기 때문이다. 아벨은 그의 제사에서 표현된 신앙으로 인하여 의롭다고 인정받게 되었다. 그 신앙은 확실히 자신의 죽음이 아닌 대속적 죽음에 기초한 것이었다. 이 사건을 분기점으로 하여 인간 역사는 두 갈래로 나누어졌다. 즉 '가인의 길'(유11)과 '아벨의 길'로 나누어졌다. 가인의 길은 하나님을 떠난 인간 개발의 길이며, 자기 본위의 길이며, 하나님에 의하여 계시된 진리를 거스르는 길이며, 육신을 중심한 종교의 길이며, 인간의 지식과 힘을 신뢰하는 길이며, 노력에 의하여 의롭다 함을 받는 길이며, 인간 스스로의 힘으로 성취할 수 있다고 믿는 길이며, 하나님에 의하여 제정된 방법으로만 구속이 가능함을 부인하는 길이다. 반면에 아벨의 길은 겸손하게 하나님을 의뢰하는 길이며, 전심으로 하나님의 뜻을 순복하는 길이며, 하나님이 계시한 바를 진리로 수용하는 길이며, 신실한 마음으로 하나님을 경배하는 길이며, 모든 것을 하나님에겐 전적으로 맡기며 죄가 죽음에 이르게 한다는 겸허한 지식을 가지며 인간의 절대 부족성을 인식하며 오직 하나님만이 구속을 이룰 수 있으며 은혜로 인간을 구원해 주심을 믿는 길이다. 가인의 길을 따르는 자들은 물질적인 면과 문화적인 면에서 위대한 것들을 달성한다. 가인에게 기원을 둔 인류 최초의 문화는 찬란한 것이었다. 이 문화는 말은 발명과 발견으로써 이루어진 기계 문화의 고차원적인 개발로 특징져지며, 사회생활의 개발에 많은 강조를 두고 있는 것으로 특징 지워진다. 그들이 이 같은 문화를 번성케 하기 위하여서는 결코 저차원이 아닌 교육을 실행했어야만 가능하였을 것이다. 문화 그 자체가 하나님의 뜻에 모순되는 것은 아니다. 하나님은 문화 그 자체를 반대하지 않는다. 하나님은 문화와 문명을 저주하는 것이 아니라 하나님에게 거역하는 인간의 오만과 교만, 이기심과 위선, 자행자지함과 배역을 저주하는 것이다. 가인 문화의 세속적이며 물질적인 찬란함에도 불구하고 하나님의 심판은 주어졌다. 물론 이 심판은 물질적인 면에나 문화적인 면에나 인간이 관여하는 어떤 사물에 관한 것이 아니라 인간의 도덕적 상태에 관한 것이다. 사악이 증대하자 하나님은 홍수로써 죄 많은 인류를 심판하였다. 홍수 심판 중에서도 '하나님과 동행한' 노아를 구원하였다. 하나님의 축복 아래서 노아는 인류의 두 번째 대표자가 되었다. 하나님이 노아에게 말씀한 것과 아담에게 말씀한 것 사이에는 병행되는 것이 있다. 곧 '생육하고 번성하여 땅에 충만하라'는 것이다. 양식에 관한 가르침도 또한 병행적으로 주어졌다. 아담에게는 채소를 먹을 것을 가르쳤고 노아에게는 동물의 고기를 먹음에 관한 것이었다. 두 경우 모두 다 신적인 언약이 부여되었다. 아담에게는 선악을 알게 하는 나무의 열매는 먹지 못하도록 하였고 노아에게는 피채 고기를 먹지 말라고 한 것이다. 부언하여 홍수심판이 다시 세상을 파괴하지 않을 것을 노아에게 말씀한 것이다. 하나님에 의하여 노아와 더불어 맺으신 언약은 자연과 세계 역사에 관한 정보를 제공하는 것이었다. 노아의 저주와 축복을 통하여 비단 그것이 언약의 직접적인 한 부분은 아니라 할지라도 언약과 예언적 기초가 형성되며 장차 세계의 역사에 있어서 인류를 위한 프로그램이 마련되어 짐을 보게 된다. 셈에 대한 축복의 예언은 지상의 모든 인류에게 하나님의 구속적 은혜의 통로가 되었으며, 하나님의 선택된 백성으로서 셈족이 선택됨으로써 역사에서 성취되었음을 본다. 하나님의 계시는 셈족의 후예들을 통하여 주어졌다. 육체를 따라서는 그리스도 역시 셈의 후손이었다. 셈에 대한 축복이 그리스도 안에서 온 세상을 위한 복음으로 나타났다. 셈에게 선포한 노아의 축복은 영적 권세에 강조되고 있다. 이에 비하여 야벳에 관한 축복은 문화적이며 세속적인 권세의 확장을 언급하였다. 이 예언은 그리스도로 말미암아 구원의 축복을 받은 하나님의 선택한 백성 중에 이방인들도 참여자로 들어오고 있는 역사로 미루어 이루어지고 있고 또 반드시 이루어질 것임에 틀림이 없다.

2. 교사로서의 예수님

1) 그리스도 중심의 기독교교육

구원이 무엇인가? 여기에 크게 두 가지 태도가 있는데 하나는 사람을 하나의 궁극자(An ultimate)로 보는 태도이고 또 하나는 사람을 하나님의 형상, 곧 형상(Image)으로 보는 태도이다. 전자를 궁극자적 태도로, 후자를 형상적 태도라고 부른다. 궁극자적 태도를 가진 사람은 사람이 궁극자로서 그 역할을 온전히 다 하는 것이 구원이라고 생각한다. 이들은 자기 스스로의 노력으로 자기 자신을 구원할 수 있다고 생각 한다. 이들은 도덕법을 지키는 것이 영생을 얻을 수 있는 필수 조건이라고 생각하고 있다.

그러나 형상적 태도를 가지고 있는 사람은 사람이 하나님의 형상으로서 그 역할을 온전히 다 하는 것이 구원이라고 생각한다. 이들에게 있어서는 하나님의 속성들을 반사하는 것이 곧 구원이며 구원받은 삶인 것이다. 거울 속에 비친 형상이 그 원형의 모습을 잘 나타내 보여주는 것과 같이 사람도 그 삶을 통하여 하나님의 속성들을 잘 반사해야 한다. 형상(사람)이 그 원형(하나님)을 떠나 살면 그 삶은 곧 죽음이기 때문이다. 성경은 "우리의 의는 다 더러운 옷 같으며"(사 64:6)라고 기록하고 있다. 그러므로 우리가 하나님께 드릴 수 있는 것은 통회하는 마음과 상한 심령뿐이다. 사람은 형상이므로 그 자체로는 아무것도 아니다. 따라서 사람은 겸손할 수밖에 없다. 사람에게는 그의 죄성(Sinful nature)으로 말미암아 궁극자가 되려는 경향이 늘 도사리고 있다. 따라서 사람은 궁극자가 되려는 그 욕망을 끊임없이 쳐서 복종시키며 그 삶을 하나님을 위한 산 제사로 드려야 하는 것이다. "너희가 먹든지 마시든지 무엇을 하든지 다 하나님의 영광을 위하여 하라"(고전 10:31). 궁극자적 태도와 형상적 태도는 결국 서로 어울릴 수 없는 견해이다. 즉 궁극자적 태도를 취하는 사람은 자기 자신의 왕국을 흥하게(Increase) 하려고 끊임없이 애쓰고 형상적 태도를 취하는 사람은 '먼저 그의 나라를 구하기' 위하여 교만하기 쉬운 자아를 쇠하게(Decrease) 하려고 애쓴다. 전자는 자기 자신의 능력을 키워서 스스로 궁극자가 되려는 마음에 사로잡혀 있으며 후자는 보다 형상다워지기 위하여 자기중심적인 삶을 탈피하려는 마음에 사로잡혀 있는 것이다.

성경은 증언하기를 "아담 안에서 모든 사람이 죽은 것같이 그리스도 안에서 모든 사람이 삶을 얻으리라"(고전 15:22) 그리스도는 머리이시다. 몸의 지체들이 그 머리와 깊은 관계가 있는 것같이 그리스도에게 속한 자들은 그 머리이신 그리스도와 연합되어야 한다. "누구든지 그리스도와 합하여 세례를 받은 자는 그리스도로 옷 입었느니라. 너희는 다 그리스도 예수 안에서 하나이니라"(갈 3:27~28). "한 사람이 모든 사람을 대신하여 죽었은즉 모든 사람이 죽은 것이라. 왜 모든 사람이 죽었다고 할 수 있는가? 저가 모든 사람을 대신하여 죽으심은 산 자들로 하여금 다시는 저희 자신을 위하여 살지 않고 오직 저희를 대신하여 죽었다가 다시 사신 자를 위하여 살게 하려 함이라"(고후 5:14~15). 믿음으로 말미암아 우리는 그리스도와 함께 죽고 그리스도와 함께 부활한다. 따라서 머리이신 그리스도와 함께 죽은 것은 "옛사람과 그 행위를"(골 3:9) 십자가에 못박는 것임을 믿되 성령의 거듭나게 하는 능력을 힘입어 온전히 믿어야 한다. 또한 성령의 소생시키는 능력으로 말미암아 그리스도와 함께 다시 살아났음을 온전히 믿어야 한다. 그리스도와 함께 다시 산 자는 새로운 피조물, 곧 "자기를 창조하신 자의 형상을 좇아 지식에까지 새롭게 하심을 받는 자"(골 3:10), 거듭난 자가 된다. 이렇게 옛 사람에서 새 사람으로 변화 받은 것은 "새 생명(Newness of life) 가운데서 행하며, 마음으로 순종하여 다시는 자기 자신을 위하여 살지 않고……대신하여 죽었다가 다시 사신 이를 위하여 살기 위함이다"(롬 6:4, 17, 고후 5:15). 하나님을 위하여 사는 새 삶은 반드시 생각과 말과 행위로 그 열매를 맺어야 한다. 그리스도는 이제 우리의 '부활이요 생명'이다(요 11:25). 그리스도께서 자신을 화목 제물은(Christ's Propitiation for sin)이 되심으로 온 세상을 구원하기에 충분(Sufficient)하며, 이것은 그리스도를 믿음으로 그리스도와 연합된 자들 곧 그의 부활의 능력을 체험하고, 그의 고난에 동참하여, 그의 죽으심을 본받는 자들에게만 유효(Efficient)하다"(요일 2:2, 빌 3:10). 이처럼 기독교교육은 인간으로 구원에 이르게 하기 위하여 그리스도 중심의 지적, 도덕적, 영적으로 훈련시키는 것이다.

2) 교사이신 예수 그리스도

(1) 교사로서의 예수님

예수님은 어린 시절에 나사렛에서 전통적인 유대교육을 받으며 성장하셨다. 나사렛에는 회당이 있었는데 예수님은 거기에 출석하셔서 교육을 받으신 것으로 기록되어 있다(눅 4:16). 당시의 회당은 유대인들의 종교와 교육을 위해 세워진 것으로서 유대의 소년이 6살이 되면 회당에서 정식교육을 받게 되었다. 기초반에서는 성경을 읽고 쓰는 법과 간단한 수학을 가르쳤다. 벤슨(Benson)은 예수님께서 가르치는 사역을 위해 준비하셨던 5가지 방식을 열거하고 있는데 ① 나사렛의 회당 안에서도 입증되었듯이 예수님께서는 성경을 철저히 탐독하셨다. ② 예수님께서는 손가락으로 땅에 글을 쓰셨다는 기록을 통해(요 8:6) 볼 때 쓰기에도 능하셨다. ③ 예수님께서 십자가상에서 돌아가실 때의 상황을 보면(마 27:46) 히브리어뿐만 아니라 아람 방언에도 능숙하셨던 것 같다. ④ 예수님께서 무리를 향해 "너희가……한 것을 들었으니……"(마 5:21, 27, 31, 38, 43)라고 말씀하신 것을 보면 입으로 전해져 내려오던 율법과 전통에 대해서도 잘 알고 계셨음을 알 수 있다. 예수님께서 가르치는 사역을 위해 미리 준비하신 것들 외에도 그분이 교사로서의 가르칠 충분한 자격이 있음은 다음에 열거되는 6가지 사항들에 드러나고 있다.

　① 예수님은 하나님의 진리의 말씀이 생생하게 구체화된 존재이다(요 14:6). 예수 그리스도는 그가 가르치는 내용, 바로 그 자체였다. 그렇기 때문에 예수님께서는 자

기가 하신 말씀에 절대적인 확신을 불어넣을 수 있었던 것이다.

② 예수님은 권위를 가지고 있었으며(마 7:28~29) 서기관들의 권위는 이차적인 것이 었고 예수님의 권위는 하늘로부터 온 것으로 본질적인 것이며 신성하고 자유로운 특징을 가지고 있다.

③ 예수님은 성경을 잘 알고 계셨으며 구약에서 적어도 20번 이상을 인용하여 하나 님의 뜻을 암시하셨다.

④ 예수님께서는 사람의 마음을 꿰뚫어 볼 수 있었기 때문에 자기에게로 오는 모든 사람들의 사정을 다 알고 계셨다(마 9:4, 요 1:47, 2:25, 17~18, 6:61, 64).

⑤ 예수님은 이미 가르치는 기술을 통달하신 대가였다. 이 세상의 그 누구도 성령의 인도를 받으시는 예수 그리스도만큼 훌륭한 교사는 없었으며 그분만큼 꾸준하게 가르침에 대한 율법을 지켜왔던 사람도 없었다.

⑥ 예수님은 사람들이 자기를 선생으로 인정하는 것을 받아들이셨다. "너희가 나를 선생이라 또는 주라 하니 너희 말이 옳도다 내가 그러하다"(요 13:13).[66]

예수님의 사역을 살펴보면 일정한 양식이 있는데 전파하시고, 가르치시고, 치유하시 는 것으로 공생애의 3중적 사역이다. 초기에는 하나님의 나라를 전파하셨고 중반부에는 제자들과 무리들을 가르치셨고, 후반부에 가서는 다시 그 개인들과 함께 사역하셨는데 특별히 열두 제자들을 훈련시키셨다. 예수님께서는 모든 기회를 적절하고도 자연스럽게 활용하시는 것을 보면 놀라움을 금할 길이 없이 일단 그분이 어떤 대상에게 관심과 흥 미를 가지게 되면 예수님께서는 그것을 생생하게 가르칠 수 있는 상황으로 전개시켜 나 갔던 것이다. 사회적으로 발생되는 모든 사건들이나 일시적인 상황 그리고 삶의 전체적 인 양상에서 표출되는 필요성 등 이러한 모든 것들은 예수님으로 하여금 크리스천의 삶 의 진리를 사람들에게 전달할 수 있는 적절한 기회를 마련할 수 있게 해 준다.

(2) 예수님의 가르침의 목적

모든 사람들로 알게 하고 깨달아 느낄 수 있게 하는 것은 예수님의 교육목표 중의

---

66) Werner C. Graendorf, *Introduction to Biblical Christian Education* (Chicaco, IL: The Moody Bible Institute, 1981), 55~58.

한 부분을 차지하고 있으며 그분의 목표는 지성과 감정에 영향을 미칠 뿐 아니라 삶을 변화시키는 궁극적인 동기를 제공하는 데 있다. 예수님의 가르침은 실제적인 목표를 향해서 진행되고 있었다. 예수님께서는 배우는 사람들이 발전하고 진보하기를 바랐으며 항상 그들의 자유의지에 강력히 호소하였던 것이다. 예수님의 목표들은 여러 가지 사항으로 명시할 수 있다. ① 예수님께서는 그가 가르치는 사람들을 하나님께로 인도하고자 했다(눅 13:3, 요3:3). ② 예수님은 사람들이 하나님의 사랑을 나누는 가운데 서로 화목하게 지내기를 원하셨다. ③ 예수님께서는 그를 따르는 무리들이 온전한 이상을 마음속에 품고 지내기를 원하셨다(마 5:48). ④ 예수님은 무리들의 확신에 깊이와 강도를 더해 주셨다(요 21:15~17). ⑤ 예수님은 제자들이 그의 가르침을 세상에 나가 두루 전파할 수 있도록 훈련시키셨다(마 28:19~20). 예수님께서 자신의 목적을 성공적으로 달성하신 데 대한 기록은 사도행전에 잘 나와 있다. 교회의 설립과 기독교의 전파 그리고 기독교의 당당한 현존 등은 예수님께서 뚜렷한 교육목표 아래 훈련시키셨던 제자들과 함께 성취하셨다는 사실을 입증해 주고 있다.

(3) 교사의 삼중적 기능

그리스도께서는 우리의 구속자로서 선지자와 제사장과 왕의 삼중직을 수행하셨다. 예수 그리스도 안에서 왕같은 제사장(벧전 2:9)으로 세우심을 받은 모든 신자들은 그의 종으로서 수행하여야 할 왕과 제사장과 선지자로서의 기능을 가진다.

① 왕적 기능

왕으로서의 기능은 권위의 사용을 함의한다. 교사는 학생들에게 과제를 주며, 학문적 성취의 기준을 정하고, 용납할 만한 행동의 정계를 수립하고 강조하며, 그리고 일반적으로는 학교의 제반 활동이 그에 의해 규정되는 기본 법규를 제정한다. 교사는 학급 전체를 다스리는 것이다. 그러나 그리스도인 교사는 자신보다 더 크신 분이신 예수 그리스도의 권위 아래서 다스리는 것이다. 이런 다스림 아래서는 학생들이 하나님의 사랑 안에서 양육 받을 수 있다. 즉 그는 하나님의 형상으로서의 정당한 대우를 받을 것이고, 흔히 포스트머더니즘 세대의 수업에서 있기 쉬운 대중의 한 사람 취급에서 벗어날 수 있다. 결국 가르치는 자로서의 권위는 교육의 영역에서 하나님의 섬김과 동시에 학습자를 섬기는 위함이다.

그러나 인도주의적 교육자에게는 권위가 옳게 사용되느냐 남용되느냐가 문제가 아니라, 권위의 사용이 있는가 없는가가 문제다. 루소(Roussau)는 그의 저서 「에밀」(1762)에서 자연주의적 교육철학을 제시했다. 여기서 그는 인격이란 마치 정원에서 자라나는 꽃과 같다고 하였다. 아무런 제한도 그에게 가하지 말라. 그가 묻지 않는 것에 대해서는 아무런 지식을 주입하려 들지 말라. 오히려 그의 가능성이 자라는 한, 그가 자연적으로 자라도록 내버려두고서, 교사는 그가 스스로 다루기 어려운 장애를 제거하고, 배후에서 에밀이 필요로 할 때면 언제나 필요한 도움을 제공하는 정도로만 머물러 있어야 한다는 것이다. 그러나 이런 인격과 훈련이란 루소 자신의 상상력의 소산일 뿐이다.

그럼에도 불구하고 이런 사상은 '진보주의' 교육에 만연하게 되었다. 그것은 세계 도처에 그 영향력을 미치고 있다. 특히 학생들에게 어떠한 제한도 가해서는 안 된다는 원칙은 학생들이 근본적으로 선하며, 따라서 그대로 놓아두면 자연적으로 완전하게 될 것이란 가정에 근거한 것이다. 이런 사상은 오늘날 만연해 있는 부모의 권위에 대한 반항, 교회의 권위 그리고 사회적 권위에 대한 반항, 그리고 결국은 하나님에 대한 반항의 원인이 되는 것임을 부인할 수 없다. 그리스도인들은 어린 자녀들일지라도 하나님 앞에서 죄인이며, 따라서 자연대로 내버려두면 온전하게(perfection) 되기는커녕, 영원한 파멸(perdition)에 빠질 것임을 믿고 있다. 즉 그대로 내버려 두면 지식이 아니라 무지에, 지혜가 아니라 어리석음에 빠지고 말 것이다. 그러므로 어린아이들의 삶에서도 근본적인 변화가 필요하며, 그 후에야 주의 교훈의 방식으로 양육될 것이다. 따라서 교사의 권위는 학습자들을 통제하거나 억압하기 위해 주어진 것이 아니다. 오히려 학습자들이 자신의 재능을 발견하고 하나님의 부름심을 깨닫아 신실한 청지기가 되도록 도와주는 사역을 감당하기 위해 주어진 것이다.

② 선지자적 기능

선지자란 하나님의 말씀으로 가르치며 깨우치는 자이다. 수업을 담당하는 교사에게 선지자적 기능을 말하기 위해서는 신학뿐 아니라 모든 학문이—그것이 수학, 역사, 자연과학, 언어, 그 무엇이든 간에—하나님의 진리의 한 분야라는 것을 전제해야만 한다. 이것은 성경과 예술, 과학 사이에 아무런 구별이 없다는 말은 아니다. 성경만이 우리의 신앙과 행위에 절대 무오한 권위를 가진다. 그러나 모든 진리의 근원은 하나님이시다.

모든 진리가 하나님께로부터 왔다면 그 모든 것이 거룩한 것이다. 따라서 그 진리를 그 원천이신 하나님의 지도 아래서 전달하는 자는 그가 누군가를 막론하고, 모두 참된 하나님의 대변자인 것이다. 이와 연관하여 기독교교육에 있어서의 '성경의 규범적인 사용'에 관하여 몇 가지 찾아 볼 수 있다. 학교에서 가르치는 교육과정에 포함된 모든 학문의 전반적 내용과 그 학문의 방법론, 그리고 가르치는 방법을 성경에서 직접적으로 찾을 수 없다. 그러나 우리는 성경에서 그 기원과 의미, 목적에 대한 해답을 찾을 수는 있다. 그러므로 신앙과 학문의 통합(integration)은 그리스도인 교육자의 가장 근본적인 과제인 것이다. 그런 통합은 분명히 찬양할 만한 목표이지만, 어떻게 그것을 성취할 것인가? 결국 통합은 교육 프로그램의 전 국면, 즉 교육과정, 교수방법론 등을 포함한 전체와 관련되는 매우 복합적인 과제이다. 심지어 건물의 설계까지도 그 기관이 가진 철학을 반영하는 것이다. 그러나 시작은 역시 영적으로 성숙한 그리스도인 교사를 확보하는 일이다. 그 마음과 정신이 계시된 진리로 형성되어 있을 정도로 성경에 푹 파묻힌 교사가 수업을 하게 된다면, 날마다의 수업 상황에서 신앙과 학습의 통합이 이루어지게 될 것이다. 예를 들어 학급에서 근본적인 가치와 연관된 질문이 제기되었다면, 이렇게 준비된 교사는 적어도 기독교적 대답의 근거는 가지고 있는 셈이기 때문이다. 학생이나 동료 상호간의 관계에 관한 질문이 제기되었을 때도, 이런 교사의 자연스런 반응은 그가 날마다 동행하는 그리스도의 영향을 받게 될 것이기 때문이다. 교사의 삶에 그런 그리스도의 진리와 사랑의 참다운 체험이 없으면, 신앙과 학문을 통합하려는 모든 계획된 시도는 인위적인 것이 되고 불행을 불러일으키는 것이 될 것이다. 스토니브룩학교(Stony Brook School)의 창설자이며, 오랫동안 교장을 역임하였던 존경할 만한 프랑크 게블라이언(Frank Gaebelein)에 의하면 교사가 세속 학문과 성경 과목을 동시에 담당할 때, 이 학문(학습)과 신앙의 통합이 효과적으로 이루어진다고 한다. 그는 이렇게 말한다. 모든 진리를 하나님의 진리라고 믿으며, 그 교육과정을 그리스도와 성령과 통합시키려고 하는 일에 신중을 기하는 기독교 학교는 완전히 독립된 성경 과목에 대한 개념을 버려야만 한다. 그 대신에 수학, 자연과학, 언어, 또는 사회과에 유능한 헌신적인 그리스도인 교사를 찾고, 개발시켜 그로 하여금 성경도 가르치도록 해야 한다. 내가 판단하기로 이 원칙은 유능한 교과 전문가가 자기 반 전체를 책임지는 것이 아동의 발달 수준으로 보아 가장 적절한 초등학교 수준에서 가장 효과적으로 사용될 수 있으리라고 생각된다.

　또한 더 중요한 것은 교사가 각 교과목을 다룰 때 그 기원과 본질과 목적에 대해 성경적으로 접근하게 되었다는 점이다. 이것에 대해 가끔 이의가 제기된다. '그러나 수학과 역사와 언어는 모든 사람에게 같지 않은가?'(기독교인이라고 특별한 접근을 할 수 있는가?) 이에 답하기 위해 어떤 사람은 현행 교과서들을 훑어볼 것이다. 그렇게 보면, 세계사 교과서는 역사에 대한 진화론적 관점에 근거하여 쓰였고, 생물 교과서는 사람은 보다 복잡한 동물일 뿐이라는 가정에서 쓰였음을 보게 될 것이다. 결국 각 교과서 집필가들은 자료들을 자기 나름의 신앙 원칙에 의거하여 해석하고 있는 것이다. 그리스도인 교사가 자신의 신앙적 관점을 자신이 가르치는 교과에 적용하면 어떤 변화가 일어날까? 예를 들어서 언어에 관한 기독교적 관심을 생각해 보기로 하자. 그리스도인 교사는, 언어는 하나님의 선물이며, 하나님께서는 그 언어를 바르게 사용할 수 있도록 인간을 만드셨음을 이해한다. 더구나 그는 언어는 실재에 관한 진리를 전달하게끔 하기 위해 하나님께서 주신 것임을 믿는다. 이는 단어들이 의미로 충만해 있음을 의미한다. 또한 언어 소통은 그 내용에서뿐 아니라 그 형식과 문체(style)에서도 인격적이며, 명백하고, 진리를 전달하기 위한 것임을 뜻한다. 그리고 모든 언어는 그 표현 형식이 어떠하든지—구어이든 문어이든, 시이든 산문이든지—하나님의 영광을 위하여 사용되어야 함을 의미한다. 오직 그리스도인들만이 전체로서의 교육과정을 하나로 묶을 수 있는 원칙을 제공하는 인생관과 세계관을 가진다. 그러므로 자신의 세계관을 상상력을 발휘하고 창의적인 방법으로 수업 사태에 적용하여, 학생들로 하여금 자신들의 신앙의 빛에서 인생의 전체 국면을 바라보며 사고할 수 있도록 도전하는 것이 그리스도인 교사의 과제인 것이다. '그리스도의 주권 아래서의 전체 삶을 위한, 전인을 위한 전체 진리' 이것이야말로 기독교교육자가 세속주의의 세력과의 끊임없는 투쟁을 통하여 외쳐야 할 가장 정확한 표어인 것이다(The whole truth for the whole person for the whole or life under the Lordship or Christ!).

③ 제사장적 기능

제사장적 기능이란 수많은 책임을 포괄하나, 여기서는 그것 중 몇 가지만을 언급하려고 한다. 무엇보다도 먼저, 교사는 학생들에게 자신이 전달하려고 하는 진리를 몸소 삶으로써 보여 줄 책임이 있다. 이것은 그가 진리를 위해 살고, 진리를 위해 죽으려고 하는 것에 대한 진정한 신앙을 가져야 함을 의미한다. 그러므로 교회의 교육 프로그램에서나 기독교 학교에서 교사를 찾으려고 할 때 가장 먼저 생각해야 하는 본질적인 자질은 영적인 성숙도이다. 사도 바울은 교회의 직분자가 될 사람들에게 신앙 경험의 중요성을 매우 강조하였다. 그는 경계하기를 감독이 될 사람은 "새로 입교한 자도 말지니 교만하여져서 마귀를 정죄하는 그 정죄에 빠질까 함이요"(딤전 3:10)라고 하였다. 또한 집사의 직무에 대해 언급하면서 말하기를 "이 사람들을 먼저 시험하여 보고 그 후에 책망할 것이 없으면 집사의 직분을 하게 할 것이요"(딤전 3:10)라고 한다. 바울이 여기서 제시한 원리는 명백하다. 이미 영적인 성장을 나타내고 있는 사람만이 교회의 직분을 맡아야 한다는 것이다. 이 원칙은 사역의 다른 부분에서도 적용되어야 한다. 가르치는 사역의 본질상 이 원칙은 분명히 기독교 교사에게도 적용된다. 만일 학생들이 '교사의 어떠함'으로부터 진리를 배우지 못한다면, 아이들은 그가 말하는 것으로부터 아무것도 배우려 하지 않을 것이다.

둘째로 기독교 교사는 자신의 일을 하나님 앞에서 감당해야 한다(골 3:23, 24). 그는 그의 힘씀에 상당한 보상을 받지만 보상을 얻기 위해 일하는 자가 아니며, 다른 사람들에게 정직히 행하는 일을 힘써야 하지만 사람들 앞에서만 일해서는 안 된다. 또한 그것을 통해 큰 축복인 자아실현을 할 수도 있지만, 그것이 주된 동기가 되어 자기만족을 위해 일해서도 안 되는 것이다. 오히려 그는 자신의 일을 자기 자신보다 더 크신 이인 예수 그리스도를 위하여 수행해야 하고, 그럴 때 모든 필요가 채워짐을 알아야만 한다.

셋째로, 그리스도인 교사는 자기 학생들을 위한 기도를 하나님께 드려야 한다. 우리를 지도하면서 함께 일한 바 있었던 존경하는 신학교 교수 한 분이 중보기도와 관련된 자신의 경험을 말씀해 주신 일이 있다. 그가 목회를 할 때 그는 주일 아침 매우 일찍이 교회에 가서, 교회교인 명부를 가져다가 무릎을 꿇고, 한 사람 한 사람 이름을 들어가며 간절히 기도했다고 한다. 그가 주일 아침 예배를 위해 준비할 때, 그는 교인들을 위하여 얼마나 놀라운 사역을 하였는가! 중보기도는 교사의 사역 전체를 통합하는 부분이라는 생각까지 든다. 한 학급의 교사가 매일 아침 하나님 앞에서 그의 학생들을 은혜의 보좌로 이끌며, 그의 이름을 부르며 주님께 그의 특별한 필요를 아룀으로써 하루를 시작한다고 생각해 보라! 사도 야고보는 이렇게 말씀하셨다. "의인의 간구는 역사하는 힘이 많으니라"(약 5:16). 이런 청원 기도가 없이는 참으로 가치 있는 것이 이루어지기 어렵다. 그러나 청원 기도가 있으면, 하나님께서만 아시는 크고 비밀한 것들이 이루어질 것이다.[67]

---

67) Norman E. Harper, *Making Discipline*, 이승구 역, *제자훈련을 통한 현대 기독교교육* (서울:

3. 개인교사로서의 성령

1) 기독교교육의 성령의 역할

(1) 인격의 실재성

성부 하나님과 성자 예수님, 그리고 성령 하나님은 인격체이다. 모든 인격들이 그러하듯이 성령도 지성과(고전 2:10~11) 정서와(엡 4:30) 의지를(고전 12:11) 지니고 있으며 그의 사역 또한 그가 인격체라는 사실을 확고하게 해준다. 그는 지혜로우신 창조주이시며(창 1:2) 인간에게 생명을 부여해 주시며(요 3:5), 가르치고(요일 2:20), 인도하시며(갈 5:16~18), 말씀하다(행 10:19, 13:2). 인격체에 쓰이는 대명사가 성령을 언급할 때 사용되고 있으며(요 15:26, 16:7, 13~15) 우리가 순종하기도 하고 때로는 불순종하기도 하는 우리의 인격적인 신뢰의 대상이다(행 10:9~21, 사 63:10). 또한 그는 삼위일체의 다른 인격들과도 협력하고 있으며(마 28:19, 고후 13:14) 인격으로 정의 내릴 수 있는 모든 조건을 구비하고 있다. 또한 성령은 인격체인 동시에 신성을 소유하고 있기도 하다. 성경에서는 성령과 구약의 여호와가 동일시되고 있다(사 6:9~10, 행 28:25). 그리스도는 신성을 대표하는 이름의 하나로서 성령을 포함시키고 있으며(마 28:19). 베드로는 성령에게 거짓말하는 것이 곧 하나님께 거짓말하는 것이라고 말하고 있다(행 5:3~4). 또한 성령은 오직 하나님만 소유하고 계신 3가지 속성을 자신도 지니고 있으며 그것은 전지성(고전 2:10~11), 전능성(욥 33:4), 편재성(시 139:7~11)이다. 하나님만이 하실 수 있는 일을 그 자신도 하신다. 그는 인간의 생명을 창조하시고 보호해 주시며(창 1:2, 시 104:20), 죽은 자를 살리시며(롬 8:11), 하나님의 진리를 드러내고(고전 2:10~11), 그리스도를 믿는 사람들 속에 신령한 삶을 창조해 주신다(요 3:5, 딛 3:5). 즉 그는 성부와 성자가 그러하듯이 완전한 하나님이시다. 하나님의 진리를 가르치고 배우는 과정에 있어서 우리의 감독자이시며 모든 자료의 근원이 되시는 분은 완전한 신성과 인격체를 갖추신 하나님이시다. 그분의 도움 없이는 우리가 할 수 있는 것이라고는 아무것도 없다.

정음출판사, 1984), 157~65.

(2) 교사이신 성령의 역할

성령은 인격이면서 또한 삼위일체의 한 구성원으로서 창조물인 인간을 가르칠 자격을 부여받았다. 과연 그는 어떻게 가르치실까?

① 잘못된 개념들

로이 B. 주크(Roy B. Zuck)는 성령의 역할에 대하여 그릇된 네 가지 관점을 가지고 있는데 그 첫째가 성령은 전적으로 오직 교사일 뿐이라고 주장하고 있다. 그에 의하면 성령의 가르침은 인간의 가르침을 배제하는 것이다. 왜냐하면 성령은 각 신자들을 직접적으로 조명해 주고 있기 때문에 이 세상의 교사들은 오히려 그의 사역을 중간에서 방해할 우려도 있을 수 있다고 한다. 이렇게 주관적이며 신비적인 관점은 그리스도의 마지막 명령(마 28:19~20)을 통해서 입증되었듯이 성령께서 우리 인간들을 교사로 들어 쓰신다는 성경적인 사실을 무시하는 것이다. 또한 그는 교회 지도자들의 역할이나(행 5:42, 15:25, 18:11, 20:20, 28:31) 디모데를 향한 바울의 명령(딤후 2:2), 그리고 믿는 자들에게 주어진 가르침의 은사 등에 포함된 성경의 진리를(롬 12:6~7, 고전 12:28, 엡 4:11) 간과하고 있다. 이러한 관점은 교육의 기능을 제한시키고 있는데 왜냐하면 그것은 필요로 되어지지 않거나 교사들에 의한 자극이나 정보를 제외하고 있기 때문이다. 또한 그는 사람의 지식이나 정보는 성령으로부터 직접적으로 전달되는 것이라고 주장하기 때문에 인간의 지식과 정보가 무오하며 가장 우월하다는 태도로 사람들을 이끌어 가는 위험이 있다. 즉 상대적인 인간의 지식이 절대적인 하나님의 지혜와 뒤섞일 염려가 있는 것이다.

두 번째의 잘못된 관점은 성령을 전체주의자로 간주하고 있다는 사실이다. 그에 의하면 성령은 개인적인 연구나 개발을 위한 개인의 책임을 자기 혼자서 다 떠맡기 때문에 세상의 교사들은 훈련이나 준비과정이 거의 필요 없게 된다. 왜냐하면 가르치는 사역에서 오는 결과는 성령으로부터 기인하고 있기 때문이다. 이렇게 균형이 잡히지 않은 사고방식은 교사에 대한 그릇된 관점에서 비롯된 것이다. 교사는 진리를 보여 주는 생생한 그림책 이상의 의미와 가치를 지닌 존재이다. 그는 자기가 가르친 진리를 몸소 실천해 보일 수 있는 본보기가 될 수 있어야 하며 자신의 삶을 통하여 그것을 표현해 내고 또한 학생들이 그들의 삶 속에 진리를 적용할 수 있도록 격려해 줄 수도 있어야 한다

(딤전 4:12~16). 교사는 개인적으로 늘 타인에게 관심을 갖고 있어야 하며 가르치는 무리들의 생활과 복지에 기여할 수 있어야 한다.(행 20:27~37, 딤전 5:1~3, 17~18)

세 번째로는 일부 어떤 사람들은 성령은 언제나 인간들이 일은 해 놓고 난 다음에야 등장하는 존재로 간주한다. 즉 성령은 이 세상의 교사들이 그들의 범위 내에서 할 일을 다 마쳤을 때 비로소 자기가 따로 해야 할 일을 첨가시킨다는 것이다. 즉 우리가 어떤 정보를 제시하면 그 후에 성령이 영적인 정보를 활성화시키는 촉매에 삽입시킨다는 뜻이다. 이러한 관점은 하나님께서 우리의 삶을 위하여 선하신 계획을 세워서 성취하시며 그의 뜻을 나타내시기 위해 우리 속에서 그리고 우리를 통하여 역사하신다는 사실을 제대로 깨닫지 못한 데서 비롯된 것이라고 볼 수 있겠다(빌 2:12~13). 그리스도의 몸 된 교회의 지체로서 교사들은 가르치는 은사를 포함하여 성령의 권능 속에서 행할 수 있는 여러 가지 다양한 영적 은사를 소유하고 있다(롬 12:4~7). 주크가 강조하고 있는 것처럼 하나님께서 교육하실 때 이 세상의 교사들과 학생들은 배우고 가르치는 과정 속에서 다 함께 뒤얽혀 있으며 동시에 성령께서는 교사 안에서와 하나님의 말씀 속에서 그리고 학생들 속에서 역사하고 있는 것이다.

마지막으로 네 번째의 잘못된 관점은 성령의 능력에도 한계가 있다는 생각이다. 이러한 사고방식은 인본주의적인 교육철학에 입각하여 성령이 종교적인 가르침에까지도 불필요한 것처럼 간주하고 있다. 즉 적절한 교재와 장비, 프로그램, 시설 등을 확보한 유능한 교사는 성령의 도움 없이 자기 혼자만의 힘으로도 얼마든지 효과적인 학습 능률을 올릴 수 있다는 것이다. 이러한 관점은 인간의 유한성과 타락성에 대한 성경적인 평가 즉 성경적인 근거를 제대로 이해하지 못한 데서 비롯된 것으로서 오로지 인간의 죄악된 '육체' 안에서만 자료를 찾아내려고 하는 인본적인 좁은 시야이기도 하다(고전 2:14, 3:1~3). 로이의 주장은 하나님의 창의성과 방법보다는 인간의 창의성과 방법을 더욱 높게 평가하고 있으며, 오로지 성령만이 기독교교육의 영적인 목표를 성취할 수 있다는 사실을 깨닫지 못하고 있다. 위에서 열거한 그릇된 생각들은 성령의 역할을 설명하고 있는 성경적인 계시의 균형을 제대로 이해하지 못한 결과라고 할 수 있겠다.

② 올바른 개념

성령이 행하는 여러 가지 사역 중에서도 그의 가르치는 역할에 대한 원칙들이 성경에 분명하게 나와 있다. 첫째, 인격적인 협조의 원칙이다. 비록 구원이 인간의 노력과는 별도로 전적인 하나님의 은혜로 인한 구속사역의 결과라 해도(엡 2:8~9) 죄인이었던 인간들이 하나님의 자녀로 거듭나기 위한 과정에서는 하나님께서 부과하신 협조적인 노력을 행동으로 옮겨야만 한다. 성경에는 우리들이 하나님의 은혜 가운데서 자라며(벧후 3:18), 부지런히 선행을 행하며(벧후 3:18), 다른 사람을 가르치고(딤후 2:2), 영적인 은사를 소홀히 하지 않는 가운데 맡겨진 사명을 잘 감당하기 위해 수고하고 애써야 한다고(딤전 4:14~16) 기록되어 있다. 성령은 인간의 방법이나 도구를 이용해서 우리를 가르치려고 한다. 그리고 이 세상의 교사들은 성령의 권능에 힘입어 하나님의 말씀을 가르쳐야 한다. 진정한 의미에서 보면 하나님의 말씀을 가르쳐 주는 존재는 교사들이 아니라 그들에게 능력과 지혜를 주시는 성령이시다. 신령한 교사이신 성령의 도구로서 교사들은 하나님의 성령이 그의 말씀을 통하여 계시하신 내용을 가르치는 것이다. 성령의 열매는 절제이며(갈 5:22~23), 라이리(Ryrie)가 말하는 것처럼 성경은 분명하게 말하기를 성령께서는 성화의 과정에서 생명력이 넘치는 일을 한다고 했다. 또한 성령이 권면해 주는 존재로 언급된 구절에서도 각 개인은 그 과정의 필요한 부분으로 포함되어 있다. 이러한 유형의 협조는 교사와 학습자 모두에게 요구되고 있다(딤전 4:13, 딤후 2:2, 딛 1:9, 마 7:24, 히5:12, 약 1:25). 성령은 교사의 인격과 학습자의 인격이 서로 교통할 수 있게 해주며 개인적이면서도 협조적인 성장을 동시에 할 수 있도록 하나님의 진리와 연결시켜 주고 있다.

두 번째 원칙은 인격적인 수양이다. 성경은 우리가 하나님의 형상을 따라 만들어진 존재라는 사실을 말해 주고 있는데 그것은 우리가 지성과 감성과 의지를 지닌 인격임을 알려주고 있다(창 1:26, 약 3:9). 비록 인류가 타락하고 거룩함을 상실하여 하나님의 형상이 파괴되어 몽롱하게 되었다. 그렇기 때문에 성령은 그리스도를 믿는 신자들을 위하여 하나님의 형상을 따라서 우리가 의롭고 거룩하도록 거듭나게 하셨던 것이며(엡 4:24) 이것은 그가 우리를 중생시킴으로써 성취될 수 있었다(요 3:3, 5~6, 딛 3:5~6). 그는 우리로 하여금 더욱더 그리스도를 닮게 하기 위하여 우리 안에 창조하신 새로운 생명이 자라나고 성장할 수 있도록 이끌어 주신다. 교사와 학습자는 우선 하나님의 형상에 따라 만들어진 개인적인 인격의 소중한 가치를 깨달을 수 있어야 한다. 우리 예수님께서는 그러하셨다. 그분은 한 사람의 인격이 온 천하보다도 소중하다고 가르치셨다(마 16:26). 사실 인간의 가치는 그리스도께서 우리 각 사람을 위하여 지불하신 그 희생을 생각해 볼 때 얼마나 소중하고 귀한 것인가를 깨닫게 된다.

교사와 학습자는 모두 그들에게 부과된 동일한 긴박감을 소유하고 있다. 나중에 그리스도께서 그의 일꾼들에게 상을 주실 때 각각의 교사들은 자기에게 주어진 일에 얼마만큼 충성했느냐에 따라서 그에 합당한 평가를 받게 될 것이다(고전 3:13, 고후 5:10, 갈 6:4~6). 성령께서는 교사나 학습자 모두를 인격적인 방법으로 양육하시며 우리도 또한 그렇게 할 수 있어야 한다. 우리가 성취하기 위해 고군분투하는 목표는 인격적인 성숙이며 성령께서는 우리가 그렇게 해낼 수 있도록 우리에게 하나님의 말씀을 주시는 것이다(딤후 3:16~17). 그러한 과정에서 성령께서는 우리를 더 높은 영광의 차원을 향해 옮겨 주시며(고후 3:17~18) 우리를 향한 성령의 관심과 보호는 하나님의 협력자요 충성된 일꾼인 교사들에 의해서 나뉠 수 있어야 할 것이다.

셋째로는 인격 간의 의사소통에 관한 원칙이 있다. 성령은 개인의 삶을 주관하기도 하지만 그리스도의 몸 된 교회를 통하여 서로 협력하는 삶을 살도록 이끌어 주신다. 그리스도의 몸 된 교회는 머리이신 예수 그리스도를 찬양하고 섬겨야 하는 것이다(엡 1:20~23). 성령을 통하여 그리스도께서는 그의 몸 된 교회를 영적인 은사들과 여러 가지로 다양한 기능을 통하여 다른 지체들을 섬기는 능력으로 채우셨다(고전 12:4~7, 엡 4:7~11). 몸의 각 지체 중에는 아무런 기능도 하지 않는 것이 없는 것처럼 그리스도의 몸 된 교회 안에서도 하나님께서 주신 다양한 은사를 받지 않은 지체는 아무도 없다. 어떠한 지체도 자기 혼자 떨어져 나가서는 결코 제 기능을 발휘할 수 없으며 모든 지체들이 한 몸 안에서 상호 의존해야만 하는 것이다(고전 12:14~26). 이렇듯 인격들이 복합적인 관계에서 살펴본다면 교사나 학습자가 따로 존재하는 것이 아니라 어떤 의미에서 보면 우리 모두가 교사요 학습자일 수 있는 것이다. 특별하고 구체적인 관계를 맺고 있는 성령의 지배하에서 그가 주신 모든 지체들은 은사에 따라 그들이 속해 있는 몸이 제 기능을 잘 발휘할 수 있도록 각자 주어진 사명에 최선을 다해야 한다(고전 12:7, 엡 4:12~16). 영적으로 귀한 결실을 맺어서 주님께 영광을 드리기 위해서는 가르치고 배우는 과정 속에 성령께서 깨닫게 해주신 원칙들을 계속적으로 적용해 나가야 할 것이다.

2) 가르침에 있어서 성령의 책임

삼위일체 하나님의 행정적인 역할 수행에 있어서 성령은 성부와 성자에 의해 하나님의 진리를 적용시키는 데 대한 책임을 맡게 되었다. 성령은 가르치는 사역에서 어떻게 기여하고 있는가?

(1) 진리의 성령

성령의 여러 가지 이름을 살펴보면 그가 교육에 어떻게 기여하고 있는가를 짐작할 수 있게 된다. '진리의 영'이라는 이름은 신령한 존재로서의 성령이 인간의 마음속에 하나님의 진리를 깨닫게 해주고 그들이 깨달은 진리를 삶 속에 적용할 수 있도록 인도해 준다는 사실을 의미하고 있다(요 14:17, 15:26, 16:13). 그는 하나님의 목적을 성취하는 데 참여하여 진리의 말씀을 드러내 밝히고(요 17:17) 진리이신 그리스도 안에 거하며(요 14:6) 각 사람의 마음속에 진리를 깨닫게 하고 실천할 수 있도록 이끌어 주는 역할을 하고 있다(엡 1:17).

파라클레토스(*Paracletos*)라는 헬라어에서 유래한 보혜사(또는 위로의 영)라는 단어는 우리의 필요에 따라 도와주는 역할을 하고 있음을 의미하고 있다. 이 이름은 성령의 계시와 가르치는 사역에 연관된 것으로서(요 14:26, 15:26) 성령의 가르침대로 살기 위해서는 그의 도움과 보호 아래 거해야 함을 암시하고 있다(갈 5:16~17, 25). '지혜와 계시의 영'이라는 이름은 우리에게 하나님의 진리를 계시해 줌으로써 우리를 지혜의 동산으로 이끌어 주는 그의 사역을 나타내 주고 있으며, 여기서 다시 한 번 그의 신성이 강조되고 있다. 성경이 아직 완성되지 못하고 예언의 은사를 필요로 했던 기독교의 초기 단계에서 에베소 사람들에게 그랬던 것처럼 성령께서는 계시하는 사역을 통하여 신선한 충격을 던져주곤 했다. 그러나 신약전서가 완성됨으로써 성령의 사역은 진리와 그것의 실천을 향해 우리를 이끌어 주는 완전한 안내자로서의 역할을 하게 되었으며 이미 계시된 내용을 우리가 깨달을 수 있도록 조명하심으로 지혜를 공급하게 되었다(딤후 3:16~17, 유 3). 교육에 있어서 그가 맡고 있는 중요한 책임은 성경의 계시된 진리를 조명해 주시므로 밝히 드러내는 데 있다.

(2) 영감과 조명의 사역

객관적인 진리와 주관적인 적용에 대해서 언급하기 전에 먼저 우리는 성령의 가르치는 일과 연관된 여러 가지 사역들을 관찰해 보아야 할 것이다. 계시하는 사역은 하나님의 인격과 의지에 관한 진리를 드러내어 밝히는 작업이다. 하나님께서는 자신의 진리를 여러 가지 다양한 방법들을 통하여 계시하시지만 그 가운데서도 자신의 뜻을 전달하는 주된 경로는 아들이신 예수 그리스도와 성경말씀 그리고 성령을 통해서이다. 신구약 성경을 통해 드러난 계시는 성령의 사역으로 말미암은 것으로서(고전 2:9~13, 벧후 1:20~21) 이제 성령은 지금까지 드러나지 않은 새로운 진리를 계시하지 않고 신자들에게 직접적으로 혹은 진리를 설명해 주고 가르치는 교사들의 은사를 통해서 성경 속에 이미 계시된 진리를 밝혀 주고자 하신다. 영감을 불어넣어 주는 사역은 하나님의 말씀을 성경에 기록하는 사람들이 그들 자신의 개인적인 능력과 어휘력과 문체 등을 사용해서 하나님의 말씀을 글로 옮기는 과정 속에서 어떤 실수나 인간적인 주관이 개입되지 않도록 그들의 영혼을 감독하고 붙잡아 주는 성령의 역할을 의미하고 있다. 그러므로 성령의 감동을 받은 사람들은 중요한 역사적인 사건이나 하나님의 선택에 관한 진술을 실수 없이 기록할 수 있게 된다. 이러한 사실은 우리가 반드시 가르쳐야 하는 중요한 주제임을 기억해야 하며(마 28:19~20, 딤전 4:13, 딤후 4:1~4). 그 주제는 성경의 전체 내용과 가르침을 일괄적으로 꿰뚫고 있다(딤후 3 16~17, 행 20:20, 27). 영감을 불어넣는다는 것은 성령의 가르치는 사역과는 구별된다. 오직 성령을 기록했던 사람들만이 성령의 감동을 받았던 인물들이며 반면에 모든 신자들은 성령의 가르침을 받을 수 있다. 하나님의 말씀을 기록하는 과정에서 어떤 인간적인 실수가 발생하지 않도록 성령의 특별한 감독이 성경 기자들에게 임했으며 성령에 의해 거듭났다 하더라도 그의 가르침은 유한하고 타락한 인간의 정신에 대한 이해를 포함하고 있다.

성령의 조명하시는 사역은 성경의 진리를 분명하게 인식시키고 그것을 적용시키는 작업을 의미한다. 이 사역은 바울이 에베소서 1:17~18을 통하여 말한 바와 같이 그리스도인들과 성령 간에 협력이 있어야 만이 가능할 수 있으며 시편기자도 그렇게 인정하고 있다(시 119:18). 그리스도인들이 진리를 구별하고 그 진리에 의해 성장할 수 있기 위해서는 성령의 조명이 필요하다(고전 2:15, 고후 3:18). 성령은 어떠한 새로운 진리도 조명해 주지 않는다. 그는 오직 이미 계시된 진리를 개인적인 차원에서 주고 있을 뿐이다.

하나님의 말씀을 믿지 않는 사람은 결코 그 자신의 지식만 가지고는 참된 진리를 깨달을 수 없다(고전 2:14). 그는 먼저 성령의 도움에 힘입어 복음의 진리를 확신해야 하며 그리스도의 인격 안에서 복음의 빛을 받아들이기 위하여 믿음으로 응답해야 한다(요 16:7~11, 고후 4:3~6). 그리하여 그리스도 안에서 빛과 생명을 받아들인 사람은 성경 말씀을 조명해 주는 성령의 도움으로 인하여 영적인 유익을 거둘 수 있게 되며, 성령의 진리를 받아들임으로써 그의 영혼은 성장할 수 있게 되는 것이다(벧전 2:1~2).

성령의 조명에 대한 주크의 의견은 다음과 같다. 가르치는 사역에 있어서 성령은 기록된 성경 말씀과 학생들 모두를 활성화시키는 역할을 하고 있다. 그는 다음과 같은 방법으로 하나님의 진리를 가르치거나 전달하고 있다. 성령의 조명은 진리의 의미와 참뜻을 전달해 주는 통로이며 이미 계시된 진리로 인도해 준다. 그러나 성령의 조명으로 인하여 하나님의 말씀을 깨닫게 된 신자는 성령이 그를 도와주기 전까지는 진리의 참뜻을 결코 깨닫지 못했기 때문에 진리 그 자체는 이미 계시되었다 하더라도 이제 방금 깨달은 사람에게는 그 진리가 완전히 새롭게 느껴질 수밖에 없을 것이다.

우리는 성경적 의미에서 사용되는 계시와 영감 그리고 조명의 개념들을 분명하게 구별해 낼 수 있어야 한다. 계시는 하나님의 직접적인 말씀이나 사건을 통하여 하나님의 뜻을 드러내는 객관적인 행위이며 진리의 출처인 하나님에 대하여 알려주고 있다. 영감은 하나님의 말씀을 기록하는 사람들을 감독하는 성령의 사역이며, 말씀을 기록하는 과정에서 인간의 실수가 개입되지 않게 하는 것이 이 사역의 목적인 것이다. 성경을 조명해 주는 사역은 신자들에게 하나님의 말씀을 분명하게 인식시키고 분류시켜 주기 위한 성령의 작업으로써 사람들이 하나님의 말씀을 구체적으로 깨닫고 이해할 수 있어야 만이 그들의 삶 속에 적용하여 실천에 옮길 수 있게 되는 것이다. 이제 우리는 각 개인을 위해 수행되는 성령의 주요 사역에 대하여 살펴보아야 할 단계에 온 것 같다. 이는 성령의 효과적인 교육 사역을 위해 반드시 요청되는 작업이기도 하다.

성령이 가져다주는 확신은 첫째 피택자에게 복음이 진리이며 그 진리가 자기 자신에게 적용된다는 사실을 인정하게 만들어 준다. 이러한 사역은 영생에 대한 확신을 가져다줌으로써 인간의 죄악된 본성에서 비롯된 죽음에 대한 두려움을 극복시켜 주며 사탄의 마음을 뿌리칠 수 있는 지혜와 힘을 갖게 해준다(요 16:7~11, 고전 2:14, 고후 4:3~6). 이러한 작업을 통하여 성령은 지적으로 그리스도를 신뢰할 수 있도록 이끌어 주며 그리고 영혼으로 복음을 인격적으로 받아들이고 인정할 수 있게 해 준다.

둘째, 거듭남의 사역은 하나님과 함께 생각하고 느끼며 실행할 수 있는 새로운 능력을 창출해 낸다. 이로 인하여 인격의 도덕적인 기초가 새롭게 다져지며 학습과 지도가 성령을 통해 이루어질 수 있게 된다(요 3:5~6, 엡 4:24, 벧전 1:23, 2:3).

셋째로 성령의 내재하심은 신자의 인격 속에 성령의 인격이 함께 하심을 의미한다. 이로써 거듭남을 통하여 변화된 새로운 마음속에서 성령이 사역할 수 있게 되며 영원하고 인격적인 관계를 형성하게 되는 결과를 가져오게 되는 것이다(요 14:16~17). 성령의 임재는 모든 그리스도인들이 그리스도를 구주로 영접하는 바로 그 순간에 주어지는 하나님의 선물이며(롬 8:9, 갈 3:2) 그것이 바로 성령이 신자들 속에서 가르치는 사역을 행할 수 있는 근본 토대가 되는 것이다. 성령의 가르침을 기쁘게 누릴 수 있는 사람은 성령 충만한 사람이다.

넷째로 성령에 의한 세례는 그리스도를 영접하는 것이며 몸 된 교회의 한 지체가 됨을 의미한다(롬 6:1~4, 고전 12:12~13, 갈 3:26~28). 이는 신자를 그리스도 안에서 올바르게 서게 할 뿐 아니라 옛 자아를 그리스도와 함께 십자가에 못 박음으로써 세속적인 욕망과의 결별을 선언하게 해준다(롬 9:6~14). 이렇게 그리스도와 함께 합법적이고 도덕적으로 연합하는 것은 곧 죄에 대해서는 단호히 '아니요'라고 거절할 수 있으며 하나님의 명령에 대해서는 기쁘게 '예'라고 순종하는 근거를 마련해 주고 있다. 우리를 교회의 머리이신 그리스도에게로 연합시켜 주는 성령은 우리로 하여금 몸된 교회에 속해 있는 소중한 지체로서의 의식과 사명을 느끼게 해준다. 성령의 은사를 받은 우리는 그리스도에게 영광을 돌리고 또한 다른 지체들을 섬길 수 있도록 각각의 기능을 발휘해야 한다(고전 12:7, 11~13). 또한 여기서 기억해 두어야 할 것은 세례는 그리스도를 영접하는 모든 사람들을 위해 베풀어지는 것이며(갈 3:26~27, 고전 12:13) 아무나 받으려 한다고 해서 억지로 되는 것이 아니다. 오직 하나님의 말씀에 순종하는 삶을 살고자 하는 결단을 내린 그분의 자녀들만이 세례를 받을 자격을 갖추고 있는 것이다. 모든 그리스도인들이 다 똑같은 은사를 받은 것은 아니며 어떠한 하나의 특별한 은사만을 가지고 있는 것도 아니라는 사실이다(고전 12:7~11, 28~30).

다섯 번째, 성령 충만이란 신자의 인격을 성령의 인격이 다스리고 있다는 것을 의미하며(엡 5:18), 가치 있고 소중한 그리스도인의 삶과 봉사생활에 있어서 기본 토대를 이루고 있는 것이다(엡 5:18~6:18), 성령은 옛 자아를 몰아내고 새로운 인격으로 하여금 그의 지배하에 있도록 주관한다(롬 6:12~14, 8:2~4, 갈 5:16~17). 또한 성령 충만은 우리에게 그의 뜻이 주어져서 그로 하여금 우리의 삶을 성숙하게 하고 우리의 섬기는 자세를 격려해 줄 수 있도록 도움을 구할 때 우리 속에 성령이 충만하게 되는 것이다(롬 6:12~13, 12:1~6). 성령의 지배를 받으면서 우리는 우리의 악한 본성을 다스릴 수 있는 인내와 절제를 배우게 되고 그로 인하여 성령은 우리 안에서 우리를 통하여 사역할 수 있으며 우리의 개인적인 인격과 능력 안에서 우리로 하여금 다른 사람과 우리 자신의 영혼을 성숙시킬 수 있도록 이끌어 준다(갈 5:13, 22, 23, 빌 2:12~13).

성령 충만과 세례가 혼돈되어서는 안 된다. 세례는 우리에게 하나님의 자녀라는 지위를 부여하는 것이며 그리스도 안에서 '의'의 자리에 서게 해준다. 성령 충만이란 그리스도 안에서 '의'를 표현하고 실천하도록 우리를 지배하고 주관함을 의미한다. 세례는 신앙 안에서 평생 한번 베풀어지는 것이지만 성령 충만은 우리가 하나님의 말씀에 순종하는 길을 걸어갈 때 계속적으로 우리 속에 채워져야 함을 의미한다(갈 5:16~17, 골 3:16~17). 성령의 가르치는 사역은 성령 충만한 신자의 삶 속에서 지금 이 순간에도 활발하게 진행되고 있다.

3) 학습자에게 나타나는 성령 사역의 결과

성령의 가르침은 신자의 생활 속에 어떤 특별한 결과를 나타낼 수 있도록 구성되어 있다. 먼저 성령은 신자들에게 영적인 성숙을 가져다준다. 이는 성도가 성령의 지배를 받게 될 때 나타나는 직접적인 결과이다. 육체적 욕심은 육체의 소욕에 지배당하는 사람들의 대표적인 특징이지만(롬 8:1~13, 고전 3:1~4, 갈 5:19~21) 영적인 성숙은 성령의 뜻을 따라 사는 사람들이 도달하게 되는 거룩한 지점이다(롬 8:4, 12:1, 고전 2:15~16, 갈 5:16~18, 22~23). 성령은 신자들을 보다 성숙한 믿음의 단계로 이끌어 주고 남을 섬기는 마음을 형성시켜 주는 성령과의 역동적인 관계를 의미하는 것이다(갈 5:25~6:10). 성령은 우리가 순종해야 할 하나님의 말씀을 가르쳐 주며(엡 5:18, 골 3:6) 우리가 그 말씀에 순종했을 때 하나님께서 우리를 위해 예비하신 축복 속에 거할 수 있게 된다.

둘째로 성령은 우리를 성장의 단계로 이끌어 준다. 신자가 하나님의 말씀에 따라 순종하며 살면 삶의 어떤 일정한 단계에 이르렀을 때 하나님의 은혜와 그리스도를 아는 지식 안에서 자신의 믿음이 성장했음을 경험하게 될 것이다(고후 3:18, 엡 1:17~19, 벧전 2:1~2, 벧후 3:18). 성장의 체험은 하나님의 말씀을 더 잘 이해할 수 있게 해주며 성령의 가르침을 받아들이는 능력도 한층 더 증대될 수 있다.

셋째로 성령의 가르침은 우리를 인격적으로 성숙하게 만들어 준다. 인격적인 성숙은 삶의 다양한 과정들을 거쳐 감으로써 성령에 의해 조성된 적절한 상황 하에서 점차적으로 형성되어 간다. 성숙은 우리가 어느 정도로 성장하게 되었을 때 적절한 태도와 잘 다듬어진 개성과 세련된 생활양식으로 살아가면서 맺게 된 대인관계나 의무 혹은 요구에 적응할 수 있게 해주는 삶의 조건이다. 인격적인 성숙은 우리를 위한 성령의 목표이기 때문에 우리 또한 성령의 사역에 협조하고 격려해 줄 수 있어야 한다.

넷째로 성령은 그의 가르침을 통하여 효율적인 사역의 결과를 가져다준다. 일단 성령이 우리에게 은사를 주시며, 다양한 방법의 봉사생활을 통해 받은 은사가 더욱 귀하고 가치 있는 결과를 가져올 수 있도록 계속적으로 도와주고 격려해 준다(고전 12:7, 엡 4:12, 딤전 4:14; 딤후 1:6). 이를 위하여 우리는 언제나 성실하게 준비하는 자세를 갖추어야 한다. 또한 성령은 지덕을 함양시키는 교화의 사역을 하며(고전 14:12, 엡 2:10, 4:12), 불신자들에게는 하나님의 말씀을 증거해 주는 역할을 담당하고 있다(행 1:8, 4:29~31). 성령은 자기 자신의 영감을 불어넣어서 기록된 하나님의 말씀을 사용하여 우리들의 은사가 자라날 수 있도록 이끌어 준다. 성령의 도움에 힘입은 교사들의 가르침은 학습자의 전인격을 훈련시키고 성경을 통하여 적절한 준비를 갖추게 하며, 복음전파와 교화를 포함한 실제적인 주제들을 다룰 수 있어야 한다.

4) 교사와 학습자에 대한 성령의 요구

효과적이고도 영구적인 결과가 성취되기 위해서는 가장 뛰어난 교사이신 성령의 가르침이 전제되어야 하며, 그 어떠한 성공적인 결과도 성령의 감동으로 이루어진 말씀 가운데 있는 성령의 기준에 의해서 평가되어야 한다(갈 6:7~10, 딤후 3:16~17). 그 외의 다른 평가 기준이 있다면 반드시 성령의 조명에 의해 검토되어야 한다(사 8:20, 골 3:16). 하나님의 말씀을 배우고자 하는 학습자는 무엇보다도 먼저 그리스도와 올바른 관계를 형성해야 한다. 그리스도를 영접함이 없이는 어떠한 영적인 생활도 누릴 수가 없을 것이다(요 1:12~13, 3:36). 성령에 의해 거듭나고 그로 인하여 그리스도를 알게 된 교사와 학습자들만이 영적인 성장과 봉사의 길을 갈 수 있게 된다. 그들은 또 성령과의 바른 관계를 형성할 수 있어야 한다. 보람 있는 봉사생활을 하기 위해서는 교사와 학습자들 모두가 성령 충만해야 한다(엡 5:18). 오직 그의 주관 아래서 만이 그리스도께 영광을 돌릴 수 있기 때문이다(요 15:1~5, 갈 5:16~17, 5:25~6:10). 성령 충만함을 입기 위한 조건 중의 하나가 바로 순종이다. 이것은 3가지의 기본적인 명령을 그 속에 내포하고 있는데, 그 첫 번째가 "성령의 불을 소멸치 말 것이며", "그를 거스르지 말 것이니라"이다(살전 5:19). 그를 바라보는 우리의 삶에 매 단계마다 삶의 전부를 헌신하고 하나님의 뜻에 순종할 수 있는 결단이 필요하다(롬 12:1~2). 우리의 삶은 효율적인 학습과 지도를 위해 성령의 지시를 따라야 하며, 그에게 순종해야 한다(롬 12:4~8).

둘째로 "성령을 근심시켜서는 안 되며 죄를 숨겨서도 안 된다"(엡 4:30). 헌신적인 신앙생활을 하는 사람도 때로는 범죄하는 경우가 있어 자신의 죄를 고백하고 회개함으로써 다시금 성령과의 관계를 회복할 수 있게 된다(요일 1:9). 매 순간 순간을 성령에 의지하여 삶이 그리스도 안에서 참된 기쁨을 누릴 수 있으며, 기꺼이 그의 뜻을 따라 순종할 수 있게 된다.

셋째로 성령을 의지해야 한다. 가치 있는 삶은 그리스도와 교회를 위한 봉사생활을 위하여 그의 능력에 의지하고 그의 지시를 따라야 한다(롬 8:4, 갈 5:16~17). 우리는 "이 세상의 습관을 좇아서는 안 되며"(롬 12:2) 우리의 목표나 동기, 표현 등을 이 세상의 철학에 따라서 나타낼 것이 아니라 "하나님의 선하시고 기뻐하시며 온전하신 뜻이 무엇인지를 분별"해서 성령의 도우심에 힘입어 확고한 목표를 설정해야 한다. 효율적인 기독교의 가르침은 성령이 베풀어주시는 적절한 은사에 의해 확장될 수 있다. 또한 모든 교사가 똑같이 잘 가르칠 수는 없으며, 가르침에 대한 놀라운 은사가 몇몇 교사들에게 특별하게 주어지는 경우도 있다. 가르치는 사역은 하나님의 진리의 말씀을 학습자들에게 설명해 주고 그들이 개인적으로 그들의 삶에 진리를 적용시키는 것을 돕기 위하여 성령이 주시는 능력을 갖추어야 한다. 모든 그리스도인들이 성령의 가르침을 받지만 그들 모두가 자기가 배운 내용을 다른 사람들이 이해할 수 있도록 전달할 수 있는 것은 아니다. 가르치는 은사는 사도와 선지자 다음으로 중요한 비중을 차지하고 있다(고전 12:28, 13:8~10, 엡 2:20, 3:5~6). 우리는 그러한 은사를 인정하고 성령이 우리를 위해서 그 은사를 활용할 수 있도록 기회를 제공하고 격려해 주어야 한다.

여러 가지 다른 은사들도 그렇겠지만 그중에서도 특히 가르치는 은사는 더 많은 훈련과 연습을 통하여 자질을 향상시켜 나가야 할 것이며, 그 은사를 계속해서 지켜 나갈 뿐만 아니라 계속 성장시키고 개발시켜 나갈 수 있도록 항상 깨어 있어야 한다(딤전 4:14, 딤후 1:6). 또한 우리는 성령께서 주신 하나님의 말씀을 개인적으로나 공식적으로나 부지런히 연구하고 조사하여(딤후 2:1~2, 15), 하나님께서 세우신 교육원칙에 순종하는 가운데 학습자들이 보다 잘 이해할 수 있는 효과적인 지도 방법을 알려주실 것을 간구해야 한다. 그리하여 성령의 가르침이 우리 교사들에 의하여 한층 더 효과적이며 가치 있는 교육의 결과를 가져올 수 있도록 하나님께 온전히 쓰임 받는 자로서의 마음가짐으로 최선을 다해야 할 것이다.[68]

[교사의 3중적 기능]

하나님의 형상(창조)	지	정	의
하나님의 형상(회복)	진리	거룩함	의
그리스도의 삼중직	선지자	제사장	왕
교사의 삼중적 기능	선지자적 기능	제사장적 기능	왕적 기능
교회의 3대 표지	신실한 말씀 전파	정당한 성례집행	권징의 시행

---

68) Werner C. Graendorf, *op. cit.*, 155~76.

Ⅳ. 기독교교육과 언약신학

언약이란 무엇인가? 팔머 로벗슨(O. Palmer Roberson)은 그의 저서 『The Christ of the Covenants』에서 언약의 정의를 묻는 것은 어머니의 정의를 묻는 것과 같다고 했다. 어머니는 당신을 이 세상에 출생시킨 사람이라고 정의할 수 있다. 그 정의는 공식적으로 정확하다. 그러나 누가 그러한 정의에 만족할 수 있겠는가?(p. 11) 그러면 언약이란 무엇인가? 언약이란 주권적으로 사역되는 피로 맺는 약정이다(bond in blood sovereignly administered). 하나님은 인간과 언약관계를 수립할 때, 주권적으로 이루어지는 삶과 죽음의 약정이다. 개혁 신앙의 공동체에 남겨진 귀중한 신학적 유산이다. 그러나 벌코프(Louis Berkhof) 교수는 말하기를 "미국 교계에 언약의 교리는 거의 알려지지 않았다. ……더구나 이 땅에 있는 대부분의 교회들, 심지어 언약 신학의 교리를 이론적으로 시인하는 교회에서도 이 교리는 대개의 백성들의 의식과 삶에 영향을 미치고 있지 않고 더구나 그들의 자녀를 교육하는 일에는 전혀 영향을 끼치고 있지 않다."

그럼 언약의 참여자(A member of the covenant)가 된다는 것은 무엇을 의미하는가? 언약 참여자의 특권과 의무는 무엇인가? 만일 신자들과 그들의 자녀들이 언약의 참여자들이라면 그리스도인 부모들이 자녀를 교육함에 있어 어떤 차이를 가져오게 될 것인가? 아마 여기가 은혜 언약에 관한 성경적 근거를 생각해 보기에 가장 적절한 것일 것 같다.

1. 은혜 언약의 성경적 증거

성경의 이야기는 어떤 점에서는 하나님 자신이 모든 족속과 방언 중에서, 그리고 모든 시간과 장소 가운데서 한 백성을 선택하셔서 언약, 즉 은혜의 언약을 맺으신 하나의 관계의 이야기라고 할 수 있다. 창 17:7~3은 그 언약을 가장 간명하고 형식적으로 진술하고 있다. 내가 내 언약을 나와 너와 네 대대 후손의 사이에 세워서 영원한 언약을 삼고 너와 네 후손의 하나님이 되리라 내가 너와 네 후손에게 너의 우거하는 이 땅 곧 가나안 일경으로 주어 영원한 기업이 되게 하고 나는 그들의 하나님이 되리라. 성경 전체를 통해 하나의 은혜 언약이 있다. 구약의 약속들과 예언들과 희생들은 모두 신약에 있는 예수 그리스도의 동정녀 탄생, 십자가에 죽으심, 부활, 승천, 재림을 지시한다. 성취는 약속보다 승하고 실재가 그림자보다 더 나은 것이다(히 8~10장). 그러나 신구약 언약은 본질적으로 동일한 것이다. "나는 너희 하나님이 되리라"(출 6:7, 고후 6:16~18, 계 22:3). 그것은 동일한 구원 계획을 선포한다―"아브라함이 하나님을 믿으니 하나님께서 이를 그의 의로 여시고"(창 15:6, 롬 4:3) 그것은 같은 중보자의 사역에 기초하는 것이다. "하나님은 한 분이시오 또 하나님과 사람 사이에 중보도 한 분이시니 곧 사람이신 그리스도 예수라"(딤전 2:5). 그리고 그 언약의 참여자들도 동일하다. 즉 신자들과 그들의 자녀들인 것이다. "너희와 너희 자녀와……에게 하신 것이라."(행 2:39)

2. 언약의 자녀의 지위

믿는 부모의 자녀들이 언약의 참여자들이고 다른 이들은 그렇지 않다는 것은 하나님 앞에서 그들의 지위가 차이를 가지고 있다는 것을 시사하는 것이다. 그러나 그 차이가 어떤 것이냐 하는 것은 문제인데, 왜냐하면 우리가 하려는 대답은 우리들의 양육 방식에 큰 영향을 미치게 될 것이기 때문이다. 불행히도 개혁신학자들 사이에 이 문제에 대한 의견의 차이가 있어서, 언약의 자녀들을 기독교적으로 양육하는 문제에 관심을 지닌 사람들을 혼미하게 만든다. 어떤 신학자들은 믿는 부모의 자녀들을 중생할 것임을 가정해야 한다는 입장을 취한다. 예를 들어 쉔크(Lewis. B, Schenck)는 그의 책 「언약의 자녀에 대한 장로교 교리」(*The presbyterian Doctrine of Children in the Covenant*)에서 믿는 부모의 자녀들은 마치 그들이 이미 그리스도인인 것처럼 취급되어야 한다고 말한다.

이런 관점에서 보면 기독교교육자의 과제는 이미 시작된 기독교적 생활을 성숙하게 하는 것이다. 이런 입장은 특히 전문적인 기독교교육자에게 매력 있게 보이는 입장이다. 그는 아이가 출생할 때부터 기독교적 양육을 시작할 수 있는 것이다. 회심 경험이 일어날 때까지 종교적 교훈을 연기할 필요가 없는 것이다. 아이들은 정상적인 학습의 방법으로 하나님의 자녀가 된다는 것이 무엇을 의미하는지를 배우며 자라나게 된다. 그러나 언약의 자녀들이 이미 그리스도인인 것처럼 취급되어야 한다는 이론에 어려운 문제가 없는 것은 아니다. 하나님의 약속은 아브라함의 모든 자손에게 무조건적으로 주어진 것이 아니기 때문이다. 바울은 롬 9:6~8에서 "이스라엘에게서 난 그들이 다 이스라엘이 아니요 또한 아브라함의 씨가 다 그 자녀가 아니라 오직 이삭으로부터 난 자라야 내 씨라 칭하리라 하셨으니 곧 육신의 자녀가 하나님의 자녀가 아니라 오직 약속의 자녀가 씨로 여기심을 받느니라."

이렇게 하나님의 자녀들(언약의 참여자들)이 선민으로 일컬음을 받는 것이다. 구속사에서 이런 핵심 집단(Inner group)이 혹 많기도 하고, 적기도 하지만 항상 남은 자(A remnant)는 있다. 모든 언약의 참여자들이 구원의 약속을 받고 언약의 유익에 참여하는 것은 마치, 모든 이스라엘이 이스라엘의 복지의 유익을 받는 것과 같다. 그러나 구원은 오직 선택된 자들의 삶에서만 실재(Reality)가 된다(롬 3:11). 그러므로 우리는 믿는 자의 모든 자녀들이 언약의 참여자들이고 그런 자로서의 특권과 의무를 가지고 있음을 인정할 수 있고 또 인정해야 한다. 그러나 그렇다고 해서 믿는 자의 모든 자녀들이 태어날 때부터 이미 그리스도인인 것처럼 취급하고 따라서 그리스도에게 인도될 엄숙한 책임을 무시해도 좋은 것처럼 여겨서는 안 되고 그럴 수도 없다.

가정적 중생(Presumptive regeneration)이란 개념을 선호하는 사람들은 자주, 모태에서 성령의 충만함을 입어 구주를 잉태하고 있는 마리아가 다가올 때 기쁨으로 뛰어노는 세례 요한을 인용하곤 한다(눅 1:15, 41, 44). 그러나 세례 요한의 경우가 모든 언약의 참여자들의 경우에도 타당한 것이 아님을 유념할 필요가 있다(롬 3:13). 더구나 세례 요한의 경험이 꼭 모든 언약의 참여자들에게 적용되어야 하는 것도 아니다. 성경은 분명히 구원 계획에서의 중생의 순서를 규정할 근거를 제시한다(요 7:3, 고전 2:14, 엡 2:1~10). 그러나 개인의 삶에서의 특정한 시기를 중생의 때로 간주할 근거는 주지 않는다. 그것은 모태에서 일어날 수도 있고 다소 후기에 복음의 선포와 가르침과 동반하여 일어날 수도 있다. 우리는 정확히 알지 못한다. 우리가 성인 신자들을 중생한 것으로 간주하는 것처럼 믿는 부모의 자녀들도 중생한 것으로 간주할 수 있다. 그러나 참으로 예수를 믿는 부모의 자녀가 영적으로 중생하여서 태어난다고 할 만한 성경적 근거는 없는 것이다. 구원을 신앙을 가진 신자는 하나도 예외 없이 중생한 자들이다. 그러나 믿는 자의 자녀들은 그럴 수도 있고, 그렇지 않을 수도 있다. 그러므로 믿는 신자에 대한 중생의 가정은 믿는 부모의 자녀가 중생했다는 가정을 정당화해 주지 못한다.

그렇다면 우리는 정반대 입장을 취하여 언약의 자녀들이 아직 중생하지 못했다고 가정하고, 그들이 회심하기 전에는 기독교적 양육을 할 수 없다고 해야 할 것인가? 기독교 공동체는 믿는 이의 자녀들을 불신자들의 자녀들과 같은 방식으로 다루어야 할 것인가? 만일 그렇다면 언약의 참여자들이 갖는 이점이 무엇인가? 물론 하나님의 말씀이 존중되는 기독교 가정에서 산다는 실제적 이점이 있음은 분명하다. 믿는 부모를 슬하에서 자라는 자녀들을 불신자의 자녀들과는 달리 그리스도인이 된다는 것이 무엇을 의미하는가를 배울 수 있는 기회를 가지는 것이다. 그러나 이는 본질적인 것은 아니다. 본질적인 것은 다음과 같은 문제들이다. 즉 믿는 부모를 가진 자녀들은 그들이 언약의 자녀라는 지위의 덕택으로 본질적인 이점을 가지는가? 하나님의 말씀에 근접할 수 있다는 것 이상의 유익이 있는 것인가? 그 대답은 강한 긍정이다. 첫째로 그들은 언약의 참여자들로서 하나님께서 "나는 그들의 하나님이 되고 그들은 내 백성이 될 것이라"(렘 31:33)고 약속하신 대로 언약의 상속자이다.

피에르 마르셀(Pierre Marcel)은 "언약 아래서 태어난 자녀들은 상속자들이다. 그러나 그들의 상속물은 성령께서 그 보증이 되시는, 약속이란 상속이다. ……구원은 상속되지 않는다. 오직 약속만이 상속될 뿐이다. 결국 그들도 신앙과 회개도, 더 근본적으로는 중생과 그에 따른 중생으로 약속의 내용을 받아들이고 하나님께 자신을 드리는 삶을 살 의무가 있는 것이다. 오직 그렇게 할 때만 그들은 약속된 것들의 상속자가 될 것이다. 약속을 신앙으로(with faith)받아 들이는 상속자들에게만 전달되는 상속인 것이다." 이런 견해에 의하면 언약의 자녀들이 가진 이점은 구원에 있는 것이 아니라, 자신이 상응하는 의무를 행하는 약속의 상속자가 되었다는 확신에 있는 것이다. 그러므로 믿는 부모를 둔 아이들에 대해서 기독교 공동체는 그들이 상속자요, 하나님의 후사로되 중생의 문제는 하나님께만 달려 있다는 태도를 취해야 한다. 그리고 언약의 자녀에 대한 양육의 근거는 그의 현재 영적 상태에 있는 것이 아니라 하나님의 명령에 있는 것이다. 만일 하나님께서 언약의 자녀들은 주의 교훈과 훈계로 양육 받아야 한다고 명령하셨다면 하나님께서는 이 자녀들이 이런 교훈에서 유익을 얻도록 하실 것임을 가정해야 한다. 그렇다면 이 가르침은 죄에 대한 진정한 회개와 예수 그리스도에 대한 구원의 신앙, 그리고 그리스도의 주권 아래에서의 의식적인 삶에서 그 목적을 이룰 것이다.

다음 같은 질문이 제기된다. '우리는 언약의 자녀들을 회심하도록 노력해야 하는가? 아니면 그가 이미 성화의 과정에 있는 것으로 인정하고 훈련시켜야 하는가?' 이 질문이 시사하는 긴장은 언약의 자녀들에 대한 기독교교육은 마땅히 그들이 구원받았는지, 아니면 구원받지 못했는지에 근거하여야 한다는 잘못된 가정에서 나오는 것이다. 물론 논리적으로 아이는 중생했을 수도, 아니 했을 수도 있다. 그러나 그렇다고 해서 기독교인인 부모가 불분명한 기반에서 교육 프로그램을 진행시켜야 한다고 말할 수는 없는 것이다. 기독교인 부모로서 우리는 확실한 터에 근거하여 우리의 의무를 다할 수 있다. 믿는 부모의 자녀들이 언약의 참여자임을 알기 때문이다(창 17:7, 막 10:14, 행 2:39). 또한 우리는 언약의 자녀들이 그리스도인이 되고 그에 따라 모든 영역에서 훈련받아야 함을 알기 때문이다(신 6:4~7, 시 78:5, 6, 엡 6:4). 기독교인 부모는 아이가 중생하기까지 기다린 후에야, 거룩해질 것과 기도할 것과 자신과 자신이 소유한 모든 것이 하나님께 속한 것임을 가르칠 필요는 없다. 또한 자녀가 사리 분별을 할 수 있는 나이가 되기까지 기다린 후에야 그가 성장하는 길은 자신이 죄인임을 인정하고, 따라서 회개하고 믿을 필요가 있음을 설명할 필요는 없는 것이다. 믿는 부모들은 자녀들의 생애의 초기에서부터 은혜 언약의 참여자들로서 고귀한 약속("나는 그들의 하나님이 되고")을 주장하고, 엄숙한 의무("그들은 내 백성이 되리라")를 수행할 필요가 있음을 교훈과 모범으로 가르쳐야 한다.

3. 언약의 자녀에 대한 기독교교육

아이를 갖는다는 것은 하나님의 커다란 축복의 하나이다. 시편 기자가 말했던 대로 "자식은 여호와의 주신 기업이요 태의 열매는 그의 상급이로다 젊은 자의 자식은 장사의 수중의 화살 같으니 이것이 그 전통에 가득한 자는 복 되도다 저희가 성문에서 그 원수와 말할 때에 수치를 당치 아니하리로다"(시 127:3~5). 그리스도인의 부모는 어떻게 '여호와의 주신 기업'으로 교육시킬 것인가? 여기 자녀 훈련에 대한 몇 가지 교육 지침을 위한 기본적인 원칙을 제시한다.

1) 크리스천 부모에게 자녀 훈련을 위한 권위와 책임은 위임되었다(엡 6:4)

"너희 자녀를 노엽게 하지 말고 오직 주의 교양과 훈계로 양육하라"(엡 6:4)는 명령은 부모에게 주어진 것이다. 이 구절에서 주님은 그 자신이 그 전체의 삶의 영역에서 의식적으로 그리스도의 주권 아래 사는 것을 가능하게 하시는 것이다. 그리고 여기에는 또 그의 자녀들도 '주의 교양과 훈계로' 양육하는 것까지 포함된다.

2) 크리스천 부모의 주된 의무는 자녀를 성숙하게 하여 그들의 모든 삶의 영역에서 하나님께 영광을 돌릴 수 있도록 하게 함에 있다

로마서의 교리에 대한 가르침의 끝부분을 바울은 다음의 장중한 말로 된 아름다운 송영으로 끝마치고 있다. "이는 만물이 주에게서 나오고 주로 말미암고 주에게로 돌아감이라 영광이 그에게 세세에 있으리로다 아멘"(롬 11:36). 삶의 궁극적 목적은 또한 교육의 궁극 목적이기도 하다. 이 목적은 개인으로 하여금 단순히 "사람의 제일된 목적은 하나님을 영화롭게 하며 그로 인하여 즐거워하는 것이다"라고 외우게 하는 것이 아니라 그가 기독교적인 양육을 통하여 그의 존재의 심연에서와 그의 삶의 전 영역에서 실제로 하나님을 영화롭게 하는 데까지 이르도록 하는 것이다. 이 포괄적인 목적은 다음과 같은 절대적으로 본질적인 목표들을 포괄하고 있는 것으로 요약할 수 있다. 자녀들로 하여금 예수 그리스도에 대한 구원의 지식에로 인도하는 것, 그들은 자신들의 참된 인식에 이르도록 하는 것─즉 스스로 우주의 중심이라고 느끼는 것이 아니라 세상을 다스리시는 하나님의 명령을 순종함으로 자신의 전 삶의 영역에서 세상을 다스리시는 하나님의 대리자가 되도록 양육하며 훈련시키는 것 등이 이에 포함된다.

3) 교훈의 방법들은 아이들의 본성과 신앙적 지위에 합당한 것이어야 한다

대부분의 사람들이 아이들과 어른은 같은 방법으로 가르칠 수 없고, 특히 깊이 있고 폭넓은 내용은 더욱 그러하다고 인정하지만 실제에서 이 구분이 종종 간과된다. 따라서 아동의 다양한 발달 단계가 무시되는 경우가 있으나 그렇게 되어서는 안 된다. 사실 이것은 성경적 가르침이기도 하다. 잠언 22:6을 문자적으로 옮기면, "그의 방식에 따라 아이를 키우라(Train up a child according to his way)"이다. 여기서 '그의 방식'이란 아이로서의 본성을 의미한다. 이것은 어린이 양육이 그의 성숙도에 맞아서 가르쳐진 것이 그의 마음과 생각에 새겨져 그의 제2의 천성이 되고, 그리하여 영원히 그와 함께 있게 되는 것을 뜻하는 것이다. 구약 주석가인 프란츠 델리취(Franz Delitzsch)는 잠언 22:6을 주석하기를 "그에게 맞도록 아이를 가르치라 그리하면 늙어서도 그것을 떠나지 아니하리라? 그리고 그는 말하기를 젊은이들에 대한 교훈, 젊은이에 대한 교육은 그들의 본성에 맞는 것이어야 한다. 교훈하는 문제, 교훈하는 방식은 그들의 연령층에 맞아야 하며 그들의 특성에 일치해야 한다. 교육방법도 젊은이들의 정신적, 신체적 발달 정도에 맞추어 사용되어야 하는 것이다."라고 했다. 우리가 잠언 22:6의 진리를 잘 지킨다면 우리는 아이들의 학습 능력을 과소평가하거나 과대평가하는 양극단의 오류를 피할 수 있을 것이다. 어린 아이들을 가르치는 이는 누구든지 그들의 학습능력에 끊임없이 놀랄 것이다. 분명히 아이들은 그들의 전력을 다하도록 격려 받아야 할 것이다. 반면 아주 어린 아이들에게 아주 어려운 진리를 추상적으로 가르치며, 그들이 준비되지도 않은 것에 대해 결단하게끔 해서는 안 된다. 그렇게 하는 것은 결국 그들의 진보를 막는 것이기 때문이다. 놀라운 것은 성경에 나타난 하나님의 뜻과 하나님께서 지시하신 아동 성장의 법칙에 나타나는 하나님의 뜻 사이에는 전혀 갈등이 있지 않다는 것이다. 그러므로 아동의 영적 진보는 아이들의 학습이 성경에 비추어 합당한 법칙들과 조화되는 방식으로 일어날 때에 가장 잘 나타나는 것이다. 그들의 방식에 맞게 하나님의 자녀들에게 하나님의 진리를 가르치는 것이 하나님의 방식이며, 하나님의 방식이야말로 최선의 것이라 하겠다.

4. 성경적 양육의 수단들

성경신학적 가정교육학자인 호레이스 부쉬넬(Horae Bushnell)은 그의 저서 『Christian Nature)에서 부모의 역할은 언약의 전달자로 이해하면서 "자녀는 분명 자유의지를 가지고 있지만 자녀가 자치적 기능을 행하기 전에 부모의 편견이 지배한다. 따라서 자녀는 가정의 분위기를 호흡하고 부모의 눈을 통해 세계를 보게 되며, 부모의 삶과 정신이 그를 형성한다(Yale University press, 1888: 68~71). 그렇다면 크리스천 부모들은 가정에서 하나님의 진리를 성경적 방식에 따라 자녀를 양육하는 언약적 책임을 어떻게 감당할 수 있을까?

1) 모델링(Modeling)

첫째로 부모는 신앙적 삶으로 모범을 보임으로써 자녀로 하여금 언약의 삶의 축복과 책임을 깨닫도록 해야 한다. 부쉬넬은 부모 자신이 신앙적으로 사는 '신앙의 생활화'가 가장 중요한 방법이라고 하였다. 자녀에게는 '각인의 시기'(the age of impression)와 '지도적 감화의 시기'(the age of tuitional influences)가 있는데, 이는 부모의 의지대로 훈련되는 시기와 어린이의 개인적 의지와 선택의 시기로 구분하기도 한다. 따라서 각인의 시기에 충분하게 근본적인 인상으로 부모로부터 받아야 한다는 것이다. 그는 가정교육이 경건한 부모를 중심으로 하는 '가정 정부'(Family government)라는 방법으로 이루어진다고 보았다. 따라서 율법적 자세나 지나친 절대주의, 의미 없는 성경 암송 등이 아니라 부모가 진정한 기독교인이 됨으로 성령의 은총으로 이루어진 신앙의 생활화의 방법이 가정에서의 기독교적 영육의 방법이라고 하였다(Horae Bushnell, *op. cit.*, 233~34). 그럼 그리스도인 부모가 제기해야 할 가장 중요하고 진지한 질문은 '어떤 종류의 형성적 영향인가?'하는 것이다. 부모가 어떤 특정한 삶의 유형과 행동을 모범으로 보여줄 때 그것은 실제로 '나의 모범을 따르고, 내가 걷고 있는 길을 걸어라'고 말하고 있는 것이다. 많은 교육학자들은 가르침에서 모델링(Modeling)이 얼마나 중요한가를 잘 보여주고 있다. 그렇다면 무엇이 모범이 되어야 하는가? 그것은 물론 기독교적 삶의 양식, 특히 바울이 갈라디아서 5장에서 기술하고 있는 성령의 열매들이다. 사랑, 희락, 화평, 오래 참음, 자비, 양선, 충성, 온유, 절제는 가정에서 실행되어야 하는 덕목들이다. 동시에 우리는 자신의 삶 속에서 죄와 더불어 투쟁하고 있는 불완전한 인간들임을 인식하고 있다. 우리는 이러한 현실 역시 모범으로 보여주어야 한다. 자녀들은 부모들 역시 깨어지기 쉬운 연약한 자들임을 이해할 수 있어야 한다. 자녀들은 부모가 자신의 실패감과 부적절한 감정을 어떻게 수습하는가를 보아야 할 필요가 있다. 따라서 그리스도인 부모는 자녀들과 함께 기쁨과 고통을 공유할 수 있는 가정 분위기를 창출하는 데 주저해서는 안 된다. 때때로 부모들은 안정과 자기 통제의 전문가로 보여 지기를 원한다.

그러나 이런 시도는 대부분의 자녀들이 쉽게 꿰뚫어 보는 허구를 보여주는 것에 불과하다. 이런 시도는 오히려 부모와 자녀간의 불건전한 거리를 만들어 내며, 진정한 기독교적 가르침을 방해한다. 모델링은 가정에서 그리스도인 부모들에게 특별히 중요한 역할을 하는 기능의 한 유형이다. 부모들의 그리스도인다운 삶의 형태(Lifestyle)는 아이들의 종교적 신앙의 발달에 큰 영향력이 있는 가정 분위기를 형성한다.

2) 징계(Discipline)

성경은 무엇보다도 먼저 부모들은 자녀들을 징계해야 할 것을 교훈하고 있다. 징계는 단순히 양육의 보조 수단이 아니라, 그 자체가 양육의 수단으로서 아이로 하여금 그리스도의 의에 대해 잘 깨닫도록 할 수 있는 것이다. 그러나 이는 정당하게 시행되어야 한다. 그리스도인인 부모가 자녀에게 시행하는 징계는 주님께서 규정하신 대로 시행되어야만 하는 것이다. 징계의 본성과 목적, 수단 이 모든 것도 그분의 뜻에 일치해야만 한다. 예를 들어 징계는 사람으로 하여금 하나님 나라에 들어갈 만한 가치가 있는 사람이 되게 하는 데 그 목적이 있는 것이 아니다. 구원은 은혜로 되는 것이지 행위로 되는 것이 아니다. 그리스도께서 친히 자기에게 속한 자들의 죄 값을 치르셨기 때문이다(롬 3:24~28). 우리는 예수 그리스도께서 완성하신 사역에 무엇 하나 더할 수 없는 것이다. 또한 징계는 아이들로 하여금 면목을 잃게 하는 데 그 목적이 있는 것도 아니다. 이 둘째 방법 제시에 관해 사람들이 흔히 '그럴 것 같지 않다' 심지어 '결코 그렇지 않을 것이다'라고 생각하는 것이다. 징계에는 말로 하는 교훈과 벌을 주어 바르게 하는 방법 모두가 포함됨을 상기할 필요가 있다. 아이들은 처음부터 방정한 행동을 하도록 가르침 받아야만 하는 것이다. 그러나 아이가 자라서 성숙해 가면서 그는 점점 진리에 대한 자기 자신의 지식에 의해 내면적인 교훈을 얻도록 되어야 한다. 또한 부모는 자녀들로 하여금 하나님께 대한 신실한 사랑이 동기가 되고 그의 말씀의 지도를 받아 자기 훈련을 시행할 수 있는 그리스도 안에서의 성숙한 자가 되기를 원하며, 그렇게 키워야 하는 것이다. 기독교적 가르침을 위한 그리스도인 부모의 징계는 본질상 비행을 교정하기보다는 예방적이며 회복적인 활동이 되어야 한다. 징계의 방책은 항상 자녀들로 하여금 제자도의 궁극적인 목적지를 향하도록 방향을 다시 잡아주는 데 초점을 맞추어야 한다. 그러므로 부모는 징계 상황에 대한 공정한 평가를 바탕으로 자녀들의 필요에 최대한 민감성을 가지고 주의 깊게 기도하면서 훈육 방책을 결정할 수 있도록 해야 한다. 특별히 징계의 시행과 부모의 모델링 간의 긴밀한 연관성을 간과해서는 안 된다. 부모의 훈육 방식은 단순한 수단이 아니라 그 자체가 교육내용이라고 해도 과언이 아니다. 분노의 말, 비꼼, 부당한 징계, 그리고 자녀들에게 '보복'하려는 시도들은 기독교적 가르침에 역행적이며 비생산적이다.

3) 상황에 따른 가르침

셋째로 부모는 상황이 주어질 때마다 그 상황에 적절한 가르침을 베풂으로써 자녀들의 산 신앙을 형성하도록 해야 한다. 그 어떤 교육도 삶의 상황 전체를 포괄하여 그에 적절한 귀중한 교육적 경험을 제공할 수 있는(엡 5:16) 곳으로서의 가정교육과 필적할 수는 없다. 가령 가족 중 한 사람이 갑자기 병들었을 때, 부모는 이런 상황을 문제 거리나 당면한 위기로만 볼 것이 아니라 아이들로 하여금 그들의 신앙을 어떻게 삶의 구체적인 문제에 적용할 수 있는가를 교육받을 수 있는 기회로 삼아야만 한다. 기독교교육을 위해 가장 좋은 상황은 아마도 아이들이 질문을 할 때일 것이다. 그 이상 신앙의 내용을 들을 준비가 될 수는 없다. 성경에는 이런 형태의 교육의 예가 많이 있다. 출 12:26, 27이 가장 적절한 예가 될 것이다. 모세가 이스라엘 백성에게 유월절 예식을 지키라고 한 후에 그는 이런 특별한 권고를 덧붙이고 있다. "이후에 너희 자녀가 묻기를 이 예식이 무슨 뜻이냐 하거든 너희는 이르기를 이는 여호와의 유월절 제사라 여호와께서 애굽 사람을 치실 때에 애굽에 있는 이스라엘 자손의 집을 넘으사 우리의 집을 구원하셨느니라 하라" 아이가 질문을 했을 때, 아이는 깊이 있는 대답을 들어야만 한다. 따라서 대부분의 부모들은 자녀에게 성경적인 대답을 들려주려고 성경을 깊이 있게 살펴보게 될 것이다.

적용중심의 가정교육학자인 파브리지오(Pat Fabrizio)는 가정생활에서 특별히 부모와 자녀의 관계에서 발생하는 여러 가지 문제와 사례들을 그때 그때 성경말씀에 따라, 혹은 기독교적인 가치관에 따라 적용하고 훈련시키는 것을 목표로 하고 있다. 그녀의 저서 『그리스도인의 자녀 교육』(Children Fun or Frenzy)에서 "훈련은 가르침 이상이다"(생명의 말씀사, 1980:7~9)라고 말하며 훈련을 통해 자녀에게 순종을 가르쳐 결국은 자녀가 하나님과 대면하여 순종을 배우도록 하는 것이 부모의 역할이라고 주장하였다. 그녀는 가정의 핵심적 기능은 '훈련의 장'이며 가르침(teaching)보다는 훈련(training)의 장으로서의 역할을 해야 한다고 강조한다. 파브리지오는 훈련과 가르침의 차이를 강조하면서 자녀들을 가르치기는 하나 훈련하지 않는 것이 가정교육의 문제점이라고 지적하였다. 따라서 파브리지노는 부모의 역할을 훈련자로 보고 있다.

4) 계획된 정규 가르침

마지막으로 그리스도인 부모는 자녀 양육을 위한 상세한 계획을 세워야만 한다. 교회학교에서 건전한 가르침을 받고 있는지, 또 가능하다면 기독교 학교에서 훈련을 받도록 할 것인지를 유념해야 한다. 이상적인 기독교적 양육은 가정과 학교와 교회의 밀접한 협조 가운데서 이루어져야 함을 요구한다. 또한 밤에 자녀들이 자야 할 때 그리스도인 부모는 그들의 옆에 앉아 이야기하고 함께 기도하는 시간을 가져야 한다. 또 이 시간은 성경 이야기를 들려줄 수 있는 아주 좋은 시간일 수도 있다. 성경 이야기를 들려줄 때에는 매우 세심한 준비가 필요하다. 성경 본문을 여러 번 읽고 자기 자신의 말로 해 주어야 하는 것이다. 또 성경 이야기를 들려주는 동안 손에 성경을 들고 있음으로 이 이야기가 하나님의 말씀에서 나온 것임을 시각적으로 의식하게 해야 한다. 어린 자녀들은 성경 이야기를 반복해 듣기를 즐긴다.

심리학적 가정교육이론을 펼진 볼스윅(Jack O. Balswick)은 가정을 하나의 심리적 시스템으로 이해하면서 가정을 단순히 가족 구성원 개개인의 행동의 총합으로 보지 않고, 오히려 가정을 상호 관련된 부분들의 한 단위로서 움직이고 있는 모든 가족 구성원의 상호작용으로 보았다. 따라서 그는 가정에서의 부모의 역할을 힘을 부여해 주는 존재, 능력을 부여해 주는 존재, 떠나보낼 수 있는 존재로 보았다. 가족 체계가 건강하려면 응집력(cohesion), 적응성(adaptability), 대화(communication), 역할 구조(role structure)라는 4가지 요소를 이용하여 다른 구성들을 지지해 주지만 간섭하지 않는 범위 내에서 서로에 대한 관계와 관심을 보여주는 응집력, 가족 구성원간의 분명한 대화를 통해서 역할들을 합의하면서 적응하는 능력, 부모와 자녀간의 상호작용을 통해 신앙을 성숙시키는 것을 교육목적으로 삼고 있다(The Family: A Christian Perspective on the Contemporary Home, Grand Rapids, Baker Book House, 1991: 35, 50, 52~61).

이상으로 기독교적 양육의 과제를 상세화 하려는 목적으로 몇 가지 방법을 제시했다. 그러나 이런 방법들을 기계적으로 나눌 수 있는 것은 아니다. 그것들은 서로 관련되어 있고 인생의 초기부터 자녀에게 영향력을 행사하는 양육의 형태를 규정한다. 이런 책임을 신중하게 생각하는 기독교 가정에서는, 거짓말이나 속임과 같은 특정한 죄에 대한 아이들의 슬픔을 하나님께 대항하는 전체 반역의 표로서의 죄에 대한 슬픔으로 여기도록 하여 회개의 슬픔으로 발전시키며, 초기 단계의 신앙을 그리스도께 대한 신뢰의 삶과 그의 뜻에 대한 감사의 복종으로 발전시키도록 해야 한다. 비록 모든 사람이 자의식적으로 자신의 죄를 회개하고 자신의 삶의 길을 그리스도께 맡겨야 하지만, 기독교 가정의 자녀에게는 그런 경우가 양육 과정의 절정이고, 구태여 어떤 위기의 경험을 할 필요가 없다. 그러므로 모든 은혜의 방도가 그 양육과정에서 충실히 사용된 기독교 가정에서 자라난 아이들은 성인이 되었을 때 진정으로 이렇게 말할 수 있는 것이다. '나는 내가 주 예수 그리스도를 알지 못했거나 사랑하지 않은 적을 기억할 수 없습니다.'

V. 기독교교육과 신앙교육서

1. 신앙교육서에 대한 이해

1) 신앙교육서의 의미

'신앙교육서'라는 말은 독일어로 Katechismus, 영어로 Catechism이라고 한다. 초기 한국 교회는 '교리문답'(教理問答), '학습 교리서'(學習教理書) 등의 말로 사용되었다. 이 말은 헬라어 동사 '카테케오'(κατηχεω)의 명사형인 '카테키스모스'((κατηισμος)에서 유래되었다. 이 단어는 '울리다', '울려 퍼지다', '소리를 내다', '듣게 하다', '가르치다'라는 의미를 가지고 있다. 이 말의 본래의 의미는 입으로 가르친다는 것을 의미하는 '구두식 교육'(oral instruction)을 나타낸다.[69]

이것의 성경적 근거는 출애굽기 24:6절에 모세가 피를 취하여 반은 양푼에 담고 반은 단에 뿌리고 언약서를 가져 백성에게 낭독하였다. 이때 이스라엘백성들이 "여호와의 모든 말씀을 우리가 준행하리이다"라고 순종적 반응을 보인 것은 대화식 신앙교육의 모형이라고 볼 수 있다. 또 여호수아 24:14~18에서 여호수아가 세겜에서 이스라엘백성들과 문답형식으로 여호와 앞에 결단하는 장면은 문답식 교육의 원형이라고 볼 수 있다.

신약성경에 나타난 초대교회에서의 신앙교육은 신앙을 고백하고 교회의 회원이 되기 위해 세례를 받는 자들을 중심으로 이루어졌다. 기초적인 신앙교육이 비교적 활발하였

---

69) F. L. Cross, Oxford Dictionary of the Christian Church (London: Oxford University Press, 1958), 249.

던 시기는 4~5세기라고 볼 수 있다. 특히 어그스틴(*Augutinus*)은 신앙교육에 관한 저서들을 남겼는데 '기독교교리교육'(*De Doctira Christina*), '신앙교육서 초고'(*Catechizandis Rudibus*) 등이다. 그는 특히 '신앙교육서 초고'(*Catechizandis Rudibus*)를 통해 어린이 신앙교육의 목표와 내용, 그리고 교사들에게 필요한 교수－학습 이론을 소개하고 있다.[70] 그 후 종교개혁자 마틴 루터에 의해 기독교인들이 기본적이며 필수적으로 반드시 알아야 할 기본교리를 위해 '대요리문답서'와 '소요리문답서'를 작성하여 무시당하는 일반대중들과 특히 어린이들에게 기독교의 내용과 방법 그리고 여러 지침들을 제시하여 그들의 영적 궁핍을 채워 주었다. 이 책의 내용은 십계명, 사도신경, 주기도문, 세례와 성례, 참회, 성례, 아침 저녁의 축복기도, 식사 전후의 기도 등으로 기독교인이 알아야 할 기초교리와 성경의 요약을 제시하고 해설을 덧붙였다. 이러한 루터의 교리문답은 칼빈의 '신앙교육서' 작성에 영향을 주었다. 그러므로 신앙교육서란 말은 그리스도인의 삶의 총체적인 지침으로서 모든 그리스도인들에게 제시되고 인식되고 가르쳐져야 하는 신앙적 삶의 교육 자체를 뜻한다고 할 것이다.

오늘날 이러한 교육의 중요성을 여러 가지 다양한 언어로 표현하고 있는데 예를 들면 '성경공부', '공과공부'로 표현되고 있으며, 학문 이론적으로는 기독교교육 또는 기독교의 종교교육, 그리고 더 구체적으로는 기독교 신앙교육 그리고 전통적으로는 신앙의 가르침과 배움의 관계에서 바로 기독교 교리교육, 또는 요리문답 교육으로 명명되었다고 할 것이다. 현재 교회교육으로는 미국에서 생겨난 제자훈련의 프로그램을 들 수 있다. 그러나 교육실제의 이름이 어떻게 다양하게 표현되든지 간에 그 실제적인 교육사건에 있어서는 기독교 신앙 내용의 표준이요 기준이라고 말할 수 있는 기독교 구원의 가르침인 교리는 결코 간과해서는 안 되는 중요한 교육내용의 의미를 지니게 된다. 원래 교리란 다른 말로 하면 기독교 신앙의 진리에 대한 체계요, 또는 기독교 세계관이나, 기독교가 신앙하는 신앙 체계 또는 가치 체계란 말로 표현하기도 한다.[71]

---

70) Kenneth O. Gangel, *기독교교육사*, 유재덕 역 (서울: 기독교문서선교회, 1992), 106.
71) 정일웅, *교육목회학* (서울: 도서출판 솔로몬, 1997), 362.

2) 교리와 성경과의 관계

우리는 하나님의 말씀으로서의 성경이 그리스도인의 신앙적 삶의 표준이요 지침이라는 이해로 인해 성경과 교리 사이에 약간의 오해가 생겨난다. 이러한 인식 때문에 우리는 신앙교육에서 교리를 배우는 것보다 성경을 배워야 한다는 이해를 앞세운다. 이 말은 기독교 신앙교육의 내용이 하나님의 말씀인 성경에 근거를 가지고 있어야 한다는 면에서 중요한 원칙에 관한 말이다(*Sola Scriptura*). 그러나 교육의 실제적 사건은 성경에 기록된 하나님의 말씀의 뜻을 배우고 가르치려 할 때 그 성경내용은 해석되지 않고 가르칠 수 있는 것이 아니다. 그러므로 해석된 내용, 바로 그것이 기독교 신앙의 가르침이 되는 것이며, 그것은 곧 교육의 내용이 되는 것이다. 우리는 이러한 하나님의 말씀인 성경을 가르침으로 바꾸어 놓지 아니하면 교육을 할 수가 없는 것이다. 이것은 바로 가르침 즉 교리를 필요로 한다는 뜻이다. 그러므로 교리는 기독교 구원의 가르침의 가장 핵심적인 것을 말하며 성경에서 가장 핵심적인 것을 요약한 내용인 것이다. 이것이 바로 교리와 성경의 관계이다.

전통적으로 기독교는 구원의 진리를 이방인과 세계에 알리고 전달하며 가르치려 할 때 시대마다 이런 방식으로 성경을 해석하고 요약하였다. 새롭게 이해되고 해석된 성경의 계시를 이렇게 규범적이며, 표준적인 신앙의 교리적 관례로 표현하였고 그 내용에 의지하여 기독교 신앙교육의 사명을 감당했다. 이러한 교육을 서구에서는 *Katechese, Katechismus, Catechism* 등으로 불렀고 우리말에서는 '요리문답교육' 또는 '교리문답교육'이라고 번역하여 소개되었다. 이러한 이름은 기독교 구원의 진리의 중요한 내용으로 그 기본적이며 핵심적인 것을 요약한 형태로 만들어 교수 방법적으로 문답의 형태로 가르친 데서 연유된 것이다. 그러므로 교리교육의 내용은 성경계시의 요약이요, 하나님 말씀의 가르침이 되는 것이다.72)

---

72) *Ibid.*, 363~64.

3) 교리교육의 의의

(1) 교리교육의 역사

우리는 '교리'라는 말을 사용할 때에 먼저 "기독교가 믿는 신앙의 진리가 무엇인가"에 대한 대답으로서의 신앙의 가르침으로 이해한다. 역사적으로 볼 때 기독교 교리로서의 신앙의 가르침은 예수께서 전파하신 하나님 나라에 관한 말씀을 토대로 이러한 교리로서의 신앙의 가르침, 교리교육은 초대 교회에서부터 행하여졌는데 특히 초대교회에서 이방인이 개종하여 기독교인이 되고자 할 때 세례를 받기까지의 과정에서 준비교육으로서의 세례문답자 교육에서부터 출발되었다. 이는 벌써 2세기경 *Didache(12사도의 가르침)*란 문서를 통하여 나타나고 있으며 특히 세례 준비자들이 배워야 할 가르침을 싣고 있는데 즉 두 길을 가르침과 구약 유대교의 지혜의 길이 그것이다. 두 길의 가르침에서 하나는 생명의 길이요, 다른 하나는 죽음의 길이라는 사실을 밝히고 있다. 또한 생명의 길은 먼저 너를 창조하신 하나님을 사랑하는 것이요, 두 번째는 네 이웃을 네 몸과 같이 사랑하는 것이라고 밝히고 있다.

3세기로 접어들어서 교회의 구성원들을 위한 계속적인 가르침을 필요로 하게 되었는데 이는 세례 청원자들을 위해서 뿐 아니라 세례받은 자들을 위해서 특히 그들이 다른 이교적 가르침에 오염되지 않게 하기 위해서였다. 대표적으로 영지주의 사상에 대하여 기독교 신앙의 진리가 무엇인지를 교회 신앙생활과 선교적 차원에서 밝혀야 할 필요성이 대두된 것이다. 이러한 이교적 사상과의 대립 관계에서 기독교 진리 즉 신앙의 가르침은 변증적(*Apologetisch*) 임무를 띠게 되며 기독교 교리의 이론적이고 조직적이고 체계적인 성경이 나타나게 되는 것이다. 3세기의 로마의 장로 힙폴리투스(Hipploytus)는 그의 "사도적 전통"(215년경)이란 글에 카테큐메노스(*Catechumenus*, 세례문답 교육 대상자)들에 대한 3년 과정의 구약 성경 공부를 언급하였다. 그리고 이 과정이 끝나면 시험을 치르게 했다고 한다. 물론 몇 주간의 보충적 교육인 복음의 가르침과 신앙고백을 확인하고 난 후 부활절 저녁에 세례를 받게 하였다. 이때의 문답 교육(*Katechese*)은 예전과 결부되었는데 안수와 귀신을 쫓는 일의 관계에서 세례 의식이 이루어진 것이다.

4~5세기경에 이르러는 기독교 개종의 수적 증가 때문에 오랜 기간의 철저한 준비가 소홀해지면서 교회는 세례 청원자들을 학습인(*Katechumen*)으로 받으면서 성경에 나타난

구원의 역사를 집약시켜 그들에게 가르쳤다. 대표적으로 어거스틴은 *De Catechizandis Rudibus*(초신자들을 위한 신앙교육 교수 안내서)란 글에서 세례준비 기간을 부활절 전 40일로 축소시켰다. 그리고 이 교육은 신앙고백적인 내용으로 한정시키고 목표는 성찬에의 참여에 두었기 때문에 성례의 의미와 성찬의 내용을 밝히는 것을 중심으로 가르침의 내용이 한정되었다. 예루살렘의 씨릴(315~386)은 그의 학습 교육의 속기 원고에서 세례 준비자(성인)들의 가르침의 내용으로 주기도문과 십계명이 다루어졌다는 것을 밝히고 있다. 역시 세례식은 부활절 저녁에 개최되었다. 유아세례에 관하여는 벌써 2세기 말경의 문헌에서 발견된다고 전한다. 아이들은 세례를 받기 위해서 어른처럼 준비가 필요했던 것은 아니고 세례 후에 그들이 성장하면서 신앙 지식에 필요한 것을 가정의 부모를 통하여 배웠던 것으로 짐작된다. 파일(R. Peil)은 고린도교회의 여인들에게 대한 권면과 관련하여(고전 14:33~35) 그렇게 해석하고 있다. 에베소서 6:4의 말씀을 통해 추측해 볼 때 바울 역시 주의 교양과 훈계 안에서 가정에서 행해지는 자녀 신앙교육의 중요성을 말하였음을 알 수 있다. 초대교회의 어린이 교육에 관하여 구체적인 글을 남긴 안디옥의 크리소스톰(Johannes Chrysostomus, 344~407)은 "교만과 어린이 교육"(*Hoffart und Kindererziehung*)이란 글에서 어린이는 잘 훈련되어야 하는데 부모들은 특히 그들의 자녀들의 윤리 교육에 대한 책임을 져야 함을 강조했다. 앞서 언급한 어거스틴의 책 "*De Catechizandis Rudibus*"는 바로 어린이 신앙교육의 목표와 내용과 교사에게 필요한 교수학의 기초 이론을 소개하고 있다. "신앙교육의 목표는 사랑이다"라고 전제하고 있는 그 가르침에서 구원의 역사는 창조에서 시작하여 교회의 현재적 시간까지가 포함되고 있다(아담의 창조, 노아 홍수, 아브라함과의 언약, 다윗 왕국, 바벨론 포로의 해방, 그리스도의 사건 등). 신앙교육의 방법으로 대화식 신앙교육을 말하고 있다.

로마의 중세교회를 거치면서 신앙의 가르침은 그 내용면에 있어서 새로운 시각으로 발전하는 것을 보게 되는데 아를레스(Caesarious von Arles, 470~542)는 그리스도인은 적어도 자기가 믿는 대상에 대한 최소한의 신앙 지식을 갖고 있어야 함을 강조하면서 사도신경과 주기도문을 언급하였다. 토마스 아퀴나스(1225~1274)는 기독교 구원에 이르기 위해 인간은 세 가지를 알아야 하는데 첫째는 무엇을 믿을 것인가에 대한 내용으로서 사도신경이요, 둘째는 무엇을 바랄 것인가에 대한 내용으로서 주기도문, 셋째는 무엇을 행할 것인가에 대한 내용으로서 십계명이라고 하였다. 여기에 마리아의 찬양론과 성례의 가르침을 후에 첨가하였다. 이것이 종교개혁 이후에 루터와 종교개혁자들이 책으로

펴낸 신앙의 가르침(*Katechismus*)의 전형이 되는 것이다.

종교개혁 시대에 와서 신앙교육은 새로운 단계로 발전해 나아갔는데 이것은 먼저 루터에 의하여 시작된 교리교육(*Katechismus*)이다. 1529년에 루터는 책으로서의 신앙교육서를 대·중·소로 만들었는데 그 중심 내용은 바로 중세 로마가톨릭 교회가 다루었던 십계명, 사도신경, 주기도문 등이었으며 이를 질문과 대답의 도식 안에서 해설했다는 것이 특징이다. 그러나 제네바의 개혁자 칼빈이 만든 신앙교육서는 기독교 신앙의 가르침인 교리(Dogma)를 그 중심으로 하고 있는데 기본 골격에는 사도신경, 십계명, 주기도문 등을 따르면서도, 그리스도인이 알아야 할 인생의 제일 되는 목적이 무엇인가를 밝히는 것으로 시작하여 성경 전체의 가르침을 기독교 교리적 관계에서 풀었고 역시 질문과 대답의 도식에 의하여 배우게 하고 있다.

이러한 현상은 촉진제가 되어 1563년에 출판된 하이델베르크신앙교육서(Heidelberger Katechismus)에 영향을 주었으며, 1647년에 만들어진 웨스트민스터신앙교육서(Westminster Katechismus)에도 결정적인 영향을 끼치게 되었다. 오늘날 개혁파 교회에서 통용하고 있는 '요리 문답' 또는 '교리 문답'은 칼빈의 '신앙교육서'를 배경으로 개혁교회의 전통을 이어가는 모체가 되어 Heidlberger Katechismus, 그리고 Westminster Katechismus는 개혁파 교회 안에서 성도들의 신앙생활의 기본원리와 기독교교육의 뿌리와 전통이 되었다. 또한 성경이 가르치는 복음적 진리를 그리스도인이 마땅히 알아야 할 신앙의 기본 지식으로서의 신앙의 가르침이 교육적 차원에서 더 올바르게 이해하게 되었다. 그러나 신조 시대를 거쳐 오면서 오늘 우리의 상황에 이르기까지 교리는 매우 부정적인 입장으로 보일 만큼 문제를 안고 있다.

(2) 교리교육의 의의

정통신학의 기독교교육의 방법론은 21세기에 들어와서 다원주의와 상대주의 인하여 제기되는 여러 가지 문제로 위기에 처해있다. 이러한 상황에서 교회에서 이루어지는 신앙 교육적 차원에서 교리의 중요성과 그 의의가 어디에 있는가? 종교개혁 시대에 개혁자들에 의해 작성되고 사용되어진 신앙교육서는 그 중요성을 신앙교육적 차원에서 살펴볼 충분한 가치를 보여 주고 있다. 이것을 올바르게 이해하기 위해 우리는 먼저 신앙교육서의 기능적 측면을 살펴보고, 현대 기독교교육에 어떤 교육적 기능을 가지고 있는지 생각해 보고자 한다.

첫째, 신앙교육서는 기독교 신앙교육의 필수적인 교재로서의 기능을 가진다.

신앙교육서는 기독교 신앙이란 무엇인가를 알려 주는 신앙의 근본적이고도 핵심적인 것을 가르치고 배우게 하는 책이다. 그런 면에서 우리는 신앙교육서를 "교리교육서"라고 말할 수 있고, "요리 문답서"라고도 말할 수 있다. 그러나 근본적으로 신앙을 가르쳐 주는 신앙의 책이거나 "신앙교육서"로 이해하는 것이 올바른 이해라고 생각한다. 그래서 토마스 토렌스(Thomas F. Torrence)는 '신앙교육서'의 중요한 목적은 고대 카톨릭교회의 교리문답적 가르침을 회복하는 것으로 보았다. 그는 신앙교육의 세 가지 목적을 지적하였는데, 첫째 목적은 10세에서 15세의 연령에 속하는 어린이들의 교육에 적당한 양식을 제공하여 그들의 마음을 그리스도의 신실한 자들, 즉 그의 진리 안에서 하나된 자들로 인도하는데 있다. 두 번째 목적은 그들이 모두 함께 한 몸, 한 영을 이루어 한 입으로 믿음의 본질에 대한 것을 선언하도록 성장시키는데 있다.73)이와같이 신앙교육서는 교회의 기초와 틀로서 중요성을 지니며, 가정과 교회를 세대를 통해 기독교 진리를 교육하고 전수하는데 신앙교육서가 교육적 도구로서 필수적인 자료라고 할 수 있다. 그러므로 신앙교육서는 신자들의 믿음을 굳건히 세워주고, 그들의 삶의 지침서 역할을 감당하는 데 공헌하였다.

둘째, 신앙교육서는 신앙고백서로서의 기능을 들 수 있다.

신앙고백은 본질상 하나님께 대한 찬양의 의미를 가지는 것으로 항상 우리에게 하나님의 위대한 행위에 대한 응답이다. 우리는 예배에서 사도신경을 통하여 성부와 성자와 성령은 우리의 신앙의 대상임과 동시에 찬양과 영광의 대상임을 삼위일체적 관계로 고백하고 응답한다. 그런 의미에서 칼빈은 한 몸인 교회가 신앙교육서를 통하여 그리스도에 대한 바른 교리교육을 함으로써 통일된 신앙고백을 할 수 있다고 주장하였다. 따라서 신앙교육서는 개인과 공동체의 신앙고백을 위한 책으로서 중요한 기능을 한다. 바로 여기에 신앙의 표준적 의미로서의 신앙교육서의 특성이 있는 것이다. 그런 관계에서 볼 때 역사 속에서 교리교육은 신앙고백서로서의 기능을 갖는다.

더욱 중요한 것은 신앙고백은 성경을 가르치는 자를 연합시켜서 거짓된 교훈과 생활을 막아주는 공준 표준의 방패가 되기도 한다. 또 신앙고백서를 통해서 그리스도의 몸

---

73) Thomas F. Torrence, *The School of Faith: The Catechism of the Reformed Church* (London: James Clarke Co., 1959), 3~4.

된 교회는 교리교육을 올바르게 함으로써 개인과 신앙 공동체가 통일된 신앙고백을 할 수 있다. 따라서 신앙교육서는 개인과 공동체의 신앙고백을 위한 중요한 기능을 한다.

셋째, 신앙교육서는 예전서로서의 기능을 들 수 있다.

종교개혁 시대에 신앙교육서는 청소년 입교자들의 신앙의 기본지식에 대한 확인서로서 공중 예배에서 묻고 답하는 일에 사용되었으며 또한 성인예배에서 성경 낭독을 대신하여 하나님의 말씀으로서 신앙의 확인으로서 낭독되었던 것이다. 그러므로 성례에 대한 칼빈의 이해는 성례를 통하여 참여자가 인식하고, 학습하고, 진리를 깨닫으며, 성찰하게 되고, 사고하게 되는 것으로 보았다.[74] 이처럼 칼빈은 성례를 통하여 신자들은 신앙교육서에 나타난 기초교리를 인식하고, 학습된 것을 총체적이고 체험적으로 경험할 수 있는 예전적 기능을 감당하게 된다.

넷째, 신앙교육서는 설교자로서의 기능을 들 수 있다.

종교개혁 시대에 나타난 칼빈의 제네바 신앙교육서(Goofer Katechlsmus)와 하이델베르크 신앙교육서(Heidelberger Katechismus)는 본래 주일 오후(저녁)예배 때 성인들에게 설교하도록 만들었다. 성경의 전체내용을 주제별로 55과로 나누어서 설교 시간에 신앙교육서를 함께 읽고 강해하며 교리적 차원에서 가르쳤던 것이다. 알프레드 크라우스가 "칼빈의 설교는 본래 신앙교육서이다"[75]라고 할 정도로 칼빈은 교리중심의 설교를 하였다. 그는 설교를 통해 교리를 반복적으로 가르쳤다. 그는 두 가지 목적을 가지고 교리설교를 하였는데, 첫째 목적은 기독교를 알지 못하는 사람들이 기독교에 대한 초보적인 지식으로부터 시작할 수 있게 하는 것이며, 두 번째 목적은 이미 신앙생활을 시작한 사람들이 더욱 더 믿음의 진보를 하게 하는 것이다. 그러므로 그에게 교리는 귀를 자극하는 것이 아니라, 삶을 완성케 하는 것이었다. 그러므로 칼빈은 성도는 평생토록 교리를 필요로 할 뿐만 아니라 또한 그 영향권 속에서 살아야 한다고 지속적으로 강도하였다. 그러므로 신앙교육서는 교리 교육의 유익한 설교 자료이기도 하다.

다섯째, 신앙교육서는 목회상담적 기능을 들 수 있다.

특히 루터의 소요리문답서에서 나타나는 기능이라고 볼 수 있으며, 하이델베르크 신앙교육서에도 이러한 기능을 찾아 볼 수 있다. 신앙교육서에는 신자들의 삶의 정황에서

---

74) Brain A. Gerrish, *Grace and Gratitude: The Eucharistic Theology of John Calvin* (Minneapolis: Fortress Press, 1993), 127.

75) R. Hedtke, *Erziehung duch die Kieche bei Calvin* (Heidelberg: Quelle& Meyer, 1969), 108.

부딪치는 문제들에 대한 적절한 대답이 들어 있다. 신앙교육서는 성경, 하나님, 그리스도, 성령, 인간, 죄, 구원, 자유의지, 십계명, 주기도, 세례와 성찬, 교회, 자유, 양심, 부활, 심판 등의 주제들로 구성되어있다. 신자들은 신앙적 물음이 생길 때마다 이러한 신앙교육서들의 질문과 대답을 통하여 그 응답을 발견하며 위로를 얻었던 것이다. 루터의 신앙교육서와 하이델베르크 신앙교육서는 창의적 가르침이 그 중심에 있었는데, 바로 신앙교육서는 신자들로 하여금 자신의 문제를 기본적으로 해결할 수 있도록 만들어져 목회상담적 기능의 주안점이 되고 있다.

여섯째, 신앙교육서는 변증적 기능을 가진다.

칼빈은 두 가지 목적을 위해 신앙교육서를 변증서의 목적으로 집필하였다. 첫째 목적은 영적인 성장과 기독교신앙교육을 하기 위한 것이었으며, 둘째 목적은 로마카톨릭교회로부터 오는 비난과 공격에 대해 종교개혁의 정당성을 변호하기 위한 것이었다(기독교강요, 4.2.1.2). 따라서 변증은 하나님의 존재를 변호하고 증명함으로써 기독교를 믿는 이유를 이론적으로 증명하는 것이다. 칼빈은 인간은 하나님의 은혜와 계시로 재능과 은사를 가진 존재이다. 또한 인간의 지성과 도덕의식과 그리고 인간 존재 그 자체가 함축된 하나님의 계시로서 이 모든 것들이 하나님의 존재를 증거할 수 있다고 하였다(기독교강요 1,5,5). 그래서 칼빈은 신앙교육서에서 하나님과 인간에 관한 지식, 율법, 신앙, 사도신경, 기도, 성례, 교회와 국가와 같은 핵심적인 신앙사상을 요약해 놓은 근본목적은 철저한 신앙교육과 확실한 기독교 변증이었다. 그러므로 신앙교육서는 오늘날 종교다원주의로 인해 기독교 신앙에 도전하는 적그리스도에 대해 성경적이며 신학적으로 변호하고 변증할 수 있는 좋은 자료이기도 하다.

일곱째, 신앙교육서는 치리적 기능을 가진다.

칼빈은 신앙교육서에서 치리를 통하여 교회가 교회지기를 원했다. 그는 치리를 통해서 교회 안에 나약하고 게으르고 불안전한 성도들에게 보호막을 제공하고 교육적인 척도를 통하여 이들을 선도하고, 훈계하고, 교정하고, 개선하기를 원하였다(기독교강요, 4.12.1). 피리는 하나님 말씀을 선포하는데 절대 필요한 요소였으며, 궁극적으로 그 목표는 다름 아닌 그리스도의 명예와 교회의 거룩성을 드높이는 것이었다. 그가 이러한 치리의 기능을 중요하게 여긴 이유는 교회에서 하나님의 말씀이 신실하게 전파되고, 성례가 정당하게 시행되는데 있어서 나타나게 되는 방해들을 치리를 통하여 미리 제거하기 위함이었다. 이런 점에서 신앙교육서는 치리적 기능을 통해 개인과 교회를 교리적이며 도덕적으로 이탈하지 못하도록 예방적이며 치유적이며 도덕적 기능을 감당하게 한다. 오늘날 교회의 3대 표지 중 하나인 권징의 기능을 잃어버린 현대교회는 철저한 교리교육의 회복을 통해서 그리스도의 명예와 교회의 거룩성을 회복할 수 있을 것이다.

그러면 교리교육(Katechismus)의 특성과 그 의의는 어디에 있는가?

첫째, 신앙의 기본 지식 습득으로서 성경 전체의 내용을 비교적 짧은 시간에 배우게 할 수 있다는 점이다. 우리가 성경 66권을 다 배워서 신앙 지식으로 삼는다고 할 때 그 것은 오랜 시간을 요할 뿐 아니라 역시 성경의 내용을 발췌 선택하거나 요약한다는 것은 불가능한 일이다. 그러나 교리를 중심한 Katechlsmus는 성경 전체를 요약하여 만든 것으로서의 특징을 갖는다. 루터는 신앙교육서를 Laienbibel(평신도 성경)이라고 불렀다. 이것은 분명히 성경의 요약이라는 관계에서 언급한 것임에 틀림없다.

둘째, 기독교 신앙에 대한 체계 확립이다. 신자에게 있어서 교리교육은 무엇보다도 기독교 신앙의 체계를 신속히 확립해 줄 수 있는 데 그 의의가 있다. 예를 들면 루터의 소요리문답은 십계명, 사도신경, 주기도문을 가르침의 중심 내용으로 취할 뿐 아니라 그 배우는 자에게 기독교 신앙을 제공하는 것이다. 즉 학습인이 "십계명"에 자신을 비춤으로 죄인인 것을 깨닫게 되고 "사도신경"을 배움으로써 삼위일체적 관계에서 그리스도를 통하여 베풀어진 구원을 얻게 되고, 그 다음 구원 얻은 자가 "주기도문"을 습득함으로써 하나님과의 교통 관계가 실제로 기도를 통하여 이루어지게 하는 것이다. 칼빈은 제일문에 "사람의 제일 된 목적이 무엇인가"를 말하여 인간이 이 땅에 생존하는 궁극적 목적을 밝힘으로써 신앙적 체계를 제시하고 있다. 바로 이 한 질문의 대답을 위해 372개의 질문과 대답이 전개된다. 하이델베르크 교리 문답서는 "생사 간에 당신의 유일한 위로가 되는 것은 무엇인가"를 질문하여 인간을 예수 그리스도에게로 접근시키며 이러한 위로를 발견하기 위하여 몇 가지를 알아야 하느냐고 질문한 후 그 대답으로서 자신의 "죄의 비참성"과 "그 죄에서 해방되는 방법" 그리고 "그와 같은 은혜를 베푸신 자에게 감사하는 생활"을 주제로 하는 126개의 문답식 문항을 만들어 신앙의 틀을 제공하고 있다. 웨스트민스터 신앙교육서도 이런 범주에 속한다고 볼 수 있다. 이와 같이 기독교의 진리와 교리를 배우는 자들이 신앙적 체계를 확립하는 일은 신앙관을 확립하는 것과 같은 성격으로 중요하다고 할 것이다.

셋째, 성경해석의 기본 열쇠가 된다. 개혁파 교회들이 아직도 청소년들에게 요리문답서(Catechismus)를 가르치고 있는 가장 큰 이유가 있다면 그것은 바로 교리가 성경 해석의 기본적 열쇠로서의 역할을 하기 때문이라고 본다. 이것은 성경 공부의 전제 조건으로서 기독교 신앙의 기본 지식인 교리적 내용을 익혀 줌으로써 그 후에 성경을 배우게 될 때에 성경 해석의 객관성을 습득하게 하며, 자의적으로 무리하게 해석하는 것을 미연에 방지하게 된다. 왜냐하면 신앙교육서는 성경의 요약이며, 교리의 핵심적인 내용을 담고 있기 때문이다. 그러므로 교리는 신앙의 유일 기준이요 신학의 원리인 성경을 해석하기 위한 기본 방향과 기본 열쇠가 됨을 알 수 있다.

결론적으로 칼빈은 성경을 기록한 선지들과 사도들의 교리를 교회의 근본으로 보았다. 그는 교회가 세워지기 전부터 교리가 권위를 가지고 있었으며, 선지자들과 사도들의 교리가 교회의 근본이 될 때에만 교회가 세워진다고 언급하였다. 이러한 칼빈의 입장은 교리가 교회보다 앞서며, 결코 교회가 교리보다 권위를 가지고 있지 않다는 것을 보여준다. 교리는 결코 신학적이며 의지적인 결과의 산물에 불과한 것이 아니며, 오히려 교회를 제한하고 그 본질을 규정하는 역할을 수행하고 있다는 사실을 강조한다. 그러나 칼빈은 말씀에 근거를 두지 않는 교리는 그 어떤 것도 자체적으로 권위나 의미를 가지지 않는다고 보았다. 그에게 교리는 항상 하나님의 나라를 선포하는 하나님의 말씀 안에 존재하고 있는 것이다. 칼빈은 말씀 안에 존재하는 교리에 대해 강조하기 때문에 교리는 그에게 매우 총괄적이고 포괄적인 교리의 총체를 교육적인 목적으로 집약하여 집필한 것이 '신앙교육서'라고 할 수 있다.

4) 질문과 대답의 교수법

역사적으로 교리의 발전은 기독교 진리란 무엇인가라는 상황적 물음에서 연유된 것으로 볼 수 있다. 이것은 전통적으로 교리학이 변증적 기능 관계에서 임무를 수행했던 것으로 본다. 이러한 시대적 물음에 대한 대답을 종교개혁자들은 질문과 대답의 도식 관계 안에서 다루었던 것이다. 이것은 오늘날의 교수학의 관계에서 볼 때에 지나친 연역적 방법으로서 더 이상 교수법으로 활용될 가치가 없는 것으로 평가되기도 한다. 그러나 역시 질문과 대답의 기본형식은 귀납적 방법에 의한 새로운 발전을 개발시키고 있으며 오늘 현대적 신앙교육서(Katechismus)에 적용될 뿐 아니라 성경공부에서도 활용되고 있다. 오늘날 공과교육, 성경공부 그리고 각양의 신앙교육의 현장에서 이루어지는 가르치고 배우는 관계는 실제로는 질문과 대답의 관계에서 이루어질 때 경험적인 학습 이상의 산학습(*Lebendiges lerneo*)이 이루어질 수 있는 것이다. 물론 전통적인 교리교육(Katechlsmus)에서는 질문과 대답의 관계를 연역적 방법에 의존하고 있다. 그러나 현대 교수학의 이론에서는 귀납적 방법의 응용을 강조하고 있는데, 이러한 질문과 대답의 귀납적 성격은 현재 서구에서 주제 중심적 성경공부나 주제별 설교에서 공통적으로 새롭게 발전되어 적용하고 있는 방법이며 동시에 교리교육 즉 신앙교육에 있어서 문제 중심 학습과의 관계에서 깊이 응용되고 있는 교수법의 원리라고 볼 수 있다. 현재 우리의 교수 학습의 실제에 새로운 방법론이 필요하다면 바로 종교개혁자들이 그들의 카테키스무스(Katechismus)에 적응시켰던 "질문과 대답"(*Frage und Antwort*)의 의미를 올바르게 이해하여 우리의 학습 현장에 지혜롭게 사용해야 할 것이다.76)

5) 교리교육의 중요성

(1) 성경에 관한 기본적인 가르침

성도들은 자신이 신앙하는 대상을 비롯하여 자신이 믿고 있는 믿음의 내용에 대한 기본적인 것을 지적인 관계에서 올바른 인식을 가지고 있어야 한다. 이것을 위하여 기독교교육은 기본적인 신앙의 내용을 중심으로 가르치게 되는 것이다. 전통적인 신앙교육서를 서구 교회 특히 독일교회는 "Katechismus"라고 불렀는데 한국교회에 소개되기로는 "요리문답" 또는 "교리문답"으로 표현했던 것이다. 바로 여기 '요리'란 말이나 '교리'란 말은 기독교가 신앙하는 그 내용의 기본적인 것을 뜻하는 말들인 것이다. 우리는 이미 교리교육이란 말로 전제하여 지금 그 교육의 중요성을 논하고 있는데, 그 자체가 기독교 신앙의 기본적인 교리 즉 기본적인 신앙의 가르침을 뜻하는 것이다. 기본적인 신앙 지식은 다시 다른 말로 표현하면 하나님의 계시의 기록인 성경과의 관계에서 볼 때 성경의 요약을 뜻하는 것이기도 한 것이다. 무엇보다 신앙교육서는 성경의 기본적인 교리를 이해하고 습득하는 데 필요한 핵심자료로서 높은 활용 가치를 지닌다.

종교개혁 이후로부터 서구의 교회는 그리스도인들이 알아야 할 성경의 요약으로서

---

76) 정일웅, *op. cit.*, 360.

신앙의 기본적인 지식을 크게 두 가지의 물음, 세부적으로는 여섯 가지 물음 안에서 성경이 요약되고 구원의 진리가 체계화되었다고 할 것이다. 즉 전자는 기독교 구원의 가르침이요, 후자는 신앙적 삶의 지침으로서 윤리에 대한 것이었다. 그리고 기독교 구원의 진리에 대한 여섯 가지 물음은 "하나님은 누구신가", "인간은 무엇인가", "예수 그리스도는 누구인가", "구원이란 무엇인가", "교회란 무엇인가", "세상의 종말에는 어떤 일이 일어나는가"에 대한 것이었다. 그 내용은 오늘날 교의신학 또는 조직신학의 기본적인 내용이 되기도 한 것이다. 그리고 전통적인 요리문답은 이러한 기본적인 물음에 기초하여 그리스도인이 알아야 할 신앙의 기본 지식과 성경의 요약을 '십계명', '사도신경', '주기도문' 등의 내용을 통하여 표현하였고 가르쳐 왔던 것이다.

이러한 전통적 교리교육 방법론은 오늘날 현대교육 이론 가운데 특히 독일의 교육학자 W. Klarkie가 제시한 그의 교수학이론 가운데 기초화 교육론에 상응하는 것으로 "무엇을 어떻게"란 방법론적 물음에서 무엇보다 먼저 중요한 것이 교육내용의 선택인데 그 선택의 원리는 가장 기본적인 것, 근본적인 것, 본보기적인 것을 전제로 선택해야 한다는 것이다. 그리고 이러한 기본적인 것을 중심으로 기초화를 이룬 후에 진보의 단계로 나아가게 하는 방법이다.

이러한 기초화 이론은 일반 학문은 접근방식에도 적용되는 기본적인 원리로서 먼저 학습한 자들의 요약된 이해를 기초하여 더 본질적이며 전체적인 것으로 접근 확대하는 원리이다. 이것은 우리의 신앙교육에서 교리교육이냐 성경공부냐의 양자택일의 문제가 아니라 상호 연관적이며 보완적인 유기적 관계에서 기본적으로 요구되는 방법이 교리적 접근 방식이라고 할 것이다. 그러므로 오늘날 우리의 교육 실제에서 경험하는 대로 교리교육과 성경교육의 양자택일적이고 대리적인 이해는 지양되어야 할 것이다. 다시 말하면 교리교육은 성경교육의 선이해를 위한 작업이며, 성경의 요약된 기본적인 신앙 지식에 근거하여 성경계시의 직접적인 이해로 나아가도록 해야 할 것이요, 동시에 성경계시의 종합적 이해는 다시금 교리적 체계로 통합되도록 하는 기독교 신앙의 가르침의 기본적인 유기적 관계가 이루어져야 하는 것이다.

(2) 기본적인 신앙관 확립

신앙관이란 믿음의 눈, 신앙의 이해력 또는 하나님의 구원 계시에 대한 기본적인 이해력, 신념의 기본적인 체계를 뜻하며, 신앙세계에 대한 기본적인 통찰력이다. 여기서 신앙관의 확립이란 기독교 구원의 진리에 기초한 신앙체계의 확립인 것이다. 이것은 기독교적 세계관에 기초하여 하나님의 창조 세계를 이해하며 그의 섭리와 뜻을 이해하고 그 어떤 이데올로기적인 가치관의 혼란 속에서도 올바른 진리의 분별력과 통찰력을 통하여 기독교 신앙을 견지하게 하는 힘인 것이다. 그러므로 기독교 신앙교육의 과제는 그 구체적인 방법론에 있어서 언제나 기독교 세계관을 중심으로 접근해야 한다. 기독교신앙교육은 기독교적 세계관을 통하여 인간의 존재 목적과 가치와 의의를 기본적으로 이해하되, 기독교 세계관을 중심으로 인간적인 삶의 행동적 기준이라 할 수 있는 가치관을 얻게 되는 것이다. 신앙교육은 인간의 창조 목적을 밝히고 어떻게 살아가는 것이 하나님께 영광을 돌리며, 하나님의 뜻에 순종하는 삶인가에 대한 윤리적 가치 기준을 인식시키는 작업이라고 할 것이다.

기독교 세계관은 성경계시를 따르면 하나의 구조를 지닌다. 즉 하나님의 창조 세계-인간의 타락-타락된 인간의 구원-창조 세계의 완성에 대한 것이다. 창조주 하나님은 만물의 주인으로서 역사의 초월과 내재의 관계에서 우주만물을 다스리시는 분이시며 그의 창조 세계의 질서와 피조물을 보존하시며 유지하시는 분이신 것이다. 하나님은 인간을 그의 형상으로 만드시고(인격적 존재), 생령을 불어 넣어 주심으로 다른 피조물을 관리하고 다스리는 책임을 인간에게 부여하셨다.

전통적인 교리교육은 이러한 기독교적 세계관을 중심하여 그리스도인들의 신앙관 확립을 위하여 신앙교육의 책임을 다하였던 것이다. 오늘 우리의 신앙교육도 이 원리를 벗어날 수 없는 것이다. 이 시대에도 우리의 신앙교육은 무엇보다 먼저 초신자들에게 이러한 교리적 체계로 그들의 신앙의 주초가 놓이게 해야 할 뿐 아니라 기독교적 세계관의 기본적 이해를 통하여 하나님의 세계를 이해하는 눈으로서 신앙관을 확립하게 해 주어야 하는 것이다. 그리고 기존의 신자들에게 이러한 맥락에 따라 신앙관이 확인되도록 해야 하는 것이다. 특히 교회학교의 교육과정 속에 제일 우선적으로 신앙관 확립을 위한 교육을 시행해야 할 단계는 중등과정의 청소년들이다. 그들에게 교리적 체계를 따라 이러한 하나님의 세계에 대한 기본적인 눈을 뜨게 하는 전제에서 성경교육 또는 신앙교육이 이루어져야 한다. 이러한 구원의 진리에 대한 기본적인 오리엔테이션이 주어지지 못한 채 행해지는 성경공부나 공과공부는 그 의미가 살아나지 못할 것이다.

(3) 성경해석의 기본 원리

교리교육은 궁극적으로 그리스도인으로 하여금 성경을 해석하는 안목과 방향을 제공받게 될 것이다. 그리스도인들은 일정한 교리의 기본 교육을 통하여 신앙관이 확립될 뿐 아니라 구원 교리의 선이해를 통하여 성경의 전체를 보는 안목과 성경의 기본적인 해석의 능력을 길러주게 되는 것이다. 교리적 체계의 중심이라고 할 수 있는 6가지의 범주 즉 하나님, 인간, 예수 그리스도, 구원, 교회, 종말이라는 교리적 개념들은 성경을 요약하며 신앙의 기본적 지식을 표현하는 하나님의 틀로 명명하였다. 그리고 신앙관 확립을 위하여 구원계시의 기본적 체계인 하나님의 창조, 인간의 타락, 인간의 구원, 역사의 종말, 즉 창조 세계의 완성의 관계에서 성경은 요약되는 것이다. 그러므로 이러한 체계의 교리교육은 학습자에게 구원계시의 기본적인 선이해를 제공받음으로써 자신이 계속적으로 성경을 학습하거나 성경의 내용을 이해하려 할 때 그 이해의 기본적인 눈을 교리교육을 통하여 획득함으로써 성경이해가 더 깊어지며, 동시에 성경해석의 지나친 자의적으로 무리하게 해석하는 것을 미연에 방지해 주는 역할을 하게 되는 것이다.

성경해석에 있어서 교리의 선이해의 문제는 오래전부터 조직신학과 성경신학 사이에 항상 논쟁되었던 신학의 근본적인 물음 중에 하나이기도 한 것이다. 소위 성경의 역사비평적 방법론을 도입하여 해석하던 성경 신학자들은 그 근본적인 의도가 교리의 선이해에서 완전히 독립하여 즉 그 어떤 교리적 선입관에 종속됨이 없이 성경본문이 말하는 근원적인 의미를 캐내려고 한 데서 출발된 것으로 본다. 그 결과 오늘날 성경신학의 가치는 조직(교의)신학의 전통적 권위를 누르고 신학의 우위성을 점유한 듯 보인다. 하지만 역시 기독교 신앙교육의 방법론적 관점에서는 결코 교리가 성경권위보다 우월한 것으로 볼 수 없지만, 성경해석의 방법론에 대한 기본적인 물음에 있어서 신앙교육은 전통적인 교리의 개념들을 필요로 한다. 이러한 교리적 체계를 사용하지 않고는 교육하는 방법론이 불가능하다. 그러므로 교리와 성경과의 관계는 우위성의 대립적 관계가 아니라 유기적 관계성의 문제라는 것을 인식하게 되며, 정경형성에 대한 올바른 인식을 가진다면, 성경해석의 실제적인 영역인 교육에 있어서 교리와 성경의 관계는 불가분의 관계임을 인정하지 않을 수 없을 것이다.

(4) 신앙적 삶의 지침서

신앙교육서는 개인, 가정, 교회, 그리고 국가에 대한 그리스도인의 삶에 대한 원리와 지침이 된다. 신앙교육서에 삶에 대해 언급되는 주제들은 구원받은 신자들의 개인적인 성숙, 성화, 가정생활의 원리, 교회공동체 안에서의 생활지침, 국가공동체에 대한 의무와 사명 등이다. Katechismus란 무엇인가에 대한 물음에서 독일의 종교교육학자 J. Fraas는 신앙의 책(Glaubensbuch) 또는 그리스도인들의 신앙적 삶의 표준을 제시하는 '삶의 지침으로' 불렀던 것이다. 우리는 처음부터 요리문답교육을 교리교육이라고 명명해 왔지만 교리교육은 그리스도인들의 올바른 신앙적 삶의 지침을 제시하고 성장세대는 그 지침을 따라서 신앙을 배우며 훈련받아야 한다는 교육의 의의를 의미하는 것이다. 전통적인 요리문답서 즉 루터, 칼빈, 하이델베르크, 웨스트민스터 신앙교육서는 종교개혁 시대와 오늘날 까지 그리스도인들의 삶의 지침서로서 그 교육적 역할을 감당하고 있다고 할 것이다. 특히 한국 장로교회 교인들의 신앙적 삶의 지침서는 1963년에 한국 장로교회가 공적으로 받아들인 웨스트민스터 대·소요리문답서라고 할 것이다. 물론 기독교와 복음의 영역에서도 다원화되어 가는 상황에서 아직도 신앙적 삶의 지침서로서의 가치를 발휘하고 있는가의 물음은 다시 제기될 수 있을 것이다. 기독교의 신앙이란 무엇인가? 구원이란 무엇인가? 기독교가 신앙하는 진리가 무엇인가에 대해 그리스도인들은 어떻게 행동하며 살아야 할 것인가? 신앙적 삶의 총체적인 지침 그것이 곧 요리문답이며, 교리교육의 특징이라고 할 것이다. 이러한 의미는 초신자와 기존신자 그리고 성장 세대들에게는 더욱 중요한 의미로 요구되는 내용이라고 할 것이다.[77]

---

77) *Ibid.*, 365~73.

2. 루터의 신앙교육서

1) 신앙교육서의 작성 배경

종교개혁자 마르틴 루터는 1592년에 두 권의 신앙교육서를 만들었는데 그 동기와 목적은 기본적이고 필수적으로 알아야 할 기초적인 교리를 가르치기 위해 작성하였다. 루터는 그의 제자 멜랑히톤(Philip Melanchethon)과 함께 지방교회를 순회하는 가운데 목회자와 설교자, 심지어 평신도들을 만났으나 그들이 기독교 신앙의 진리를 전혀 바르게 이해하지 못하고 있는 사실을 발견한 데 있다. 그래서 먼저 목회자와 설교자, 그리고 가정의 아버지들을 가르칠 목적으로 신앙교육서를 쓰게 된 것이다. 그리고 또 하나의 직접적인 동기로는 역시 그가 뷔텐베르크(Wuittenberg)시 교회에서 대리 설교자로 봉사했는데 이때에 설교했던 모든 내용을 간추려 정리한 것이 바로 루터의 카테키스무스(신앙교육서) 내용인 것이다. 루터는 1518년부터 뷔텐베르크 교회에서 설교했는데 무엇보다도 먼저 전통적인 교리교육에서 다루었던 내용인 「십계명」 「주기도문」 「사도신경」 등을 중심으로 교리를 가르치는 강해설교를 했으며 이러한 가르침의 설교는 1518년부터 1528년까지 계속되면서 반복하였다고 전한다. 실제적으로 루터의 신앙교육에서는 책상 앞에서 만들어낸 책이 아니라 그의 설교의 실제적 경험과 교회 상황의 실제적 답사에 의하여 이루어졌다는 것이 특징이다. 특히 그의 카테키스무스(신앙교육서) 내용은 많은 사람들이 오해하고 있는 것처럼 단순한 교리(Dogma)의 주장이 아니라 하나님의 말씀 전파의 중요한 수단인 설교와의 깊은 관련 속에서 만들어졌다는 데 더욱 큰 의미가 있다. 즉 신학적으로 볼 때 이 책의 일면은 설교의 시제와 관련을 가지며, 다른 일면을 참회와 목회의 실제성과의 관계에서 이루어진 「신앙의 책」이라 할 것이다.

루터는 원래 로마가톨릭교회의 개혁을 전통적인 신앙교육의 변화를 생각하였고 로마가톨릭 교회가 하나님 말씀이 없는 성례중심의 신비적 예전만을 이끌었던 그곳에 다시금 하나님 말씀에 의한 복음의 설교를 회복시켰던 것이다. 이러한 말씀에 의한 올바른 이해 안에서의 예배와 신앙교육이 이루어지도록 하기 위해 새로운 신앙의 가르침의 책이 필요하게 되었다. 이에 따라 그는 바로 종교개혁의 의지의 실현으로 이러한 신앙의 책을 만들게 되었다고 할 것이다. 루터는 원래 신자들의 신앙교육의 필요성을 절감하고 그의 친구인 Nicolaus Hausmann과 전통적인 교리교육(신앙교육)의 개선을 위해 의논했던 일이 있었으며, 1525년에는 이런 개선의 작업을 위해 Jonas와 Agricola에게 새로운 신앙교육서를 집필하도록 부탁했다고 한다. 그러나 이 계획은 Agricola의 포기로 좌절되었고 그 후 1528년 멜랑히톤(Melanchthon)과 함께 지방교회 방문 후에 루터는 그에게 새로운 신앙교육서 작성을 부탁하여 「방문자들의 가르침」이란 책을 만들었으나 루터는 그것에 만족하지 못하고 자신이 직접 필을 들어 이 책을 만들게 된 것이다. 루터의 이 책은 언어적 표현에 있어서 탁월한 작품으로 평가될 뿐만 아니라(로마가톨릭의 신학자 K. Raab) 종교개혁 이후 이 책의 역사가 400여 년이 지난 오늘날까지도 전 세계의 그리스도인들에게 애독되며 신앙의 가르침에 사용되고 있다는 사실은 우리로 하여금 더욱 관심을 일으키는 일이 아닐 수 없다.[78]

2) 신앙교육서의 구조와 내용

루터의 신앙교육서는 총 8부로 구성되어 있는데 그 주제들은 다음과 같다. (1) 십계명 (2) 사도신경 (3) 주기도문 (4) 세례와 성례 (5) 참회에 대하여 (6) 제단의 성례 (7) 아침저녁의 축복의 기도식사 전과 후의 기도 등이다. 이러한 주제의 내용을 다시 여러 형태의 내용으로 나누었으며 질문과 대답의 간략한 형태에 따라 배울 수 있도록 만들어졌다. 물론 루터의 신앙교육서(대)는 문답의 형식을 취하지 않았으며 소제목에 따라 긴 설교 형식으로 해설을 하고 있으며 이것은 루터가 그의 「신앙교육서(소)」를 배우고 그 다음 계속해서 기독교 진리에 대하여 더 깊은 이해를 갖기 위해 「신앙교육서(대)」를 공부하도록 권했던 것이다.

처음에 출판된 그의 신앙교육서(소)는 6부의 내용을 다루었으나, 1531년에 이 책에 7~8부를 첨가하여 '소책자'란 이름으로 만들어 냈던 것이다. 역시 이 책에는 가정에 주는 교훈서와 세례자에 대한 안내서 등이 포함되어 있다. 이미 소개한 대로 총 8부의 내용 중 가장 중심적인 내용은 역시 13부에서 다루고 있는 십계명, 사도신경, 주기도문이라고 하겠다. 이 세 부분은 원래 루터가 신앙을 배워야 할 목적을 밝혔던 내용에 상응하는 것이라 하겠는데 즉 "Katecismus란 무엇인가?"라는 물음에 루터는 이방인이 그리스도인이

---

78) 정일웅, *교육목회학* (서울: 도서출판 솔로몬, 1996), 279~83.

되도록 하는 교회의 가르침이라고 전제하면서 그들이 기독교에서 무엇을 믿어야 하며 무엇을 알아야 하며 무엇을 행해야 할 것인지를 가르치고 배우게 하는 것이라고 말했던 것이다. 루터에 의하면 첫 부분의 내용인 십계명은 인간이 무엇을 행해야 하며 무엇을 하지 않아야 할 것을 가르친다면, 두 번째 부분은 이렇게 행하기 위해 진지하게 믿음 안에서 무엇을 받아들여야 할 것인지를 알도록 해주며(사도신경), 셋째는 인간이 그것을 어떻게 찾고 소요할 수 있는지를 알도록 해 준다고 본다(주기도문). 이것은 인간의 질병을 진단하고(십계명) 그것에 대한 치료약을 사도신경에서 얻게 하며, 주기도문을 통하여 계속적으로 하나님과의 교제 안에 살도록 해주는 교육적 목표로 해석되기도 한다(Fraas).

3) 질문과 대답의 교수법

루터의 신앙교육서(대)는 설교형식을 곁들인 것으로서 주제에 따라 해설을 하고 있지만 그의 신앙의 책(소)에는 질문과 대답의 교수법적 형태가 적용되고 있다. 이러한 질문과 대답의 형식은 원래 소크라테스의 문답법인 'Dialog'에서 출발된 것으로 오래전부터 서구교회 특히 중세기의 로마가톨릭교회가 신앙의 가르침에서 구도에 의한 교수법으로 적용시켜 왔던 것이다. 이러한 질문과 대답의 대화적 형식은 고해성사에서 참회자와 사제 사이에 질문과 대답의 Dialog로 사용되었으며 특히 보헤미아에서 1520년대에 출판된 「어린이의 질문」에 적용된 것을 루터는 그의 신앙교육서에서 적용시켰다고 전한다. 이것은 역시 두 가지 성격을 지니고 있는데, 첫째는 신앙고백의 확인으로서의 질문과 대답이요, 둘째는 앎의 확인으로서의 질문과 대답인 것이다. 독일의 베를린 신학대학의 실천신학 교수 P. C. Bloth는 '이것은 무엇을 뜻하는가'에 대한 루터의 질문과 대답은 단순한 어린아이의 질문이 아니라 복음이 말하는 본질이 무엇인가를 밝히고자 하는 집념하에 던져지는 생생한 인간의 궁극적 물음이라고 설명한다. 어쨌든 이 질문과 대답의 도식은 교수학의 기본 구조이며 모든 해석을 가능케 하는 해석학의 기본구조라고도 할 수 있다. 뿐만 아니라 오늘날 인간의 모든 배움을 산학습으로 발전시킬 수 있는 가장 기본적 모델이요, 만남과 대화를 가능케 하는 기본구조요, 신앙고백의 확인과 기도 속의 대화를 가능케 하는 기본 구조임에 틀림이 없다. 이것은 오늘날의 교수학과의 관계에서 볼 때에 지나친 연역적 방법으로서 더 이상 교수법으로 활용될 가치가 없는 것으로 평가되기도 한다. 그러나 역시 질문과 대답의 기본형식은 귀납적 방법에 의한 새로운 발전을 개발시키고 있으며 오늘 현대적 신앙교육서(Katechismus)에 적용될 뿐 아니라 성경공부에서도 활용되고 있다고 할 것이다.

질문과 대답의 교육신학적 측면에서 살펴보면 신앙교육서는 마르틴 루터 자신이 말했던 것처럼 평신도성경(Laienbible)이다. 왜냐하면 성경이 담고 있는 기독교 구원의 진리를 가장 근본적(Fundamentare)이며, 핵심적(Elementare)이며, 본보기(Exemplare)가 되는 것들을 요약하여 신앙의 가르침의 내용으로 표현하고 있기 때문이다. 이것이 바로 교리교육 또는 신앙교육(Katechismus)의 특징이요 지금도 이 교육을 오늘날의 교회들이 포기하지 못하는 이유가 된다고 할 것이다. 이 책은 우리의 상황에서도 먼저 신학자와 목회자(설교자), 신학도들에 이르기까지 루터를 이해하고 루터의 신학을 이해하는 데 도움을 줄 수 있을 것으로 믿으며, 나아가서 모든 성도들과 교회학교 교사들 그리고 기독교의 신앙의 진리가 무엇인지를 알고자 하는 자들에게 명상의 책으로 사용되고, 1580년 이래로 루터교회에 신앙의 표준서(신앙고백서)로서 이용되기도 했다. 이 책의 종합적인 평가는 한마디로 표현하면 '쉽게 만들어진 책'인데 여기 '쉽게'란 뜻은 칭의적(믿음으로 구원 얻음) 은혜에 근거하여 비신학적이며, 누구나 읽고 쉽게 이해할 수 있다는 점, 그러면서도 깊이가 있고, 450년 이상이 지난 오늘날도 배우고 보존할 수 있는 놀라운 언어로 표현되었다는 점이다.79)

3. 칼빈의 제네바 신앙교육서

1) 신앙교육서의 작성 배경

칼빈의 신앙교육서는 여러 면에서 루터의 것보다 더욱 새로운 모습과 새로운 의미를 보여주는 것들이 많음을 보게 되는데, 가장 핵심적인 것은 칼빈이 Katechismus를 '신앙

---

79) *Ibid.*, 291~92.

교육'으로 이해한 것과 '교리교육'을 '교회교육'의 중심에다 세우고 있었던 점이라 하겠다. 칼빈이 종교개혁자로 제네바 교회의 목회사역에 부름을 받았던 시기는 제1기(1536~1538)와 제2기(1541~1546)로 나눌 수 있다. 그의 제1차 사역기간은 별 성과를 이루지 못한 채 중단되었지만, 그러나 제2차 사역 기간은 제네바시 전역의 개혁뿐만 아니라 전 구라파 교회의 개혁에까지 큰 영향을 끼친 결과를 가져 왔다고 하겠다. 칼빈이 제2차 사역에 임했던 기간에 그가 이루어야 했던 3가지 큰 임무는 첫째 개혁된 교회의 설립이었고, 둘째는 개혁교회의 교리확립, 그리고 셋째는 제네바 시의회와의 정치적 관계 확립에 있었다. 그는 첫 번째의 임무를 위하여 제네바에 도착하자 먼저 교회법을 작성하였고, 신조를 비롯하여 예배모범서 그리고 제네바교회의 신앙교육을 위하여 신앙교육서(Katechismus)를 만들게 된 것이다(1542~1543).

칼빈은 제1차 사역 기간에도 벌써 제네바 교회에서 신앙교육서(Katechismus)를 만들게 되었는데(1537) 이 책은 그의 사역 기간이 짧았기에 큰 효과를 얻지 못했다. 그리고 이보다 앞서 1536년에 그의 일생을 통하여 수정 보완되어 나타났던 신학대전인 「기독교 강요」를 만들게 되었는데 그의 첫 번째 신앙교육서는 바로 이 책의 요약된 해설서라고 할 것이다. 이러한 배경 속에서 칼빈은 1542년의 두 번째 것을 만들게 되었다. 이때는 이미 1539년 칼빈이 부처(Bucer)의 도움으로 스트라스부르크에 체류하고 있으면서 「기독교 강요」를 수정 증보하여 출판했던 때로 그 책에 근거하여 만들어졌다고 할 수 있다. 그리고 두 번째의 신앙교육서(Katechismus)는 교회의 청소년들을 위한 것으로 유아 세례를 받은 어린이들이 만 10세의 청소년에 이를 때에 이 책을 배우도록 하였으며, 매 3개월마다 성만찬 참여자들을 위한 시험을 치렀는데 이 책을 배운 자는 언제든지 시험을 치러 성찬 참여의 허락을 받게 했던 것이다. 그리고 이 책은 청소년들이 배울 뿐 아니라 성인들도 배우게 했는데 특히 주일오후 성인예배에서 설교를 통하여 가르쳤던 것이다. 바로 설교를 위해 이 책은 373개의 질문과 대답을 다시 55과로 나누었다. 원래 1년의 52주인데 3과를 더 만든 것은 축제일에도 한 과목씩 더 배우도록 하기 위해서였다고 한다.

이 책을 만들게 된 칼빈의 근본적 동기는 책임 있는 기독교 신앙의 가르침과 목회적 관심 속에서 만들어졌다고 할 것이다. 즉 제네바에 새로이 개혁된 교회는 성인들뿐만 아니라 청소년들(유아세례자)이 올바른 신앙의 가르침을 받고 제네바 교회의 입교인이 되어 주님의 성찬에서 교제하도록 신앙의 가르침과 삶을 서로 연결시켜 주고 있다고 하겠다. 이것은 동시에 교육적이며 목회적 차원의 관심 속에서 이런 신앙의 가르침이 만들어 졌다고 하겠다. 더욱 중요한 것은 이 책은 청소년들만 교육하기 위한 책이 아니었다. 성인교인들의 주일 오후 집회에서도 교리를 중심한 설교를 이 신앙교육서에 따라 하게 함으로써 성인들의 신앙을 가르치는 중요한 모델적인 책이 되었다.

2) 교리교육의 목표

칼빈의 신앙교육서 이해하기 위해서는 먼저 칼빈의 교리에 대한 이해를 밝히는 것이 중요하다. 칼빈은 1548년에 영국의 한 성주인 Eduard Seymour에게 보낸 편지에서 "교회는 교리 없이는 존재할 수 없으며 동시에 교리에 의한 교육 없이는 있을 수 없다"는 사실을 밝힘으로써 칼빈이 얼마나 교리교육(Katechismus)을 중히 여겼던가를 느낄 수 있다. 그리고 R. Hedtke의 연구에 의하면 "칼빈에게 있어서 Katechismus란 교리의 총합이었다"고 평가되고 있다. 여기서 교리의 총합이라고 한 이유는 칼빈이 생각한 교리가 성경과의 관계에서 볼 때 성경에 담고 있는 구원의 교리와 일치함을 뜻했기 때문이고, 성경에 나타난 구원계시의 요약으로서 '구원의 교리'가 되기 때문이다. 이것은 그리스도인이 알아야 할 신앙의 기본 지식으로서 교리(dogma)를 뜻한다.

또 한편으로 교리는 그리스도인이 어떻게 세상의 삶 속에서 그리스도인으로서 살아야 할 것인지에 대한 '삶의 가르침'으로서의 교리를 뜻하기도 할 것이다. 즉 삶의 가르침은 바로 '신앙의 윤리'를 뜻한다. 이런 관점에서 칼빈에게 이해되는 교리란 성경을 뜻하며, 성경을 요약하여 해석한 책이요, 신앙을 가르치는 책인 것이다.

그러면 칼빈에게 이해된 교리교육의 목표는 어디에 있는가? 그것은 기독교 신앙의 진리에 대한 그리스도인들의 무지를 극복해 주려는 데 있었다. 이것은 앞서 말한 것처럼 그리스도인으로서 알고 있어야 할 신앙지식의 기본적인 것을 뜻한다. 칼빈은 벌써 그의 첫 번째 신앙교육서(1537) 서문에서 세 곳의 성경구절을 인용하면서 교리교육(Katechismus)의 중요성과 그 목표가 무엇인지를 밝혀 주었는데 정리해 보면 다음과 같다. 첫째는 다른 영들을 분별하는 능력을 얻게 하는 데 있으며, 둘째는 자기가 믿는 기독교 진리에 대한 변호와 능력을 길러주며, 셋째로는 하나님의 영광을 위해 사는 자로 만들어 주려는 것이다. 이러한 교리교육은 역시 디모데후서 3:15~17에 나타나는 성경교육의 근본

목적에 상응하는 기독교교육의 원리라고 보아야 한다. 그것은 먼저 구원에 이르는 지혜의 교육이요(15절), 삶 속에 선한 행위가 실천되는 교육이요(17절), 그리고 교훈과 책망을 통하여 온전한 그리스도인으로 자라가도록 훈련시키며 깨우치는(16절)일이라 하겠다. 이런 전제에서 볼 때 칼빈의 교리교육의 목표는 구원 교육이요. 동시에 하나님의 교육인 것이다. 그 때문에 칼빈은 교회의 교육목표와의 관계에서 목사들에게 바로 "하늘의 교리를 설교해야 할 임무가 주어졌다"고 강조하였다. 앞서 언급하였던 것처럼 칼빈에게서 교리란 "계시의 사건"이요, 성경과 그 내용의 총합이요, 바로 교회의 시작과 근거가 되는 교회의 교리, 즉 가르침인 것이다. 선지자들과 사도들의 가르침, 그것이 교리(*doctrina*)이다. 바로 이러한 관점이 칼빈에게서 교회교육의 중심이 교리교육에 있다는 것을 강조하게 되는 근거가 된다.

3) 신앙교육서의 구조

그러면 칼빈의 신앙교육서 내용은 어떤 형식으로 구성되어 있는가? 먼저 1537년의 <제1차 신앙교육서>는 33개 항목의 교리를 간략하게 설명하고 해설하는 형식으로 6개의 부분으로 나누어져 있음을 본다. (1) 하나님과 인간에 관하여 (2) 주님의 율법에 관하여 (3) 신앙에 관하여 (4) 기도에 관하여 (5) 성례에 관하여 (6) 교회와 국가의 질서에 관하여, 특별히 첫 번째의 것은 루터의 것에서처럼 질문과 대답의 교수법을 전혀 사용하지 않았으며, 6가지의 주제 하에 여러 소제목으로 나누어 그의 기독교 강요 첫 판의 내용을 간략하게 재해설한 것이다. 원래 루터의 소요리문답서 신앙교육서를 모방하여 만들었으나 실제로는 제1부 "하나님과 인간에 관하여"와 제6부 "교회와 국가 질서에 관한 것"이 두 부분은 칼빈의 독자적인 것이라고 본다. 칼빈의 1542년의 <제2차 신앙교육서>(Katechismus)는 총 373개의 질문과 대답 형식으로 일 년 동안 매주 사용할 수 있도록 55과로 되어 있는데 그 내용은 크게 네 부분으로 구성되어 있다.

(1) 사도신경: (1~130문답) (2) 십계명: (131~232문답) (3) 주기도문: (233~295문답) (4) 성례: (296~373문답) 등이다. 이러한 구성은 역시 전통적 교리문답 내용의 중심 부분으로 칼빈도 루터의 신앙교육서 내용과 구성을 그대로 따르고 있다. 그러나 한 가지 특이한 차이는 루터의 것에서 나타난 십계명－사도신경의 순서를 칼빈은 바꾸었다는 사실이

다. 이유는 루터에게서는 십계명이 죄인을 믿음으로 유도하는 것인 반면에, 칼빈에게 있어선 십계명은 사도신경을 통하여 믿음을 확인한 그리스도인이 삶의 윤리적 기준으로서 인식해야 한다는 당연한 계명으로 보았다. 칼빈은 그리스도인의 삶의 표준으로서 십계명을 인식하게 하는 새로운 시각을 열어 주고 있다고 하겠다. 그리고 그 다음의 내용은 주기도문을 중심하여 그리스도인의 신앙적 삶에서 하나님과의 교제의 방법으로 기도의 생활(개인적인 영적 생활)이 강조되고 있다. 또한 공통적인 영적 생활을 위해서는 역시 성례의 가르침이 중요한 의미를 지니게 되는데, 세례가 그리스도인 됨의 증표(죄 씻음과 새사람)라면 그리스도인으로서의 신앙적 삶의 새 출발이 되며, 이러한 새 출발을 곧 그리스도와의 공동적인 영적 교제(*Koinonia*)인 성찬을 통하여 은혜의 생활이 계속되는 것을 보여준다. 그러면서 루터와 칼빈의 차이는 루터와 칼빈이 종교개혁의 동시대이지만 26년 후배인 칼빈의 상황이 루터와 달랐다는 것을 잘 보여 준다고 하였다. 그 차이는 루터 당시에는 "인간이 어떻게 하면 죄에서 해방될 수 있을까?", "하나님 앞에 어떻게 의인으로 설 수 있을까?" 하는 구원의 질문이 중심 주제였으며, 그 물음의 대답인 '오직 믿음으로만'의 진리를 루터는 성경에서 발견하였고(롬 1:16~17), 이 진리를 대변하는 것이 그의 종교개혁의 중심이었다고 할 것이다. 그러나 칼빈의 시대에 더욱 발전된 상황은 구원받은 인간이 어떻게 신앙적 삶을 계속해야 할 것인지에 대하여 삶의 목적과 존재 의미와 관련하여 그리스도인의 삶의 방법이 구체적으로 제시되어야 하는 시대상이라고 하겠다. 그 때문에 칼빈은 바로 그의 신앙교육서 첫 질문에서부터 인간의 이 세상 삶의 주된 목적이 무엇인지를 묻고, 동시에 계속되는 372개의 문답을 통하여 그 주된 인생의 목적을 알게 된 자가 어떻게 살아야 할 것인가에 대해 삶의 원칙을 가르치고 있다. 역시 이 책의 구성 형태로는 문답에 의존하였으며 또한 55과로 나누어 주일 저녁 또는 오후집회에 교리 설교가 이루어지도록 한 것이 특징이라 하겠다.

4) 신앙교육서의 교수 방법

칼빈의 <제1 신앙교육서>는 1537년에 작성한 것은 문답법의 사용 없이 교리를 해설하는 독서 형태로 만들었지만 1542년의 <제2 신앙교육서>에서는 전통적 교수법인 질문과 대답의 형식을 따르고 있다. 그러나 이러한 질문과 대답의 방법은 단순한 루터의 신앙교육서를 답습한 것이 아니라, 새롭게 발전된 형식으로 문답법이 사용되고 있다. 칼빈의 신앙교육의 교수-학습법은 오늘날의 다양한 교수-학습 원리와 방법들과 비교한다면 여러 가지 방법적인 한계가 나타나고 있다. 그러나 칼빈은 신앙교육 교수법의 특징은 네 가지 측면에서 신앙 교육적 차원의 새로운 이해를 가질 수 있다.

(1) 인간으로부터 하나님께로 이끄는 질문법

칼빈의 신앙교육서는 인간으로부터 출발한 질문법으로 시작하여 하나님께로 이끌어 가며 대답하게 하는 교수방법을 취한다. 그는 이처럼 인간으로부터 출발하여 하나님께로 연결시키는 교수방법으로 바로 인간을 중심에 세우고 그 인간에서부터 시작되고 있다는 것이 특징이라고 할 것이다. 그것은 즉 신앙교육서 제1문에서 발견하게 되는데, "인간의 삶의 주된 목적이 무엇인가"란 물음을 제시함으로써 인간에게서 신앙교육서의 가르침이 시작되고 있는 것을 가르친다. 이 질문의 대답은 물론 "하나님을 아는 것"으로 역시 하나님을 알아야 하는 인간 자신이 칼빈의 주된 관심인 것이다. 제2문에서도 "왜 당신은 그렇게 말합니까"라고 반문하고 그 대답으로 "인간의 존재가 하나님의 영광을 위해 창조되었다"는 사실을 밝힌다. 제3문에서 "인간의 최고의 선이 무엇인지"를 물었고, 그 대답은 역시 제1문의 대답(하나님을 아는 것)을 반복한다. 역시 제6문에서 "하나님에 관한 올바른 지식"을 묻는 물음에 "하나님을 영화롭게 하는 방법을 아는 그곳에 있다"고 대답한다. "우리가 어떻게 그를 바르게 공경할 수 있는가"란 제7문의 대답은 "전적으로 그를 의지하며, 그를 섬기며, 그의 뜻에 따른 순종과 모든 고난 가운데서도 그를 부르며, 행복과 모든 선을 그에게서 찾으며, 모든 선이 그에게서만 온다는 것을 마음과 입으로 인정할 때 그를 올바로 섬길 수 있다"라고 가르친다. 이러한 인간 중심적인 발달은 인간 스스로에게서 답을 찾는 것이 아니라, 어디까지나 하나님을 연결시키려는 의도에서 방법상의 교육적 착상이라 할 것이다. 칼빈은 방법적으로 자신의 실존적 상황에 처한 인간을 그 자신의 존재 목적에 대한 물음을 던져 인간 자신의 존재 의미를 자극시키고 있다. 동시에 인간은 하나님의 영광을 위해 존재한다는 사실을 상기시켜 주는 것이다. 칼빈은 이 첫 질문과 대답을 알게 하기 위해 372개의 문답을 연속적으로 주고 있다고 보아야 할 것이다. 이처럼 인간으로부터 출발하여 하나님께로 연결시키는 방식이 그의 교육적 착상이라고 할 수 있다.

(2) 분석적 방법론

분석적 방법이란 교리를 배우는 학습자에게 가르쳐야 할 주제와 내용을 묻고 답하는 방식을 루터에게서 한번의 질문으로 끝나는 단조로운 형식을 취하자 아니하고 하나의 주제에서 연속적으로 질문하고 있다는 점이다. 루터의 경우 이것은 무엇을 뜻합니까? 라는 질문으로 끝맺지만, 칼빈은 하나님 주제에 관련된 물음이 일곱 문까지 계속되고 있는데 이러한 관련적인 물음이 분석적인 성격을 지니고 있다는 것이다. 이것은 바로 학습자에게 배우는 내용에 대한 확실한 이해를 심어주기 위한 학습심리의 응용에서 나온 것이다. 이는 그 당시 일반적으로 교리교육에서 사용하는 교수 방법으로 하나의 주제에 대해 계속적으로 분석하여 단계적으로 점점 깊은 질문을 하고 대답하게 하는 점진적이고 심층적인 학습 방법을 취하였다.

(3) 반대편의 질문법

반대편의 질문이란 분석적 방법으로 배우는 자의 학습 내용에 충분한 이해를 심어주기 위하여 학습자의 편에서 생겨질 수 있는 물음을 미리 감지하여 그것을 질문으로 만들고 그 질문에 대답을 제시하는 방법이다. 칼빈의 신앙교육서에는 대개 하나의 주제(과)에 따라 7가지의 질문이 하나의 원(Circle)을 이루어 연속되고 있는 것을 보게 된다. 이러한 반대편 질문의 응용법은 칼빈이 만들어 낸 독특한 교수법으로 평가되고 있다. 이것은 칼빈이 교리교육의 목적에서 밝힌 것처럼 그리스도인이 다른 영들을 분별하고 자기가 믿는 신앙의 기본 지식을 습득하여 종교의 변호를 할 수 있는 자질과 능력을 기르는 그러한 목표에 상응하는 교수방법이었다고 할 것이다. 물론 이러한 교수법은 가르치는 교사가 가르침의 내용을 완전히 숙지했을 때에만 자유로운 대화의 방법으로 질문을 유도해서 자유자재로 학습자 편에서 제기될 수 있는 질문을 미리 감지하여 응용해 볼 수 있는 방법으로 느껴진다. 이처럼 칼빈은 학습자의 입장에서 일어날 수 있는 질문을 만들고 대답하는 교수법을 취하였다.

(4) 하나님 조절 교육

학습자의 영적 수준에 따라 학습을 하게 하는 '하나님의 조절 교육'이었다. 칼빈의 교육사상에서 '하나님의 조절 교육'은 라틴 수사학에서 사용되었던 조절(*acommodatio*) 개념이 중요한 핵심을 이룬다. 라틴계 사람들은 상황, 성격, 지성, 그리고 기질 등이 사람과 사건에 따라서 조절되는 관계에 있다는 의미로 사용되어 왔다. 도날드 K. 맥킴 (Donald K. McKim)은 칼빈에게 있어서 하나님께서 인간 상태의 한계와 필요에 맞추어 조절하셨다는 점을 이해하는 것은 성경해석과 모든 신학연구의 핵심적인 특정이라고 하였다(칼빈신학의 이해, 이종태 역, 생명의 말씀사, 1991: 22). 칼빈은 하나님과 인간의 비교할 수 없는 능력 차이에 대한 신학적이며 교육학적인 입장에서 어원적으로 '조절하다'라는 수사학적인 뜻으로부터 '우리의 수용 능력에 맞추어 조절하다'라는 개념으로 사용하였다. 하나님께서는 그분의 무한함과 인간의 유한함 사이에 엄청난 차이가 있음을 아시고, 연약하고 유한한 인간에게 스스로를 계시해 주심으로 우리의 수용 능력에 맞게 당신을 조절하셨던 것이다(기독교강요, 1.4.1). 하나님께서 우리의 작은 한계 속으로 스스로를 조절하심으로 하나님 자신의 표현을 세 가지로 하셨다. 첫째, 하나님은 자신을 우리의 아버지로 조절하셨다. 이는 모든 육적 부모와 차별되는 우리의 신적 아버지로서의 묘사이다. 둘째, 하나님께서 자신을 우리의 교사로 조절하셨다. 이는 모든 성도들을 학생으로 보고 이를 가르치는 진정한 교사로서의 묘사이다. 셋째, 하나님께서 자신을 우리의 의사로 조절하셨다. 이는 병든 우리를 치료하시는 의사로서의 묘사이다(신앙교육서, 제2절). 나아가서 칼빈은 성경을 성령의 학교로, 교회를 하나님 학교로 비유하고, 그리스도는 교사로, 성령은 마음속의 교사로 조절하여 설명하고 있다. 하나님의 조절하심의 최대 사건은 바로 예수 그리스도의 성육신 사건이다. 인간은 스스로 하나님께 나아갈 수 없다. 그래서 하나님께서 예수 그리스도를 통해서 인간의 몸을 입으시고 인간의 세계로 오셔야만 했다. 이러한 성육신을 통한 하나님의 조절하심은 다른 증거와 방법, 즉 아버지, 교사, 의사, 재판장, 왕보다 가장 뛰어난 조절 행위임을 알 수 있다. 그러나 칼빈은 결코 조절을 물리적인 것을 영적인 것으로, 혹은 영적인 것을 물리적인 것으로 바꿔어 지는 것이라고 주장하지 않는다. 오히려 물리적인 것 안에서 영적인 것이 조절되는 것으로 보았다(Ford L. Battles, *John Calvin's Accommodation*, Interpretation 31, 1977:59~40). 우리는 하나님의 조절을 통하여 성경에서 표현된 신인동형론적 묘사를 충분히 이해할 수 있다. 칼빈은 교회를 하나님의 조절 교육의 통로로 보았다. 하나님께서 율법, 성육신 사건, 성례 등 모든 것을 통하여 인간의 인해 능력과 수준에 맞추어 조절하셔서 교육하신다고 설명하였다.

결론적으로 칼빈에게서 이해되는 교회교육의 중심은 바로 교리교육이란 점이다. 교리교육은 언제나 그리스도인의 신앙적 인식을 일깨워 주는 기독교 신앙의 기본 지식 전수 교육이요 그리고 그리스도인의 신앙적 삶을 이루어 가게 하는 삶의 가르침이요, 나태해질 수 있는 그리스도인의 신앙적 삶에 경고와 훈련을 통하여 그 삶이 온전한 것이 되도록 성장시키는 '신앙성숙의 교육'이다. 이러한 교회교육의 사명은 칼빈과 그가 집필한 제네바 신앙교육서에 의하여 철저히 실천되었던 것이다. 또 한편으로 이러한 신앙교육서는 제네바 교회교육에 있어서 성장세대와 기성세대 모두에게 동일하게 적용시킬 수 있는 통일된 교과과정이요, 교과 내용이었다는 점이다.

6) 교회교육에서의 교리의 응용

칼빈에 의한 교회교육은 성경에 기초한 교리에 근거하여 어디까지나 교회를 세우고 교회를 건강하게 만들어 보려는 데 그 목적을 갖는다고 할 것이다. 칼빈은 교리에 의한 교회교육의 유익성을 디모데후서 3장 15~17절의 내용에서 찾고 있는데, 첫째는 인식에 대한 것으로 그리스도에 대한 믿음을 들었는데, 이것은 15절에 나타난 "예수 그리스도 안에 있는 믿음으로 말미암아 구원에 이르는 지혜가 있게 하느니라"는 말에서 유추한 것이다. 둘째는 삶의 올바른 형성에 대한 가르침으로 17절 말씀 "하나님의 사람으로 온전케 함, 모든 선한 일을 행하기에 온전케 하려 함이니라"에서 유추한다. 그리고 셋째는, 경종과 올바른 삶에 대한 자극인데 이것은 "교훈과 책망과 바르게 함과 의로 교육하기에 유익하니"란 16절의 말씀에 근거한 것이다. 이러한 이해에 따라 칼빈은 교회교육의 중심에 교리교육을 세웠다.

그러면 교리의 교육적 관계는 어떠한가? 칼빈은 교리를 가르쳐질 수 있는 교수학적 기능을 가진 가장 중요한 것으로 제시한다(딤후 3:16). 칼빈은 믿음을 확고하게 해주는 잘 기초된 교리(가르침)의 결실을 중히 여긴다. 칼빈은 그리스도인에게 인식되지 않는 신앙이란 없다고 말한다(갈 1:8, 엡 1:13). 그리고 교리가 없다면 인식하는 것도 없는 것이다. 인식의 관계로서 신앙의 목적은 믿음이 관련된 결정적인 그 무엇, 즉 신앙하는 구체적인 내용을 뜻한다. 신앙에 관계된 이러한 무엇은 교리 안에서 이해할 만하게 가르칠 수 있도록 제시되어야 한다. 인식할 것이 무엇인지를 알리는 방식이 교리인 것이다(고전 14:16). 교리와 신앙의 이러한 이해에 따라서 교회교육의 중요한 임무가 나타나게 된다. 즉 교회는 그들의 구성원들에게 이러한 교리에 대한 지식을 주어야 하고, 이러한 교리의 인식에로 그들을 이끌어 주어야 하는 것이다. 그러므로 설교와 교육(교리의 가르침)은 교회 행위의 중심을 이루는 것이 되며, 교육 그것은 목회 사역의 지배적인 입장이 되어야 하는 것이다.

칼빈에게 있어서 교리는 언제나 그리스도인의 올바른 삶, 또는 기독교적인 삶의 올바른 스타일 형성에 대한 가르침인 것이다. 하나님의 입에서는 언제나 사색하는 교리가 나오는 것이 아니라, 우리의 삶의 방향을 결정지어주며 우리로 하여금 그 방향으로 따라가는 자가 되도록 이끄시는 것이 나온다. 그러므로 교리란 언제나 믿음과 생명 그리고 신앙과 삶의 관계 속에서 항상 가르치는 능력을 갖는다. 교리는 하나님을 경외하는 것과 성실한 삶의 형성에 생명을 불어넣어 준다. 그리고 하나님을 올바로 섬기는 표준을 제시한다. 하나님은 냉담한 지식으로 만족하는 것이 아니라, 행위적 삶 속에 진지한 마음으로 참여와 구체적인 실천을 요구하신다. 그러므로 교리는 언제나 삶을 통하여 확인된다. 그리고 기독교 교리는 믿는 자들로 하여금 선한 행위를 하도록 하는 목표를 지니며 또한 선한 행위의 뿌리는 하나님에게서 기인된 믿음에 있는 것이다. 그러므로 신앙과 행위의 관계는 언제나 앞서며 뒤따르는 관계 속에 있게 된다. 왜냐하면 교리란 혀로만 말하는 가르침이 아니라 삶의 가르침이기 때문이다. 칼빈에게 있어서 교리란 결코 인간의 지식 충족에 목표를 둔 것이 아니라, 전 인간의 인격에 영향을 주는 것으로서 인간의 하나님 말씀에 대한 들음과 순종의 전 인격적인 삶을 생각한 것이다.

칼빈에 따르면 교리교육은 히브리서 5:11에 근거하여 두 가지 단계로 구분된다. 첫째는 신앙의 초보단계요, 둘째는 신앙의 진보단계이다. 칼빈은 히브리서 6:1에 근거하여서도 신앙의 초보단계와 진보단계의 관계가 어떻게 되어야 할 것인지를 밝히고 있다. 이것은 집의 건축에 비교하여 설명한 것인데 무지한 자들에게 신앙 시작의 근거를 제시하고 그것을 기초로 하여 계속 진보적 단계로 나아가야 한다는 것이다. 이러한 진보는 인간의 전 생애 동안에 계속되어야 할 일이며, 결코 어느 과정에서 완전에 이르는 것으로 볼 수는 없다. 이와 같이 칼빈에게 있어서 성숙한 신앙이란, 먼저, 교리와 설교를 이해하는 것을 뜻하며, 둘째는 성경에 기초하여 모든 가르침을 분별할 줄 아는 능력으로 이해되며, 셋째는 높은 수준의 정신적이며 영적인 윤리성과 판단 능력을 활용할 줄 아는 단계로 본다. 칼빈은 에베소서 4장과 히브리서 5장에서 한 그리스도인의 생애 동안에 어린아이의 모습, 청소년기의 모습, 그리고 성숙한 신앙인으로서의 모습을 요구한다.

칼빈이 교리교육을 위해 만들었던 제네바의 신앙교육서는 구성과 내용과 그 학습방법에 있어서 초신자나 기존신자에게 이러한 단계적 발전을 위한 것으로 생각되며, 신앙의 물음과 대답의 관계를 통하여 자립적인 신앙 논쟁의 판단 능력을 형성하도록 도우려는 목적을 가졌던 것으로 판단된다. 교리에 대한 인식과 지식은 바로 그의 믿음에 대한 변호를 나타내고 언제나 분명한 신앙을 고백하도록 도우는 것을 목표한다. 그러므로 신앙과 신앙의 고백은 분리할 수 없도록 그가 만든 첫 번째 신앙교육서(1537)에서 인용한 성경 구절에서 쉽게 발견할 수 있다(벧전 2:2, 3:15, 4.11). 칼빈은 믿음과 성화를 정적인 것으로 생각한 것이 아니라 동적이며, 역동적으로 이해하였으며 나아가서 그리스도인의 삶은 과거에 대한 회상적인 것이 아니라 미래에 대하여 목적론적으로 이해하였던 것이다. 칼빈의 이러한 교리교육은 교회교육의 중심을 이루었으며 이러한 교육은 교회의 학습자 교육과 입교자 교육, 그리고 가정 중심의 교육자와의 관계에서 교육적 목회의 이론과 원리가 된 것이며 이에 따라 실제로 전개되었다고 할 것이다.

제 3 장

기독교 교육철학

I. 기독교 교육철학의 개념

1. 교육철학의 의의

기독교 교육철학의 의의는 다음과 같은 두 개의 질문에서 밝힐 수 있는 것이다. 첫째는 기독교 교육철학의 본질이 무엇인가? 그리고 그 목적은 무엇인가? 기독교 철학은 하나님을 궁극으로 삼고 모든 만물이 하나님을 중심으로 상호 연관을 맺는 것이다. 어떤 철학이든 상상의 세계에 모든 만물을 통일시키고자 하는 것이다. 철학은 만물을 집합한 것을 뜻하는 것이 아니고, 만물의 상호작용의 해설을 뜻함이다. 하나님이 창조한 만물 속에는 보이는 것과 보이지 않는 것이 있다. 보이지 않는 것은 이념과 속성을 뜻한다. 그 속성을 드러내는 것은 그 이름에서 보이고 있다. 로마서 1장20절에서도 보이지 않는 것은 보이는 것으로 말미암아 속성을 드러낸다고 하셨다. 그러므로 교육은 해설의 과정이라고 말할 수 있다. 교육을 통하여 알지 못하는 것을 찾고자 하는 것이 아니고, 이미 알려져 있는 것을 알도록 하는 데 있다. 그것은 하나님이 창조하신 모든 것을 그대로 나타나게 하는 데 있는 것이다. 그래서 훼케마 박사(**Dr. Fekkema**)는 기독교 철학은 정의하기를 "기독교 철학은 하나님을 궁극적인 원천으로 삼고 하나님이 중심된 모든 만물의 전체를 바로 알고 사랑하는 것이다"고 하였다.

그럼 세속철학과 기독교 철학의 차이는 무엇인가? 세속철학은 궁극적인 목적을 인간에 두고 세상질서를 유지하려는 반면에, 기독교 철학은 유일신 하나님께 그 궁극적인 목적을 두고 세상의 모든 질서를 유지하려는 것이다. 그리고 기독교 철학은 유일신 하나님의 계시에 절대 의존한다. 계시란 하나님께서 피조물 가운데 반영되는 것이다. 계시주의 철학인 기독교 철학은 신의 내재성과 초월성을 그대로 인정하며 확신한다. 그러므로 기독교 철학은 신본주의와 계시주의이다. 이 사실은 성경에 밝혀져 있다. 계시주의란 하나님께서 직접 우리에게 보여줄 것을 보여주시는 것이다. 그래서 기독교 철학은 피조물이 창조주 하나님과의 관계를 맺고 있는 것을 분명히 밝히는 것이다. 나아가서 인간이 하나님의 형상대로 지음을 받았다는 이것이 기독교 철학의 중심이다. 사무엘 아담스(Samuel Adams)가 말한 대로 '사람은 하나님의 형상대로 창조되었다'는 진리이다. 기독교 철학의 중심은 '인간이 하나님의 형상대로 창조함을 받았다'고 말할 때에 우리가 뜻하고 있는 것이 바로 무엇을 의미하고 있는지를 알 수 있다.

2. 교육철학의 기초

교육이란 인간다운 인간을 만드는 데 있기 때문에 기독교교육도 인간관계를 제외할 수가 없다. 또 이는 창조된 인간관, 타락된 인간관, 구속된 인간관 등으로 구분할 수 있다.

1) 창조된 인간관

창조는 비이성적인 면과 이성적인 면의 두 면이 있다. ① 먼저 비이성적인 창조의 의의와 그 목적이 무엇인지 알아본다. 비이성적인 피조물의 목적은 무엇인가? 그것은 창조주 하나님의 영광을 전적으로 나타내는 데서 그 본질을 알 수 있다. 그러므로 인간들은 비이성적인 피조물을 통해 그의 영광을 반영시켜야 됨을 엿볼 수 있다. 곧 그 목적은 최고로 영광스러운 하나님의 보편적 속성을 나타내 보여주기 위함이다. 이성적인 피조물인 인간은 어떤 존재인가? 보통 우리 인간들은 인간 자체를 외모로 보나 하나님께서는 인간을 외모로 보시지 않고 중심을 보신다. 하나님께서 인간을 창조하실 때 자기의 형상대로 창조하셨다. 하나님께서 인간을 자기의 형상대로 창조하셨다는 것은 하나님께서 외모를 보는 외적 형상이 아니라 중심을 보시는 하나님께서 중심을 중요시한 내적(속) 인간을 의미하는 것이다. 아브라함 카이퍼(Kuyper, Abraham) 박사는 그의 저서 *"The Work of the Holy Spirit"*에서 하나님의 형상대로 창조된 인간에 대해 설명을 하기를 "속사람의 참된 모습을 통해 하나님의 형상을 잘 전시해 주기 위함이다"고 하셨다. 그러므로 인간은 하나님의 형상대로임을 역설할 수밖에 없다. 그러나 하나님의 원형상과 인간의 모형적인 형상에 차이가 있다.

그렇다면 그 기본적인 차이란 무엇인가? 첫째는 창조주 하나님은 무한하시나 인간은 유한하나, 둘째는 하나님은 궁극적이시라 인간은 상대적이다. 셋째 하나님은 원형적 형상이시나 인간은 모형적인 형상이다. 여하간 하나님의 형상을 닮은 인간의 형상이란 전인간적이지 일부분적인 것이 아니다. 또한 인간의 형상은 존속적인 본질을 지니고 있다. 그 까닭은 영원 자존하신 하나님의 형상을 닮은 인간은 하나님의 형상을 떠나지 않아야 완전한 존재로 살 수 있지 만일 떠나면 죽음밖에 없다. 형상 자체에 관련된 사실은 거울과 같은 역할을 할 수밖에 없다. 인간의 형상은 어디까지나 하나님의 형상으로부터 모방된 것이지 원형이 아닌 까닭에 복사적인 본질밖에 못 된다.

그러면 하나님께서 사람을 무엇 때문에 창조하셨는가? 그리고 사람은 무엇을 해야 하겠는가? 이 물음에 대한 답은 세 가지로 할 수 있다.

첫째로 하나님의 영광을 드러내며 하나님의 속성을 보여 주며 나타내기 위해 창조하였다. 이성적인 피조물인 인간들은 하나님의 속성을 반영시켜 주기 위함이다. 사람이 창조함을 받을 때 자기를 중심으로 자기 영광을 위하여 살게 한 것이 아니고 하나님 제일주의로 언어 행동이 자연히 하나님의 영광을 드러나게 되는 것을 의미한다. 하나님의 형상을 닮은 인간의 형상은 하나님의 원형적 형상을 그대로 드러내는 생활이다. 하나님께서 인간을 창조하실 때 식물이나 동물을 창조하는 태도와는 판이하게 다름을 알 수 있다. 그에 의해 창조된 자연계의 피조물은 하나님의 속성인 위대성, 그의 지혜, 그의 능력, 그의 영광 그리고 그의 섭리를 나타내고 있다. 그러나 자연계의 피조물은 그 자체의 경각심이나 조심성 그리고 자제하는 자율성을 지니지 못하는 것이다. 그리고 그것들은 자율적으로 하나님의 속성을 드러내지도 못한다. 또한 자연계는 어떤 것을 선택할 자유 의지도 가지지 못한다. 사람은 그렇지 않다. 사람은 가장 높은 위치로 창조되었다. 하나님의 형상을 닮게 되었다. 이것은 자연계의 피조물과 다른 것이다. 하나님의 형상을 그대로 닮은 표상이다. 하나님의 형상의 어느 한 부분이 아니라 전적으로 형상 전부를 닮은 것이다. 그러면 하나님께 영광을 돌리려면 무엇이 필요한 것일까? 다시 말해서 하나님께 영광을 돌리는 생활을 하려면 어떤 생활이 필요한 것인가? 첫째 자기 자신을 희생하는 생활로 날마다 주의 십자가를 지는 생활이다. 둘째는 성경 진리 속에 감추어져 있는 하나님의 영광을 나타내도록 그 진리에 순종하는 생활이다. 셋째는 하나님의 진리를 그대로 증거하는 생활 속에서 하나님의 영광이 드러나게 되는 생활이다.

둘째 목적은 우리로 하여금 하나님의 보존적 속성을 전달하는 데 있다. 하나님의 속성은 사랑, 은혜, 선하심, 친절, 공의, 의로움, 거룩, 진실, 성실, 기쁨, 지식, 조화, 평화, 질서 등이다. 즉 우리를 통해서 위에 있는 하나님의 속성들을 나타나게 하기 위해서이다.

셋째의 목적은 절대적 속성인 하나님의 독립성, 혹은 자존성, 하나님의 무한성인 절대적 완전성과 영원성 그리고 불변성 하나님의 단순성을 우러러 앙모하며 경배하게 하는 것이다.

2) 타락된 인간관

① 죄로 타락된 세상

하나님께서 사람의 의지, 곧 인간에게 있는 하나님의 자유 의지의 형상을 높이 평가하신다. 또한 하나님께서는 자유의지로 하고자 하는 피조물을 제한하지 않는다. 그러나 하나님께서 사람에게 자유의지의 활동에 대하여 어느 한계선까지 금단의 명령을 내리셨다. 아담과 하와에게 금단의 명령을 내리신 것은 사람들이 하고 싶어 하는 대로 하나님께서 그들의 호기심을 만족시키고자 한 것이 아니고 하나님의 주권을 나타내시고자 한 것이었다. 비록 아담과 하와가 하나님의 것이라고 하더라도 실질적인 선택은 그들 자신들의 인간적인 책임에 달려 있는 것이었다. 금단의 명령 속에서 하나님은 아담과 하와에게 하나님의 주권적인 것이 그것을 통해 나타나게 한 것이다. 또한 그 명령은 하나님께서 그들에게 보여주는 도덕적인 반영이다. 즉 피조물인 인간이 해야 될 선택은 사람의 뜻에 따르는 것이 아니라 하나님의 뜻에 따라야 되는 것이다. 그런데 그들이 금단의 명령을 어긴 것은 하나님의 주권적인 사역을 무시한 것이 된다. 또한 하나님의 주권하에 선택하게 한 윤리적인 면에서도 잘못하게 된 것이었다. 다시 말해서 그들은 신앙적으로 윤리적으로 득죄한 결과로 타락케 된 것이다. 따라서 모든 인류들은 죄인이 된 것이다. 따라서 그 위치의 균형은 완전히 뒤엎어지고 말았다. 인간 자신이 하나님과 같은 절대적인 위치로 되었을 때 그 결과는 원리의 본질을 형성시키고야 만 것이었다. 죄악성이 풍부하게 된 그 자체는 죄악으로 가득찬 행동이 짙어지게 되어 죄를 자연히 짓게 되는 본성을 지니게 되고 말았다.

② 범죄로 타락한 결과

범죄로 타락하게 된 결과는 인류가 영적으로 사망에 이르게 되었다. 그래서 바울은 죄와 허물로 죽은 자라고 단정하여 언급하였다. 범죄로 인하여 하나님의 형상을 잃어버린다는 것은 하나님의 형상이 완전히 상실되었다는 것 즉, 영적으로 사망을 초래하는 결과가 된 것을 의미한다. 영적으로 죽게 된 상태란 인간의 본성이 악을 행할 수밖에 없는 형편에 도달되어 선을 행할 아무 기력을 소유하지 못하게 되었다는 것이다. 다시 영적으로 살 수 있는 길이 없는 한 인간의 심적 상태는 무신론적 입장에서 인간 자신에 대한 욕망만 강하게 추구하는 결과를 초래하게 되었다. 성경은 이 사실을 잘 설명해 주고 있다. 이것은 영적으로 소경이 되어 보지 못하는 자들이 되어 서로 많은 실수와 범죄를 할 수밖에 없게 되었으므로 자연히 선을 행하기에 더디고 악을 행하기에는 빠른 성향밖에 없게 된 것이다.

이에 따라 교육적으로 미치는 악영향은 크게 된 것이다. 특히 교육의 삼대 요소인 교사, 학생, 교재에 대한 영향은 극히 무서운 결과를 가져오게 되었다.

첫째로 교사 자신에게 있어서의 죄의 무서운 영향은 학생들에게 하나님에 대해 완전한 설명을 할 수 없게 되었으며, 또한 학생을 사랑할 수 없게 되었다. 교수 과정에서 하나님을 공경하는 표현을 전할 수도 없게 된 것이다. 둘째 학생 자신들도 하나님을 생각하거나 하나님께 순종할 수 없게 되었다. 그리고 하나님이 창조하신 자연계 속에서 하나님을 볼 수 없게 되었다. 마지막으로 교재는 세상에 대한 내용이 실릴 수밖에 없게 되었다. 그 내용은 세상이 다시 회복할 수 없는 타락된 형편과 그 세력의 지배 아래 있음을 보여 주고 있다. 이런 상황 속에서 꾸며지는 교재의 영향이 어떠한 형편에 이르고 있음은 잘 알고도 남음이 있지 않은가?

③ 타락된 인간의 딜레마

첫째로 인간 자신으로서는 구원하고 싶은 의욕을 상실케 되었다. 죄악으로 인한 인간은 구원의 필요를 느끼지도 못하고 보다 나은 형편을 찾을 마음도 보이지 않게 된 것이다. 죄에 사로잡힌 인간은 어리석게도 인간 자신들을 절대적인 존재로 생각하는 결과로 자신을 창조주보다 더 높이는 함정에 빠지게 되었다. 인간들이 자기 자신을 상실하고 모든 만물을 상실하게 되는 결론밖에 보이지 않고 있다. 둘째로 인간들이 자기 자신들로서는 구원받을 수 없게 되었다. 인간들은 죄로 인해 죽었다고 성경이 밝혀 주었다. 하나님을 따라서 즉, 성령의 역사 없이는 인간의 처지를 개선하는 길이란 없게 되었다. 범죄로 타락하게 된 인간은 하나님께로 돌아갈 능력을 완전히 상실하였다. 그러므로 하나님께로 돌아갈 수 있는 유일한 길은 하나님의 특별하신 은혜가 아니면 불가능함을 보여 주고 있다. 즉 인간들의 성품은 자신들로서는 자기 자신들을 구원할 수 없는 무기력한 처지에 떨어지고 만 것이다.

3) 구속된 인간관

제3의 초석은 구속된 인간관이다. 타락된 인간이 필요로 하는 것은 구원이다. 이 구원은 인간의 힘으로는 바랄 구도 없고 구원할 수도 없다. 그러면 이 필요한 구원을 어떻게 얻을 수가 있을까? 구원에 대한 것을 논해 보면 두 방도가 있다. 즉 궁극적인 방도와 형상적인 방도이다. 궁극적인 구원의 방도는 구원받아야 할 인간 자신이 궁극적 목적이 되는 것이다. 따라서 구원의 대상이 되는 인간이 하나님을 배반하는 태도를 취하는 것을 보여 주는 것뿐이다.

위와 반대되는 형상적인 구원의 방도는 구원받은 사람은 하나님의 형상의 일부분으로서 행동하는 것을 추정하는 것이다. 하나님의 형상의 일부분으로서 행동한다는 것은 그 생활에 하나님의 속성을 반영시키는 것을 의미한다. 이사야서 64장 6~7절 말씀과 같이 인간의 모든 의는 더러운 옷처럼 되고 말 것이며, 쇠퇴해지고 바람과 같이 사라져 드디어 소멸을 당하고 말 것이다. 그러나 하나님의 형상을 떠나지 않은 사람은 자기 자신에게서는 의를 얻지 못할 줄을 알고 겸손한 태도로 변하여 항상 통회 자복하는 마음 자세가 될 것이다.

위와 같이 두 가지의 구원의 방도를 대조하여 볼 때 서로 반대가 되어 대조적인 현상이 일어날 것이 틀림없다. 다시 말해서 구원의 궁극적 방법을 취하는 이들은 인간 자신의 왕국을 건설하고 발전시켜 영광스럽게 만들려고 애를 쓰게 되듯이, 구원의 형상적 방도를 취하는 이들은 자연히 자아의 세계를 좌절시키고 항상 하나님의 나라만을 구하면서 건설과 발전을 시키고자 할 것이다. 그러므로 구원의 상반되는 두 방법은 각기 상반되는 요구를 만족시키려고 할 것이다. 즉 궁극적인 방법은 자신의 기본 욕구를 만족시키고자 갈급한 나머지 자신이 궁극적인 목적으로 되고자 하는 요구가 강해질 수밖에 없고, 형상적인 방법은 형상 그대로 되고자 하는 욕망에서 자아 중심적인 자기 생활을 격하시키고자 하는 요구가 강렬해질 수밖에 없다. 인간 자신을 궁극적인 존재로 생각한 나머지 잘못된 개념에 사로잡히기 쉽다.

구원의 개념에는 셋이 있다. 즉 도덕적 개념(The moral concept) 신앙적 개념(The faith concept) 그리고 동등시 개념(The identification concept) 등이다. 죄인 된 우리에게 그릇된 개념은, ① 신앙심이 영생으로 가는 디딤돌이라는 것, ② 생명을 소유물로 생각하는 것, ③ 새 사람의 목표를 자기 자신이 보다 궁극적으로 되는 것으로 생각하는 것이다. 그런데 하나님의 말씀이 밝히고 있는 것은, ① 하나님을 보여주는 하나님의 형상을 입기 위함이고, ② 생명은 우리가 소유하는 소유물이 아니고 우리에게 보여주는 것을 그대로 보이는 것이며, ③ 그리스도의 생명이 현재의 목표가 되는 것이다. 그리스도의 죽으심과 부활의 목적은 궁극적으로 우리의 구원이 아니라 그리스도께서 모든 것을 지배하시는 주가 되심을 보여주기 위함이다.

3. 교육철학의 개념

1) 형상 개념

사무엘 아담스(Samuel Adams)가 말하기를 "기독교의 중심 교리는 인간이 하나님의 형상대로 창조되었다는 것이다"고 하였다. 형상 이념이 기독교 철학의 중심됨을 말하는 것은 무엇을 뜻하는 것인가? 하나님의 형상 이념은 창조주와 피조물과의 관계에 있어서 궁극적인 존재자로서 창조주 하나님께서 모든 만물과 연관되어 있다. 즉 이 이념은 하나님은 절대자이심과 만물은 절대자인 하나님의 창조적 계시임을 뜻하는 것이다. 다시 말해서 우리 하나님은 오직 한 분뿐이시다. 우리 인간이 하나님의 형상을 따라 창조되었다는 것은 하나님께로부터 형상을 받았다는 뜻에 지나지 않는다. 즉 인간 자체에는 아무것도 없었고 있을 수도 없다. 단순히 거울과 같이 어떤 형태가 앞에 나타남에 따라 그대로 반영되듯이 우리에게는 하나님의 형상을 나타내 주는 것뿐이다. 그러므로 인간은 하나님과 깊은 연관성을 맺고 있다. 사람이 받아 소유하고 있는 것은 무엇이나 하나님께로부터 받은 그대로이므로 하나님께 기초를 둘 따름이다. 인간은 단순히 청지기이지 주인이 될 수 없다. 우리는 청지기로서 받은 재능대로 충성하는 길 외에 다른 방도가 없다. 그러나 사람이 입은 하나님의 형상은 단적인 기계에 지나는 것이 아니라 자율적인 존재로 무엇이나 행동할 수 있게 되는 것을 의미하는 것이다. 만일 우리들이 기독교 철학의 중심이 하나님의 형상적 이념임을 말한다고 하면 하나님의 형상적 이념은 인간에게 한정시켜 말하는 것이 사실이 되어야 한다. 하나님의 속성이 모든 피조물을 통하여 보이지만 인간 이외의 피조물에게서는 하나님의 보편적 속성은 보일 수 있으나 하나님의 특별 속성은 인간만을 통하여 보이게 된다.

2) 첫 아담은 우리들의 본보기(Prototype)가 아니다

형상 이념의 이런 함축적인 견해는 타락 전에 창조된 아담에게까지 거슬러 올라가야 될 것이다. 많은 신학자들이 타락 전에 있었던 사람에게 한하여 형상적 이념을 한정짓고 있다. 사실 우리들은 아담으로 인하여 타락되었다. 그러나 아담으로 말미암아 다시 부활할 수는 없다. 아담이란 술어 안에 우리들의 형상을 생각하게 되는 것은 극히 일반적인 것이다. 이렇게 생각하는 사람들은 실낙원적 입장에 선 철학에 기초를 두게 된다. 그러므로 과거 있었던 하나님의 형상적 이념이 재생되기를 갈구하는 것은 죽음에서 삶을 구하는 것에 지나지 않는다. 만일 사람들이 이 철학을 형상적 이념 위에 기반으로 삼으려고 하면 유사적 철학을 기초해야 된다고 말할 수밖에 없다. 하나님의 형상적 이념의 올바른 견해를 가지려면 실낙원을 다시 회복시킨다는 것을 생각하여야 할 것이다. 왜냐하면 인간 스스로는 의에 도달할 수 없고 의를 행할 능력을 완전히 상실한 상태인 것이다. 또한 성경은 "의인은 없나니 한 사람도 없다"고 하셨고, 인간의 최선을 다하는 수고는 '더러운 옷'과 같은 실정임을 부인할 수 없기 때문이다.

그러면 우리들은 현재 어떤 상태인가? 사람이나 다른 피조물들이 모두 죄의 저주 아래 있게 된 것이다. 곧 '저희가 하나님의 진리를 거짓 것으로 바꾸어 피조물을 조물주보다 더 경배하고 섬기는 것'이다. 그러나 주는 곧 영원히 찬송할 분이시다. 그러므로 이런 형편에 처한 '피조물들이 지금까지 함께 고통하는 것'을 말하지 않을 수 없다. 만일 우리가 하나님의 형상적 이념을 파악하고 있다면 이 이념이 기독교 철학의 기초가 된다. 따라서 첫 아담과는 전혀 연관성을 맺을 수 없게 된다.

3) 둘째 아담 안에서 하나님의 완전한 형상을 다시 입게 된다

재삼 새롭게 반복하여 말할 수 있는 것은 그리스도 안에서만 구원받을 수 있다는 사실이다. 그리스도 안에 있다는 것은 하나님의 영광의 광채시요 그 본체의 형상이신 그분 안에 있게 되는 것이다. 하나님의 형상이신 그분과 동등한 위치에 있게 되는 그의 형상적 생활을 부여받는 것을 뜻함이다. 신앙으로, 그리스도와 하나 된 우리들은 죄를 십자가에 못 박고 새 생명으로 그리스도와 더불어 살아나게 된 것이다. 즉 우리 자신들이 죄에 대하여는 죽고 그리스도 안에서 하나님께는 살게 됨을 인식해야 될 것이다. 그러므로 하나님의 형상을 닮게 창조된 우리 인간들은 첫 아담 안에서가 아니고 둘째 아담인 그리스도 안에서 잃었던 하나님의 형상을 다시 찾도록 해야 할 것이다. 첫 아담으로 말미암아 우리 인류 전체가 죄인이 되었으나 둘째 아담을 믿음으로 말미암아 하나님의 자녀, 즉 성도들이 되었다. 지금도 그리스도 예수의 사람 된 우리들은 육체와 함께 그 정과 욕심을 십자가에 못 박는 생활과 또한 본질상 진노의 자녀이었던 우리를 긍휼이 풍성하신 하나님이 우리를 사랑하신 그 큰사랑으로 인하여 허물과 죄로 죽은 가운데서 그리스도와 함께 살리셨고, 또 함께 일으키사 그리스도 예수 안에서 함께 하늘에 살게 하시는 소망에 큰 관심을 두게 되는 것이다. 확실히 첫 창조 시에는 우리 인간이 하나님의 형상대로 창조되었던 것과 같이 그리스도 예수로 말미암아 잃었던 하나님의 형상을 재창조 받게 된 것이다. 그러나 하나님의 형상대로 재창조 받게 되었다고 하더라도 재창조된 인간에게 의존할 수는 없다. 오로지 구속적 사역을 완수하신 그리스도와, 그리스도가 십자가에 못 박히시어 돌아가셨다가 다시 부활하신 후에 강림하신 성령에 의존할 수밖에 없다. 때문에 그리스도의 부활은 우리의 부활이 되고 그리스도의 구속은 우리의 구속이 되는 것이므로 그리스도를 믿고 의지해야 됨을 재천명하는 것이다.

4) 기독교 철학은 그리스도로 말미암아 하나님과 화목 하는 데 기초한다

하나님과 화목하게 되었다는 사실은 하나님과 하나가 되었다는 것이나 조 하나가 되었다는 사실은 아담으로 말미암아 야기된 것이 아니고 그리스도(둘째 아담)로 말미암아 야기된 것이다. 그러므로 기독교인의 철학은 그리스도의 철학일 수밖에 없다. 이 원리는 그리스도로 말미암아 하나님과 하나가 된다는 것은 그리스도 안에서 '새로운 피조물'로서 된 것을 의미한다. 주님께서 부활하신 후 막달라 마리아에게 하신 말씀을 보면 "너는 내 형제들에게 가서 이르되 내가 내 아버지 곧 너희 아버지, 내 하나님 곧 너희 하나님께로 올라간다 하라"고 하였다. 이 사실은 오직 믿음으로써만 받아들일 수 있는 것이다. 기독교 철학은 그리스도 안에 있는 사람의 생활관은 하나님 안에서 그리스도와 동행하는 것을 의미한다. 그럼으로써 그리스도께서 우리들의 생활이라고 말할 수가 있다. 믿는 성도들의 생존과 동일한 입장에 있는 그리스도는 보이지 않는 하나님의 형상인 것이다. 훼케마(Fakkema) 박사는 "그리스도로 말미암아 그의 안에 있는 것을 깊이 생각하고 있는 신자들은 타락 전에 있었던 인간보다 더욱 새롭고 훌륭한 하나님의 형상이다"라고 하였다. 첫 아담으로 말미암아 우리도 잃어버렸던 것을 다시 얻게 된 것은 보이지 않는 하나님의 형상과 결합되는 것을 느끼며 또는 그리스도와 하나가 된 것을 생각하는 것이다. 더욱이 지금 우리가 그리스도 안에서 얻게 된 하나님의 형상은 과거 아담에게 주어졌던 하나님의 형상보다 훨씬 더 훌륭한 것이다. 그러므로 그리스도와 하나 된 우리들의 철학은 아담의 철학이 아니라 기독교 철학은 곧 그리스도인의 철학이다.

5) 기독교 철학은 유사(Analogy)한 것에 기인된 것이 아니라 확인된 것에 기인한 것이다

기독교 철학은 하나님의 완전한 형상인 그리스도와 결합된 확증 안에 뿌리를 깊이 박고 있는 까닭에 믿음으로 새로운 생활을 시작하게 되는 것이다. 벌카우어 박사(Dr. G.

C. Berkouwer)는 「하나님의 형상인 인간」*(Man the Image of God)*이란 저서에서 다음과 같이 설명하였다. "하나님의 형상은 그리스도 안에서 구속된 형상으로 깊이 생각하게 되므로 이 형상은 유사성에 근거한 문제로 생각할 수 없다. 이 형상은 그리스도로 말미암아 하나님께 향한 새로운 관계로써 서술할 수 있는 새 생명으로 충만한 것으로 사려되기 때문이다." 새 생명은 곧 물과 성령으로 거듭나는 것이다. 이런 신생된 출생은 위로부터 곧 하나님께로부터 난 것이다. 이 새 생명을 소유하게 된 인간은 하나님의 형상대로 재창조된 것이다. 그리스도가 하나님의 형상이시다는 성경적 가르침을 깨닫지 못한 사람들은 하나님의 형상으로 다시 새로워진 신자들이라 말하기가 매우 주저될 것이다. 그러므로 우리가 다시 하나님의 형상을 닮게 된 것은 하나님의 형상대로 창조된 아담의 후손이 되어서가 아님이 명백하다.[1]

4. 개별주의와 공동주의

1) 개체(個體)와 공동체(共同體)

우리의 주변에 산재하여 있는 모든 피조물들은 각기 독립된 개체로서 보이는 것이 사실이다. 그러나 피조물들을 바닷가의 조약돌과 같이 보아서는 안 되기 때문이다. 다시 말해서 자기 개체가 다른 것들과 상호간의 아무 연관성이 없이 독립적으로 고립되어 있을 수는 없다. 마치 한 가족에 있어서 한 식구, 한 식구가 하나의 독립된 개체이지만 여러 가족들과 서로 연관되어 있는 것과 같다. 즉 부부관계가 아니면 부자, 부녀, 또는 모자, 모녀관계 또는 형제, 자매 관계가 되어 있다. 개체와 공동체의 올바른 관계는 목적과 질서의 문제가 깊이 고려되는 것이다. 만일 개체와 공동체의 연관성을 무시하고 하나의 집합으로 본다면 완전히 목적과 질서가 파괴될 것이다. 하나님께서 창조하신 피조물의 세계는 두 개의 생활을 하게 되어 있다. 하나는 순수한 개별적인 생활이고, 다른 하나는

---

1) 김득용. *기독교교육학원론*(서울: 총신대학출판부, 1982), 237~58.

여러 개체가 서로 연합하는 공동생활이다. 여하간 이 두 생활을 벗어날 수가 없다.

2) 삼위일체이신 하나님의 계시적인 개별생활과 공동생활

하나님께서 창조하신 피조물 세계에서 생활하는 우리는 주위에서 개별적으로 사는 것과 공동적으로 사는 것을 찾아보게 될 것이다. 창조는 하나님의 계시임을 우리는 잘 배웠다. 그러므로 만일 우리가 피조물임을 잘 알기를 원한다면 우리는 반드시 창조주에게로 돌아갈 수밖에 없다.2) 창조주는 어떤 분이신가? 성경적인 하나님의 개념은 어떠한가? 하나님은 삼위이시지만 한 분이시다. 삼위일체이신 하나님의 거룩하시고 오묘하신 공동생활은 지상에서의 깊은 친교 생활에 그 형상이 반영된다. 하나님을 개별적으로 보면 삼위가 있다. 그러나 세 위인 삼위가 일체이시다. 여럿이지만 각기 나름대로 잘 활동한다고 생각되는 것은 여럿이 하나로 전체적인 움직임이 잘되고 있음을 의미하는 것이다. 각 위가 하나님의 일부분이 아니라 삼위일체의 각 위가 모두 하나님이시다. 이 뜻은 삼위 중 한 위만으로 하나님이 될 수 없고 세 위가 하나로 뭉칠 때만이 하나님이 된다는 것이 아니고, 삼위가 각기 하나님이 되실뿐더러 삼위가 하나로 일체된 하나님이시라는 것이다. 우리들은 하나님께서 창조하신 피조물 세계에 자기 자신을 잘 나타내 보여주심을 배웠다. 역시 삼위일체이신 하나님께서는 창조하신 피조물 속에 자신들의 생활을 잘 나타내 보여주셨다. 즉 삼위일체의 '하나'와 여럿의 개념이 이 세상에 잘 반영되었다고. 말할 수밖에 없다.3)

3) 하나님의 개별적이고 공동적인 생활은 하나님의 형상을 닮은
인간 생활에 반영됨

하나님의 개별적이고 공동적인 생활은 하등 피조물 창조보다 고등피조 물의 창조에서 잘 나타나 있다. 즉 공동생활은 삼위일체이신 하나님의 형상대로 창조된 인간에게

---

2) Fakkema Mark, *op. cit.*, 17.
3) *Ibid.*

뚜렷이 나타나 있다. 인간의 공동생활은 친구들과의 친교라든지 교회나 지역사회 혹은 국가나 국제사회에서 영위되고 있다.4) 더욱이 결혼생활이야말로 공동생활의 가장 훌륭하고도 가장 공통적인 실례가 될 것이다. 결혼은 둘이 하나 되는 원리이다. 결혼으로 이룩되는 가정은 하나의 공동체이다. 그리스도와 그리스도를 믿는 성도들도 공동생활로 연결되어 있음을 성경이 말씀하고 있다. 그리스도 안에서라는 것은 그리스도께서 모든 일의 총책임을 진 머리된 분으로 공동적 운영의 지배권을 가지고 계심을 성경은 그리스도 안에서라고 강조하고 있다. 삼위일체이신 하나님은 삼위가 하나가 되셨다는 것, 즉 여럿과 하나라는 뜻을 잘 표현하고 있다. 많은 피조물들 중에 인간의 생활은 하나님께서 창조하신 피조물의 왕관이며 하나님의 공동생활이 가장 크게 반영되고 있음은 주목할 만한 일로 되어 왔다. 그러므로 우리는 우리의 생활에서 최고 정점인 하나님 옆을 떠나면 떠날수록 더욱더 우리 인간들은 생활의 유일성과 목적 그리고 서로 상반되는 '하나'와 '여럿'의 원리를 파괴하는 경향을 띠게 될 것이다. 결국 하나님을 떠나서의 결과는 원형인 하나님 중심이 아니라 인간 자신이 중심 되는 관계가 되고 말 것이다. 이렇게 삼위일체이신 하나님을 제외한 인간형상의 생활은 이단종파나 정지주의(靜止主義), 사회주의나 공산주의의 제물이 되기 쉽다.5)

4) 개별주의와 공동주의의 역사적 고찰

① 하나님이 중심된 인간생활은 진정한 개별주의와 공동주의가 최고로 잘 균형잡힌 형태인 것이다.6) 이것은 씨이소오의 모형으로 설명할 수 있는데 만일에 균형을 잃어버려 왼쪽이 기울어지면 개별주의가 강해지고 오른쪽의 공동주의가 약하여졌다는 현상이다. 오른쪽으로 기울어지면 공동주의가 강해지고 개별주의가 약해진 현상임을 알 수 있다.

② 개별주의와 공동주의를 역사적으로 살펴보면 공동주의(제도주의)는 플라톤(Platon. 427~347 BC.)의 이상주의(Idealism)에 의해서이고, 개별주의는 아리스토텔레스(Aristoteles

---

4) *Ibid.*, 18.
5) *Ibid.*
6) *Ibid.*

384~322 B.C)에 근거되고 있다.7) 중세의 종교적 공동주의는 플라톤의 이상주의로 인해 발달되었다. 이 주의가 발달된 이유는 그 당시 수도원의 금욕주의가 성행되어 이곳저곳에서 각기 개별적인 신앙생활이 고조되었으므로 이를 약화시키고자 모색한 나머지 공동주의를 강조하게 되었다고 볼 수 있다. 그러나 공동주의적 제도주의의 지배력은 도리어 자연주의적 개별주의의 강한 요구를 더욱 일으키게 된 결과를 가져오게 되었다. 결국 중세의 종교는 개별주의와 공동주의의 균형이 잘 잡히지 않고 있었다.

③ 여기에 따라 개별주의와 공동주의가 종합된 이론이 필요했던 것이다.

이 이론을 안출한 천재적인 철학자 아퀴나스(Thomas Aquinas 1227~1274 A.D)는 자연주의가 잘 표현된 개별주의의 정신과 유행된 로마가톨릭주의의 제도주의적 공동주의가 조화된 아퀴나스 철학을 수립하였다. 이 아퀴나스 철학은 로마가톨릭주의의 기초가 된 것이었다. 로마가톨릭 제도주의와 독립된 개별주의의 종합은 인생의 요구를 만족시킬 목적을 위한 자연성을 발휘할 개인의 권리와 앞으로 얻게 될 생명을 얻을 수 있는 특별한 은혜를 입은 교회의 독단적인 권리가 잘 균형잡힌 것에 기초 삼는 것이었다.8) 종교개혁 이전시대의 아퀴나스의 이론은 지혜로운 견해로 잘 표현된 것이었다. 개별적인 '신앙과 선행'의 입장에서 교회는 신실한 교인들에게 거룩한 성례 거행을 잘 관리한 것이었다. 성례는 충성된 교인들에게 이후부터 복을 받게 하는 보증이 되고 있음을 말해준다. 이로써 은혜 이외에는 구원이 없다고 하기까지 이르렀다. 인간의 이성 본성이 로마가톨릭적인 교회생활을 위해 충분하다는 것이 십분 고려된 것이었다. 아퀴나스의 학설은 은혜와 자연을 대조시킨 것이었다. 교회를 은혜의 저장소로 만들었다. 결국 아퀴나스 철학에 의한 결론은 교회가 생명과 죽음을 지배하고 있게 만들었음과 진배없다. 따라서 교회는 분명히 공동주의에 호감을 크게 가지게 된 것이고 공적으로는 교회가 받아들여지게 했다.

④ 13세기와 14세기 초에 교회의 교권주의와 개인의 독립과의 사이에 충돌이 시작되었다. 아퀴나스(Aquinas)에 의해 개인들에게 보장된 자연권이 발전을 보게 됨에 따라 교회

---

7) *Ibid.*
8) Aquinas는 Augustine의 영적 공동주의와 Aristoteles의 classical humanistic 개별주의를 화해시키고자 한 것이었다(Fakkema Mark, *op. cit.*, Appendix A 1~5)

의 평신도들은 헬라의 개인주의를 회복시키고자 했던 것이다. 이것이 개인을 우선 강조한 르네상스(Renaissance) 운동으로 화해 버렸던 것이다. 이 운동은 개인독립에 대한 인간의 감정과 옛 고전주의의 정신에로 복귀하자는 것이었다. 이와 때를 같이하여 교회 내에서도 개인에 대한 눈을 뜨고 있었다. 15세기에도 역시, 14세기 때에 안출된 헬라의 개별주의의 부흥과 더불어 인문주의는 교회의 초자연주의를 불신하는 결과를 가져왔다. 이로써 인간의 이성은 로마가톨릭교회의 교권의 자리를 점령하려고 하였다. 교회에서 미래에 대한 소망의 약속보다는 현세에 있어서의 개인이 영위하는 모든 것의 성공을 더욱 좋게 생각하게 되어 인문주의 운동을 일으킬 동기가 싹트게 된 것이었다.9) 여기에 따라 교회에서 일어난 반작용은 수도(修道)주의가 더욱 요구되는가 하면 그 당시의 비종교적인 것이 날로 증가되는 것을 막자는 것이었다. 각 개인에게 있는 은혜와 자연권이 나뉘어져 개인이 독립하기 시작했다. 이것이 처음에는 세속주의라고 한 것이었다.10)

⑤ 이런 세속주의적 사회적 경향성을 떠나서 1517년에 종교개혁이 일어났다.

종교개혁자들은 세상적으로 인본주의라고 생각하는 세속주의자가 아니었다. 그렇다고 교회에서 생각하는 신령파에 속한 자도 아니었다. 그들은 외적인 이원론을 부정하면서 내적인 이원론이란 거룩하신 하나님께서 가장 미워하시는 자연인의 비전이 아니고, 십자가에 돌아가실 주님 안에서 하나님의 은혜로써 믿게 된 신앙으로 자유롭게 될 수 있는 점을 뜻함이다. 즉 육신을 입은 몸으로 부패된 인성을 가진 우리지만 하나님의 은혜로 주님을 믿는 신앙으로 얻어진 자유가 있다. 그러므로 죄인 된 나와 믿음으로 의롭게 된 내가 한 몸에 있다. 이런 내적인 이원 체제를 우리가 어떻게 부인할 수 있단 말인가? 죄에서 의롭게 되는 것은 교회에서의 성례예식을 통해서도 아니요, 수도원적 훈련이나, 받을 만한 특권인 선행으로서가 아니라 오로지 믿음으로서 의로워지는 것이다. 이는 이 시대에 있어서 큰 혁명이었다. 실제적으로 이 원리는 신약성경의 말씀에 의한 것이다. 신령한 영역에서 말하면 종교개혁자들의 표어는 "믿음으로 의롭게"라는 것이었다. 자연 세계의 영역에서 말하면 종교개혁자들의 표어는 "자연이라는 것은 겸손과 하나님을 공경하는 태도로 연구하게 되면 하나님의 영광을 드러내기 위한 하나님의 책이다"11)라고 하는 것

---

9) *Ibid.*
10) *Ibid.*
11) Philip Schaff, *History of the Christian Church*, vol.3, 57~58, 242~44.

이었다. 종교개혁자들은 종말론에 대한 이론을 약화시킨 것이 아니고 인간의 이성적인 깨달음을 위해서 교회의 제도는 미래를 위한 생활과 연결되어 있음을 강조함과 아울러 현세에 있어서 하나님의 은혜로 살고 있음을 강력히 주장하는 것이었다.

⑥ 중세 교회의 철학은 공동주의가 개별주의를 삼켜 버렸다.

오늘날 세속주의 철학은 정치단체의 발달로 인해 공동주의로 개별주의를 삼켜버리려고 한다. 그러나 우리 개혁파 교회는 개별주의와 공동주의가 균형잡힌 이상적인 철학이 주가 되는 것이다. 그런데 개혁파 교회나 교인 때로는 개교회주의와 지방주의로 흐르는 개별주의적 경향이나, 때로는 교권주의로 흐르는 공동주의적 경향은 매우 위험스러운 신호인데 이런 실정의 현황은 기독교 철학의 부재에서 야기되는 것이다. 그래서 개혁파 교회 지도자들은 종교개혁자인 루터보다 한 걸음 더 깊이 기독교 철학의 기본적 원리를 주장하기를 의인은 믿음으로 사는 데 멈추는 것이 아니라 '하나님의 임재'와 '오로지 하나님께만 영광'이라고 한 것이었다.12) 결국 개별주의와 공동주의의 이상적인 균형이 이룩될 그 경지는 삼위일체이신 하나님의 주권적 권위가 그대로 드러나게 되는 것이다. 그러므로 오직 하나님께 영광 돌리는 일 외에는 인간의 제일 되는 목적이 성립될 수 없다.

---

12) "Coram Deo"＝in God's Presence and "soli Deo Gloria"＝alone to God be the glory

Ⅱ. 기독교 교육철학의 본질

1. 성경과 기독교철학

1) 성경의 본질과 목적

성경은 은혜로 말미암아 거듭나고 하나님의 아들의 형상을 따르도록 하는 목적을 위해 인간의 언어로 하나님의 주권적인 뜻을 인간에게 전달하는 하나님의 특별하신 자기 계시이다. 구조적으로, 그리고 역사적으로 성경은 구약과 신약 두 부분으로 나눈다. 구약은 하나님의 자기 계시에 대한 점진적, 역사적, 윤리적, 예언적인 기록으로 예수 그리스도를 내다보며 그를 통한 구속에서 절정에 이른다. 신약은 계속하여 그의 아들, 주 예수 그리스도와 그리스도의 몸인 교회 안에서의 성령의 사역을 통한 하나님의 자기 계시로 이어진다. 여기에서 하나님의 궁극적인 목적은 만물의 화목을 통한 하나님 자신의 영광에 있다. 성경은 학문의 한 과목으로서의 독립적인 지위를 가지고 있지만 또한 교과 교육과정에 있어 다른 모든 과목과 전체적인 학교 행정에까지 개관적으로 봉사 기능을 제공하는 역할을 한다. 다음에 제시한 것들은 성경이 교육과정에서 가지고 있는 다소간의 전략적인 위치를 보여주는 것이다.

(1) 성경은 하나님의 계시의 역사적인 기록이다. (2) 성경은 연구할 많은 내용을 제공해 준다. (3) 성경은 그 원리에 따라 모든 진리를 평가하고 측정한다. (4) 성경은 사고를 인도할 위대한 원리들을 내놓는다. (5) 성경은 기독교 신학의 요지를 형성하는 사상 구조(Thought-structure)들을 제공해 준다. (6) 성경은 전체로서의 교육과정에 있어서 통

합과 상호관계가 가능하도록 하는 기초를 제공해 준다.

2) 성경의 일반적인 목표

성경의 특성과 목적은 교수–학습 과정에 있어 교사와 학생에게 지침으로 제공되는 어떤 일반적인 목표들을 제시하는 것이다. 다음에 그 몇 가지 목표가 열거되어 있다.

(1) 학생에게 성경의 역사적·신학적 구조에 대한 이해와 성경을 구성하고 있는 사건들에 대한 지식을(대부분 연역적으로) 전달하는 것,

(2) 증명된 성경연구의 다양한 방법으로 학생을 훈련시키는 것

① 해석학의 과정과 같은 더 포괄적인 방법에 대한 취급을 미루고 학급에서 각 방법을 간단히 소개함으로써 훈련시키는 것, ② 학기의 과정 동안에 교수에 의해 특별한 구절들과 관련하여 성경의 사용법을 주기적으로 보여줌으로써 훈련시키는 것, ③ 과제들의 근본적인 특성에 따라 과제를 완성하기 위하여 주어진 연구 방법의 원리들을 활용하도록 하는 주기적인 과제들을 학생에게 줌으로써 훈련시키는 것.

(3) 학생으로 하여금 사회적이고 개인적인 현재의 문제와 요구에 대한 성경의 관련성을 찾아낼 수 있는 능력을 개발시키는 것

① 교사의 편에서 때를 따라 발생하는 현재적인 문제들에 대해 성경적인 진리를 주기적으로 적용함으로써 개발시키는 것, ② 학생이 스스로 성경의 진리를 찾고 그 진리를 오늘날의 상황에 관련시키도록 하는 주기적인 과제를 줌으로써 개발시키는 것.

3) 성경에 나타난 기독교교육

근본적으로, 성경은 교육적인 법전(Code)이며 성경의 역사가 교육의 역사이다. 창세기 첫 장에서 계시록의 마지막 장까지 진리와 빛 되신 하나님은 인류에게 빛과 진리와 생명을 가져다 주셨다. 성경은 하나님께서 최초로 위대한 교육자(Educator)이심을 보여주고 있다. 지혜의 근본은 그를(Him) 아는 것이다. 모든 창조물은 하나님의 표현이다. 교육적인 교육과정의 전 내용이 하나님의 창조에 뿌리를 둔다. 창세기 1, 2장에 교육의

기원에 대한 성경적 기록이 나타난다. 거기에서 하나님은 창조와 지식의 원천으로 묘사되고 있다(창 1:1). 하나님은 인간을 창조하시고 가르치셨다(창 1:27, 28, 2:16, 17). 에덴은 최초의 학교로, 하나님은 교사(Teacher)이셨으며 인간은 학생이었다. 그 가르치심이 신앙 교육의 과정이었으며, 그 방법은 교의 교육(Indoctrination)의 방법이었다. 이러한 평가는 인간을 자연적인 유기적 진화의 산물로 보고 인간을 사냥과 수렵에 포함된 교육과정과 관련시키며 인간의 종교를 꿈의 해석과 불과 신비에 대한 예배의 결과로 생겨난 것이라 보는 신화적인 평가와는 뚜렷하게 대조된다. 태초에 하나님의 교육목적은 하나님 자신과 인간의 완전한 교제를 유지하는 것이었다. 인간이 먼저 하나님을 거슬러 죄를 범하므로 변화된 상황을 초래하였다. 하나님의 목적은 우선 회복(Restoration)시키는 것이었으며 그 다음에 보존하시는 것이었다. 그러나 하나님은 적극적이고 권위적인 동일한 방법을 사용하셨다. 학생의 책임은 순종과 신앙을 통해 배우는 것이었다.

우리는 또한 하나님께서 아동교육에 대한 책임이 어디에 놓여 있는가를 분명히 알려주셨다는 사실에 주목한다. 그것은 부모가 있는 가정에 있다. 이 원리가 전적으로 시행된 것은 아니지만 그리스와 로마인들에 의해 채택되었다. 학교보다도 가정이 더욱더 그들의 교육체계의 중심이었다. 심지어 이방인들도 이 원리를 인정했다. 아동은 부모에게서 태어났으며 부모들이 교육하는 것은 자연스러운 것이 되었다. 하나님의 교육 계획에 있어서 가정의 중심성은 하나님께서 초기 히브리인들을 다루신 모습에서보다 더 분명히 보여주고 있는 것은 없다. 하나님은 이 백성들을 국가적으로 다루심에 있어서도, 자녀들의 교육에 관해 말씀하시는 경우 하나님은 항상 개인적인 말투로 말씀하셨다. 이 사실에 대해 증거해 주는 구약 성경의 전통적인 구절들은 부모들이 자녀들에 대한 책임 있는 교육자들임을 보여주고 있는 신명기, 잠언, 시편 78편 등에서 볼 수 있다. 신약 성경의 교훈들도 같은 주제를 말하고 있다(엡 6:4). 교육 문제의 짐이 커져서 가정의 수단을 넘어서는 경우, 부모를 도와주는 모든 사람들은 다 부모의 지위(*loco parentis*)에 있는 자들로 생각되었다.

성경은 교육의 종교적인 특성에 관여한다. 성경적 용어에 있어서의 교육은 종교에 주어진 주된 강조와 종교적이고 도덕적인 인간의 요구에 대한 강조 없이는 완전한 것으로 생각되지 않는다. 아동이 하나님의 형상을 지니고 있기 때문에 교육에서는 이 사실에 소홀해서 안 된다.

족장시대는 개인주의의 시대였다. 히브리 교육의 대헌장(*Magna Charta*)이 창세기 18장 19절에 있다 "내가 그로 그 자식과 권속에게 명하여 여호와의 도를 지켜 의와 공도를 행하게 하려고 그를 택하였나니 이는 나 여호와가 아브라함에 대하여 말한 일을 이루려 함이니라" 아브라함을 통한 하나님의 궁극적인 목적은 그를 통하여 모든 민족을 축복하고 약속된 구주를 보내심으로 이 일을 이루시는 것이었다. 아브라함은 그의 권속을 의와 공도에 따라 행하도록 훈련시키라는 명령을 받았다. 이 시대의 교육은 가정적이었으며, 총괄적이고 범위가 넓었다.

이스라엘 백성이 애굽에서 바빌론 포로를 경험하였던 시대는 민족주의의 시대였다. 이 기간 동안이 히브리 역사의 황금시대로 히브리 교육의 훌륭한 체계를 보여준다. 이 기간에 율법서, 선지서, 역사서, 시편, 잠언 등의 성경책들이 기록되었다. 모세, 여호수아, 다윗, 솔로몬, 이사야, 요시야, 예레미야 등이 뛰어난 지도자들이었다. 솔로몬의 성전이 세워졌으며 백성들은 높은 문화 수준을 누렸다. 교육적인 형식을 떠난 문학 자체도 히브리 교육체계의 결실 중 하나의 빛나는 실례이다. 이 시대의 교육은 비록 교육을 위한 회중의 모임, 여호사밧이 순행하며 가르친 일(대하 17:7~10), 선지자의 학교 및 더러 가정교사를 사용한 실례 등과 같이 다소의 예외가 있긴 하지만 역시 주로 가정적이었다. 이스라엘은 더 복합적이고 조직된 교육체계를 필요로 하는 위대한 나라가 되었다(신 6:7, 11:9, 4:44, 잠 6:23, 3:1, 4:2). 위생법, 가정관계, 민사 및 형사의 절차 등에 관한 율법들이 발전되었다. 성막과 성전봉사에 관한 의식들이 기록되었다. 위대한 희생의 제도는 그 상징하는 바의 교육적 가치를 떠나신 아무런 의미가 없는 것이었다.

이 기간 동안 히브리 교육체계에 의해 이룩된 진전의 정도를 높이 평가하지 않는 사람은 거의 없다. 교육과정들은 폭넓고 깊이가 있었으며 범위에 있어선 초기의 사상보다 더 넓었다. 물론 성경이 핵심교육과정(Core curriculum)을 형성했으며 주의 깊고 면밀하게 연구되었다. 성경분야 외에도 지식의 많은 분야가 포함되어 있는데, 솔로몬이 그 좋은 예이다. 자연과학의 영역에 있어선 오늘날 교과영역 중 식물학, 동물학, 조류학, 곤충학, 어류학 등과 관련된 식물과 동물의 생활이 연구되었다. 건강과 질병 그리고 거룩한 생활 태도 등에 강조를 포함한 신체적인 교육이 영적 발달과 관계된 것으로서 특히 강조되었다. 직업의 원리를 포함해서 히브리인의 산업 생활이 크게 강조되었다. 역사와 예언에 커다란 가치가 주어졌다. 성경(Sacred Writing) 이외의 다른 여러 책들도 사용되었다. 그러나 문헌적인 입장에서 성경을 따를 만한 책은 없다. 음악도 간단하나마 성경적인 참고를 통해 볼 때 뚜렷한 역할을 하였음을 보게 된다. 성막과 솔로몬의 성전은 세계적인 걸작품들에 견줄 수 있는 예술이며 건축이다. 철학은 히브리 교육 제도에 있어 큰 역할을 했다. 욥기, 잠언, 전도서 등의 책들이 거의 절대적으로 이 주제를 다루고 있다. 비록 솔로몬이 가장 위대한 히브리 철학자로 알려지긴 했지만 많은 현인들과 선각자들이 있었다.

이스라엘이 포로로 잡혀가게 된 하나의 커다란 요인은 교육과정이 거의 완전하게 세속화된 점이었다. 도덕성과 종교를 문화 속에서 찾아볼 수 없었으며 물질주의가 낮은 도덕 수준과 종교적 타락을 인도했다. 이 모든 결과로 교육이 생명력을 잃게 되었다. 사람들은 성품에 있어 하나님의 이상을 추구해야 할 의무감을 잃어 버렸으며, 따라서 그들은 도덕의 실행을 포기했다. 위대한 선지자들의 사명은 백성들로 하여금 하나님에 대한 그들의 이상을 다시 일으키는 것이었으나 실패했다. 그들이 그들의 자녀들을 순종하도록 교육하는 데 실패한 것이다.

회당 시대(The Synagogue Period)는 전문가 기질(Professionalism)의 시대였다. 그들이 주석과 더불어 성경을 읽고 해석하는 일이 회당에서 사람들에 의해 수행되었는데 특히 에스라와 느헤미야 때에 크게 발전되었다(스 7:10, 25). 곧이어 전문가 정신이 교사들의 마음을 사로잡았다. 회당이 가정을 대신했으며 서기관들은 그들의 교육방법들로 고정되었다. 그들은 율법의 정신이 아니라, 율법의 글자에 몰두하게 되었다. 율법 조문에 대한 일치가 생명보다 귀한 것처럼 인식되었다. 그리하여 예수께서 오셔서 이러한 제도의 잘못을 수정하시고 더 좋은 제도를 위한 기초를 마련하셨던 것이다.

예수는 세상이 알고 있는바 최고의 교육을 받으신 분이셨다. 그는 바로 하나님의 계획을 체현(Embodiment)하신 분이셨다. 그는 자연과 인간 본성에 대해 일생 동안 배우는 자로 하나님과의 지속적인 교제 가운데 사셨다. 이러한 점이 예수의 준비였다. 유대인의 관례로 본다면 그분은 우선적으로 선생이셨다. 그는 내용과 방법에 있어 모델을 제시해 준다. 그의 제자들에게 그 내용을 제공해 주셨으며 그들에게 복음을 전하고 가르치라고 명령하셨다. 교육적인 이상(Idea)은 그리스도 안에서 하나님의 온전한 사람을 이루는 것이었다. 엄밀히 그분의 모형에 따라 초대 기독교회는 교육(Teaching)에 주된 강조를 두었다. 바울은 교육적인 복음 전도자(Educational evangelist)가 되었다(골 1:28, 29, 엡 1:17, 18, 4:11 이하). 그러나 그와 초기의 사도들은 주로 개별적인 전근 방법을 사용했다. 학교들이 제도화되는 것은 좀 더 시일이 지나서 현실화되도록 남아 있었다. 비록 기독교 교육을 제도화하는 데 실패함으로써 가치의 기준을 잃어버리긴 했지만 중세에 걸친 기독교의 급속한 확장은 종교적인 기적의 시대를 이루었다. 더욱이 사회적인 토대가 적절한 기독교 교육철학과 성공적인 교육 제도를 세우기에 충분한, 예수에 의해 제공된 특성과 방법들 및 교육과정들의 내용 가운데 놓여졌다.

4) 기독교교육에서 성경의 위치

위에서 언급해 온 바를 통해서 볼 때 성경이 기독교교육에 있어서 기본이 된다는 사실은 쉽게 관찰될 수 있다. 이 점은 여러 가지 입장에서 발견될 수 있다. 첫째, 성경은 학생의 마음과 지성에 영적 계몽(*Spiritual enlightenment*)을 가져다준다. 이 점에 있어 성경은 인간 본성의 깊은 요구를 만족시킨다. 성경은 구속적이나, 또한 교육적인 분야도 가지고 있다. 성경은 학생으로 하여금 그의 생활의 원천(source)으로 인도할 뿐 아니라 또한 만족스런 삶을 위해 요청되는 생활 훈련으로 인도한다. 결국, 이 후자의 이유가 진정한 모든 교육목적의 핵심을 이루고 있다. 성경을 교육과정에 있어 핵심적인 위치에 두는 두 번째 기본적인 이유는 성경이 대표적인 인간과 그리스도인의 경험(*Representative human and christian experience*)에 대한 역사적 기록을 제공해 준다는 사실에서 발견되어야 한다. 성경(The Book)은 인간들의 행동에 있어서 의로움과 불의의 모든 차이점들을 지적함으로써 이 범주에 있어서의 가능성(Possibilities)들을 속속들이 말해 준다. 이러한 경우에 있어서의 기록은 국가적인 동시에 개인적인 경험들을 다룬다. 일반적으로 인간의 기원에서 시작해서 죄에로의 타락을 거쳐 하나님의 구속 계획을 통한 인간의 회복에 걸친 인간의 경험을 상세히 말해 주고 있다. 성경은 인간의 개인적이고 사회적인 관계에 있어 인간에 대한 자료의 방대한 개요이다. 개인적이고 사회적인 경험에 대한 이러한 강조가 오늘날의 교육을 위해 직접적으로 관련된다.

다음으로 계시 자체에 있어서도 성경이 기본이 되는 가장 큰 이유는 성경이 통합과 상호관계를 교육과정에 제공하는 점에서 발견할 수 있다. 통합은 모든 부분을 하나의 전체로 가져감으로써 통일성을 제공한다. 상호관계(*Correlation*)는 서로의 관계들에 대한 관련 사항들을 보여준다. 교과의 경우 상호관계는 교과들이 어떻게 비교되며, 겹치며 또한 서로 조화되는지를 드러낼 것이다. 성경이 모든 진리의 원천으로 하나님이 핵심적인 사실을 계시하기 때문에, 성경은 근본적인 진리의 통일성과 상호관계를 보여주는 데 있어 다른 모든 책들을 능가한다. 다른 어떤 책에서도 가능치 않지만, 성경은 역사, 지리, 문학, 종교 등을 상호 관련시킨다. 오늘날 미국 교육제도에 있어서 통합의 혼란 내지 결여는 오직 하나님의 말씀으로서만 실현될 수 있는바 통합시키는 핵심 요소를 갖지 못한 데에 있는 것이다. 교육사는 초기에 있어 주된 교육 기관들이 그러한 핵심 요소를 가지고 있었으나 그 후 거기에서 빗나가 버렸다는 것을 보여준다. 그러나 이렇게 말하는 것이 이 나라의 많은 기독교 학교들과 대학들에 널리 퍼져 있는 조건을 대충 훑어보고서 하는 소리는 아니다. 많은 기독교 학교들에 있어 교육과정은 기독교적이고 성경적이기보다는 인간 본위적인 구조 안에서 발달되어 왔다. 이제 모든 학교들이 영적이며 학구적인 우수성을 달성하기 위해 성경적 통합의 안에서 그들의 이론들과 실천들을 재평가해야 할 때가 되었다. 우리 앞에 놓여 있는 과업은 그리스도와 성경을 모든 행정적인 실천 및 학생의 활동과 더불어 모든 연구하는 교과들에 서로 관련시킬 수 있게끔 성경에 제시되어 있는 모형(Pattern)을 따르도록 하는 것이다. 문제는 한 교육 기관이 단순히 예배와 기도회 및 이와 유사한 활동들을 마련함으로써 반드시 기독교교육을 성취하는 것이 아니라는 점이다. 이러한 활동들은 학급에서 그리스도 중심적이고 성경중심적인 교육의 모양 없이도 학생들에 의해 행해질 수 있다. 반면에 성경적이고 영적인 원리들이 모든 교과에 직접적인 영향을 끼친다.

통합에 대한 전반적인 문제는 모든 진리가 하나님으로부터 온다고 말하는 것으로써 요약될 수 있다. 이것은 모든 진리가 동등한 지위를 가지고 있다는 것을 직접적으로 의미하는 것이 아니다. 어떤 진리는 자연적인 진리로 창조에 관한 진리이지만 계시는 아니다. 그리스도인에게 있어선 계시의 진리가 창조의 진리보다 더욱 중요하다. 창조의 목적은 계시이다. 모든 진리는 하나님을 계시하며 모든 창조는 하나님을 계시한다. 그러므로 영적 진리들이 자연적 진리보다 더욱 강조되어야 한다. 그러나 동시에 우리는 자연적인 진리도 하나님을 계시한다(Does reveal)는 사실을 강조한다. 그와 같은 입장으로 자연적 진리는 교육과정에 있어 중요한 위치를 가지고 있으며 근본적으로 세속적인 것이 아니라 성스러운 것이다. 적절히 통합되고 상호 연관되기 위하여 모든 교과는 성경적인 참조의 틀 안에서 가르쳐져야 한다. 성경은 기독교교육에 있어 근본적인 것이다.

성경이 기독교교육에 있어 왜 근본적인 것이냐 하는 데 대한 최종적인 한 가지 이유가 언급되어야 한다. 성경은 인간과 사회를 거듭나게 하는 고유한 능력(Inherent capacity)을 가진 진리를 함유하고 있다. 예수는 "내가 너희에게 이른 말이 영이요 생명이라"(요

6:63)고 말씀하셨다. 성령과 함께 성경의 진리는 진리를 수납하고 그것을 믿는 자의 심령에 선한 영향을 미친다. 모든 기독교 교사가 결실을 위한 모든 기회가 있다는 확신 가운데 그의 과업을 시도할 수 있는 것은 바로 말씀에 대한 신뢰와 더불어서 가능한 것이다. 여기에 성경의 형성적 영향력(*Formative influence*)의 비밀이 있다. 성경은 기독교교육에 있어 기본적인 것이다.

2. 사회과학과 기독교철학

1) 기독교 인간관

성경은 인간, 하나님의 형상대로 창조되었고 도덕적으로도 자유로운 행위자이며 지식과 감정과 의지에 의해 나타나는 개인적인 능력을 소유한 자로 묘사하고 있다. 삶에 있어서 인간이 추구해야 할 목적은 삶을 즐기는 것과 하나님을 영화롭게 해야 하며 하나님을 본받는 것이다. 인간의 운명은 궁극적으로 하나님과 더불어 살도록 되어 있는 것이다. 인간은 교육 가능한 존재이다. 처음 인간이 창조되었을 때 인간의 인격에는 통일성이 있었다. 하나님은 스스로 전인적인 인간을 창조하시려고 계획하셨다. '마음'(Heart)이란 자신(Self)을 나타내는 성경적 용어로 영혼과 육의 총화이다. 그러므로 인격은 자신에 대한 모든 표현의 총화가 되는 것이다. 그러기에 인격은 세계에 대한 개인적인 적응 그 이상의 것이다. 대신에 자아(The self)는 개인적이고도 궁극적인 목적에 그러한 적응을 하게 하는 동기를 제공해 준다. 죄가 인간과 세상에 들어옴으로써 세상은 부조화를 가져왔고 인간의 내적 평화와 진실성이 파괴되었다. 인간의 영혼은 혼란에 빠지게 되었고 이기적이 되었으며 인간은 하나님을 대적하며 반항하게 되었다. 죄악에 물든 인격은 이제 부패와 타락에 빠지기 쉽게 되었다. 내적, 외적 긴장은 인간의 매일의 경험이 되었으며, 죄악감은 아주 일반적인 경험이 되었다. 인간이 이러한 문제들에 대처할 능력이 없다는 것을 발견할 때 비로소 인간은 하나님의 도우심을 요청하게 된다. 하나님은 구원 계획을 마음에 두시고 재건과 회복의 역사를 일으키기 위해, 인간을 위해 인간에게 어떠한 일을 행하셨다. 하나님은 주 예수 그리스도를 통해 구원 사역을 이루셨다. 이러한 해결로 말미암아 인간은 개인적 지원뿐만 아니라 최고 형태 교육적 결합, 즉 중생과 전인교육을 발견하게 된다.

2) 기독교 사회관

인간이 하나님에 의해 시작되었다고 믿는 것처럼 그리스도인은 또한 인간의 교제관계에서 표현되고 있는바 사회적 관계를 계획하셨다고 믿는다. 사실상 인류는 하나의 강력한 유기체이다. 인간의 몸은 개인이 다른 사람과 접촉을 할 수 있는 개인적 표현의 통로이다. 인류의 목적은 인간을 완전케 하고 하나님을 영화롭게 하며 도덕적이고 책임성 있는 인간들의 집단을 형성하는 것이다. 죄가 들어옴으로 말미암아 개인적인 부패와 사회 구조의 붕괴가 일어나게 되었다. 이러한 상태는 한 세대에서 다음 세대로 이어지게 되었으며 그 범위가 보편화되었다. 인간적인 친선의 관계가 파괴되었고 하나님과의 교제에서 단절되었다. 이러한 사실들은 인간의 구원을 위해서는 커다란 두 가지의 힘이 있어야 하는데, 간접적으로 정부를 통해 나타나는 하나님의 통치와 직접적으로 하나님의 구원 계획이 있어야 한다. 이러한 방법을 통해서 인간은 한 개인으로 회복되며 용서받을 수 있고, 또한 기독교 공동체 안에서 재조직되고 조화를 이루며 재결합될 수도 있다. 정부는 악한 사람의 행동과 활동을 통제하며 선한 뜻을 가진 사람들의 협력을 촉진하는 목적을 가진 신성한 기관이다(롬 13:1~7). 그러므로 공무원들은 하나님과 대중의 봉사자인 것이다. 모든 정부의 권위는 세상 속에서 하나님의 능력을 반영해야 한다.

창조를 통한 하나님의 본래 목적은 거룩한 교제를 이루게 하는 것이었기 때문에 구원 계획은 전 인류를 포함한다. 예수 그리스도가 하나님의 계획의 중심이 되신다. 그를 통한 구원의 과정은 잠정적인 것과 실제적인 것의 이중적인 면을 지닌다. 십자가상에서의 속죄 사역은 구원이 전 인류에게 가능토록 하였으며, 이미 사용되었고 현재도 사용되고 있는 방법은 구원받을 사람의 마음과 삶에 성령의 역사와 속죄 사역을 통해 한 사람 한 사람씩 인류를 구원하는 것이다. 그러므로 그 계획은 완전한 왕국의 사회적 목표를 향해 새로운 민족을 실제로 육성하는 것을 포함한다. 이 왕국은 하나님의 왕국(The Kingdom of God)으로 불리며 개개인으로서 인간들과 사회 집단으로서의 인간들이 지향하고 있는 위대한 사상을 나타내 준다.

교회는 그리스도의 왕국의 현재적 상태(Form)를 나타낸다. 궁극적으로 이 왕국은 흠이나 결점이 없는 영광된 교회로서 온 세상에 객관적으로 나타날 것이다. 교회는 거룩하고 보편적이다. 이는 각 개인이 거룩하기 때문이 아니라 모든 이에게 유용하고 거룩한 유기체이기 때문이다. 한 유기체인 교회는 역시 주 예수 그리스도에 의해 지배를 받는 도덕적인 사람들의 집단이다. 교회는 개인이 예수 그리스도의 복음을 증거하는 기회를 제공하기 때문에 교회는 개인적이다. 또한 교회는 예배와 봉사와 교제를 통해 단체적 협동의 기회를 부여해 주기에 사회적이다. 이 전체 과정의 중심은 예수 그리스도이다. 교회는 성령의 능력 안에서 예수 그리스도에 대한 봉사와 교제와 예배가 있어야 한다.

교회의 승리는 새로운 종족(The new race)의 승리가 될 것이며 이것은 예수 그리스도의 재림 시에 성취될 것이다. 그때에 이전의 부활 사건이나 현재의 변화를 통해서 성도들은 주 예수 그리스도 중심의 완전한 사회적 관계에로 결합될 것이다. 여기에서 각 사람은 완전한 인간이 될 뿐만 아니라 완전한 형제가 될 것이고 온전한 봉사와 교제가 가능하게 될 것이다. 이 온전한 형제들의 거대한 공동체는 예수 그리스도로 말미암아 모두가 구원되었고 예수 그리스도로 말미암아 모두가 온전케 되었으며 예수 그리스도로 말미암아 모두가 연합되고 모두가 그리스도와 연합된 생활을 하는 온전한 종족(The perfect race)을 구성한다.

오늘날 교회는 구속된 사회의 기초이다. 중생한 개인들로 구성된 교회는 죄악된 세상에서의 유일한 소망이 된다. 교회의 커다란 책임은 교회의 기반이요 머리가 되시는 예수 그리스도로 말미암아 원래 부르심을 받은 '산 증인'(Living witness)으로 사회에 나아가는 것이다. 이것이 오늘날 교회의 기능이다. 인간은 성경에 명시된 여러 가지 이유들로 인해 지금 궁극적인 왕국을 실현하기를 기대할 수 없다. ① 예수님은 그가 다시 오시기까지 전쟁과 혼란한 사회 상태가 만연될 것이라고 예언하셨다(마 24:4~8). ② 적그리스도가 지배할 때까지 악이 점차적으로 증가할 것이라고 바울은 우리에게 말한다(딤후 3:1~13, 살후 2:3~12). 이것은 다른 신약 기자들에 의해서도 기록되었다(벧후 3:3, 유 18). ③ 배교가 교회에까지 영향을 미치게 될 것이다(살후 2:3, 행 20:29, 요 12:18, 19, 22). 실제적으로 영적인 교회의 구성원은 두 사회(세상과 영적인 사회)에 속하는 구성원이다. 증인으로서의 그리스도인은 영적인 최고 상태를 유지하면서 양쪽 사회에서 생활하기를 배워야 한다.

3) 기독교 역사관

기독교 역사철학은 인격적인 하나님의 존재와 사역(Acts)과 더불어 시작한다. 인간과 우주의 기원, 목적 및 운명은 오직 이러한 기초에서만 적절히 설명된다. 인간과 우주는 전지전능하신 인격적인 하나님의 창조 활동으로 말미암아 존재하게 되었다. 이 창조 활동에 포함된 목적은 하나님의 속성과 지혜와 더불어 조화를 이룬다. 하나님은 역사 속에서 그의 존귀(Honor)와 영광(Glory)을 위하여 모든 일에 직접 관여하신다. 그러므로 역사는 하나님이 인간과 세상을 다루시는 데 대한 하나님의 계시인 것이다. 모든 인류의 다양한 족속들에게 있는 놀랄 만한 통일성이 있다(행 17:26~28).

모든 인류는 전 인류의 머리되는 아담(Adam)으로부터 나왔다. 사도행전 17장에 의하면, 하나님은 역시 민족을 이루게 하셨고 그들로 하여금 하나님을 찾게 하시려고 그들에게 때와 주거를 정하여 주셨다. 죄가 세상에 들어옴으로써 인간 개인과 인류 전체에 매우 혼란한 영향을 끼쳤다. 강제적으로라도 민간 정부를 세울 필요성이 요청될 정도로 인간 본성은 삐뚤어지고 사회적 조건들이 허락하고 부패하였으며 게다가 그 죄가 인간의 행하는 일과 개인의 마음과 삶에 있어 부패적인 요인이 되었다. 이제 인간은 일반적으로 죄인과 하나님의 자녀의 두 진영으로 분리되었다. 죄인 된 사람을 하나님의 자녀가 될 수 있도록 하는 하나님의 구원 계획을 역사 속에 침투시킬 필요가 생기게 되었다.

인간은 하나님의 은혜와 그의 아들의 갈보리 십자가 위에서의 사역에 기초하는 마음의 중생을 통해 하나님의 자녀가 된다. 그러므로 예수 그리스도의 성육신, 십자가에 못 박히심과 부활하심은 모든 역사를 전환시키는 중요하고도 유일한 사건이다. 그는 역사를 영광스런 절정에 달하게 하시었다. 역사에 대한 기독교적 해석은 하나님 중심적이 되어야 한다. 교사는 하나님이 창조자일 뿐 아니라 우주의 운행자이시라는 전제에 기초해서 일해야 한다. 그러므로 역사적 사건들은 그 신학적인 의미와 더불어 연구되어야 한다. 교사들과 학생들은 역사에 있어서 하나님의 섭리와 하나님의 존재하심을 깨닫는 데 익숙해야 한다. 그들은 하나님의 지도와 인도 및 그분의 의도를 찾아야만 할 것이다. 이것들은 특별한 사건에서만 아니라 일반적인 사건 속에서도 나타난다. 하나님의 선하심과 공의로우심, 이 모두가 역사 속에서 하나님의 행위로 말미암아 나타났으며 그분의 공의로우심과 선하심은 인간을 회개에로 이끌 것이다(롬 2:4).

이런 종류의 해석 방법은 역사에 있어서 고립된 사건들이 없다는 것을 보여 주며 모든 사건들은 하나님과 관련되어 있다는 것을 보여준다. 그러므로 진정한 그리스도인은 삶 전체나 그 일부를 신적 관계로부터 분리시킬 수가 없는 것이다. 결과적으로 기독교 교사는 이러한 점들을 지적해줄 많은 기회를 발견할 것이다. 이 일은 사건들에 대해 기독교적인 해석을 억지로 강요하지 않는 가운데 자연스럽게 수행되어야 한다. 이렇게 함에 있어서 교사는 가르치거나 설교하는 형식은 탈피해야 할 것이다. 대신에 간접적인 말과 의미를 통하여 이러한 해석을 하여야 할 것이다. 특별한 사건의 의미가 숨겨져 있을 때 기독교 교사와 학생들은 모든 것을 지배하시고 살아 계신 하나님을 믿는 그 '신앙'(Faith)을 한 번 적용시켜 볼 수 있을 것이다.

3. 자연과학과 기독교철학

1) 교육에 있어서의 과학

통계적인 방법(Statistical methods)의 발달과 더불어 교육적인 성취도를 측정하는 수단도 가능하게 되었다. 돈다이크(Thorndike)가 객관적인 측정 수단을 발전시킨 이후로 표준화 검사(Standardized tests)가 사용되어 왔다. 현재까지의 진전(Progress)은 지식과 기능의 측정에 머물러 있어서 앞으로 관념, 태도, 감정 및 방법의 영역에서 많은 진전이 있어야 될 필요성이 있다. 연구의 결과가 널리 보급되어 있기는 하지만 앞으로도 많은 진전이 있지 않으면 안 된다. 아동연구(Child study)와 교육심리학(Educational psychology)에서는 괄목할 만한 진전을 보이고 있다. 학교의 측정 운동(Survey movement), 학급의 실험 그리고 통계적 방법 등은 커다란 진전을 보여 온 주목되는 영역들이다.

2) 기독교와 과학

과거에 과학에 대한 몇몇 기독교인들의 태도는 불신과 두려운 마음으로 회피하려는 것이 그들의 특징이었다. 이것은 결국 근시안적인 문화의 단절(Divorcement)을 낳게 되었다. 성경은 진리를 탐구하는 것과 이러한 탐구의 일부분으로서 자연을 이용하는 데 대한 타당성을 가르치고 있다. 문화와 사회로부터 물러나 고립하는 것은 "너희는 온 세상으로 가라"고 말씀하신 예수의 정신에 반대되는 것이다. 몇몇 그리스도인은 폐쇄주의자(Obscurantist)가 되기까지 했는데, 이것 또한 기독교적인 사랑의 정신에 반대되는 것이다. 자연은 하나님의 일반 계시의 일부분이고 하나님에 대한 더 많은 지식을 제공해 줄 수 있기 때문에 진실한 그리스도인들은 자연과 친숙해지기를 갈망할 것이다. 더욱이 그리스도인은 자연에 나타난 진리가 때때로 세속적인 구조(Secular framework) 속에서 볼 수 있을지라도 그런 진리를 찾으려는 진지한 모든 노력의 진가를 인정하게 될 것이다. 그리스도인은 "모든 것을 증명하라"는 권고를 받는다. 그러나 편견을 갖지 않고 너그러운 마음을 갖는다는 것 역시 칭찬할 만한 일이다.

과학은 자체에 목적(Purpose)과 원인(Causation)을 부여하기 위해 계시의 빛을 필요로 한다. 그것 없이는 과학이 사실상 무의미하게 되어 버린다. 자료를 모으는 것이 과학의 주요한 기능인 반면에 이와 같은 자료에 그들의 목적을 부여하고 목적론적인 명령(Teleological ordering)을 하는 것은 신학의 기능이다. 신학을 배제한 과학은 '인간에 대한 도덕률(Moral Principles)의 기반을 약화시키는' 결과를 가져왔다. 이는 종교와 형이상학보다 과학에 우선권을 두고 모든 지식의 상대성과 우주의 맹목적인 특성을 주장함으로써 생겨난 일이다. 한편 원자의 무서운 파괴력으로 말미암아 퍽 많은 과학자들은 신학으로부터 제공된 도덕적 보호의 필요성을 실감하게 되었다. 신학 역시 과학을 필요로 한다. 신학은 우주의 기원과 목적 및 종국을 드러내 주며 과학은 '존재의 실마리(Clues), 유추(Analogies), 보강(Reinforcements) 및 보이지 않는 우주의 본질(Nature)'을 알려준다. 많은 과학자들은 중세기의 미신적인 신학이 과학의 급속한 진전을 방해했다고 오랫동안 주장해 왔다. 존 베일리(John Baillie)는 중세 과학이 아리스토텔레스와 이교도적인 신학 개념에 의해 좌우되었다고 말함으로써 중세 과학의 침체 이유에 대해 또 다른 설명을 덧붙였다. 과학의 한계는 오염된 기독교 신학의 영향에 의해서 설명되지 않는다. 사실상, 그는 '자연계에 대한 고대 이교도들의 생각이 그리스도인들에게 자리를 양보하기까지 현대 과학은 탄생할 수 없었다'고 말한다.

현대 과학은 과학적인 절차(Scientific procedure)에서 목적(Purpose)과 설명(Explanation)을 없애 버리려는 결심과 더불어 출발되었다. 그러나 베이컨(Bacon)과 데까르트(Descartes)를 포함한 초기의 과학자들은 과학에 목적인(Final causes)이 없다는 것을 의미한 것이 아니라, 그런 것은 과학의 영역에 속한 것이 아니라는 것을 의미한 것이다. 과학은 경험주의적 방식(Way of empiricism)에 의해서 목적을 찾아낼 수 없다. 초기의 과학자들은 자연계에는 신이 섭리하시는 체계가 있다고 믿었다. 그러므로 베이컨과 데까르트가 아리스토텔레스와 서로 맞지 않았던 진정한 이유는 과학에 대한 견해 차이라기보다는 신앙의 이유에서였다. 그들은 하나님에 대해 다른 개념을 가지고 일했다. 그들은 하나님이 자연을 창조했으며, 자연 가운데에는 그 자연을 창조하신 하나님의 계시로 가득차 있다고 믿었다. 그들이 믿기로는, 아리스토텔레스가 하나님 대신에 자연을 대치하였으며 결과적으로 그의 과학은 방법론적인 면에서 연역적(Deductive)이었다고 믿었다. 베이컨과 데까르트는 하나님이 자연을 창조했지만 그 양식(Pattern)은 우리에게 감추어져 있다고 믿었다. 결과적으로, 과학을 연구하는 방법론에는 귀납적이어야 할 필요가 있는 것이다. 베이컨과 데까르트가 자연의 원형은 인간에게 감추어져 있다는 것을 기독교적인 계시와 창조를 통해서 알았다.

이리하여 우리는 기독교가 현대 과학이 발생하게 되는 데에 있어서 동기적인 요소(Motivating factor)가 되었음을 결론지을 수 있다. 그러나 이것은 몇몇 그리스도인 사회에서조차 완전히 이해되고 있지 못한 실정이다. 과학은 창조주이신 하나님을 영광스럽게 하는 데 사용됨으로써 그리스도인들에게 이바지했다. 과학은 하나님의 창조에 있어 그의 놀라운 계획(Design)과 솜씨(Handiwork)를 드러내 보여준다. 하나님의 능력과 영광은 숨겨져 있는 것이 아니다. 과학은 하나님의 말씀이 진리라는 확실성에 대한 그리스도인들의 확신을 강화시켜 주는 데 사용될 수 있다. 성경에 나오는 사실들을 확증하는 위대한 증거는 과학의 발견을 통해 열거될 수 있다. 기독교는 과학을 위해 목적과 목표를 제공해 준다. 과학은 하나님을 영화롭게 하고 인류 복지를 향상시키기 위해 사용되어야 한다. 기독교는 문화생활의 부흥과 정치적 생활의 자유를 강조함으로써 과학에 대한 관심을 촉진시켰다. 또한 기독교는 과학의 발전이 그리스도인들로 하여금 그의 소명에 따라 하나님을 섬길 수 있는 기회를 제공해 주고 있다는 사실을 강조한다. 예수 그리스도를 섬기는 일에 있어서, 인간은 그분을 구세주로뿐만 아니라 창조주와 재림하실 우주의 왕으로 섬겨야 한다.

3) 기독교교육에 있어서 실험과학(Empirical Sciences)의 지위

기독교교육의 교육과정에 있어서 실험과학의 지위는 직접적으로 전반적인 기독교 세계관의 입장에서 실험과학을 보는 위치에 의해 결정된다. 야스마(Jaarsma) 박사는 실험과학의 지위에 대해서 다음과 같은 진술(Proposition)로 간단히 요약했다.

(1) 과학적인 탐구(Scientific exploration)의 대상은 하나님의 사상을 드러내고 명백하게 해주는 하나님의 손으로 만드신 우주이다.

(2) 세계에 대해서 우리가 아는 것이라곤 지극히 적다. 그러나 지식이라는 것은 모든 존재(All being)와 그 존재에 관해 진정한 이해를 하는 데 필요 조건적인 요인(Conditioning factor)이다.

(3) 인간은 원래 하나님의 창조물(God's creation)을 다스리도록 책임을 부여받았다. 이와 같은 책임은 아직 철회되지 않았고 인간의 책임으로 남아 있다. 하나님으로부터의 이와 같은 위탁은 과학자들이 연구하는 데 동기적인 요인(Motivating factor)이 되어야 한다.

(4) 인간의 통치는 하나님에게 예속된 통치이어야 하며 세계에 대한 하나님의 창조 목적과 조화를 이루어야 한다.

(5) 과학적인 진리는 진리의 커다란 통일체(The great unity of truth)의 한 부분이다. 진리의 커다란 통일체에 있어서의 다양한 표현(Manifestation)들 사이에는 충돌(Conflict)이 있을 수 없다. 그러므로 이런 과학들은 그리스도인들로 하여금 하나님에 대하여 더 잘 이해할 수 있도록 해주며 동시에 개인적·사회적인 능률을 증가시켜 준다고 결론을 내려야 한다. 그러나 그것들이 교육과정 속에 있는 최고의 영적 진리의 위치를 빼앗도록 허락해서는 안 된다. 실험과학 분야에 신학적이며 철학적인 진리의 응용은 그리스도인들로 하여금 이러한 분야들에 대해 적절한 전망을 가지고 사용하는 데 도움을 줄 것이다. 이와 같이 해서 과학은 목적을 위한 수단이 되는 것이다.

4) 과학 분야에 있어서 기독교 학교의 지위

기독교 학교는 우리가 과학 시대에 살고 있다는 사실을 현실적으로 받아들여야 한다. 오늘날 과학이 이루어 놓은 업적에 대해서는 의심할 여지가 없다. 졸업생들은 세상으로 진출하게 될 것이므로 기독교 학교는 이 세상(This world)에서 수행해야 될 신성한 사명 (Divine mission)이 있다는 사실을 절실히 느껴야 된다. 기독교 학교가 직면한 첫 번째 의무로 학생들이 과학적인 환경에 적응할 수 있도록 교육과정에 필요한 요소(Element)들을 제공해 주어야 하며 몇몇 경우에는 과학 분야의 직업에 종사하기 위한 준비를 지도해야 한다. 그러나 원자 시대는 죄는 물론이요 불안의 증가, 긴장, 사회적인 압력 등에서 보여주는 바와 같이 슬픈 미래를 예고한다. 인류는 지금 과연 과학이 그 해결책을 가지고 있을까에 대해 의문을 갖기 시작하고 있다. 많은 사람들이 두려움(Fear)에 떨고 있다. 기독교 학교는 실제적으로 이러한 상황을 폭로하기에 주저하지 않아야 한다. 그러나 동시에 예수 안에서 개인적이고 사회적인 병폐에 대한 해결책(Solution)이 있음을 낙관적으로 지적해 주어야 한다. 원자 시대가 생명과 능력의 원천에서부터 분리되게 하는 일을 하도록 내버려 둘 수는 없다. 기독교 학교는 죄 많은 과학의 시대에 복음의 증거를 제시해야 될 필요가 있다. 복음은 어느 시대에라도 적용할 수 있다. 그리하여 복음이 이 시대에만 절대적으로 강조될 수는 없는 것이지만, 복음이 본래부터 가지고 있는 변화시키는 힘(Inherent transforming power)은 헌신적이고 주님을 닮은 개인들, 즉 교사들과 학자들을 통하여 이 시대가 하나님께 겸손히 복종하도록 인도하는 일을 하게 할 수 있다.

5) 자연과학의 기본 개념

자연과학을 더 세부적으로 분리해서 고찰해 보기 전에 앞으로 전개될 내용의 배경을 위해 자연과학이 실제적으로 제공해 주는 분야에 대해서 이제까지 언급해 왔던 것에 대한 윤곽적인 개요를 아래에서 밝혀두는 것이 좋겠다.

* 과학적인 방법:
  1) 과학적 방법은 지식의 수단을 위해 타당한 일이지만 우리를 모든 진리에로 인도하

기에는 충분치 못하다. 과학을 연구하기 위해서는 계시(Revelation)와 신앙(Faith)을 더 해야 한다.

* 물리과학

2) 우주는 하나님의 능력과 위대함과 그의 영광을 드러내고 있다.

A. 태양과 은하의 구조, 형성, 그 거대함에 있어서

B. 물질의 조직과 구성에 있어서

C. 에너지를 쉽게 이용할 수 있으며, 그 양이 풍성함에 있어서

D. 자연계에 있어 발견되고 얻어지는 법칙에 있어서

E. 인간의 사용과 복지를 위한 물질과 에너지의 실제적 적용에 있어서

3) 생태계(The world of life)에는 하나님의 능력과 지혜와 위대함과 영광을 드러내고 있다.

A. 먹을 수 있는 식물을 자라게 하고 번식시키고 저장하기 위하여 습기와 햇빛과 간단한 화학작용을 활용하는 식물의 능력에 있어서

B. 창조자에 의해서 그 환경에 적절하게 자라고 번식하는 동물의 능력에 있어서

C. 성장(Growth)과 교정(Repair)과 생식(Reproduction)과 이성적인 사고와 자의식을 가능케 하는 인간 기관의 신비한 구조에 있어서

D. 자연 가운데 존재하는 '균형'(Balance)에 있어서(이 균형은 죄에 의해서 일시적인 혼란이 야기되었음)

E. 성경구절 "그 종류대로(After its kind)"에서 표현된 형질유전의 법칙(The laws heredity)에 있어서 형질유전의 법칙은 생명을 안정시키고(Stabilize) 영속시키며(Perpetuate) 다양한 종 사이의 유기적인 특성(Organic distinction)을 유지시킨다.

* 인간과 그의 환경

4) 인간은 하나님의 형상(God's image)대로 창조되었다. 그리고 지구는 인간이 살고 성장하고 하나님과 교제하기에 적합하도록 구상되었다. 지는 인간과 자연을 함께 타락시켰다. 그러나 그리스도의 속죄는 그것을 원상 복귀시켰다.

* 과학과 도덕

5) 최고의 수준으로 과학을 사용하기 위하여 인간이 과학적 지식을 소유하고 적용하는 것은 성경에서 기인된 영적이고 도덕적인 원리에 의해 지배되어야 한다.

6) 인문학과 기독교철학

(1) 기독교 예술과 음악에 관한 철학

하나님은 미의 원천이시다. 하나님은 아름다움이 그 자신의 속성에 대한 반영이 되도록 의도하셨다. 인간은 하나님의 형상으로 창조되었기 때문에, 그는 미를 산출하는 능력과 미를 감상할 줄 아는 역량을 부여받고 창조되었다. 인간의 창조성은 원창조자(Original Creator)이신 하나님을 반영한 것이다. 이러한 조명 가운데서 볼 때 예술의 목적은 하나님을 영화롭게 하고 그에게 영광을 돌리는 것이다. 진정한 예술은 하나님의 탁월성(Divine excellence)을 반영한다. 죄가 인간의 미에 대한 감각과 미를 산출하고 그것을 감상하는 능력에 영향을 미쳤다. 예술은 이제 육적이고 부패한 목적을 위해 사용되게 되었다. 바로 이 점이 인간 생활의 모든 국면이 하나님께 영광 돌리는 목적으로 회복되어야 할 구속이 참으로 필요한 이유이다. 이리하여, 성령께서 인간의 심령의 중생을 통하여 본래의 목적과 의도에 따라 예술을 산출하고 사용하고자 하는 욕망과 역량과 능력을 회복시키시며 중생한 사람 안에서 예술적 감성과 능력을 발전시키도록 하신다.

하나님께서 기독교 예술관의 관점에 대하여 말씀하신다. 하나님의 말씀은 하나님이 계시하시는 미에 대한 여러 국면들과 창조주에게 영광 돌리기 위한 미의 목적을 계시한다. 그러므로 학교는 이 독특한 예술 철학을 가르치는 일뿐만 아니라 학생으로 하여금 미가 어느 곳에서 발견되든지 간에 그것이 하나님의 영광을 위하여 사용되어야 하는 하나님으로부터 주어진 선물이라는 사실을 인식하도록 가르치는 것이 목적이 되어야 한다. 마찬가지로 음악도 인간에게 내리신 하나님의 선물이다. 이것은 하나님을 찬양하는 데 사용되며, 인간의 내면생활에 깊이 영향을 끼치며, 마음을 움직여 경향성과 도덕성을 고상하게 하고 하나님을 사랑하며, 그를 섬기고자 하는 마음을 자극시킨다. 음악은 즐거움과 기분 전환의 수단을 제공해 주며, 만물이 회복되는 때 온 우주가 창조주를 찬양하는 저 미래의 날을 내다본다. 예술처럼 음악도 죄의 세력에 의해 악용되고 부패되었다. 음악을 산출하는 인간의 능력과 음악을 이용하는 인간의 욕망이 악용되고 손상되었다. 음악이 불경건하게 감정을 일으키고 죄악의 실천을 자극하기 위해 사용되곤 했다. 그리스도인들은 음악의 선물을 도로 찾아내고 그것을 하나님의 영광과 거룩한 목적을 위해 사용할 필요가 있다. 이 점에 있어 기독교 학교가 큰 역할을 할 수 있다.

(2) 인문학의 통합

세속 교육에 있어서 효과적인 인문학의 통합에 대하여 세 가지 주된 조직의 형태를 제시해 왔다. 그 한 가지는 독특한 통합의 요인으로서 세계 문학(World Literature)을 이용해 역사를 개관해 보는 것이다. 두 번째 형태는 고전(The Great Books)의 접근 방식이다. 여기에서 도서의 선정은 많은 뛰어난 자료들 중에서 이루어지지만 다소 독단적인 방식으로도 이루어진다. 그렇지 않으면 세 번째 형태로 문학을 다른 모든 예술에 관하여 사용하는 것이다. 이 모든 형태는 통일성과 상호 연관성을 제공해 주는 요인이 결여되어 있다. 네 번째 제안은 이 연구에 의해 제공되는 것으로, 철학 과목을 사용하는 것이다. 철학은 생활의 커다란 문제들과 인간들의 위대한 관념들에 관계해 왔다. 과거의 영속하는 관념들이 고전 속에, 위대한 문학작품 속에, 예술과 철학 가운데 보존되어 왔다. 문학과 예술은 철학적 통찰력이 표현이다. 통합의 요인을 제공해 주는 철학의 실제적 가치는 먼저 인문학이 다른 모든 교과 영역과의 관계 속에서 보일 수 있는 기초를 놓는 일이다. 거기에서 전체적 진리의 통일성은 명백하였다. 인문학과 성경적 학문 및 다른 연구 영역과의 관계를 살펴보는 일에 덧붙여서 다른 과목들에 비해 이 분야에 속한 독자적인 과목 사이에 각기 내적이고 밀접한 관계가 있다는 점에 주목하는 것이 또한 중요한 일이다. 통합을 위한 "형태적 접근 시도"(Pattern approach)가 이러한 관계들을 보여주기에 가장 적절하다는 것이 이미 제시되었다. 이러한 시도가 인문학의 영역을 구성하는 교과들 사이에 약간의 내적인 통일성과 내적인 관련성을 요구한다. 인문학에 대한 우리의 정의에 따르면 이러한 과목들은 인간 정신의 창조적 표현과 관련되어 있는데, 창조적 표현이란 개인적인 관점, 생을 바라보는 방식, 목적, 가치, 그리고 궁극적 관심 등을 요구한다. 실제적으로 이것이 철학이다. 그러므로 인문학을 통해 저자나 예술가의 철학에 대해 확실히 알 수 있다. 따라서 철학은 이 인문학에 속한 모든 과목에 있어 기본이 되는 것 같다. 다양한 과목들을 통합하는 비밀은 필연적으로 이 독특한 과목에 의존하고 있다.

철학은 한편으로 저자의 개인적 표현이 궁극자이신 하나님과 관련을 맺게 해주고, 동시에 다른 한편으로는 개인적 저자의 관점들이 서로서로 관련을 맺도록 하는 수단이 됨으로 통합하는 요인의 역할을 담당하고 있다. 철학 과목 자체는 물론, 시각적 예술, 역동적 예술 및 문학이 저자들과 예술가들이 가지고 있는 인생관의 결과로서 나타난다. 시각적이건, 청각적이건 혹은 기록이 되었건 간에 예술을 통해 독자들과 관찰자들은 저자들이나 예술가들이 의도하고 계획한 것들을 느끼고, 보고, 체험할 수가 있다. 예술가들과 저자들이 정치적·사회적 경제적·종교적 환경으로 인해 영향을 받아온 점은 인정되지만 여전히 예술과 문학과 철학은 개인적인 반응들의 기록이며, 이러한 것들에 관련한 느낌과 사상의 표현이다. 그러므로 철학이 다른 어떤 것보다도 더 좋은 통합의 수단인 것처럼 느껴진다.

인문학이 그리스도인에게 그의 철학이나 관점을 드러낼 수 있는 개인적 표현의 통로를 제공해 준다는 점이 인식되고 있다. 동시에 모든 그리스도인 예술가나 음악가나 사상가는 주 예수 그리스도를 통한 하나님과의 개인적 관계에 의해 그 자신의 표현을 조절해야 한다. 이런 식으로 그의 예술이 그의 생명과 진리의 원천이신 하나님과 역동적으로 관련되게 된다. 또한 그리스도인은 인간들의 철학을 다룸에 있어 적절한 전망을 가지고 자신의 철학을 지키는 일에 주의해야 한다. 그리하여 우리는 해석의 단서를 갖게 되는 것이다. 그리스도는 로고스(Logos)이시며(요 1:1), 하나님의 지혜(The Wisdom of God)이시므로(고전 1:24), 모든 철학과 그를 통한 모든 인문학의 연구가 가치의 중심, 또는 가치의 기준을 제공해 주시는 분으로서 그를 모셔야 한다. 그런 다음에야 해석의 문제에 대하여 눈을 돌릴 수 있게 된다.

(3) 해 석

인문학을 해석하는 과정은 이미 고려해본 다른 분야들과 마찬가지이다. 독자는 사실들을 종합하여 그것들을 해석하고, 그런 다음에 그것들을 성경적 학문들에 기록된바 기독교 철학에 입각해 정밀한 심사를 받도록 해야 한다. 이것은 각 독자가 특별한 예술의 '메시지'(Message)를 발견하기 위해 숙고하면서 최선을 다해야 한다는 점을 의미한다. 그는 숙고하는 중에 저자나 예술가의 입장에 스스로 서 보기 위해 최선을 다해야 하며,

창조적인 예술가의 관점을 갖기 위해 노력해야만 한다. 그러나 그리스도인은 이 점에서 멈추어선 안 되며, 어떤 방식으로 하나님께서 이 특별한 문제에 관련시키시는지 관찰하는 가운데, 스스로 의문을 가져야 한다. 이것은 고려하는 문제에 대해 기독교 철학을 적용하는 것도 포함한다.

이미 고려해 본 다른 분야들과 마찬가지로 인문학에도 기독교적 관점이 있다. 하나님은 땅을 다스리라고 하는 아담과의 언약을 결코 폐기하지 않으셨다. 죄의 실존과 죄로 인한 부패에도 불구하고 하나님은 인간에게 모든 것을 주셔서 누리게 하셨다. "네가 이 세대에 부한 자들을 명하여 마음을 높이지 말고 정함이 없는 재물에 소망을 두지 말고 오직 우리에게 모든 것을 후히 주사 누리게 하시는 하나님께 두며"(딤전 6:17). 그러므로 그리스도인은 이와 같은 것들에 관계하면서 "무엇을 하든지 다 하나님의 영광을 위하여 하는"(고전 10:31) 사실을 확실히 해야 한다. 그는 "땅을 차지하기 위해"(To possess the land) 최선을 다해야 한다. 그러나 경계할 점이 지적되어야 한다. 모든 그리스도인은 특히 이 분야에 있어 "육과 영"(Flesh and spirit)의 싸움을 발견하기 위해 지속적으로 경계해야 한다. 그는 자연적인 미와(인간의 노력이 가미되어 이루어진) 예술적인 미의 분명한 차이점을 항상 인식해야 한다. 그러나 이러한 차이들이 그리스도인으로 하여금 예술을 통해 커다란 즐거움을 얻는 것과 하나님 나라의 유익을 확장하기 위해 예술을 이용하는 일을 제하여 버리는 것이 되어선 안 된다.

(4) 목적과 목표

전통적으로 인문학은 학생들이 성취해야 할 가치 있는 목적들은 제공하는 데 독특한 면을 보여 왔다. 이 중 가장 뚜렷한 몇 가지는 다음과 같다.

(1) 학생으로 하여금 그의 문화적 유산에 대해 더 넓은 이해를 갖도록 하고 그 자신의 인생관 가운데서 더 넓은 문화적 전망을 갖도록 하는 것

(2) 모든 학생들에게 생활의 커다란 문제들을 직면시키는 것

(3) 모든 학생들에 있어서 지적 성숙과 인생의 주요한 문제들에 대한 지속적인 관심을 개발시키는 것

(4) 학생들로 하여금 과거의 성공적인 사람들의 원리를 사용함으로써 오늘의 문제들을 해결함에 있어 자신을 적응시키도록 격려하는 것

(5) 학생들에게 그들이 현재의 삶의 정황에 직면하도록 그들 스스로 일관성 있게 일련의 관념들을 구축하도록 도와주는 것

(6) 각 학생이 위대한 예술 작품들을 이해하고 감상함으로써 자신과 그의 동료에 대한 더 깊은 통찰력을 가질 수 있도록 하는 것

(7) 학생들에게 우리의 문명을 발전시키는 데 문학과 예술의 역할에 대한 구체적인 인식을 제공하는 것

(8) 오늘날 우리들의 삶에 있어 예술적 표현의 중요성을 보여주는 것

(9) 각 학생으로 하여금 진정한 품격과 가치를 식별할 수 있도록 해주고, 비평적으로 심사하고 평가하는 능력을 개발시키는 것

(10) 각 학생으로 하여금 그의 여가 시간을 가치 있는 목적을 위해 사용하도록 격려하는 것

(11) 창조적인 능력들을 발견하여 개발하고 사용하는 것

(12) 기독교 철학을 발전시키는 일의 중요성을 보여주는 것

(13) 능력 있는 학생들로 하여금 사역을 위해 인문학의 몇 가지 분야를 선택하도록 격려하는 것

(14) 학생에게 육과 영 사이의 전투에 방심하지 않는 일이 중요하다는 것을 보여주는 것

(15) 각 학생이 인간의 감정과 포부를 위해 그의 동정심을 넓히도록 도와주는 것

(16) 죄의 파괴적인 영향, 계시와 구속에 대한 인간의 필요성, 삶 속에서 하나님께 영광 돌리는 입장으로 예술을 회복시키는 일의 필요성을 보여주면서 창조주로서의 하나님의 지위를 인식하는 인문학, 즉 하나님의 선물로서의 인문학에 대한 기독교 철학을 건설하는 데 있어 학생들을 도와주는 것이다.

4. 커뮤니케이션과 기독교철학

1) 교육과 커뮤니케이션

우리는 오늘날 복잡한 문명 속에서 살고 있다. 유리 문화는 역동적이며 확대된 문화

이다. 신속한 커뮤니케이션이 많은 이점을 가져다주지만 또한 그것은 많은 문제를 낳기도 한다. 세상사에 뒤지지 않고 생긴 문제점들을 이해하기 위해선 의사소통하는 일, 즉 보고, 듣고, 읽음으로써 의사를 전달받고, 쓰고 말함으로써 의사를 전하는 일이 모두에게 필요하다. 커뮤니케이션의 기술은 성공적이고 지적인 삶을 위해 필요하다. 의사소통을 하는 데 필요한 기술을 개발시키는 일, 특히 교육 분야에 있어서 그리하는 일은 각 개인에게 지워진 의무이다. 이처럼 읽고, 듣고, 말하고, 쓰고, 생각하는 기술은 매우 중요하다. 사실상, 개인이나 국가의 운명까지도 우리의 커뮤니케이션 기술에 달려 있다. 교육자들은 시민들에게 커뮤니케이션의 기술을 가르치는 일이 중요하다는 사실에 대해 점점 더 크게 인식하고 있다. 그래서 많은 교육기관들이 이러한 기술들을 일상생활에 어떻게 용할 것인가에 대해 특별히 연구하고 있는 중이다. 그러나 기독교교육의 입장에서 한 가지는 처음부터 강조될 필요가 있는데, 그것은 어떠한 커뮤니케이션의 매체라도 메시지나 그 메시지를 받고 적극적으로 그것을 자기의 것으로 만들어야 하는 사람에게 그 내용이 확실하게 드러나는 것이어야 한다는 점이다.

2) 커뮤니케이션의 가치

학생이 커뮤니케이션의 기술을 숙달하게 됨으로써 생기는 실제적인 가치들이 있다. 이것이 이 분야의 교과들에 있어서 사실일 뿐 아니라, 이러한 기술들은 학생들로 모든 교육과정의 영역에 걸쳐 다른 모든 영역을 숙달하게 하는 것을 가능케 한다는 점에서도 사실이다. 이로 인해 생기는 가장 뚜렷한 몇 가지 가치에 다음과 같은 것들이 있다.

(1) 사고, 말, 감정 및 동료에게 주는 메시지 등을 전달하는 능력
(2) 정직한 커뮤니케이션에 대한 책임감 발달
(3) 비평적으로 사고하는 능력
(4) 정보를 발견하고, 조직하며, 보고하는 능력
(5) 영어를 사용하는 국민들의 언어적, 문화적 유산에 대한 지식
(6) 다른 민족들의 문학과 언어에 대한 이해력의 발달
(7) 기독교 커뮤니케이션 철학의 발달

3) 기독교 커뮤니케이션 철학

(1) 하나님과 커뮤니케이션

기독교적인 견해로는 다른 모든 것에 있어서와 마찬가지로 커뮤니케이션에 있어서도 그 기원을 창조주 하나님에게서 발견한다. 하나님은 커뮤니케이션의 하나님이시다. 그의 속성은 서로 교통하는 것이다. “하나님이 가라사대”, “여호와의 말씀이 내게 임하여”, “여호와께서 이같이 말씀하셨느니라”, “하나님이 가라사대 빛이 있으라 하시매”, 등등의 많은 성경 구절들이 이를 잘 나타내고 있다. 하나님은 그의 존재와 속성을 말씀하시고 알리시려 하셨다. “여호와의 말씀이 인간에게 임하셨다.” 이것이 커뮤니케이션이며 이는 하나님께서 인간들과 가지신 교제를 함축하는 말이다. 그러므로 교제는 직접적으로 커뮤니케이션에 의존한다. 우리는 이미 하나님께서 인간에게 자신의 의사를 전달하시고자 두 가지 주요한 기관을 어떻게 사용하셨는지를 기독교 계시의 철학(Christian Philosophy of Revelation)에서 보았는데, 그 두 가지는 자연 혹은 일반계시와 성경과 성자(His Son) 혹은 특별계시로 이를 통해서 계시 전달의 기관으로 삼으셨다. 사실상 히브리서 기자는 하나님께서 이 두 가지 방법을 통하여 인간에게 계속적으로 말씀해 오겠다고 밝혀준다.

옛적에 선지자들로 여러 부분과 여러 모양으로 우리 조상들에게 말씀하신 하나님이 이 모든 날 마지막에 아들로 우리에게 말씀하셨으니 이 아들을 만유의 후사로 세우시고 또 저로 말미암아 모든 세계를 지으셨느니라 이는 하나님의 영광의 광채시요 그 본체의 형상이시라 그의 능력의 말씀으로 만물을 붙드시며 죄를 정결케 하는 일을 하시고 높은 곳에 계신 위엄의 우편에 앉으셨느니라(히 1:1~3).

하나님이 인간과 가지시는 커뮤니케이션의 가장 분명하고 훌륭한 통로는 그의 아들을 통해 이루어지는 것이라고 인식되는 한편, 성경 자체는 종교적인 커뮤니케이션이다. 선지자들은 그들의 메시지를 극적으로 표현했다. 그들에게 하나님의 메시지는 중요하였으며 그들은 그것을 전달하기 위해 많은 방식들을 추구했다. 신약에 있어 바울의 서신들은 복음의 메시지를 전달하기 위해 널리 이용되었으며, 많은 신약성경이 이러한 사실을 보여 준다. 예수의 강림은 천사들의 노래와 영광스러운 별에 의해 예고되었다. “이같이 너희를 사람 앞에 비취게 하라”는 말씀을 비롯한 여러 가지 다른 말씀들이 있다. 예수께서는 “나를 본 자는 아버지를 보았거늘”(요 14:9)이라고 말씀하셨다. 성령은 진리의 계시자(Revealer)이며 전달자(Communicator)이시다(요 14:16, 17).

하나님은 인간을 하나님 자신과 인간 동료들과의 커뮤니케이션을 위해 창조하셨다. 인간은 하나님과 다른 사람들과의 친교와 커뮤니케이션 속에서 살아야 한다. 이처럼 창조 시에 인간은 다른 사람들의 사고를 전달받을 수 있음은 물론 자신의 사고를 전달할 수 있는 능력을 부여받았다. 사실상 언어를 사용하여 의사를 소통하는 능력은 하나님의 형상을 가진 인간이 다른 동물들과 구별되는 표징이다. 하나님은 그의 피조물들이 표현하는 사고(expressed thought)를 말씀하시고 받아들이시고 이해하시기 때문에, 인간은 이와 같은 특성들을 사용할 수 있다.

아담과 하와는 자연(Nature)의 책을 읽을 수 있었다. 그들은 자연에 실재적인 형상이 주어질 때 하나님의 생각들을 읽을 수 있었다. 죄의 실존이 하나님과 인간의 커뮤니케이션을 방해했으며, 이제 파괴적인 커뮤니케이션은 죄의 실존과 영향을 나타내는 하나의 흔적이다. 그것이 인간들 사이에 있어 불일치와 부조화의 이유를 설명한다. 인간이 죄를 범하여 하나님의 존전을 떠났을 때, 그의 생활의 다른 모든 국면들이 영향을 받았다. 예를 들면, 커뮤니케이션의 수단인 언어가 오해와 분열과 사기의 원천이 됨으로써 축복과 더불어 저주의 원천이 되었으며 하나의 저주거리가 되었다. 하나님은 진정한 커뮤니케이션을 회복하기 위해 구속하는 일이 필요함을 아셨다. 하나님께서 인간에 대하여 소원을 두시고 계획하시는 바 밀접한 인격적 교제의 회복, 즉 구속이 이루어져야 했다. 이 일에 있어 하나님이 솔선하셨다. 아담이 범죄한 후 그를 찾아오신 분은 바로 하나님이셨다. 하나님의 이스라엘에 대한 언약은 커뮤니케이션의 한 표현이었다. 그리고 하나님은 십자가로 인간들 가운데 교제와 조화를 회복시키려 하시는 위대성을 보여주셨다. 사실상, 커뮤니케이션은 개인이 성령에 의해 그 마음에 직접적인 감동을 받아 십자가가 마련되어 있다는 것을 체험하게 될 때 그 절정에 이른다. 커뮤니케이션은 사랑으로 특징 지워지는 교통과 교제의 친밀감에 의해 지속되어야 한다. 사랑은 참된 커뮤니케이션이 최대의 열매를 맺을 수 있는 수단이다.

"이스라엘아 들으라 우리 하나님 여호와는 오직 하나인 여호와시니 너는 마음을 다하고 성품을 다하고 힘을 다하여 네 하나님 여호와를 사랑하라. ……이웃 사랑하기를 네 몸과 같이 하라"(신 6:4, 5, 레 19:18).

그러므로 커뮤니케이션은 하나님의 뜻과 속성에 대한 표현이며, 인간에게 주어진 것으로 시간과 영원 속에서 인간 사이의 직접적이고 밀접한 교제를 유지하기 위해 사용되는 것이다. 따라서 기독교교육자가 이 위대한 개념의 본질과 개념의 요구 속에 포함되어 있는 실제(Practices)에 사려 깊게 주목해야 한다.

예수님은 커뮤니케이션의 특성에 두 가지가 있다는 점을 보여 주셨는데, 그것은 일방적 커뮤니케이션(Communication of)과 상호적 커뮤니케이션(Communication between)이다. "아버지께서 내 안에, 내가 아버지 안에 있는 것같이 저희도 다 하나가 되어 우리 안에 있게 하사 세상으로 아버지께서 나를 보내신 것을 믿게 하옵소서"(요 17:21). 오늘날 교회의 전체적인 프로그램은 하나의 커뮤니케이션이다. 복음 증거, 설교, 교육, 찬양, 기도, 집필 등은 복음을 인류에게 전달하기 위한 여러 가지 방편 중의 몇 가지인 것이다. 이와 같이 기독교 학교는 하나님과 인간 세상과의 가능한 한 가장 위대한 커뮤니케이션을 이룩하는 데 영향을 끼치는 일에 깨어 있어야 한다.

(2) 성경과 언어

성경에 있어서의 언어에 대한 개념은 말씀(the Word)에 대한 개념 속에 포함되어 있다. 하나님의 말씀은 기독교 언어관에 있어 중심이 된다. 먼저, 하나님은 그의 말씀을 통해 창조하셨다. "하나님이 가라사대"(창 1:3), "여호와의 말씀으로 하늘이 지음이 되었으며 그 만상(들)이 그 입 기운으로 이루었도다……저가 말씀하시매 이루었으며 명하시매 견고히 섰도다"(시 33:6, 9). "믿음으로 모든 세계가 하나님의 말씀으로 지어진 줄을 우리가 아나니 보이는 것은 나타난 것으로 된 것이 아니니라"(히 11:13). 또한 우리는 하나님께서 "그의 능력의 말씀으로 만물을 붙드시는"(히 1:3) 분임을 안다. 사도 요한은 우리에게 만물이 하나님의 말씀(하나님의 아들)으로 말미암아 지은 바 되었다고 말한다.

우리는 위의 사실에서 하나님이 자신과 인간 사이의 커뮤니케이션을 위한 수단으로 언어를 마련하셨다고 결론 내릴 수 있다. 하나님과 인간의 밀접한 교제는 본래 하나님께서 날이 서늘할 때에 아담과 하와에게 말씀하시고자 찾아오신 사건에서 예시되고 있다. 또한 깨어진 교제의 비극은 인간이 죄를 범한 이후 하나님께서 인간과 직접 교통하시는 것을 거절하시고 대신에 중재인들을 사용하신 점에서 잘 나타나 있다. 이 깨어진 교제와 또한 언어의 잘못된 사용에 대한 고전적인 실례는 인류의 바벨탑 사건의 경험이다(창 11장). 죄를 범하게 됨으로써 하나님과 인간 사이의 커뮤니케이션은 파괴되었고 다른 모든 것들도 그 영향을 입었다. 죄로 인한 저주로부터 언어를 해방시키는 일과 더불어 언어의 바른 사용과 참된 의미를 회복시키기 위해 구속이 필요하였다. 이것을 사도행전2장에서 잘 보여주고 있는데, 거기에서 우리는 오순절 날에 제자들 위에 부어진 성령의 충만한 능력과 성령께서 언어를 그 굴레에서 해방시켜 올바른 상태의 커뮤니케이션으로 회복시키시는 것을 보게 된다. 구속됨으로 인하여 언어는 "온 땅의 구음이 하나요 언어가 하나이었던"(창 11:1) 인간 초기와 같이 다시 한 번 보편적으로 잘 이해되었다는 사실을 여기에서 보게 된다.

바벨탑 이후로 인간은 보편적인 이해와 세계 언어를 위해 투쟁해 왔다. 그런데 이것은 죄의 문제가 해결되고, 인간들의 심령이 거듭나고 하나님과의 커뮤니케이션 통로가 회복되기까지는 다시 이루어질 수 없다. 오순절은 이 모든 것에 대한 해결의 열쇠(the secret)이다. 언어의 역할은 아담이 짐승들에게 이름을 붙여 준 내용이 기록되어 있는 창세기 2장에 잘 나타나 있다. 이것은 다만 지식의 출처로서 사용되는 커뮤니케이션을 의미할 뿐만 아니라 또한 인간이 언어의 사용을 통해 어떻게 실재(reality)를 정복하는가 하는 것을 보여준다. 그러므로 언어는 개인적인 능력과 유익을 얻는 위대한 원천이다.

언어는 또한 '일방적 커뮤니케이션'(communication of)일 뿐 아니라 '상호적 커뮤니케이션'(communication between)이기 때문에 사회적인 기능을 갖는다. 태초에 언어는 실제로 하나님과 인간 사이의 대화였다. 범죄한 이후로 언어는 축복하는 일과 더불어 관념들이나 사람들과 싸우는 일에 사용되어 왔다. 그러므로 그리스도인들은 언어의 사용과 더불어 언어의 오용에 대해 경계해야 할 필요가 있다. 더욱이 커뮤니케이션과 언어의 사용은 단어들에 의미를 부여하고 있는 관념(idea)들과 전제(presupposition)들에 대한 이해에 직접적으로 의존하고 있기 때문에 그 단어들이 무엇을 의미하고 있는가 하는 것에 조심스럽게 주목해야 할 필요가 있다. 오늘날, 교회는 말씀(the Word)을 전달해야 할 책임이 있다. "여호와께서 말씀하셨느니라" 교회의 모든 활동—복음전도, 설교, 교육, 증거 등—은 이러한 목적을 위해 노력을 기울여야 한다. 복음의 선포는 교회의 위대한 목적이다. 교육은 이러한 선포(proclamation)와 부합해야 한다. 교회에는 복음(the Gospel)이 있으며, 진정한 의미에 있어서 또한 복음 안에는 교회가 있다. 신약성경에서 복음은 메시지로서 선포될 뿐 아니라 신앙과 체험으로서도 선포되고 있다(요일 1:1~3). 오늘날도 그렇게 되어야 한다.

성경은 메시지를 전달하여야 하지만, 이것은 '언어적 표현'(verbalism)에 제한되거나 인간의 능력에 의존되는 것이 아니라 성령의 능력으로 선포되어야 한다는 것을 말하고 있다. 죄로 인하여 이러한 선포의 목적이 필연적으로 설득력을 가질 수 없게 되었다. 따라서 회심(conversion)과 성화(sanctification)가 일어나야만 한다. 인간의 굳은 마음들이 복음을 듣고 그로 인해 "모든 사람이 구원을 받으며 진리를 아는 데 이르기를 기뻐하시는"(딤전 2:4) 하나님과 그의 진리에 마음의 문을 열어야만 한다.

과학은 인간의 눈을 열 수 없는데, 그 이유는 인간들이 죄로 인하여 이 멀고 속박되었으며 종이 되었기 때문이다. 인간들은 복음의 언어와 생활을 통한 역동적인 커뮤니케이션으로 말미암아 이러한 속박으로부터 해방되어야 한다.

(3) 커뮤니케이션의 통합

하나님은 커뮤니케이션과 커뮤니케이션을 이룰 수 있는 수단들을 제정하신 분이시기 때문에, 이 연구 분야에 있어 통합이 이룩되는 모형(pattern)은 커뮤니케이션의 기술의 교육과정 부문을 구성하는 기술들과 교과 분야들은 기독교 커뮤니케이션관에 내재한 통합하는 능력의 수단과 연결되어 있다. 이러한 견해는 스스로 인간과 교통하시고자 하시며 하나님과 다른 사람들에 대하여 커뮤니케이션을 할 수 있는 능력을 가진 인간을 창조하신 하나님에게서 비롯된다. 기독교 커뮤니케이션관은 성경적인 학문들에 의해서 제공된 진리들로부터 추출해 낸 자료들로부터 개발되었기 때문에 우리는 이 점을 안다. 이러한 연구들은 통합이 가능토록 하는 진리의 원리들을 공급하고, 하나님이 커뮤니케이션에 대해 말씀하신 것에 대한 기록을 우리에게 제공해 준다. 읽기, 쓰기, 말하기, 듣기는 하나님의 섭리 가운데 인간에 의해 사용되는 기술들이다. 이것들은 커뮤니케이션이 이루어지게 하고, 특히 명백하게 하고, 밀접하게 관련되도록 하는, 신적으로 제공된 방편들이다. 사실상, 그 관계는 종종 매우 밀접해서 현저히 중복되고 있다. 사실 여기에서 생각해 보고 있는 커뮤니케이션의 과정들은 일반적으로 지적인 경향이 많다. 실제로, 그러한 과정들이 단순한 커뮤니케이션의 과정에 있어서 여러 국면들이다. 의미(meaning)는 상징(symbol)의 형태로 전달된다.

교과분야들의 여러 과목들은 커뮤니케이션에 대한 교육과정적인 시도(approach)임을 나타낸다. 독립된 과목들은 커뮤니케이션의 과정들 속에 포함된 내용과 기술들이 학생에게 제시되는 통로이다. 특히, 각 과목에 있어서는 읽거나 쓰거나 말하거나 듣는 것 중에서 어떤 것이 취급되며, 때로는 한 과목에서 이런 기술들 중에서 두 가지나 그 이상을 취급하기도 한다. 독특한 각 과목은 그 나름의 분명한 '주장'(thrust)이 있는 동시에 전 영역에 대한 진리의 그림(picture)을 완성하기 위해 다른 과목들이 깊이 의존할 수 있도록 다른 과목들과 충분하게 관련되어 있다. 이처럼 하나님은 특히 개별적인 과목들로서 이러한 교과들을 통해서 계시되고, 또한 일반적으로는 전체 영역을 통해서 계시된다. 읽고 쓰고 듣고 말하는 기술을 개발시킴으로써 학생은 커뮤니케이션의 세계에 있어 하나님의 '산 증인'(living witness)이 될 수 있다. 기술들은 다소 하나님의 속성과 행위를 계시하며 기독교적인 봉사로 결과를 맺어야 한다.

(4) 해 석

우리는 이 교육과정 영역 속의 교과 내용에서 계시되고 있는 하나님을 발견하기를 기대해야 한다. 다른 진리 영역들 중의 어떤 부분에서는 하나님의 존재가 계시되는 데 반하여 커뮤니케이션의 영역에서는 커뮤니케이션에 있어서의 하나님의 행위들이 드러난다. 하나님은 커뮤니케이션이 이루어지도록 역사하시며, 능률적이고 효과적으로 이 일을 행하신다. 하나님이 우리에게 보여주신 모형은 우리의 모방(emulation)을 위한 기준이 된다. 효과적으로 의사를 전달하는 학습으로 인하여 인간은 하나님의 성품과 행동에 대해 더욱 분명하게 알 수 있게 된다. 기독교 교사는 이미 고려해 본 다른 분야들에 있어서와 마찬가지로 사고와 연구와 제시의 귀납적인 원리들을 사용하여, 이 분야의 진리를 다루어야 할 것이다. 이리하여 그는 사실들에서부터 기독교적인 생활과 기독교적인 봉사에 진리를 적용하기 위한 원리들을 마련하게 될 것이다.

Ⅲ. 현대교육철학의 교육 사조

1. 실존주의(Existentialism)

1) 교육사적 배경

실존주의(Existentialism)는 인간의 존엄성과 주체성을 빼앗고 인간을 평균화, 도구화하려는 소외 상황과 대결하여 인간의 주체적 독자성을 개인이 지니고 있는 내면의 자유로운 결단에서 확보하려는 사상이다. 근대 시민사회가 모순을 노정하기 시작한 19세기 중엽 이후의 대중사회적 상황 속에서 고독한 예외자로의 입장을 관철한 덴마크의 키르케고르(Soren Aabye Kierkegaard, 1813~1855)의 사상 속에서 실존주의의 원류를 찾아 볼 수 있으며, 지성과 신앙의 괴리를 괴로워하는 근대 지식인의 고뇌를 그린 러시아의 대문호 도스토예프스키(Feodo, Dostoevski, 1821~1881)의 작품 속에서도, 주체성의 회복을 통해 절망을 극복하려는 실존주의 사상을 발견할 수 있다.

그러나 실존주의가 하나의 독자적인 철학사조로 등장한 것은 제1차 세계대전에서 패전한 독일에서의 심각한 사회적 위기감 때문이었다. 이런 체험의 철학적 반성이라고 볼 수 있는 야스퍼스(Karl Jaspers, 1883~1969)의 「세계관의 심리학」이나, 하이데거(Martin Heidegger, 1889~1976)의 「존재와 시간」은 실존주의의 탄생을 알리는 기념비적인 저작이 되었다. 패전국 독일의 경우와 마찬가지로 사회적 불안이 세계 각국을 엄습하였고 많은 사람들이 소외감의 포로가 됨에 따라, 인간 주체성의 회복을 주제로 삼는 실존주의는 프랑스, 이탈리아를 비롯하여 세계 각국으로 널리 퍼져 나갔다. 1, 2차 세계대전을 통해 경험한 잔혹한 살육, 비참하고 황폐한 삶, 인류 절멸병기의 출현, 내일이 없는 인생에 대한 공포, 대중사회에 널리 퍼진 획일화·평균화 등이 일상생활을 뒤덮는 보편적인 사실이 되자, 실존주의는 널리 주목받는 철학사조가 되었고 교육사상에도 많은 영향을 미치게 되었다.

실존주의는 그 이름이 표현한 대로 존재, 특히 인간존재에 관한 철학이다. 전통 철학들이 객관적 견지에서 대우주의 질서를 찾아보려는 철학이라고 한다면, 실존주의는 주관적 입장에서 인간 자신을 스스로 살펴보려는 철학이라고 할 수 있다. 그러므로 실존주의는 우리 인간과 멀리 떨어져 있으며, 또한 직접 관련이 적은 외적 세계에 관심을 가지는 것이 아니라, 인간 자신의 문제, 우리와 절실한 관계에 얽혀 있는 삶의 문제에 보다 더 큰 관심을 가지고 있다. 이런 관심은 당연히 교육에 지대한 영향을 미치지 않을 수 없다. 실존주의에 따르면 객관적 실재보다 더욱 중요한 것은 그것이 나에게 관련을 맺을 때의 의미이며, 기존의 여러 규범보다 더욱 중요한 것은 자기 스스로가 규범을 선택하거나 만들어 가는 인격적 결단이다. 따라서 실존주의의 주요 관심사는 ① 개체성, ② 지식뿐만 아니라 감정이나 의지까지 포함하는 체험의 세계, ③ 존재의 불합리성, ④ 선택의 자유와 결단, ⑤ 인간이 회피할 수 없는 불안, 죽음, 우울, ⑥ 공감적 참여의 문제 등이다.

이런 실존주의는 합리주의의 허구성, 실증주의의 비인간화, 정치체제의 비윤리성에 반기를 들고 등장한 것이다. 특히 그것은 1, 2차 세계대전 이후에 체험된 절망적 허무주의, 그리고 그것을 극복하려고 하는 행동적 참여주의와도 맥을 같이하고 있다. 교육과의 관련에서 실존주의는 연구의 대상을 개성적 인간, 현존적 인간으로 삼고 있기 때문에, 교육의 체제화, 비인간화 현상에 도전하는 하나의 새로운 교육철학의 성립에 이바지하고 있다.

그렇지만, 실존주의는 실존 그 자체가 논리성과 추상성을 거부하기 때문에 논리와 추상을 생명으로 하는 학문적 체계화를 거부한다. 그러므로 실존주의의 철학체계가 존재하지 못하듯이 실존주의 교육학체계도 엄밀한 의미에서는 존재할 수 없을 것이다. 다만 실존주의의 발상이 어떻게 교육에 적용될 수 있는가를 고찰해 볼 필요가 있다. 그러면, ‘실존’이라는 개념이 뜻하는 바를 먼저 살펴본다.

첫째, 실존은 이념적 본질 밖으로 나와 있는 현실적 존재를 의미한다. 현실적 존재에도 여러 가지가 있을 수 있지만, ‘지금, 여기에, 이렇게 있다’는 것이 결정적인 중요성을 가지는 현실적 존재는 다른 무엇으로도 대체될 수 없는 독자적인 존재이며 '지금, 여기'를 사는 '자기 자신'이라고 볼 수 있다.

둘째, 실존은 인간으로서의 진실한 존재방식을 현실의 존재방식을 통해 실현해 나가는 자각적 존재로서의 자기 자신을 의미한다. 무자각적 존재는 모두 이미 지정되어 있는 본질에 따라서 그 현실의 존재방식이 결정되는 데 비해, 자각적 존재로서의 인간은 '실존이 본질에 선행하므로' 현재의 자기 존재방식에 의해 인간을 인간답게 하는 개성을 시시각각으로 형성해 나가는 것이다. 따라서 실존이 본질을 결정하고, 실존하는 것을 본질로 하는 자각적인 자기가 진실한 실존이라는 말이다.

따라서 자기의 결단으로 선택하는 것을 근원적 진리라고 주장하는 실존주의는 추상적 관념이나 제도 또는 대중문화의 노예가 되어 개성이나 주체성을 상실해 가고 있는 인간들에게 강력하게 경고하고 있다. 실존주의는 모든 도그마와 절대화의 경향에 반대하고 인간 실존의 진실을 최우선적인 것으로 인정함으로써 현대 인간주의 철학의 선두에 나서고 있다. 그리고 실존주의는 특정한 주의 주장이나 중우적인 당파성에 의존해서 안이한 생활을 즐기려고 하는 자에 대해서도 자유에 바탕을 둔 선택의 필요성과 책임감을 각성시키는 부단한 문제 제기자로서 커다란 의의를 지니고 있다.

2) 실존주의의 인간이해

인간의 내면 속에서 마지막이 되는 핵심은 내용적으로 지시할 수 있는 모든 것을 초월해 있다. 그러므로 이것은 내용적으로 규정할 수 있는 모든 것에 대하여 이탈할 때에 비로소 접근될 수 있다. 바로 이런 핵심을 실존(existence)이라고 부른다. 개인적인 실존은 실체(reality)에 대한 실존주의의 초점이다. 실존주의의 시조인 키르케고르는 실존의 개념을 사람의 있음을 뜻하는 한정적인 의미로 사용하였다. 그는 본질에 대한 실존의 우위를 주장하고 그것을 인간의 특유한 존재방식으로 이해하였다.

실존주의는 인간을 결정되는 존재로 보지 않는다. 인간은 자신의 선택과 행위에 책임을 져야 하기 때문에, 자유롭게 운명지어졌다. 따라서 개인으로서의 인간은 자신의 고유한 경험을 가지며, 책임 있는 결정을 내려야 한다. 실존주의는 인간 존재를 소재적인 것으로 환원시키는 실증주의와 대항하며, 또한 사유에 대한 존재의 우위성을 주장함으로써 관념론과 대결하고 있다. 과학이 인간에게 괄목할 만한, 그리고 굉장히 놀라운 것을 보여준 것은 사실이다. 그러나 그보다 더욱 분명한 것은 전인으로서의 인간은 결코 과학적 탐구의 대상이 될 수 없다는 것이다. 그러기에 실존주의는 삶의 과정에서 분리된 어떠한 철학적 사고도 비난한다. 실존주의적 인간은 실제 적으로 행동하고, 살아가며, 노력하는 인간이기 때문에, 그의 사고는 자신의 삶 속에 깊이 뿌리박혀 있다는 것이다.

실존주의의 인간관은 종래의 휴머니즘처럼 그렇게 낙관적이지 못하다. 권태, 우울, 불안, 그리고 절망 등을 통해서 체험되는 것이 인간의 실존이기 때문이다. 그런데 실존주의적 인간은 모험적 존재이다. 아무런 무장과 방비가 없다는 점에서 불안전할 뿐 아니라, 인간에 대한 세계가 아주 낯설다는 새로운 성격을 가지고 인간에게 대항하고 있다는 점에서도 인간은 불안전하다. 흔히 사람들은 불안을 인간의 외부에만 관계하는 막연한 것으로 생각하였고, 또한 인간의 인격이 미숙할 때에 빠지게 되는 약점이라고 생각하였다. 그래서 이런 약점을 교육이나 수양을 통해서 극복하는 것이 필요하다고 생각하였다. 그러나 실존주의에 있어서 불안은 인간의 가장 근본적인 의미에서 본래적인 실존이 되는 데 없어서는 안 될 조건으로 간주한다. 불안은 인간을 세계로부터 그리고 대중적인 해석으로부터 이해하는 가능성을 빼앗아 버린다는 것이다. 그래서 불안은 현존재를 그가 불안스러워 하는 근거로서 자기 본래적인 세계 내의 존재 가능으로 던져 보낸다. 이처럼 불행한 의식과 그것의 본래적인 자기 분열성이 인류의 발전과정에서 피할 수 없는 한 국면이라면 그것은 지나쳐 버릴 수 없는 삶의 실존적 상황일 것이다. 여기에 인간행위의 본래성과 중요성의 철저한 이해가 놓여 있다.

실존주의는 인간의 삶 속에 주어져 있는 움직일 수 없는 명백한 사실들을 분명하게 들여다봄으로써 인간의 삶의 본래적인 모습을 되찾게 하며, 어떤 의미 있는 분주함 속으로 회피할 가능성을 막아버리고자 한다. 그러므로 인간은 자기의 삶의 한계와 유한성을 절실히 느끼게 되는 것이다. 그 한계는 외부에 가로놓여 있는 것도 아니요, 외부로부터 인간을 속박하는 것도 아니다. 그것은 인간을 그의 가장 내면적인 본질의 면에서 규정하는 어떤 무엇이다. 한계상황은 인간이 그 속에서 자기 현존재의 한계에 인도되는 상황이다. 그러므로 인간의 유한성은 한계상황 속에서 가장 날카로운 형식으로 경험된다. 한계상황들은 어떤 조화적이며 완결된 세계상에 만족하려는 인간의 현존재로 하여금 자기의 상실을 깨닫게 함으로써 자기 존재의 완전한 긴장감으로 떠밀어 주는 것이다.

또한 실존은 다른 실존과의 근본적인 마주침 이외에는 실현될 수 없다. 군중과 동일시되는 인간은 그의 개성이 압도되어 버리지만, 만약 실존적 공동체와 연합한다면, 그의 개성은 결코 잃어버리지 않을 것이다. 이런 공동체 내에서 이루어지는 교제는 정당한 의미에서 집단사회라고 불리는 관계로서 가능한 것이 아니며, 아울러 강요에 의한 것이 아닌 인간에게 선물로 주어진 매우 드문 순간에 제한되어 있다는 특성을 가지고 있다. 실존적 교제는 자연이나 역사를 통하여 이루어진 계속되는 집단사회 형식과는 엄밀하게 구별된다. 실존적 공동체는 자유로 받아들인, 그리고 언제나 다시 변경될 조건에 충실하는 데서 가능해지는 이른바 열린 공동체라는 말이다. 그러므로 실존적 공동체는 실존 자신처럼 그것이 각 순간에 새롭게 최선을 다하여 획득될 때에만 성립될 수 있다. 진정한 공동체는 상호 책임의 달성에서 실현될 수 있을 뿐이다. 이런 이유로 부버(Martin Buber)는 군중을 공동체와 대립되는 것으로 파악하였다. 공동체는 서로 존경하고 형제와 같이 되려고 노력하는 데 반하여, 군중은 인간을 객체로 취급한다는 것이다. 그러므로 그는 "집단이 인격의 체계적인 상실 위에서 존립하는 데 반해, 공동체는 친교가 넘쳐흐르는 데에서만 가능하다. 공동체는 인간들 사이의 통일성이라는 목적이 추구되면서도 인격의 고양 위에 존립한다"라고 하였다. 따라서 모든 사람들이 동등하게 절대자와 연합할 수 있는 특권을 지닌 경건한 공동체를 형성할 수 있다는 것이다.

3) 실존주의 교육론

실존주의에 의하면, 훌륭한 교육은 "나는 누구인가?", "나는 어디로 가고 있는가?", "나는 왜 여기 있는가?" 등의 의문을 가지도록 격려하는 것이다. 이런 물음을 통해서 인간은 합리적이고 비정서적인 존재라기보다는 불합리하고 정서적인 존재임을 인식할 수 있다는 것이다. 실존주의는 산업사회에서 인간의 중요성과 그 의미를 새롭게 부각시킴으로써, 인간의 개성을 빼앗아 가버리는 문명사회에 도전하고 있다. 이성을 중시하는 기술문명이 발달하면서 인간의 활동이 주체성을 상실한 채 기술화되고, 근본적으로 인간의 본래성을 잃어버렸다는 것이 실존주의의 주장이다. "어떻게 하면 우리는 기술을 자기 목적적인 것에서 다시 목적달성을 위한 수단으로 활용할 수 있을까? 어떻게 하면 우리는 기술을 정신적 가치에 종속시킬 수 있는가? 어떻게 하면 우리는 기계의 노예가 되지 않고 기계를 지배할 수 있는가?"라고 실존주의는 묻는다.

많은 교육사상가들은 지금까지 인간을 합리적인 세계 속에 살아가는 이성적 존재임을 강조해 왔다. 인간이 자기 자신과 세계에 대해 인식할 수 있는 것은 이성과 관찰에 의한 날카로운 지식의 힘 덕분이라고 보았다. 특별히 계몽주의시대 이후부터 인간은 그들의 지식과 힘을 충분히 발전시켜 나갈 수 있다는 강한 신념을 가지고 있었다. 그러나 이런 합리성과 함께 인간은 전쟁과 잔인성 그리고 부조리함 등 인간소외 현상을 통해 많은 상처를 받아왔다. 이런 이유로 실존주의는 인간의 속악성과 불합리성에 주목하여 인간본성에 대한 새로운 시각으로서 죽음과 용기 그리고 이성에 대하여 새롭게 고찰하기 시작하였다. 이에 실존주의는 인간과 세계에 대한 이해는 실존적 현실을 무시한 어떠한 지적인 공식이나 명제화된 원리처럼 외부에서 주어지는 것이 아닌 인간 자체 안에서 시작되어야 하는 것이라고 본다. 그것은 진리가 명제의 특성이 아닌 인간의 특성이며, 진리를 참되게 실존하는 것 자체로 보기 때문이다. 따라서 실존주의는 인간의 주체성과 역설, 불안 등에 주목한다. 그리고 훌륭한 교육일수록 인간의 적나라한 모습에 초점을 맞추는 것이라고 본다. 따라서 어떤 교육도 그것은 먼저 인간이해가 선행되어야 한다. 인간을 가르치는 교육은 삶의 훌륭한 모습뿐만 아니라, 그릇되고 추악한 면도 깊이 살펴보아야 한다. 훌륭한 교육은 이성의 사용으로 이루어지는 선과 악의 판단뿐만 아니라 인간의 불안, 공포, 좌절, 그리고 희망을 볼 수 있게 도와주는 것이다. 따라서 실존주의는 교육의 사태에 있어서, 실존적 현실과 모순되는 낙관적 세계관에 입각한 교육의 대전제를 점검하고 실존에 알맞은 교육관을 모색해야 할 필요성을 느끼게 된 것이다. 그러나 실존이라는 인간존재의 핵심은 모든 지속적인 형성을 거부해 버린다는 점에서 문제가 있다. 실존은 순간적으로 실현되었다가 또 한순간에 소멸하는 성격을 가지고 있기 때문이다. 그러므로 실존주의 교육은 인간의 일정한 지속적 형성 가능성에 근거를 둔 교육사상 일반을 의심한다. 그것은 볼노오(Otto F. Bollnow)의 계몽주의 교육사조와 낭만주의 교육사조에 대한 비판에서 찾아볼 수 있다.

전자는 공장적 교육관으로서, 장인이 자신의 계획에 따라 적당한 재료를 사용하여 무엇을 만들듯이, 교육자가 자신의 생각에 따라 그에게 맡겨진 인간을 일정한 모양으로 만든다는 것이다. 여기서 교육은 제조하거나 지도하는 것 이외에는 아무것도 아니다. 이런 교육의 극단적인 형태로는 군중을 사로잡는 데 필요한 선전기술로 전락하는 것이나, 인간의 개성과 창의력을 박탈하여 산업기술사회와 현대 관료주의의 부속품으로 전락시켜 버리는 교육방식을 예로 들 수 있다. 후자는 유기적 교육관으로 지칭되는데, 인간은 임의로 주물러지는 소재가 아니며 그가 지니는 고유한 내재적 법칙에 따라 자기 자신 속에 깃들어 있는 목표를 지향하는 존재라는 사고에 기초하고 있다. 하지만 그것은 교육을 동·식물의 사육에서 볼 수 있듯이 자연적 성장과정의 소극적 보호작용으로 봄으로써 부조리한 현실을 무시하고 인간의 내면성만을 강조하는 것이라고 비판해 볼 수 있다.

　반면에 실존주의 교육관은 그 자체가 자기 목적을 가진다. 그것은 단독자로서의 인간이 국가나 사회의 목적을 위해 이용되는 것을 거부한다. 단독자가 사회에 관심을 갖는 경우는 본래적 공동체로서의 사회에 국한된다. 실존주의 교육은 단독자의 근원에 귀를 기울이고 자기 존재를 각성하도록 호소하고 자기 존재의 근원인 자유를 신앙하도록 하는 교육이다. 그러므로 학생들이 자신의 고유한 입장 위에서 매 순간마다 결단을 내릴 것을 요청한다. 왜냐하면, 학생들은 하나의 인격으로서, 자신의 삶의 방식을 선택해야 하는 존재이며 자기 삶의 목표를 자유롭게 가질 수 있는 자유로운 존재일 뿐만 아니라 자기의 삶의 선택에 전적으로 책임지는 존재이기 때문이다. 실존주의의 입장에서 볼 때, 교육이란 인간의 영혼과 영혼이 부딪히며 개성적인 삶으로 영향을 미칠 때 결과적으로 이루어지는 인간의 영적, 비약적인 변화 그 자체를 말한다. 따라서 교육은 이제 형이상학적 이론이나 교육의 기술에만 중점을 두었던 추세에서 한 걸음 더 나아가, 교육 현상을 포괄적이고 본질적인 차원에서 다루기 위해 인간 성장의 내면에서 작용하는 여러 현상에 대해 관심을 기울여야 한다. 그러므로 실존주의 교육에서는 삶의 지속적인 진행과 함께 시시각각으로 삶을 특수한 방식으로 단절시키는 그런 상태에 근거한 실존 모형을 드러내고 있다. 인간의 삶의 과정에는 다양하고 의미심장한 위기 현상들이 필연적으로 존재하게 되며 인간은 이런 위기라는 삶의 단속적 분기점을 통하여 정상적인 삶의 과정에 돌발적이고 맹렬한 착란을 경험하게 된다. 위기는 인간의 삶을 파국으로 몰고 가는 불행스러운 돌발사건이 되기도 하지만, 생을 정화시켜 주는 성장의 촉진제로서 비약적 전환의 새로운 삶을 지향하게 하는 하나의 의미심장한 계기이기도 하다. 볼노오는 위기라는 현상이 인간의 삶의 과정 속에서 우연적이고 결함적인 것이 아니라는 기본 전제에 근거하여, 삶 속에서 학생이 당면하게 되는 위기가 유의미하고 필연적인 교육적 의의를 지녔다는 것을 해명하고 있다. 이에 볼노오는 이런 위기 개념을, 단속적 교육이론을 정립하기 위하여 인간 실존의 교육학적 범주인 각성, 충고, 상담, 만남, 모험과 좌절 등과 함께 그 교육적 의의를 논하였다(주영흠, 서양교육사상사, 양서원, 2001: 제9장).

2. 프래그머티즘(Pragmatism)

1) 교육사적 배경

프래그머티즘(pragmatism)은 19세기 후반에서 20세기에 걸쳐 미국에서 발생하고 성장한 미국의 독자적인 사상이다. 식민지시대 이래 19세기 후반에 이르기까지 미국의 사상계는 주로 독일 관념론에 의해서 지배되어 왔다. 그러나 남북전쟁 이후 급속한 발전을 이룩한 미국의 자본주의는 정치나 경제뿐만 아니라 사상 면에서도 유럽으로부터 벗어나 미국의 독자성을 확립하게 하였다.

프래그머티즘의 발생 동기는 자본주의의 근대 과학적 사고방식과 미국의 전통적 청교도 정신과의 조화를 꾀하려는 일군의 학자들(met a physical club)에게 귀착된다. 그들 가운데는 철학자를 비롯해서 자연과학, 법학, 역사학, 신학, 심리학 등 여러 전문분야의 인사들이 있었다. 그러므로 프래그머티즘은 어떤 개인의 노력이나 재능에 의해서 이루어졌다기보다는 당시의 미국적 현실의 결과였다고 볼 수 있다. 그렇지만 프래그머티즘이라고 해서 유럽의 전통적 사상과 아무런 관련이 없는 것은 아니다. 도리어 그것은 유럽의 새로운 경험론이나 과학주의의 흐름에 따르면서도 그것에 머무름이 없이 종래의 추상적·관념적인 철학상의 여러 논쟁을 지양하려고 하는 데에 독자적인 성격이 있는 것이다.

프래그머티즘이라는 용어는 그리스어의 행위나 활동을 의미하는 프라그마(pragma)에서 유래된 것이다. 퍼어스(Charles Sanders Pelrce 1839~1914)는 이 용어를 실천이성의 명령을 프락티슈(praktisch)와 프라그마티슈(pragmatisch)로 나누어 전자를 선험적 또는 정언적 의미로, 후자를 경험적 또는 가언적 의미로 사용한 칸트의 용법에 따라 채용하였다. 퍼어스의 이론은 '의미의 이론'이라고 불리고 있는데, 그에 따르면 사물에 관한 명확한 관념은 필연적으로 실제상의 결과나 가능성을 갖는 것이기 때문에 우리의 관념을 명석하게 하기 위해서는 그 관념의 실제적 결과나 가능성을 고찰하면 된다고 하였다.

프래그머티즘은 듀이(John Dewey, 1859~1952)에 의해 행동적 요소가 더욱 강조되었고 개인적 관심에서 사회적 관심으로 발전되어 나갔다. 듀이의 철학은 보통 도구주의(instrumentalism) 또는 실험주의(Experimentalism)라고 불리고 있다. 인간의 모든 관념이나 사상은 현실생활에서 일어나는 문제해결을 위한 도구에 지나지 않는다고 보는 것이다. 인간은 유기체의 일종인 까닭에 환경과의 상호작용 없이는 살아갈 수가 없는 것이다. 경험이란, 곧 이런 상호작용에 지나지 않으며 우리의 경험에 순탄하지 못할 때 그것을 타개하기 위한 기능이 다름 아닌 사고 작용인 것이다.

생활 경험의 한 가지 기능으로 발달하여 장래를 예상할 수 있는 지성을 특히 창조적 지성(Creative intelligence)이라고 부른다. 그것은 인간이 장래에 더 잘살기 위한 불가결의 방법이며 도구에 지나지 않는 것이다. 듀이가 보는 탐구란, 주체와 환경과의 습관화된 균형 상태가 깨어져서 양자의 관계가 불안정해졌을 때, 주체가 그 상황에서 벗어나 안정을 회복하기 위해 상황을 분석, 판단, 작용, 조작하여 새로운 안정 상태에 도달하는 의식과 행동의 과정이다. 물론 그것은 문제해결을 위해 노력하는 과정이다. 탐구에는 상식적 탐구와 과학적 탐구가 있는데, 본질적으로 양자 모두 동일한 과정, 구조, 기능을 갖는다. 탐구는 다음과 같은 순서로 이루어진다.

① 불안정한 상황: 예컨대, 수차시험이 시작되려고 하는 상황처럼 탐구가 시작되는 단계이다.
② 문제의 인식: 문제를 읽고 요구되는 과제가 무엇인가를 인식하는 단계로서 문제의 의미를 확인하는 단계이다.
③ 가설 설정: 주어진 문제를 해결하기 위해 착상하는 단계로서 몇 가지 아이디어를 내보는 단계이다.
④ 추론 하나의 아이디어에 기초해서 여러 가지 해결방안을 모색해 보고 궁리해 보는 단계이다.
⑤ 실험 추론을 통해 실제로 적용해 보는 단계이다.
⑥ 안정 상황: 추론대로 증명을 완료하고 안심하는 단계이다. 물론 추론대로 일이 진행되지 않을 경우에는 가설을 다시 세우고 재출발하지 않으면 안 된다.

물론 이런 탐구과정에서 안정 상황에 도달했다고 하더라도, 결코 그것이 탐구의 종료를 의미하는 것은 아니다. 인생은 무한한 탐구의 연속이며, 보다 높은 개연성만이 탐구의 결과로서 기대될 뿐이다. 이런 주장은 퍼스, 제임스, 듀이 모두에게 일관되어 있다. 듀이는 철학의 이론적 타당성은 실천적인 교육의 장에서 검증되지 않으면 안 된다고 생각하고 시카고 대학 교수 시절에 부속학교를 창설하였다. 「민주주의와 교육」(Democracy and Education, 1916)은 부속학교에서의 실험을 토대로 컬럼비아대학의 새로운 철학적 분위기 속에서 쓴, 그의 교육철학의 결정판이다.

듀이에 따르면, 일반적으로 인간을 포함해서 생명 있는 유기체가 살아간다는 것은 그 유기체가 자기를 둘러싸고 있는 자연·사회·문화적 환경에 대해 작용하는 행위를 통하 여 자기를 끊임없이 새롭게 개조해 가는 과정에 지나지 않는다. 이런 인간의 자기개조 에는 풍습, 신앙, 이상, 행복감 등의 갱신이 포함된다. 인간은 자기개조에 의해서 자신 의 사회적 경험을 지속시키고 이를 새로운 세대에 전달한다. 교육은 이런 지속과 전달 을 위해 사회에 본래 갖추어져 있는 사회 고유의 기능인 것이다. 이런 기능을 가진 교 육의 목적은 민주사회의 실현에 있다. 민주주의는 모든 성원이 평등한 조건 아래에서 사회의 행복 실현에 참가할 수 있고, 또한 다른 사회에 대해 폐쇄되지 않고 서로 배움 으로써 자기 사회의 여러 제도를 개선할 수 있는 사회에서 비로소 가능하다. 그러므로 듀이는 교육은 스스로 민주사회를 지향하고 있으며, 교육 이외의 어떤 외적 권위에도 굴복하지 않는 것이라고 하였다.

2) 프래그머티즘의 인간이해

듀이는 자연과의 유기적 관련성을 규명함으로써 과학의 성과가 인간적 가치에 장애 가 되기보다는 오히려 최선의 수단임을 보이고자 하였다. 그의 입장에 따르면, 과학과 과학적 방법은 훌륭한 삶을 위해 적대적이기보다는 본질적인 것으로 본다. 따라서 듀이 는 기존의 도덕관을 비판하면서 그것은 오늘날과 같은 과학이 생겨나기 이전 시대에 형 성된 전과학적인 것이라고 지적하였다. 그는 현대사회의 과학적·정치적 변화를 수용하 는 새로운 도덕질서를 세우는 것이 대단히 중요한 과제라고 보았다. 그러므로 듀이는 인습적 도덕이 인간성에 대한 이해의 결핍에서 비롯된 인간정의 멸시에 그 토대를 두고 있다고 비판하면서, 인간성의 올바른 이해에 근거한 새로운 적극적인 도덕관을 모색하 였다 그는 인간성이라는 사실을 다루는 과학과 분리해서 도덕을 논한다면 그것은 비현 실적인 이론이 될 수밖에 없다고 지적하면서, 도덕의 문제는 사실에 대한 끊임없는 연 구와 함께 이루어져야만 해결될 수 있다고 하였다. 도덕의 문제를 살피면서 여러 학문 분야의 유기적인 연구와 적용을 떠나서 단지 양심과 인간적 감정만으로 해결될 수 있다는 생각 때문에, 세상에는 얼마나 많은 노예 상태가 야기되었는지 이루 말할 수 없다고 하였다.

듀이는 인습적 도덕이 지니고 있는 폐단을 네 가지로 정리하여 비판하고 있다.

① '하지 말라'는 금지명령으로 가득 차 있다.

② 인습적 도덕을 하나의 속임수로 간주하고, 어리석은 자나 도덕에 얽매일 뿐 슬기로운 자는 결코 도덕에 얽매이지 않는다고 생각하는 교활한 인간을 낳게 된다.

③ 인간성에서 유리된 인습적 도덕에 대한 반동으로서 인간의 개성이나 자연적 충동을 찬양하는 낭만주의자들이 양산될 수 있다.

④ 도덕은 현실을 초월해야 한다는 도덕적 이상주의자를 낳게 된다. 그것은 자기 영혼만의 결백함을 바라는 정신적 이기주의자를 양산하기 십상이다.

그러므로 듀이는 인간성을 무시하지 않은 올바른 인간이해에 기초를 둔 도덕은 인간에 대한 여러 가지 사실은 물론이요, 인간 이외의 여러 자연적 사실과도 밀접한 관계가 있음을 깨닫고, 윤리학 연구를 물리학이나 생리학 등 여러 자연과학과 연결시키려고 하였다. 또한 인간의 성품과 행위는 타인과 밀접하게 연결되어 있으므로 윤리학은 역사학, 사회학, 정치학, 경제학 등 여러 사회과학과도 제휴해야 한다고 주장하였다. 그러면 듀이가 보는 인간성(human nature)은 어떤 것인가? 그는 인간을 생물학적 유기체로 파악하고는 인간성을 습관(habit)과 충동(impulse), 그리고 지성(intelligence)이라는 세 가지 요소로 구성되어 있다고 보았다. 인간성을 구성하고 있는 세 가지 요소를 통해 관련된 도덕적 의의를 살펴본다.

첫째는 습관이다. 현실적으로 존재하는 인간의 행위는 습관을 전제하지 않을 수 없다. 듀이는 습관을 사람들이 마땅히 청산해야 할 '버릇'처럼 부정적인 것으로 보지 않았다. 인간의 습관은 인간과 환경이 가지는 여러 가지 조건과 함수관계에 있다. 그것 자체의 좋고 나쁨보다는 그것이 어떻게 작용하느냐에 따라서 결과가 달라진다. 습관은 호흡이나 소화 작용처럼 생리적 기능과 흡사한 면이 있다. 마치 호흡이 허파와 공기와의 상호작용에 의해, 소화가 위 조직과 음식물과의 상호작용에 의해서 이루어지듯이 인간의 습관도 유기체로서의 인간과 환경과의 상호작용에 의해서 형성되는 것이다.

그러므로 개인이 가지는 여러 가지 품성은 결코 한 개인의 사유물이 아니다. 개인이 가지는 정직, 용기, 근면과 같은 덕성과 악의, 방종, 무책임과 같은 악덕은 개인과 환경과의 상호작용에 의해 형성되기 때문이다. 모든 개인 행위는, 심지어 방임과 같은 행위까지도, 사회와 연루되어 있기 때문에 행위가 사회적이어야 한다는 것은 결코 윤리적 당위가 아니다. 행위는 좋든 싫든 간에 본질적으로 사회적인 성격을 지니고 있는 것이다. 따라서 습관은 사회적 습관인 관습(custom)과 밀접한 관계에 놓여 있다. 습관을 개인의 내부에 있는 사회적 관습이라고 할 수 있다. 듀이에 따르면, 습관은 유기체와 환경, 개인과 사회, 과거와 미래의 매개적 계기로서 창조적 성격을 지니고 있다. 습관은 인간으로 하여금 무엇을 하게 하는 힘과 같은 것이며, 이러한 습관이 자아를 구성한다는 것이다. 그러므로 습관은 의지라고 할 수 있다. 그렇다면 습관은 단순히 과거를 반복하는 행위가 아니라, 미래를 향하여 투사하는 힘이며 능동적인 활동이라고 볼 수 있다. 이처럼 습관이 가지는 적극적인 의의를 설정하는 것은 도덕형성에 있어서 대단히 중요한 일이다. 종래의 윤리 도덕이 습관이나 관습을 부정함으로써 성립된다고 생각하였다. 그러나 듀이는 습관이 윤리 도덕과 대립되는 것이라고 보지 않는다.

둘째는 충동이다. 인간을 단순히 생리학적·심리학적인 견지에서 바라 볼 때 가장 근원적인 심적 능력은 충동이라고 할 수 있다. 충동은 생리적 욕구와 같은 것이어서 강렬한 에너지를 가지지만, 그 자체로서는 맹목적이기 때문에 인간의 행위를 이끌어 가는 데 어떤 적극적 가치가 있다고 할 수 없을지 모른다. 그러나 충동은 자신이 가진 에너지에 의해 기성적인 것, 정체적인 것, 고정적인 것을 움직이는 동력이 될 수 있다. 듀이는 이런 충동의 연계성 및 충동이 인간의 행위를 이끌어 가는 데 작용하는 역할에 대해 다음과 같이 말하고 있다. 충동은 활동의 제 조직에 방향을 부여하는 구축이며 낡은 습관에 새로운 방향을 부여하여 그것의 성질을 변화시키는 방향 변경의 작인이다. 물론 인간은 습관의 창조물이지 이성이나 본능의 창조물은 아니다. 그리고 일단 형성된 습관은 철두철미 선천적으로 간직한 활동에 따라 행동함으로써 자신을 영속화하려는 경향성을 가지고 있다. 습관은 조직화된 활동력이기 때문에 그것은 시간의 경과에 따라 굳어지기 쉽다. 그런 습관을 움직여서 새로운 방향을 제시하고 변화와 재구성을 위한 자극을 주는 것은 바로 충동이다.

듀이에 따르면, 이런 충동은 다음과 같은 두 가지 도덕적 의의를 지니고 있다. ① 습관은 충동에 의해 가변적이라고 볼 때, 인간성 역시 가변적인 것으로 보아야 한다. ② 새로운 습관의 형성에 있어서 낡은 습관을 전혀 새로운 조건하에서도 적절한 유용성을 가질 수 있도록 고치는 일에 충동과 본능이 이용되는 것이다. 그러므로 충동은 습관을 변화시키는 일에 있어서 동력 구실을 한다는 것이다.

셋째는 지성이다. 지성은 현재를 탐구하고 미래를 조정하는 작용이다. 그것은 선천적인 기능이 아니라 습관의 일종이다. 따라서 지성은 선천적이고 생득적인 충동과 후천적이고 습득된 습관 사이에서 매개 역할을 한다. 듀이에 따르면, 우선 습관은 지성에 대해 두 가지 면에서 작용한다. ① 습관이 지성의 범위를 제한하고 지성의 한계를 정하는 일이며, ② 지성이 자기의 긴급한 직무를 버리고 실천과는 무관한 지경에 빠지는 것을 습관이 제한한다.

그렇지만 습관은 사고력을 제한하는 것을 임무로 삼지는 않는다. 습관이 많으면 많을수록 그만큼 더 관찰하고 예견할 수 있는 분야도 넓어지며, 지각은 식별력에 있어서 세련되고 상상력에 의해 환기된 표상도 정교해지기 때문이다. 습관은 너무 단정적이고 결정적인 성질을 지니고 있기 때문에 탐구나 상상을 할 여지가 없다. 그리고 충동은 너무나 혼돈되고 난맥상을 이루고 있기 때문에, 스스로 알려고 하여도 인식 능력이 없다. 그러므로 듀이에 의하면 관찰이나 기억, 판단에 있어서 습관과 충동 간에 어떤 미묘한 결합이 필요한데 바로 이런 직무를 다름 아닌 지성이 맡는다는 것이다. 지성의 이러한 직무를 이해하기 위해서는, 지성의 한 가지 기능인 숙고(consideration)에 대해 살펴볼 필요가 있다. 우리 인간이 어떤 행위를 하려고 할 때에는 먼저 몇 가지 활동 가능성이 머리에 떠오른다. 듀이는 숙고를 여러 가지 서로 다투는 행동의 방향들을 연출하는 극적인 예행연습이라고 하였다.

듀이에 따르면, 도덕은 누구나 신봉하고 그에 맞추어 행위해야 할 추상적인 규범이나 목적이라기보다는 인간성에 대한 이해를 바탕으로 하여 구체적인 생활의 마당에서 비롯되고 또한 형성되는 것이다. 듀이는 인간성이 구성하고 있는 세 가지 요소를 제시하고 그 유기적 관련성을 통하여 행위 및 도덕의 문제가 발생한다고 하는 입장이다. 도덕의 근원이 이상의 인간성에 대한 이해에서 비롯된다고 말하는 듀이의 입장이 인간성에 대해서 무한한 신뢰를 보이는 것으로 여겨지지는 않는다. 듀이에 있어서 중요한 점은 현실 생활에서 겪게 되는 여러 가지 문제를 무리 없이 해결하는 것이고, 그런 문제들의 발생이 인간성으로부터 기인한 것이기도 하기 때문에 인간성에 대한 계속적인 탐구가 이루어져야 하는 것이다.

3) 프래그머티즘의 교육론

(1) 교육의 의의: 경험의 재구성

듀이가 생각하는 경험이란 생활을 의미한다. 그것은 개인과 환경과의 접촉에서 일어나는 변동을 뜻한다. 우리 인간들은 생활 속에서 부단히 여러 문제들과 만나게 되는데, 그 문제들을 해결하지 않으면 생활을 유지할 수 없다. 이런 문제해결 과정이 곧 경험이며, 동시에 생활이다. 그런데 우리 인간의 생활은 정지해 있는 것이 아니라, 항상 변화하는 것이다. 오늘의 생활은 어제의 생활이 아니며, 내일의 생활이 될 수 없다. 우리 인간이 환경과 부딪히며 살아가는 동안 경험이 쌓이고, 그 쌓인 경험은 새로운 경험을 유발한다.

듀이가 보는 '경험의 재구성'은 두 가지 뜻을 담고 있다. 하나는 경험의 의미를 증가시키는 일이요 또 다른 하나는 다음에 오는 경험의 진로를 이끌어 가는 능력을 증대시키는 일이다. 먼저 의미의 증대는 우리가 참여하고 있는 활동의 상호 연관성과 계속성으로 말미암아 증대된 이해와 상통하는 것이다. 처음의 활동은 충동적 형태로 시작된다. 이것은 맹목적인 것으로서 다른 활동과의 상호 관련성이 무엇인지를 알지 못한다. 교육적 성격을 지닌 활동은 이전에는 인지하지 못하였던 관련성을 지각하게 되는 것이다. 경험의 또 다른 교육적인 면은 후속되는 지도와 증가된 억제 능력이다. 우리가 무엇을 하고 있는가를 안다는 말이나 어떤 결과를 의도할 수 있다는 말은, 장차 어떤 일이 일어날 것인가 하는 것을 보다 정확하게 예측할 수 있다는 말이다. 따라서 유리한 결과를 보장하거나 불리한 결과를 피할 수 있도록 준비할 수 있다는 것을 뜻한다. 그렇지만 듀이는 모든 경험이 교육적 가치를 가진다고는 생각하지 않았다. 교육적인 경험은 역시 경험에 의미를 두고 장차 다가오는 경험에 방향을 제시하는 것을 말한다. 그러므로 이런 역할을 수행하지 못하는 경험은 교육적인 것이 아니라고 볼 수 있다.

(2) 교육의 목표: 성장 그 자체

프래그머티즘의 핵심 되는 개념은 변화, 성장, 발달이다. 듀이에 따르면 우리 인간의 최종적인 결론은 생활의 발전이요, 성장이다. 그러므로 교육의 과정은 그 자체가 곧 목적이기 때문에, 그것은 계속되는 재조직이요, 재건조이며 재형성이다. 이에 대해 듀이는 다음과 같이 주장한다.

"실제에 있어서 보다 증가된 성장을 제외하고는 성장이 상대적인 것이 없으므로, 보다 증가된 교육을 제외하고는 교육이 종속되어야 할 것은 아무것도 없다. 우리가 학교를 떠난다고 해서 교육이 중지되어서는 안 된다고 하는 것은 누구나 다 아는 사실이다. 이 평범한 견해의 요점은 학교 교육의 목적은 성장을 보장하는 능력을 조직하여 교육이 계속될 수 있도록 하는 데 있다는 것이다. 생활 그 자체에서 배우려는 성향, 모든 사람이 생활에서 배울 수 있도록 생활 조건을 개조하는 일이야말로 학교 교육의 최고의 성과이다. 생활이 성장을 의미하는 이상, 생물은 동일한 내재적 충실성과 동일한 절대적 요청에 의거하여 어떤 연령적 단계에 있어서나 다른 단계에 있어서나 마찬가지로 참되게 그리고 적극적으로 사는 것이다. 그러므로 교육은 연령의 많고 적음을 막론하고 성장과 생활의 충만을 확보하는 여건을 제공하는 기업을 뜻한다."

이처럼 듀이는 전통적 사고방식을 뒤엎고 성장 자체를 교육의 목적으로 삼는다. 그렇다고 해서 그는 성장 그 자체를 무조건적으로 합리화하는 것은 아니다. 듀이가 뜻하는 성장은 교육적 가치를 지닌 것으로서, 오로지 개인의 생활을 풍부히 하고 보다 더 나은 사회로 만드는 인간적 발전을 의미한다. 도둑이 보다 더 나은 도둑으로 성장한다는 것은 이런 의미에서 교육적 가치를 지닌 성장이 될 수 없기 때문에 진정한 성장이 될 수 없다는 것이다.

(3) 학습활동: 행동을 통한 학습

행동을 통한 학습(learning by doing)이라는 말은, 어린이가 추상적인 문자보다는 실제 행동을 통해 배운다는 말이다. 듀이가 보는 경험은 능동적이요, 적극적인 것이다. 이것은 가만히 앉아서 받아들이는 것이 아니라 자발적으로 행하는 일이요, 참여하는 일이다. 따라서 학습을 경험하는 일이라고 한다면, 학습은 경험 없이는 성립될 수 없다. 행동을 통해 학습이 이루어진다는 결론은 너무나 당연한 일이다. 이것은 분명히 받아들이는 교육, 듣는 교육이 아니라 나가서 쟁취하는 교육이요, 행하는 교육이다. 종래의 교육은 교사가 학생에게 지식을 떠먹이는 교육이라고 한다면, 듀이가 생각하는 교육은 어린이가 자기활동을 통해 스스로 만드는 교육이라고 할 수 있다.

그런데 듀이가 말하는 활동은 신체적 활동만을 의미하는 것이 아니다. 신체적 활동과 함께 어린이의 지적이고 정서적인 활동을 함께 말하는 것이다. 그러므로 행동을 통한 학습을 듀이의 교육방법으로 생각한다면, 그것은 어린이의 본성을 계발하는 일에 있어서 능동적인 면이 수동적인 면보다 우선한다고 보는 것이다. 말하자면, 듀이의 교육방법은 어린이의 활동적인 본성에 부응하기 위해서는 능동적인 활동을 일깨워 주는 행동을 통한 학습이 가장 좋다는 말이다.

(4) 교육의 동기: 흥미

교육의 과정에 있어서 큰 비중을 차지하고 있는 것은 어린이의 흥미, 노력, 훈련(discipline)에 관한 문제이다. 전통적인 교육은 어린이의 노력과 훈련에 보다 더 많은 관심을 가져왔다. 어린이가 자라서 성인이 되었을 때 그에게 요구되는 것은 무엇보다도 노력이다. 인간사회는 경쟁의 마당이기 때문에, 여기서 승리하려면 싫건 좋건 노력해야 하고, 엄격한 훈련도 받아야 한다. 그러므로 학교 교육은 어린이의 흥미보다 노력과 훈련을 요구하는 것이 되어야 한다.

그러나 듀이는 이와 같은 주장이 흥미와 노력을 서로 조화될 수 없는 오로지 대립되는 것이라고 보는 데서 오는 오류라고 생각하였다. 어린이가 땀을 흘리며 열중하고 있는 공놀이에서 우리는 혼신의 노력을 볼 수 있다. 그 노력은 고통스러운 것이 아니요 불유쾌한 것도 아니다. 말하자면, 그것은 흥미에 도취된 노력이기 때문에, 흥미와 노력은 대립된 것이 아니라 혼연일체가 된 것이다. 그 까닭은 공놀이가 외부로부터 강요된 것이 아니라, 어린이 스스로가 만든 '목적 어린 활동(Purposeful activity)'이기 때문이다. 따라서 듀이는 학습에 있어서도 흥미와 노력은 적대관계에 있는 것이 아니라, 함께 공존할 수 있는 것이라고 믿는다. 어린이의 활동이 타인의 강요로 부과된 것이 아니라 어린이 스스로가 세우고 그 의의를 이해하는 것일 때, 흥미는 저절로 생기는 것이며 노력은 스스로 따르는 것이고 훈련은 자율적으로 이루어지는 것이다. 그러므로 교사의 임무는 어린이로 하여금 자기의 학습활동에 대해 열중할 수 있는 뚜렷한 목적의식을 가질 수 있도록 도와주는 일이 될 것이다. 그러면 흥미와 노력, 훈련의 문제는 저절로 해결될 수 있을 것이다.

이와 같은 듀이의 교육론은 아동중심 교육사상으로 표현된다. 듀이는 에머슨(Ralph Waldo Emerson)의 아동존중사상을 재강조하여 다음과 같이 말하였다. "아동을 존중하라. 그를 최후까지 존중하라. 그러나 동시에 너 자신을 존중하라. 아동의 훈련에 중요한 두 가지 일은 그의 천성을 보존하고 오직 그것만을 훈련하려고 하는 것이다. 즉 천성의 보존, 그러나 그의 어지러움, 우행, 악의를 중지시키고 그의 천성을 보존하며 천성이 향하는 바에 따라서 지식을 부여하는 것이다." 듀이의 초기 실험학교나 진보주의 교육의 제창, 경험주의 교육과 생활 중심 교육, 흥미 중심 교육과 활동 중심 교육 등은 이런 아동 중심 사상이 근간을 이루는 것이다. 특히, 「아동과 교육과정(The Child and the Curriculum, 1902)」, 「내일의 학교(School of Tomorrow, 1915), 「민주주의와 교육(Democracy and Education, 1916)」 등의 저서에서 그는 아동 중심의 교육사상을 구체적으로 논리화하였다. 듀이 교육에 있어서 어린이는 출발점이요, 중심이며 목적이기 때문에 어린이의 성장과 발달이 교육의 이상인 것이다. 어린이의 존재성이 교육의 규준을 부여하고 그 외의 것은 모두 어린이의 성장을 위한 수단에 불과한 것이다.

듀이에 따르면, 어린이가 함께 학습하는 학교에 다니는 이유는 어린이가 다른 어린이와 함께 학습하지 않으면 안 되기 때문이다. 또한 인간의 성장도 공허한 것에 무엇을 채우는 것이 아니라, 이미 성장 가능성을 가지고 있는 어린이 스스로가 적극적으로 스스로를 만들어 내는 것이다. 그러므로 어린이의 성장은 외부적으로 부담시키거나 억제함으로써 이루어지는 것이 아니라 자기 안에 미리부터 무한의 가능성을 가지고 있는 것이다. 교육에 있어서 어린이를 주체로 보지 않고 또한 그 안에 깃든 가능성을 인정하지 않고서는 아동 존중이 있을 수 없다. 그것은 마치 인간의 자유를 인정하지 않으면서 인간 존중을 말하는 것과 같은 것이다. 따라서 듀이는 지금까지 교육활동에 있어서 중심이 성인이나 교재, 제도나 관념 등에 있었던 현실을 비판하고 그 중심을 어린이와 생활 그 자체로 옮겨 놓은 것이다(*Ibid*).

3. 진보주의(Progressivism)

1) 교육사적 배경

1894년 이후 시카고 대학에서 듀이가 설립한 실험학교는 최초로 나타난 진보주의 교육의 예이다. 듀이의 실험학교는 다음과 같은 가설에 입각하여 설립되었다. 첫째, 생활 자체가 교육의 근본 경험을 제공하는 것이다. 둘째, 학습은 사회적 활동의 부산물이다. 셋째, 학습활동은 개인의 사려 깊은 행위로써 새로운 사회적 상황에 대응할 수 있는 능력을 키우는 활동이다. 넷째, 학교 교육은 과학적 방법을 가지고 사회의 진보에 유익한 영향을 미치는 것이다.

듀이의 실험학교 교육은 그의 가설의 정당성을 입증해 주었다. 그는 이 실험을 통해 초등학교의 교과과정에는 세 개의 기초학과 그룹이 있음을 발견하였다. 첫째는 어린이들이 일상생활을 통해 쉽게 경험할 수 있는 학과로서 목공, 재봉, 요리 등이다. 둘째는 사회적 삶의 배경과 관련된 학과로서 역사나 지리와 같은 교과들이다. 셋째는 어린이의 지적 발달과 지적 연구의 형식에 관한 교과로서 읽기, 쓰기, 문법, 산수와 같은 교과들이다. 듀이는 이런 교과과정의 분류 속에서 과학적이고 사회적인 흐름을 발견해 낸 것이다. 듀이의 실험학교가 성공적인 것으로 평가됨으로써 미국에서 진보주의 교육이 큰 힘을 얻게 되었다. 진보주의 교육의 발전에는 두 가지 학문세력의 지원이 있었다. 하나는 19세기 말부터 20세기 초에 이르기까지 계속된 교육심리학의 과학적 연구이며 다른 하나는 프래그머티즘에 기초한 교육철학의 등장이었다. 예를 들면, 듀이는 초등학교에서 낱말 연구에 시간의 75~80%를 소모한다는 것은 전근대적인 것으로 보았으며, 인쇄술이 발달되기 전에는 어쩔 수 없었다고 하지만 20세기 교육의 방식으로는 적절치 않다고 본 것이다.[13)]

1940년대에 들어서면서 진보주의 교육운동은 시련을 맞이하였다. 제2차 세계대전의 발발과 더불어 진보주의 교육에 대한 신랄한 비판이 가해지기 시작한 것이다. 이 비판은

---

13) 1918년 스탠우드 콥(Stanwood Cobb)의 주도로 조직된 '진보주의교육협회(progressive Education Association)'는 7개의 강령을 발표하였다. 그 강령의 머리글을 정리하면 다음과 같다. ① 자연적으로 발달하기 위한 자유(Freedom to develop natural)y) ② 모든 작업활동의 동기로서의 흥미(Interest, the motive of a all work) ③ 감독자 아닌 안내자로서의 교사(The teacher a guide, not a taskmaster) ④ 학생의 발달에 관한 과학적 연구(scientific study of Pupil development) ⑤ 어린이의 신체적 발달에 영향을 미치는 모든 것에 대한 특별한 주의(Greater attention to all that affects the child's physical development) ⑥ 어린이의 살아 있는 욕구와 만나기 위한 학교와 가정 간의 긴밀한 협동(Cooperation between school and home to meet the needs of child life) ⑦ 교육운동에서 진보주의 학교의 지도적 위치(The progressive School a leader in educational movements)의 협회는 듀이와 킬페트릭(William H. Kilpatrick)의 진보주의 교육사상을 지지하고 1918년 기관지 「진보주의 교육」(The progressive education)을 발간함으로써 전통적 교육에 대한 하나의 교육개혁운동으로 조직적인 진보주의 교육운동을 전개하였다. 이런 교육운동은 1920년대와 1930년대에 미국 교육계를 풍미하였다.

주로 본질주의자들(essentialists)에 의해서 이루어졌다. 본질주의자들은 진보주의 학교가 학생들로 하여금 기본 학문을 충분히 학습할 수 없도록 만들고 있다고 지적하면서, 그것은 진보주의 교육이 지나치게 아동 중심적이며 어린이의 자유와 흥미를 과대평가하고 있기 때문이라고 비판한 것에 근거를 둔 것이다. 이들은 진보주의 교육이 어린이의 자유를 너무 중시한 나머지 개인주의적이고 자기중심적인 교육으로 흘러 사회적 훈련이나 전통을 경시하고 있다고 비판한 것이다. 이들이 본격적인 교육운동을 전개한 것은 배글리(William Chandler Begley)가 중심이 되어 1936년 '미국 교육의 향상을 위한 본질주의 교육협회(Essentialist Committee for the Advancement of American Education)'가 조직되면서부터이다. 진보주의(Progressivism)와 본질주의(Essentialism)의 논쟁에서 비롯된 공방전은 항존주의(Perennialism)와 재건주의(Reconstructionism)에 이르기까지 교육논쟁이 계속되고 있다. 특히 1957년 당시 소련의 인공위성 스푸트니크호의 발사로 미국 교육은 근본적으로 비판을 받았으며 재검토되고 있다.

2) 진보주의의 교육론

진보주의자들은 전통적인 교육관을 다음과 같은 교육 방식으로 간주하였다.

① 주입식 교육: 교육은 원래 안으로부터의 발전이어야 하는데 외부로부터 주입이 당연시되고 있다.

② 성인 생활에 대한 준비: 학생의 현재 생활보다 미래를 위한 준비로서의 교육이 강조되고 있다.

③ 인류의 사회적 유산의 계승: 학생의 생활을 위한 필요, 흥미, 욕구보다는 인류의 미래 생활을 위한 사회적 유산의 계승에 강조점이 놓여 있다.

④ 교육내용의 경제성: 교육내용은 본래 학생의 인격 계발에 도움이 되어야 할 것인데 오히려 사회적 이상과 신념을 주입하는 데 가장 효과적인 것으로 간주되고 있다.

⑤ 지식의 체계 중시: 지식을 얻는 방법보다는 지식의 획득이, 그리고 학생의 경험보다는 지식 그 자체가 중시되고 있다.

⑥ 고립된 학교: 학교가 어린이가 생활하고 있는 지역사회로부터 고립되어 있다.

⑦ 교육과정의 고정성: 교육내용이 어느 특정 신념체계나 지식체계를 학습시킬 목적

으로 권위에 의해 사전에 철저하게 짜여져 있다.

⑧ 훈련의 조건화: 모든 훈련이 소정의 교과과정을 이수시키기 위해 조건화되어 있다.

전통교육에 대한 진보주의자들의 이와 같은 시각은 다음과 같은 그들의 주장을 가능하게 하였다.

① 계발교육: 교육은 밖으로부터의 형성이 아니고 안으로부터의 계발이어야 한다.

② 흥미와 욕구의 교육: 교육은 미래의 사회생활에 대비하는 것이 아닌 학생의 현재 생활의 필요, 흥미, 욕구를 충족시키는 것이 되어야 한다.

③ 자발적 자기실현: 교육은 권위에 의한 사회적 유산의 계승이라기보다는 학생 각자의 자유로운 자기실현의 과정이 되어야 한다.

④ 교과과정의 현실성: 교과과정은 미리 짜여 있어서는 안 되며, 학생의 흥미를 충족시켜 줄 수 있는 내용으로 그때그때 짜여져야 한다.

⑤ 방법의 중요성: 교과 내용의 이수보다 중요한 것은 그 내용에 접근하는 방법이며 이와 같은 방법을 배우는 것이 내용의 체계적 이해보다 더 중요하다.

⑥ 학교의 사회 개혁성: 학교는 기존의 사회체제에 적응하는 사람을 육성하기보다는 도리어 이 같은 사회체제의 한계를 인식시키는 곳이 되어야 한다.

⑦ 즐거운 훈련, 훈련의 방법은 학생 자신이 선택해 가는 즐거운 것이 되어야 한다.

3) 진보주의의 교육원리

첫째, 교육은 현재의 생활 그 자체이지 미래의 생활을 위한 준비가 아니다. 교육은 경험의 재구성 과정이기 때문에 현명한 생활과 그것에서 비롯된 경험은 그대로 학습이 된다. 교육을 통해 어린이들에게 비판적이고 지성적인 사고방식을 길러 주어야 한다. 그렇게 되기 위해서는 학교가 바로 이런 비판정신과 지성을 키워 줄 수 있는 장소가 되어야 한다.

둘째, 학습은 직접적으로 어린이의 흥미와 관련되어야 한다. 교육활동에 있어서 어린이의 생활을 무시해서는 안 되며, 어린이의 흥미와 관심의 소재를 파악해야 한다. 그러므로 학습활동은 교사나 교과서에 의해 일방적으로 결정되어서는 안 되며, 어린이의 흥미와 욕구가 반영된 것이어야 한다. 어린이는 그들의 생활 속에서 배워야 하며, 학습은 어린이의 성숙도에 맞추어 진행되어야 한다.

셋째, 교육내용의 이수보다 더 중요한 것은 문제해결의 방법을 배우는 것이다. 전통교육에 있어서 지식은 그 자체로 가치 있는 것이므로 교사를 통해 체계적으로 배워야 할 것으로 간주되었다. 그러나 진보주의 교육에 있어서 지식은 항상 새롭게 전개되는 사태에 대비한 경험의 조정도구에 지나지 않으며, 활동을 통해 얻어지는 것이기 때문에 행동을 통한 지식의 획득이 중요하다. 따라서 배울 내용은 문제해결과 관련된 것이어야 하며 문제해결은 단번에 끝나는 것이 아닌 일관성 있게 지속되는 것이어야 한다.

넷째, 교사는 어린이를 지휘·감독하는 입장이 아니라, 도와주는 입장에 서야 한다. 교사는 어린이가 발달단계와 능력의 수준에 알맞은 학습계획을 수립할 수 있도록 옆에서 도와주어야 하며, 시행착오를 통해서도 배울 수 있다는 점을 인정해야 하고, 어린이가 곤경에 빠졌을 때는 시사를 주고, 권위자로서보다는 조력자로서의 역할을 충실히 해야 한다.

다섯째, 학교는 경쟁보다는 협동을 장려하는 곳이 되어야 한다. 인간이란 사회적 존재이고 대인관계가 원만할 때 만족을 느끼는 존재이다. 그러므로 경쟁심을 길러 주기보다는 사랑과 협동의식을 가지도록 배려해야 한다. 공동생활을 통한 민주시민으로서의 의식을 일깨워 주어야 한다.

여섯째, 민주주의만이 진정한 성장에 필요한 사상의 교류와 인격의 상호작용을 허용한다. 진보주의 입장에서는 민주주의가 하나의 정치제도 이상의 것이며 사람들이 협력해서 사는 방식이자 경험을 교환하는 방식이다. 따라서 민주주의를 가르치기 위해서는 우선 학교생활 그 자체가 민주적으로 운영되어야 하며, 민주주의에 대한 이해를 깊게 하고 그것을 실천할 수 있는 활동이 권장되어야 하며, 기존의 질서나 규범을 주입시키는 일을 삼가는 것은 물론이며, 아직도 사회에 수용되지 않은 새로운 규범을 가르쳐서는 안 된다(*Ibid*).

4. 본질주의(Essentialism)

1) 교육사적 배경

본질주의는 모든 사람들에게 공유되고 조직적으로 가르쳐져야 할 문화의 불가결한 핵심이 존재하므로 앞 세대는 교육을 통해 문화의 핵심을 일정한 수준까지 엄정하게 계승시켜야 한다고 주장하는 교육사조이다. 본질주의자들은 진보주의의 교육방식에 대해 다음과 같이 강하게 비판하였다. 미국의 교육이론은 오래전부터 '학문적 훈련'이라는 어휘를 추방해 버렸다. 오늘날 진보주의자들은 소리 높여 미성숙한 어린이들에게 무엇을 배워야 할 것인가를 선택할 권리를 주자고 외치고 있다. 그들은 교사가 과한 모든 과제를 권위적이라고 하면서 배척한다. 그들은 우리 인류가 큰 희생을 감수하면서 쌓아올린 교과의 체계적이고 계열적인 이수의 가치를 거부한다. 그들은 흥미 없는 공부는 할 필요가 없다고 거부하면서 이를 합리화하고 있다. 결과적으로 그들은 힘도 안 들이고 노력도 하지 않게 되었다. 그들은 순종을 약자의 표시라고 낙인찍는다. 그러면서 이 모든 일들을 그들은 민주주의와 자유라는 주술적인 표현으로 자행하고 있다. 본질주의는 1930년대에 진보주의에 대한 저항운동으로 일어난 것이다. 본질주의의 핵심적인 주장은 문화의 가장 본질적인 부분을 교육을 통해 다음 세대에 계승함으로써 역사를 전진시키는 원동력을 길러내자는 것이다. 그러므로 본질주의자들이 교육운동을 시작하면서 핵심 개념으로 내세운 것은 교과과정 운동(Curriculum Movement)이었다. 이들에 따르면, 학문 교과에는 핵심이 되는 본질이 있기 때문에, 학문의 기준을 늘리고 교사의 권위를 회복시켜야 한다는 것이다. 그러므로 본질주의의 관심의 초점은 ① 교과 내용을 학문적으로 체계화하는 것, ② 교육내용을 본질적인 것과 비본질적인 것으로 구별하는 것, ③ 아동 중심 교육을 교사 중심 교육으로 대체하는 것이다.

2) 본질주의의 교육원리

첫째, 학습은 강한 훈련을 수반하는 것이다. 따라서 어린이들이 싫어하는 경우에도 학습을 포기할 수 없으며, 학습에 임할 수 있도록 잘 훈련시켜야 한다. 진보주의는 어린이의 자유와 관심사를 존중하지만 본질주의는 훈련 그 자체, 장래의 목적, 그리고 노력을 중시한다. 진보주의는 어린이의 필요와 흥미를 학습의 동기로 삼지만, 본질주의 질 높은 흥미는 처음부터 생기는 것이 아니라 학습의 결과로 생기는 것이라고 주장한다. 인간사회는 놀이의 장이 아니다. 거기에는 각고의 노력이 필요하다. 이를 통해 난관이 극복되기도 하고 경쟁사회에서 성공할 수 있는 기회를 갖기도 한다. 이런 태도와 정신은 오직 고역이 내포하고 있는 엄격한 훈련을 통해서만 성취가 가능한 것이다. 이런 이유로 본질주의자들은 훈련의 필요성을 강조한다. 훈련의 전이(transfer of training)를 통해서도 살펴볼 수 있는, 지적 훈련의 특질은 그 전이성에 의해 모든 경우에 반영된다. 예를 들면, 라틴어, 수학, 자연과학과 같은 정확성과 엄밀성을 요구하는 과목에서 훈련되는 집요성과 정제성, 그리고 집중성 등은 다른 과업을 수행할 때에도 나타난다는 것이다.

둘째, 교사는 교육과정에 있어서 주도권을 지녀야 한다. 어린이가 한 인간으로서 잠재 능력을 충분히 발휘하려면, 객관적으로 그것을 파악하고 있는 교사의 지도와 감독을 받아야 한다. 본질주의자도 진보주의자 못지않게 학습이 학습자의 능력, 흥미, 목적에 의거하지 않는 한 성공적인 것이 될 수 없다는 사실에 관심을 가진다. 그러나 이런 흥미와 목적이 학과라고 불리는 논리적 조직의 통달자이며, 교육적인 발달과정을 이해하는 교사의 기술에 의해 개조되어야 한다고 그들은 주장한다. 따라서 교사는 깊은 학식과 뛰어난 기술을 연마하여 어린이의 능력을 기르는 일에 열심히 임해야 한다. 교사는 충분한 교양을 갖추어야 함은 물론이요, 담당교과에 대한 학문적 식견과 어린이를 이해하기 위한 교육 심리학에 대한 소양, 그리고 교사로서의 사명감을 잘 갖추어야 한다.

셋째, 교육과정의 핵심은 소정의 교과를 철저하게 이수하고 그것에 몰두하는 일이다. 이런 입장은 어린이가 흥미를 가지고 배우는 내용에 몰입해야 한다고 주장하는 진보주의와 맥을 같이하는 것이다. 하지만, 본질주의자들은 어린이의 흥미가 직접적으로 유발되어서는 안 되고 논리적 체계와 자신의 도덕적 수련에 의해 결과적으로 수반되어야 한다고 강조하는 면에서는 진보주의자들의 주장과 서로 다르다. 말하자면, 진보주의자들은 교재가 심리학적으로 조직되어야 한다고 주장하는 반면, 본질주의는 이것이 논리적으로 조직되어야 한다고 주장하는 것이다. 따라서 본질주의자들은 교재는 어린이의 현재의 경험이나 흥미에 구애됨이 없이 논리적으로 학문의 체계를 갖추어서 가르쳐야 한다고 역설한다. 그렇게 본다면 본질주의자들의 가장 큰 관심은 교재에 관한 것, 즉 '무엇을 가르칠 것인가' 하는 문제에 놓여 있다. 정선된 문화유산을 도외시하는 교육은 어린이에게 절대적 가치가 가지고 있는 핵심을 망각한다는 것이다. 문화유산은 역사의 전개과정을 통하여 그 진가가 입증된 인류의 예지와 접촉하는 길이며, 사회의 공통된 전통과 신념, 그리고 보편적 진리에 접근하는 공로인 것이다. 그러므로 본질주의에 따르면, 전통적 문화유산은 교육의 핵심이 된다.

넷째, 전통적인 학문의 훈련방식은 회복되어야 한다. 진보주의가 주장하는 문제해결의 방식은 장점도 가지고 있는 것이지만, 이 방식을 모든 학습 활동에 적용시킬 수는 없다. 어떤 교과목은 처음부터 추상적이고 조직적이어서 실제적인 문제해결 방식으로는 쉽게 접근할 수 없는 것이다. 진보주의자들의 '행동을 통한 학습'은 특정한 교과, 특정한 사람들에게만 유익한 것이지 모든 교과, 모든 사람들에게 유익한 것은 아니라는 주장이다. 그리고 본질주의에 따르면 비록 노력의 강요가 어린이의 반감을 불러일으키고 고통의 요인이 될 수도 있지만, 노력은 흥미를 가져다 줄 수도 있다. 노력이 교사로부터 강요될 때, 처음에는 고통이 될 수도 있다. 그러나 학습과정이 진전됨에 따라 학습자는 점차 흥미를 느끼게 될 것이다. 예를 들면, 피아노 교습과 같이 학습이 흥미로부터 시작되어야 할 이유는 없다. 따라서 학습활동에 있어서 노력은 흥미에 선행되어야 한다(*Ibid*).

5. 항존주의(Perennialism)

1) 교육사적 배경

항존주의는 진리의 절대성, 불변성, 영원성을 믿고 일시적인 것, 변화하는 것을 거부한다. 그러므로 항존주의자들은 진보주의 교육을 거부하고 나아가서는 진보주의 교육의 철학적 근거가 되는 프래그머티즘을 철저하게 비판하였다. 그들이 보는 교육의 임무는 시간과 공간을 초월하여 언제, 어디서나 항구적으로 존재하는 절대적인 가치를 추구하는 것이다. 그러므로 항존주의는 1930년대 이후부터 철저하게 반과학주의, 탈세속주의,

정신제일주의를 표방하는 교육사조로서 허친스(R. M. Hutchins), 애들러(M. Adler), 마리땡(Maritain), 커닝햄(W. F. Cunningham) 등이 대표적 교육사상가들이다. 허친스는 30세의 젊은 나이에 시카고 대학의 총장이 되었으며, 토미스트인 애들러를 초빙하여 항존주의를 체계화시켰고, 144권에 이르는 고전을 '위대한 책(Great gooks)'으로 선정하여 시카고 대학생들에게 필수적으로 읽혔다. 그에 의하면, 진정한 교육은 과거의 위대한 인물이나 그들의 저작을 통하여 시공을 초월하는 불변의 진리를 접하게 함으로써 가능하다.

　애들러는 교육의 제1원리를 절대적이고 보편적인 것이라고 주장하면서, 다음과 같이 말하고 있다. "교육의 목적은 만인에게 동일한 것이 되어야 한다. 이 명제는 교육의 목적이 절대적이고 보편적이어야 한다는 주장과 그 의미에 있어서 같은 것이다. 절대적이고 보편적이라는 말은 만인에게 동일하다는 뜻이다." 또한 마리땡은 전 교육과정의 인격화를 주장하면서 현대 교육의 오류를 지적하고 비판하였다. 그에 따르면 오늘날의 현실은 교육의 비인간화를 유발하고 있다는 것이다. 그것은 교육철학에서 설정하는 인간상이 무신론적이고, 교육의 조직은 사회구조의 기능주의 때문에 인간을 조직의 수단으로 여기는 전체주의적 경향으로 나아가며, 교육의 목적은 사회구조에 순응하는 인간을 양산하고 있으며, 교육의 방법은 기계화·기술화로 치닫고 있기 때문이다.

2) 항존주의의 교육원리

　첫째, 실재의 불변성이다. 이 세상에서 일어나는 변화의 현상을 부인할 수 없지만, 그것은 궁극적 실재가 아니다. 변하는 것은 외형적이며 현상적인 것이기 때문에, 그 밑바탕에는 불변하는 실재가 엄연히 존재하고 있다. 변하는 것은 때와 장소의 제한을 받고 있는 일시적인 현상일 뿐 그 아래를 이루고 있는 근본적인 실재를 살펴보면, 거기에는 시·공간을 초월하는 불변적이고 항구적이며 절대적인 존재가 있음을 알 수 있다. 따라서 인식의 문제, 가치의 문제에 있어서도 거기에는 영구불변하는 절대적인 것이 있다. 말하자면, 절대성을 갖춘 계시된 진리가 있고, 시·공간을 초월하는 가치가 있다. 이런 인식이 바탕이 되어 허친스는 다음과 같이 말하고 있다. "시민 또는 주체의 기능은 사회에 따라 다를 수가 있다. 그러나 사람으로서 사람의 기능은 어느 시대에 있어서나, 어느 사회에 있어서나 동일하다. 왜냐하면, 이는 사람으로서 그의 본성으로부터 결과된 것이기 때문이다. 따라서 교육제도의 목적은 이런 제도가 존재할 수 있는 어느 시대, 어느 사회에 있어서나 같은 것이다. 그 목적이란 곧 사람을 사람으로 개선하는 일이다." 항존주의에 따르면, 인간성은 변하지 않기 때문에 교육의 본질도 변하지 않는 것이다. 인간의 본성은 시·공간을 초월하는 것이며 동일한 것이기 때문에 교육의 목적도 시·공간을 초월해서 같아야 하며, 동일한 교육목적이 모든 사람에게 똑같이 적용되어야 한다. 말하자면, 귀족들은 인격 도야가 교육목적이고, 서민들은 직업도야가 교육목적이라는 그릇된 생각을 버리자는 것이다.

둘째, 이성적 존재로서의 인간이다. 인간이 다른 동물들로부터 구별되는 것은 이성을 가지고 자신의 행동을 규율하기 때문이다. 인간이 본능대로 살아가고 욕망이 부추기는 대로 생활한다면, 그를 어떻게 참다운 인간이라 하겠는가! 인간은 이성적 존재이기 때문에 이런 이성에 비추어 자기를 수련하고 본능과 환경의 제약을 이겨 낼 수 있는 유일한 존재이다.

셋째, 진리를 탐구하고 진리에 안주하는 자세의 확립이다. "진리가 너희를 자유케 하리라."라는 성경말씀처럼, 진리는 우리 인간으로 하여금 세속적인 부귀영화에서 벗어나게 하고 불의와 싸울 수 있는 힘을 제공한다. 그리고 "아는 것이 힘이다"라는 베이컨의 명제는 진리의 힘을 가리키는 것이다. 이런 힘의 원천은 교육에서 찾을 수 있다. 그러므로 항존주의자들은 교육은 곧 진리를 추구하는 작업이라고 본다.

넷째, 교육은 이상적인 삶을 준비시키는 일이다. 주어진 사회에 잘 적응해서 입신출세시키는 일은 교육이 아니다. 오히려 주어진 사회의 문제를 인식시키고, 이것을 보다 나은 사회로 전진시킬 수 있는 인간을 키워 내는 일이 교육이다. 그리고 학교는 넓은 의미에서 삶의 질을 향상시키기 위해 준비시키는 교육의 장소이다. 학교는 주어진 사회를 모형으로 삼지 말고 모든 이상을 그 속에 담아 지성을 도야하는 장소가 되어야 한다.

다섯째, 교육과정은 기본 교과의 철저한 이수를 뜻한다. 이런 의미에서 가장 중시되어야 할 것은 바로 교양교육이다. 교양교육은 다음과 같이 세 가지 기능을 가지고 있다. ① 모든 학문의 기초가 된다는 뜻이다. 경영학과 학생이 미적분학을 배우는 이유가 바로 그것이다. ② 교양이 된다는 뜻이다. 전공학과에 구애됨이 없이 인간으로서 반드시 알아두어야 할 진리를 배우는 것으로, 수학과 학생이 셰익스피어의 「햄릿」을 읽어야 하는 이유가 여기에 있다. ③ 교양교육은 진리에의 접근으로서 삶의 엄숙함과 경건함을 체험한다는 뜻이다. 만유인력의 법칙 때문에 이 우주의 모든 사물이 질서 있게 운행하고 있다는 말을 들었을 때의 감동 같은 것이 바로 그것을 뜻하는 것이 된다. 이런 의미에서 모든 기본 교과는 교양과목으로 편입되어야 하며 특히 세 번째의 뜻이 큰 비중을 차지해야 한다(*Ibid*).

6. 재건주의(Reconstruction)

1) 교육사적 배경

재건주의는 인류문화의 위기의식에서 출발하여 오늘날의 문화를 점검함으로써 이상적인 문화에 대한 전망을 밝히고 교육이 이를 위하여 선도적으로 이바지할 수 있는 바탕을 마련하자는 교육사조이다. 재건주의의 대표적 교육사상가인 브라멜드(Theodore Brameld)는 인류가 위기를 벗어나려면, 하나의 교육철학에 지배받지 말고 여러 교육철학의 장점을 절충적으로 흡수해야 하며 이전의 교육철학이 지니지 못했던 목+표 중심성과 미래 지향성을 지녀야 한다고 주장하였다.

브라멜드는 1950년에 「교육철학의 제 유형」(Patterns of Educational Philosophy)을 출판하여 자신의 철학적 입장을 천명했고, 1955년에는 「문화적 전망에서 바라본 교육철학」(Philosopies of Education in Calural perspective)을 발표하였다. 이 책에서 그는 진보주의, 본질주의, 항존주의의 의의와 한계를 밝혔다. 1956년에는 새로운 재건주의 교육철학을 향하여(Toward of Reconstructed Philosophy of Education)를 출판하여 오늘날 미국과 세계의 문화가 인류의 역사상 가장 큰 전환기 가운데 하나를 통과하고 있음을 상기시키면서 교육적 쟁점들을 명쾌하게 추려냈다. 1957년에는 「교육의 문화적 기초에 관한 상호 관련적 접근」(Cultural Foundation of Education, An Interdisciplinary Exploration)을 발표하여, 교육이 문화와의 맥락 속에서만 존재해야 할 것임을 논증하고 있다.

2) 재건주의의 교육원리

첫째, 교육은 문화의 기초 위에 서야 한다. 교육은 지금 큰 혼란을 겪고 있으나 교육의 힘만으로는 이런 상황에서 벗어날 수 없다. 모두들 교육이 중요하다는 것을 알고 있지만, 교육의 환경에 대한 배려는 미흡하기 짝이 없다. 따라서 교육이 소임을 다하기 위해서는 이 같은 환경을 야기한 문화를 점검하는 데서부터 출발해야 한다. 문화를 교양 정도로 보지 말고 문제를 풀어나갈 '삶의 자세'로 보아야 한다. 이런 시각에서 교육이 살펴야 할 가치의 문제를 질서의 문제, 인간화 과정의 문제, 삶의 목표에 관한 문제 등 세 가지로 좁혀서, 이 문제를 해결할 수 있는 가치체계를 교육철학에 적극적으로 도입해야 한다. 우리의 과제는 과거나 현재의 질서에 순응하는 것이 아니라 새로운 질서를 창조하는 데 있다.

둘째, 힘으로서의 교육이 되어야 한다. 현재는 힘의 시대이다. 교육은 과연 이런 힘을 나누어 갖고 있는가 아니면 힘의 고용인에 불과한가? 본래 힘은 가치중립적이다. 따라서 힘은 도덕적으로도 사용될 수 있고 부도덕하게 사용될 수 있다. 우선 교육은 힘의 고용인이 되기보다는 힘의 주인이 되어야 한다. 그리고 동시에 힘을 도덕적으로 사용하도록 해야 한다. 그런데 힘은 다음과 같이 몇 가지로 구분될 수 있다. ① 경쟁적인 힘이다. 국가의 부국강병을 꾀하는 일에 기여하는 교육의 힘이 바로 그것이다. ② 인간성의 힘이다. 인간 개개인들이 가지고 있는 이성의 힘을 말한다. ③ 정신의 힘이다. 그것은 이를테면, 물질생활에 매몰되지 않고 그 속에서 벗어나려고 애쓰는 정신적인 힘이다. ④ 윤리적인 힘이다. 그것은 지식이나 권력이 부도덕하게 사용될 때 이를 시정하려는 힘을 말한다. 교육은 이 가운데서 특히 윤리적인 힘을 갖추어야 한다.

셋째는 현대 문명의 병폐를 진단하는 일이다. 현대 문명이 안고 있는 병폐를 진단하고, 교육과정에 이것을 도입하여, 교사는 학생들과 함께 동행자 또는 동지로서의 자세를 가지고 문제를 해결해 나가야 한다. 이런 일을 위해서는 면밀하게 짜여진 교육과정, 기탄없는 대화, 그리고 이상사회를 실현하고자 하는 정열이 뒷받침되어야 한다. 재건주의에서 진단하는 현대 문명의 병폐는 다음과 같다. ① 생활, 건강, 교육수준의 불균형, ② 인구의 폭발적 증가와 기아문제, ③ 대지, 수질, 식품, 공기의 오염, ④ 국가 간의 적대감과 증오심, ⑤ 인종 간의 긴장과 파괴행위, ⑥ 전제주의적 정치체제(사이비 민주주의), ⑦ 도덕의식의 붕괴와 매춘화, ⑧ 과학의 폭발적 발달과 인간소외 등이다.

　　넷째는 새로운 사회질서의 수립을 지향하는 교육이다. 교육은 위기에 처한 인류문명을 방관만 하고 있을 수 없다. 그리고 교육은 새로운 사회 질서를 건설해야 할 책임을 외면할 수 없다. 교육은 사회의 추종자로서 만족하지 말고 개혁의 선도자가 되어야 한다. 그러나 종래의 교육철학에 기초한 교육체제로서는 이런 문제에 대한 해결책이 될 수 없다. 과거를 중시하는 항존주의나 현재를 숭상하는 진보주의, 그리고 과거와 현재의 중간적 위치에 얽매어 있는 본질주의는 이런 과업을 수행할 능력이 없다. 새 술은 새 부대에 넣어야 하는 것처럼, 새로운 사혼질선 건설은 새로운 교육철학을 요청한다. 따라서 종래의 교육철학은 수정되고 개조되어야 한다. 새로운 사회는 진정한 민주주의에 입각한 것이 되지 않으면 안 된다. 사회의 모든 중요한 기관과 제도, 그리고 자원은 국민에 의해 지배되어야 한다. 이런 민주사회는 민주적으로 운영되고 실천되어야 한다. 따라서 국민적 지지가 바탕이 되는 사회적 합의가 절대적으로 필요하다. 그러므로 설득을 통하여 우리가 살고 있는 사회를 개조하도록 노력해야 한다. 이 작업은 교사들에 의해 학교에서부터 시작되어야 한다. 새로운 사회창조에 대한 긴요성과 당위성을 민주적인 과정을 통해 강조하고 설득함으로써 학교가 문화재건에 선도자가 되어야 한다.

　　교육의 목적과 수단은 문화의 위기를 극복하는 일에 긴요한 것들을 만족시킬 수 있도록 그리고 행동과학(사회적 인간학)이 발견한 바와 합치되도록 전면적으로 재조정되지 않으면 안 된다. 교과과정은 단지 관련되는 지적인 분야를 연속적으로 다룰 것이 아니라 각 부분들이 전체적으로 관련성을 유지하도록 통일되어야 하며, 그것으로부터 새로운 힘 있는 가치가 창출되어야 한다. 마지막으로 재건주의는 인간형성에 있어서 사회가 미치는 영향을 간과해서는 안 된다고 지적한다. 이런 견지에서 개개인들에게 새로운 사회창조의 필요성을 인식시키고 교육시킴으로써 사회 전체를 재형성할 수 있다는 것이다. 브라멜드가 강조하는 사회적 자아실현은 사회생활에 적극 참여함으로써 자기 자신을 실현해 나가는 과정을 의미하는 것이다. 그러므로 이런 일에는 개인의 사회성 개발과 함께 민주사회를 이룩하는 일에 적극적으로 참여할 수 있는 태도와 신념을 교육시키는 일이 필수적이다(*Ibid*).

7. 포스트모더니즘(Postmodernism)

1) 교육사적 배경

(1) 개념적 의미

20세기 후반에 성립된 포스트모더니즘은, 다원성과 상대성 그리고 비결정성을 특성으로 삼기 때문에 하나의 개념으로 정의되기는 곤란하다. 이는 포스트모더니즘이 다양한 견해와 사상을 내포하고 있는 매우 포괄적 개념이기 때문이다. 포스트모더니즘이라는 개념을 학문의 영역으로 끌어들여 학술적 논쟁을 유발시킨 사람은 리오타르(J, F Lyotard)이다. 리오타르는 포스트모더니즘을 대서사(grand narrative, meta-narrative)에 대한 거부, 형이상학적 철학에 대한 거부, 그리고 총체적 사고에 대한 거부로 설명한다. 근·현대 사회는 모든 사람에게 보편적으로 적용되는 큰 주제, 즉 거대 이론체계인 대서사를 구축하였으며, 이것을 준거로 하여 모든 이론과 행동을 평가하고 정당화한다. 이 준거에 적합한 이론과 행동은 수용되지만 그렇지 못한 경우는 비정상적인 것으로 간주되어 억압받거나 거부된다. 그러나 포스트모더니즘 사회에서 활발하게 이루어지는 담론들은 지금까지 대서사에 의해 거부되고 억압되어 온 소서사들이다. 따라서 포스트모더니즘 사회는 특별하고 독특한 일상의 삶을 부정하는 추상적 보편성, 지엽적이고 특수한 것을 부정하는 일반화, 차이점을 묵살하는 보편적 범주화 등을 전체주의적이고 폭력적인 것으로 간주하고 이를 신랄하게 비판한다. 이를테면 대서사의 전체성과 보편적 이성을 거부하는 포스트모더니즘 사회는 소서사가 정당화되는 사회이다.

(2) 포스트모더니즘의 역사

전 근대주의와 근대주의 그리고 후 근대주의라는 종단적 맥락에서 살펴본다.

① 전 근대주의: 전 근대사회는 세계를 정령으로 가득찬 신비로운 공간으로 보았다. 숲의 신, 달의 신, 별의 신, 연못의 신, 호수의 신 등이다. 누군가 병에 걸리면 생리학적 신체 이상으로 보는 것이 아니라 악령이 깃들었기 때문이라고 생각했다.

정치나 사회조직에서도 지배자는 신적인 자격을 지닌 지상에서의 신으로 간주되었다. 이런 마술적 관념은 일상생활의 모든 곳에 내재되어 인간의 삶을 지배하였다.

② 근대주의: 근대 합리주의가 마술적 세계관을 해체해 버렸다. 모더니즘은 합리적이고 과학적인 이성의 힘으로 모든 것을 해명함으로써 '탈마술화'를 추진하였다. 숲이나 하늘은 더 이상 정령들이 사는 신비의 대상이 아니라, 과학적 이성으로 설명할 수 있는 물리학의 대상으로 변하였다. 생물학, 심리학 등과 같은 과학이 크게 발전하면서 우리 인간도 합리적으로 설명될 수 있을 것이라는 이성적인 믿음이 생겨나게 된다.

③ 후 근대주의: 과연 인간의 모든 것과 세계의 모든 것이 이성에 의해 제어되고 해명될 수 있을까? 포스트모더니즘은 이성의 무한한 신뢰에 대한 반성에서 출발한다. 가령 어떤 견해가 진리인지 여부를 확인하기 위해서는 검증 작업이 필요한데 이것은 쉬운 일이 아니다. 사회과학의 경우는 검증 작업 자체가 불가능한 경우이고, 자연과학의 경우에는 검증 작업 자체의 진리성을 확인할 수 없는 경우도 얼마든지 있다. 일상적인 삶의 경우는 더욱더 그렇다. 밤하늘을 쳐다 볼 경우, 항상 천문학자들이 보는 것처럼 볼 수는 없다. 일상적인 평범한 삶이나 자연세계를 통해 드러나는 우리의 정서적 진리는 또 다른 진리로 우리에게 다가온다. 이처럼 마술적 세계관을 거쳐 이성적 세계관에 이른 모더니즘은 우리에게 굉장한 꿈과 희망을 가져다주는 것처럼 보였지만, 또 다른 반성과 극복이 불가피해 졌으며 이를 계기로 새롭게 등장한 것이 포스트모더니즘이다.

(3) 포스트모더니즘의 이중적 양면성

포스트모더니즘을 모더니즘의 단절로 본다면 탈근대주의(post＝anti)로 해석할 수 있고, 모더니즘의 연속으로 본다면 후기 근대주의(post＝after)로 해석할 수 있다. 하지만 포스트모더니즘은 모더니즘의 논리적 계승이며 발전인 동시에 비판적 반작용이며 단절이기도 하다. 이런 양면성을 간과한 채 이루어지는 포스트모더니즘에 대한 어떤 논의도 충분할 수 없다. 일반적으로 모더니즘의 시대를 1910년대부터 1960년대를 전후한 시기로, 포스트모더니즘의 시대를 그 이후부터 현재까지로 본다. 그리고 1970년대 후반의 학계는 포스트모더니즘을 부정적인 변증법과 해체과정에 초점을 맞추어 파악하려고 하였으나, 1980년대 이후부터는 새로운 창조적인 운동으로 인해 포스트모더니즘을 건설적인(생태학적인, 근거를 갖춘, 개혁적인) 사조로 부르게 되었다.

(4) 모더니즘의 문제

모더니즘은 중세 이후 비합리적이고 비과학적인, 비이성적인 종교적 세계관을 해체시켰다. 그러므로 모더니즘은 이성의 힘을 통해 역사의 진보, 과학기술에 대한 믿음을 전제로, 이성에 정당성을 부여하여 개개인의 비판적 사고, 사회적 책임, 이성과 자유에 근거한 합리적 사회를 이룩하겠다는 거대한 흐름이다.

① 이성의 문제

ⓐ 이성적 주체로서의 인간관: 모든 인간은 이성적 능력을 가지고 있으며, 그 능력을 올바로 사용하면 보편적 진리를 얻을 수 있다는 믿음이다. 또한 이성적 능력을 구비한 합리적 인간을 주체로 여기면서 자연을 비롯한 대상세계를 더 이상 신비로운 영역이 아니라 인간 주체가 지배하고 정복할 수 있는 객체로 파악하기 시작하였다. 이것은 데카르트의 '나는 생각한다, 고로 나는 존재한다'라는 명제에서 비롯되었다. 이것은 주체와 객체의 분리라는 사고를 바탕으로 이루어졌으며, 자연과학의 발달과 함께 자연을 지배하고 이용하는 객체로 바라보게 된 것이다.

ⓑ 이성적 진보로서의 역사관: 모더니즘에서는 이성을 바탕으로 사회 부문이 고루 발전하게 되며 역사와 인간의 진보가 가능할 것이라는 음에서 인간 삶의 모든 영역을 합리화시키고 있다. 합리적 주체인 인간 이성적 능력을 올바르게 구사한다면 역사의 무궁한 발전을 이룩할 수 있다는 진보 이념을 확신하는 것이다. 인간은 자연을 효율적으로 이용하여 물질적 부를 생산해 냈고 과학과 기술이 인간의 가능성을 극대화시킴으로써 개인의 삶과 사회체제가 합리적으로 발전되며 이를 통해 인류역사의 진보가 필연적이라는 낙관적 전망을 가지게 된 것이다. 하지만 20세기 후반에 들어서면서 이런 기대와는 달리 인간이 소외되고 사회체제에 의해 도구화되는 역현상이 나타나게 되었다. 또한 과학과 기술의 발달이 가져온 것은 정신적이고 도덕적인 삶의 행복이 아니라 전쟁의 위협, 생태학적인 위기, 자아의 상실 등과 같은 인간의 삶의 기반을 무너뜨리는 문제들이었다.

② 주체와 객체의 분리라는 문제

모더니즘 사회는 주체와 객체를 분리하는 패러다임을 통해 효율성과 합리성을 추구하였다. 이런 패러다임은 사회의 합리화와 진보라는 목적과 주체와 객체의 분리를 통해 주체의 객체에 대한 통제와 지배를 정당화하고 존속시키는 논리로 활용되었다. 소수의 권력, 재력, 학력 등의 힘 있는 자, 가진 자가 주체자로서의 역할을 담당하게 되었고 주체자는 곧 지배자로 인식됨에 따라 인간은 서로 경쟁하는 것이 당연한 일로 받아들여지게 되었으며, 그것이 곧 사회 전체의 당연한 삶의 방식으로 인정되었다. 그러므로 인간관계가 서로를 객체화, 도구화하는 일은 일반적인 형태로 인식되었다. 이런 관계의 전형은 관료제이다. 관료제는 인간적인 가치 지향보다 이미 정해진 목적의 달성을 위해 효율적인 조직, 관리, 경영, 태도를 중요하게 여긴다. 여기에서 인간은 효율성 속에 구속되어 목적 달성을 위한 하나의 단위로 취급될 뿐이다. 이런 효율성, 도구성이 인간의 삶에서 가장 큰 가치로 인식되며 최고의 우선순위로 인정받기 때문에 자유로운 존재로서 인간의 삶의 의미와 값어치는 뒤로 물러날 수밖에 없다.

③ 기대 설화의 문제

모더니즘에서의 학교 교육은 보편적이고 절대적인 진리나 지식에 대한 탐구 작업이 아니라 특정한 목적에서 권력과 지식, 이데올로기를 연계시킨 사회적·역사적 산물이라고 볼 수 있다. 거대설화의 표준화된 지식, 즉 정전(正典)이 학교 교육을 지배하고 있으며 다른 담론들은 무시되거나 배제되고 있다. 정전의 중심에는 모더니즘의 담론에서 나오는 거대 설화들, 위대한 지식이 자리잡고 있으며, 이것은 하나의 거대한 틀로서 모든 가치를 결정하고 모든 행위의 기준이 되어 왔다. 특히 공교육제도는 인간 본래의 자유를 회복하고 평등을 실현하기 위해 편견과 무지를 극복하고 인간정신의 발달을 실현하고자 하였으나 실제로는 국가가 교육의 주체가 되면서 권력과 지식 또는 이데올로기의 존속을 위한 도구로 이용되었던 것이다. 그러므로 공교육 하에서 학교는 교육에 대한 국가의 통제를 정당화시키고 학생들이 지배자의 권위나 통제에 아무런 비관 없이 순종하고 길들여지는 장으로 여겨지게 되었다. 뿐만 아니라 지식을 효율성 제고의 수단으로 전락시키고 거기에 부합되는 필요한 지식만을 추구함으로써 교육을 물상화시키게 되었다.

2) 포스트모더니즘의 특성

포스트모더니즘의 주요 특징은 전체성(totality)에 대한 비판, 이성(rationality)에 대한 비판, 보편성(universality)에 대한 비판이라고 볼 수 있으며, 이런 비판들을 근간으로 하는 포스트모더니즘은 다원성을 토대로 현대의 합리주의와 기능주의를 극복하면서 이성을 달리 생각하라는 하나의 시대적 요청으로 파악된다. 기본 입장을 네 가지로 정리해 본다.

(1) 반정초주의(Anti−foundationalism)

일반적으로 도덕성은 보편적이고 불변하는 가치로서 삶의 기본 원리를 구성하는 것으로 이해된다. 하지만 포스트모더니즘에서는 어떤 영역에서도 이런 기초는 없다고 본다. 왜냐하면 가치는 문화의 산물이며, 시대와 장소에 따라 변하고 달라지기 때문이다. 특히 도덕성은 다양한 이해관계, 전통, 환경 등에 따라 새롭게 창조되는 것이다. 따라서 포스트모더니즘에서는, 지식이나 인간 인식에 있어서 절대적인 기초가 존재한다는 근대 철학의 기본 가정과 신념을 정초주의라는 이름으로 비판하고 반정초주의를 기본 입장으로 내세운다.

(2) 다원주의(pluralism)

다양성은, 삶에는 궁극적인 기초가 없으며, 지식은 인간의 이해관계와 전통을 변화시킴으로써 결정된다는 신념에 근거하고 있다. 이를테면, 상이한 사회 구성원들과 이익집단들은 그들의 특정한 필요와 문화에 적합한 가치를 구성한다는 것이다. 따라서 인간 개개인의 형편이나 입장, 처지나 상황을 반영하는 다양한 삶의 방식이나 개성적 표현 방식은 포스트모더니즘 사회에서 장려되는 것이다.

(3) 반권위주의(Ati−authoritarianism)

포스트모더니즘에서는, 도덕적 지식을 포함하는 모든 지식은 지식을 생산하는 자들의 이익과 가치관을 투영시킨다고 본다. 따라서 집단 이기주의와 편견을 이겨내고 다양한 사람들의 이익을 충실하게 고려하기 위해서는 모든 지적이고 도덕적인 탐구 행위가 민주적이고 반권위주의적인 방식으로 시행되어야 한다. 도덕적 가치는 특정한 한 집단(부모, 교사, 학자, 성직자 등)에 의해 형성되어서 다른 집단(자녀, 학생, 시민 등)에게 전달되어서는 안 된다. 모든 사람들이 도덕성을 창조하는 행위에 참여해야 할 것이다. 따라서 반권위주의적 상황에서 가장 중시되는 절차는 대화적 절차이다. 개방적이면서도 비판적인 대화의 중요성이 무엇보다도 강조되는 사회가 바로 포스트모더니즘 사회이다.

(4) 연대의식(solidarity)

포스트모더니즘은 타자에 대한 관심과 연대의식을 매우 강조하며, 타자에게 해를 끼치는 억압적인 권력구조, 조종, 착취, 폭력 등을 거부한다. 한 걸음 더 나아가 보다 적극적으로 공동체, 상호 존중, 협력의 정신을 증진시키려고 한다. 이처럼 포스트모더니즘은 특정의 이론이나 원리를 가지고 모든 것을 획일적으로 규정하고 통제하는 전체주의적 사고방식을 비판하면서 기본 입장을 내세운다. 그러므로 현대 문화에 큰 영향을 미치는 포스트모더니즘 정신이란, 진리와 지식 그리고 인간과 사회에 대한 기존의 모든 이론 체제나 사고체계가 지니고 있다고 가정되는 객관성과 확실성을 부정하면서, 다원성과 상이성에 대한 인식을 바탕으로 기존 체제가 가졌던 권위의 허구성을 밝히고 해체함을 일차적 특성으로 삼는다. 포스트모더니즘 사회는 하나의 지식이나 진리에 의해 지배되지 않는 사회, 즉 수많은 담론들이 그 나름대로의 정당성을 인정받는 사회이다.

3) 포스트모더니즘의 교육론

포스트모더니즘은 계몽주의의 이성이 구축한 획일성, 전체성, 절대성을 비판하고 대신 다원성과 상대성을 강조한다. 그러므로 수많은 정보가 다양하게 쏟아져 나오는 포스트모더니즘의 정보화 사회에서는 계몽주의 체제로서의 근대교육제도인 공교육체제로는 포스트모더니즘 사회에 부응할 수 없다고 보기 때문에 다원성과 상대성, 그리고 탈권위성을 보장할 수 있는 새로운 대안적 교육체제가 요구되는 것이다. 대량생산과 소비가 바탕을 이루는 산업사회에서는 상품의 규격화와 가치관의 획일화가 초래되었지만, 정보화 사회에서는 가치관의 탈획일화, 생산구조의 세분화와 분권화, 개성의 추구와 존중이 필히 요구될 것이다. 이에 따른 교육의 구조적 변화는 촉진되어야 하며 획일적인 교육방식에서 벗어나 교육내용과 방법의 다양화도 장려되어야 한다.

(1) 소서사적 지식관

소서사를 존중하는 포스트모더니즘은 그 동안 보편적인 큰 틀에 의해 무시되고 소외되었던 특수하고도 지엽적인 문제들을 공론화시켰다. 예를 들면, 여성 및 노인 문제, 성차별 및 장애인 차별 문제, 소수민족 문제, 빈곤문제, 아동문제, 환경문제 등을 수면 위로 올려놓았으며 소서사로서 제 목소리를 낼 수 있게 만들었다. 보편타당한 객관적 진리의 추구로서 대서사가 정당화되었던 근·현대 사회와는 달리, 포스트모더니즘 사회에서는 소서사가 존중되며 권리를 보장받는다. 다시 말하면, 포스트모더니즘 사회에서는 지식의 지위가 근본적으로 달라졌다는 것이다. 기술의 변화는 지식의 변화를 촉발시키고 있으며, 이에 따라 폐기될 지식과 각광받을 지식이 구분될 것이다. 교육이 지식의 문제를 취급하는 한, 교육은 지식의 변화추세에 민감하지 않을 수 없다. 이제 지식은 상품과 마찬가지로 교환가치에 의해 그 값이 매겨질 것이다.

(2) 지식의 정당화를 위한 두 가지 원칙

포스트모더니즘의 탈현대적 상황에서 지식은 서로 경쟁하는 두 가지 원칙에 의해 정당화되고 있다.

하나는 결코 바람직하지 않음에도 불구하고 현실적으로 호소력을 얻고 있는 이른바 수행성(Performativity)의 원칙이고, 다른 하나는 리오타르가 적극 옹호하는 역리(paralogy)의 원칙이다.

① 수행성의 원칙

테크놀로지의 논리는 가능한 한 투입요인을 줄이고 산출을 극대화하려는 효율성의 논리이며, 이것이 바로 수행성의 원칙이다. 테크놀로지의 준거는 진리나 정의가 아니라 오직 효율성을 높이는 일이다. 따라서 교육은 사회체제의 효율성을 유지하는 데 필요한 지식과 기술을 전수해야 하고, 교육내용도 탈산업사회의 기술적 필요에 부응해야 하며, 교사는 이런 내용을 얼마나 효율적으로 전수하느냐에 따라 그 값어치가 평가된다. 이런 상황 하에서는 학문을 위한 학문, 지식의 내재적 가치를 추구하는 학문, 인간의 조화로운 발달과 관련되는 지식의 논리적 형식들이 교육과정의 중심을 이루어야 한다는 주장은 점차 그 설득력을 상실하고 있다. 지식은 이제 그 자체로서는 목적일 수 없고 오직 교환가치만 인정될 뿐이다. 이것은 또 다른 교육의 소외를 야기할 것이다.

② 역리의 원칙

탈현대적 지식의 정당화 원칙으로 리오타르 자신이 적극 옹호하는 것은 역리의 원칙이다. 모든 지식이 정보언어로 저장되고 유통되며, 누구에게나 개방되어 있는 컴퓨터화된 시대에 있어서 지식의 발전을 가능하게 하는 것은 역설적 접근이다. 이를테면 기존의 정보를 전혀 다른 방식으로 재배열하고 새로운 언어 게임의 규칙을 고안해 낼 수 있는 상상력과 이의(異意), 그리고 발명 같은 것을 말한다. 이처럼 합의보다는 이의, 동일성보다는 차이, 사변적 통일성보다는 불가공약적인 제안에 대한 관용, 그리고 기존의 패러다임을 근본적으로 전도시키는 역설적 사고방식을 중요시하는 것을 역리의 원칙이라고 한다.

(3) 리오타르 사상의 교육적 함의

리오타르의 주장은 동질적 보편성에 근거한 이성 개념을 불신하고, 이 질적이고 다원적인 이성의 존재를 인정하자는 것이다. 그 근거로 그는 칸트와 비트겐슈타인의 인식론적 공통점에 주목한다. 칸트의 순수이성비판과 실천이성비판 및 판단력비판의 성과는 이론 이성과 실천 이성 및 심미적 이성이 질적으로 상이한 이성임을 보여준 것이다. 이성의 이 같은 이질성(heterogeneity of reason)을 반영한 것이 언어의 이질성이다. 과학적 담론, 윤리적 담론, 심리적 담론 등 각기 규칙이 다른 다양한 담론의 장르가 존재하는 것처럼, 다양하고 이질적인 언어 게임이 있을 수 있다는 점에 주목한다. 현실 공간뿐만 아니라 사이버 공간이 일상적 삶의 새로운 지형이 될 탈현대적 상황에서는 기존의 담론과는 근본적으로 다른 상이한 언어 게임들이 있을 수 있음을 인정해야 할 것이다. 리오타르는 결코 대화의 단절이나 불가공약성 그 자체에 궁극적 가치를 부여하는 것은 아니다. 오히려 이질적 주장들 간의 끊임없는 논의를 통해 지식이 발전하고 역리와 역설을 억압하지 않는 교육적 관계를 통해서 비로소 창의성과 상상력이 계발된다는 주장이다. 포스트모더니즘 사회에서는 해방의 설화, 사변적 설화, 기술적 효율성에 의존하기보다는 담론의 이질성을 존중하면서 역리의 원칙을 교육과 지식의 내재적 논리로 인정해야 한다. 합의라는 것은 논의의 과정에서 형성되는 특정 상태를 지칭할 뿐, 결코 학문적 대화의 궁극적 목적일 수 없다. 합의를 목적으로 하는 한 지식의 발전은 불가능하고, 합의를 강조하는 교육은 창조적 상상력을 억압하게 되므로 끊임없는 논전과 역설적 사고 실험을 존중하는 것이 교육과 지식 그 자체의 내적 논리라고 할 수 있다. 교육은 무지로부터 인간을 해방시키는 것이 아니라 무지를 인지하도록 유도하고, 표현할 수 없는 고통을 극단화하여 표현하려는 의욕을 자극하고 마침내 표현하게 되었을 때 한없는 기쁨을 느낄 수 있도록 도와주는 일이다. 알면 알수록 더욱 무지의 고통과 뒤이은 기쁨이 교차하기 때문에 교육의 본질은 자유와 해방을 약속하는 것이 아니라 오히려 고통을 감내할 의무의식을 심어 주는 작업이다(*Ibid*).

8. 행동주의(Behaviorism)

1) 교육사적 배경

스키너(B. F. Skinner)는 행동주의적 과학자이지만 그로 인해 그가 세계적인 명성을 얻게 된 「자유와 위엄의 피안」(Beyond Freedom and Dignity)이란 그의 책은, 과학서적이라기보다는 철학적인 작품이다. 이 작품에서 그는 인간의 본성과 가치판단의 근거에 관한 자신의 견해를 피력했다. 스키너는 '인간이 자기 나름의 방법으로 사고하고 결정하여 행동하는, 따라서 성공에 대해선 칭찬을 받아야 하고 실패에 대해선 책망을 받아야 하는 존재'라는 견해는 전과학적인(prescientific) 견해라고 한다. 그리고 이에 반해서 자기 나름의 과학적인 견해를 제시하는데, 그것은 인간의 행동이란 그 종(種)의 진화사에 따라 추정할 수 있는 발생학적 특성과 개인이 처한 환경에 의해서 결정된다는 것이다. 스키너는 이 두 견해 중 그 어느 것도 증명될 수는 없다는 것을 인정한다. 그럼에도 그 자신은 둘째 견해를 위한 증거들이 나타나는 것이 과학적 탐구의 특성이라고 주장한다.14)

스키너에게 있어서 인간이란 그 어떤 독특성에서도 완전한 과학적 분석을 거부할 수 있는 자의식적인 존재가 아니다. 그의 말에 의하면 자아(self)란 '주어진 사태에 적절한 행동의 목록(a repertoire of behavior appropriate to a given set of contingencies)'15)이라는 것이다. 즉 인간의 사고, 꿈, 느낌을 포함한 인간의 사적인 내면세계도 외부 세계와 똑같은 자연이라는 것이다. 그는 이렇게 선언한다. '차이점은 사적인 내면세계의 구성요소나 그 질에 있는 것이 아니라 우리의 접근 가능성에 있는 것이다.16) 그리하여 스키너는 '자율적인 인간'이란 말을 사용하는 것을 자주 비판한다. 심지어 그는 이 개념이 인류의 생존을 위협하는 것이라고 말하고 있다. 기독교 신학자가 '자율적인 인간'이란 말을 사용할 때 그가 뜻하는 것은 자신을 진리와 가치의 궁극적 주재자로 보는 자연인을 말하는 것이다. 그러나 스키너가 이 말을 사용할 때는 그리스도인이나 비그리스도인을 막론하고 자신의 삶에 자유나 위엄을 인정하는 사람을 뜻하는 것이다. 이렇게 정의된 '자율적인 인간'이란 개념은 행동주의자들에 의해 거부된다. 그에 의하면 비둘기와 인간의 차이점이 있다면 그것은 비둘기는 단순한 동물의 생활을 하는 반면, 인간은 보다 복잡한 형태를 지닌 동물이란 점뿐이다. 즉 인간이나 동물을 막론하고 어떤 행동이 있다면, 그것은 환경적 조건에 의해 규정된 행동이라는 것이다. 스키너는 이를 다음과 같은 말로 명백히 하고 있다. '우리가 아는 대로는 외몽고 지역에 사는 말을 타고 다니는 유목민과 우주여행을 하는 우주인과는 명백히 다른 사람이다. 그러나 그들의 출생환경이 서로 바뀌었다면, 그들은 지금의 위치도 서로 바뀌었을 것임에 틀림이 없다. 이와 연관해서 그는 다음과 같은 길버트 셀데스(Giibert Seldes)의 명제를 인용한다. 인간이란 환경의 산물이다. 만일 당신이 호텐토트족의 어린이 30명과 영국의 귀족 어린이 30명의 처한 상황만 바꾸어 놓는다면 그 귀족들은 모든 면에 있어서 호텐토트가 될 것이고, 호텐토트의 어린이는 보수적인 인사들이 될 것이다.

그렇다면 행동의 모든 측면이란 환경적 원인에 그 뿌리를 가지고 있는 것이다. 즉 모

---

14) B F. Skinner, *Beyond Freedom and Dignity*(Toronto: Bantam Books, 1771), 76.
15) *Ibid.*, 187.
16) *Ibid.*, 182.

든 반응은 그에 상당하는 자극을 가진다. 그러므로 행동주의자들에 의하면 그 원인이 되는 자극만 알면, 그에 따른 특별한 반응을 예상할 수 있다는 것이다. 따라서 과학자는 행동공학을 사용해서 출생 시의 어린이를 받게 되면 그가 목사가 될 것인지, 사업가가 될 것인지, 바텐더가 될 것인지 등 여러 가지를 원하는 대로 되게끔 프로그램을 작성하여 활용시킬 수 있다고 한다. 동물에게 적용하는 모든 것을 인간에게도 행할 수 있다는 것이다. 또한 개인에게 할 수 있는 것이면, 온 인류에게라도 할 수 있다고 한다. 이런 확신 가운데서 스키너는 행동공학을 가지고 인류가 장차 가지게 될 유토피아적인 문화를 구상하고, 그것의 발전을 공언한다. 그는 다음과 같은 세계를 제안하고 있는 것이다.

인간들이 서로 투쟁함이 없이 살며 스스로 음식과 거주지, 의복 등 필요한 것들을 생산하며, 미술과 음악, 문학, 게임 등을 가지고 스스로 즐기며, 다른 이들의 즐거움에 도움을 주며, 세계 자원의 합리적인 부분만 소비하고, 할 수 있는 한 최소한의 공해만을 발생시키며, 잘 키울 수 있는 정도의 아이들만 낳으며, 주변 세계에 대한 개발을 계속하고, 그 세계를 다루는 보다 나은 방법을 발견해 내며, 자신들을 더 정확히 알게 되며, 따라서 자신들을 더 효과적으로 다룰 수 있게끔 되는 그런 세상. 이 모든 것들은 분명히 수많은 문제들을 야기한다. 예를 들어서 행동주의 과학자가 인간 행동을 통제한다고 할 때 제한된(사고의) 준거의 틀을 가지고 있는 그가 어떻게 인간행동의 당위를 알 수 있을까? 또 과학자가 우리에게 낙태를 어떻게 할 수 있느냐고 말할 수 있다고 해도, 그것을 해도 좋은지 아닌지는 어떻게 말할 수 있단 말인가? 물론 스키너는 이런 물음에 대해서, 윤리적인 문제도 다른 모든 문제들처럼 과학적인 분석에 의해서 대답될 수 있다고 확신을 가지고 쉽게 반응할 것이다. 그는 이렇게 말한다. '사물이 좋고(正的 强化), 나쁜 것(負的 强化)은 그 종이 진화해 온 자생조건에 의한 것이다. ……결국 모든 강화자들은 진화적 적자생존에서 그 힘을 얻어 온다. 환언하면 한 사물이 좋고, 나쁜 것은 그것이 그 종(種)의 생존에 기여하는 행동을 강화하는가, 아닌가에 달린 것이다. 그것만이 궁극적인 가치라는 것이다. 스키너의 사고는 자신의 전제에서는 매우 논리적이다. 그러나 만일 성경의 하나님께서 존재하시고 행동하신다면, 인류의 생존이 인간의 궁극적 목적도 아니며 그것이 올바른 가치체제의 근거가 되는 것도 아니다. 인간은 자기 자신보다 훨씬 크신 이, 그리고 인류 전체보다 훨씬 크신 이를 위하여 살게끔 피조되었다. 인간은 하나님을 위해 살도록 만들어진 것이다. 그러므로 우리는 무엇을 먹든지, 마시든지 무엇을 하든지 다 하나님의 영광을 위해 해야만 한다(고전 10:31).

스키너의 철학에 함축되어 있는 더 위협적인 문제는 누가 이 이상 사회를 그리고 있느냐, 인간 가운데 누가 과연 그런 자격을 가지고 있느냐 하는 것이다. 프란시스 쉐이퍼(Dr. Fransis A. Schaeffer)는 행동주의 과학자가 그 이상사회를 그리는 일을 상상하면서 이렇게 쓰고 있다. '하얀 실험실 옷을 입은 사람들 사이에서 우리는 누구를 보는가? 타락한 결점투성이의 인간이 아닌가? 자선을 베푸는 위대한 조작자는 어디서 나왔는가? 이상사회를 논하자! 이것이야말로 최고의 이상사회가 아닌가?' 더구나 사람이 행동주의자가 말하는 것과 같이 환경에 의해서 조건화되는 공허한 유기체라면, 그중 어떤 사람은(행동주의적 과학자) 이 과정에서 벗어나 살 수 있는 것처럼 말하는 것은 있을 수 없는 일이 아닌가? 즉 그만이 조건반응의 과정을 지적으로 분석하고, 자신들이 선택한 바에 따라서 인류를 조작하는 방법을 사용할 수 있다는 것은 말이다.

스키너는 이런 문제를 예기하고 있었다. 그는 이렇게 논의한다. '문화의 구성자는 주제넘게 나선 침입자도, 쓸데없는 간섭자도 아닌 것이다. 그는 자연적 과정을 파괴하는 자가 아니다. 오히려 그는 자연적 과정의 일부인 것이다. 즉 문화를 조작하며 구성하는 사람 자신도 종(種)의 생존을 위하여 문화를 구성하게끔 환경적인 조건반응을 형성하게 된 사람이라는 것이다. 물론 이 논의는 본능적으로 인간이 기계 이상의 무엇이라고 믿는 항간의 어떤 사람에게조차도 만족스러운 것은 아니다. 그러나 이 점에 있어서 스키너의 입장이 지닌 근본적인 약점은 그의 논리에 있는 것이 아니고, 그가 사물의 본성을 보는 그의 전제인 출발점에 있는 것이다. 이제는 행동주의가 교육에 미칠 영향이 얼마나 큰가 하는 것을 생각할 차례이다. 행동주의가 전문적인 교육자에 의해서 신중하게 취급된다면, 결국 학교 구성에 있어서 전면적인 변화가 요구될 것이다. 즉 학교의 전체 환경이, 바람직한 행동은 강화되고, 바람직하지 않은 행동은 소거하게끔 되어야 할 것이다.

2) 행동주의 교육론

현대교육자들에게 아주 인기 있는 스키너의 교육방법을 적용한 것이 교수기계(teaching machine)와 함께 사용되는 프로그램 학습이다. 물론 스키너가 이 방법의 사용을 제안한 첫 교육심리학자도, 유일한 교육 심리학자도 아니다. 그러나 그의 활동이 이 기법의 보다 깊이 있고 다양한 사용에 커다란 영향을 미친 것은 말할 나위 없다. 행동주의 과학자가 비둘기로 하여금 원반을 쪼게 하거나 탁구를 할 때 사용하던 교수방법과 동일한 원칙에 근거한 프로그램 학습은, 가르치려고 하는 자료를 조그마한 단위의 정보로 나누어 이를 논리적 순서에 따라 학생들에게 시각적으로 제시해야 한다는 것을 포함한다. 학생은 각 단계의 정보를 읽고, 매우 단순한 질문에 대답을 하게 된다. 그러면 티칭-머신(교수기계)은 학생들에게 즉각적으로 정, 오의 여부를 알려주게 된다. 그런데 문제가 잘 정돈되어 있으므로 학생들은 쉽게 옳은 대답을 하게 되고, 따라서 정적 강화를 받으며 다음 단계로 넘어가려는 동기 부여도 받게 된다. 이렇게 하여 프로그램 전체를 진행하도록 되어 있는 것이다.

예상할 수 있는 대로, 연구자들의 프로그램 학습에 대한 평가는 다양하다. 그 이유 중의 하나는 교육목적에 대한 일치의 결여 때문이다. 무엇이 바람직한 교육적 산물인가? 교육의 기본적인 목적이 객관식 시험에 의해 평가되는 간단한 사실적인 정보를 숙달하는 것이라면, 우리는 프로그램 학습에 대해서 긍정적인 것을 많이 말할 수 있을 것이다. 그러나 학습의 목적이 학생으로 하여금 진리를 이해하도록 하고, 그것에 헌신하도록 하는 것이라면—따라서 그 결과를 객관식 시험으로는 다 평가할 수 없는 것이라면—교수기계와 프로그램 학습에 대해서는 제한된 가치부여 이상을 할 수 없을 것이다. 교수평가를 객관식으로 하는 것 자체도 논의해 볼 필요가 있다. 객관식 시험 형태가 요구하는 지식의 기억 능력은 꼭 그 지식을 삶의 정황에다 적용하는 능력을 수반하는 것이 아니라고 하는 논의를 할 수 있다. 심리학자들은 소단계 학습(Minimal step learning, or Small step learning)의 심리학적 효과에 대해서는 더 많은 조사연구가 필요하다고 한다. 볼거(Borger)와 씨본(Seaborne)은 프로그램 학습에 관한 많은 이점을 열거한 후에 다음과 같은 경고를 덧붙이고 있다.

많은 소단계로 이루어진 문제가 하나의 큰 단계로 이루어진 문제와 동일한가 하는 문제에 대해서는 현재까지 충분한 증거가 나와 있지 않다. 그러나 학습자가 처하게 될 실제 상황은 분명히 일정한 양의 정보가 주어질 때까지 기다려 주는 상황이 아닐 것이다. 그러므로 정확한 정보는 없지만, 소단계 훈련은 불리한 제2의 효과를 낼 수도 있을 것이다. 즉 학생들로 하여금 프로그램화되어 있지 않은 학습 상황에 대처하지 못하도록 할 위험이 있는 것이다.

기독교적 관점에서 볼 때, 프로그램 학습은 환원적 인간관에 근거하고 있음을 기억해야만 한다. 프로그램 학습은 실재를 인간에게 제시할 때, 마치 조련사가 동물에게 사물을 제시하듯 하는 것이다. 만일 이런 방법만이 사용된다면, 우리는 학생들에게서 복잡한 상황에 대한 분석과 해석의 기회를 박탈하는 것이 된다. 그러나 인간은 인간인 한, 그를 만드신 위대하신 하나님께서 그런 분석과 해석을 하도록 하시지 않았는가? 그렇지만, 하나님을 거부하는 중생하지 못한 사람들은 세상을 원자화시켜서 단편적으로 볼 수 있지만, 기독교의 의미를 의식하고 있는 신자들은 모든 진리가 그 원천이신 하나님으로 인해 통일성을 갖고 있음을 잊어서는 안 된다. 그러므로 실재의 어떤 면이라 할지라도, 바르게만 이해하면 넓은 상황에서 자기의 바른 위치를 가지고 있는 것이다. 그러므로 교수기계(teaching machine)도 포괄적인 교수 프로그램의 한 부분으로서는, 기독교교육자에게 매우 유용한 것이 되는 것이다. 그러나 그것만을 사용한다든지, 진리의 통일적 체계를 사람에게 가르치는 교육 프로그램에 있어서 그것만이 주요한 요소가 된다든지 하는 것은 적절한 일이 아니다. 우리는 잠시 동안, 천사보다 조금 못하게 하시고 영광과 존귀로 관을 씌우신 사람을 교육하고 있기 때문이다(*Ibid*).

제4장

기독교교육의 원리

I. 기독교교육의 목적론

1. 교육목적에 대한 이해

1) 목적의 정의

교육목적을 나타내는 용어로는 교육이념, 교육목표, 교육목적, 일반적 목표, 구체적 목표, 단원목표, 수업목표 등을 비롯하여 다양한 용어들이 있으며 사용자에 따라서 그 뜻도 약간의 차이가 있다. 교육목적을 뜻하는 영어 단어로는 Objective와 Purpose가 있으며, 그 외에도 Goal, End, Aim, Mark, Target 등의 단어가 있다. 교육학에서 사용하는 용례를 보면 교육의 목적은 일반적으로 교육에 대한 국가나 사회 일반의 요구를 담고 있으며, 장기간 교육을 통해서 개발되는 인간의 특성을 진술한다. 우리나라의 경우 교육목적은 교육법으로 규정하고 있으며, 각급 학교의 국가수준 교육과정의 문서 서두에 제시된 교육적 인간상도 교육의 목적을 나타낸다. 그러나 기독교교육에서 어떻게 목적과 목표를 구분하여 사용할지에 대해서는 별로 논의된 것이 없다. 이 장에서는 주로 기독교교육의 일반적인 지향점(Aim or Goal)과 교단차원에서 논의되는 기독교교육의 지향점을 교육목적, 교육목표(일반적, 구체적)라는 용어로 표현하고자 한다.

일반적으로 교육목적은 학습과정 또는 학습경험을 통해서 학습자에게 성취하고자 하는 행동의 결과라고 말할 수 있다. 폴비스(Paul H. Vieth)는 "교육목적은 교육과정을 통하여 달성하기를 바라는 성과의 진술이다. 그것의 기능은 사전에 기준을 정하는 것이다. 그것은 교육의 존재 이유를 위한 목표를 구성한다. 교육에 있어서 목적은 건축가의 설교도면과 같은 것이다. 목적을 바라보면서 그 목적에 도달하기 위한 적절한 활동들과 각각의 활동의 적절한 순서가 선택된다. 그것의 성공여부는 건축물의 건축에서 성취된 결과의 기준에 따라 측정된다. 즉 정해진 과정의 기대되는 성과로서 의식적으로 수용되는 결과의 진술(A statement of a result consciously accepted as a desired outcome of a given process)"이라고 정의하였다(Objective in Religious Education, New York: Red Label Reprints, 1930: 17~18). 이와같이 교육의 목적은 교육의 전과정을 이끌어 가는 핵심적인 작용을 하기 때문에 교육목적은 무엇보다 중요하게 다루어져야 한다.

2) 교육목적의 역할

교육의 과정에 있어서 교육목적을 설정하는 일은 교육의 과정에 있어서 첫 단계에 해당한다. 교육의 과정이 결국 어떤 변화를 기대하면서 진행되는 것이라면, 어떠한 변화가 기대될 것인지를 결정하는 일은 모든 일에 우선되는 것이다. 교육목적이 분명하게 진술되어야하는 이유는 목적이 교육의 전 과정에서 다음과 같은 기능을 갖고 있기 때문이다. 그것을 구체적으로 살펴보면 다섯 가지로 나눌 수 있다(Chester O. Galloway, Principles of Curriculum Development, 강용원, *op. cit.*, 136 재인용)

첫째, 목적은 교육적 과제의 방향을 설정한다. 분명한 목적이 없다면 교육의 전 과정은 방황할 것이다. 교육목적은 도달하고자 하는 목표점으로서, 교육의 과정이 지향해 나갈 지점을 분명하게 제시해 준다.

둘째, 목적은 교육경험을 선정하는 기준이 된다. 목적은 학습자가 어떤 교육적 경험을 해야 할 것인지를 결정한다.

셋째, 목적은 방법론을 결정한다. 목적이 내용을 결정한다면, 목적은 역시 내용을 효과적으로 가르치는 방법을 결정 한다.

넷째, 목적은 평가를 위한 기준을 제공한다. 목적을 정해 놓았지만, 평가는 전혀 무관한 것을 행하는 경우가 많다. 분명하게 명시된 목적은 언제나 평가의 기준이 된다.

다섯째, 목적은 모든 교육 참여자들에게 구조적인 틀을 제공한다. 기본적 목적은 전반적인 정책을 설정하고, 일반적 목표와 구체적 목표들은 보다 구체적인 지침을 제공한다. 포괄적이고 만족스러운 목표의 설정은 모든 참가자들이 선택된 목표들을 달성하기 위해 협동적으로 일할 수 있는 구조의 틀을 보장해 준다.

2. 교육목적론의 교회사적 이해

1) 일반적 이해

전통적으로 기독교교육목적론은 무엇보다도 성경 계시의 목적에 근거하고 동시에 신학적인 인간론에 기초하여 설정되어야 한다. 즉 이것은 하나님의 형상으로 창조된 인간, 죄로 말미암아 타락된 인간, 그리고 예수 그리스도를 통하여 구원되어야 할 기독교 구원론의 주제 하에서 그 목적과 방법론이 논의되고 해석되어야 한다는 말이다. 이러한 전제에 의해 기독교교육은 인간으로 하여금 그리스도 안에 나타난 하나님의 계시를 올바르게 인식하고 그 계시 안에서 언제나 믿음으로 응답하며, 살아계신 하나님에 대한 신앙고백과 함께 하나님의 뜻을 따르는 신앙의 삶이 이루어지는 것이다.

(1) 성경적 배경

성경에서 제시한 기독교교육의 목적과 목표를 따라 교육의 실제화 되도록 해야 한다. 예를 들면 에베소서 4:11~16의 본문에서 교회교육의 목적과 목표를 찾을 수 있다. 특히 본문은 "성도를 온전케 하며", "봉사의 일을 하게하며", "그리스도의 몸을 세우려 함"에 있다고 말씀하고 있다(To prepare God's people for works of service, so that the body of Christ may be built up: NIV). 본문 12절에 제시한 "성도를 온전케 한다"(for the equipping of the saints: NASB)라는 것이 그 다음에 제시된 봉사의 일을 하게하며, 그리스도의 몸을 세운다는 것을 위한 근본적인 목표인 것이다. 여기서 성도를 온전케 한다는 말은 원어 상으로 볼 때 성도를 가르치고 훈련하여 하나님의 나라와 교회를 위하여 일하는 섬기는 일꾼으로 양육하고 훈련시키는 영적인 준비의 의미를 가진 것이라 하겠다. 그리고 13~16절 사이에서 믿음의 장성한 분량이 충만한 데까지 이르고 신앙의 온전함을 향하여 성숙되어야 하는 하나의 신앙교육과정으로 설명된다. 디모데후서 3:14~17의 성경말씀에 근거하여 종교개혁자 칼빈은 그 당시 교회의 신앙교육의 목적론을 설정하기도 하였다. 또한 마태복음 28:19~20의 본문에서 기독교교육의 목적과 과제는 제자 훈련으로 설명된다. 예수님은 이 말씀에서 두 가지 사명을 제시한 것으로 보는데 첫째는 복음 선교이며, 다른 하나는 기독교교육의 대명령이다. 이러한 성경의 표현들은 개교회적으로 또는 기독교교육과 교회교육의 목적과 방향을 설정하는 근거와 기준이 될 수도 있다. 그러나 엄밀한 의미에서 이 본문들은 문맥 전후와의 관계에서 볼 때에 또 다른 목적을 지닌 말씀으로 해석될 수 있기 때문에, 그 성경 본문이 오늘날 우리가 생각하려는 기독교교육의 목적론 그 자체로 보기에는 해석상의 문제를 가지게 된다. 그러므로 성격적인 근거로서 목적 설정과 기독교교육의 성격 규명에 근거해야 할 중요한 의미를 가진 것이라 하겠다. 바로 여기에 우리는 기독교교육의 목적론 설정에 있어서 성격적인 관점만으로 해결할 수 없는 한계가 있다고 해야 할 것이다. 즉 기독교교육 자체가 종합적 학문의 성격을 전제하고 있는 것처럼 또 다른 관점의 통찰을 필요로 한다는 말이다. 일반적으로 교육이란 근본적으로 인간의 인간됨을 그 본질적 과제로 삼고 있으며 온전한 인간으로서의 인격 형성이 교육을 위한 목적으로 설정될 수 있는 것이다. 이러한 관점에서 생각할 때 그리스도인의 양육, 또는 교회의 신앙교육은 역시 그 대상이 인간이라는 것을 인식해야 하며, 그리스도인의 인격이 그리스도의 닮아 가는 것이 관심의 초점이 된다고 할 것이다.

(2) 교회적 배경

교회의 사명은 다음의 4가지로 정리될 수 있는데: 첫째는 복음을 증거하는 일(μαλτυρia)이요, 둘째는 예배하는 일(λειτουϛνια)이며, 셋째는 성령 안에서의 성도의 교제(κοινώνια), 넷째는 하나님과 세상을 위한 봉사(διακονια)의 사명이다. 기독교교육의 목적은 이러한 교회의 사명, 또는 과제와의 관계에서 이해되고 고려되어야 한다. 이러한 4가지 사명은 서로 유기적 관계에 있는 것으로 그리스도 안에서 부름 받은 하나님의 백성들을 이러한 사명 수행에 상응하는 인간으로의 교육, 그리고 하나님의 형상으로의 양육에서 그 목적론이 설정되어야 하는 것이다. 교회는 언제나 교회 안에 속한 그리스도인들을 하나님의 말씀으로 양육하고 하나님의 말씀을 통하여 믿음으로 응답하며, 하나님과 이웃을 사랑하는 계명의 실천적 삶을 통하여 이웃과 더불어 하나님을 섬기는 삶을 제시한다. 교회는 궁극적으로 복음 전파의 사명인 말투리아(μαλτυρἰα)를 위해서 하나님의 나라를 경험하며, 하나님으로부터 그리스도 안에서 부름 받은 성도들의 코이노니아(κοινώνια)의 장이 되어야 하며, 교회교육은 모인 성도들을 세상에서 하나님의 나라를 위하여 봉사하는 그리스도의 일꾼으로 만드는 것을 교육의 최대 목표로 삼아야 하는 것이다.

2) 교회사적 이해

(1) 구약시대의 교육목적

하나님께서 인간을 창조하실 때 자기의 형상을 따라 인간을 창조하셨다. 그러나 인간이 범죄 함으로 인하여 하나님의 형상을 잃어버렸다. 그러므로 하나님은 잃어버린 하나님의 형상을 회복시키기 위한 목적으로 이스라엘백성들에게 십계명과 율법, 그리고 쉐마(Shema)라는 신명기 6:4~9의 교육명령을 주셔서 그들이 하나님의 말씀을 부지런히 가르치도록 하셨다. 특히 하나님께서 이스라엘백성에게 율법을 주신 것은 먼저 유대인교육을 위한 방편이었고, 모든 인류로 하여금 인간의 죄악성과 불충분성을 인식케 함으로써 구속주로를 대망하도록 하는 방편이었다. 둘째로 율법은 대속의 필요성을 이해하도록 일깨웠고, 인간들을 그리스도에게로 인도하는 몽학선생이 되어 믿음으로 의롭게 됨을 일깨워 주었다(갈3:24). 셋째로 율법은 죄인들로 하여금 자신이 죽은 사실을 인식케 함으로써 깊은 절망에 빠지게 하지만 이로써 죄인이 그리스도 안에 있는 생명을 붙잡게 한다. 넷째로 율법은 유대민족에게 주어졌고 다른 민족들에게 주어지지 않았지만 유대인들과 율법은 모든 세대의 모든 민족들에게 실물교본이 되었다(고전10:11). 그래서 페리 G. 다운즈는 구약 성경에서 교육의 목적은 이스라엘이 하나님의 법에 순종하는 법을 배워 하나님의 백성으로서의 지위를 분명히 하고 하나님께 영광을 돌리게 하는데 있다고 하였다(페리 G. 다운즈, 기독교교육학개론, 1998: 35). 그래서 잠언에서 "마땅히 행할 길을 아이에게 가르치라 그리하면 늙어서도 그 길을 떠나지 아니하리라"는 말씀을 강조하신 것이다. 마땅히 행할 길이란 다름이 아니라 '여호와를 경외하는 것'이다. 이것이 교육의 근본이었던 것이다. 그래서 그 당시의 교육의 목적은 하나님을 경외함을 가르치는 것이었다. 즉 하나님의 거룩한 백성으로서 하나님의 진리를 이방 민족에게 전파하는 제사장의 나라가 되게 하는 것이 목적이었다.

(2) 초대교회 시대의 교육목적

주님께서 마지막으로 부탁하신 말씀은 "너희는 가서 모든 족속으로 제자를 삼아 아버지와 아들과 성령의 이름으로 세례를 주고 내가 너희에게 분부한 모든 것을 가르쳐 지키게 하라 볼찌어다 내가 세상 끝날까지 너희와 항상 함께 있으리라 하시니라"(마28:19~20)이었다. 즉 모든 족속으로 예수 그리스도의 제자를 삼는 것이 바로 초대교회시대의 교육목적이었다. 휘튼대학(Wheaton College)의 교수였던 C. B. Eavey는 주님의 최종 부탁 속에 두 가지의 목적이 내포되어 있다고 하였다. 첫째는 죄를 회개하고 완전히 구원의 화신을 얻게 하는 것이고, 또 하나는 구원함을 받은 신자의 품성과 생활을 경건하게 살 수 있게끔 훈련시키는 것이다. 그러나 주님이 최후에 부탁하신 그 말씀 속에는 세 가지의 목적이 뚜렷하게 명시되어 있다. 첫째, 영혼구원(winning soul): 너희는 가서 모든 족속으로 제자를 삼아 아버지와 아들과 성령의 이름으로 세례를 주고, 둘째, 주의 말씀의 교수(teaching the word of Lord): 내가 너희에게 분부한 모든 것을 가르쳐, 셋째, 생활훈련(training christian life): 지키게 하라고 하신 것이다(An Introduction to Evangelical Christian Education, 57~58). 이에 따라 사도들은 주님의 지상대명령을 따라 가르침의 사역(teaching ministry)과, 설교 사역(preaching ministry)을 효과적으로 이루어 갔다. "날마다 성전에 있든지 집에 있든지 예수는 그리스도라 가르치기와 전도하기를 쉬지 아니"하였다(행 5:42). 따라서 초대 교회의 교육은 케리그마(kerygma)와 디다케(didache)로서 '선포하며' '가르치는' 것이었다. 초대교회 후기 시대에는 교리문답 교육이 교회교육의 기본 유형으로 정착되었다. 박해와 이단들의 도전에 대해서 교회를 수호하려는 변증가들에 의해 교회의 순수성을 지키려는 노력의 한 결과이다. 자연히 초대교회의 교육 목표는 지식훈련이 아니라 교리와 신앙생활의 훈련이었다. 교회가 핍박을 받던 때이므로 개종자들로 하여금 진실한 성도로서의 생활을 하도록 교육하는 일이 매우 중요하였다. 개종자들로 하여금 당시의 불신 사회와 저질적 도덕에서 성별하도록 교육하는 일이 교회교육의 사명이었다.

(3) 중세 시대의 교육목적

중세 시대를 정치적으로 보면, 주후 476년 서로마제국의 멸망한 때를 기준하여 중세의 시작이라고 보며, 학술적으로는 주후 529년 아테네대학의 폐쇄를 명한 시기부터 중세의 시작이라고 보는 반면에, 기독교 역사적인 입장에서 보면 콘스탄틴대제가 기독교를 국교로 선포한 이후 종교개혁 전까지로 본다. 이 기간이 약 천년 동안으로 교육적인 면을 2기로 나누어 볼 수 있다. 전기는 게르만인이 기독교의 감화를 받아 점차 야만스럽던 풍습을 탈피하는 시대인 바 12세기 이후에 속한다. 이 시대에 대표할 만한 것이 승려학교이다. 제2기는 이 시기 이후 게르만인이 획득한 문화를 이용하여 활동을 시작한 시기인바 대표적인 교육은 기사 교육, 시민의 교육, 그리고 대학 교육이다. 중세는 기독교 교회가 지배하는 시대였다. 따라서 중세의 사상은 희랍·로마의 사상인 자연적, 현세적, 단체적, 주지적(主知的) 경향을 소유한 것과 상반되는 초자연적, 내세적, 개인적, 주정적(主情的) 경향이 특색으로 나타나 있다. 그래서 그 시대 교육의 목적은 첫째는 내세주의이다. 희랍·로마의 사상이 진·선·미의 문화생활을 현실에서 실현하고자 하는 현실주의인 반면에 중세는 현실에서 떠나 오로지 내세만을 희구하는데, 큰 가치를 두고 금욕주의적으로 교육하는 것이 목적이었다. 둘째는 주정(主情)주의를 목적한 교육이었다(김득룡, 기독교교육학원론, 1976: 305). 변증학은 그 당시 종교와 생활의 모든 면에 퍼져있던 상징주의를 이해하려는 시도에서 출발된 학문이었다. 변증학적인 가르침은 심리학과 형이상학에 관한 탐구까지 포함하여 점진적으로 스콜라 철학으로 발전되었다. 스콜라 철학의 기본 교의는 교부들의 가르침과 아리스토들의 논리학 위에 새워졌다. 스콜라 철학은 신앙과 이성 사이에 대립이나 모순이 없다고 주장하였다. 스콜라 철학의 목적은 이성으로 신앙을 지지하며, 신앙에 대한 모든 질문에 논의와 토의와 논리적 분석으로 지성적인 답변을 하려는데 있었다. 교육에 있어서 스콜라 철학의 주된 목적은 신앙을 확립할 수 있는 능력을 개발시켜 논리적인 체계와 능력으로 신앙을 변호하며 정립시키는데 있었다. 이러므로 권위있는 사람에 의하여 설정된 근본 원리들에 대하여 맹종하게 되었다. 스콜라 철학은 하나의 철학적 체계이며 지성을 강조하는 생활양식이라고 할 수 있다. 스콜라 철학은 9세기부터 15세기까지 크게 유행하여 교육에도 지대한 영향을 남겼다. 이로 인해 중세 교회에는 진리에 대한 무식으로 인한 미신이 성직자 간에도 만연되어 성자숭배, 성물숭배, 유물숭배 등이 나타났다.

(4) 종교개혁 이후의 교육목적

중세시대의 상징주의에 대한 반작용으로서 종교개혁시대의 교육은 하나님의 말씀에 집중하였다. 이러한 교육이 가능하게 된 배경에는 인쇄술의 발달로 인하여 각종 서적과 성경이 널리 보급되었고, 고전문학의 연구가 활발하게 되어 학문 연구에 활기를 불어넣어 주었다. 성경을 하나님의 말씀으로 이해하기 위해 성경의 원리를 보다 쉽게 가르치는 요리 문답교육이 실시되었다. 이와같은 방법은 초대 교회부터 내려온 것으로서 종교 개혁자들에 의하여 하나의 교육 형태로 뿌리를 내리게 하였다.

개혁자들은 종교교육을 국민 교육의 형태로서 실시하였다. 개혁자들은 단순히 교회 안의 종교교육으로 제한하지 않고 전 국민이 삶의 전 영역에서 하나님의 말씀을 실천하도록 교육하였다. 이러한 교육의 목적에 따라 교육 분야에 나타난 결과를 보면, 첫째로 초등교육이다. 루터에 의하면 교육은 근본적으로 부모의 과업이며 국가는 교육할 의무를 가지고 있음을 강조했다. 통치자는 교육을 계속적으로 수행하여야 하며 빈부나 남녀의 구별없이 교육을 베풀어야 한다는 교육적 기초를 낳게 하였고 성경의 자국어 번역, 공립학교 설립, 교육세 신설, 의무교육 확립 등을 통해 초등교육의 발전을 가져와 공교육제도가 수립되었다. 역사가 콤페레(Compayre, 1843~1913)는 초등학교는 종교 개혁으로 이루어진 프로테스탄트교회가 생산한 교육이며 종교개혁은 초등학교 교육의 요람이라고 하였다. 둘째로는 중등교육이다. 루터와 그의 친구 멜랑톤 (Melanchthon)에 의하여 기독교학교 설립을 강조하여 중등학교에 해당하는 대학들이 세워졌다. 칼빈은 제네바의 신정정치과정에서 제네바 대학(Geneva Academy)를 설립하여 공교육 제도를 확립하였다.

종교개혁은 다른 의미에서 교육 개혁이라고도 할 수 있다. 중세 수도원 교육이나 상징주의 교육에서 탈피하여 전인교육을 실시하는데 최선을 다하였다. 종교개혁자들은 하나님의 말씀을 바로 배우고 가르치며 그 말씀을 삶의 현장에서 적용하는 노력과 시범을 통해 교육실천가로서 중요한 의의를 가지게 된다. 이와같이 종교 개혁자들의 교육목적은 하나님의 말씀을 토대로 한 것으로서 신앙과 생활의 원리로서의 성경의 가치를 삶의 전 영역에서 전인적 변화를 강조하는 교육이었다.

(5) 근세 기독교교육의 목적

17세기부터 19세기까지의 근세 교육을 살펴보면, 첫째로 17세기의 교육은 실학주의 (實學主義)의 교육 사조로서 실학주의는 인문주의와 대립된 교육 사조로 관념에서부터 사물을 중요시하여 고전문학에서 자연과학을 중요하게 여긴다. 한편 이 시기에 이루어진 항해술의 발달과 지리적 발견들, 그리고 과학 및 의학의 발전으로 인간의 본성에 관한 개념에 변화를 가져왔다. 실학주의를 의미하는 명제로서 '언어 이전에 사물'(thing before word)이라는 표현이 말해주듯 종전의 피상적이며 관념적인 교리 중심적 교육에서 자연과 자연법칙에 근거하여 인간의 심리작용과 감각에 의한 지식을 강조한 감각적 사실주의의 교육으로 발전하였다.

17세기에 있어서 최대의 교육자는 현대교육의 창시자 코메니우스(John Amos Comenius)이다. 그는 보헤미아–모라비아 형제연합 교회의 목사이자 마지막 감독이며, 신학자로서 그 당시의 실학주의의 교육을 완성시킨 유일한 교육가였다. 그의 교육 사상을 살펴보면 코메니우스는 「대교수학」에서 모든 사람이 빈부귀천의 차별 없이 모두 진학할 수 있는 학교 체제로 4가지 유형의 학교들이 있다고 믿었다. 즉 유아기의 모친(어머니의 무릎)학교, 유년기의 모국어학교, 소년기의 라틴어학교, 청년기의 대학 등 4단계의 학교 체제를 제시하였다. 그는 여기서 자연을 근거로 한 교육이론을 연구하고, 자연과 기술이 그 생산에 있어서 거치는 생산과정의 법칙을 인용, 분석과 종합을 전제로 한 비유를 통해 그 방법의 수단까지도 체계화시켰다. 「대교수학」에서 코메니우스는 모든 어린이가 남녀의 차, 빈부의 차별 없이 창조주의 고귀한 자녀로서 순수한 진리와 덕성과 신앙으로 교육될 권리와 의무를 지니는 존재임을 그의 교육론의 대전제로 삼고 있다. 「대교수학」은 자연의 원리를 따르는 체계적이고 포괄적인 교육방법과 원리로서 각 기독교국가에서의 모든 공동체와 도시와 마을에 학교를 세우고 그곳에서 어떤 사람도 예외없이 아이들이 빠르고, 즐겁고, 철저하게 모든 지식으로 가르침을 받으며 선한 덕성에로 이끌어지고 신앙으로 채워지며 이러한 방식으로 젊은 시절에 현세와 내세의 삶에 필요한 모든 것이 가르치도록 하기 위한 확실하고 탁월한 방법이기도 하다.

종교개혁이후 개혁교회에서 점점 개혁의 열정이 사라지고 교리논쟁으로 시간을 소모하며 생명력을 상실해 갔다. 교리중심의 신앙형태가 정착됨으로 개관적 진리를 강조하다보니 개인적 신앙체험을 도외시 하는 양상들이 나타났다. 이러한 운동에 반작용으로 나타난 것이 바로 경건주의(Pietism)이다. 17세기 말과 18세기 초에 개신교회에서 종교적 각성 운동으로 태동한 경건주의 운동은 코메니우스의 신학적 교육사상과 모라비아 교도들의 경건한 신앙생활 및 순교자적 정신에 그 기원을 두고 있었다. 특히 경건주의자들은 지식의 참다운 가치를 기독교인의 실천적인 신앙생활과 일치시켰다. 동시에 그들은 루터가 강조한 성경연구와 기도의 생활, 칼빈주의의 근검과 절약을 겸비한 신앙생활의 영향을 받아 그들의 생활 중심으로 삼았다. 경건주의가 독일에서 시작되어 독일국민의 정신적인 각성과 조직적인 사회 교육운동으로 발전되어 기독교교육의 발전에 지대한 영향력이 되기까지는 이 운동의 기초를 닦은 스페너(Philip Jacop Spaner), 독일에서 이 운동을 학교제도로 정착시킨 프랑케(August Hermann Francke), 그리고 경건주의 해외 선교의 기틀을 마련한 진센돌프(Nikolaus Ludwig von Zinzendorf)를 들 수 있다(정정숙. 기독교교육사, 2004: 235~237).

경건주의는 선교의 열의를 진작시켰으며 또한 기독교교육을 실천하였다. 이들은 할레(Halle) 대학을 세웠고 이 학교를 통하여 기독교교육의 구체화를 시도하였으며 특히 찬송가분야에서 탁월한 업적을 남겼다. 경건주의는 사랑을 실천하여 고아원, 병원, 장애자를 위한 수용소 등 다양한 기관을 설립하였고 형제단운동이 활발하게 일어났다. 경건주의는 북유럽은 물론 미국에서 널리 확산되어 조나단 에드워드와 대각성 운동에 큰 영향을 주었음은 물론 찰스 피니의 사역에 강력한 힘이 되었다(정정숙, *op. cit.*, 246~248).

유럽대륙에서 경건주의 운동이 일어난 것에 비해 영국에서는 청교도 운동이 일어났다. 청교도운동은 영국에서 로마가톨릭주의의 잔재와 영국 성공회의 가톨릭적 잔재와 국가와의 야합에 항거하여 온전한 개혁과 교회의 순수를 외쳤던 개혁운동이었다. 그들의 순수한 개혁의 외침은 성경이 최종적인 권위를 지닌다는 믿음에서 비롯하였다. 이들에게 성경은 삶의 표준에 적용되어야할 정확무오한 하나님의 말씀이며 개혁의 표준이었다. 경건주의와 청교도는 지역과 특성상 차이가 있을지라도 상호 연관성이 있었다. 즉, 경건주의 운동을 발전시킨 원동력이 청교도들의 회개, 성화, 경건에서 나왔다. 이들은 수도원 생활이 아니라 '삶속에서의 수도원적 이념을 목표로 하였다(Eavey, op. cit., 189~190). 청교도 교육은 미국에서 꽃이 피었다고 할 수 있다. 유럽의 많은 사람들이 미국으로 건너갔다. 초기 미국의 거주자 대부분이 신교도였고 그들은 복음이 개인 구원의 수단이 된다고 생각하였다. 그래서 구원과 기독자로서의 생활에 필요한 지식을 얻기 위하여 그들의 자녀들로 하여금 성경을 읽도록 할 필요성을 갖게 하였다. 이들 대부분은 자유롭게 하나님을 섬기며 신앙적으로 자녀들을 양육하기 위하여 유럽을 떠나 미국으로 이민 온 사람들이었다. 미국 신교도들의 최고 표준은 성경이었고 교회의 예배는 생활의 중심이었으며 설교는 기독교교육의 중요한 수단이었다. 처음에 청교도들은 가정교육에 전념하였지만 교회와 국가의 긴밀한 유대는 뉴잉글랜드 교육에 정부가 불가피하게 개입하도록 만들었다. 공립초등학교는 미국교육사에 귀중한 공헌을 하였으며 특히 기독교의 경건이 크게 강조되어서 교사들은 일반 과목들 외에 당시 종교적 교리문답을 능숙하게 가르쳐야 했다. 특히 청교도들은 학문의 전승과 지도자 양성을 위하여 대학을 설립하였다. 제일 처음 세워진 학교는 목회자와 기독교 교사의 훈련을 위하여 세워진 하버드 대학이었다. 경건주의와 청교도운동은 단순한 교회 운동이 아니라 교육을 통하여 신앙의 전승과 복음의 확산을 도모하였다. 이들은 성경 중심의 교육을 하려고 노력하였고 그 교육이 생활의 현장에 적용하도록 하기 위하여 노력하였다(*Ibid.*, 215~16).

(6) 현대 기독교교육의 목적

현대에 접어들면서 일반 교육철학의 적지 않은 영향을 받고 있었으며, 근대 사회에 일어난 다양한 사조들은 사회의 변화뿐 아니라 기독교교육에도 변화를 초래하였다. 19세기 이후에는 여러 가지 사상의 물줄기들이 나타나고 여기에 따른 논란들이 계속되었다. 새로운 사조가 등장할 때 마다 기독교교육의 사상적 변화가 있었고 이것을 통하여 보다 성경적인 교육을 추구하는 응전이 있었다. 19세기 말에서 20세기 초에 걸쳐서는 미국에서 일어난 이른바 종교교육운동(Religious education movement)은 교회에 있어서 교육주의 운동이고 세속에 대한 순응으로서 교회의 근대주의 운동이라 할 수 있다. 인간 이성에 기초한 과학적 합리성과 도덕적 합리성이라는 원리를 기준으로 하여 기독교를 수정 내지 재해석 하려는 입장으로 근대주의가 기독교교육운동 면에 구현된 것이 바로 종교교육 운동이었다. 이 운동은 두 가지 면에 영향을 입어 일어났다고 볼 수 있는데 하나는 존 듀이(J. Dewey)가 이끄는 이른 바 '진보주의 교육' (Progressive Education)의 영향이고 하나는 종교교육적 측면에서 부슈넬(Horaee Bushnell)의 저서 '기독교 양육' (Christian Nature)의 영향이다. 부슈넬은 19세기에 절정을 이루던 부흥운동에 있어서 절대적으로 강조되던 회심과 중생에 반대하여 부흥회 등에서 이루어지는 감정적이고 일회적인 회개가 인격의 변화나 교육을 이룰 수 없다고 생각하고 중생을 부정하였으며 교육과 양육을 통해서만 기독교인에 이를 수 있다고 주장하였다. 그는 특히 청소년 교육의 필요성을 주장하고 기독교적인 성장의 교리를 명확히 하고 종교적 훈련 방법을 밝히 제시함으로서 "근대 종교운동의 아버지"라고 불렸다(정정숙, *op. cit.*, 332~33).

부슈넬의 입장은 마침내 진화론과 연결되어 어린의 정상적 종교성 발달과 그 발달의 법칙성을 선취함으로서 이상적인 종교적 인격으로까지 형성 할 수 있다고 보는 종교교육운동 이론으로 발전되었다. 이 운동은 영아기 부터 성인기에 이르는 인간의 전 생애에 대한 교회 공동체의 끊임없는 배려를 주장하였다. 이 운동은 20세기 초 조지 코우(George A. Coe)에 의해 주도되었다. 코우는 인간과 인간의 관계와 집단과 집단의 관계, 즉 교육의 사회적 상호작용을 기독교교육의 가장 기본적인 것으로 보았다. 그는 계시론을 거부하고 다윈의 진화론에 확고하게 뿌리를 박았으며 경험주의자인 동시에 과학적 교육가였다. 인간이 무한하게 성장할 수 있다는 가능성을 주장하고 교육을 통한 지상천국이 가능하다고 보았다(*Ibid.*, 376). 이 운동은 '종교교육 협회'(Religious Education Association)의 모체가 되었고 이 단체는 주일학교 교육을 신랄하게 비판하였다. 그러나 진보주의 교육과 종교교육운동은 20세기에 일어난 신정통주의 신학에 의하여 일어난 기독교교육학파의 도전을 받게 되었다.

1960년대 이후 현대 세계는 급격한 변동을 이루었으며 공업화, 기술화, 정보화의 단계로 발전을 이루었다. 특히 20세기 후반기는 격동과 변화의 시기였다 진보주의와 종교교육운동에 대한 반발로 일어난 신정통주의 신학에 의한 기독교교육학파 운동이 일반적 주류를 이루자 복음주의와 개혁주의 계통에서 기독교교육에 대한 관심과 변혁을 시도하였다. 다양한 사상 체계에서 오는 혼란은 기독교교육의 바른 방향을 제시하지 못하고 각자 주장에 대한 논란을 확산시켰다. 이런 속에서 복음주의자들의 각성이 있었고 기독교 진리를 수호하려는 노력들이 뒤따르게 되었다. 과학문명의 발전, 세속주의의 도전, 종교의 상대화에 따른 종교다원주의 등장 등이 기독교교육의 중요한 문제로 등장하였다. 이에 대하여 개혁주의와 복음주의는 교회갱신과 성경의 우월성 강조, 기독교 세계관 운동, 기독교학교 운동 등으로 응전해 가고 있다(강용원, *op. cit.*, 93~94).

이러한 결과로 인해 현대의 종교 교육의 목적에 대한 다양한 견해들이 제시되고 있는데 루이스 J 쉐릴(Lewis J. Sherrill)는 기독교교육에 관한 그의 저서 「능력의 선물」(*The Gift of Power*)에서 기독교교육의 목적을 밝히기를 "기독교교육의 목적은 사람들을 하나님의 나라로 이끌기 위하여, 자아를 이해하고 자신의 가능성을 찾아 낼 수 있게 하기 위해서 하나님의 자녀로서 책임과 관계를 유지할 수 있도록 하게 하는 것이다"고 하였다(1986: 114).

해리 먼로(Dr. H. C. Munro)는 「신교의 훈육」(*Protestant Nurture*)이란 책에 기독교교육의 목적을 밝히기를 "기독교교육의 목적은 개인으로 하여금 예수 그리스도를 믿고 그 복음에 접촉하여 그의 생활이 그리스도의 성품과 행위가 드러나는 것 같은 그리스도의 생활로 변하게 하려 함이라"고 하기까지 발전하게 되었다(1956: 66~69).

와이코프(D. C. Wyckoff)는 기독교교육목적을 "기독교교육은 진정한 기독교 신앙과 기독교적 생활을 토대로 하지 않고서는 그 목적을 이룩할 수 없다. 그래서 첫째, 신앙과 교리에 대한 직접적인 기독교적 교육의 실시에 있는 것이다. 둘째, 기독교의 제2의 목적은 기독교적 생활과 실천과 기독교적 인격의 수립에 있는 것이다. 셋째, 기독교교육은 기독교적 생존의 특징을 학생들의 체험 속에서 발전시킴을 목적으로 한다"고 하였다(1991: 25~27).

1930년 미국 미시간 할렌드(Holland, Michigan)에서 열린 전국 기독학교연합회 수양회에서 반틸(C. Van Til)은 기독교교육의 목적을 "우주의 창조주이며 인격적 신 되신 하나님께서 모든 진리와 실존의 근원이 되신다. 그러므로 참교육이란 하나님을 알게 하는 과정이고 하나님의 진리가 무엇인지를 배우게 하는 것이다."이었다(The Education of Man A Divine Ordained Need, 40).

개혁신학의 원리에 근거를 둔 훼케마(Fakkema)는 "기독교교육의 목적은 ① 주관적으로 하나님께 영광 돌리는(glorifying God subjectively) 것이고, ② 객관적으로도 하나님께 영광 돌리는(glorifying God objectively) 것이며, ③ 공동적으로도 하나님께 영광 돌리는(glorifying God communally) 것이다"고 하였다(Christian Philosophy and Its Educational Implication, III).

폴 베쓰(Paul Vieth)는 그의 저서 「종교교육의 목적」에서 "기독교교육은 ① 하나님을 아는 자의식과 하나님과 영적으로 교제하고자 자각심을 일으키게 하는 것이고, ② 그리스도가 누구이신지를 이해시키는 것이고, ③ 그리스도의 인격을 성장케 하는 것이고, ④ 사회의 질서를 수립시키는 것이고, ⑤ 크리스천이 의미하고 있는 인생철학을 이룩하는 것이고, ⑥ 교회와의 정상적인 관련을 맺는 것이며, ⑦ 개별지도를 위해 깊은 신앙적 경험을 체득하게 함에 있다"라고 했다(Objectives of Christian Education, 1930: 80~83).

이 외에 복음주의적인 입장의 머취(J. D. Murch)는 기독교교육의 목적에 대해 말하기를 "기독교교육의 목적은 사람으로 하여금 하나님의 완전하신 뜻에 조화시켜 살게 하는 것이다"라고 하였다(Christian Education and The Local Church, 30).

3. 교육목적론 유형

1) 인간화를 중심한 교육론

파울로 프레이레(P. Freire)의 저서 「압박자를 위한 교육론」(*The pedagogy of the oppressed*, 1970)에서 제시된 의식화 교육론과 1967년에 레티 럿셀(Letty Russel)의 저서 「*Christian Education in Mission*」(정웅섭 역, 기독교교육의 새로운 전망)에서 기독교교육을 기독교 복음선교의 과제 수행과 관련하여 해석한 이론에서 제시된 것으로 지금까지 시도되지 않았던 새로운 기독교교육의 방향성으로 등장하게 되었다. 러셀에게서 강조된 교육목적의 신학적인 근거는 당시 WCC의 선교신학으로 알려진 '하나님의 선교'(Missio Dei)가 대두되면서 신학적 이론에 기초하여 나타난 교육론이라 할 것이다. 이러한 기독교교육 이론의 동기부여는 자신이 교육목사로 사역했던 뉴욕시 할렘가에 살고 있는 가난한 자들에 대한 경험과 환경을 토대로 하고 있다는 것이 특징이라 하겠다. 그는 백인들의 사회로부터 철저히 소외당하고, 방치된 비인간화된 흑인들의 모습에서의 자극을 통하여 복음의 가치와 복음으로의 인간성 회복이라는 주제를 기독교교육의 주제로 삼았던 것이다. 그는 그동안 서구 교회들에서 진행된 전통적인 교회들의 복음 선교가 인간들이 스스로 교회로 찾아오기를 기다리는 선교의 안일하고 소극적인 상태에서 오히려 인간성을 상실하고 비참한 사회적 환경에서 고통을 당하고 있는 인간적인 상황에로 찾아가야 한다는 적극적인 복음 선교의 행동을 제시하고 있는 것이 그의 선교론과 교육론의 특징이라고 할 것이다. 결과적으로 러셀은 이러한 선교적 과제를 교육의 과제로 재해석하였고, 현대 사회적 상황 속에서 소외되고 상실된 인간들을 복음으로 치유하고, 인격적인 존재로서 인간성이 회복하도록 힘쓰는 것을 그의 교육론의 목적으로 삼았던 것이다.

2) 신앙 공동체 교육론

(1) 로렌스 리차드(L. O. Richards)

1980년대로 들어서면서 서구사회 및 미국사회에서는 기독교교육의 목적론이 새로운 방향으로 설정되고 있었는데 이를 '신앙 공동체 교육'이라고 하겠다. 이러한 교육론의 대표적인 인물로는 리차드(L. O. Richards), 웨스트호프(Westerhoff III), 그리고 그룸(Thomas Groome)을 들 수가 있다.

리차드(L. O. Richards)는 미국 복음주의 계통에 속한 기독교교육학자로서 전통적인 교회론의 의미를 성격적으로 새롭게 해석하여 기독교교육의 사명을 새롭게 일깨워 주고 있다고 하겠다. 역시 그의 이론의 중심은 생명에 있으며, 교회의 머리요, 몸인 그리스도가 생명으로서 그 몸에 지체의 관계에 있는 성도들의 신앙 양육의 문제를 교육의 과제로 새롭게 해석한다. 그리고 생명에 기초한 몸과 지체의 유기적 특성을 중심으로 온전한 인격적 변화를 개체 성도들의 교육의 목표로 제시하며, 이러한 변화된 그리스도인들의 모임을 신앙 공동체로 해석하면서 교육의 방법을 그리스도의 제자 훈련의 방식에서 찾는 것이 특징이라고 하겠다. 물론 그의 교육론의 목적은 오직 성경에 의존되어 복음적인 모습을 보여 주고 있다. 그리고 역시 개인의 인격적인 변화에 교육의 역점을 두고 있는 것이 또한 장점이라고 하겠다. 그러나 지나친 개인 구원적인 차원에 의존된 그의 기독교교육의 유형은 복음적인 강점을 보이면서도, 사회와의 관계에서 인간의 삶 전체를 이해하게 하는 인격적인 신앙교육의 과제를 간과하고 있는 것이 약점이 된다고 하겠다. 그리고 인간의 성장 발달론적 관점에서의 성장세대의 교육을 취급하지 못하고 오히려 성인교육에 의존되어 있는 모습을 보이고 있다고 하겠다.

(2) 존 웨스트호프(John Westerhoff III)

웨스트호프(Westerhoff III)는 기독교교육이란 개인이나 그룹들을 기독교적 삶의 스타일을 형성하도록 신앙 공동체의 계획적이고, 조직적이며, 지속적인 노력으로 정의하면서 교육의 과정을 종교 사회화의 과정으로 해석한다. 그는 교회의 성격을 신앙 공동체로 전제하고 있으며, 공동체 내에서 이루어지는 세대 간의 만남과 인격적인 교제와 경험은 신앙교육의 중요한 목표요 동시에 방법으로 이해된다. 이러한 웨스트호프의 교육론은 미국 교회들에 나타나고 있는 일반적인 현상으로서 교회교육이 지나치게 학교교육의 구조에 의존되어 인지적 차원에 목표를 둔 지식 전달형 교육의 형태를 넘어서지 못하는 교회교육의 문제를 신앙 공동체라는 교회의 본질적 요소를 새롭게 전제하고 인지적 차원에서 정서적 차원으로의 전환을 꾀하고 교육의 중심적 목표를 온전한 신앙의 삶을 형성하도록 도우기 위한 교육의 새로운 방향을 제사한다는 면에서 관심을 갖게 하는 이론이라고 할 것이다.

(3) 토마스 그룸(Thomas Groome)

토마스 그룸은 미국 보스톤 대학교, 가톨릭대학의 실천신학자이다. 그가 제시한 새로운 기독교교육론은 그의 저서 「*Christian Religious Education*」(기독교적 종교교육)에서 밝히고 있는 교육의 목적론으로 특별히 "하나님의 나라를 위한 교육"과 "인간의 자유를 위한 교육"이란 두 가지 주제로 집약된다. 하나님의 나라를 위한 목적에서는 이 역사 속에서 실현된 그리고 성장 '확대되고 있는 현재적인 하나님의 나라와 그리스도의 재림에 나타날 미래의 하나님의 나라의 기독교적인 구원관과 역사관을 전제하면서 동시에 인간의 자유란 주제에서는 하나님 나라의 백성이 경험하고 실천해야 할 자유의 의미를 두 가지 관점에서 새롭게 해석해 주고 있다. 첫째는 죄에서의 자유요, 다른 하나는 하나님과 이웃을 위한 그리스도인의 삶으로서의 자유를 뜻한다. 이것은 동시에 그리스도인의 삶의 근거와 행동의 근거를 뜻하는 것이며, 기독교적 종교교육이 지향해야 할 목적과 목표로 제시되었다고 하겠다. 그룸(Groome)이 강조하는 교육의 특징은 역시 하나님의 나라와 인간의 사회적 삶에 자신의 삶을 실제화할 수 있는 신앙인의 양육으로서 삶의 실천적인 임무를 일깨우기 위한 교육의 방법론을 제시하고 있는 것이다. 물론 그의 교육방법론의 제안들은 그 현실 적용성과 구체성이 결여되어 있다고 할 것이다.

그러나 그룸의 제안에서 기독교교육의 과제와 목적에 대해 이해하게 되는 것은 신앙 공동체를 지향하는 기독교교육 새로운 방향은 개인의 능력별 경쟁과, 개인의 자유가 전제되고 있는 자유민주적인 이념이 지배하는 사회적 상황에서 나타나고 있다는 사실이 주목된다. 이러한 사실은 역시 인간적 삶의 공동성의 의미를 상실하는 사회적 위기와 맥을 같이하고 있다고 할 것이며, 지나친 개인주의적인 문제의 극복에 대답이라는 공통성을 지니고 있는 것이다. 본래 기독교의 구원의 진리는 개인적인 구원을 전제하면서도 역시 공동성의 추구에 있으며, 그리스도의 교회는 본보기적인 실체라고 할 것이다. 그러므로 이러한 신앙 공동체의 목표 지향은 중요한 시대적 의미를 지닌 것이라 할 것이다.(cf. 정일웅, *기독교교육학(강의안)*, 총신대학교신학대학원, 118~120.)

4. 기독교교육의 목적

1) 기독교교육목적의 기초

기독교교육이 성립되는 목적의 원천에 대한 문제가 제기된다. 이는 반 틸(C. Van Til)이 밝힌대로 우주를 창조하신 하나님께서 모든 진리와 실재의 근원이시다. 그러므로 진정한 교육은 하나님의 진리가 무엇인지 알리고 배우는 과정이다. 창조자이신 하나님은 자신의 뜻을 알리시려고 하셨으며, 그 뜻은 그리스도와 해석의 유일한 근원이신 성령을 통하여 알려졌다. 또한 성경은 그 해석의 창고가 되며, 따라서 우리의 최종적 권위가 된다. 성경적 권위와 내용에서 유효한 원리가 나온다. 인간이 하나님의 말씀을 읽으면 거기에는 인간에게 새로운 심령을 창조하시고 영원을 지향하여 인품과 행동과 환경의 통합을 이루시며 인격을 위한 끊임없는 발전을 도모하시는 하나님의 계획이 있다는 사실에 감동을 받을 것이다. 이 과정은 자아 적응, 사회적 적응, 은혜 안의 성장, 섬기는 위치 그리고 영원에의 전망 등을 포함한다.

간단히 말해서 기독교교육은 그리스도에 관한 교육이다. 이것을 이루기 위해 기독교교육의 목적은 예수님의 목적이 되어야 한다. "인자는 잃어버린 자를 찾아 구원하러 왔노라"(눅 19:10). 이것이 첫 번째의 목적이다. 그러나 일반적인 목적에 둘러싸인 궁극적 목적은 그리스도 안에서 온전한 사람을 이루는 것이다. "이는 하나님의 사람으로 온전케 하며 모든 선한 일을 행하기에 온전케 하려 함이니라"(딤후 3:17). 그러므로 첫째 목적을 깨닫는 순간부터 모든 진정한 그리스도인들은 궁극적 목적을 향하여 계속적인 끊임없는 발전이 있어야 한다. 이 이상은 삶의 모든 영역에서 가능한 최고의 기준이 된다.

사실, 그리스도인은 "네가 진리의 말씀을 옳게 분별하여 부끄러울 것이 없는 일꾼으로 인정된 자로 자신을 하나님 앞에 드리기에 힘쓰라"(딤후 2:15)고 권고 받고 있다. 그리스도인 교사에게 있어서 항구적인 목적에 대해 이비(C. B. Eavey) 말하기를 그리스도인 교사의 목적을 '각 학생 개인이 그가 살아가도록 창조된 바대로 살아가게 하며, 그로 하여금 창조주 그분이 목적하신바 그가 되도록' 도와주는 것이라고 정의하였다. 기독교교육의 진정한 목적을 수행하는 데에 초대 교회는 사도행전 2: 41, 42에 기록된 네 가지 기능, 즉 복음 전도(41절), 교육(42절), 교화(42절), 교제(42절)가 중요하다는 것을 인정했다. 기독교회에 깊이 뿌리박은 전통과 실행은 교육이다. 성장과 발전의 최상의 수준이 기독교 학교에서 유지되어 왔다. 기독교와 교육은 항상 밀접한 조화를 이루며 일해 왔는데, 이것을 떼어놓는다는 것은 위험하다. 원래는 세속학교와 기독교학교 사이의 구별이 없었다. 초대교회 교부들은 교육과정으로 소위 세속 과목들을 이방의 영향을 제거하고 받아들였다. 기독교회는 교육에 대해 옹호했다. 교육사는 교회가 교육기관을 처음 시작한 실례들로 가득 차 있다.

2) 기본적 목적

기독교교육은 그리스도에 대한 교육이며 그리스도의 성품과 그 행위를 깨우게 하는 교육이다. 그러므로 기독교교육은 예수 그리스도가 교육목적이 되는 것이 원칙이다(H. W. Byrne, A Christian Approach to Education,106). 기독교교육의 목적은 ① 잃어버린 양을 찾는 것이며(눅 19:10) ② 하나님의 사람으로 완전하게 하여 모든 선한 사업을 하기에 부족함이 없도록 준비하게 하는 것이며(딤후 3:17) ③ 진리의 말씀을 옳게 분별하여 부끄러울 것이 없는 일군으로 인정된 자로 하나님께 드리기에 힘쓰는 자가 되게 하기 위함이다(딤후 2:15). "기독교교육의 진정한 목적을 수행시키기 위해서는 교회의 기능을 충분히 인식해야 될 것이다. 교회의 기능이란 ① 예배(Worship). ② 전도(Evangelism). ③ 교육(Education). ④ 성도의 교제(Fellowship) 등이다(김득용, *op. cit.,* 316).

3) 개인적 목적

기독교교육의 목적은 크리스천의 인격을 형성하는 것이라 말할 수 있다. 그리스도의 인격은 모든 성도들의 개인의 목표가 되는 것이다. 예수 그리스도께서 말씀하시기를 "하늘에 계신 아버지의 온전하심과 같이 온전하라"(마 5:18)고 말씀하셨고, 그리스도 인격의 닮아가는 것은 "내 안에 거하라, 나도 너희 안에 거하리라"(요 15:6)는 말씀 중에 기초되어 있다. 예수 그리스도의 인격의 생활 전면에 나타나셨다. "예수는 그 지혜와 그 키가 자라가며 하나님과 사람에게 더 사랑스러워 가시더라"(눅2:52)는 말씀 중에서 전인의 모든 성격을 볼 수 있는데 곧 지적(Intellectual), 신체적(Physical), 사회적(Social), 그리고 영적(Spiritual) 모습을 찾아 볼 수 있다. 다시 말하면 예수께서 하나님의 형상으로 점차적으로 자라 나아감을 의미하는 것이다. 사도 바울도 성도가 목표해야 될 인격의 표준은 그리스도를 닮아가는 것임을 증거하기를 "이 비밀은 너희 안에 계신 그리스도시니 곧 영광의 소망이니라 우리가 그를 전파하여 각 사람을 권하고 모든 지혜로 각 사람을 가르침은 각 사람을 그리스도 안에서 완전한 자로 세우려 함이니"(골 1:27~28), 또한 "그 넓이와 길이와 높이와 깊이가 어떠함을 깨달아 하나님의 모든 충만으로 채우시길 구하노라"(엡 3:19)하였다.

통합된 인격은 영적 성숙(Spiritual Maturity)에 대한 개념의 또 다른 표현 방식이다. 하나님의 말씀에 의하면 새로 태어난 그리스도인이 영적 유치의 상태로 머무는 것은 하나님의 뜻이 아니라고 했다(고전 3:1~3). 대신에 하나님은 성숙을 기대하신다(고전 14:20). 그리스도인들마다 하나님의 충만하심으로 가득하라는 권고를 받는데(엡 3:19, 5:18), 그 목적은 그리스도 안의 온전한 사람을 이루는 것이다(엡 4:13). 에베소서 4장1절에 따르면 영적 성숙은 하나님의 자녀로 합당하게 행하므로 이룩된다고 하였다. 바울이 말하는바 영적 성숙은 겸손, 온유, 고난, 인내, 사랑, 통일, 평안(2, 3절) 및 사려 깊음(5:15)에 의해 특징 지워진다. 그리스도인은 어린이들과 같이 행동해서는 안 된다. 그는 요동치 아니하며(4:14), 참된 것을 말하며(15, 25절), 범사에 자라며(15절), 자기를 절제하며(26절), 유혹을 이기며(27절), 정직히 일하며(28절), 순전하게 말하며(29~31절), 친절하고 인자하며 용서하는 사람(32절)이어야 한다. 그 전 생애는 섬김을 위하여 지으심을 받았다(엡 2:10, 5:16). 에베소서 6장 13~18절을 보면, 이것을 성취하는 과정으로 그리스도인이 진리와 의와 평안의 복음, 믿음, 구원, 말씀, 기도 등으로 하나님의 전신갑

주를 입어야 한다고 기술하고 있다.

기독교교육의 개인으로서의 인간을 위한 궁극적 목적은 그리스도와 같은 인격을 갖추는 것이라고 우리는 언급해 왔다. 이런 종류의 인격의 실질적인 적용에는 무엇이 포함되는가? 그리스도와 같게 되는 목표에 있어서 개인은 그가 추구해야 할 '인격적 목적'(Personality goal)이 있다. 교육은 인격적 목적이 개인 성장 궁극적 단계이므로 개인 타고난 성향의 능력이 그리 큰 관심의 대상이 되지는 못한다. 횟츠패트릭(Fitzpatrick)은 자아의 지적 조직(The intellectual organization of the self)이 필연적으로 자아의 도덕적 조직(The moral organization or the self)을 수반한다고 지적했다. 통합을 위해서는 인격이 통일체, 완전체가 되어야 하고 교육과정은 한 개인이 한 인격이 될 수 있도록 통일되어야 한다. "이는 하나님의 사람으로 온전케 하여 모든 선한 일을 행하기에 온전케 하려 함이리라"(딤후 3:17)고 한 바울의 말이 통합된 인격을 생생하게 묘사하고 있음을 본다. 인간의 인격을 분석해 보면 거기에는 자아(ego)에 대한 다양한 표현들이 들어 있다. 사람은 지적 존재 그 이상이다. 그는 또한 감정과 의지를 가지고 있다. 그는 영과 혼과 몸이 있다. 교육의 목적은 인격의 제 능력이 하나의 전체로서 일하도록 그 인격의 제 능력을 통합하는 것이다. 지식은 감정이나 의지로부터 따로 떨어져서는 안 된다. 또한 교육이 삶과 생활을 위한 교육이라는 것을 언급하지 않을 수 없다. 그러므로 도덕적 영적 발달은 자아의 다른 측면들과 통합되어야 한다. 개인의 통합이 개인 가운데서 진보할 때에 그 사람 안의 자제와 자아 조절 및 자아 결단의 능력들을 보다 우위의 수준에 이르게 한다. 그러므로 인격 통합의 목적은 기독교 철학과 하나님의 은혜에 의해 제공된 보다 높은 영적 수준으로 사람을 이끌어 올리도록 돕는 것이다.

4) 사회적 목적

기독교의 심장이 되는 두 가지 기본적 개념은 ① 사람은 하나님의 형상대로 지음을 받았고 그분 안에서 발견한 온전함을 향해 노력해야 하며, ② 사람은 사회적 피조물로 하나님과 동료들과의 교제 가운데 살도록 지음을 받았다는 사실이다. 그러므로 기독교교육의 사회적 목적은 개인적 발전 그 이상을 포함한다. 즉 그것은 각 개인의 최상의 발전을 포함하는 것은 물론 사회적 발전을 포함한다. 이러한 견해에서 볼 때 삶은 그 전체로서, 동료들과 조화를 이루며 사는 원만한 개인의 발전으로 생각된다. 이 조화의 본질이 생에 대한 철학을 필요로 하며 이는 기독교 신본주의 세계관에 의존한다. 이 견해는 최상의 사회적 봉사를 요구한다. 교육과정과 학습 과정은 이 목적으로 개발되어야 한다. 어린이는 사회에서 자기의 위치를 차지하도록 교육받아야 하고 사회적 관계가 이상(Ideal)에 일치되도록 살고 일해야 한다. 그러므로 기독교교육의 사회적 목적은 기독교인이 일반사회 복지를 위해 다 참여할 수 있게 하기 위한 것이다. 이를 원만하게 완전하게 할 수 있는 기구는 교회와 천국이다. 교회는 보이는 기구이고 천국은 보이지 않는 기구이다. 이 두 기구의 목적은 다음 프로그램을 통하여 이룩되는 것이다(Byrne, op. cit, 111~112). 사실 하나님의 나라는 사회의 궁극적인 목표이다. 이 나라는 하나님께서 완전히 다스리는 곳이다. 하나님께서 다스리는 법률은 사랑이다. 기독교인의 사회적 성격도 사랑이다. 따라서 기독교교육의 사회적 목적은 공공복지를 위해 그리스도인들이 함께할 수 있는 것에 역점을 두고 있다. 하나님은 사회적 목적을 실현하시기 위해 두 기관 즉, 교회와 왕국을 사용하신다. 교회는 신자들의 연합체, 즉 그리스도의 몸으로 구성된다. 그러므로 교회의 목적은 이 몸 안에서 그리스도의 모든 제자들을 등록하고 그들을 유능한 사도로 개발하는 위대한 선교 공동체를 형성하는 것이다. 채택된 방법은 지상 명령(The Great Commission)에 표현된바 증거와 전도의 방법이다. 이 목표를 촉진하기 위해 그리스도의 왕국으로서의 교회는 천국의 영적 프로그램과 더불어 영적인 감화를 가지고 사회로 뻗어 나아간다. 이 프로그램의 목적은 다음과 같은 것들을 포함한다.

(1) 조사 – 사람을 찾으라 – 눅 19:10 "찾으라"(Seek)

(2) 전도 – 사람을 얻으라 – 눅 19:10 "구하라"(Save)

(3) 확인 – 사람을 붙들라 – 골 2:6, 7 "뿌리를 내림"(Rooted)

(4) 안내 – 사람을 일으켜 세우라 – 벧후 3:18 "자라게 한다"(Grow)

(5) 성화 – 사람을 채우라 – 행:8, 15:8, 9 "순결과 능력"(Purity and power)

(6) 헌신 – 사람을 활용하라 – 롬 12:12 "봉사"(Service)

(7) 감독 – 사람을 향상시키라 – 딤후 2:15 "부끄러워하지 않는다"(Not ashamed)

(8) 완전 – 사람을 성숙게 하라 – 딤후 3:17 "하나님의 사람"(Man of God)

하나님의 나라 건설이 사회를 위한 궁극적 목표이다. 이곳은 하나님의 완전한 통치가 있는 곳으로 신정(神政)이 재확립되는 곳이다. 완전한 사랑이 우위를 차지하게 될 것이다. "네 이웃을 네 몸과 같이 사랑하라." 왕국의 도래를 기다리는 동안 하나님의 자녀들은 사회로 나아가 하나님의 목적이 인간관계에 있어 점점 효과적으로 실현될 수 있다는 것을 증명해야 한다. 이러한 생활의 궁극적 결과는 다음과 같은 사회적 특징을 가진 개개인의 그리스도인들에 의해 분명해질 것이다. ① 완전한 형제애(Perfect brotherly love), ② 헌신적인 봉사(Sacrifical service), ③ 기독교적 교양(Christian culture), ④ 훌륭한 시민적 자질(Good citizenship) 등이다(Ibid, 128).

5. 교육과정의 목표

1) 학습과정에서의 목표

기독교교육에 있어서의 목표는 교수-학습 과정과 교육과정 구성에 있어 철학의 사용을 가능케 해준다. 그러므로 첫 단계는 전 교육과정을 안내하는 지침으로 사용될 일반적 또는 궁극적 목표의 일람표를 만드는 일이다. 다음 단계는 일반적인 목표들이 통합되고 상관된 교과에 대한 일련의 통합된 세부적 목표들을 정하는 일이다. 일반적 또는 궁극적 목표들이 교육과정의 방향을 결정짓는 것은 분명하다. 특수한 목표들은 교과가 학생의 요구들과 교수-학습 과정에 적용되도록 하는 수단을 제공한다. 이러한 목표들을 결정하는 것은 ① 기독교 세계관에 대한 지식, ② 학생들의 요구, ③ 요구에 대해 교과의 진리를 적용하는 일 등의 세 가지 계통을 통해서 이루어진다. 또한 목표들의 사용을 안내하는 확고한 원리들은 다음과 같다. 첫째, 목표들은 궁극적 이상을 지향하는 기독교 세계관의 일반적 목표와 통합되고 관련되어야 한다. 둘째, 목표들은 궁극적 목적의 모든 구성 요소들을 가능한 한 완전히 다루어야 한다. 셋째, 목표들은 가능한 한 객관적이고 확고한 진리들과 연관되어야 한다. 넷째, 목표들은 학생들의 요구를 반영해야 한다. 다섯째, 목표들은 교사와 학생들에게 의미 있는 용어로 진술되어야 한다. 마지막으로 목표들은 커리큘럼에 있어 다양한 단원 및 교과와 주의 깊게 관련되어야 한다.

2) 교육과정의 일반적 목표

첫째, 기독교 세계관에 있어서는 하나님이 모든 실재 가운데서 중심의 위치에 놓여져야 한다는 사실을 볼 때, 모든 교사의 목적은 다음과 같다.

(1) 그의 모든 교과들은 사려 깊게 하나님께 연관되어 있고 하나님으로부터 나온 것이라는 것을 보여주는 것이다.

(2) 그의 모든 교과들은 하나님의 통일성 안에 그 기원을 가지고 있는 통일된 진리의 부분이라는 것을 드러내는 것이다.

(3) 그가 가르치는 교과의 과정 가운데 하나님이 계시된다고 하는 기대감을 학생들에게 부여해 주는 것이다.

둘째, 기독교 세계관에 있어서 하나님은 이성적·비이성적인 만물의 창조주이시며, 그분의 창조에 목적과 섭리와 계획이 있다는 사실이 드러나고 있음을 볼 때, 모든 교사의 목적은 다음과 같아야 할 것이다.

(1) 모든 피조물의 최고의 목적은 하나님을 계시하는 것이라는 것을 알려 주는 것이다.

(2) 죄의 영향, 특히 그 죄가 하나님을 볼 수 있는 능력을 훼손했던 사실을 알려주는 것이다.

(3) 해석과 안내의 표준을 제공해 주는 특별계시의 필요를 지적해 주는 것이다.

셋째, 기독교 세계관에 있어서 죄가 사람을 하나님으로부터 단절시켰고 도덕성을 타락시킨 것을 인지하여 볼 때, 각 교사의 목적은 다음과 같아야 하겠다.

(1) 예수 그리스도의 구속적 죽음과 부활로 말미암아 인간은 죄의 그 모든 영향으로부터 구원받았다고 하는, 예수 그리스도를 통한 하나님의 구원 계획을 알려주는 것이다.

(2) 구원받은 사람의 개인적 목적은 그의 인격과 행동에서 그리스도를 닮는 것이며 성령으로 말미암아 그리스도와 교제하며 사는 것이라는 사실을 지적해 주는 것이다.

(3) 구속의 사회적 목적은 오늘날의 사회에 대하여 기독교 영향력이 긍정적 효과를 내며, 구속받은 인류의 궁극적 연합을 통해 하나님의 대가족에 들어오도록 하는 것임을 지적하는 것이다.

넷째, 기독교 세계관에 있어서 모든 진리의 통일체가 하나님 안에 있음을 드러내는 사실을 볼 때, 모든 교과 목적은 다음과 같아야 하겠다.

(1) 교육과정의 각 교과 속에 있는 고유한 하나님의 진리들을 지적해 주는 것이다.

(2) 모든 연구를 하나님의 말씀과 통합하고 상호 연관을 맺게 하며 가능한 다른 교과들과도 그렇게 하는 것이다.

(3) 가능한 한 개인과 교회, 그리고 사회를 위해 교과에서 이끌어 낸 관련된 진리들을 밝혀주는 것이다.

다섯째, 하나님은 지고한 가치의 원천이시고, 최대의 선은 그 가치에 대한 하나님의 뜻에 일치함으로써 오게 된다고 하는 점에서, 모든 교사의 목적은 다음과 같아야 하겠다.

(1) 선과 미와 진리에 대한 기독교 원리들이 각 교과에 연관되어 있을 때 그것을 지적해 주는 것이다.

(2) 학생들이 현명한 가치판단을 하고, 그들이 최선의 인격적 발전을 성취할 수 있도록 도와주는 것이다(*Ibid.*, 134).

3) 기독교교육 목표의 기능

기독교교육의 기능은 목적과 목표의 교량 역할을 마련하는 것이다. 목적이 출발점에 해당한다면 목표는 결승점에 해당되는 것이다. 미국 전국기독교학교연합회 교육 분야에서 결정한 교육 기능의 규정은 다음과 같다. ① 통합과정(An integrating God-centered) ② 적응과정(an adjusting process) ③ 구속과정(a redemptive process) ④ 겸손과정(a humiliating process) ⑤ 하나님께 영광을 드리는 과정(a God-glorifying process) ⑥ 회복과정(a restorative Process)이다. 교육과정이란 어떠한 것을 의미하는 것일까? 이것에 관하여 미국 휘튼대학(Wheaton College) 교수회에서 진술한 내용들은 다음과 같다. ① 건강을 유지하려고 하는 능력, ② 사색할 수 있는 능력, ③ 진학하고자 하는 능력, ④ 신체적 환경을 이해하고자 하는 능력, ⑤ 옳게 살고자 하는 능력을 조화를 잘 시킬 수 있는 능력, ⑦ 지도할 수 있는 능력 ⑧ 효과적으로 살 수 있는 능력, ⑨ 기지의 능력, ⑩ 승리 있는 생활을 할 수 있는 능력 등이다.

6. 교단별 기독교교육의 목적

기독교교육의 목적에 대해 국제종교교육협의회(ICRE, International Council of Religious Education)는 폴 비스(Paul Vieth)가 작성한 「종교교육의 목적」(The Objective in Religious Education, 1930)을 그대로 채용하여 7개 조항으로 된 「종교교육목적」을 발표하였다. 이러한 7개 조항은 1940년에 '가정교육'에 관한 것을 추가하여 8개 조항이 되었는데 그 내용은 다음과 같다(1947: 80~88).[1]

① 기독교종교교육은 성장하는 개인들에게 하나님을 인간 경험의 실재(reality)로서의 하나님에 대한 인식과 하나님과의 인격적인 관계를 갖도록 하는 일이다.

② 기독교종교교육은 성장하는 개인들 안에서 예수님의 인격과 삶과 가르침에 대한 이해와 인식을 개발함으로 그분을 구주와 주님으로 경험하게하고 예수님과 그의 뜻에 충성하도록 이끌며, 그것을 매일 삶과 행동에서 드러나게 하는 것이다.

---

1) 1. Christian religious education seeks to foster in growing persons a consciousness of God as a reality in human experience, and a sense of personal relationship to him.
  2. Christian religious education seeks to develop in growing persons such an understanding and appreciation of the personality, lire, and teachings of Jesus as will lead to experience of him as Savior and Lord, loyalty to him and his cause, and will manifest itself in daily life and conduct.
  3. Christian religious education seeks to foster in growing persons a progressive and continuous development of Christlike character.
  4. Christian religious education seeks to develop in growing persons the ability and disposition participate in and contribute constructively to the building of a social order throughout the world, embodying the ideal or the Fatherhood of God and the brotherhood or man.
  5. Christian religious education seeks to develop in growing persons the ability and disposition to participate in the organized society or Christians－the church.
  6. (1940, additional) Christian religious education seeks to develop in growing persons an appreciation of the meaning and importance of the Christian family, and the ability and disposition to participate in and contribute constructively to the life of this primary social group.
  7. Christian religious education seeks to lead in growing persons into a christian interpretation of life and the universe; the ability to see in it God's purpose and plan, a life philosophy built on this interpretation.
  8. Christian religious education seeks to effect in growing persons the assimilation of the best religious experience of the race, pre－eminently that recorded in the Bible, as effective guidance to present experience."

③ 기독교종교교육은 성장하는 개인들 안에서 그리스도를 닮은 성품으로 점진적이며 계속적으로 성장해 가도록 돕는 일이다.

④ 기독교종교교육은 성장하는 개인들 안에서 하나님이 아버지이시며 인류의 형제됨의 이상을 구현하면서 세계 속에서 사회질서 건설에 참여하고 건설적으로 공헌하는 능력과 성향을 키워 가는 것이다.

⑤ 기독교종교교육은 성장하는 개인들 안에서 그리스도의 공동체인 교회에 적극적으로 참여하는 능력과 성향을 개발하는 것이다.

⑥ 기독교종교교육은 성장하는 개인들 안에서 기독교 가정의 의미와 중요성에 대해 올바른 인식을 개발하며, 기본적인 사회집단의 삶에 참여하고 건설적으로 기여할 수 있는 능력과 성향을 발전시키는 것이다.

⑦ 기독교종교교육은 성장하는 개인들 안에서 인생과 우주에 관한 기독교적 해석과 하나님의 목적과 계획을 이해하는 능력을 높이며 그것에 기초한 인생관을 갖도록 하는 것이다.

⑧ 기독교종교교육은 성장하는 개인들 안에서 현재의 경험에 대한 효과적인 안내자로서 성경 속에 밝히 드러난 인류의 최고의 종교적 경험과 그 경험의 일치를 위해서 교회 안에서 참여하고 일하게 하는 것이다.

이러한 미국국제종교교육협의회가 진술한 기독교교육의 목적은 첫째는 하나님에 대한 인식, 둘째는 예수님의 인격과 삶을 이해하고 가르침을 실천함, 셋째는 그리스도를 닮은 인격, 넷째는 사회질서 확립, 다섯째는 교회에의 참여, 여섯째는 기독교 가정, 일곱째는 기독교적인 삶의 철학, 여덟째는 성경에 나타난 종교적 경험의 활동이다. 그 신학적 경향은 하나님-세상-교회의 구조를 드러내고 있으며, 개인구원보다는 사회구원과 인격형성에 우선권을 둠으로 자유주의 신학사상을 반영하고 있음을 알 수 있다. 제2차 세계대전 직후에 '종교교육' 대신 '기독교교육'이라는 새로운 용어가 사용되기 시작하였고, 폴 비스는 기독교교육의 정의를 새롭게 하면서 기독교교육의 목적을 다음과 같이 천명하였다. "기독교교육은 인간이 그리스도의 복음을 듣고 복음에 의해 이끌리는 프로세스이다. 그것은 젊은이와 성인들을 함께 이끌어서 보다 풍부하게 기독교의 전승을 보유하게 하며, 크리스천의 신앙생활과 활동 속에 보다 충실하게 참여하려는 크리스천 공동체의 노력을 포함하고 있다."

1958년에 신정통주의 신학의 중흥과 함께 기독교교육의 목적에 대한 심층적인 연구가 촉구되었다. 미국기독교회협의회(NCCA)는 1952년부터 기독교교육 목표를 연구하기 위한 특별위원회를 구성하여 리틀(Lawrence C. Little)의 주도하에 새로운 커리큘럼에 맞는 교육목적 설정을 시도하였다. 5년간의 연구결과 '1958년의 교육목적'를 발표하였는데 그 내용은 전문과 5개 항목의 교육 목표로 구성되어 있다.

"기독교교육의 최상의 목적은 개인들로 하여금 예수 그리스도 안에서 계시된 찾아오시는 하나님의 사랑을 인식하도록 하고, 그 사랑에 믿음으로 응답하게 함으로 그들이 하나님의 자녀로 성장하며, 하나님의 뜻에 따라 살고, 기독교 공동체와 생동적인 관계를 유지할 수 있도록 돕는 것이다. 이러한 목적을 성취하기 위하여 성령의 지도 아래서 다음과 같이 노력한다(The Objectives of Christian Education: A Study Document, 1958: 21~22).[2]

① 사람들로 하여금 각 발달 단계에서 하나님으로부터 지음을 받은 가장 높은 잠재력을 가진 자인 줄 깨닫도록 도와주고, 자신들을 그리스도에게 위탁하여 성숙한 그리스도인으로 자라가도록 돕는 것이다.

② 사람들로 하여금 사회 안에서 책임 있는 역할을 감당하고, 모든 사람들을 하나님의 사랑의 대상으로 보면서 그들의 가정, 교회, 사회에서 기독교적인 관계를 설정

---

2) The supreme purpose of Christian education is to enable to become aware of the seeking love of God as revealed in Jesus Christ and to respond in faith to this love in ways that will help them grow as children of God, live in accordance with the will of God, and sustain a vital relationship to the Christian community to achieve this purpose Christian education, under the guidance of the Holy Spirit, endeavors:
To assist persons, at each stage of development, to realize the highest potentialities of the self as divinely created, to commit themselves to Christ and to grow toward maturity as Christian persons;
To help persons establish and maintain Christian relationships with their families, their churches, and with other individuals and groups, taking responsible roles in society, and seeing in every human being an object of the love of God;
To aid persons in gaining a better understanding and awareness of the natural world as God's creation and accepting the responsibility for conserving its values and using them in the service of God and of mankind;
To lead persons to an increasing understanding and appreciation of the Bible, whereby they may hear and obey the word of God; to help them appreciate and use effectively other elements in the historic Christian heritage;
To enable persons to discover and fulfill responsible roles in the Christian fellowship through faithfull participation in the local and world mission of the church.

하고 유지하도록 돕는 것이다.

③ 사람들로 하여금 하나님이 창조하신 자연계에 대한 올바른 이해와 인식을 갖도록 도와주고, 그 가치를 보존할 책임성을 받아들이며, 그것들을 하나님과 인류를 위한 섬김에 사용하도록 돕는 것이다.

④ 사람들로 하여금 성경에 대한 점증적인 이해와 인식을 증진시켜서 하나님의 말씀을 듣고 순종하게 하며, 기독교의 역사적 유산들 속에 나타난 다른 요소들을 인식하고 효과적으로 사용하도록 돕는 것이다.

⑤ 사람들로 하여금 교회의 국내 선교와 세계 선교에 성실하게 참여함으로 기독교적 친교 안에서 책임적인 역할들을 발견하고 수행할 수 있도록 하는 것이다.

복음주의협의회(National Association of Evangelicals)가 출판한 「민주주의 안에 있는 기독교교육」(Christian Education in a Democracy)이라는 책에서 게이블라이엔(Caebelein)은 기독교교육은 "두 가지의 목표를 가지고 있는데, 그 하나는 학생들이 예수님을 인격적으로 받아들이게 하는 것이고, 다른 하나는 이미 예수그리스도를 믿고 하나님의 아들로 인정하는 사람들을 양육하는 것"이라고 했다. 이상의 내용들은 미국에서 발표된 것으로 기독교교육의 목표를 이해하는 데 중요한 자료가 되고 있다(정정숙, *op. cit.*, 25~28 참조). 한국의 각 교단들은 1960년대 후반부터 자체의 교육 이념과 목적을 제정하기 시작하였다. 한국 교회의 주요 교단의 성문화된 교육목적을 살펴보자.

1) 대한예수교장로회(합동)의 교육목적

하나님의 형상대로 지음받은 인간은 만물을 그의 기쁘신 뜻대로 창조하시고 섭리하시며 다스리시는 하나님의 주권을 인정하고 나아가서 그의 지으신 모든 만물을 관리하고 다스리도록 위임하신 하나님의 소명에 응답하는 일꾼으로 참여해야 한다.

이러한 하나님의 뜻을 거스름으로 인간은 하나님 앞에 죄인이 된 것이다. 그러나 하나님은 다시금 독생자 예수 그리스도를 통하여 하나님의 뜻을 따르는 자들이 되도록 인간에게 구원의 길을 열어 주셨다. 이것은 예수그리스도를 주님으로 믿고 의지하는 자에게 역사하시는 죄 용서의 은혜를 의미하며 동시에 지금도 이루어 가시는 온전한 하나님의 형상으로의 회복이요, 새로운 피조물로 지음 받은 재창조를 의미한다.

이러한 구원의 역사는 하나님과 그리스도의 영이신 성령의 역사로서 하나님께서 택하신 자들에게 중생과 믿음의 역사를 불러일으키며, 하나님의 영광을 위한 새로운 생명으로의 변화를 이룬다. 성령의 사역은 세상 가운데서 하나님의 백성을 택하심과 부르심으로 나타나며 하나님의 거룩한 백성의 모임이요, 그리스도의 피로 사신 몸이며, 성령의 교통이신 교회를 세우게 하신다.

교회는 성령에 의지하여 예수 그리스도로부터 시작된 하나님의 나라를 전파하고 확장하는 복음 증거의 사명을 갖는다. 그리고 그 나라는 지금 역사 안에서 성장 확대되지만 그리스도의 재림과 더불어 완성된 것으로 나타날 것이다. 이는 곧 하나님의 창조 세계의 역사적이며 우주적인 완성의 사건으로서 그리스도인들에게 약속된 것이다. 그러므로 모든 그리스도인들은 그 나라를 소망하는 믿음으로 살아야 한다.

그리스도인의 삶의 목적은 의와 진리와 사랑과 평화로 역사하시는 하나님의 나라가 이 땅에서 말씀과 성령으로 통치됨을 보여주며, 그러한 하나님의 영광을 나타내는 일에 헌신하는 것이다. 그것은 궁극적으로 하나님의 창조 세계의 회복을 위한 봉사를 의미한다. 그리고 이것은 동시에 그리스도가 그의 교회에게 주신 복음 증거의 사명 수행을 통하여 이루어지며 또한 하나님을 사랑하며, 네 이웃을 네 몸과 같이 사랑하라 하신 그리스도의 계명의 실천을 통하여 실현된다.

그리스도의 교회는 하나님의 말씀의 선포와 가르침, 예배와 성례 그리고 권징의 수단을 통하여 교회로 부름 받은 하나님의 백성들이 하나님의 나라를 섬기며, 봉사하는 일꾼이 되도록 양육하며, 훈련하는 교육적인 사명을 가진다. 교회는 이러한 사명 성취를 위하여 하나님의 말씀인 신구약 성경을 하나님의 백성들에게 주신 삶의 유일한 법칙이요, 약속의 말씀으로서 믿고 따르도록 모든 그리스도인들을 가르치고 배우게 하는 교육적인 사명을 그리스도의 지상 명령으로 실천한다.

1995년에 제정된 것으로 대한예수교장로회 합동측의 교육목적은 개혁주의 신학을 바탕으로 한 성숙한 그리스도인의 양성으로 하나님의 말씀에 기초해야 한다는 것, 교육사역이 삼위 하나님의 본질에 근거한 것이라는 것, 기독교교육은 개혁주의적 기독교세계관에 그 토대를 두고 있다는 것으로 하나님 중심, 성경중심, 그리고 교회 중심의 개혁주의 신학적 특성을 잘 나타내고 있다.

2) 대한예수교장로회(고신)의 교육목적

〈교육 이념〉

개혁주의 정신에 입각하여 웨스트민스터 표준서들(Westminster Standards)을 따라 하나님을 사랑하고 이웃을 사랑하는 그리스도인을 양성한다.

〈교육목적〉

성경을 가르쳐 첫째, 삼위일체 하나님을 바로 알고, 사랑하며, 섬기게 한다. 둘째, 하나님의 형상인 사람을 이해하고, 사랑하며, 돕고, 그리스도를 전하게 한다. 셋째, 자기의 존재 의의의 특수한 사명을 자각하여 자기 선 자리에서 맡은 일에 충성하는 (문화적 인격) 그리스도인을 육성하여 신앙의 전통과 생활의 순결을 겸비케 한다.

1965년에 제정된 대한예수교장로회 고신 측의 교육목적의 핵심은 개혁주의 정신에 입각하여 웨스트민스터 표준문서들에 근거하여 성경이 교회교육의 기초가 된다는 것, 관계의 회복으로서의 교육으로 그리스도인은 하나님과의 관계, 사람들과의 관계, 자연과의 관계에서 온전한 변화를 추구한다는 것, 그리고 신앙의 정통과 생활을 순결을 추구하는 신행일치의 삶을 강조하고 있다(강용은, *op. cit.* 154~55).

3) 대한예수교장로회(통합)의 교육목적

"모든 세대들에게 하나님의 은혜로 예수 그리스도를 통해서 이룩하셨고 성령을 통해 지금도 계속 이루시는 구원의 복음을 신앙공동체 안에서 깨달아 알고 하나님의 말씀과 복음의 빛 안에서 가정과 교회, 이웃사회와 자연 및 세계와 바른 관계를 이루어서, 예배와 선교의 사명을 지닌 하나님의 백성으로서 삶 속에서 하나님의 나라와 그의 의를 위해 헌신하도록 양육하고 훈련하는 것이다."(대한예수교장로회 총회교육부, 교육과정 이론지침서: 이론, 2001: 75~76).

대한예수교장로회 통합 측의 교육목적은 교육의 기초로서의 하나님의 말씀과 교육의 지향 점으로서 하나님의 나라, 그리고 교육의 장으로서의 신앙의 공동체가 잘 드러나고 있다. 또한 구원을 이루시는 삼위일체 하나님이 잘 표현되어 있으며, 구원을 통한 하나님의 백성 됨과 하나님의 백성으로서의 하나님의 나라의 구현을 위해 예배와 선 교적 삶이 조화롭고 나타내고 있다.

4) 한국기독교장로회(기장)의 교육목적

"교인들로 하여금 이미 예수 그리스도를 통해서 이룩하셨고 또 계속 성령을 통해서 이룩하고 계시는 하나님의 재창조의 역사를 깨달아 알게 하고 이에 믿음과 소망과 사랑으로 응답하게 도와 그리스도를 머리로 한 새 질서 창조의 전 위대적인 백성이 되게 할뿐 아니라 저희들에게 맡겨진 사명을 다할 수 있도록 육성하고 훈련하는 일이다."(한국기독교장로회 총회, 한국기독교장로회: 연혁. 정책. 선언서, 1974: 96).

한국기독교장로회의 교육목적은 교인들로 하여금 하나님의 재창조의 사역에 참여하는 전위대적인 공동체가 되도록 육성하고 훈련시키는 일이다. 하나님의 재창조의 사역은 "그리스도를 머리로 한 새 질서 창조'라고 부언한다. 다른 교단의 교육목적에 비해 매우 능동적이며 적극적인 표현을 담고 있다. 특히 목적 진술에 교회라는 표현이 없는데, "하나님 – 세계 – 교회"로 나타나는 교단의 신학적 경향을 드러내고 있다.

5) 기독교대한성결교회(기성)의 교육목적

"모든 사람으로 하여금 성경을 통하여 보며주신 하나님의 부르심에 응답하여 하나님을 알고, 예수 그리스도를 믿음으로 거듭나며, 성령의 도우심으로 성결한 그리스도인이 되어 사랑의 공동체인 교회를 섬김으로 하나님을 영화롭게 하며, 이 세상을 구원하시는 하나님의 역사에 동참하여 복음을 전하고, 이웃을 사랑하며, 영육을 강건케 하시는 성령과 함께 살면서 소망스러운 삶을 살도록 도와주려는 것이다."

기독교대한성결교단의 교육목적은 거듭나며(중생), 성결한 그리스도인이 되어(성결), 영육을 강건케 하시는 성령과 함께 살면서(신유), 소망스러운 삶(재림)을 사는 것으로 교단의 신학 사상인 4중 복음이 그대로 반영되어 있다. 성경적 기초가 강조되고. 다른 교단과는 달리 부르심에 대한 믿음의 응답함으로 거듭남이 강조되고 있다.(이정효, 기독교대한성결교회의 기독교교육사, *op. cit.*, 오인탁 편: 96)

6) 기독교대한감리회(기감)의 교육목적

"하나님의 모든 자녀들로 하여금 교회공동체 안에서 기독교신앙의 본질과 감리교회의 유산을 바탕으로 올바른 그리스도인으로 성장하도록 도와줌으로써 하나님의 나라가 실현되기까지 세상에서 기독교적인 삶과 그 실천을 구현 하는데 있다."(기독교대한감리회 교육국, 교육목회핸드북, 2000: 7).

기독교대한감리교단의 교육목적은 올바른 그리스도인의 양성이며, 하나님 나라의 실현을 위한 '기독교적인 삶과 그 실천'이다. 이 목적 진술은 기독교신앙의 본질과 감리교회의 유산을 강조하고 있다.

7) 기독교한국침례회(기침)의 교육목적

"사람들로 하여금 성경에서 또한 예수 그리스도를 통해 가장 완전하게 계시된 하나님을 알게 하고, 예수 그리스도를 자신의 구세주로서 뿐만 아니라 주님으로 믿게 하며, 개인적인 신앙의 헌신으로 하나님께 응답하도록 하고, 참된 의미의 제자로서 하나님의 뜻에 수종하기를 애쓰며, 자기 자신을 하나님의 교회와 세상 안에서의 교회의 사명과 효과로 결부시키고, 성령의 인도와 능력을 경험하며 생활함과 아울러 기독교인의 성숙을 향해 성장해 갈수 있도록 돕는 것이다."(이석철, 기독교한국침례회의 기독교교육사, *op. cit.*, 오인탁 편, 288~89).

기독교한국침례교단의 교육목적은 사람들을 예수 그리스도의 참된 의미의 제자로 양육하는 것이다. 그들은 그리스도를 구세주와 주로 믿으며, 교회와 세상 속에서 효과적으로 헌신하면서 사명을 다하는 사람이다. 이 목적 진술은 예수 그리스도의 제자로서 세상 속에서의 교회의 사명과 성령의 인도하심을 강조하고 있다.

8) 기독교대한하나님의성회(기하성)의 교육목적

<교육 이념>

하나님의 말씀인 성경에 그 기초를 두고, 성령의 역사로 말미암아 하나님을 사랑하고 이웃을 사랑하는 그리스도인을 양성한다.

<교육목적>

성경을 가르쳐 첫째, 삼위일체 하나님을 바로 알고 사랑하며 섬기고, 둘째, 하나님의 형상인 사람을 이해하고 사랑하고 도우며 그리스도를 전파하고, 셋째, 오순절 성령의 역사를 이 세대에 다시금 일으키고 성령의 역사로 말미암아 하나님의 의를 이 땅에 이룩하는 그리스도인을 양육하여 신앙의 정통과 생활의 순결을 겸비케 한다.(박문옥, 기독교대한하나님의 성회 기독교교육사, *op. cit.*, 오인탁 편, 318~19).

기독교대한하나님의성회 교단의 교육목적 진술은 고신교단의 구조를 따르고 있으며, 하나님을 사랑하고 이웃을 사랑하는 그리스도인의 양성에 그 초점을 맞추고 있다. 특히 교단의 신학적 경향을 반영하는 성령님의 존재와 사역을 강조하고 있는 것이 특징이다(강용원, *op. cit.*, 156~159).

이상의 기독교교육의 목적을 살펴보면서 기독교교육의 목적을 달성하기 위하여 힘을 집약시켜야 할 초점이 교육의 목표이다. 기독교교육의 목표가 없다면 무엇을 가르쳐야 하고 어떻게 가르쳐야 하는지를 결정하는 것이 불가능하며 교육의 성과를 거두는 것도 기대할 수 없다. 로이스 E. 르바(Lois E. LeBar)는 기독교교육의 목표를 살아 있는 말씀인 그리스도와 기록된 말씀인 성경이 기독교 커리큘럼의 중심이 되는 기독교교육 목표의 패러다임(paradigm)을 제안하였다.(Education That is Christian, 1958: 193~94)

그러면 진정한 기독교교육의 목표를 어디서 발견하여야 하는가? 성경은 "교훈과 책망과 바르게 함과 의로 교육하기에 유익한"(딤후 3:16~17) 성경만이 기독교교육의 궁극적 목표와 구체적 목표를 제시한다. 결론적으로 기독교교육은 예수 그리스도를 닮은 인격을 형성하고, 하나님으로부터 받은 재능들을 개발함으로 피조물로서 하나님을 예배하고 이웃을 섬기는 구속받은 성숙한 성도의 인격(redemptive mature Christian personality)을 갖게 하는 것이다. 따라서 궁극적인 목적은 하나님께 영광 돌리는 것이고, 목표는 성도의 성품과 행위가 그리스도를 닮아 가도록 하나님의 사람으로 완전함에 이르는 것이다.

Ⅱ. 기독교교육의 교육과정론

1. 교육과정의 개념

교육과정이라는 용어는 영어의 Curriculum을 번역한 말인데, 역사적으로 교육과정에 대한 학문적 연구는 고대 희랍시대부터 시작되었다고 볼 수 있지만 하나의 독립된 학문의 연구분야로 확립된 것은 1918년 Bobbit가 쓴 '교육과정'(The curriculum)의 출판이 있고 난 후부터였다. Bobbit가 사용한 Curriculum은 경주로(Racecourse), 경주 그 자체를 의미하는 Curuere 라는 라틴어에서 파송된 말이다. 교과과정의 사전적 정의를 살펴보면, 옥스퍼드 영어사전에는 교육과정이 '학교나 대학에서 행해지는 정규적인 훈련의 과정'이라고 하였고, 웹스터 사전에는 교육과정을 '학교나 대학에서 학습자를 어느 정도 수준으로 이끄는 세분화된 교수요목, 또는 교육기관이나 이와 유사한 곳에서 제공되는 모든 과정'으로 정의하였다.

교육과정을 정의하는데 있어 학자들이 따라 교육과정을 학교에서 수업시간에 가르치는 교과내용만으로 좁게 보기도 하고, 학교 안팎에서 학생들이 겪는 모든 경험으로 넓게 정의하기도 하고, 교육을 위한 계획한 것을 중심으로 개념화하려는 것으로 정의하기도 하며, 교육을 통해 일어난 결과를 중심으로 개념화하려는 자들도 있다. 이처럼 교육과정에 대한 여러 견해가 나타나는 이유는 학교교육을 통해서 어떠한 인간을 육성시키는 것이 보다 바람직한 것인가에 따라서 학교교육의 목적과 활동이 달라지게 되고 학교교육기능이 무엇이며 어떠한 역할을 수행하기를 요구하는가에 따라서 학교교육의 방향과 교육내용이 달라지기 때문이다. 여러 학자들이 다양하게 정의한 것들은 크게 교과,

경험, 학문탐구, 전인적 인간지향의 네 가지 견해로 집약된다.

먼저, 교과를 교육과정으로 보는 견해는 학교교육이 시작된 이후 현재까지 계속된 것으로 교사가 학습자에게 가르쳐야 할 각 교과의 지도 내용을 어떻게 체계화하고 조직 배열해야 하느냐가 주요과제이다. 이와 같은 이유에서 교과과정은 '학년별 교과별 교수 내용의 체계'라고 정의할 수 있다.

둘째, 경험을 교과과정으로 보는 견해는 교육과정을 형식적이고 고정적인 교수요목이기 보다는 학습자들이 학교의 의도적이고 계획적인 조직 밑에서 직접 경험하게 되는 모든 생활경험이 곧 교육과정이라고 보아야 한다는 것으로 학습자의 자발성이나 경험을 강조한다. 그러나 지식 내용을 전수하고 학습자로 하여금 지적 탐구능력을 배양하도록 하여 문제 해결이나 원리 발견이 가능하도록 하는데 역점을 두어야 할 것이다.

셋째, 학문탐구를 교육과정으로 보는 견해는 교육과정은 '구조화된 일련의 의도적 학습결과'라고 정의할 수 있으며, 학습결과에는 지식과 기능 그리고 가치 등이 포함된다. 그러나 이러한 견해는 경험을 교육과정을 보는 견해에 대한 반동으로, 학문의 구조만을 강조한 결과 사회문제, 인간교육, 가치교육을 소홀히 했다는 비판을 받는다.

넷째, 전인적 인간지향을 교육과정으로 보는 견해는 인간과정에서 생기는 사건을 전체적으로 받아들이고 대처해 갈 수 있는 전인적인 인간을 키워내는데 중점을 두고 있다. 심리학자 Maslow의 '욕구위계론'에서 인간의 궁극적인 요구는 '자아실현의 욕구'라고 하였고, Rogers는 인간교육목적을 만능인(Fully functioning person)양성을 주장하여 교육과정에 심리적 장면과 환경, 생활공간이 고려됨을 주장하였다. 그러나 이러한 견해는 개인에 대한 과도한 강조로 개인중심의 교육이 될 가능성이 있으며 이론적 근거가 없다는 점에서 비판을 받기도 한다(이칭찬, 교육과정과 교육평가, 동문사, 2006: 13~16).

1) 기독교교육과정의 정의

기독교교육과정이란 무엇인가? 기독교교육이란 기독교인의 생활 속에 그리스도의 권위와 그리스도의 권위의 실현이 교육적 활동으로 나타날 때에 성립되는 과정이다. 기독교교육이 실시되는 모든 주제는 계시된 하나님의 말씀으로써 인정되어야 한다. 또한 기독교교육의 모든 활동은 성령에 의하여 움직여야 될 것이다. 기독교교육의 교육과정의 핵심은 광의적으로나 협의적으로나 그 목적이 그리스도가 중심이 되어야 하며 하나님의 말씀인 성경이 원리가 되어 그 원천에 따라야 한다. 만일 기독교인의 생애에 있어서 하나님의 말씀의 학습을 위시한 모든 기독교교육의 교육과정의 요소가 성령의 역사를 통하여 이루어지지 않는다면 참된 기독교교육의 교육과정이라고 볼 수 없을 것이다. 그러므로 기독교교육의 교육과정은 예배(Worship), 전도(Evangelism), 교수(Instruction), 그리고 성도의 친교(Fellowship) 및 봉사(Service)의 요소가 포함되어 있는 것이다(H. W. Byrne, A Christian Approach to Education, 1981: 151). 기독교인의 생존 속에 하나님의 뜻을 이루게 하는 것이 기독교교육의 교육과정의 목적이다. 기독교 교육학자들에 의하면 교육과정을 다음과 같이 정의하고 있다.

1) 교육과정은 학생들이 이용할 수 있도록 만들 내용이다(도웨인 F. 휴부브너)
2) 교육과정은 학생들을 위해 계획되고 안내하는 학습경험들이다(죤 듀이)
3) 교육과정은 학생 혹은 학습참여자들의 실제적 경험이다(엘리스 미엘)
4) 교육과정은 일반적으로 학습을 위한 자료와 경험을 포함한다.
   교육과정은 특별히 기독교교육에 사용되는 기록된 과정들이다(아이리스 컬리).
5) 교육과정은 행동을 변화시키기 위하여 교사에 의해 지도되는 학습활동의 조직이다(로이스 E. 르바).
6) 교육과정은 학생들에게 사용할 수 있는 내용과 교사에 의해 실제적으로 지도되는 학습경험들이다(로버트 W. 파즈미뇨).

2) 교육과정의 주요 개념

교육학은 교육현상에 관련된 이론적. 실제적 문제를 종합적으로 연구하는 학문분야이다. 따라서 학습영역 혹은 교과분야들의 조직과 목적의 네 가지 주요개념이 제기되었다. 그것은 정보 혹은 지식의 개념, 훈련 개념, 사회적 개념, 그리고 창조적 개념 등이다.

① 교육과정에 대한 지식 개념(Knowledge concept)에 있어서는 실제적인 교육 자료가 지적인 숙달을 위해 조직된다. 교과는 양적인 기준에 따라 각 단계별로 나뉘어져 있

다. 인간의 교육은 여러 해 동안 그가 기억하고 축적한 지식의 양에 의해 측정된다.

② 교육과정에 대한 훈련 개념(Disciplinary Concept)에 있어서 교과는 학습자의 지성적인 능력과 역량을 훈련시키고 계발하는 데 사용된다. 능력 심리학은 위의 사실에 근거한 것이다. 여기서 지성(Mind)이란 몇 가지 교과를 숙달함으로써 연습되고 계발되는 어떤 능력을 소유하는 것으로 생각된다. 여기서는 학습자가 무엇을 배우느냐보다 어떠한 방법으로 학습하느냐를 더 강조한다.

③ 교육과정에 대한 사회적 개념(Social concept)에 있어서 교과는 사회구조 안에서 기능인으로서 개인의 필요를 강조한다. 이러한 필요에 따라 교육자들은 교육과정을 선택하게 된다. 보태어 말하면 기술적이고 과학적이고 민주적인 문화의 모든 환경의 영향은 물론 교육과정의 자료에 필수적인 조정이 필요하게 되는 역동적 사회 변화에 강조점이 주어진다. 그러한 상황에 부딪히는 문제들은 과학과 기술의 영향, 공동사회의 생활과 사회계층에 있어서의 변화, 가정생활에 있어서의 변화, 직업과 고용에 있어서의 변화, 경제에 있어서의 변화, 그리고 현재의 가치 체계의 변화와 혼돈 등이다. 그러므로 가장 큰 문제는 학습자가 현대 사회 안에서 자기의 역할을 수행하기 위해 알아야 할 것이 무엇인가 하는 점이다. 그래서 그들은 사회 구조를 떠나서 지식이란 아무런 의미가 없는 것이라고 말한다.

④ 교육과정에 대한 창조적 개념(Creative concept)에 있어서는 주로 개인의 심리학적 특성이 강조된다. 그러므로 이러한 접근은 아동 중심이거나 학생 중심이다. 이 견해의 지지자들은 사람이 창조적인 능력을 가졌으며 이러한 창조적인 능력을 발달시키는 것이 교육의 주된 목적이라고 말한다. 학습 활동은 이러한 능력을 자극하도록 조정된다. 자기표현, 자기평가, 자기활동, 그리고 동기유발 등이 이 견해의 중요 개념이다. 그 교육과정은 학생들의 필요에 끊임없이 조정되는 활동들로 구성된다. 이러한 여러 개념들에 대한 그리스도인들의 반응은 어떠한가?

첫째로, 그리스도인은 상기한 여러 개념들을 평가하기 위해서 평가의 근거로서 성경을 사용한다. 성경의 원칙들은 충분한 평가를 위한 신학적이고 철학적인 근거를 제공한다.

둘째로, 성경은 인간과 세상 가운데서의 그의 위치를 중시하도록 가르쳐야 된다고 하는 사실을 교육자에게 보여줌으로써 교육자를 인도한다.

셋째로, 교육은 전인에 대해 관련되어 있다. 기독교의 견해는 인간을 완전한 인격체로서 묘사한다. 인격에 방해되는 죄의 존재에도 불구하고 인간은 완전한 인격체로서 필요한 기본 골격을 보유하고 있다. 육체적 정신적·사회적·영적인 요소들은 인간에게 있어서 상호 관련되며 작용한다. 인간은 하나님의 형상으로 완전하게 창조되었다. 그러한 인간은 그의 주위의 세계에 대해 자유와 책임이 있다. 그러한 자유는 인간이 하나님과 같이 될 수 있기를 선택하는 것까지도 포함한다. 그리스도인에 의해 인정된 교육은 단지 정신 훈련이 아니라 인간되게 하는 과정이다.

죄로 말미암아 인간의 본성이 깊이 영향을 받았으며, 인간의 자발적인 불순종으로 인해서 인간의 마음과 삶으로부터 하나님의 임재하심을 잃어버렸다. 그럼에도 불구하고 인간은 아직도 자기 의지와 악을 향한 자연적인 경향에 따라 그 기능을 하고 있다. 특별히 인간의 정신적·도덕적·영적인 자질은 죄로 인해 왜곡되고 부패해서 하나님이 원래 의도했던 반응을 나타낼 수 없게 되었다. 인간은 창조되었으나 죄로 인해 부패했기 때문에 하나님 중심이 아닌 인간 중심의 문화를 발전시켜왔다. 이러한 사실을 배제하는 교육은 어떠한 교육이라도 완전치 못하다. 이러한 이유로 인해서 그리스도인들은 교육적 과정에 있어서 구속을 중요한 부분이라고 믿는다. 그리스도는 인간 구원을 위해서 죽으셨으며 그 결과로서 인간이 하나님의 형상을 다시 회복하는 것이 가능해졌다. 그러므로 교육은 죄의 사실과 예수 그리스도를 통해 이 죄로부터 구원을 준비하신 하나님의 계획에 대해 주의를 환기시킴으로써 구속적인 성격을 가져야 한다. 죄로 인하여 인간 본성이 하나님의 진리를 싫어함에도 불구하고 진리의 성령은 인간의 마음을 감동시키며 변화시키신다. 이것이 그리스도인에게 있어 교육과정의 절정이다. 그러므로 학교는 학생이 구속의 진리에 대해 스스로 이해하고 깨달으며 받아들이도록 도와야 한다. 더욱이 그는 인간의 운명이 이 세상에 국한되어 있지 않다는 것을 배워야 한다.

지식개념을 고려함에 있어서 그리스도인은 실제적인 자료가 있어야 하고 단계가 필요하며, 이해하고 숙달되어서 사용해야 할 객관적으로 선재된 진리가 있다는 것을 즉시 인정해야 한다. 그러나 그는 교육이 지적인 견지에서 측정된다고 하는 점에는 동의하지 않는다. 여기에 지식개념은 전인적인 측면으로 인간을 고려하는 데 실패한다. 지적인 면 외에도 인격에는 정서적·신체적·영적인 측면이 있다. 지식개념에 있어서 박식은 인격의 다른 요소들을 희생하여 성취될 수 있으며, 이리하여 인간은 심한 불균형의 상태가 된다. 더욱이 지식개념은 하나님을 진정으로 알지 못한 채, 피상적으로 하나님에 관한 것을 알 수 있을는지는 모른다. 지식과 행위 사이에는 상호관계가 거의 없다는 것이 인정되어야 한다. 성경을 안다는 것과 그리스도를 따른다는 것은 상이한 두 개의 사실이다.

그리스도인은 기억과 정신적인 발달에 관한 훈련개념을 강조하는 것에 동의한다. 그러나 그리스도인은 기억과 정신적인 발달을 위한 근거로서 능력심리학(Faculty Psychology)을 배제해야 한다. 지적인 형성을 돕는 논리적 법칙들과 효과적인 암기를 위한 원리들이 있다는 것이 인정되는 반면에, 또한 이러한 기본적 약점이 있음을 보게 된다. 첫째로, 교과 자체에 대한 고려가 없는 정신적인 훈련은 위험이 있다. 모든 교과에 대해 파악하고 이해하는 일이 없이도 기계적으로 완전하게 재생해 내는 일이 가능하기 때문이다. 또한 정신적인 예민함은 바람직한 정서와 사회적 성장이란 대가로 성취될 수 있다. 더욱이 이 견해는 잘못된 학습 과정의 개념에 기초하고 있다. 훈련의 전수는 이성과 기억의 능력에 근거한 것이 아니라 오히려 교수 방법들은 물론 원리, 절차, 기술 등에 있어서의 일반적인 요소들에 근거한다. 그것은 건전한 사고를 위한 기준과 훌륭한 문헌이 동일하다는 것을 따르지 않는다. 그러므로 더 좋은 사상가에게로 인도하기 위해 '고전'(Great Books)이 필수적인 것은 아니다. 고전 이론이 현재를 반드시 더 나은 방향으로 인도하는 것은 아니라는 사실 역시 지적되어야 한다.

사회적 개념(Social concept)은 칭찬하기에 충분한 점들을 지니고 있다. 그리스도인들도 인간이 사회적 존재라는 것을 인정한다. 훌륭한 목적을 성취하고자 한다면 협동이 필요하다. 더욱이 사회적 성숙은 기계적 성숙이 아니다. 그것은 사회적인 문제 해결을 위한 상식과 현실주의가 요구된다. 그러나 이것만으로 그리스도인에게 충분한 것은 아니다. 인간의 가장 절실한 필요는 사회적 상황을 초월하여 있다. 사회는 자체의 정당성의 증명을 위해 하나님의 뜻이 필요하다. 사회 자체는 진리의 형태를 따른 지적인 발전을 소홀히 하기 때문에 인간의 가장 절실한 열망을 만족시킬 수 없다. 더욱이 사회적 관점에서는 개인이 대중과 순응주의에 사회적인 희생을 당할 수 있는 궁극적인 위험이 있다. 지금 우리에게 닥쳐 있는 가치의 위기의 견해에 있어서 사회적 개념의 이론은 평가를 위한 철학적인 근거도 제공할 수 없으며 평가할 수도 없음이 명백하다. 평가를 위한 적당한 표준이 사회적 상황 자체 속에서는 발견될 수 없다.

그리스도인은 아동과 아동의 본성의 중요함에 대하여 강조하는 창조적 개념(Creative concept)에 대해 동의하며, 더욱이 인간이 창조적인 능력과 가능성을 가지고 있다는 것을 이의 없이 받아들인다. 이것은 모든 개인에게 있어 천부적인 것이며 학습 과정에서 빼놓을 수 없는 부분이다. 독창성을 억압하는 것은 동기 유발을 하지 못하도록 하는 것이다. 그러나 여기에는 분명한 약점이 있다. 첫째로, 이 견해는 사고와 행동의 선재하는 형태에 따른 개개인의 발달 가능성을 소홀히 한다. 이 견해는 문화유산과 진리를 중요하게 여기지 않는 경향이 있으며 절대적이고 신성한 진리를 거부한다. 대신에 표현하기 힘든 표현에 강조를 둔다. 더욱이 표현의 질을 판단하기 위한 기준이 결여되었다. 개개인은 자기 자신에게 법이 된다. 모든 조직적인 학습이 끝이 나고 결국 교육과정은 목적도 법칙도 없는 변덕스러운 것이 되고 만다.

위에서 말한 모든 법칙 안에 진리가 있다고 말할 수 있으나 각각의 경우 어떤 기본적인 요소들이 결여되어 있다. 사회적 개념과 창조적 개념은 선재하는 진리의 존재를 부인하며, 인간 자신의 구속과정을 위한 외부로부터의 과정을 부인한다. 그러므로 그리스도인이 왜 절충적인 관점을 받아들이지 않는지는 분명하다. 그 이유는 이러한 견해들이 성경에 대조되는 인간과 세상의 개념들 안에 근거를 두고 있기 때문이다. 이와 같은 이론들은 물론 다른 이유들로 인해서도 또한 부적절하다. 그 이론들을 제안한 자연인은 삶의 한 입장에서 생의 모든 것을 보려고 한다. 그의 마음이 성령으로 거듭나지 못했기 때문에 그는 초월적인 견해를 볼 수가 없다. 그는 그의 견해가 정당하다고 믿기 때문에 자신이 서 있는 자리에서 보는 것으로 인생을 받아들인다. 그는 인생의 여러 국면에서 위의 여러 다른 이론들을 찬미하며 결과적으로 교육에 있어 지식이나 인격 등을 찬미한다. 하나님 중심, 성경 중심, 교회중심의 견해는 그에게 있어 불가능한 내용들이다.

2. 교육과정의 유형

1) 교과과정의 일반적 유형

교육과정의 유형이란 교육과정의 조직형태를 유형별로 구분해 놓은 것을 의미한다(이경섭, 1990: 95). 다시 말하면 교육목표를 달성하기 위해 선정된 교육내용을 조직하는 여러 형태들을 일정한 분류기준에 따라 유형화하는 것이다. 일반적으로 교육과정 분류

기준은 크게 두 가지로 구격지어 활용되는데 첫째, 교육과정이 그 내용면에서 어떤 성격을 가졌느냐는 점이다. 둘째, 그 교육과정은 어떤 형식으로 되어 있느냐 하는 점, 즉 내용과 형식이다(이칭찬, op. cit., 97~108).

(1) 교과중심 교육과정

교과중심 교육과정의 기본 신념은 크게 두 가지로 볼 수 있는데 그중 하나는 "교육이란 현세대의 문화유산이나 정보를 후세대에게 전달하는 것"이라고 믿는 것과 둘째는 "인간의 감성보다 이성을 중시하는 입장"이다. 다시 말해 전자는 개인적 입장의 유용성보다 사회적 가치를 더욱 존중하며, 고전성과 전통성 또한 존중하면서 진·선·미 같은 고전적 가치가 있는 지식이나 기능을 더욱 중요시하는 입장이라는 뜻과, 후자는 논리적이고 체계적인 인간이 되기 위해서는 보다 잘 개발되고 체계화된 교과가 이성적인 인간을 만드는 주된 도구가 될 수 있다는 뜻이다. 이와 같은 기본신념 하에 교과중심 교육과정에서는 교과가 학습내용을 조직하고 전개하는 데 핵심을 이루며, 이 교과의 내용이 바로 교육목적 달성의 기본을 이룬다.

교과중심 교육과정에서의 가장 중요한 문제는 우선 교육목표를 달성하기 위해서 어떤 교과목들을 제공할 것인가를 고민하는 것과 둘째로는 교과목 속에 어떤 지식 내용을 포함하도록 할 것인가를 결정하는 일이다. 그러므로 교과중심 교육과정에서의 교육과정 조직방법으로는 분과 교육과정, 상관 교육과정, 광역 교육과정, 융합 교육과정, 중핵 교육과정이 모두 포함되나 가장 극단적이고 정통적인 형식은 분과 교육과정이다. 나머지 교육과정은 이 분과 교육과정의 수정형들이다.

교과중심 교육과정의 장점은 ① 학습을 조직하고 새로운 지식, 사실의 설명, 체계화하는 데에 논리적이고 효과적인 방법이다. ② 학생들의 지적 능력을 발전시키는 데에 가장 적절하다. ③ 축적된 인류 유산을 가장 잘 활용한다. ④ 장구한 전통에 뿌리박고 있으며 널리 받아들여지고 있다. ⑤ 구성이나 평가가 간단하고 쉽다. 그러나 단점은 ① 논리적, 체계적인 교과의 조직은 심리적인 조직으로서는 부적당하다. ② 학교로 하여금 바라는 교육목적 달성을 충분히 수행하도록 이바지하지 못한다. ③ 학습자의 학습을 세분화하고 단편적이다. ④ 지식의 이해가 기능적 활용에 바탕을 두지 못하고 있다

(2) 경험중심 교육과정

경험중심 교육과정은 교과중심 교육과정을 비판하면서 제기된 것으로 학생의 흥미, 필요, 경험, 활동, 생활 등에 근거하여 태동된 교육과정이다. 이 교육과정은 19세기 말부터 20세기 초에 걸쳐 태동된 것으로, 그 당시의 개인주의, 자유주의의 물결과 이전의 사상가들, 즉 Herbart, Rousseau, Pestalozzi, Frobel 등의 자연주의 교육 사상으로부터 영향을 받게 되었다. 이후 John Dewey에 의하여 사상의 정립을 이루었다고 할 수 있다. Dewey는 많은 사상들을 창출하였지만, 그중 몇 가지로서는 첫째, 교과보다는 생활을 중시하는 일명 생활중심 교육과정이라 일컬어지는 사상과 둘째, 지식보다는 행동을 중요시하는 일명 활동중심 교육과정이라 일컬어지는 사상, 그리고 셋째로는 교육과정의 주체가 교사가 아닌 학생이라는 아동중심 교육과정의 사상이라 하겠다.

경험중심 교육과정의 대표적인 교육관을 몇 가지로 나누어 정리하면 다음과 같다.

(A) 학습자의 흥미, 욕구, 관심들 위주의 교육

이 입장은 '학습자들이 무엇을 배우고자 하는지'에 더욱 중점을 둔다. 그러므로 교육과정 편성가는 학습자에 대한 과학적 연구에 근거하여 실용적이고 합리적인 교육과정 구성을 해 주어야 한다. 부언하면 학습자의 흥미, 욕구, 관심은 물론이고 지능, 환경, 성장발달에 관하여도 중점을 두어야 한다는 것이다. 뿐만 아니라 학습자의 학습준비 태세(readiness)에도 중점을 두어야만 한다.

(B) 전인교육의 강조

이 입장은 교과형 교육과정의 지적 측면 강조로 인한 여러 가지 문제들의 보완적 입장으로서 인간교육을 목적으로 한다.

(C) 문제해결의 활동 과정을 중시하는 입장

이는 목표실현을 위한 문제해결의 활동과정에 가치를 두고 있음을 의미한다. 다시 말해 문제해결 학습을 계속해 감에 따라 학생들의 경험은 재구성의 과정을 밟게 되고, 그 결과는 재 반영되어 보다 나은 생활인 및 사회인의 자질을 갖게 된다는 입장이다.

(D) 협동적 교수-학습의 강조 이 입장은, 교사는 학습자 집단을 돕는 협동인으로 그리고 학생은 교육과정 프로젝트 입안의 참여자가 되어야 함을 의미하는 것이다.

이러한 경험중심 교육과정의 장점은 ① 학습자의 흥미와 필요가 교육과정 구성의 기초가 되어 있기 때문에 자발적인 학습동기를 유발하기 쉽다. ② 현실적이고 실제적인 생활문제를 해결할 수 있는 능력을 기를 수 있다. ③ 실제 경험이나 활동중심의 교육은 참다운 민주시민적 자질함양이 용이하다. ④ 학교와 지역사회와의 유대를 강화할 수 있다. ⑤ 학교생활의 여러 가지 장면을 통합을 증진하게 한다. 그러나 단점은 ① 학생들의 기초학력의 저하를 가져올 수 있다. ② 교육과정 분류의 준거가 분명치 않다. ③ 교직적 소양과 지도방법이 미숙한 교사는 경험중심 교육과정 운영에서 실패하기 쉽다. ④ 행정적인 통제가 곤란하다.

(3) 학문중심 교육과정

1957년 10월 17일 소련의 최초 인공위성 발사(Sputnik)로 인하여, 미국 내 여론은 이때까지 미국 교육의 주된 주류를 이루고 있었던 진보주의 교육에 대한 비판으로 가득 채워졌으며, 이와 같은 비판과 반동적인 견지에서 교육개혁운동이 일어나기 시작하였다. Wilson은 당시 상황을 미소 청년 비교 연구를 통하여 미국 교육 취약성을 날카롭게 지적하였고, 미국 중등학교가 물리, 수학, 현대 외국어 등 기초 교과가 소홀히 다루어지고 있는 점과 교과학습 성취도가 저조하다는 점을 지적하였다. 그뿐만 아니라 그는 미국 중등 교육에 대하여 첫째, 능력차에 따른 제 과정을 설정할 것과 둘째, 조직적이며 계통적 교육활동의 중요성을 인식할 것을 건의하였다(안등요, 1963: 289). 이처럼 진보주의에 입각한 경험중심 교육과정은 비판을 받게 되었고, 이에 대신해서 교과의 논리적인 체계성, 독자성이 강조되는 학문중심 교육과정이 성립되게 된 것이다.

학문중심 교육과정은 교과조직 구조(structure)와 방법에 있어 직관(intuition)은 매우 중요한 개념이다. 다시 말해 교과 조직에서의 구조는 학문의 기본적인 개념과 원리와 방법의 구성관계를 파악하는 것이고, 방법에서의 직관은 사상을 순간적으로 직감하는 직관적 사고이며 또 탐구를 위한 지적 능력과 발견에 필수적인 것이기도 하다는 뜻이다. Sruner(1960, p.33)는 이를 가설로 표현하였는데, 그 가설은 먼저 "어떤 교과든지 진적으로 올바른 형식으로 표현하면 어떤 발달 한계에 있는 아동에게도 효과적으로 가르칠 수 있다"고 하며 교과 조직의 구조성을 강조하였다. 또 다른 하나 "지식의 최전선에서 새로운 지식을 만들어 내는 학자들이 하는 것이나 초등학교 3학년 아동이 하는 것이거나를 막론하고 모든 지식활동은 같다"라는 직관적인 지적 능력을 강조하였다.

이와 같은 학문중심 교육과정의 기본적 견해를 정리하면 다음과 같다. ① 지식의 구조(핵심적인 아이디어 또는 일반적 원리 및 개념)를 중요시한다. ② 어떤 교과라도 지적 성격을 그대로 두고 표현만 달리하면 발달의 어떤 단계에 있는 어떤 어린이에게도 효과적으로 가르칠 수 있다. ③ 분석적 사고만큼 직관적 사고를 중시한다. ④ 학습자의 외적 동기보다는 내적 보상에 의한 학습동기의 유발이 필요하다. ⑤ 학습에 있어서 창조성을 중시한다.

학문중심 교육과정의 장점은 ① 교육과정의 단순화를 기함과 동시에 내용상의 중복을 피할 수 있다. ② 교육내용을 선정하고 조직하는 데 있어 경제성을 기할 수 있다. ③ 학생들 자신이 능동적으로 탐구과정에 참여함으로써 탐구력을 향상시킬 수 있다. ④ 학습내용이 양적으로는 적지만 질적으로는 가장 기본적이고 핵심적인 것만을 다루기 때문에 학습에 관한 흥미를 지속적으로 유발할 수 있다.

그러나 단점은 ① 학업능력이 우수한 학생들에게만 적합하다. ② 교육과 생활과의 관계를 직접 다루지 못한다. ③ 교육과정을 학문분야별로 따로따로 분립하게 하여 관련성과 통합성이 무시된다. ④ 자연과학 분야의 교과목을 중심으로 한 일부 교과에 적합하다. ⑤ 지적 교육을 지나치게 강조하여 통합적 교육과정 구성이 소홀하게 된다. ⑤ 탐구과정에 학습자가 능동적으로 참여할 수 있는 교육적 환경의 조건의 정비가 어렵다. ⑥ 평가방법에 관한 개발이 되어 있지 않다. ⑦ 사회적 제 조건의 성질, 사회적 현실, 민주적 이념 등이 잘 반영되어 있지 않다.

(4) 잠재적 교육과정

잠재적 교육과정의 중요성이 인식되기 시작한 배경은 Wallers의 「The Sociology of the School」을 제외하면, 1960년대까지 학교 교육의 결과 그 자체에 대한 관심은 거의 없었던 형편이었다. Dreeben, Jackson, Sarason의 책자들이 출판되고 난 이후부터 본격적으로 잠재적 교육과정에 관심이 일기 시작되었다고 볼 수 있다. 이와 같은 잠재적 교육과정을 이해하기 위해서는 앞에서 밝힌 교육과정의 다양한 개념을 먼저 이해할 필요가 있다. 지금까지 교육과정이란 용어는 국가 및 사회, 학교 또는 교사의 '계획'과 '의도'에 관계되는 것으로 정의되어 왔으나 학생들이 학교에서 경험하는 것에는 이러한 의도와는 관련이 적거나 없는 경험들도 많다. 이처럼 다양한 경험들은 학생들에게 정의적, 도덕적 측면과 관련된 특성들의 학습에 크게 영향을 미친다. 따라서 학교나 교사가 의도한 바와 관련된 경험으로 구체화되지 않은 부분을 잠재적 교육과정이라 해석할 수 있다. 이렇듯 학교에 관한 다양한 연구들이 이루어지면서 학교 안에 존재하는 잠재적 교육과정을 발견하게 되고, 또한 학교라는 곳을 새롭게 들여다 볼 수 있게 길을 열어 놓은 이론의 체계는 사회학의 이론으로부터 비롯되었다.

Merton(1968)은 사회제도 적응에 관련된 의도된 결과를 표면적 기능으로, 의도되지 않고 의식되지 못하였던 결과를 잠재적 기능으로 구분하였다. 그리고 지금까지 표면적 기능의 관점에서만 관찰되고 해석되던 사회적 제도나 행동들이 잠재적 기능의 관점에서 어떻게 새롭게 관찰되고 해석될 수 있는가를 설명하였다. 그는 미국 남서부의 원주민인 Hopi족의 기우제 풍습에 관해 관찰·연구하였는데, 결과적으로 표면적 기능의 관점에서 볼 때 기우제는 하나의 미신에 불과할지 모른다. 그러나 잠재적 기능의 관점에서 보면 기우제는 가뭄으로 인하여 들뜬 민심을 가라앉히고 부족 구성원 간의 집단의식과 단결을 강화해 주는 기능을 한다는 것으로 해석하였다. 뿐만 아니라 1960년대 말 Jackson은 초등학교 아동들의 학교생활을 관찰·연구하여 「교실에서의 생활」(1968)이라는 책을 발표하면서 학생들은 학교와 교실에서 공식적인 교육과정을 통해 제공되는 교과내용에 관해서 배울 뿐만 아니라 교과내용과 무관하거나 상반된 내용에 대해서 학습하고 있음을 지적하였다. 그는 이와같은 학습내용을 가리켜 '잠재적 교육과정(hidden curriculum)'이라는 용어를 사용하였다.

우리나라의 경우는 서구에서 연구된 결과보다 25년이 지난 후 김종서(1987)에 의해 잠재적 교육과정에 관한 연구에 관심을 갖게 되었다. 김종서는 잠재적 교육과정을 '학교의 물리적 조건, 제도 및 행정적 조직, 사회 및 심리적 상황을 통하여 학교에서는 의도한 바 없으나, 학교생활을 하는 동안에 학생들이 은연중에 갖게 되는 경험'으로 정의하였다. 그의 연구는 기존의 연구와는 달리 교과의 범위를 벗어난 일상의 학교생활에 초점을 두고 있다는 점에서 특이하다고 할 수 있다. 그러므로 김종서가 연구한 표면적 교육과정과 잠재적 교육과정과의 관계를 구체적으로 살피면 다음과 같다.

첫째, 표면적 교육과정은 학교에 의하여 의도적으로 조직되고 가르쳐지는 반면에 잠재적 교육과정은 학교에 의하여 의도되지는 않았지만 학교생활을 하는 동안 은연중에 배우게 된다. 표면적 교육과정은 언어나 글로 표현된 교육내용, 즉 교육과정, 교과서, 교사용 지침서 등이 해당된다. 그러나 잠재적 교육과정은 언어나 글로 표현되는 것이 아니라 학교의 생활환경, 즉 교사와 학생 간의 상호관계, 학급 내 규칙 또는 분위기, 교실 내 상 또는 벌의 체제 등이 해당된다.

둘째, 표면적 교육과정이 주로 지적인 것과 관련이 있다면, 잠재적 교육과정은 주로 정의적 영역과 관련이 있다. 다시 말해 표면적 교육과정에서는 가르칠 가치가 있는 내용들을 미리 명시적으로 계획하며, 결국 이러한 명시적 계획은 지적 영역에 해당한다. 그러나 잠재적 교육과정의 특성들인 인간의 가치관, 흥미, 태도, 신념 등은 계획한 대로 가르쳐지지 않는다. 따라서 잠재적 교육과정은 주로 정의적 영역과 관련이 있다.

셋째, 표면적 교육과정이 주로 교과와 관련이 있다면 잠재적 교육과정은 주로 학교의 문화 풍토와 관련이 있다. 학교 교육에서 미리 계획되고 의도된 교육내용은 대체로 교과 내에 존재하는 지식이나 기술 또는 기능이다. 반면에 잠재적 교육과정은 학교의 전체적 분위기, 즉 문화 풍토에 의해 결정되는 바가 크다.

넷째, 표면적 교육과정은 단기적이며 어느 정도 적어도 일시적인 경향이 있는 데 반해, 잠재적 교육과정은 장기적, 반복적으로 학습되며 보다 항구적인 특성을 지니고 있다.

다섯째, 표면적 교육과정은 주로 교사의 지적, 기능적인 영향을 받는 데 반하여 잠재적 교육과정은 주로 교사의 인격적인 감화를 받는다.

여섯째, 표면적 교육과정이 주로 바람직한 혹은 바람직하다고 여겨지는 내용으로 구성된 데 반하여, 잠재적 교육과정에는 바람직한 것뿐만 아니라 바람직하지 못한 것들도 포함된다.

일곱째, 학생들에게 실질적으로 미치는 영향력의 크기라는 관점에서 볼 때, 잠재적 교육과정의 힘이 표면적 교육과정의 힘보다 더 강력하게 작용한다. 예를 들면, 질서나 차례는 지켜야 하는 것이라고 여러 과목에서 반복해서 배웠다고 하더라도 실제의 학교생활 사태에서 질서나 차례를 무시하는 행동이 허용되거나 처벌되지 않는다면 학생들은 실제로는 '질서나 차례를 무시하는' 행위를 배우게 된다. 이를 통해 보더라도 잠재적 교육과정의 힘이 더 큰 것을 알 수 있다.

여덟째, 잠재적 교육과정을 찾아내어 이를 계획한다 하더라도 표면적 교육과정과 잠재적 교육과정의 구조는 변하지 않는다.

아홉째, 표면적 교육과정은 그 자체의 잠재적 기능이 있다. 예를 들면, 학생들이 수학에서 2차 방정식을 배울 때, 2차 방정식을 이해하고 관련 문제를 해결하는 기능을 배운다. 그러나 동시에 '2차 방정식은 어렵다', '수학은 어렵고 지겹다', '수학선생님이 싫다'

라는 전혀 의도하지 않았던 내용도 배우게 된다. 따라서 표면적 교육과정 내에 잠재적 교육과정 요소를 포함하고 있음을 알 수 있다.

이와 같이 표면적 교육과정과의 비교를 통해 잠재적 교육과정 개념을 더욱 확고히 할 수 있었다. 그러나 잠재적 교육과정의 의도되지 않은 특성으로 인해 구체적인 내용을 밝히기가 어려울 뿐만 아니라 이 잠재적 교육과정이 학생들에게 어떻게 전달되었는지를 밝힌다는 것은 매우 어려운 일이다. 따라서 앞으로의 과제는 지금까지 주로 연구해 온 표면적 교육과정에 대한 문제만이 아니라 잠재적 교육과정에 대한 어려운 난제를 극복하고 관심을 가지고 연구해야 할 것이다.

2) 기독교 교육과정의 유형

(1) 신앙교육서(Catechism)

신앙교육서는 구약시대(출 24:6~7)에 모세와 이스라엘 백성 사이에 대화식 신앙교육의 시작으로 기초적인 신앙 교리교육이 활발하였던 4~5세기를 거쳐 종교개혁자들에 의해 기독교인들이 기본적이고 필수적으로 반드시 알아야 할 기본교리를 위해 (소요리문답서>와 <대요리문답서>를 작성하였다. 이 책은 기독교교육 내용과 방법 그리고 여러 지침들이 제시되는 책으로 주기문, 사도신경, 십계명을 주요골자로 하여 기독교인이 알아야 할 기초교리와 성경의 요약을 제시하였다. 아직도 미국 정통장로교회에서는 중고등부용 교재로 여전히 사용되고 있다. 하기 및 동기학교 교육과정으로 사용하는 보수교파도 적지 않았다.

(2) 성구발체교안(Selected Scripture Lesson)

신앙교육서 다음으로 성구발췌교안을 사용하게 되었다. 이것은 성경에서 아동들에게 적당한 성구를 뽑아 아동들이 암기하는 방법을 취한 것이다. 이 교안은 체계적이지 못하여 아동들에게 흥미도 주지 못하여 오래 사용되지 못하였다. 그러나 이 교안이 오늘날 교안의 일부로서 암송될 요절이 적혀 있게 된 것이다. 또한 매일 매일 읽어야 될 성구를 인용하도록 작성되어 있어 신앙훈련에 매우 유익한 것이었다.

(3) 통일교안(Uniform Lesson)

1866년 빈센트(Vincent)에 의해 주일학교 잡지에 예수전을 써서 사용하기 시작한 이래 1872년에 이르러서야 완전한 통일공과로 출판하게 된 것이다. 이 통일공과는 6년간 사용할 수 있도록 편찬된 것으로 통일적이고 체계적인 면으로 매우 좋아졌지만 장년과 아동이 똑같은 교안으로 되어 있어서 경험적인 면에서 서로 상이한 피교육자들에게 적합하지가 않았다. 그래서 자연적으로 계단교안의 필요성을 더욱 크게 느끼게 된 것이다.

(4) 계단교안(Graded Lesson Series)

통일 교안이 장단점을 보안하여 어떻게 하면 피교육자들의 모든 연령에 맞는 교안을 만들 수 있을까 하는 의도에서 1895년에 아동을 위한 교안이 만들어졌다. 그 이후 미비한 점과 각부에 알맞고 각 연령에 해당될 교안이 요구됨으로 「부별 계단교안」(Group graded lesson)과 「학년별 계단교안」(Coursely graded lesson)이 편찬 출간되었다. 우리나라에서도 1930년대에 만들기 시작했으나 1945년 해방 이후에 이르러서야 몇 곳에 만들기 시작하였으나 계단 중심만 치중하는 경향이었다. 이런 경향은 특별히 자유주의 계통에서 두드러지자 자연적으로 보수주의 진영에서는 통일 교안이 불만스러웠지만 부득이 그대로 사용할 수밖에 없게 되었다. 그러나 그 후 구미에 있는 복음주의와 보수주의 계통에서는 첫째로는 성경 중심으로 어린 아동이나 청소년들의 심리와 생활 경험을 충분히 고려한 교안이 발간되기 시작하였는데 그중 좋은 것을 취하여 우리나라에서도 출판하게 되었다. 지금에도 사용하고 있는 통일 교안도 엄밀한 입장으로 본다면 부별 계간 교안이나 다름이 없다. 그러므로 교단별로 좀 더 발전시켜 학년별 계단 교안을 편찬 발행을 하기에 이르렀다.[3]

---

3) *Ibid.*, 334~35.

3. 교육과정의 성경적 기초

기독교교육과정은 마땅히 하나님의 말씀과 더불어 시작된다. 이것은 넓은 의미로 학교의 상황에서 시행되는 모든 것을 교육과정을 생각하거나 또는 좁은 의미로 교육과정을 위한 실제적인 교재를 교육과정으로 생각할 때에 있어서도 사실이다. 신성한 계시인 하나님의 말씀은 모든 교과가 평가되고 사용되는 내용과 방법을 제공한다. 그리스도인에게 있어 모든 진리의 원천은 하나님이시다. 창조주 하나님은 계시된 말씀을 통하여 인간에게 말씀하신다. 이것은 모든 것들을 창조의 질서에 따라 일관성 있게 볼 수 있도록 하는 유일한 입장이다. 오직 성령으로 중생한 심령만이 성령의 조명을 통해서 삶의 전 영역에서 기독교적 세계관으로 이러한 견해를 취한다.

대조적으로 자연인은 창조 안에서의 견해에 제한되어 있다. 중생한 마음이 아니고서는 올바른 관점을 이해할 수 없다. 그 이유는 죄가 세상에 들어온 이후로 하나님의 자연계시는 흐려지고 사람의 이해력은 흑암화되고 몽롱화하여 자연에 쓰신 하나님의 신성과 글을 읽고 해석하기 불능하였다. 그 결과 하나님은 사람이 자연계시에 의해서 본래적으로 배울 수 있는 진리들을 초자연적 계시로써 재공포, 교정, 해석하심이 필요하였고 성령으로 사람을 조명하여 그로 하여금 창조물을 통하여 하나님을 다시 깨닫게 하심이 필요하였다(박형룡, 교의신학.서론, 한국기독교교육연구원, 1977: 221)

그러므로 하나님이 사람에게 주신 독특한 계시인 성경은 신앙, 실행, 예배의 모든 문제들에게서 사람을 지로(指路)하기에 완전하고 충족하다. 성경에서 명령되지 않은 것은 금지된 것이며 "명령되지 않은 것은 부과되기 불가능한 것이다"(*Ibid.*, 289). 따라서 성경은 스스로의 자증적 권위를 가지며, 성경은 성경 스스로의 해석권을 가지고 있다. 바빙크는 '성경은 자증적 권위를 가지고 있기 때문에 우리 신앙의 최종적인 기초이다. 어떤 사람이 왜 당신은 성경을 믿느냐고 묻는다면 하나님의 말씀이기 때문에 믿는다고 말할수 밖에 없다(H. Bavink, *Gerefoeerde Dogmatik*, 1928: 55). 성경의 권위를 누가 인정하느냐? 예수님께서는 성경의 권위의 문제에 대해 요한복음 5: 33에서 "너희가 요한에게 사람을 보내매 요한이 진리에 대하여 증거하였느니라 나는 사람에게서 증거를 취하지 아니하노라 …… 내게는 요한의 증거보다 더 큰 증거가 있으니"라고 하셨다. 지금도 예수님께서는 성경의 권위를 믿지 않는 자들에게 "성경은 폐하지 못하느니라"(요 10:35)

고 말씀하신다.

위에서 언급된 것은 그리스도인에게 교육과정을 위한 성경적이고 신학적인 기초를 제공해 준다. 그러나 하나님은 '교수–학습 과정'에서 그의 임재하심으로 인격에 더 가까이 다가오셨다. 이러한 일을 우리는 기독교교육에 있어서 거룩한 요소(Divine element)라고 부른다. 교육과정에 있어서의 거룩한 요소들은 성령의 능력과 임재, '성령의 검'(엡 6:17)인 기록된 하나님의 말씀의 고유한 능력, 학습해야 할 중생한 자아의 능력, 그리고 교사의 기독교적 인격의 영향 등이다. 자체적으로 이러한 요소들은 기독교 교사와 학생들을 위해 훌륭한 학습 분위기와 능력을 제공한다.

그러나 기독교에 있어서 교육 구조는 사랑과 믿음과 순종의 세 가지 조항에서 발견된다. 이 견해에서 사랑이 그 모든 것의 기초가 된다. 하나님은 사랑이시다. 하나님의 사랑은 성령으로 거듭난 변화된 마음에 성령님께서 나누어 주신다. 사랑한다는 것은 전 인격을 마음으로부터 사랑하는 것이다. 그러므로 사랑은 기독교교육의 초석이고 사랑이 없이는 참다운 기독교교육도 없다. 더욱이 사랑은 그것이 전인을 포함하기 때문에 교육과정의 초석이다. 사랑으로 새로운 마음을 지닌 모든 사람은 진정한 지식과 이해에 대한 길을 연다. 사랑에는 다른 사람을 위한 순종이 있다. 더 이상 스스로 자신을 다스리지 아니하며 대신에 자아가 하나님의 편을 향해 돌아서게 된다. 이와 같이 우리는 기독교교육 구조의 골격을 보았다. 그것은 그리스도인은 어떠한 사람이 되어야 하며 어떻게 행동해야 할지를 보여주는데 그건 바로 사랑과 믿음과 순종 가운데서 행하여야 함을 보여준다. 이렇게 그리스도를 닮는 것이 목적이다. 사랑과 믿음과 순종은 그러한 목적을 향해 학생들을 인도한다. 교사는 이러한 요소들을 학생들에게 내맡겨 둘 수 없으며 자신이 학생들에게 모범이 되어야 하고 이러한 분위기로 학생들을 자극해야 한다. 어린이들은 이러한 분위기 속에서 성장해야 하며 스스로 여기에 헌신해야 한다. 그러므로 교육과정은 아동들이 스스로 헌신해야 할 진리를 제시해 준다. 교수과정은 그러한 진리 가운데서의 감화와 교육과 훈련을 포함한다.

교육과정에 대한 기독교적 견해는 교과가 추출되어 나온 문화 그 자체의 견해에 의해 주로 결정된다고 본다. 세속적인 관점으로부터 나온 문화와 교과의 일반적 개념은 사실, 원리, 사회적 규범, 그리고 무한한 의미들에다가 도구, 기계, 기관, 그리고 개인적이며 사회적인 행동 양식 등으로 구성되어 있다. 교과는 이 모든 문화의 한 부분이며 주로 인간이 알고 있는 것과 믿고 있는 것, 그리고 그들이 평가하여 보증된 것 등으로 구성되어 있다. 성경에서 기독교 문화관은 하나님의 세계 창조와 직결되어 있다. 창조를 통하여 하나님께서는 "생육하고 번성하여 땅에 충만하라. 땅을 정복하라 그리고 땅 위의 모든 것을 다스리라"(창 1:28)고 말씀하신 '문화적 명령'(Cultural mandate)으로 인간에게 확실한 책임을 부여하셨다. 그러므로 인간은 하나님 앞에 놓여 있는 문화에 정통하고 그 문화를 성장시켜야 할 책임이 있다. 그러나 죄는 비극과 이기주의를 가져왔다. 인간은 그의 마음 가운데에 하나님이 없는 세상을 받아들였기 때문에, 하나님께서 주신 일을 수행하기 위한 인간의 능력이 심각하게 영향을 받게 되었다. 하나님의 저주가 세상에 임하게 되었다. 이러한 상황에서 하나님은 구속의 사역을 진행시키셨다. 하나님의 계획은 중생한 심령을 통해 인간들이 하나님의 원래의 명령을 수행하는 결과를 얻는 것이다. 그러나 하나님은 이 일을 성취하시기 위하여 그의 절차를 변경해야만 했다. 복음의 증거가 문화적 명령보다 우선권이 있게 되었다. 그럼에도 후자가 무효 되지는 않는다. 지금 그리스도인들은 복음의 빛 안에서 문화적인 사명을 수행한다.

이렇게 인간과 인간의 문화적 산물은 문화적 환경을 구성한다. 문화적 환경은 교육과정이나 교육적인 매체(수단)를 제공한다. 자연인은 그가 발견하는 대로 생을 받아들인다. 그는 인간의 필요에 따라서 그의 삶을 영위한다. 그에게 있어 교육과정은 이러한 환경에서 지적이며 의미 있는 생을 받아들이기 위해 돕는 것이다. 그리스도인에게 있어 중생은 다른 접근 방법과 다른 목적을 준다. 그리스도인에게 있어 교육과정은 문화적 환경에 의해서 지배되기보다는 오히려 성경 말씀에서 얻는 새로운 삶으로 그것을 평가한다. 그에게 있어 교육과정은 하나님의 영광과 찬양을 위한 새로운 삶을 살도록 돕는 것이다. 그러므로 교육과정의 중심은 예수 안에서의 새 생활이다. 문화적 산물은 목적을 위한 수단이 되며 이것은 중생한 생활을 위해 항상 유익을 준다.

교육과정에 대한 기독교적 견해에 있어 또 다른 요인은 학습 개념이다. 그리스도인은 게쉬탈트(Gestalt) 학습이론에 의지한다. 이 이론에서 나오는 '전체'(Whole)라는 개념은 전인에 강조점을 두는 기독교적 견해와 일치한다. 그에게 있어 전인은 학습에 포함된다. 성경은 마음 이론(Heart theory)을 지지한다. "내가 주께 범죄치 아니하려 하여 주의 말씀을 내 마음에 두었나이다"(시 119:11). 마음에 받아들이지 않고는 실제적으로 아무것도 알 수 없다. 성경은 정신 신체의 심리학적 행동이 조건화(Conditioning)와 시행착오(Trial and error)에 의해 습득된다는 사실과 통찰력이 지적 이해를 제공해 준다는 사실을 부정하지는 않지만, 그러나 오직 성령만이 어린이가 마음속에 진리를 받아들이도록 도울 수 있다고 말한다. 그럼에도 불구하고 학습 과정은 교육과정의 내용이 분명히 학생의 능력과 흥미에 관련되어야 할 것을 요구하는 데에 의심할 여지가 없다.4)

4. 교육과정의 교회사적 이해

1) 구약시대의 교육의 과정

구약시대에 하나님의 백성에게 하나님께서 직접 말씀하신 그 말씀에 따라 생활하게 된 것을 보아 하나님의 말씀 자체가 중요한 교육과정이었다. 믿음의 조상 아브라함을 택하신 것은 그 자녀와 권속에게 여호와의 도를 지켜 의와 공도를 행하게 하려고 택하셨다(창 18:19) 구약 이스라엘의 교육헌장이 쉐마(신 6:4~9)를 통해 자녀들에게 하나님을 경외하는 법도를 가르칠 것을 명령하셨다. 그리고 모세의 율법은 이스라엘 백성들을 가르치는 유일한 교육과정이었다. 이 율법은 하나님께서 이스라엘 백성의 가정을 통하여 부모님들이 책임을 지고 가르치게 하였고, 또한 제사장들도 율법과 율례를 가르치는 중대한 책임을 지고 있다. 때를 따라서 지혜 있는 사람들을 통하여 서로 가르치기도 하였고, 선지자들을 통하여 하나님의 계시의 말씀으로 율법을 지킬 것을 훈계하기도 하셨다. 특히 포로생활 전후에 걸쳐 에스라와 같은 랍비들이 율법을 가르치게 되었고, 주전 80년부터는 유대인학교를 설립하여서 의무교육제도로 이 율법을 가르쳤다.

2) 신약시대 교육의 교육과정

신약시대의 교육과정은 위대한 교사이신 예수 그리스도의 사역과 가르침이 교육 내용이니 곧 예수 그리스도의 공생애의 전체이다. 예수님은 하나님의 진리의 말씀이 구체

---

4) Herbert W. Byrne, *Christian Approach to Education*, 신현광 역, 기독교교육총론(서울: 민영사, 1988), 181~88.

화된 존재이다(요 14:6). 예수 그리스도는 그가 가르친 내용, 바로 그 자체였다. 그래서 기독교교육은 그리스도에 대한 교육이며, 그 교육의 결과로 그리스도의 인격과 행위를 닮아가게 하는 것이다. 그러므로 기독교교육의 목적은 반드시 예수 그리스도이어야 한다(*Ibid*, 105~106). 그리고 예수님은 마태복음 28:18~20에서 마지막 대명령인 동시에 교육의 명령을 통해 기독교교육의 구체적인 원리를 제시하였다.

3) 초대교회시대 교육의 교육과정

초대교회 시대는 사도들에 의해 예수님의 교육명령(마 28:19~20)을 순종하여 '선포하는 사역'(*kerygma*)과 '가르치는 사역'(*didache*)에 전무하였다. 사도들의 교육내용은 매우 광범위하여 신앙과 생활의 전 영역에 영향을 미쳤다. 쉐릴(Lewis J. Sherrill)은 사도들의 교육내용을 5가지로 구분하였는데 첫째는 구약 성경의 기독교적 해석, 둘째는 복음의 교육, 셋째는 그리스도인들의 신앙고백, 넷째는 예수님의 생애와 교훈, 다섯째는 그리스도인의 생활 방식이라고 하였다(The Rice of Christian Education, 1944: 141). 그러나 이방 종교와 철학에 많은 영향을 받게 된 이후 기독교 내용도 자연적으로 희랍의 철학과 문학을 성경과 기독교 교리와 겸하여 배우게 되어 있었다. 로마와 그리스문화의 퇴폐성에 대해 교회의 순수성을 수호하며, 이교문화에 의해 사상적 공격에 대해 변증하려는 변증가들과 교부들이 나타났는데, 클레멘트(Clement), 오리겐(Origen), 그레고리(Gregory), 터툴리안(Tertullian) 등이다. 이들에 의해 교리문답 교육이 실시되었으며, 초대교회는 핍박 가운데서 신약 정경과 신경이 형성을 통하여 기독교교육을 체계화하고 조직화하는 계기를 마련하였다.

4) 중세시대 교육의 교육과정

중세 시대에 이르러 AD. 313년에 콘스탄틴 대제가 「밀라노 칙령」(Edict of Milan)을 통해 완전한 신앙의 자유를 선포함으로 기독교를 국교로 삼았던 까닭에 어린이가 출생하게 되면 곧 유아 세례를 베풀었고, 집단적으로 개종한 연고로 초대교회에서 성행되었던 세례자 교육이 점점 쇠퇴하게 되었다. 그러나 다른 면으로 교회의 상징인 대중교육이 매우 힘 있게 발전하고 무엇보다도 먼저 신앙의 전당인 교회의 건축을 웅장하게 세우는 한편 성곽을 높이 쌓아 악마와 도전하는 표징을 나타내고 있었고, 예배드리는 장소를 장엄하게 장식하여 경건한 분위기를 만들기에 전력을 기울이고 있었다. 여기에 부가하여 아름다운 벽화, 성화, 성상 등을 마련하여 그리스도와 성도들의 생애의 교훈을 시각적으로 교훈하고자 하는 상징 교육(Symbol Education), 성례전(Sacrament), 순례교육, 교회력 교육 등이 시도되었다. 이렇게 일반적으로 교회 내에서 실시되고 있는 교육 이외에 수도원에서는 교회의 순수성이 퇴색하고, 순교에 대한 열정이 사라지고, 교황권 강화로 제도화되어가는 교회에 대한 반작용으로 나타난 것이 금욕주의이며, 그 모체가 수도원이었다. 수도원은 독신생활을 하며 스스로 청빈하게 사는 삶을 실천하였다. 그래서 수도원에서 청빈, 정결, 순종이라는 세 가지 기본 전제를 바탕으로 공동생활을 하였다. 수도원학교(Monastic schools)를 설립하여 교과 내용은 당시 교회의 공용 언어로 사용하던 라틴어를 교육하였으며 일곱 개의 교양과목(the seven liberal arts)을 가르쳤다. 대사원학교(감독학교)는 성직자 양성과 함께 학문연구의 다양한 영역을 개발하였다. 십자군전쟁이후 상업의 발달로 동방문명의 접촉으로 사람과 물자의 이동이 빈번하여 새로운 지식에 대한 호기심이 진작되어 그리스철학과 사상, 아랍 세계의 철학사조 등이 소개되어 대학설립의 계기가 마련되어 학문의 보편화가 이루어졌다. 중세 후기 시대에는 개인이든 집단이든 간에 정부 지도자나 교회의 간섭을 받지 않고 학교들을 설립하기 시작하였다.

5) 종교개혁시대 교육의 교육과정

종교개혁자들은 중세교회의 의식 중심에서 성경 중심의 예배로 개혁하면서 신자 개개인들이 모두 다 성경을 읽을 수 있도록 각기 자기 나라 언어로 성경을 번역하여 읽도록 하였을 뿐만 아니라 자녀들에게 교리문답, 십계명 그리고 주기문을 교육하므로 성경을 토대로 하는 생활원리를 소유하게 하는 바탕을 제공하였다. 기본적 교육기관으로서 일반학교 설립을 통하여 자녀교육에 대한 권위와 의무교육을 주장하였으며, 여성교육의 중요성에 대해 강조하여 남녀학생들에게 실제적인 직업교육을 통해 국가와 교회에 봉사할 수 있도록 준비해야 할 것을 주장하여 신앙교육과 시민교육을 정착시켰다.

6) 근대 기독교교육의 교육과정

종교개혁 후 시대의 교육은 다양한 사상의 물줄기 속에서 여러 가지 형태로 나타났다. 근대철학의 자양한 논리들 속에서 철학적 교육사상가들은 주장들은 기독교교육에 일대도전이 되며 교육원리와 방법을 정비하는 자극제가 되기도 했다. 종교개혁 이후 개신교회들은 개혁의 열정이 사라지고 교리논쟁으로 시간을 소모하며 생명력을 상실해 갔다. 교리 중심적인 신앙 형태가 정착됨으로 객관적 진리를 지나치게 강조하여 개인의 신앙적 체험을 도외시 하게 되자 지금까지의 교리 중심적 정통주의에 대한 반작용으로 나타난 것이 경건주의(Pietism)이다. 경건주의 운동은 교육 분야에도 새로운 변화를 일으켜 할레(Halle)대학을 설립하여 기독교교육의 구체화를 시도하였다. 경건주의는 이론적인 지성주의를 배격하고 체험적인 신앙을 강조하였고, 성경의 기본적인 교리를 강조하였으며 고아원, 병원, 장애인을 위한 수용소 등 다양한 기관들을 설립하여 사회사업을 통한 사랑의 실천을 통해 기독교적인 생활을 위한 실제적인 성경연구의 가치를 드러내었다. 그들은 기독교교육을 위해서는 하나님께서 모든 교육의 중심에 자리해야만 한다는 사실을 강조했다.

1620년에 신대륙 미국으로 이주한 뉴잉글랜드 청교도들(Puritans)은 '성도들의 공동체를 수립하고 자녀들을 교육하기 위해서 칼빈주의 교리와 엄격한 분리주의적 생활양식을 보존할 책임을 느꼈다. 이들은 수도원 생활이 아니라 '삶 속에서 수도원적 이상'을 목표하였다. 그들은 1618년 도르트(Dort) 종교회의에서 규정한 칼빈주의 5대 교리인 인간의 전적 타락, 무조건적 선택, 제한된 속죄, 불가항력적 은혜, 그리고 성도의 견인 등의 신조를 고집하였다. 1636년경에 매사추세츠 주의회는 기독교사역을 담당할 학생들의 교육과 훈련을 위한 하버드대학의 설립을 승인하였다. '그리스도와 교회를 위하여'(*pro Christo et Ecclesia*)라는 교훈을 삼은 하버드대학의 교과과정은 철저하게 기독교적이었는데 목회 후보자들에게 광범위하면서 포괄적인 훈련을 실시하였다. 교과과정은 중세 시대의 7개 교양과목 가운데 음악을 정규과정에서 제외하고 문법, 수사학, 논리학, 수학, 기하학, 그리고 천문학 등 6과목을 채택하였다. 하루에 두 번씩 아침, 저녁으로 학생들은 개인적인 성경읽기와 기도의 시간을 가졌다.

7) 현대 기독교교육의 교육과정

20세기 초의 미국과 유럽의 신학계에는 제1차 세계대전 이후 사회적 빈곤과 과학문명이 가져 온 비극적 현실에서 낙관적 인간관에 대한 회의와 혐오감으로 삶의 용기와 희망을 신앙의 기반에서 발견하려고 하였다. 이러한 사회적 여건이 신정통주의 신학이 태동시켰다. 신정통주의에서 강조하는 신학의 주제는 특히 '위로부터의 수직적' 계시로서 하나님의 말씀의 중심은 예수 그리스도라고 주장한다. 이러한 신정통주의는 중요한 오류를 가지고 있는데, 첫째는 신정통주의는 인간의 주관적 경험을 진리의 표준으로 삼는 것을 핵심으로 하고 있다. 둘째는 성경을 계시나 하나님의 말씀과 동일시하지 않고 정통신학의 용어를 그대로 사용하면서 재해석하려고 한다. 셋째는 예수그리스도가 계시의 중심됨을 강하게 주장한 나머지 그리스도와 별도로 자연계에 나타난 하나님은 어느 게시도 인정하지 않는다. 넷째는 예수님의 참 사람으로서의 성육신을 인정하지 않는 신수고설(新受苦設)이라는 질책을 받게 하며 성경적 신학에서 멀리 떠나는 것이다. 다섯째는 바르트는 보편적 구원설을 주장하지도 부인하지도 않지만 그의 보편 선택의 사상은 분명히 일종의 '신보편구원설'을 의미하는 듯하다(Harvie M. Conn, Contemporary World theology: 1973:20).

이러한 신정통주의 기독교 교육학자들은 '어떻게'(how)라는 교육 방법론보다 '무엇을'(what)이란 교육 내용을 중시하였고, 실존론적으로 하나님과의 인격적인 만남을 강조하였다. 그들은 학습자가 부름에 응답할 수 있도록 힘을 주는 성령이 임재하는 특수공동체, 즉 교회공동체가 기독교교육의 유일한 장이라고 이해한다(정정숙, *op. cit.*, 341).

그러나 보수주의 신학으로 기독교의 정통적 노선을 지키고 성경의 무오성과 절대적 가치를 주장하는 복음주의자들은 신학적 무지와 교회의 세속화 현상들에 대한 '성경적 기독교'를 파수하기 해 교회 교육을 강화하여 주일학교 교재들을 발간하고 새로운 커리큘럼을 작성하고 새로운 교재들을 발간하였다. 복음주의자들의 교육내용은 성경교육을 통해 교인들의 정체성을 확립하고 바른 신앙을 통한 그리스도의 삶을 영위하게 하였다.

또한 개혁주의 기독교교육학자들은 자유주의와 세속화의 도전에 대한 응전으로 기독교세계관(Christian world-view)운동을 전개하였다. 기독교세계관은 그가 먹든지 마시든지 놀든지 공부하든지 간에 그가 예수 그리스도 안에 계시하신 진실하시며 질투하시는 전능하신 하나님께 헌신된 마음에서 비롯되어야 하며, 전체 우주를 통치하시는 하나님의 주권을 인정하는 것을 인식하는 것이다. 아브라함 카이퍼(Abraham Kuyper)는 세계관으로서의 기독교를 주장하면서 세계관은 두 가지가 전제되어야 한다고 주장하였다. 첫째, 세계관은 하나님, 인간, 세계를 포괄적으로 보는 전포괄적 실제관(all-inclusive of all-embracing view of realities)이며, 둘째, 세계관은 일관된 통일적 관점(from a consistent point of view)으로부터 실제를 바라보는 것이다. 어떤 사물의 실제를 설명할 때 통일된 시각을 가져야 세계관이라는 것이다. 그리스도인은 어떤 상황이나 어떤 장소에서도 하나님 중심의 세계관을 나타내어야 한다. 카이퍼의 사상은 전포괄적인 원리와 통일성의 원리로 집약된다. 카이퍼는 암스텔담에 자유대학교를 설립하여 이러한 사상을 구체화하였고, 신문과 정치 등에서도 적용하였다(정성구, 칼빈主義思想大系, 1995: 182).

5. 교육과정의 구성 원리

기독교 교육학자인 월터스톨프(Nicholas P. Wolterstorff)에 의하면 인간은 의식적 존재로서 자유롭고 합리적인 행동을 할 수 있는 존재로서 자신의 생존을 위해서 무엇을 해야 할 것인가를 알아야 한다. 따라서 학습은 인간의 삶과 불가분리적인 관계에 있다. 동시에 인간은 자유로운 존재로서 무엇을 학습할 것인가를 선택해야 하는 존재이다. 그러므로 무엇을 배워야 할지에 대해서도 결정을 해야 한다. 이러한 결정은 단순히 개인적일 뿐만 아니라 공동체적인 성격을 가지고 있다. 교육과정 구성문제와 관련하여 월터스톨프(Wolterstorff)는 다음과 같은 몇 가지 기본적인 원칙과 기준을 제시하고 있다(Nicholas P. Wolterstorff, Educating for Life: Reflections on Christian Teaching and Learning, Baker, 2004: 136~40).

첫째, 교과과정 구성의 원칙은 기독교교육의 이상을 구현하기 위해서는 기독교적인 교육과정을 독특하게 개발해야 한다는 것이다. 기독교 교육자들이 학생들에게 전달하려고 노력하는 지식은 그 내용, 조직, 강조점 등에 이어서 일반적인 교과서에서 제시하는 것과는 아주 다를 수 있다는 사실을 인식하는 것이 중요하다. 적절한 교육의 목적을 무엇으로 보느냐에 따라서 제공되는 학습 내용이 달라진다. 다시 말하면, 교육의 목적을 사회화 목적, 성숙 목적, 문화전수 목적, 기독교적 목적 등 무엇으로 보느냐에 따라서 학생들에게 제공되는 학습이 아주 달라진다. 사회화 이론가들이 중요하다고 생각하는 것은 성숙주의자들이 중요하다고 생각하는 것과는 아주 다르다. 뿐만 아니라, 우리가 표준 교과서라고 말하는 교과서 역시 그 배후에는 항상 특정 이데올로기를 갖고 있다. 월터스톨프에 의하면 교과서는 결코 가치중립적이지 않다. 공교육은 그리스도인들이 지지할 수 없는 신앙적 헌신(faith commitment)을 가지고 있다. 공립학교에는 통합적인 그리스도인(integral Christian)들을 위한 자리가 없다. 공립학교에서 그리스도인들은 '가서 모든 족속으로 제자를 삼아 …‥ 내가 분부한 모든 것을 가르쳐 지키게 하라'고하는 마태복음 28장의 그리스도의 명령에 전적으로 신실할 수가 없다. 그리스도인들로서 우리는 공립학교의 기본적인 목적과 이 목적들이 교육과정에 구현되는 방법에 필연적으로 불화하게 되어질 것이다. 우리가 무엇보다도 먼저 기독교교육에 관한 우리의 총체적인 관점을 발전시키고, 이러한 관점에 따라 우리의 교육과정을 구조 지을 수 있을 때에만 우리는 기독교적 지성(Christian mind)을 개발할 수 있으며, 우리가 직면하는 모든 문제들에 대해서 기독교적으로 사고하는 것을 학생들에게 가르칠 수 있다(Van Brummelen, 1972: 71~72).

둘째, 교과구성의 원칙은 통합적인 교육과정을 구성해야 한다는 것이다. 월터스톨프에 의하면 교육과정은 무엇보다도 먼지 기독교적 관점과 통합되어야 하며 기독교교육철학의 관점을 기초로 교과간의 통합이 이루어져야한다. 이러한 기본적인 통합에 추가하여 교육과정은 다음과 같은 세 가지 차원에서 통합이 이루어져야한다고 주장한다. 첫째는 이 세상 속에서 그리스도인의 존재방식을 갖도록 하는 교육목적과의 통합이며, 둘째 이론과 실천의 통합, 그리고 셋째는 학교생활과 실제적인 삶과의 통합이다.

셋째, 교과구성의 원칙은 공통성과 함께 개별성과 다원성의 문제를 고려해야 한다는 점이다. 물론 상이한 학생들에게 가르쳐지는 내용이 상당한 정도로 공통적일 수밖에 없지만 개별화된 교육 역시 강조되어야한다는 것이 월터스톨프의 관점이다. 여기에는 두 가지 이유가 있는데, 첫째는 각각의 학생들은 독특한 소명을 갖고 있을 뿐만 아니라 각각의 소명은 또한 독특하다는 점 때문이다. 기독교교육이 만약 인간의 이와 같은 소명을 위해서 교육해야 한다면 교육과정은 자연스럽게 개별화될 수밖에 없다는 것이다. 이와 관련된 또 다른 이유는 교육은 항상 능력, 적성, 관심사, 행동 방식 등의 측면에서 항상 상이한 학생들을 다루고 있다는 사실 때문이다. 하나님은 인간을 동일한 조각품으로 만들지 않으셨다. 이런 이유 때문에 기독교 교육자들은 교육과정의 개별성 문제에 관심을 가져야한다는 것이다. 월터스톨프에 의하면 기독교학교에서 교육과정이 다원성의 문제를 진지하게 고려해야 하는 이유는 학생들로 하여금 다원주의적인 사회와 문화 구조 속에서 삶을 영위할 수 있도록 구비시켜 주어야 하기 때문이다. 오늘날 아동 및 청소년들이 자신들의 삶을 영위해 나가야할 사회는 인종적, 종교적, 사회적, 문화적으로 다원적인 사회이다. 그러므로 기독교 교육과정은 다양한 종교와 세계관 중에서 기독교가 단지 하나의 종교와 세계관으로 인정되는 사회 구조 속에서 어떻게 하면 그리스도인으로서의 정체성을 가지고 말하며 살아갈 수 있는가 하는 문제에 아동 및 청소년들이 진지하게 직면할 수 있도록 도와 주어야한다.

넷째, 교과 구성의 원칙은 국제화를 지향해야한다는 점이다. 월터스톨프는 기독교 교육과정은 반드시 국제화되어야 한다는 점을 강조한다. 이것은 교육과정에 단순히 세계 여러 나라에 관한 이런 저런 내용을 조금씩 포함시켜야 한다는 의미가 아니라 현대사회 구조의 역동적인 상호 관련성을 학생들이 인식할 수 있도록 구성되어야 한다는 사실을 의미한다. 월터스톨프는 교육과정의 국제화 특성에 대해 "지구상에 다양한 나라들이 경제적, 정치적, 문화적으로 상호작용하는 사회 속에 우리가 살고 있다고 한다면, 그리고 어떤 나라가 다른 나라를 지배하고 착취하는 세계 속에 우리가 살고 있다고 한다면, 이런 사실들을 학생들에게 분명하게 해주는 것이 기독교적 책임의 한부분이 되어야한다. 이런 과정을 통해서 우리는 선과 악, 축복과 악의 역동성이 단순히 개인적이거나 국가적인 것만이 아니라 지구적이라는 사실을 학생들이 인식할 수 있도록 해 주어야한다." (Wolterstorff, op. cit., 138).

다섯째, 교과 구성의 원칙은 아동 및 청소년들로 하여금 전통과의 대화, 특별히 기독교 신앙공동체가 갖고 있는 심오하고 풍부한 가치를 존중하고 배울 수 있도록 도와 주어야한다는 점이다. 교육과정에 성경과목을 중요하게 포함시켜야 하는 이유도 바로 여기에 있다. 주의 깊고 사랑하는 마음의 경건한 성경 연구가 기독교학교의 교육과정에 필수적인 구성요소가 되어야하는 중요한 이유는 성경은 이 세상 속에서 그리스도인의 존재방식의 기초이며 자양분이기 때문이라는 것이다. 월터스톨프는 교육과정이 학생들로 하여금 교회의 풍부한 다양성과 심오한 통일성에 친숙해지도록 도와주어야 하다는 점을 강조한다.

기독교 교육학자인 허버트 번(Herbert W. Byrne)은 그의 저서 A Christian Approach to

Education에서 기독교 교육과정은 그리스도의 감독, 성경의 완전성, 학생과의 연관성, 사회적 적용 등으로 구성되어야 한다고 주장하였다. 또한 이러한 원리들이 교회에 관련된 교육과 학교 교육을 도울 것임은 명백한 일이라고 하였다.[5)

1) 그리스도의 감독

(1) 삼위일체 하나님은 교육과정의 중심이다. 하나님을 경외하는 것이 지혜의 근본이다.

(2) 창조와 계시는 교육과정의 구성과 전개의 기초를 마련해 준다.

(3) 구속주이며 중보자이신 그리스도는 성령을 통하여 교육과정 속에서 학생과 만나는 분이시다.

(4) 그리스도는 인생의 중심이시며 기독교교육의 메시지이시다. 그리스도는 그의 몸된 교회의 머리가 되신다.

(5) 기독교교육의 전체 과정은 성령의 임재와 능력에 의존해야 한다. 성령께서는 진리와 생명과 성결의 신으로서 확신과 중생과 교훈을 가져 다 주신다.

(6) 중생하게 하고 거룩하게 하는 성령의 능력을 통하여 그리스도의 형상을 닮아가는 것은 개인적으로나 사회적으로나 있어야 할 기독교교육의 목적인 것이다.

(7) 예배는 기독교교육에 있어서 근본적인 것이다. 왜냐하면 개인적으로, 공동적으로 직접 하나님과 대면할 수 있는 것은 그리스도를 통한 예배로 말미암기 때문이다. 또한 예배는 성령의 감화와 교훈을 마련하여 주는 까닭이다.

(8) 기독교교육의 모든 내용은 그리스도의 생애와 교훈에 조화를 이루어야 한다. 위대한 신앙 교리는 그리스도 안에 중심을 두게 될 것이다. 교리는 교과의 통합과 상호관계를 위한 기초를 제공해 준다.

(9) 모든 교재는 그리스도의 생애와 사역의 기준에서 평가되어야 하며 기독교교육의 목표를 성취하기 위해 사용되어야 한다.

---

5) Herbert W. Byrn, *op. cit.*, 194~97.

2) 성경의 완전성

(1) 교육과정은 성경을 영감된 하나님의 말씀으로 인식한다. 성경은 하나님과 인간과 세계에 관한 진리의 주된 원천이다.

(2) 교육과정은 구속이 성경의 주된 주제임을 인식하게 될 것이다.

(3) 기독교의 역사와 교리의 전체 유산은 성경과 관련을 맺고 교육과정에서 사용될 것이다.

(4) 성경은 인간 최고의 윤리적 가치의 기록으로 인식되어야 할 것이다. 성경은 신앙과 실천을 위한 규범이다.

(5) 성경에 내포된 윤리적 원리는 일상생활 속에 경험하고 있는 인간의 전 영역에 적용되어야 할 것이다(가정, 학교, 사업, 사회적 관계 등).

(6) 성경의 모든 진리는 교육과정 내용의 여러 가지 문제의 처리를 잘 제시해 주고 있다.

(7) 교육과정은 성경 기록을 기준으로 하여 전개해 나아가야 될 것을 강조해야 한다.

(8) 학습자가 하나님의 계시인 성경을 편람하는 중에 지도를 받아야 한다. 이와 같이 개별적으로 집단적으로 드리는 예배 때에 사용하고 있는 성경의 가치를 충분히 인식해야 한다.

(9) 성경의 구조와 조직의 역학을 등한히 해서는 안 된다.

(10) 성경 외적인 교재는 성경의 교재를 보조하는 것이라야 한다.

(11) 계단공과의 원칙은 학교 학년제에 따르는 다양한 학년과 연령에 따라 성경의 진리를 적용함에 있어서 인식되어야 할 것이다.

3) 학생과의 연관성

(1) 교육과정에서는 학생들에게 창조, 타락, 그리고 구속의 신학적 입장을 제시하여야 할 것이다.

(2) 그러므로 교육과정의 목적은 학생이 그리스도와 같은 인격을 소유하려는 목적을 이루는 데 공헌해야 할 것이다.

(3) 교육과정은 학생들의 생활 가운데 사랑과 신앙 그리고 복종의 생활방식을 이룩하도록 기획해야 할 것이다.

(4) 학생들은 자신을 하나님의 뜻에 위탁하고 그분과의 영적 친교의 생활을 하도록 강력한 동기를 부여받아야 할 것이다.

(5) 학생의 전체적인 성격은 학생의 전체 환경과 관련하여 발전되어야 할 것이다.

(6) 그리스도의 몸인 교회의 한 부분으로서 학생들은 그리스도의 왕국 건설을 도모하는 교회의 프로그램에 참여토록 강조되어야 한다.

(7) 교육과정은 다음과 같이 개별적으로 사회적으로 연관된 분야에 있어서 학생들의 필요와 경험을 인식해야 할 것이다.

　① 그리스도를 통한 하나님과의 개별적인 관계

　② 인간 사회와의 개별적인 관계

　③ 직업에 대한 개인적인 관계

　④ 증거의 사역에 대한 개인적인 관계

　⑤ 교회에 대한 개인적인 관계

　⑥ 우주에 대한 개인적인 관계

(8) 교육과정은 기독교교육의 프로그램 가운데 가정에서의 경험을 이용하는 데 있어 지침을 제공하여야 할 것이다.

　① 가정은 최초의 위대한 교사이다. 이곳에서의 가르침의 가치는 인식되어야 할 것이다.

　② 교육과정은 역시 가정을 위해 지도를 할 수 있도록 마련되어야 한다.

　③ 교육과정은 가정의 어려운 문제들에 대해 인식하여야 할 것이다.

(9) 개개인의 직업적인 문제는 교육과정 속에 잘 처리되어 있어야 한다.

(10) 교육과정의 조직과 전개는 이미 잘 알려진 심리학적, 그리고 교육학적인 원리로 잘 제시되어야 한다.

　① 학습의 법칙이 충분히 준수되어야 한다.

　② 교재, 방법, 그리고 경험은 성숙의 여러 단계에 적용될 수 있어야 할 것이다. 이것은 단계의 원리이다.

　③ 학습은 학습자의 요구, 관심 그리고 능력과 연관되어야 한다.

　④ 개인차를 인식해야 할 것이다.

⑤ 평가의 원리는 연구 결과와 교수-학습과정에서 준수되고 시행되어야 할 것이다.

⑥ 학생에 대한 동기 부여가 필요하다.

⑦ 교육과정은 이해, 균형, 계열, 통합의 특성들을 가지고 있어야 할 것이다.

⑧ 하나님께 대한 인간의 관계는 교과의 선정을 조정하는 역할을 하게 될 것이다.

⑨ 학습은 마음에 진리를 받아들이게 될 때 일어나는 것이다.

⑩ 융통성과 다양성이 필요하다.

(11) 관심을 끌며 실제적이고 아주 우수한 교재들을 마련해야 할 것이다.

① 교사와 학생의 계획을 위한 제안들이 제시되어야 할 것이다.

② 교수방법에 대한 안내의 제시

③ 문체는 단순 명확하고 흥미가 있어야 할 것이다.

4) 사회적 적용

(1) 인간의 일반적인 요구는 교육과정 가운데 강조되어야 한다.

① 안전감 ② 소속감 ③ 명확성, 도덕성의 지도 ④ 그리스도인의 동기

⑤ 진리의 지식 ⑥ 구속 ⑦ 하나님의 나라에 있어서의 봉사의 위치

(2) 전도와 확장의 포괄적인 프로그램은 교육과정으로서 마련되어야 한다.

(3) 개인과 교회에 대한 역동적인 동기부여로서 선교적 확장의 명령은 강조되어야 할 것이다.

(4) 교육과정은 급격한 사회의 변화와 과학과 기술의 세계에 처한 학습자를 중심으로 해야 할 것이며 또한 교육과정은 절대자로서의 하나님에 대한 인식과 하나님과의 영적 친교로 안전감을 학습자에게 제공해 주어야 할 것이다.

(5) 교육과정은 현실의 문제들과 연관되어야 할 것이다. 그리고 그것은 현실 사회의 실정들을 잘 설명해 주어야 할 것이다.

(6) 기독교적인 이상적인 사회, 즉 그 왕국은 사회적 관계, 경제, 노동, 재정 등에 대한 함축된 의미와 함께 교육과정에서 잘 제시해 주어야 한다.

(7) 교육과정은 사회적 문제들의 해결을 위한 기독교적 제안들을 제공해야 할 것이다.

(8) 교육과정은 현실의 사회적 환경이 죄와 배교로 특징 지워져 있는 사실에 강조를
두는 것이 마땅하다.

(9) 교육과정은 구속받은 사람이 그리스도와 함께 일하는 동역자라는 사실을 강조해
야 할 것이다. 그러므로 지역 사회의 개발과 구속에 대한 관심 있는 관여가 강조
되어야 할 것이다.

(10) 기독교교육은 사회의 기독교적인 기관, 즉 가정, 학교 그리고 교회를 통하여 성
취된다.

6. 교육내용의 선정 원리

교과과정은 긴 역사를 통하여 인류가 쌓아올린 방대한 경험 가운데 가치로운 것만을
조직한 지식체계이다. 각 학문영역에 독특한 체계와 탐구방법을 중심으로 구분한 것이
학과 혹은 교과목이다. 그래서 국어, 수학, 물리, 예술 등의 교과목이 생기게 된 것이다.
형식적 학교 교육이 시작된 이래 교과는 항상 교육의 내용이 되어 왔다. 그것은 교과중
심 학교에서나 경험중심 학교에서나 학문중심 학교에서나 마찬가지다. 단지 차이가 있
다면 교과를 어떻게 보느냐이다. 따라서 교육내용을 교과로 보느냐 아니면 학습경험으
로 보느냐 또는 지식의 구조로 보느냐에 따라서 그 의미가 어떻게 다른가에 대해 해답
을 찾아보고자 한다6).

---

6) 일반교육에서 교과과정의 구성원리는 교과내용의 의미를 긴 역사를 통해서 인류가 쌓아올린
방대한 경험 가운데 가치로운 것만을 조직한 지식체계로 보며, 3가지로 분류하는데 첫째는
교과로 보는 견해, 둘째는 학습경험으로 보는 견해, 셋째는 지식의 구조로 보는 견해이다.
교육내용의 선정원리는 ① 타당성의 원리 ② 유용성의 원리 ③ 참신성의 원리 ④ 흥미의 원
리 ⑤ 기회의 원리 ⑥ 목표와 내용과의 관련성의 원리 ⑦ 민족의 원리 ⑧ 내용의 범위, 깊이
의 균형성의 원리 ⑨ 학습 가능성의 원리로 분류한다.
교육내용의 선정방법은 ① 판단적 방법 ② 실험적 방법 ③ 분석적 방법 ④ 합의적 방법 ⑤
교과서법 ⑥ 활동분석법 ⑦ 사회기능법 ⑧ 청소년 욕구법으로 구분한다.
교과내용의 조직원리는 ① 계속성의 원리 ② 계열성의 원리 ③ 통합성의 원리로 구분한다.
교과내용의 조직방법으로는 ① 논리적 방법 ② 심리적 방법 ③ 절충식 방법 ④ 판단적 방법
⑤ 실천적 방법으로 구분한다.

1) 교육내용의 의미

(1) 교과로 보는 견해

지식의 영역으로서의 교과목 혹은 학문분야는 적어도 두 개의 주된 특징을 가지고 있다. 하나는 그 교과 혹은 학문분야가 획득한 지식의 축적이고 또 하나는 특수한 연구방법 혹은 지식획득의 전략이다. 따라서 교과영역을 공부한다는 것은 두 개의 목적을 달성할 가능성이 있는 것이다. 하나는 그 교과가 누적해 놓은 유용한 지식을 습득하는 일이고 또 하나는 그 교과 혹은 학문 영역에서 새로운 지식을 발견하는 데 필요한 기능과 태도와 도야된 습관을 습득하는 일이다. 전자는 누적된 지식을 습득하는 일이며, 이러한 누적된 지식내용을 더 중요시하는 사람들은 교과에 특유한 지식체계 자체가 그것을 학습하는 학생의 지적 과정을 결정해 준다는 가정 위에서 교과의 내용 전달을 주목적으로 한다. 바꾸어 말하면, 그 교과를 어떤 방법으로 교수하고 학습하든 그 교과내용을 익히기만 하면 그 교과에서 필요한 탐구능력이나 태도는 그 독특한 지식체계 때문에 그 지식내용 자체가 그것을 학습하는 학생의 지적과정에 지대한 영향을 미친다고 믿고 있다.

Smith(1957) 등은 교과를 서술적 교과와 규범적 교과로 구분하고 있다. 전자는 어떤 현상이 생기는 과정과 결과에 대한 사실적·원리적인 것의 진술로서 역사적인 사건의 기술, 동식물의 구조에 대한 기술·물리적 법칙 등은 모두 여기에 속한다고 보았고, 후자는 인간이 도덕적·심미적으로 선택할 수 있는 규범이나 표준으로 이루어진 것으로서 정치·경제와 사회적·도덕적 견지, 바람직한 가정생활, 예술의 감상 등에서 교과가 이루어진다고 보았다.

(2) 학습경험으로 보는 견해

교육내용을 학습경험으로 보는 견해는 학습이란, 학생들이 학교에서 경험활동을 통해서 이루어지는 것으로 믿기 때문에 어떤 경험이나 활동이 행하여지지 않으면 학습도 일어나지 않는다고 본다. 따라서 어떤 교과목표를 달성하려면 학습하는 학생의 경험을 어떻게 마련할 것인가 하는 일이 교육과정 구성에 있어서 매우 중요하게 생각된다. 다시 말해 어떤 교육내용을 부여할 것인가가 문제가 아니라 어떤 학습경험을 하도록 할 것인 가 하는 방향에서 내용선정이 이루어져야 한다는 것이다. 이런 입장에서 Tyler나 정범 모는 학습경험에는 그 목표에 따라 다음과 같은 여러 유형이 있다고 지적하고 있다.

① 지식·이해의 함양을 위한 학습경험: 이는 필요한 지식이나 이해를 기르기 위한 목표를 달성하기 위해서는 지식내용 자체의 가치보다 기능적 가치에서 선택된 사 실, 원리, 법칙, 정의, 이론 등이 중핵이 되는 학습경험이다.

③ 사고력 함양을 위한 학습경험: 이는 문제의 해결과정에서 요구되는 사고를 적절히 기능적으로 할 수 있는 학습경험이다.

③ 사회적 태도 함양을 위한 학습경험: 이는 인성적·사회적 측면에서 바람직한 인간 관계나 사회적 관계를 유지 발전시켜 나갈 수 있는 학습경험이다.

④ 흥미 함양을 위한 학습경험: 이는 다양한 활동에 동기체제의 역할을 할 수 있는 학습경험이다.

템 감상력 함양을 위한 학습경험: 이는 어떤 작품이나 현상을 깊이 있고 폭넓게 음미, 평가해 보려는 학습경험이다.

⑤ 기능 함양을 위한 학습경험: 이는 운동적 정의적·사회적 혹은 지적인 기능을 기 르기 위한 학습경험이다.

그런데 지금까지 우리는 학습경험이라는 말을 별로 엄밀한 규정이 없이 써 왔고 다 만 '아동이 학습과정에서 활동하는 일'이라는 정도로만 간단히 생각해 왔다. 그러나 교 육과정을 구성하는 입장에서는 학습경험 자체의 의미를 좀 더 명확히 밝히고 좀 더 엄 밀하게 규정해야 할 필요가 있다. 이러한 의미에서 좋은 학습경험이 되기 위한 전제 조 건 네 가지를 제시하면 다음과 같다.

첫 번째 학습경험은 정해진 교육목표에 비추어 가장 타당한 경험이어야 한다는 것이 다. 얼른 보기에는 그럴 듯한 경험들이 실상 따지고 보면 예정하였던 목표와는 무관하 거나 상반되거나 또는 막연하기 짝이 없는 경험들이 매우 많다.

두 번째 문제되는 전제조건은 학습경험의 효과가 얼마나 있느냐의 문제이다. 이것은 일반적으로 특정한 경험이 변별도, 통합도, 일반성을 어느 정도나 갖고 있느냐에 따라 학습적인 경험이 될 수 있다는 것을 의미한다. 다만 주의할 것은 그릇된 방향으로도 변 별도, 통합도, 능률·돈 일반성이 올라갈 수 있으니 교육에서는 이러한 때에 교육목표로서 올바른 방향을 제시하는 것이다.

　세 번째 전제조건은 학습경험이 학습원리에 맞는 경험이어야 한다는 것이다. 학습의 대상은 아동이고, 따라서 학습경험은 학습자 자신의 경험이며 학습자를 위한 경험이다. 오늘날 학습심리상으로 보아 학습자가 학습의 주체가 된다 함은 말할 필요가 없다. 그러므로 학습경험은 학습자의 학습심리를 기초로 해야 하고 학습자의 성장발달의 심리적 제 법칙과 특질을 기준으로 계획해야 한다.

　마지막 전제 조건은 학습경험이 사회적 가치가 있는 경험이어야 한다는 것이다. 아무리 학습자의 심리적 원리에 알맞은 학습경험이라고 해도 그것이 일방적으로 아동만을 중심으로 하고 나머지 사회적으로 보아 가치가 없다면 결코 교육적으로 무의미한 것에 불과하다. 그러므로 학습경험은 교육목표 설정의 경우와 마찬가지로 사회적 가치면을 생각하여야 한다. 교육은 언제나 ‘개인’에 중점을 두고 치중하고 보면 개인주의, 또는 이기주의에 빠져 버리고 마침내 사회 공익의 침범을 당하기 쉬우며 ‘사회면’에만 중점을 두고 치중하게 되면 전체주의에 빠지기 쉽고 마침내 개성이 말살되기 쉬운 염려가 있는 것이다. 이처럼 교육내용을 학습경험으로 보는 견해는, 경험을 통하여 특정 지식을 획득하며 지식을 활용하여 문제를 해결하는 데 역점을 둠으로써 학생의 생활 장면에서 일어나는 문제나 과업을 중심으로 교육과정을 구성하는 데 치중하였다. 그러나 결과적으로는 체계적인 접근 방법의 학습이 불충분하고, 주요 개념이나 원리의 깊이 있는 이해가 부족하기 때문에 실질적인 탐구능력을 배양하는 데 많은 문제점을 지니고 있는 것으로 평가되고 있다.

(3) 지식의 구조로 보는 견해

　Bruner는 1960년에 출판한 「교육의 과정」에서 교육의 내용을 지식의 구조라고 규정하면서 지금까지 미국 교육의 문제점에 대하여 다음과 같이 지적하고 있다.

　종래 교육에서는 교과를 가르칠 때 학생들로 하여금 학자와 동일한 일을 하지 않고 주로 학자들이 학문적 활동을 한 결과로 얻은 결론을 학생들에게 제시하고 그것을 받아들이도록 하였다. 이와 같은 교육은 교과를 교과답게 또는 그 교과의 특성에 충실한 형태로 가르치지 않았다는 것이다. 이를테면 물리학 교사가 ‘표면상’ 물리학을 가르치는 듯하지만, 사실은 물리학이 아닌 물리학자들이 하는 일과는 성격상 다른 내용을 가르친다는 것이다. 이런 일을 하는 것은 '물리학을 가르치는 일'이라고 할 수 없다. '물리학을 가르친다'고 할 수 있으려면, 학생들로 하여금 물리학자가 하는 일과 동일한 종류의 일을 하도록 하여야 한다는 것이다. Bruner가 설명하고 있는 지식의 구조에 대해서 좀 더 구체적으로 살펴보면 다음과 같다.

첫째, 지식의 구조는 '학문의 기저를 이루고 있는 핵심적인 아이디어', '기본개념과 일반적인 원리' 등과 동의어로 쓰이고 있다. 따라서 한 교과의 지식의 구조는 그 교과(또는 학문)의 기저를 이루고 있는 기본개념은 그 교과가 나타내고 있는 학문의 성격을 가장 충실히 반영한다고 볼 수 있다. 사실상 지식의 구조가 그 교과의 기저를 이루고 있는 기본개념과 원리라고 하는 것은 이때까지 지식의 구조를 규정하는 공식적 정의로서 널리 받아들여져 왔지만, 그것이 지식의 구조의 의미를 충분히 나타내고 있는가 하는 것은 의문이다.

둘째, 지식의 구조를 파악하는 것은 사물이나 현상이 어떻게 관련되어 있는가를 파악하는 것이다. 「교육의 과정」에서는 이 점을 생물학과 수학과 언어에 비추어 설명하고 있다. 수학에 있어서 지식의 구조는 예컨대, 분배·교환·결합의 법칙 등 방정식의 기본법칙이다. 이 법칙을 알면, 현재 학생이 풀고자 하는 방정식은 새로운 방정식이 아니라, 자기가 그전에 알고 있던 다른 방정식의 한 가지 변형에 불과하다는 것을 알 수 있다. 다시 말하면 방정식의 기본법칙은 여러 가지 방정식을 포괄적으로 설명하는 일반적 원리라고 할 수 있다. 이와 마찬가지로 언어에 있어서 수동태로 바꾸는 문장변형의 규칙도 그런 뜻에서 지식의 구조라고 볼 수 있다.

셋째, 지식의 구조가 가지는 이점으로 그것을 학습한 사람은 내용을 ① 기억하기 쉽고, ② 이해하기 쉬우며, ③ 학습사태에서 배운 내용을 다른 경우에 적용하기 쉽고, ④ 초등지식과 고등지식 사이의 간격을 좁힐 수 있다는 등의 네 가지를 들고 있다. 사실상 이 네 번째 이점은 구조의 의미 또는 구조를 가르친다는 말의 의미에 관하여 가장 중요한 시사를 준다. 이는 Bruner가 지식의 구조를 '핵심적 확산'이라고 말한 데에서 잘 나타나고 있다. 핵심적 확산은 '지식의 최전선에서 새로운 지식을 만들어 내는 학자들이 하는 것이거나 초등학교 3학년 학생이 하는 것이거나를 막론하고 모든 지식 활동은 근본적으로 동일하다'는 것이다. 과학자가 자기 책상이나 실험실에서 하는 일, 문학평론가가 시를 저으면서 하는 일은 누구든지 이와 비슷한 활동, 다시 말하면 모종의 이해에 도달하려는 활동을 할 때 그 사람이 하는 일과 본질상 다름이 없다. 이런 활동들에서 차이는 하는 일의 종류에 있는 것이 아니라, 지적 활동의 수준에 있는 것이다. 물리학을 배우는 학생은 다름 아니라 바로 '물리학자'이며, 물리학을 배우는 데는 다른 무엇보다도 물리학자들이 하는 일과 똑같은 일을 하는 것이 훨씬 쉬운 방법일 것이다. 물리학자들과 똑같은 일을 한다는 것은 물리학자들이 하듯이 물리 현상을 탐구한다는 뜻이다. 위에 인용된 '핵심적 확신'은 '초등지식과 고등지식 사이의 간격을 좁힐 수 있다'는 이점이 어떤 이점이며, 그것이 지식의 구조를 가르치는 것과 무슨 관련이 있는가를 보여준다. 지식의 구조를 가르치는 것은 학생들로 하여금 해당 분야의 학자들과 똑같은 일을 하도록, 다시 말하면 해당 분야의 현상을 탐구하도록 한다는 것과 같다. 학자들이 하는 일이라는 것은 그 해당 분야의 학문의 '기저를 이루고 있는 일반적인 원리'를 발견하고 그 원리를 써서 사물과 현상을 이해하는 일이다. 학생들이 본질상 이와 동일한 일을 할 때—비록 수준은 다르다 하더라도—고등지식을 추구하는 학자들과 초등지식을 학습하는 학생들 사이의 틈이 좁아질 수 있다.

지식의 구조를 위와 같이 이해할 때 교과의 성격뿐만 아니라 가르치는 방법 또한 학습자가 지식탐구의 과정에 능동적으로 참여하는 위치에 있어야 함을 알 수 있다. 학자가 발견해 놓은 결과를 받아들이는 것이 아니라 학자와 동일한 사고방식을 배우기 위해서 학생이 능동적으로 참여해야 한다는 것은 당연하다고 볼 수 있다. 이는 교과로서의 지식의 구조가 주장되는 것과 동시에 그 방법상의 원리로 '탐구학습' 또는 '발견학습'이 강조되는 이유이다.

2) 교육내용의 선정 원리

일반교육에서 교육내용을 선정하는 기준은 원칙적으로 그것을 통해서 달성하고자 하는 교육목표의 성격에 따라서 결정된다. 그러나 구체적인 교육목표의 차이에 관계없이 교육내용의 선정 원리의 일반적 기준을 고찰해 보면 다음과 같다.

첫째는 타당성의 원리이다. 교육의 일반목표는 어떤 교과를 가르쳐야 하는가를 시사해 주며 그 속에 어떤 지식, 기능, 가치들이 포함되어야 하는가를 대략적이나마 알려준다. 교육내용이 교육의 일반목표와 무관하게 선택된다면 목적 없는 교육이 된다.

둘째는 유용성의 원리이다. 유용성의 원칙은 교육내용, 학습경험을 선정하는데 있어서 생활 활동의 수행에 얼마나 유용한가 하는 견지에서 이루어져야 하는 것임을 강조한다. 유용성을 곧 현재의 성인생활에 있어서의 유용성만을 강조한 나머지 아동의 성장 발달이나 학습심리의 원리나 사실 등이 무시된다는 점, 그리고 현재의 성인생활이라고 해서 꼭 바람직한 것이라고 할 수 없는 데도 그것을 강조한다거나 사회방향감과 급속한 사회변화라는 사실을 경시하기 쉽다는 점이다.

셋째는 참신성의 원리이다. 과학·기술이 발전됨에 따라 지식이 폭발적으로 증가하고 기존 지식의 퇴화속도를 더욱 가속화하고 있다. 여러 학문 영역에서 그 방면의 전문가들은 새로운 과학적 지식을 탐구하고 있다. 그리하여 많은 새로운 지식이 증가되고 있으나 학교교육의 내용에는 이미 폐물화된 것이나 잘못된 것이 교과서에 담겨져 있고 또 그것을 교사가 지도하는 경우가 많다. 교과내용의 참신성과 신뢰성을 유지하기 위하여 교과내용 선정과 조직에 있어서 각 교과영역이 대표하는 학문분야의 최고 권위자들의 참여와 협조를 구하여야 하고, 교과내용의 계속적인 보완작업을 감행하는 일이 필요하다.

넷째는 흥미의 원리이다. 학생의 능력이나 흥미에 맞는 교육내용의 선정에서 취할 수 있는 접근 방법에는 두 가지가 있다. 하나는 학생들의 흥미와 관심의 범위 내에서 교육적 가치가 있는 내용을 선정하는 일이다. 또 하나는 학생들이 학습해야 될 기본적인 개념이나 원리 및 기능을 미리 결정해 놓고, 그것을 학생들의 능력수준과 흥미에 맞는 학습 내용으로 다시 번역하는 일이다. 전자의 경우는 경험중심 교육과정에서 주로 채택하는 방법이고, 후자의 경우는 내용을 먼저 결정해 놓고 그것을 학생능력과 흥미에 맞도록 번역하는 접근방법이며 학문중심 또는 교과중심 교육과정 구성에서 많이 채택하는 방법이다.

다섯째는 기회의 원리이다. 어떤 교육목표를 달성하기 위해서는 그 목표가 의미하는 행동을 학생이 실제로 경험해 볼 수 있는 기회를 가져야 한다. 교사의 일방적인 수업진행은 학생들로 하여금 어떤 교과 내용에 대한 이해는 가능할지 모르나, 문제해결 능력이나 비판적 사고능력의 교육목표가 달성되리라고 기대할 수 없다. 민주적인 태도를 기른다는 교육목표 하에서 권위적인 수업형태로 가르쳐지는 경우는 교육현장에서 자주 나타나고 있다.

여섯째는 목표와 내용과의 관련성의 원리이다. ① 동목표 다경험의 원리: 동일한 목표를 달성하는 데에도 다양한 학습경험을 사용할 수 있다고 하는 이른바 동목표 다경험의 원칙을 들 수 있다. ② 다목표 다성과의 원리: 다목표의 동시적인 학습을 보장하기 위한 고려가 있어야 한다. 예컨대 비판적 사고력, 교과에 대한 흥미, 학교 학습에 대한 태도, 교사나 동급생을 위시한 타인에 대한 태도 등을 동시에 학습하게 된다. 다목표 달성을 돕기 위한 내용선정에서 고려하여야 할 점은 내용이 풍부하고 독립적으로 사고할 수 있는 자료와 방법을 선택하는 일이다. 다양한 학습활동이 필요한 내용, 그리고 광범위한 자료 등이 동원되고 이것을 학생의 지적 수준에 맞게 학습시키는 일이다.

일곱째는 만족의 원리이다. 이를테면 역사문제에 관한 문제해결능력을 기르려고 하는 교육내용에서 학생은 그러한 문제를 해결하기위해서 실제로 고적지를 답사해 볼 수 있는 기회를 가져야 할 뿐만 아니라, 그러한 문제의 해결이 학생에게 만족감을 줄 수 있을 때 학습효과는 그만큼 큰 것이다.

여덟째는 내용의 범위와 깊이의 균형성의 원리이다. 기본개념이나 원리를 깊이 있게 이해하기 위해서는 그 개념이나 원리로 설명될 수 있는 소수의 선택된 자료를 깊이 있게 다루고 탐구방법과 탐구정신을 아울러 습득하도록 학습시켜야 한다는 것을 강조하였다.

아홉째는 학습가능성의 원리이다. 학생들은 능력, 학습여건 등에서 동질적이지 않기 때문에 우수한 학생들에게 초점을 맞추거나 학습여건이 좋은 학생들을 겨냥하여 교육내용을 선정한다면 보통이거나 능력이 부족한 학생들이 피해를 입게 된다. 따라서 하나의 교육과정 속에 심화, 보통, 보충 교육내용을 제시함으로써 이 문제를 해결하려는 시도가 생기게 된다(이칭찬, *op. cit.*, 152~57).

3) 교육내용의 선정 방법

일반교육에서 교육과정을 어떤 방법으로 선정할 것인가 하는 문제는 매우 복잡하고 어려운 문제의 하나이다. 교육내용의 선정방법은 Smith등이 제시한 판단적 방법, 실험적 방법, 분석적 방법, 합의적 방법과 Alberty가 교육과정 개선의 방법으로써 지적한 교과서법, 모방편집법 등이 있으며 그 외에도 활동분석법, 사회기능법, 청소년요구법 등 여러 가지방법이 있다(*Ibid.*, 157~63).

첫째는 판단적 방법이다. 이 방법은 여러 계층의 교육내용 구성자들이 독자적인 판단을 통하여 올바른 교육내용을 찾아내도록 하는 방안을 말한다. 그렇게 하기 위하여서는 판단하는 사람들의 이념과 지식이 건전해야 하는 것은 물론이며, 만일 사회적 전망치 너무 협소하고 지나치게 과거 지향적이어서는 관심, 흥미, 욕망, 선입감 등이 민주적 이념에 무감각하거나 어떤 특수한 사회집단, 노동조합, 전문학술단체 등에만 쏠린다면 그 판단은 좋은 교육내용 선정의 기반이 될 수 없을 것이다.

둘째는 실험적 방법이다. 실험적 방법이란 내용선정에 있어서 어떤 교육내용이 달성하고자 하는 목표나 충족시키고자 하는 원칙을 충분히 만족시킬 수 있는가 하는 점을 실제실험을 통해서 결정하는 방법을 말한다. 이런 점에서 이 교육내용은 민주적 생활태도의 함양이란 목표를 달성할 수 있는가, 문제 해결력을 기를 수 있는가, 유용성의 원칙, 만족의 원칙 또는 가능성의 원칙을 충족시킬 수 있는가 등 우리가 실험해 보고자 하는 광범위한 문제에 대해서 과학적인 근거를 마련해 준다.

셋째는 분석적 방법이다. 이 분석적 방법은 널리 알려진 내용선정 방법의 하나로써 여러 가지 목적 또는 원칙을 확인하기 위해서 사용되나 특히, 유용성과 밀접한 관계가 있다. 이 방법에는 활동분석, 직업분석, 지식·기능의 분석 등이 있는데 그 중에서도 활동분석은 어떤 활동에 기능적으로 공헌할 수 있는 교육내용을 발견하기 위해서 인간이 하는 활동을 분석하는 것이다. 이것은 어떤 국가 또는 지역 내의 사람들이 종사하고 있는 활동의 일반유형을 발견해 보자는 데 목적이 있다.

넷째는 합의적 방법이다. 합의적 방법은 교육과정은 어떤 것이어야 한다고 믿는 여러 사람들의 의견을 수집하는 방법이다. 이 방법의 결과는 어떠한 것을 학교에서 가르쳐야 된다고 믿는 사람들의 수, 백분율 또는 특수집단 등으로 표현된다. 또한 이 방법은 수속이 매우 간단하기 때문에 연구가 또는 실천가들이 많이 사용하고 있다.

다섯째는 교과서법이다. 이 방법은 각급학교에서 활용되는 각종 교과서를 구성 서술하는 방법이다. 이것은 산업혁명 이후 종래의 7자유학과를 벗어나서 산업사회의 대중을 위한 세속적인 교육 또는 대학진학 학생을 위한 교육에 필요한 교과서를 만들어 내려는 데서 유래한 방법이다. 1910년대에 들어서면서 "교육에 있어서 시간경제위원회"가 사회일반인, 학습자의 조사, 기성교과서 및 교과과정의 시간 수 등의 분석 등에 의해서보다 합리적인 교과서법을 개발하려 하였고, 1930년대에는 8년 연구에 참가한 몇 개 학교들이 이 방법에 대한 연구를 추진하였다.

여섯째는 활동분석법이다. 인간활동의 분석에서 교육내용을 결정하려는 방법으로서 공헌한 학자는 Bobbit는 인간생활의 중요활동 영역을 ① 건강생활 ② 양친생활 ③ 직업적 활동④ 언어활동 ⑤ 공민적 활동 ⑥ 여가활동 ⑦ 종교적 활동 ⑧ 일반적 사회 활동

⑨ 정신적 건강 활동 ⑩ 비전문적 실재활동의 10대 영역으로 구분하고, 이것이 교육내용의 선정 근거가 된다고 하였다. 그리고 그는 ①에서 ⑨까지는 각각 능력, 기능, 습관, 지식 등으로 구체적으로 분류하여 총 821종의 주제로 분석하고,⑩은 개인선택의 직업활동을 더해서 교육 전체의 주제로 삼았다. 이 활동분석법은 교육과정 구성자나 교사에게 이제까지의 교육내용이 인간활동 속에 어떤 구실을 하느냐 하는 시점에서 재검토 하도록 큰 자극을 주었다. 그리하여 이 방법은 오늘날까지도 교육과정 개조에 있어서 중요한 방법의 하나로 인정되고 있다.

일곱째는 사회기능법이다. 사회기능법은 사회요구법, 생활영역법 또는 범위계열법이라고도 불리어진다. 이 방법은 1930년에서 1940년까지의 10년간에 걸친 미국 교육과정 개조운동을 지배한 교육과정 구성법이다. 한마디로 말하면 앞의 활동분석법이 성인의 생활활동을 분석하여 성인중심의 교육과정에 빠지기 쉬운 결함이 있는데 반하여 사회면과 아동 면과의 양면을 합리적으로 조정하면서, 학습자인 아동의 사회성원으로서의 필요를 결정하기위하여 사회생활을 분석하고 거기에서 명시된 사회적 학습의 필요를 범위·영역으로 결정하고 학습경험을 선정하려는 방법이다. 이 방법은 이제까지의 교과중심 교육과정의 분리주의 입장을 타파하고 사회기능 또는 생활영역으로 대치하자는 것이고, 종래의 교육내용이 바로 교과내용이라는 입장을 타파하고 현실의 중요한 생활문제, 필요들을 교육내용으로 생동적인 학습경험들을 선정하자는 것이다.

여덟째는 청소년 욕구법이다. 이 방법은 교육내용을 청소년 욕구에 기초를 두어 선정하는 것을 의미한다. 앞에서 살펴본 교과서법과 활동분석법은 학습자의 문제나 필요를 등한시한 학습경험의 선정방법이란 비판을 받게 된다. 그리하여 이 점을 시정하려고 사회기능법이 나타나기는 하였으나 사회기능법은 범위계열법이라고 불리어지는데 범위에서 성인생활의 충실과 장래생활에의 준비가 충분히 조화된 것처럼 보이나 실제는 성인생활과 장래생활이 중시되고 있다. 그리하여 이와 같은 성인중심의 생각에 대한 반동으로 교육내용의 선정을 '청소년의 욕구'에 기초를 두어 하려고 하는 시도가 미국에서 일어났다.

4) 교육내용의 조직 원리

교육내용의 조직은 학습자의 학습을 돕기 위한 것이다. 따라서 훌륭한 학습성과를 올리려면 교육내용의 조직과 그 구조에 관하여 충분히 연구하지 않으면 안 된다. 그런 의미에서는 교육내용 조직의 원칙으로서 계속성, 계열성, 통합성의 3원칙을 제시하고 있다.

첫째, 계속성의 원리이다. 계속성이란 교육과정 또는 교육내용의 조직에 있어서 종적 관계의 문제다. 이 원칙은 내용의 조직에 있어서 내용의 여러 요소가 어느 정도 계속해서 반복되어야한다는 것이다. 어떤 교육목표가 학습자의 행동 속에 실현되기 위해서는 쉽게 망각되지 않을 정도까지 학습되기 위해서는 그 목표가 지시하는 지식이나, 과정이나, 행동양식이 어느 기간에 계속 반복되어야 한다는 것이다. 즉 여러 상황에서 몇 번이고 반복함으로써 비로소 얻어지는 것을 말한다.

둘째, 계열성의 원리이다. 계열성(sequence)의 원리는 계속성은 종적관계이며 교육내용의 전후관계를 의미한다. 그러나 계열성은 계속은 계속이지만 그냥 반복이 아니라 전후 교육내용간의 관련성, 확대성, 심화성이 강조된다. 경험의 누적적 효과만은 바라는 것이 아니라 단계적인 확충심화가 문제된다. 즉 계속성은 하나의 교육과정요소가 동일한 수준에서 반복되는 것을 의미하는데 반하여 계열성은 '선행경험 혹은 내용을 기초로 하여 다음 경험이나 내용이 전개되어 점차 깊이와 넓이를 더해가는 것을 의미한다고 말했다.

셋째는 통합성의 원리이다. 계속성과 계열성은 학습경험의 종적 조직이었음에 반하여 이 통합성의 원리는 학습내용의 횡적 조직을 위한 기본원리가 되는 것이다. 여러 학습 장면에서 얻어진 학습내용들이 서로 상관없이 따로따로 떨어져 있는 상태가 아니라, 그 낱낱의 내용들이 서로 연결되고 통합됨으로써 학습자의 보다 효과적인 성장을 보증하는 것이 되어야 한다. 이를테면 사회생활에서 갖게 되는 학습내용을 통하여 얻어진 이해, 기능, 태도가 다른 교과영역에서의 내용과 관련되고 거기에서 사용되고, 확인되며, 강화 되어야하겠다는 것이다. 각 교과목 사이에 밀접한 관계가 맺어질수록 교과목 속에서의 학습이 더욱 강화될 뿐 아니라 모든 교과에 걸친 학습이 하나의 통합된 전체로서 학습 자의 계속적인 성장에 도움이 되게 하려는 것이다. 결국 한 영역에서 경험한 한 가지 내용, 그리고 한 가지의 능력이 다른 여러 영역에 어떻게 관련되고 적용되며, 강화 될 수 있느냐의 문제가 학습내용의 통합성이다.

7. 교육과정의 주요 내용

1) 교육과정의 목표

일반교육에서 교과는 문화의 한 부분으로 생각된다. 그것은 사람들이 알고 믿고 있는 것, 사람들이 가치를 두고 열중하는 것으로 구성되는데 이는 그러한 대상들 자체로 구성된다기보다는 그것들에 관한 지식으로 구성된다. 스미드(Smith)는 교과를 네 가지 일반적인 범주로 분류했는데, 그것은 ① 단체생활과 관련해 일반적이고 전문적인 교과, ② 사실과 원리들로 구성되는 기술적인(Descriptive) 교과, ③ 규범과 표준을 제시해 주는 규범적인(Normative) 교과, ④ 교육을 위한 핵심적인 관념들을 조직한 교과내용 등이다.

기독교적인 견해는 포괄적인 것으로 사회의 문화적인 요소는 물론 영적인 요소들을 포함한다. 그러므로 교과는 인간의 문화적이고 영적인 산물을 조직된 형태로 구성한 것이다. 이러한 산물들은 시대를 통하여 이룩한 인간의 문화적이고 영적인 활동의 열매인 것이다. 그것들이 교육의 매체로 사용된다. 이처럼 다양한 지식의 체계가 학교에서 사용하는 교육과정의 내용이 되기 위해서 다양하게 조직된다. 이것이 인간의 문화적 활동 (Cultural activity)의 결과이다. 또한 영적인 것은 교과 자료를 위한 원천이다. 영적 산물들은 하나님의 창조로 말미암아 인간에게 주어졌다. 이 영적 산물에는 하나님의 말씀, 예수 그리스도의 생애와 사역, 성경, 그리고 성령의 사역이 있다. 이러한 영적 산물에 대한 인간의 반응은 그의 영적 활동(Spiritual activity)으로 나타난다. 이와 같이 그리스도인은 문화적인 활동과 영적인 활동에 모두 참여한다. 그는 세상 속에 살고 있으며 세상의 활동에 참여하지만 세상에 속한 것은 아니다. 그의 영적인 활동은 그의 문화적 활동에 방향감을 제시해 준다. 그러나 그것은 기독교교육자가 기독교적인 교육과정을 마련하는 데 있어 주된 문제를 던져주고 있는 문화적인 활동 가운데서 영적 활동을 육성하는 일이다.

일반교육에 있어 교과의 궁극적인 목적은 사회적 적응(Adjustment)과 사회의 재구성 (Reconstruction)이다. 그리스도인에게 있어 이것은 단편적인 것이다. 그에게 있어 문화적이고 영적인 활동이 학생을 위한 일반적인 목적이다. 이 목적은 적용에 있어 두 가지 면이 있는데, 그것은 그리스도의 권위를 인식하고 명백히 하는 것과 그리스도인 혹은 천국 시민의 목적을 실현하는 것이다. 따라서 그리스도인에게 있어 교과의 목적은 두 가지 목적, 즉 그리스도인으로 하여금 문화적 세상(Cultural world) 속에서 그의 지위를 확고히 하며 그리스도를 잘 드러내도록 도와주는 것과 그로 하여금 하나님과 교제하는 그의 영적 활동(Spiritual activity)을 도와주는 데 있다. 전 과정에 있어서 전반적으로 커다란 목적은 "하나님의 사람으로 온전케 하며 모든 선한 일을 행하기에 온전케 하려 함이다"(딤후 3:17). 여기에서 실제적인 수업 자료가 어떠해야 할 것인가가 분명히 드러난다. 교사에게 있어 그러한 자료들은 성경에 기록된 광범위한 기독교적 경험에서 선정할 수 있는 기초를 제공한다. 또한 그러한 자료들은 그리스도인에게 해석을 위한 건전한 기초를 제공한다. 또 다른 유익한 점은 그러한 자료들이 종종 포괄성과 균형성과 배열 및 연령 단계별의 특성을 갖추고 교수 단원들로 조직된다는 점이다. 또한 그러한 자료들은 교사의 성장을 촉진시킨다. 덧붙여 거기에는 정보, 동기, 방향감 및 이해력을 포함하여 학생을 위한 많은 이점이 있다.

그러므로 기독교교육의 목적이 지나치게 경건하거나 신학적인 언어로 진술되어 교육과정과 교육방법을 구체적으로 인도해 주지 못한다면 올바른 교육목적이라고 할 수 없다. 따라서 총체적이고 전인격적인 인간의 삶을 위한 교육과정은 이 세상 안에서의 삶 자체가 신앙의 삶이 되어야 한다. 이러한 삶은 신앙을 단순히 종교적이거나 윤리적인 영역에서만 표현하는 삶이 아니라 삶의 영역 전체가 신앙에 기초하고 있는 삶이다. 이러한 그리스도인의 삶에 대한 다섯 가지의 이해 방식을 월터스톨프는 다음과 같이 말하고 있다(*Ibid*, 24~26).

첫째로 기독교교육이 총체적인 인간의 삶을 위한 교육목적을 지향해야 한다면 교육과정은 반드시 전인의 발달을 추구하는 교육과정을 구성하는데 관심을 가져야 한다.

둘째로 기독교교육이 모든 것을 포괄하는 신앙의 삶을 위한 교육목적을 지향해야 한다면 기독교 교육과정은 반드시 모든 교육내용을 기독교적 관점에서 조망할 수 있도록 편성해야 한다. 기독교교육이 포괄적인 신앙을 위해 교육시키지 못한다고 한다면 그것은 온전한 의미에서 기독교교육이 될 수 없다.

셋째로 기독교교육이 기독교공동체의 구성원으로서의 삶을 위한 교육목적을 지향해야 한다면 기독교교육과정은 반드시 공동체 의식을 함양시킬 수 있는 교육과정 편성에 관심을 기울여야 한다. 기독교교육은 아동 및 청소년들을 교육하여 그들로 하여금 기독교 공동체의 성숙한 시민이 되도록 형성해야한다. 그러므로 기독교적 교육과정은 기독교 신앙공동체가 그 본연의 사명을 잘 감당할 수 있도록 훈련하기 위한 기독교 공동체의 프로젝트와 같은 것이다.

넷째로 기독교교육이 학생들로 하여금 삶으로부터 도피하는 삶이 아니라 일상적인 사회 안에서의 삶을 위한교육목적을 지향해야한다면, 기독교적 교육과정은 아동들이 사회 문화적인 현실에 직면할 수 있도록 편성되어야한다. 기독교교육이 강조해야 하는 것은 사회에의 적응도 아니며, 또한 사회로부터의 도피도 아니고, 세상 한 가운데서의 그리스도인의 삶이다. 기독교교육의 목적은 학생들로 하여금 현대 사회 속에서 그리스도인의 삶을 영위하도록 준비시켜 주는 것이어야 한다.

마지막으로 기독교교육이 문화적 순종의 삶을 위한 교육목적을 지향해야 한다면, 기독교교육과정은 인간 문화의 전 영역을 관심의 범위로 삼아야 한다. 기독교교육은 그리스도인들이 자연과 문화, 그리고 역사의 한 가운데서 기독교적인 삶을 영위하는 것은 선택의 문제가 아니라 하나의 의무라는 사실을 강조해야 한다. 기독교교육은 학생들로 하여금 이 세상 속에서 순종적인 삶을 살도록 준비시키고 또한 그리스도인 학생들로 하여금 이러한 삶 속에 들어가도록 촉구해야 한다.

2) 교과 선정의 기준

세속교육(Secular education)에 있어서 내용 선정의 기준은 필연적으로 문화적 상황 안에 한정되어 있다. 이러한 전통적인 모델은 과학과 예술을 통해 창조 세계의 잠재력을 발전시키도록 요구하는 문화명령을 상기시켜 준다. 그러나 포로 된 자를 자유하게 하라는 진리에 의한 진정한 자유의 명령에 대해서는 적절한 대답을 제공해 주지 못하고 있다. 세속교육에 있어서 스미드(Smith), 스탠리(Stanley), 그리고 쇼어즈(Shores)는 교과 선정을 위한 기준을 다음과 같이 제시하였다.

(1) 그 교과는 조직된 지식의 분야에 중요한 것인가?
(2) 그 교과는 꼭 있어야 하는가?
(3) 그 교과는 유용한가?
(4) 그 교과는 학습자에게 흥미가 있는 것인가?

(5) 그 교과는 사회의 재구성에 기여하는 것인가?

(6) 그 교과는 민주주의적 이상을 따르고 있는가?

그리스도인은 위에 열거된 그러한 기준에 전적으로 의존하지 않는다. 그에게 있어 주된 기준은 성경에 기록되어 있는 천국 시민의 기준이다. 천국 시민을 육성할 수 있는 자료들이 선정되어야 한다. 그는 학습자에게 그의 수준에 맞추어 천국 시민으로 힘을 북돋워 주고 지도하며 양성하기 위한 자료들을 문화적이고 영적인 자원에서 취한다. 이러한 천국 시민의 자질의 함양을 목적으로 하지 않는 한 교육과정은 진정한 의미에 있어 교육적인 것이 될 수 없다. 이에 대해 차원 높게 고려하지 않고서 전인적인 인간에 대해 평가를 내릴 수 없다. 더욱이 교육과정의 자료들은 그리스도인이 문화적 환경 속에서 악의 세력에 대해 승리하는 삶을 살아가도록 보증하는 것으로 선정되어야 한다. 더 나아가 이 세상에서의 천국 시민인 학생들은 사역자들로 소명을 받았다. 그러므로 교육과정의 자료들은 생의 다양한 소명의 관점에서 선정되어야 한다.

첫째는 기독교적 교과과정은 학생들로 하여금 마음과 뜻과 정성을 다하여 주 하나님을 사랑하도록 도와주어야 한다. 교육과정을 통하여 그리스도이신 진리를 분별하는 것을 배워 한다. 그리하여 창조 세계 속에서 하나님의 역사로 방향을 잡아주어야 한다.

둘째는 기독교교육의 궁극적인 목적은 학습자들이 삶의 모든 영역에서 하나님의 소명에 적극적으로 응답할 수 있도록 구비시키는 것이기 때문에 교육과정은 그들이 현재 직면하고 앞으로 직면하게 될 과업과 책임을 위해서 학습자들을 준비시켜야 한다.

3) 교과 선정의 절차

세속 교육(Secular education)에 있어 교과 자료 선정의 절차는 교육의 목적에 의해, 또한 실험의 과정을 통해, 혹은 직업 분석에 의해, 그리고 때로는 여론에 의해 좌우된다. 종교 교육(Religious education)에 있어 그러한 원리들은 미국의 전국 기독교회 협의회(National Council or Churches of Christ)의 기독교교육국 교육과정지도 특별위원회(the Special Committee on Curriculum Guide of the division of Christian Education)에서 명백하게 제시했다. 다음의 원리들이 교회에서 교육과정 자료들을 선정하거나 적용하는 일 또는 창작하는 일을 주장하여야 한다.

(1) 교육과정의 결정에 있어 교과는 기독교교육 위원회(the Committee on Christian Education), 사역자협의회(the Worker's Conference) 혹은 개교회의 책임 있고 권위 있는 단체의 인준을 거쳐야 하며, 개인 교사들이나 교회 학교에서 독립적으로 일하는 감독들에 의해 좌우되어선 안 된다.

(2) 각 교파의 교육과정 모형에서 제안된 적용(Application)이나 변화(Variations)는 교육과정의 전반적인 목적과 계획, 교육과정의 포괄성, 균형성 및 과정의 배열 등의 조명하에서 주의 깊게 연구되어야 한다.

(3) 자료들은 교사들이 교회에 받아들인 기독교교육의 궁극적인 목표의 견지에서 학생들을 지도하여 적절한 경험을 제공하는 데 도움을 주는 가치 있는 것인지 그렇지 못한 것인지에 따라 선정되어야 한다.

(4) 인정된 교파의 교육과정을 수정하고 그 독특한 자료들을 결정하기에 앞서 다음과 같은 내용을 더욱 고려해야 한다. ① 수업 절차를 계획하는 데 있어 교사들에게 도움이 요청된다. ② 수업 내용과 학생의 실제적인 활동, 흥미, 경험 등과 연관시키는 데 있어 교사들에게 도움이 요청된다. ③ 학생들과 교사들을 위한 보충적인 자료가 더 요청된다.

(5) 발달의 중요한 국면들이 소홀히 되지 않도록 기본적인 교육과정 계획의 모든 적용과 변화, 기록들에 주의하라(H. W. Byrne, *op. cit.*, 204~208)

이와 같은 관점에서 기독교적 교과과정을 편성할 때는 첫째는 반드시 현대의 사회적 임 문제를 기독교적 관점에서 접근할 수 있도록 해야 한다고 주장하였다. 또 하나는 기독교적 교과과정은 인간이 연구하고 있는 작업과 제도의 모든 과정 속에서 학생들에게 하나님에 대한 인간의 다양한 반응이 인간적 문화 활동에서 어떻게 나타나고 있는지를 보여주는 지속적인 노력을 기울어야 한다고 하였다(Wolterstorff, *op. cit.*, 138). 이러한 교육과정은 학생들로 하여금 전정한 의미의 기독교적 교육과정이 되게 하는 것이다.

Ⅲ. 기독교교육의 방법론

1. 교육방법의 개념

교육이란 가르치고 배우는 과정이다. 교수(teaching)는 것은 교사 중심의 가르치는 활동을 말하며, 학습(learning)은 학습중심의 배우는 활동을 의미한다. 교수-학습에 대한 이론으로는 일반적으로 행동주의(behaviorism), 인지주의(cognitivism), 구성주의(constructivism)로 나눌 수 있다.

첫째로 행동주의는 학습을 외부환경의 자극에 의한 유기체 내부의 반응으로 설명한다. 즉 행동주의는 반응으로서의 인간의 행동의 변화에 초점을 두고, 그 변화를 촉진시키는 자극이나 강화를 정밀하게 계획할 것을 주장한다.

둘째로 인지주의는 행동주의가 배격하는 인간의 내적 사고의 과정, 학습자의 인지구조에 변화의 초점을 둔다. 인지주의에 의하면 학습이란 가시적 행동으로 표현되는 자극에 대한 반응이 아니라 그 행동으로 나타나기 까지 또는 행동으로 나타나지 않더라도 학습자의 내부에서 발생하는 인지과정으로 본다.

셋째로 구성주의는 학습을 능동적인 지식 창출로 본다. 지식은 기존 경험으로부터 개개인의 마음속에서 구성되는 것이고, 학습자는 지식을 구성하는 능동적 존재라고 보며, 지식의 구성은 자신의 속한 사회의 구성원들에 의해 영향을 받는다는 것이다. 구성주의 인간이 어떻게 지식을 구성하느냐에 일차적인 관심을 가지며, 지식을 구성하는 것은 어떠한 일이나 사건들을 해석하는데 사용하는 인간의 사전 경험, 정신 구조, 신념 등의 기능에 의해서 가능하다고 이해한다(강인내, 왜 구성주의인가? 문음사, 1977).

그럼 교육방법이란 무엇인가? 교육방법이란 교수-학습 활동에서 학습자의 개인적 특성과 효과적인 학습을 위한 비용과 시간적 여유에 대한 고려, 교육내용과의 관련성, 그리고 학습 환경 등을 고려해서 수업목표에 도달하기 위한 학습의 설계, 계발, 적용, 관리, 평가의 제반활동으로 정의할 수 있다(C. M. Reigeluth & F. S. Stein, The Elaboration Theory of Instruction, Reigeluth(ed), Instructional Design Theories and Models: An Overview of their Current Status: 1983).

2. 교육방법의 교회사적 배경

교육방법으로 가장 오래되고 존중되었던 방법 중의 하나는 소크라테스식 문답교수법(the Socratic Method)이다. 이 명칭은 B.C. 5세기에 살았던 희랍의 철학자 소크라테스(Socrates)에 의한 것으로 그의 교수 방법에 질문과 대답의 사용을 채택했다. 그는 이미 이해된 대답으로서 지시적 교육상황으로 이끌어 내기보다는 오히려 많은 질문을 사용했다. 하나의 대답이 주어지게 되면 그 첫 번째의 대답의 타당성을 시험하는 더 많은 질문을 던지게 된다. 심지어 스스로 답변을 주는 경우에 있어서도 소크라테스는 일반적으로 질문의 형식을 통해 답변을 주었다. 이처럼 그는 학생과 함께 배우는 자가 되었다. 그는 교사의 기능이란 그가 소유한 무슨 진리이든 간에 학생들이 그것을 발견하도록 도와주는 것이라고 생각했다. 나중에 이 방법은 대화식 방법(dialectic method)으로 알려지게 되었다. 중세에 이르기까지 오랫동안 여러 학교에서 채택된 두드러진 방법은 아마도 모방과 기억(imitation and memory)의 방법일 것이다. 이 방법은 선생에 의해 학생에게 주어진 것을 학생의 편에서 재현(reproduction)하는 것을 요구하는 방법이다. 강의법(lecture method)은 중세 대학교수들이 학생들에게 지식을 전수하기 위해 시행했던 교수 관습에서 생겨났다. 물론 이것은 도서의 부족으로 인해 특정한 그룹만이 정보를 공유하고 있는 상황에서 필요할 수밖에 없는 방법이었다. 존재하는 소수의 도서들은 일반적으로 교사들의 소유였다. 그 결과 학생들은 그들의 선생들이 읽어주거나 책을 통해 강의하는 것을 적어야만 했다.

에라스무스(Erasmus)가 교과와 학생의 자연적인 흥미를 연결시켜 주어야 한다는 주장을 내놓기 이전까지는 이러한 방법들이 널리 유행되었다. 그는 이미 있는 자발적으로 존재하는 효과를 교과에 연결시킴으로써 교육과정에 동기를 부여하려고 애썼다. 이리하여 그는 자주 비형식적인 대화를 사용했다. 그러나 이 방법이 일반화되기까지는 오랜 시간이 걸렸다. 16세기와 17세기에는 고된 훈육이 학습을 보장하는 것으로 자주 인식되었다. 이것은 두 가지 형태를 취했다. 하나는 연구와 학습을 강요하는 어떤 종류의 심한 벌을 사용하는 형태이고, 두 번째는 학업의 성취를 목적하여 어렵고 또 종종 불일치하는 수업들을 정복하라고 요구하는 형태이다. 학생이 무엇을(what) 배우는가 하는 것은 그가 어떻게(how) 그것을 배우는가 하는 것만큼 중요한 것은 아니다. 존 로크(John Lock)가 이 방법을 주장했다.

아마도 근대의 방법들은 코메니우스(John A. Comenius 1592~1670)와 더불어 시작되었다고 보아야 할 것이다. 그는 오감에 호소하는 방법들을 주장한 초기의 사람들 중의 한 사람이었다. 예를 들면, 그는 그림의 사용과 실물 수업을 주장했다. 그의 이론은 교수의 과정이 알려진 것에서 알려지지 않은 것으로 진행되어야 하는 것을 요구하는 심리학적인 통각(統覺)의 원리를 기초로 하고 있다. 그는 아는 것이 구체적인 것들이어야 함을 주장한다. 즉 그것은 말 이전에 '사물들'(things)이며, 규칙 이전에 실례(example)라는 것이다. 이 방법은 그 후 수 세기에 있어 교육자들에게 중대한 영향을 끼쳤다.

루소(Rousseau, 1712~1778)는 코메니우스의 방법을 수용했지만 그는 진정한 교육이 아는 것보다도 행하는 것으로 구성된다고 주장했다. 그리하여 그의 방법에 감정(feelings)을 포함시켜 교육방법에 있어 주정주의적 요소를 가미하였다. 그의 배우기를 원하는 학생을 모으는 것에 전제를 두고 있다. 물론 이것은 학생의 자유를 요구했다. 코메니우스가 신체적인 감각들을 강조하고 루소가 아동의 본래적인 경향성을 강조한 데 비해 페스탈로치(Pestalozzi, 1746~1827)에게는 이러한 개념들을 사용하는 방법을 교사들에게 알려주는 일이 남아 있었다. 그는 배우고 가르치는 최선의 방법으로서 실물수업과 노작교육(老作敎育)을 통한 학생의 활동을 강조했다. 학생은 그가 배우고자 애쓰는 것을 직접적으로 경험해야 한다. 이처럼 학생은 실물을 통해 정의를 내리게 되고 그런 다음에 원리를 세우게 된다.

그러나 헤르바르트(Herbart, 1776~1841)는 교수 과정에서 취해야 할 교사의 적절한 단계에 대해 최대의 강조를 두었다. 그의 방법은 연합 심리학(association psychology)에 기초하고 있었으며 위에서 언급한 통각의 원리(the doctrine of apperception)로 알려지게 되었다. 통각이 일어나는 것을 확실하게 하기 위해 헤르바르트는 교사를 위한 5단계 교수법을 주장하였다. 첫째 단계는 교사가 수업을 시작하기 위한 예비(preparation)단계이며, 두 번째 단계는 가르쳐야 할 새로운 자료를 제시(presentation)하는 단계이다. 세 번째 단계는 학생의 편에서 처음 두 단계의 자료들에 대한 비교를 포함하는 연합(association)의 단계이다. 학생이 포함되어 있는 관계성을 알게 되면 그는 새로운 자료에 의해 설명되는 더 높은 수준으로의 진전이 가능케 될 것이다. 네 번째 단계는 교사가 세 번째 단계에 포함되어 있는 유사한 실례를 학급에 제시하는 체계화(Systematization)와 일반화(Generalization)의 단계이다. 이리하여 학급은 이 단계에서 학습된 것을 일반화시킬 수 있게 된다. 마지막 다섯 번째 단계는 응용(Application)의 단계이다. 이는 학생들이 처음 네 단계에서 학습한 것을 실제로 해보아야 하는 과제(Assignment)를 포함한다.

20세기 초엽에는 당시에 개발되어 왔던 유럽의 새로운 절차 중에서 얼마간을 채택하려는 경향이 두드러졌었다. 이러한 점은 특히 호레이스 만(Horace Mann)에 의해 널리 추천된 페스탈로치의 방법 등에서 그러했다. 그 방법들에 대한 학생의 호응은 인기를 얻기에 충분하였다. 미국 학교들에서 실행되고 있는 몇 가지는 객관적인 수업, 학교 박물관, 야외여행, 상점과 농장의 사역, 그리고 귀납적인 교수 등이 있다.

독일의 대학에서 돌아온 졸업생들은 헤르바르트의 5단계 교수법을 일반적인 방법으로 널리 선전하였다. 에드워드 돈다이크(Edward Thorndike)는 헤르바르트의 방법을 채용하고 그것을 그의 심리학에 대한 과학적 연구와 결합시켰다. 이 방법을 통해 그의 과학적 결론을 학급에 적용하는 방법이 되게 하는 실제적인 기회를 얻었다.

교육방법에 대한 프뢰벨(Froebel)의 이상은 1848년의 혁명에 따라 이주해 간 독일인들에 의해 제시되었다. 그들은 한때 미교육국장이었던 윌리엄 해스(William T. Harris)의 노력을 통해 아주 크게 후원을 받았다. 한동안 자기 활동의 방법은 학령전 교육에 제한되어 있었으나 곧 수적인(Manual) 훈련을 위해 채택할 수 있게 되었다. 프란시스 파커(Francis Parker)는 초등 학년이나 중급 학년에서 이 방법을 사용하되 자신이 약간 수정하여 사용할 것을 주장했다. 그러나 진보주의 교육협회 회원들에 대해 가장 강력하게 추천된 교육방법으로서의 자기표현(Self-expression)과 자기활동(Self-activity)은 그대로 남아 있었다. 여기에서 그것은 활동적인 수업, 아동의 활동, 활동적인 교육과정 등과 같이 여러 가지 형태로 그들의 교육철학에서 표현되고 있음이 보인다. 자유를 사랑하는 미국은 학생의 자유에 대한 이와 같은 강조를 하기에 이상적인 환경이었다. 이 세기의 초기에는 교육의 새로운 운동들과 발달이 새로운 방식으로 방법에 영향을 미치기 시작했다. 그것들에는 교육심리학과 정신분석학의 역동적 개념이 생겨나게 된 사실도 포함된다. 점차적으로 구시대의 세계관의 영향은 소산되었으며 미국 교육자들은 방법론에 대한 그들 나름의 독특한 개념들을 형성하기 시작했다.

오늘날에는 세속 교육에 있어서 어떤 보편적인 방법에 대한 신뢰가 감퇴되고 있는 것처럼 느껴진다. 대개의 옛날 방법들은 그 영향력을 상실했다. 이제는 가장 실제적이라고 생각되어 온 여러 방법 중에서 가장 좋은 요소들을 종합하려는 경향이 있는 것 같다. 이러한 예는 귀납적－연역적 방법이다. 오늘날에는 거의 모든 논리학자들이 연역법과 귀납법은 분리할 수 없는 것이며 한 방법의 적용은 항상 동시에 그 나머지 방법의 적용을 포함한다는 사실에 의견을 같이하고 있다. 더욱이 이제는 방법이 참으로 교사 개인의 인성과 분리될 수 있는가 하는 점에 대해서도 의심이 일어나고 있다. 교육 방법이라는 것은 교과와 학생, 심지어 배경이 되는 사회, 그리고 방법에 관련된 모든 관점들과 연관되어 있는 것으로 생각되고 있다.

오늘날에는 단순히 민주주의를 말하는 대신에 사회적 재구성을 통한 살아 있는 민주주의를 강조하고 있다. 죤 듀이(John Dewey)하의 경험주의 철학은 방법이란 이러한 목적을 위한 수단이라고 생각한다. ‘경험의 재구성’(Reconstruction of experience)은 방법으로 하여금 수단이 되게 한다. 그러나 이 재구성은 ‘경험의 연속적인 재구성’(The continuous reconstruction of experience) 외의 다른 목적은 없으며, 따라서 방법은 곧 목적이 된다. 이 후자의 견해는 확실히 정의적인 면에서 볼 때 방법에 대한 기독교적인 개념에 대조된다.

오늘날 방법에 대한 강조에 있어 신뢰할 수 있는 몇 가지 요인들에는 학습과정에 대한 새로운 견해, 더 확대된 학생의 지식, 개인차에 대한 더 큰 이해, 더 넓어진 사회관 등이 포함된다. 결론적으로 과학적 방법은 방법에 대한 이와 같은 새로운 견해들을 발전시키는 데 큰 역할을 해왔다. 과학적 방법의 사용을 통한 문제 해결을 지향하는 분명한 학습들이 있음에도 불구하고, 현재로선 어떤 방법도 최선의 방법이라고 평가되지 못하고 있다.

오늘날 주장되고 있는 다른 여러 방법들보다도 더욱 강조되고 있는 몇 가지 방법에는 문제법(Problem method), 구안법(Project method), 단원계획, 사회화된 이야기법, 개별화 교육, 지도 연구, 시청각 교육기재의 사용 등이 있다. 문제법은 죤 듀이에 의하여 제시되었다. 이 방법에서 그는 행함으로 배운다는 점을 주장했는데 그 행함이란 단순히 바쁜 일과가 아닌 어떤 목적을 가진 행함을 뜻하는 것이었다. 이러한 행함의 영향과 결과는 듀이에게 있어서 중요한 것이었다. 그러므로 문제법은 특수한 목적을 위해 어떤 어려운 점을 체계적으로 지적이며 실제적으로 해결하는 것을 포함한다. 그 전체적인 절차는 주의 깊은 평가에 따르게 될 것이다. 이 방법은 참으로 과학적 방법을 바라보는 또 다른 방식이다. 어려움을 느끼고 출발한 학생이 있다면 그는 가정을 세워보려고 노력하면서 사실들을 모으고 조직한 다음 평가하기 시작한다. 이 모든 것을 통해 일어날 수 있는 결과에 대해 평가해 보게 된다.

월리엄 킬패트릭(William Kilpatrick)은 구안(Project)에 대한 강조를 통해 교육계에 문제법을 소개했다. 이 방법은 단순한 문제 해결을 넘어서서 활동의 범위를 넓혔으며 또한 정서적인 발달과 이해에 더 큰 강조를 주었다. 이 방법과 문제 해결법 사이의 주된 차이는 구안법이 '학습지가 상황을 판단하고 행해야 할 필요가 있는 것에 대한 계획을 생각하고 그의 계획을 시행하기 위해 자료를 다루는 방식과 수단을 고안하며 그 결과를 점검할 수 있도록 구체적인 자연적 환경에 소재해 있는 문제를 포함하고 있다는 사실에 있다.

단원법은 헨리 모리슨(Henry C. Morrison)에 의해 주장되었다. 여기에서의 강조점은 학생이 '어떻게' 배우는가와 더불어 '무엇을' 배우는 가에 주어지고 있다. 그는 듀이와 헤르바르트의 여러 요소들을 결합시키고 있다. 아동은 그들이 공부하고 있는 것을 완전히 이해할 필요가 있다는 전제에 기초하여, 모리슨의 방식은 실제적인 학습이 일어날 때까지 예비시험, 교수, 결과에 대한 시험, 적응 훈련, 교수, 재시험 등의 과정으로 구성되었다. 이러한 종류의 공부를 위한 교과는 구체적인 문제나 흥미의 영역이 있는 단원으로 구분되었다. 다른 방법들에 있어서의 학생을 억누르고 교사를 과도히 긴장시키는 경향성을 극복하기 위해, 사회화된 이야기법은 민주적이고 사회화된 환경에서 창의와 협동의 특성을 개발하기 위해 고안되었다. 비형식적인 학급 토론과 단체 활동은 이 방법의 핵심을 이루고 있다.

개별화 교육을 위한 계획은 개인차에 대한 인식의 필요에 기초하고 있다. 달톤 프랜(The Dalton Plan, 또는 실험실 프랜)이라고도 하며, 미국의 파커스트(Parkhurst) 여사에 의해 창안된 이 방법의 두드러진 예이다. 여기에서 학생은 개인적 연구를 통하여 자신의 정도에 따라 발전해 가도록 되어 있다. 단체 활동이 소홀히 여겨지지는 않지만 그러나 주된 강조는 개인적인 창의와 진보에 있다. 이 계획 하에서 학급은 실험실과 회의실이 되며 교사들은 의논 상대자가 된다. 지도연구도 또한 개인차를 인정하며 연구 습관과 기술의 중요성을 강조한다. 여기에서 학생들은 문제를 활용하고 해결을 위한 이해를 추구하는 데 있어 개인적으로 교사에 의해 지도를 받는다. 오늘날에는 시청각 자료와 방법의 사용이 크게 강조되고 있다. 비록 상대적으로는 새로운 것일지 몰라도 이러한 방법들을 사용함에 따른 실제적인 결과는 아주 분명하다.

3. 교육방법의 원리

1) 기독교적 교육방법

기독교적 교육방법은 전인교육으로 그리스도의 장성한 인격의 자리에까지 이르는 것을 목표로 한다. 그러므로 기독교적 교육방법의 목적은 학생들로 하여금 그리스도의 인격을 닮아 가는 데 집중되어야 한다. 훼케마(Mark Fakkema)는 세속교육의 방법론을 '주입식'(Pouring in)을 통해 '습득'(Acquisition)하는 방법과 '이끌어 내는'(Drawing out) '성장'(Growth)의 방법으로 구분하였다. 채워주는 과정은 교사의 편에서 진리와 실제적인 지식을 전달하는 것이며, 이끌어 내는 과정은 학생들의 재능이나 소질을 발달시키는 과정이다. 그러나 이러한 방법에 많은 문제가 있다. 주입식 방법은 도덕성의 영역을 벗어나서 활동하는 물질주의 철학의 직접적 함축에 그칠 수 있으며, 이끌어 내는 방법은 객관적 진리의 가치에 대해서 그 가치의 존재를 부정하고 경시해 버린다고 훼케마는 지적하고 있다. 전자는 본질상 물질주의적이며 후자는 자연주의적이라는 제한성이 있기 때문에 기독교적 세계관에 의한 방법을 찾아야 한다.

기독교교육방법의 원리는 하나님 중심이어야 한다. 창조자이시며 모든 진리의 근원이신 하나님을 중심해야 한다. 교사나 학생은 하나님의 계시 즉 일반 계시와 특별 계시를 통하여 교과를 이해하고 적용해야만 한다. 기독교교육은 '양육하다'(Bringing up)라는 단어로 묘사된다. 즉 '주의 교양과 훈계로' 어린이를 '양육'해야 한다(엡 6:4). 이러한 양육을 위하여서 다양한 방법이 동원되어야 하고 이것을 구체화시켜야 한다. 그러므로 기독교교육방법은 하나님 중심적이어야 하고, 하나님의 계시를 성취하는 데 목적을 두어야 한다.7) 따라서 기독교적 교수방법이란 무엇인가? 기독교적 가르침이란 가르침에 관련되는 제 요소들을 성경 원리에 입각하여 교육현장에서 실천하는 것이다. 즉 교육의 목적, 학습자, 교육자, 학습과정, 그리고 교과지식에 대한 성경의 원리가 적용되는 교육을 의미한다(이은실, 가르침에 생기를: 기독교적 교수방법, 기독교학교교육연구소, 2007).

2) 교육방법의 선정 기준

기독교적 가르침은 학생들에게 지식이 있고 유능한 그리스도의 제자도를 향해 나아가도록 촉구한다. 또 교사와 학생들이 공통적으로 펼쳐 보임의 활동에 참여하는 가르침의 유형 즉, 교사와 학생들이 모두 교육과정 내용을 열어 가는 가르침의 유형을 기술해 주어야 한다. 훌륭한 교육의 특징은 교육목적을 성취시키는 데 있어서 가장 좋은 방법을 사용하는 데 있다. 이비(C. B. Eavey)는 기독교교육방법의 선택의 기준을 다음과 같이 제시하고 있다.

(1) 교육의 목적: 교육의 목적이 무엇이냐 라는 점은 기독교교육방법을 결정하는 데 중요한 요인이 된다. 교사는 교육목적에 대한 분명한 이해를 해야 하고 이것을 바탕으로 바른 방법을 모색해야 한다.

(2) 학생들의 준비도(Readiness): 피교육자인 학생들의 성숙성 혹은 준비도는 매우 다양하다. 그러므로 학생들의 능력과 관심, 그리고 그들의 요구와 관련된 방법의 개발이 필요하다. 학생들이 관심을 가지고 학습에 적극적으로 참여하게 하는 것이 무엇보다 중요하다.

(3) 학습에 대한 학생들의 자세: 교사는 학생들의 자세를 민감하게 관찰하고 그에 따라 방법을 결정해야 한다. 학습에 대한 학생들의 다양한 태도를 정확하게 분석하는 것은 매우 중요한 일이다.

(4) 과거의 학습경험: 지금까지 동일한 분야에서 공부한 학습 경험은 학생들을 위한 교육방법 개발에 중요한 요인이 된다. 과거의 교육방법과는 다른 방안을 찾아야

---

7) 정정숙, *기독교교육학* (서울: 도서출판 베다니, 2000), 171~72.

하고 학생들의 교육 열의를 진작시켜야 한다.

(5) 교육 자료의 특성: 교사는 교육방법을 택하기 전에 가르쳐야 할 내용을 주의 깊게 연구해야 한다. 교육 자료의 특성을 면밀히 분석하고 여기에 알맞은 방법의 개발이 있어야 한다.

(6) 교육시설: 효과적인 교육을 위해서는 적절한 교육시설이 필요하다. 교육시설은 교육방법의 개발과 실천에 중요한 역할을 하며 나아가서 교육성과를 거둘 수 있다.

(7) 교육시간: 교육을 위하여 얼마만큼의 시간을 투자하느냐라는 문제는 교육방법 설정을 위하여 매우 중요하다. 교육 시간에 따라 장기적 교육과 단기적 교육으로 그 프로그램을 분류하는 것도 필요하다.

(8) 교사의 자질: 아무리 좋은 교육도 교사에 의하여 이루어지기 때문에 교사의 자질이 중요한 역할을 한다. 교사는 자신이 활용할 수 있는 다양한 방법을 통하여 보다 효율적인 교육방법을 개발할 수 있다. 이비(C. B, Eavey)가 지적한 이와 같은 원리들은 단순히 교육방법의 효율성만을 강조한 것이 아니라 바른 교육을 위한 기초가 된다. 일반적으로 교육방법을 선정할 때 교사 나름대로의 개인의 특성이나 경험에 의해서 가장 적절한 교수방법을 선정하게 된다. 교수 방법을 선정할 때에 다음의 몇 가지 기준을 고려해야 할 것이다(이화여대교육공학과, 21세기교육방법 및 교육공학, 과학교육사, 2005).

(1) 교수 내용

◇ 교육내용의 성격이 지식(인지적 영역), 운동기능(신체적 영역), 태도(정의적 영역)중 어느 것인지를 고려해야 한다.

◇ 교육내용이 정확한 답을 요구하는 것인지, 아니면 논쟁의 여지가 있는지 혹은 교육의 목적이 기준을 명확히 잡는 것인지, 아니면 보다 나은 해결책을 찾는 것인지를 고려해야 한다.

◇ 교육내용이 일반적인 수준의 학습만 하면 되는 것인지, 아니면 자세히 학습해야 하는 것인지를 고려해야 한다.

(2) 교육대상으로서 학습자

◇ 개인차로서의 학습자의 학습스타일이 적극적인지 논리적인지 고려해야한다.
◇ 교육내용에 대한 학습자의 학습경험이 어느 정도인지 또는 학습자의 수준(연령, 학년, 학업성취도 등)은 어느 정도인지 고려해야한다.
◇ 학습자의 수와 학습자의 위치를 고려해야 한다.
◇ 교육이 계속적으로 필요한지를 고려해야 한다.
◇ 학습자가 학습으로부터 얻고자하는 기대의 정도를 고려해야 한다.

(3) 교육자원 및 환경

◇ 교육 기술과 경험을 갖춘 사람을 교수자로 요청할 수 있는지 고려해야 한다.
◇ 교과서를 비롯하여 오디오, 비디오, 신문, 멀티미디어 등 다양하고도 유용한 교육 보조 자료를 사용할 수 있는지 고려해야 한다.
◇ 교육을 위하여 활용할 수 있는 교수매체의 종류에는 어떤 것이 있는지 고려해야 한다.
◇ 교육을 실시할 장소 있는지, 있다면 어디인지, 어떤 교육기자재를 갖추고 있는지, 몇 명의 학습자를 수용할 수 있는지 등 기본적인 교육환경적인 요인을 고려해야 한다.
◇ 교육에 필요한 시간 중 어떤 제약이 있는지, 교육 시간이 오전, 오후, 아니면 저녁인지 고려해야한다.

위의 세 가지 선정 기준이 교육방법 선정에 있어서 교수자의 교육적 신념이나 교수-학습관점, 또는 교육방법에 대한 경험과 지식에 바탕을 두고 선호하는 교육방법이나 교수매체에 따라서도 교육방법 선정의 고려사항이 달라질 수 있다.

3) 교육방법의 분류

기독교교육의 방법론은 다양하게 분류할 수 있다. 이 분류는 학생들에게 주는 깊은 인상이나 표현의 방식으로 분류하기도 하고, 학습 목표나 유형에 따라서 방법론을 분류하기도 한다. 갱겔(Gangel)은 교육방법의 네 가지 유형을 제시하면서 효율적 교육의 가능성을 강조하고 있다. 갱겔이 말한 네 가지 유형은 다음과 같다.

(1) **단체 토론**: 구성원들이 제한된 시간 안에 강의 내용과 관련된 특별한 주제를 놓고 토론한다. 토론 인원은 3~6명 정도의 소그룹으로 한다. 단체 토론은 내향적인 학생들로 하여금 그룹 안에서 소수의 사람들과 교제를 나누기 시작하면서 이 과정을 통하여 새로운 사상이나 통찰력을 얻게 한다. 또한 성경의 진리를 그들의 삶에 적용하는 방법도 구체적으로 알게 된다.

(2) **문답법**: 교사와 학생 사이에 질문하고 대답하는 과정을 통하여 상호 교제와 함께 학생들로 하여금 학습과정에 적극 참여하게 하고, 그들의 주의와 관심을 모을 수 있다. 또 질문을 통하여 하나의 개념을 어떤 다른 개념과 연결시키는 사고 작용을 개발하고 성경의 진리를 실제적 삶에 적용할 수 있도록 유도한다.

(3) **창조적 작문법**: 이것은 학생들이 공부한 내용을 자신의 언어로 표현하도록 하는 특별 연구 과제를 말한다. 학생들이 그들의 사고방식이나 신앙, 느낌 그리고 감정 등을 자신의 글로 표현할 때에 자신의 내면세계에 더욱 분명하게 자리 잡게 된다.

(4) **강의법**: 가장 보편적이고 전통적인 교육방법으로서 교사가 주로 강의를 통하여 학생들을 가르치고 지식을 전달한다. 이와 같은 강의법이 더욱 효과적이기 위하여 토론, 문답, 시청각 교재의 활용 등을 병행할 수 있다. 이상의 몇 가지 유형들은 우리들이 일반적으로 접할 수 있는 형태의 교육방법이다. 교사들은 지속적 연구를 통하여 새로운 방법을 개발해야 한다.8)

레이폴트(Martha M. Leypoldt)는 기독교교육방법의 유형을 다음과 같이 분류하고 있다. ① 정보를 얻게 하는 방법, ② 어떠한 견해들을 갖게 하는 방법, ③ 문제에 대한 해결책들을 찾게 하는 방법, ④ 경험들을 먼저 가질 수 있게 하는 방법, ⑤ 성경의 진리와 만나게 하는 방법, ⑥ 창조적으로 자신을 표현하게 하는 방법, ⑦ 내면의 의식에 대해 반응하게 하는 방법, ⑧ 과제를 수행하게 하는 방법, 레이폴트의 이러한 분류들은 교육목적에 그 관심을 모으고 있다는 점에 그 특징이 있다. 기독교교육방법은 그 목적

---

8) *Ibid.*, 171~76.

에 따라 다양하지만 몇 가지만 살펴보려고 한다.

(1) 지식을 위한 교육방법

지식과 정보를 얻기 위한 교육방법은 하나의 커뮤니케이션 과정(Process of communication)이다. 인간들은 커뮤니케이션이라는 수단을 통하여 서로 정보를 교환하고, 의사소통을 할 뿐만 아니라 또 서로를 설득하면서 공동의 사회생활을 영위해 나가고 있다. 따라서 오늘의 사회에서 커뮤니케이션이 가지는 영향력은 과거 어느 때보다 크며 여기에 대한 관심이 높아 가고 있다. 커뮤니케이션이란 말의 어원은 '공통' 또는 '공유'라는 뜻을 가지고 있는 라틴어 '커뮤니스(Communis)'에서 유래하였다. 그러나 현대에 와서 커뮤니케이션은 매우 다양한 의미로 사용되고 있다. 이것을 종합하던 '커뮤니케이션'이란 유기체들이 기호(Sign)를 통하여 서로 정보나 메시지를 전달하고 수신하여 공통된 의미를 수립하고 나아가서 서로의 행동에 영향을 미치는 것이다.

커뮤니케이션은 일방적(One way)이 아니라 쌍방적(Two way)인 방법으로 이루어져야 하는데 수신자들의 피드백(Feedback)에 특별히 유의하여야 한다. 기독교교육방법 가운데 지식과 정보를 얻기 위한 방법은 여러 가지이다. 그중 중요한 몇 가지를 보면 다음과 같다.

① **리포트(Report)와 인터뷰**: 리포트는 독서보고(Book report)와 조사보고(Research and report)로 나눌 수 있다. 독서 보고란 어떤 저자의 한 권의 책이나 또는 한 저자의 여러 책들에서 중심 되는 사상들을 요약 정리하여 발표하게 하고, 그 내용을 다른 사람과 나누는 방법이다. 조사보고는 조사하고자 하는 주제를 몇 가지 영역으로 나누어서 그것을 문헌 자료 조사나 현장 조사를 통하여 연구 보고하게 하는 방법이다. 인터뷰는 어떤 특별한 문제 또는 논쟁적 주제에 대한 전문가나 주요 인사들의 견해를 알기 위하여 그들을 초청하거나 직접 찾아가서 준비된 질문을 하고 또 대답을 듣는 방법이다.

② **세미나와 심포지엄**: 세미나(Seminar)는 하나의 연구 과제에 대하여 공동으로 연구하는 그룹으로서 전문적 지식을 가진 지도자 아래에서 할당된 연구 영역을 조사하고 그 결과를 보고하여 서로 교환하고 토론하는 형태이다. 심포지엄(Symposium)이란 넓은 영역의 정보나 견해를 알기 위하여 하나의 주제를 여러 가지 관점에서

보는 소주제로 나누고, 각 분야의 권위자들이 연속적인 강연을 통해서 주제에 관한 여러 관점들을 청중에게 제시하는 방법이다.

(2) 경험을 통한 교육방법

경험을 통한 교육방법은 학습자들에게 구조화된 경험(Structured experience)을 제공하고 이러한 경험을 통하여 스스로 학습할 수 있게 한다. 이것은 '경험으로부터 배운다'는 경험주의적 교육방법으로서 학습자들에게 자기표현과 자아 발견을 통한 성숙의 경험, 진리 체계 또는 세계를 향한 가치관과 견해의 확립, 인간관계에 있어서의 태도나 행동의 변화 등을 가능하게 해주는 방법이다. 경험이란 단순한 경험이 아니라 교육을 위한 경험이기 때문에 ① 경험(Experiencing-do), ② 확인(Identifying-look), ③ 분석(Analyzing-think), ④ 일반화(Generalizing-plan)의 방식을 통하여 교육이 이루어진다. 기독교교육은 기독교에 대한 지식과 정보만을 전달하려는 것이 아니라 기독교적 인격 형성을 목표로 한다. 그러므로 전인교육의 한 형태로 경험을 통한 교육방법이 개발되어야 한다.

① **성경 연구**: 성경 연구는 다양한 형태로 이루어진다. 여러 가지 연구 방법들이 있지만, 여기서는 두 가지 방법을 살펴보자. 첫째, 성경에 대한 깊은 연구이다. 이것은 제시된 성경 구절을 자신의 말로 바꾸어 쓰게 하고, 스스로 말씀에 대답하게 하는 방법이다. 여기서 말씀과의 만남을 경험한다. 다른 하나는 귀납적 성경 연구이다. 어떤 본문에 대해 관찰, 해석, 적용이라는 세 단계를 거치면서 종합적 결론에 이르게 하는 방법이다.

② **대면(Confrontations) 혹은 경험 나누기**: 대면 혹은 경험 나누기란 자기 자신의 내면적 감정들(Inner feelings)을 성찰하고 그것을 다른 사람들과 함께 나눔으로 자기 자신은 물론 다른 사람들에 대한 깊은 이해를 가져오게 하는 방법이다. 이 방법은 학습자들이 자신들의 과거 경험들을 새롭게 되돌아보아 현재의 자기 자신의 생활을 반성하게 할 뿐만 아니라 이러한 경험들에 대해서 함께 대화하게 함으로써 서로의 감정을 함께 느끼며 공감할 수 있게 하는 것이다. 그러나 학습자들이 자기 자신을 완전히 개방할 수 없는 분위기 속에서는 이 방법이 성공하기 어렵다는 제한점도 안고 있다.

(3) 그룹 다이나믹스의 교육방법

학습자들에게 그룹이라는 환경을 부여하고 그룹 안에서 구성원들 사이의 역동적인 상호작용을 통하여 하나의 응집된 결론에 이르게 하는 방법이다. 그룹이란 자발적으로 형성된 경우도 있으며 과제를 성취하기 위해 의도적으로 구성하는 경우도 있으나, 일단 그룹이 형성되면 그룹의 구성원들은 일치된 방식으로 행동하고자 하는 경향을 나타내게 된다. 왜냐하면 이것은 그룹이 내적 역동성을 가지고 있기 때문인데, 이와 같은 역동적 현상을 그룹 다이나믹스(Dynamics)라고 한다.

그룹 다이나믹스에서 중요한 것은 '응집력'(Cohesiveness)인데 이것은 그룹 구성원들을 집단 속에 머물러 있게 하고, 목표를 향해서 계속적으로 행동하게 하는 보이지 않는 힘이다. 카트라이트(Cartwright)와 잰더(Zander)는 소그룹이 응집을 일으키는 9가지 요소를 다음과 같이 제시하였다. ① 구성원들에 대한 매력 ② 구성원들 사이의 동질성, ③ 분명한 그룹의 목표, ④ 구성원들 사이의 상호 의존, ⑤ 그룹 활동의 참여, ⑥ 민주적 리더십과 의사결정, ⑦ 그룹의 구조적 성격, ⑧ 그룹의 분위기, ⑨ 그룹의 크기 등이다. 그룹 다이나믹스에서의 여러가지 교육방법 중 중요한 몇 가지를 살펴보면 다음과 같다.

① **그룹 토의**(Group discussion): 그룹 토의는 그룹 공동의 관심사인 어떤 문제나 주제에 대해서 그룹 구성원들 모두가 그들의 생각이나 경험을 함께 나누면서 협동적 탐구(Cooperative search)를 행하게 하는 계획된 대화로서, 결론에 도달하기 위하여 탐구, 내면화, 분석, 조사, 발견, 종합, 결정의 단계를 거치면서 토의하게 하는 방법이다.

② **포럼**(Forum): 포럼은 큰 규모의 집단에서 강연, 토론, 패널, 심포지엄, 인터뷰, 역할극을 행한 후에 질문자들과 함에 전체 청중들 사이에서 수행되는 공개 토의(Open discussion)를 말한다. 이 방법은 사회자의 조정에 따라서 지원자들이나 청중들이 서로 질문하고, 논평을 하며, 논쟁점을 제기하거나 함께 토의하며, 청중이 공동의 견해를 가질 수 있도록 한다. 포럼은 청중을 능동적으로 참여시켜서 전체 청중이 공감할 수 있는 공동의 견해에까지 이르게 할 수 있는 장점이 있지만, 청중의 규모가 크기 때문에 모든 사람이 토론에 참여할 수가 없고, 청중의 생각을 집약할 수 있는 사회자의 기술이 요구된다.

(4) 문제 해결을 위한 교육방법

학습자들이 공동으로 당면하고 있는 현재의 구조적 문제를 해결하고, 공동체적 목표를 달성하려는 교육방법이다. 지금까지의 내용 중심의 교육이나 경험중심의 교육은 과거의 유산이나 현재의 생활을 통하여 개인을 교육시키려는 것이지만 문제 해결을 위한 교육방법은 새로운 공동체 형성을 목표로 한다.

① 역할극(Role playing): 역할극은 사람들 사이에서 발생하는 문제 상황에 대한 해결책을 찾기 위한 것으로서, 회원 중에서 몇 사람을 선택하여 문제 속에 포함된 인물들의 역할을 맡아 즉흥적으로 연기하게 하는 것이다. 역할 연기를 맡은 사람들은 잠간 동안 밖으로 나가 역할을 분담하고 제시 방법을 의논한 다음에 다시 들어와서 문제 상황을 연기하면서 절정의 순간에 이르러 해결점이 제시되면 지도자가 그 연기를 멈추게 하고, 그룹의 회원들에게 역할극의 상황과 연출된 역할에 대해 분석하고 토의하게 한다.

② 현장실습(Field work): 현장실습은 이론적으로 배우고 익혔던 것을 현장에 나가 직접 실행해 보게 하는 것으로서, 일정한 기간 동안 전문가의 지도 아래 학생들 각자가 스스로 계획을 세우고, 그 계획에 따라 실습을 하며, 그 결과를 지도자에게 보고하여 평가를 받도록 하는 방법이다. 이 방법이 효율적이기 위해서는 실습현장과 지도자의 관심이 있어야 한다.

③ 사례 연구(Case study): 사례 연구는 어떤 문제의 해결책을 모색하기 위하여 그런 문제를 해결한 성공적 사례들을 조사하거나 발표하게 하고, 제시된 성공 사례들에 대한 문제점, 제한점, 응용 가능성 등을 분석 검토하게 한 다음, 문제 상황에 대한 적절한 해결책들을 모색하는 토의를 진행하게 하는 방법이다. 사례 연구는 해결하고자 하는 어떤 문제에 대한 실제적 성공 사례들이 제시되어 회원들에게 문제 해결을 위한 긍정적이고 적극적인 자세를 심어 주는 장점이 있지만 성공적 사례를 찾기 어려운 단점도 있다.

④ 워크숍(Workshop): 워크숍은 참가자들 각자가 전문적 지식이나 새로운 기술을 습득하기 위하여 공동의 주제를 중심으로 함께 모여 여러 명의 전문가들의 지도 아래 1~3일 정도의 연속적 회합을 개최하는 것으로서, 참가자들을 각자의 관심 영역에

따라 여러 가지 다양한 방법을 통해서 이론과 실제를 배우게 한다. 또 개인적으로 연구 과제를 직접 계획해 보고 거기에 대한 평가를 전문가와 다른 참가자들로부터 받을 수 있도록 하는 방법이다.9) 이와 같은 전통적 방법들을 활용하면서 오늘의 시대에 맞는 교육방법의 개발이 필요하다. 위에서 제시한 방법들은 전통적 교육방법들을 토대로 새롭게 시도되고 있는 방법들이다.

4. 교육방법의 유형

교육방법에 있어서 가르치는 자를 중심으로 하느냐 아니면 배우는 자를 중심으로 하느냐에 따라 교육목표 달성에 있어서 현저한 차이를 나타낸다. 교수-학습의 일련의 과정(process)중 학습의 주체가 누구에게 있느냐에 따라 교수자중심 교육방법과 학습자중심 교육방법으로 나누어진다.10)

	교수자 중심	학습자 중심
가르침의 목적	• 학습자의 지식과 기능 전수 • 교수자가 설정한 목표에의 변화	• 학습자의 생활과 스타일에 중시 • 학습자의 자아개발 및 질적 향상
특징	• 학습 목표 설정 및 결과 중시 • 교수자가 학습자의 인지구조정리	• 사례를 통한 중심의 문제해결능력 • 사고력, 지식통합의 강조
교수접근 방법	• 목표 성취 지향적인 관계 • 실체적 지식, 태도, 기능 강조	• 교수자와 학습자 간의 인간관계 형성 중시
장점	• 행정적으로 편리 • 시간과 시설의 효율적 운영	• 학습자 스스로 효과적인 학습능력 배양 • 학습자의 개인차고려한학습의 진도
단점	• 교수자의 능력에 지나치게 의존 • 개인차 인정치 않고 수동적 학습	• 예산과 학습에 소요되는 시간의 과다 • 다양하고 주제에 적당한 학습자료 준비 • 교수자의 역할 변화에 대한 인식의 전환
교육방법 사례	강의법. 이야기 법, 시범	협동학습, 신문활용교육, 자기주도학습 Journaling, 그룹토론, 액션러닝 등

---

9) *Ibid.*, 177~84.
10) 여러 가지 유형들은 다음의 자료들을 참고한 것이다. 박성익 외, 교육방법의 교육학적 이해, 교육과학사, 2007; 이성호, 교육방법론, 학지사, 2004; Anthony, M. J. Introducing Christian Education, Baker Academic, 2001; 재인용: 강용원 *op. cit.*, 201~219)

교수-학습 방법의 미래지향적 관점에서 볼 때 교육방법에 대한 패러다임의 변화가 요구 된다. 이미 우리의 학습 환경은 E-learning, U-learning, Blended-learning 시대에 접어들었다. 이러한 학습 환경의 변화는 교수-학습 방법 실천을 변화시켜 왔고 학교의 교수-학습 방법을 변화시키지 않으면 안 되는 새로운 교육환경을 구축해 주고 있다. 전통적인교육에서는 교육과정 운영에서 교과서 중심의 기본기능을 강조해 왔지만 E-learning, U-learning 환경에서는 인터넷 활용 수업과 웹기반 수업이 진행되고 있다. 또한 ICT활용 수업, 멀티미디어 및 첨단매체 활용 수업을 통한 디지털 지식정보화사회에서의 교육목적과 교수-학습 활동이 전개되고 있다. 이러한 학습 환경의 변화 속에 교수자와 학습자 모두에게 적용되는 적절한 교수법을 갖는다는 것은 쉽지 않다. 최적의 교수-학습 방법 중 하나는 교수-학습 방법의 다양성에 있다.

1) 강의법(Lecture)

강의법은 교육현장에서 사용되는 가장 넓게 사용되고 있는 교육방법 중 하나이다. 강의법은 인쇄술이 발달되지 못한 시기에 특정 그룹이 모든 정보를 공유하던 중세 때부터 사용되어 오는 방법으로 교수자가 일방적으로 학습자에게 지식과 정보를 전달하는 것을 목적으로 하는 교수자 중심의 교육 방법이다. 교수자 주도의 일방적인 수업방법이기 때문에 학습자는 교수자가 전달하는 학습내용을 수동적으로 받아들이는 단점도 있지만 대규모의 학습자를 대상으로 할 때에는 매우 효과적인 방법 중 하나이다.

■ 강의법의 장점
◇ 모임의 크기가 어떠하든지 효과적으로 가르칠 수 있다.
◇ 매우 유연하게 교사의 의지에 따라 다양하게 변화될 수 있다
◇ 새로운 단원도입 시 효과적이며 전체적인 전망을 설명할 때 효과적이다.
◇ 시간을 절약-비교적 짧은 시간에 충분한 정보를 제공할 수 있다.
◇ 능력 있는 학습자에게 효과적이다.
◇ 사실적 정보, 최근의 정보 다루기에 적합하다

■ 강의법의 단점

◇ 학습자의 능동적 활동의 기회가 줄어들고 수동적 학습형태로 발표력을 저하시킨다.

◇ 학습자의 개인적인 차이와 학습능력을 측정하기 불가능하다.

◇ 학습자의 주의 집중력이 떨어진다. 강의법은 한 수업에서 일정한 정보나 지식, 개념 등을 설명하는 경우, 수업 내내 설명식 수업으로 일관하는 것은 학습자의 생활현장과 경험 그리고 사회현상을 가르치는 교육의 수업 방법으로는 적합하지 않다.

■ 강의법의 유의 사항

◇ 교과 내용을 상세히 분석하고 학습목표를 구체화한다.

◇ 일정기간의 강의계획과 자료수집 및 분석이 요구된다.

◇ 추상적인 개념이나 복잡한 관계를 설명할 때 교육공학적 교수─학습법을 장려한다.

◇ 학습자가 수동적인 자세가 되지 않도록 문제점을 제시하면서 수업을 진행한다.

◇ 질문할 수 있는 기회를 주고 요점을 정리하여 학습자의 이해 정도를 살펴야한다.

◇ 효과적인 강의를 위해 학습자의 관심과 동의를 유발시키는 수업분위기를 조성한다.

2) 이야기 법(Storytelling)

이야기법(storytelling)은 '스토리(story)＋텔링(telling)'의 합성어로서 상대방에게 알리고자 하는 바를 재미있고 생생한 이야기로 설득력 있게 전달하는 교육적 방법이다. 스토리텔링은 사전적 의미로 '이야기를 들려주는 활동이다. 스토리텔링은 우리나라에서 흔히 '구연' 이라는 용어로 많이 쓰이는데 구연이라는 말의 사전적 의미를 살펴보면 '문서에 의하지 않고 입으로 사연을 말하는 것'을 뜻한다. 이야기는 인간의 의사소통의 중요한 양식으로 독백이 아닌 상대적 언어의 표현으로 자연스러운 비공식적인 교육방법으로 가장 효과적으로 사용되어 왔다. 학습자가 이야기의 과정 속에 인물들을 자기에게 투영하여 자신을 발견하고 다양한 삶의 지혜와 지식을 자연스럽게 느끼면서 상상력을 개발하고 사고를 확대시켜 주므로 지, 정, 의를 하나로 통합해 주는 교육방법이다.

■ 이야기법의 기본 원리

◇ 대화 형식으로 언어, 감정, 행동이 자연스럽게 되도록 연습이 필요하다.

◇ 윤리적이고 도덕적인 스토리텔러가 되어야 한다(출처, 진실성, 실화, 과장금지 등)

◇ 학습자가 스스로 명확한 결론을 내리도록 유도한다(이야기의 연결점 발견).

◇ 적절한 음향이나 시각 효과 자료를 이용한다(음성, 몸짓).

■ 이야기법의 구성요소

◇ 이야기의 배경: 이야기의 시간적이고 지리적이며 문화적인 배경

◇ 등장인물: 주인공, 조연, 등장인물의 인품, 성격, 행동에 대한 통찰을 제공

◇ 플롯(줄거리): 무슨 일이 일어나는가? 등장인물 상호간에 일어나는 사건의 과정

◇ 갈등: 무엇이 인물들의 행동과 반응에 동기를 부여하고 있는가?

◇ 해결: 어떻게 끝나는가? 결론은 명쾌하게 이야기의 목적이 드러나야 한다.

◇ 교훈: 요점은 무엇인가? 이야기에서 다양한 의미(교훈)의 도출이 필요하다.

■ 이야기법의 장점

◇ 학습자의 집중력을 높이는데 효과적이다.

◇ 모든 연령의 그룹에 사용할 수 있는 방법이다

◇ 주의 집중, 상상력, 관심과 흥미를 일으키는데 효과적이다

◇ 추상적인 진리와 모호한 개념을 해석하는 기능을 가진다

◇ 학습자의 삶과 이야기 속의 세계를 연결시켜 적용을 이끌어 준다

■ 이야기법의 단점

◇ 교사가 이야기법에 익숙하지 못할 경우에 유용한 교육방법이 되지 못한다.

◇ 교사의 설명에 의존하므로 경우에 따라 학습자에게 학습효과가 없을 수 있다

◇ 학습자가 이미 알고 있는 내용의 경우에 학습에 흥미가 떨어질 수 있다

◇ 학습자에게 이야기법으로 적용 가능한 교과가 매우 제한적이다

■ 이야기법의 유의사항

◇ 학습자에게 맞는 질문방식과 대화방식으로 진행한다.

◇ 학습자에게 알맞은 이야기를 주의 깊게 설정해야 한다.

◇ 현재의 필요에 일치하기 위하여 철저히 다듬어져야 한다.

◇ 언어, 감정, 행동에 유의해야하며 편안한 환경을 조성해 주도록 한다.

◇ 학습자에게 반복적인 결과를 가져올 수 있는 효과가 나타나도록 해야 한다.

◇ 주제와 관련한 다양한 시청각 자료를 활용해 학습자의 흥미를 유지시키도록 한다.

◇ 교사는 학습자의 세계에 항상 관심을 기울어야 한다.

◇ 교사는 이야기법에 익숙한 이야기꾼이 되도록 힘써야 한다.

3) 질문법(Questioning)

질문법은 일명 문답법, 질의 응답법, 대화법, 반문법 등 다양한 명칭으로 사용되고 있다. 질문법은 강의법과 더불어 오랜 역사를 가진 교수법으로 교사와 학습자 사이의 상호작용을 전제로 교사의 질문에 학습자가 답변하고 학습자의 질문에 교사가 답변하는 교수−학습의 과정을 통해 학습에 대한 주의를 집중시킬 수 있는 방법이다. 그러므로 질문법은 어떤 주제에 관해 교사들이 학습자에게 질문을 통해 새로운 사실이나 개념들을 접하게 하여 자기의 의견을 표현하도록 격려하며, 잘못된 개념을 교정하고, 문제점을 부각시켜주고, 증거나 논증을 제시해 주어, 마침내 학습자들로 하여금 배운 것을 실천하도록 도와주는 교육 방법이다.

■ 질문법의 기본 원리

◇ 질문은 학습자의 경험과 지식의 범위 안에서 이해하기 쉽도록 제시해야한다·

◇ 질문은 학습 목표와 연관된 명확한 목적을 지닌 것이야 한다.

◇ 질문은 학습 내용에 맞는 통일성과 일관성을 있는 내용이어야 한다.

◇ 질문은 학습자의 지적 활동을 계발하며 사고 작용을 자극하도록 전개되어야한다.

◇ 질문은 학습자의 이해 정도에 맞게 논리적이어야 한다.

■ 질문법의 4단계: 구조화 → 질의 → 반응 → 대응

◇ 구조화: 교사가 실제 수업에서 논의될 내용을 간략하게 정리해 주는 것이다.

◇ 질 의: 학습자의 반응을 유도하기 위한 교사의 질문을 의미한다.
◇ 반 응: 교사의 질문에 대한 학습자의 응답 또는 대답을 의미한다.
◇ 대 응: 학습자의 반응에 대한교사의 평가나 수정을 의미한다.

■ 질문법의 장점

◇ 학습내용의 정리에 효과적이며, 새로운 재료를 보충하여, 학습에 자극을 주어 적극적인 학습 활동을 하게 한다.
◇ 학습자 스스로 생각하게 하고 해결할 수 있는 기회를 제공함으로 학습자의 주체적인 학습이 가능하다.
◇ 교사와 학습자 간의 의사소통의 기회가 제공되어 학습자에게 학습동기와 참여를 고무시킨다.
◇ 각 학습자의 특별한 능력과 흥미를 파악할 수 있고, 이해의 정도를 측정함으로 학습 목표를 세우는데 유용하다.
◇ 학습자의 학업 성취에 영향을 미치는 개인적인 행동을 파악하게 되어 학습 목표를 성취하는데 필요한 기초를 제공한다.
◇ 교육의 목적이 얼마나 성취되었는지 각 학습자의 개인적인 평가를 위한 목적으로 사용할 수 있다.

■ 질문법의 단점

◇ 교사중심으로 되기 쉽고 질문자의 관심에 따라 사고 영역이 한정되어지기 쉽다.
◇ 질문자 중심의 수업이 되기 쉽고 다른 학습자들에게 좌절감을 줄 가능성이 있다.
◇ 교과 내용의 주제에 대한 사고의 통일성과 일관성이 견지하기가 어렵다.

4) 팀 티칭(Team Teaching)

팀티칭(Team Teaching)은 일반적인 교실 환경에서 서로 다른 분야에 전문성을 지닌 둘 이상의 교수자가 서로 다른 학습자를 가르치기 위해 공동 작업을 함으로써 교수의 과정을 재구조화 하는 것이다(Bauwens & Hourcade, 1995). 즉 팀티칭은 교수―학습조직을 개선하려고 하는 수업조직 형태의 하나로서 교수 인원의 재조직을 통해서 교수의 효과를 올려보자는 시도로써, 2명 이상의 교사가 동일한 학습 집단을 대상으로 학습 지도의 주요 부분을 협동적으로 계획하고 교수하고 평가해 나가는 것을 의미한다. 팀 티칭은 교원, 설비, 시간, 자료 아이디어 등을 효율적으로 사용하여 학습의 효과를 높이는 데 주안점을 두 있으며 각자 교사의 재능을 발휘함으로써 학습자들에게 도움을 주는 교수－학습 방법이다.

■ 팀 티칭의 단계

◇ 준비단계: 팀티칭의 구성인원은 3－4명이 적합하며, 주제와 관련 있는 다양한 견해를 지닌 교수진으로 구성한다. 팀티칭의 계획은 학문적으로 확고한 위치를 인정받고 강의를 계속한 교수가 계획하도록 하고 협동연구를 하는 교수들로 팀을 구성하는 것이 바람직하다. 팀티칭의 수업설계는 수업목적, 내용, 방법, 평가 및 수업자료를 개발하는 과정으로서, 세부적인 내용은 전문영역을 고려하여 분배하고, 수업방법은 각자 선호하는 방식을 도입할 수도 있다. 평가에 대해서는 가르칠 내용을 일괄적으로 합산할 것인지 아니면 세부항목으로 각자 별도로 합산할 것인지에 대해 사전협의가 필요하며, 수업진행을 총괄하고 평가를 종합할 교수도 정하도록 한다.

◇ 실시단계: 팀티칭을 할 때 발생하는 문제에 대한 책임을 질수 있는 선임교수도 선정하도록 한다. 선임교수는 다른 교수보다 학문적으로 많은 경험을 가진 교수가 적합하다. 그리고 팀티칭을 위해 제작된 자료들을 공유하도록 하고 수업의 원활한 진행을 위해 담당 조교를 두도록 한다. 효과적인 팀티칭을 위해서는 자료의 출처, 학생평가, 상담기록 등 진행과정에 관하여 기록하도록 한다.

◇ 정리단계: 팀티칭이 끝나면 장단점을 검토하고 다음 학기 수업과 관련하여 효과성과 효율성을 점검한다. 평가는 각자 별도의 점수를 합산하는 방법과 가르친 내용을 모두 모아 함께 평가한다. 팀티칭의 장점을 활용하기 위해 하나의 과제에 대해 모든 강의 내용을 종합적으로 분석하고 평가한 결과를 제출할 수 있도록 주제를 선정해야 한다.

■ 팀 티칭의 장점

◇ 교수자가 역할 분담으로 개별적인 지도의 기회 증대와 보다 나은 준비가 보장된다.

◇ 학습 진단과 시간표 편성 및 학습공간의 활용에 대한 유연성을 증대한다.
◇ 교수자의 특성 개발과 학문 간의 연계 연구가 활발해진다.
◇ 팀 속에서의 상호작용에 의해 교수자의 직능적인 성장기회와 전문성을 높인다.
◇ 전공영역에서 광범위한 내용과 다양한 교수방법이 가능하다.

■ 팀 티칭의 단점

◇ 수업 내용보다 교수자의 조직에 많은 시간이 필요하다
◇ 교수자가 함께 협동해야 함으로 학습 진로의 일관성이 결여될 수 있다.
◇ 교수자의 성격, 교육철학, 학습자에 대한 견해의 차이로 수업계획, 분담 및 진행 면
  에서 효율적이지 못한다.
◇ 교수자가 일부 교과 및 그룹만 담당하므로 학생의 전반적인 평가가 어렵다.

■ 팀 티칭의 교수자들에게 요구되는 자질

◇ 교수자는 협조적이어야 하며, 자기 의사를 명확하게 표현하여야 한다.
◇ 교수자는 편견이 없이 자신의 의견을 교정 또는 개선시킬 마음의 준비가 필요하다.
◇ 교수자는 팀 구성원들의 평가를 겸허하게 수용해야 하며 자기 평가에도 관심과 노
  력을 기울려야 한다.
◇ 교수자는 자기 전공분야의 전 영역에 대해 다른 교수자를 지도할 수 있어야 한다.

5) 구안법(Project Method)

구안법이란 어떤 목적을 가진 경험을 통해 목적의식이나 행동의 목적을 갖게 하여
그 과정을 계속 진행해나갈 수 있는 동기를 부여하는 목적적인 활동을 통하여 학습하는
현실적이고 실제적인 활동이 중요시되는 방법이다. 구안(project)의 의미는 '앞으로 던지
다' 는 뜻에서 생각한다, 구상한다, 계획한다 등의 의미로 마음속에 품고 있는 것을 구
체적으로 실현하며 현상화하기 위하여 자기 스스로 계획을 세워 수행하는 활동으로 볼
수 있다. 과제를 학습자에게 주고 학습자에게 자주적인 학습을 하게 하는 것이다. 구안
학습법은 교사의 지도와 동시에 학습자가 생활에 가치 있다고 생각되는 문제를 설정하

고 자기 스스로가 계획을 세워 여러 가지 학습 활동을 수행하는 과정을 통해 문제해결을 하는 학습 방법이다.11) 구안법은 20세기 초엽부터 주로 미국에서 성황을 이룬 학습지도법의 형태인데 학자에 따라 강조점은 다르지만 공통되는 점은 ① 종래의 주입식 교수를 배격하고 학생들의 자발적이고 능동적인 학습활동을 촉구한다. ② 학생자신의 계획, 구안, 문제해결의 실천을 거쳐서 지식과 경험을 종합적으로 획득한다. ③ 생활활동을 자연환경 속에서 전개시킨다. 그러므로 구안법은 학습자의 실제적 활동을 통하여 이루어진다는 교육원리에 기반을 강조한다.

■ 구안법의 단계

(1) 목적의 단계 – 목적을 명확하게 파악시키는 단계

(2) 계획 단계 – 계획을 잘 수립해야 하는 단계.

(3) 실행 단계 – 학습자 스스로 계획한 대로 실지로 전개해 보는 단계

(4) 평가의 단계 – 학습자 스스로 평가하는 단계

■ 구안법의 기본 원리

◇ 학습 활동에 대하여 확실한 동기를 갖는다.

◇ 교육적 프로그램을 평가하는데 유용한 행동을 제시 및 표현할 수 있다

◇ 학습자들 간에 개인적 차이 및 장점들을 고려하여 지도할 수 있다

◇ 연구해야 할 내용과 과정에 대한 유용성과 현실성에 도움을 준다.

■ 구안법의 특징

◇ 문제는 실질적이고 구체적으로 해결해야 한다.

◇ 문제는 학습자 자신이 목적을 가지고 계획에 의해서 선택, 수행한다.

◇ 문제 해결을 위해서 물질적 자료를 사용한다.

---

11) Kilpatrick이 구안법과 Dewey의 문제해결 학습법은 흡사한 점이 많은데 Dewey의 문제해결 학습법은 새로운 문제를 해결하는 과정에서, 학생이 생활의 장면에서 당면하는 여러 문제들을 해결해 나가면서 지식, 기술, 태도 등을 획득하도록 하는 학습방법이다. 주요 목적은 문제해결을 위한 반성적 사고를 함양하는 데 있다. Dewey의 반성적 사고의 단계는 (1)문제인식 (2)자료수집 (3)가설설정 (4)가설검증 (5)일반화의 단계이다. 문제해결 학습의 절차는 제1단계: 문제의 인식, 제2단계: 문제해결의 계획, 제3단계: 자료의 수집 및 조사연구, 제4단계 : 학습활동의 전개, 제5단계: 결과의 발표 및 검토 등이다.

◇개인차에 따른 활동을 가능하게 한다.

■ 구안법의 장점

◇학습 활동과 실제생활을 결부시킴으로 능동적인 학습생활을 촉구할 수 있다.

◇활동에 대한 주도성과 책임성을 훈련하는데 중요하다

◇창조적이고 구성적 태도를 함양시키는데 효과적이다.

◇학습에 동기 유발을 일으키고 독창성과 책임감을 훈련시킬 수 있다.

◇협동정신, 인내심, 타인의 의견에 대한 솔직 담백함과 관용성을 갖게 한다.

◇비판력과 창조적인 활동을 하도록 격려해 준다.

■ 구안법의 단점

◇능력이 부족한 학습자는 시간과 노력의 낭비가 우려 된다.

◇문제 해결을 위한 학습 자료를 얻기가 곤란하다.

◇학습활동이 일부 우수 학습자에 독점되는 경향이 나타날 수 있다.

◇교재의 논리적 체계가 무시되고 수업의 무질서가 우려된다.

■ 구안법의 지도상 유의사항

◇주제는 학습자에게 맞는 것이어야 한다.

◇계획된 세우는 습관과 태도를 길러주어야 한다.

◇사용할 재료 및 도구는 사전에 충분히 준비하여 수업에 지장이 없도록 한다.

◇주제는 연속적 과정으로 발전되도록 하며 학교조직의 계획과 조화를 이루어야한다.

6) 문제해결 학습법(Problem Solving Method)

문제해결 학습법은 학습자에게 해결할 문제를 주고 학습자가 여러 상황에서 학습활동을 진행하면서 스스로 문제해결에 접근하도록 하는 교수-학습 방법이다. 문제해결법은 언어활동과 사고활동으로 제한되는 점이 있기는 하지만 인간이 지니고 있는 사고활동을 통해 어떤 문제를 파악하고 종합하여 최상의 해결안을 찾도록 하는 방법이다. 문제해결 학습법의 주안점은 반성적 사고(reflective thinking)능력의 배양을 통한 문제해결 능력 함양시키는데 있다. 즉, 문제를 매개로 하여 문제를 바르게 해결할 수 있는 능력을 기르기 위한 학습형태, 즉 문제를 반성적 사고에 의하여 의혹이나 곤란을 제거하고 현실과 가능과의 사이에 대립을 없애며 조화적인 통일을 얻는 것을 말한다.

■ 문제해결 학습의 기본 원리
◇ 학습자에게 문제해결을 위한 유용한 기술을 배울 수 있는 교육적 경험을 제공한다.
◇ 학습자들은 당면한 문제를 스스로 해결하려는 기본적인 태도를 배운다.
◇ 교육적인 상황과 일상생활 상황에서 발생하는 다양한 문제를 다룰 수 있다.
◇ 문제해결 접근을 위한 효과적이고 실제적인 수단이 된다.
◇ 학습자가 연역적 귀납적 추론을 포함한 논리적 사고와 전략개발을 할 수 있게한다.

■ 문제해결 학습의 장점
◇ 항상 기존의 지식을 단순히 적용하던 것에서 탈피하여 여러 상황들에 대해 지혜롭게 해결할 수 있는 능력을 향상시킬 수 있다.
◇ 교재의 논리적 체계에 구애받지 않고 학습자의 심리적 단계에 따라 학습되기 때문에 흥미에 맞고 이해하기 쉬우며 실제생활에 적응할 수 있는 학습이 된다.
◇ 학습자의 자발적인 활동에 의한 스스로의 힘으로 학습과제를 해결하는 것은 자율성과 능동적인 능력을 기를 수 있다.
◇ 협동적인 학습활동을 통해 민주적인 생활태도 육성과 전인적 발달에 도움이 된다.

■ 문제해결 학습의 단점
◇ 학습자의 태도가 적극적이지 않을 경우 효과가 적다
◇ 문제해결 학습법은 체계적인 기초학력을 기르기 어렵다.
◇ 학습 노력에 비해 능률이 낮으며 학문적 지식을 빠른 시일 내에 학습하기 어렵다.
◇ 수업상황이 어수선하여 일관성 있는 학습을 진행하기가 어렵다.

■ 문제해결 학습의 유의 사항
◇ 문제해결 상황을 만들 때 학습자익 능력이나 흥미, 경험 등을 고려해야 한다.

◇자율적인 학습 분위기를 형성하도록 한다.

◇학습자가 생각할 시간과 기회를 충분히 갖도록 배려한다.

◇문제에 연관된 상황을 분석 및 검토하고 적용할 수 있는 법칙이나 원리를 활동하
  도록 지도해야한다·

◇가능한 많은 문제 상황을 접하도록 교육과정을 구성하는 것이 유익하다

7) 마인드맵(Mind Map)

마인드 맵은 Tony Buzan이 개발한 기법으로 자연스런 사고의 연상을 깨뜨리지 않으
면서 떠오르는 아이디어들을 효과적으로 기록할 수 있도록 해주는 기능도 갖는다. 간혹
어떤 문제에 대하여 창조적으로 사고하고 있을 때, 시간이 흐르거나 연속적인 사고의
연상이 진행되면서 그 사고한 내용의 일부는 잃어버리게 되고 재생하기가 어렵게 된다.
마인드맵은 유기적으로 연결되는 일련의 생각을 훌륭하게 상기시켜 준다. 우리 두뇌의
활동 방식과 일치하는 방법이다. 이런 효과가 배움과 접목되면 흥미를 느끼고 또 집중
하게 해주므로 지적 활동의 향상에 큰 몫을 담당하게 되며 실생활에 접목되면 이 학습
방법이 광범위하게 응용될 수 있다.

■ 마인드맵의 기본 원리

◇논리적 사고와 창의적 사고를 동시에 개발할 수 있도록 격려해야한다.

◇방대한 양의 정보를 한 장으로 조직화하는 방법이 지도에 있어서 매우 중요하다

◇짧은 시간 내에 독창적 아이디어의 나눔이 가능해 지도록 지도한다.

◇학습의 결과보다는 마인드맵의 과정이 중요하다.

◇그림, 이미지, 문자를 사용함으로 학습에 대한 거부감이나 독서를 싫어하는 학생의
  흥미유발을 도와 학습 분위기 조성이 학습의 효과에 지대한 영향을 미칠 수 있다.

■ 마인드맵의 방법

◇먼저 백지의 한 가운데 주제나 안건 또는 문제의 중심 어휘를 적어놓는다.

◇중심주제로부터 자유연상을 시작하도록 가운데에서 바깥으로 향하게 가지를 긋고

중요한 요점을 쓴다.

◇ 핵심단어나 핵심 어구를 각 가지 옆에 쓰고 필요한 경우 가지를 그려 자세한 내용까지 첨가한다.

◇ 첫 번째 주제에서부터 시작하여 선을 그리고 이름을 붙인다. 적어놓은 생각의 꼬리를 물고 연상되어지는 것을 생각나는 대로 그 선에서 가지를 치고 이름을 붙인다.

◇ 중간에 멈추지 말고, 한 아이디어가 떠오르면 새로운 선을 그리고 시작한다. 기호와 그림을 사용하며 읽기 쉽게 큰 글씨로 쓴다.

◇ 창의력을 발휘하여 특이하게 한다. 이미 적어 놓은 것에 대하여 평가하거나 비판하지 않도록 주의한다. 머리에 떠오르는 창의적인 아이디어는 모두 적는다.

◇ 강조하고 싶은 부분이 있으면 여러 가지 다양한 모양의 기호를 사용하여 표시한다.

◇ 아이디어의 샘이 마르면 서로 관련된 아이디어들을 다른 색의 펜을 사용하여 연결한다.

■ 학생들이 활용할 수 있는 마인드맵

◇ 학습계획 수립할 때: 학습 계획시 마인드맵을 통해 학습계획을 세운다.

◇ 노트할 때: 마인드맵으로 내용을 정리할 경우 서술식 정리보다 시간이 절약되고 기억하기도 훨씬 쉽다.

◇ 과제 해결할 때: 과제를 해결시 다른 사람의 의견과 종합할 때 어려움을 겪지만 마인드맵으로 하면 쉽고 편리하게 종합할 수 있다.

◇ 현장학습보고서 작성할 때: 많은 내용을 다 기록하기엔 시간이 부족하므로 마인드맵으로 기록하면 많은 양의 내용을 빠른 시간에 기록할 수 있다.

■ 학습-교수 방법에 따른 마인드맵의 활용

◇ 조사학습: 조사내용의 정리가 아주 쉽고 내용의 첨가나 삽입이 쉬워 나중에 다시 정리를 할 필요가 없다.

◇ 인물학습: 인물의 사진이나 이미지를 제시해 주고 완성하게 해 보면 총체적으로 이해가 쉬워진다.

◇ 토의학습: 찬반토의의 경우 찬성이나 반대에 대한 이유가 많을 때 쉽게 정리가 가능하며 모든 의견을 종합하여 발표할 때 매우 효과적이다.

■ 마인드맵의 장점

◇ 자발적으로 학생들의 관심을 유발하므로 학생들이 내용을 빨리 이해하고 수업시간에 서로 협동하도록 만든다.

◇ 교사와 학생들 쌍방에게 수업은 더욱 자발적이고 창조적이고 재미있는 것이 된다.

◇ 마인드맵은 관계있는 자료만을 분명하고 기억하기 쉬운 형태로 제시하기 때문에 보다 많은 내용을 빨리 쉽게 파악하고 나아가 지식이 구조화될 수 있다.

◇ 마인드맵은 사실만을 나열하는 것이 아니라 사실들 간의 관계를 보여주므로 학생들의 이해력을 심화시켜준다.

◇ 기억력, 회상력, 창조력, 집중력, 독창성을 자연스럽게 향상시킬 수 있다.

◇ 두뇌의 활동의 조직성 및 효율성을 자연스럽게 향상시킬 수 있다.

■ 마인드맵의 단점

◇ 정형화된 구조가 없다.

◇ 마인드맵의 프로세스가 요구하는 자발성을 갖기 어렵다.

◇ 학습자가 잘못되었다는 사실을 깨닫기 전까지 자신의 생각이 옳다고 인식하는 경우가 있다.

◇ 학습자가 사실에 대한 정확한 정보를 습득하기가 어렵다.

8) 신문활용 교육(NIE, Newspaper in Education)

신문을 교재로 수업에 이용하는 교육활동으로 신문활용 교육이라 한다. 즉, 우리 사회의 모습, 사람들의 살아가는 모습을 생생하게 보여 주는 신문의 정보를 활용하여 교육에 유용한 보조 교재와 교수 방법을 제공하는 프로그램을 NIE라고 한다. 유아부터 초·중·고·대학생을 거쳐 성인, 70~80대 노인에 이르기까지 연령을 초월하여 모든 학생들에게는 학습 교재로, 성인들에게는 아이들을 가르치는 수단으로, 노인들에게는 치매 예방 및 재교육의 기회로 신문이 활용되고 있다. 성인들에게 NIE는 '제2의 교육자'가 될 수 있는 기회로 제공되기도 한다.

■ NIE의 필요성

◇동기 유발이 가능하다.

◇신문은 전 생애에 걸쳐 지속적으로 읽게 될 교재이다

◇모든 세대와 국경을 초월하는 공감대를 형성할 수 있다.

◇살아있는 지식을 습득하고 정보를 수집, 선택, 활용하는 능력을 키운다.

◇자기 주도적인 학습능력을 기를 수 있다.

◇총체적 언어 교육이 가능하다.

◇사회 문제로 대두되는 이슈를 통해 토론의 기회를 가질 수 있다.

◇신문은 창의성의 보고(寶庫)이다.

◇사회에서 지금 일어나고 있는 일들을 잘 알 수 있으며, 그것을 통해 자신이 속한
  사회와 문화, 사람들에 대한 이해를 깊게 할 수 있다.

◇인간중심의 인성교육을 할 수 있다.

◇주제 중심의 통합교육이 가능하다.

■ NIE의 접근방법

◇처음엔 놀이로 시작하고 찾기를 많이 한다.

◇사진이나 그림을 이용하기도 하며 만들기나 그리기도 한다.

◇스스로 할 수 있도록 하며 칭찬을 아끼지 않는다.

◇열린 사고와 풍부한 감성을 갖도록 도와준다.

◇신문의 구성 요소를 모두 활용한다.

◇생각이나 느낌을 여러 가지 방법으로 표현하게 한다.

■ NIE수업의 유형

◇신문기사 자체를 수업에 활용하는 경우

◇보조 자료로서 활용하는 경우

◇교육과정에 근거하여 신문자료를 재구성하여 수업할 경우

◇일반적인 신문활용 학습으로 수업 할 경우

■ NIE의 문제점과 해결방안

◇ 학습자에게 있어서 신문은 너무 부담스러운 존재이다

◇신문의 속성이 사회의 좋은 면이나 미담보다는 부정적인 사건 기사를 많이 다루므로 학습자가 사회에 대한 부정적인 시각을 갖기 쉽다.

◇신문의 활자가 작고 사용되는 전문용어나 문장이 어렵다.

◇언제 무슨 기사가 나올지 예측할 수 없어 장기적인 교육 계획안을 작성할 수 없다.

◇학습자의 수준에 맞추어 자료를 선정하고 가공하는데 많은 노력과 시간이 필요하며, 그에 따른 교사의 능력이 요구된다.

■ 효과적인 NIE수업 전개를 위한 고려 사항

◇가능한 한 학생중심으로 진행한다.

◇재미있게 진행하되 유익하게 끝낸다.

◇활기차고 자유로운 분위기를 만든다.

◇가르치고자 하는 내용과 전혀 상관없는 데서 시작한다.

◇다양하고 체계적으로 전개한다.

◇신문자체에 활자(문자해독)효과를 기대하면 안 된다.

9) 자기 주도적 학습법(Self-directed Learning)

자기주도 학습은 학습목표 설정에서 일정 관리까지 학생 스스로 학습을 선택하고 스스로 주도권을 가지고 자신의 학습 요구를 진단하고 학습을 수행하는 과정으로 성적 향상과 문제 해결능력을 길러주는 신개념 교육방법이다.

■ 자기주도 학습의 기본 원리

◇학습자의 학습 필요와 욕구를 정확하게 파악하고 심층적으로 진단하여야 한다.

◇학습의 참여 여부와 시기를 자율적으로 필요에 따라 적합하게 결정해야 한다.

◇학습자의 학습 욕구와 필요에 따라 적정의 학습 목표를 명확하게 설정해야 한다.

◇다양한 선택 방안들을 탐색한 후 학습 내용 및 방법을 자율적으로 선택해야 한다.

◇학습자의 자율적 판단과 평가가 외부의 객관적 평가나 교사에 의한 평가보다 먼저
　이루어지고 중시되어야 한다.

■ 자기주도 학습의 장점
◇자기주도 학습은 교사에게 의존하기보다 다양한 학습 자료들을 활용하게 한다.
◇기존의 방식보다는 새로운 방식으로 문제를 해결하게 함으로 다양성 있게 접근하
　는 능력을 지닐 수 있다.
◇학습자 스스로 효과적으로 학습할 수 있는 능력을 키울 수 있다. 학습자들은 스스
　로 성취했을 때 성취감을 맛볼수 있게 되므로 학습동기를 높이는 결과를 가져온다.
◇자기 주도적 학습이 집단 활동을 중심으로 이루어지도록 조직하는 기술을 갖는다.
◇학습과제를 완수하는 데 필요한 선행지식, 필수기술, 학습전략을 가지고 함께 해결
　하려고 노력함으로 학습에 대한 책임감이 생긴다.

■ 자기주도 학습의 단점
◇학습자 각 개인이 지니고 있는 독특한 학습역사, 특수한 능력, 개인적 경험 등을
　고려한 수준에서 이루어져야 함으로 학습의 목표는 수시로 변경될 수 있다.
◇학습자 중심 교수방법을 적용할 수 있는 코스의 범위와 종류가 비교적 제한될 수
　있다. 비슷한 과제를 해결하는 동안에 학습자가 올바른 전략을 사용하는 것을 확실
　히 하기 위해 학습하는데 보다 효과적인 절차를 설명하고 시범을 보여주어야 한다.
◇학습자 중심 교수를 하기 위해서는 학습에 대한 동기가 높아야 하며 학습자의 다
　음 반응을 한 차원 높은 수준으로 끌어올리도록 계획되어야 한다. 또한 전통적인
　교육에 비해 예산과 학습에 소요되는 시간도 너무 많이 든다.

■ 자기주도 학습 활성화를 위한 방안
◇학습자가 배운 전략들을 실습할 수 있는 다른 비슷한 과제를 제공하여 자기주도
　학습을 할 수 있는 여건을 조성해 주어야한다.
◇정규교과 시간에 학생중심의 수업을 전개함으로써 자기주도 학습을 실시할 수 있
　다. 특별 활동시간을 최대한 활용하여 학생이 스스로 문제를 발견 및 설정하고 이
　를 해결해 나가는 능력을 기르기 위한 시간으로 만든다.

◇ 내용을 조직하고 학습하는 데 있어 보다 효과적인 절차를 설명하고 시범을 보여준다. 학습에 대한 책임이 점차 교사로부터 학생 쪽으로 전환되면서 학습자가 올바른 전략을 사용하는 것을 확실하게 하기 위하여 자기 질문행위의 시범을 보여준다.

◇ 학습자가 자기 주도적으로 활용할 수 있도록 자기주도 학습 환경을 전환한다. 새로운 학습 과제를 제시하고 학생이 그에 대해 접근하는 방식을 관찰한다.

◇ 자기주도 학습 활성화를 위해 사전에 자기주도 학습 방법에 대한 교육을 실시한다.

◇ 문제 인식 여부, 학습방법, 하고자 하는 마음, 주의 집중, 참을성, 학습에 필요한 기초지식 등의 학생 실태를 파악하고 사전에 지도해야 한다. 처음에는 예측, 질문, 요약 및 명료화를 하는 방법에 대한 모범을 보여준다. 그리고 나서 이러한 전략을 사용하는 것을 보여주는 책임을 학생들에게 옮긴다.

◇ 주어진 과제, 선택한 과제, 설명한 과제이든 간에 자기주도 학습과정 모형에 따라 가정 학습에서도 이와 똑같이 할 수 있게 하여야한다.

◇ 주어진 자료나 학습내용을 지속적이고 집중적으로 학습하는 태도와 자세를 육성한다. 학생들에게 자극을 주고 추가정보를 제공하거나 또는 응답에 대한 요구도 변화시켜 줌으로써 모든 학생들이 참여하도록 격려한다.

5. 예수님의 교육방법

1) 주의 집중

교사가 학급의 분위기를 집중시킬 수 있을 때까지는 더 이상 그 무엇을 해 나갈 필요가 없다. 교사이신 예수님께서는 자연스럽게 무리들의 주목을 집중시킬 수 있으셨다. 과연 주의를 집중시키는 능력이란 무엇일까? 예수님은 어떻게 무리들과 자연스럽게 접촉할 수 있었을까?

① 예수님께서는 먼저 자신의 눈으로 가르칠 대상을 보셨다.

"예수께서 두 형제, 곧 시몬과……안드레를 보시고"(마 4:18)

“예수께서 돌이켜 그 좇는 것을 보시고. ……,”(요 1:38).

② 예수님께서는 대화를 전개해 나가셨다.

우물가 여인에게 “나에게 물을 달라”고 하셨고 여인은 즉시 응답했다(요 4:7~9).

③ 예수님께서는 질문하셨다.

“예수께서 가이사랴 빌립보 지방에 이르러 제자들에게 물어 가라사대 사람들이 인자를 누구라 하느냐?”(마 16:13).

④ 예수님은 교제를 시작하심으로써 제자들을 계속 이끌어 나갈 수 있었다.

그가 시몬과 안드레를 보신 후에 이렇게 말씀하셨다. “나를 따르라. ……”(막 1:17).

⑤ 예수님에서는 사람들의 이름을 부르셨다.

“예수께서 보시고 가라사대 네가 요한의 아들 시몬이니 장차 게바라 하리라.”(요 1:42).

⑥ 예수님은 ‘진실로’, ‘귀를 기울이라’ 등의 단어를 사용하심으로써 주의를 집중시키셨다(막 4:3, 눅 18:17, 22:10, 요 3:3, 5). 가르치는 과정의 모든 국면에서 살펴보았을 때 예수님은 사람들의 주의를 집중시키는 능력을 가지고 있었다.

2) 구체적인 실례

그분의 가르침은 단순하면서도 심오했으며 이해하기 쉽게 뜻을 전달하기 위하여 효과적인 상징을 이용하셨다. 언어 선택에 있어서도 간결하고 의미가 명확한 말을 골라 쓰시면서 사람들이 이해하기 쉬운 말로 하나님의 말씀을 전달했던 것이다. 예수님께서 어려운 주제에 대한 심오한 진리를 가르치실 때에도 그러한 방법을 사용하셨기 때문에 듣는 사람들이 그 의미를 제대로 파악하는 것이 가능했다……사람들은 그의 입으로부터 나오는 자비로운 말씀에 감탄했으며 일반 민중들도 그의 말씀에 즐거이 귀를 기울이게 되었다.

예수님의 가르치시는 스타일은 그 밖에도 몇 가지 특징을 더 가지고 있다. 그분은 사람들에게 널리 알려진 사실들을 이용해서 알려지지 않은 숨은 진리를 가르쳐 주셨으며 구체적인 사실들로부터 추상적인 내용을 이끌어 내어 설명해 주셨던 것이다. 알려진 사실에서 알려지지 않은 내용을 가르치는 방식은 학생들이 교사의 설명을 가장 잘 이해할 수 있을 만한 장소에서 그 효과를 더욱 증대시킬 수 있다. 또한 그들이 잘 알아들을 수 있는 친숙한 단어를 사용하는 것도 중요하다. 율법사와 대화를 나누실 때 예수님께서는 낯익은 주제(율법)를 가지고 시작했으며(눅 10:25~37) 사마리아 여인에게 말씀하실 때에는 우물물에서부터 대화를 시작해서 그 여인이 생수의 개념에 대해 생각할 수 있도록 이끌어 가셨다(요 4:6~25), 예수님께서 하셨던 가장 긴 강연 중의 하나인 감람산 설교는 (마 24~25) 성전을 막 출발하시면서 그에 관한 말씀이 시작되었던 것이다. 예수님이 가르치셨던 주제의 내용은 대부분 추상적이며 영적인 것이었다. 그렇기 때문에 사람들에게 말씀하실 때에는 구체적인 사실들과 관련지어서 설명해야만 했다. 이러한 방식을 가장 명확하게 나타내 보여주는 예가 마태복음 13장에 기록되어 있다. 예수님은 추상적인 '하나님의 왕국'에 대하여 가르칠 때, 사람들이 알아듣기 쉽게 설명하기 위해서 구체적인 예를 들어 말씀해 주셨다. — 씨 뿌리는 자와 씨앗, 알곡과 가라지, 겨자씨의 비유, 누룩, 숨겨진 보물 그리고 그물 등의 추상적인 내용들을 구체적인 사실들과 연관 지어서 가르쳐야 한다는 것이 일반적으로 널리 알려져 있는 교육원리이다.

3) 질문의 활용

예수님의 가르침에 대해서 조심스럽게 연구해 가면 예수님께서는 오늘날 우리가 알고 있는 모든 교육적인 방법들을 거의 전부를 사용하셨음을 알게 되는데 그중에서도 특히 예수님께서는 질문을 잘 활용하였다는 사실이다. 예수님의 질문은 그분의 가르치는 방법들 중에서도 핵심을 차지하는 부분이었다. 사복음서에는 예수님께서 던지신 질문들이 100번 이상이나 기록되어 있다. 예수님께서는 단순히 정보나 해답을 얻기 위해 질문하신 것은 아니었다. 그 이면에는 다양한 목적이 깔려 있었다.

 * 어떤 질문들은 관심을 불러 일으켜 교재의 핵심을 지적해 주었다. 예수님은 제자들에게 "사람들이 인자를 누구라 하느냐"고 물어 보셨다(마 16:13).
 * 어떠한 질문들은 제자들 자신들의 흐트러진 생각을 명확하게 바로잡는 것을 도와주었다. "모세가 어떻게 너희에게 명하였느냐?"(막 10:3).
 * 어떠한 질문들은 놀랍거나 역겨운 감정들을 대신 표현해 주기도 했는데 예수님은 바리새인들에게 '너희는 악하니 어떻게 선한 말을 할 수 있느냐?'(마 12:34)라고 반

응하셨다.

* 어떠한 질문들은 구체적인 실례를 들면서 시작하기도 했다. "너희 중에 누가 벗이 있는데……"(눅 11:5~6).

* 어떠한 질문들은 진리를 강조하기 위하여 사용되었다. "사람이 만일 온 천하를 얻고도 제 목숨을 잃으면 무엇이 유익하리요"(마 16:26).

* 어떠한 질문들은 제자들이 구체적인 생활 속에 진리를 적용하는 것을 도와주었다. '너희 의견에는 이 세 사람 중에서 누가 강도 만난 사람의 이웃이 되겠느냐?'(눅 10:36).

* 어떠한 질문들은 정보를 얻기 위한 것이었다. '너희에게 떡이 몇 개나 있느냐?'(마 15:34).

* 어떠한 질문들은 교사와 제자와의 관계를 잠잠케 하거나 꾸짖기 위하여 사용되었다. "요한의 세례가 어디로서 왔느냐?……예수께서 대답하여 가로되 우리가 알지 못하노라"(마 21:25~27).

* 어떠한 질문들은 수사학적이었기 때문에 대답이 필요 없었다. "목숨이 음식보다 중하지 않으며 몸이 의복보다 중요하지 아니하냐?"(마 6:25).

* 어떠한 질문들은 확신을 가져다주는 것이었다. "……한 일을 읽지 못하였느냐?"(막 2:25).

* 어떠한 질문들은 검토하고 확인해 보기 위해 사용되었다. "요한의 아들 시몬아 네가 나를 사랑하느냐?"(요 21:15~17). 가르치는 과정에서 질문을 활용함에 있어서 예수님께서는 훌륭한 교사이셨다. 예수님의 질문은 사고 작용을 장려하여 배움의 길로 이끌어주며 새로운 가르침의 내용이 온전하다는 것을 제자들이 스스로 깨달아 발견할 수 있게 해 주었기 때문에 그 내용을 쉽게 수용할 수가 있었다.

4) 비유의 활용

예수님은 비유를 통하여 매우 심오한 진리들을 설명해 주셨으며 비유와 우화는 예수님이 가르치실 때에 즐겨 사용하는 방법이었다. 예수님만큼 비유를 자유자재로 그리고 효과적으로 잘 활용했던 교사는 없을 것이다. 뛰어난 교육학자로서의 예수님은 인간의 가장 심오한 정신세계의 사고 작용을 이끌어 내기 위해 가장 단순한 매체를 사용하셨다. 예수님의 교훈이 널리 알려진 이유 중의 하나는 그분이 가르치실 때에 우화를 사용하셨기 때문이었다. 사복음서에 기록된 예수님의 말씀 중에서 비유라는 단어를 50회 이상이나 찾아볼 수 있다. 엄격하게 말해서 비유는 문학의 특별한 한 형태로서 낯익은 사실들의 예를 들어서 낯선 진리를 설명하고자 하는 것이다. 그것은 마태복음 15:14의 내용과 같이 짧고 함축적이거나 좀 더 길 수도 있다. 예수님이 말씀해 주신 이야기들 중의 일부는 비유라기보다 어떠한 구체적인 사실을 실례로 든 것이라 할 수 있을 것이다. 이런 내용들은 그 실제 상황을 설명해 주고 있다. "어떤 사람이 예루살렘에서 여리고로 내려가다가……"(눅 10:30). 가르치는 과정에서 비유의 활용이 차지하는 가치가 과장되어서는 안 된다. '비유나 예증을 사용하지 않고 가르치는 것은 창문 없이 집을 짓는 것과 마찬가지이다. 집안에 많은 보물이 쌓여 있지만 창문이 없으면 들여다 볼 수 없기 때문이다. 비유는 추상적인 진리를 구체적으로 깨달아 알 수 있도록 도와주는 구실을 하며 상상력에 호소하고 있다. 비유는 가르치는 방법 중에서도 쉽고 자유로운 스타일로 전달되며 비공식적이고 비형식적이다. 그러한 비유들은 관심과 흥미를 불러일으키기 때문에 기억하기도 쉬우며 효과적인 결과를 가져온다.

클리포드 윌슨(Clifford Wilson)에 의하면 예수님께서 말씀해 주신 이야기들은 기본적인 특징을 가지고 있다고 한다.

① 비유의 이야기들은 듣는 사람들이 이해할 수 있는 수준과 범위에 맞추어서 진행되어 나갔다. ② 간결하고 함축적이었다. ③ 관심과 흥미를 쉽게 불러일으켰다. ④ 논리적이었다. ⑤ 만족할 만한 결과를 가져왔다.

그러나 비유의 이야기들이 흥미롭긴 했지만 그것만이 예수님의 목적이 아니었음을 파악할 수 있다.

① 어떠한 이야기들은 주의를 집중시키기 위한 것이었다. 그 예로 누가복음 8:4~8에 기록되어 있는 씨 뿌리는 사람의 비유는 예수님께서 이야기를 끝내고 난 후에도 그 이상의 것을 더 알고 싶어 했다.

② 어떤 비유들은 이미 언급된 추상적인 진리나 원리 원칙을 예로 들어 진행되었다. 가장 잘 알려진 내용으로는 선한 사마리아인(눅 10:30~35) 이야기인데 이 이야기는 위의 목적을 잘 나타내 주고 있다. 예수님께 질문을 던졌던 율법사는 '이웃'의

정의에 대해 알고 싶어 했는데 이에 대한 응답으로 예수님은 그 유명한 이야기를 해주셨던 것이다.

③ 어떤 비유들은 전적으로 교훈을 전달해 주는 내용이었다. 누가복음 15장에 기록된 세 가지 이야기들은 이러한 목적 아래 전개된 것이었다.

④ 어떠한 비유는 삶에 대한 진리의 적용을 강조한 것으로서 누가복음 6:47~49을 보면 그러한 내용이 잘 나타나 있다. 성경에 대해서는 거의 아무것도 모르고 있는 사람들이 예수님께서 하신 몇 가지 이야기를 알고 있다는 사실은 이상한 일이 아니다. 가르치는 데 뛰어난 능력을 소유하신 예수님은 이러한 방법들을 사용하심으로써 가장 생생하고 효율적인 교육의 결과를 입증해 보이셨던 것이다.

5) 설교에 의한 가르침

설교는 진리를 체계적으로 표현하는 전달 방법이다. 예수님은 사람들이 많이 모였을 때에 설교를 하시기도 했다. 예수님은 성전, 공회, 시골, 산기슭, 그리고 바닷가 할 것 없이 설교가 가능한 상황이라면 언제 어디서든지 베풀어지곤 했다. 설교의 주제는 빈부와 이혼 문제에서부터 시작해서 선교에 이르기까지 다양한 색채를 띠고 있었다. 호온(Horne)은 청중과 설교의 주제에 따라 60회의 강연내용을 요약하여 정리해 놓기도 했다. 예수님의 설교 주요 내용은 먼저 산상보훈을 통해(마5~7장) 율법에 대한 예수님의 가르침에 대한 우월성을 역설하셨다(마 5:1, 7:28~29). 그때 예수님은 입으로 전해져 내려오던 율법과 그 당시에 권위를 인정받고 있던 유대인의 전통에 대한 지식을 다른 어느 때보다도 훨씬 분명하고 확고하게 보여주셨다. 주변 환경은 예수님이 구체적인 예를 들 수 있는 대상을 포함하고 있었으며(공중 나는 새와 들에 핀 백합 등, 마 6:26~30) 설교 내용은 수사학적인 질문과 구체적인 실례들로 이루어져 있으며 예수님의 설교가 끝났을 때는 무리들이 그 가르치심에 경탄했다고 기록되어 있다(마 7:28).

두 번째 설교는 마태복음 24장과 25장에 나와 있는 감람산에서의 설교이다. 청중은 12명의 제자였으며 설교의 내용은 그들의 질문에 대한 대답으로 이루어졌다. "우리에게 이르소서 어느 때에 이런 일이 있겠사오며(성전의 파괴) 또 주의 임하심과 세상 끝에는 무슨 징조가 있사오리이까?"(마 24:3) 이에 대한 대답으로 예수님은 비유와 구약의 실례를 들어가면서 말씀을 이끌어 나가셨다.

세 번째의 주요 설교 내용은 요한복음 14~16장에 걸쳐서 기록되어 있는데 흔히 다락방 설교라고 알려져 있기도 하다. 겟세마네 동산에서 예수님은 유다를 제외한 열한 제자에게 말씀을 가르치고 계셨다. 주님은 제자들에게 능력과 권능을 주실 성령의 사역에 대해 일러 주시고 세상을 향한 그들의 사명과 책임을 일깨워 주셨다. 마지막으로 예수님께서는 설교가 끝날 무렵 사랑하는 제자들을 위해 기도해 주셨다(요 17장). 예수님이 설교하실 때 사람들은 듣고 배우고 감동했으며 그들의 삶이 변화되고 풍족해졌다. 예수님의 설교 내용은 지·정·의 의 순환 운동을 골고루 다 포괄하고 있으며 예수님과 함께 주님의 가르치는 방법들은 성경 속에서 두드러지게 빛나고 있다.

6) 과제의 활용

권위있는 교사라면 자기가 가르쳐 준 진리를 학생들이 행동으로까지 적용시킬 수 있도록 할 수 있어야 한다. 또한 배우는 과정에서 실제적인 적용이 가능할 수 있다면 그 내용은 훨씬 오래 지속될 수 있을 것이다. 그런 이유로 예수님은 제자들에게 과제를 내주셨는데 예수님께서 교육과정에 활동적인 방법을 사용하고 싶으셨기 때문이었다. 이러한 내용들은 누가복음에 실려 있다.

① 예수님께서는 베드로에게 자연 현상을 조절하시는 그의 능력을 보여주시기 위해 "깊은 데로 가서 그물을 내려 고기를 잡으라"(눅 5:4)고 명령하셨다. 베드로가 그 말씀에 순종한 결과 배는 고기로 가득차게 되었고 베드로 자신은 겸손해질 수 있었다.

② 마태를 제자로 삼으시기 위해 예수님은 그를 보시고 "나를 좇으라"(눅 5:27)고 명령하셨으며 마태는 그대로 순종함으로써 예수님의 제자가 되었다.

③ 예수님은 자기 자신이 안식일의 주인이라는 것을 가르쳐 주시기 위해 제자들이 안식일에 밀 이삭을 따먹어 버린 상황을 이용하셨다(눅 6:1).

④ 세례요한이 예수님께서 메시아인지를 알고 싶어 했을 때 예수님께서 세례요한의 제자들에게 "가서 보고 들은 것을 요한에게 고하라"고 명령하신 후에 보내셨다.

⑤ 열두 제자들은 그들이 배운 것을 행동에 옮기기 위하여 "하나님의 나라를 전파하기 위해" 출발했다(눅 9:2~5).

⑥ 위와 동일한 목적으로 70인의 제자들을 파송하셨다(눅 10:1~16).

⑦ 예수님은 어느 부자 청년에게 그의 재산을 가난한 사람들에게 나눠 줄 것을 과제로 제시하셨다(눅 18:22). 그러나 청년은 그 과제를 거부함으로써 근심하며 떠나가 버리고 말았다(마 19:22).

⑧ 예수님을 뵙고자 뽕나무에 올라가 있던 삭개오는 "속히 내려오라"는 예수님의 말씀에 즐거이 순종했고 그 결과 그의 삶이 변하게 되었다.

⑨ 예수님은 세금에 관하여 대제사장과 서기관들에게 대답해 주시기 전에 "데나리온 하나를 내게 보이라"(눅 20:24)고 명령하셨고 그들이 그 명령대로 했을 때에야 예수님께서 그들에게 대답해 주셨고, 그 결과 예수님의 대답을 기이히 여겨 잠잠히 있을 수밖에 없었다(눅 20:26).

⑩ 제자들에 대한 예수님의 마지막 가르침 중의 하나는 "너희는 위로부터 능력을 입히울 때까지 이 성에 유하라 하시니라"(눅 24:49)였다. 사도행전은 그들이 복종한 결과를 기록한 내용이다. 예수님은 제자들의 행동에 깊은 관심을 갖고 계셨다. "그러므로 누구든지 나의 이 말을 듣고 행하는 자는 그 집을 반석 위에 지은 지혜로운 사람 같으리니"(마 7:24). "너희가 나의 명하는 대로 행하면 곧 나의 친구라"(요 15:14). 예수님께서 가르치는 다른 모든 분야에서도 그러했듯이 활동적인 방법을 사용하심에 있어서도 마찬가지로 탁월하셨다.

7) 대상의 활용

사람들은 보고 들은 것에 대해서 듣기만 했을 때는 기억력이 현저하게 떨어지는 경우가 많다. 예수님께서는 제자들로 하여금 어떤 대상을 직접 보게 했을 때의 결과를 잘 알고 있었기 때문에 가르치실 때에 시각적인 재료를 충분히 활용하셨다. 여기 예수님께서 대상을 활용하셨던 몇 가지 예를 살펴보았다.

① 예수님은 하늘에 계신 아버지의 보살핌을 설명해 주시기 위하여 새와 꽃, 풀과 같은 자연물을 이용하셨다(마 6:25~31).

② 예수님은 신앙의 결핍을 설명해 주시기 위해 열매 맺지 못하는 무화과나무를 예로 들으셨다(마 21: 18~22).

③ 예수님은 겸손을 가르치기 위해 어린 아이를 곁에 두고 설명하셨다(마 18:1~6).

④ 예수님께서는 정부에 대한 책임을 가르치기 위해 동전을 사용하셨다(막 12:13~17).

⑤ 예수님께서는 연보에 대한 올바른 동기를 가르치기 위해 한 과부를 가리키시며 설교하셨다(막 12:41~44).

⑥ 예수님께서는 하나님의 나라가 임박함을 일깨워 주시기 위해 추수할 들판을 바라보라고 하셨다(요 4:35~39).

⑦ 예수님은 하나님 아버지와 자기 자신 그리고 제자들과의 관계를 깨닫게 하시기 위해 포도나무와 가지를 예로 들어 설명해 주셨다(요 15: 1~8).

⑧ 예수님께서 나타내셨던 기적은 자신의 신성을 나타내시기 위한 객관적인 교훈들이었다(요 5:36). 복음서 기자들은 예수님이 가르치실 때 사용하셨던 대상들에 대해 낱낱이 다 기록하지 않았다. 그러나 예수님이 시각적인 자료들을 적절하게 잘 활용하셨다는 사실을 확신할 수 있을 만큼은 충분하게 기록되어 있다.

8) 본보기의 활용

교육적인 방법에 있어서 본보기를 활용하는 것은 진리를 사실적으로 구체화시키는 지름길이다. 모델링(Modeling)이란 누군가가 자신이 가르친 원리를 배우는 사람들 앞에서 실습자가 되어 보여주는 것을 뜻한다. 예수님은 자신이 가르쳤던 진리의 말씀에 대하여 생생하게 살아 있는 본보기가 되어주셨다. 클리포드(Clifford)는 예수님에 대하여 자신이 가르쳤던 위대한 교훈 가운데 살아 있는 구체적인 표현이라고 묘사했다. 이것은 예수님의 가르치는 방법들 가운데 가장 훌륭한 요소들 중의 하나였다. 예수님께서는 자신이 바로 완벽한 본이 되셨기 때문에 제자들을 향해 "내게 배우라"(마 11:29)고 말씀하실 수 있었던 것이다.

먼저 예수님은 제자들에게 기도에 대하여 가르쳐 주실 때 그 자신이 직접 본보기가 되어 주셨다. 또한 예수님은 사역 초기부터 일찌감치 기도에 대한 말씀을 베풀어 주셨으며 나아가서는 더욱 심도 있는 깊은 의미를 건네주시기도 했다. 예수님은 제자들을 앞에 두고 공개적으로 소리 내어 기도하시기도 했지만(마 26:26, 요 6:11, 17) 예수님의 공개적인 기도보다도 더 깊은 의미가 담긴 것은 혼자서 하시는 기도였다. "예수는 물러 가사 한적한 곳에서 기도하시니라”(눅 5:16). “예수께서 기도하시러 산으로 가사 밤이 맞도록 하나님께 기도하시고”(눅 6:12). “예수께서 따로 기도하실 때에”(눅 9:18). “예수께서 베드로와 요한과 야고보를 데리시고 기도하시러 산에 올라가사”(눅 9:28) “내가 너(베드로)를 위하여 기도하였노니”(눅 22:32). 또한 예수님에서는 기도로 밤을 지새우시곤 했었다(눅 22:39~46). 예수님의 기도생활은 가까이에서 지켜 본 제자들에게 얼마나 깊은 인상을 심어 주었을까? 그들은 주님의 본을 받아 기도하는 법을 배우게 되었던 것이다.

두 번째 본보기의 구체적 예가 요한복음 13:1~20에 기록되어 있는데 여기서는 예수님께서 제자들의 발을 씻기시는 과정을 묘사하고 있다. 누군가는 이 광경 자체가 하나의 교훈이라고 말하지만 어찌 보면 그 이상의 의미와 가치가 내포되어 있는 듯하다. 그것은 거룩하신 하나님의 아들이 섬기는 자세의 본을 보여 주시고자 겸손하게 자기를 낮추셨으며 예수님의 그러한 행동은 여태까지 가르쳐 주셨던 그 어떤 내용보다도 생생하게 진리를 전달해줄 수 있었던 것이다. 그리스도께서 “진리가 구체화된 존재”로 묘사되는 것은 지극히 자연스러운 일이다. 그 당시에 예수님은 그를 따르는 무리들에게 있어서 위대한 본보기요 표상이셨다. “그러므로 너희는 가서 모든 족속으로 제자를 삼아……”(마 28:19~20)라고 말씀하셨던 것이다. 예수님의 마지막 명령을 준행하고자 하는 현대의 크리스천들에게도 마찬가지의 본을 보여주고 계신 것이다. 예수 그리스도는 그 자신이 완전한 진리의 구현이었기 때문에 그러한 진리를 가르치는 데 있어서도 뛰어난 스승일 수밖에 없었다. 예수님은 그의 제자들에 대해서 속속들이 다 이해하고 있었으며 그들을 변화시키기 위하여 완벽한 방법을 활용하셨던 것이다.[12]

---

12) *Ibid.*, 81~92.

Ⅳ. 기독교교육의 평가론

1. 교육평가의 개념

교육평가는 학교 학습의 과정과 분리할 수 없는 관계이다. 일반적으로 교육평가의 의미는 다양하다. 첫째로 각 학습자들의 학업 성취도를 평가하는 일이다. 교육이 목표 지향적인 활동이라면 교육을 통해 주어진 교육목표가 어느 정도 달성되었는가를 확인하는 작업은 당연한 일이다.

둘째로, 교육평가는 각 학습자 또는 집단별로 직면하고 있는 학습 문제들을 진단해내야하고, 그에 대한 대비책을 분명하게 설정할 수 있는 기초 자료를 찾아내야 한다. 또한 학습의 문제들을 찾아내는 일과 더불어 우수한 학습자들의 특성도 아울러 확인해낼 수 있어야 한다.

셋째로, 교육평가는 교육과정, 수업자료, 수업절차 등 수업과 관련된 제반 처방의 교육적 효과를 평가할 수 있어야 한다. 교육평가는 교육계 전반에 걸쳐 문제점으로 대두되고 있는 생산성(productivity)의 관점이 바로 교육전반에 걸쳐 제시되어야 한다. 실제 교육적 가치가 어느 정도 발휘하고 있는지, 고려하여야 요소는 어떤 것인지, 보완할 점은 무엇인지를 확인할 수 있어야 한다.

넷째, 교육평가는 교육의 전반적인 문제를 이해하고 건전한 교육 정책 및 일반 정책을 수립하는데 도움을 줄 수 있는 역할을 수행할 수 있어야 한다. 전 세계적으로 부각되고 있는 학력의 전반적인 저하 문제를 해결할 수 있는 방안과 전략을 수립할 수 있는 근거를 찾을 수 있어야 하고, 도시와 농촌 간의 학력 격차를 줄일 수 있는 구체적인 방안을 마련할 수 있도록 기초적인 자료를 제시할 수 있어야 한다. 또 국가 특성에 따라 각급 학교 수준에서 어느 부분에 집중적인 투자를 할 것인지에 대한 자료를 마련하는 일과 교육을 통한 인적 자원 개발의 전략을 수립할 수 있도록 하여야 한다(이칭찬 *op. cit.,* 249~51).

2. 교육평가의 원리

교과평가를 실시함에 있어서 우선적으로 해야 할 일은 평가할 내용이 무엇인지를 분명히 구체화해야 하는 점과 평가기법은 측정해야 할 특성 혹은 실행에의 적절성에 비추어 선정해야 한다는 점은 매우 중요한 원리라 할 수 있다(*Ibid.,* 323~25).

1) 전문적 판단의 원리

평가의 개념을 목표 달성도를 확인하는 과정으로 보거나 의사결정을 내리기 위한 정보를 수집하는 과정으로 보더라도, 평가는 전문적 판단이 기초를 제공해야 한다는 점에서 강조되어야 한다. 학생의 성취도를 측정하기 위해 선택형 문항을 사용하여 컴퓨터로 채점하는 것과 같은 객관식 시험을 보는 것도 전문적인 가치판단의 과정이 수반되어야 한다. 시험 문항의 출제, 채점기준의 작성, 주관식 문항의 채점, 점수화의 과정과 절차, 평가 결과의 해석 등과 같은 평가 활동에는 전문적 판단이 필수적으로 요구된다.

2) 상호 대립의 원리

평가에 관련된 의사결정을 내릴 경우에는 경쟁적이고 상호 대립되는 평가 목적, 용도, 그리고 사회적 압력으로 인하여 의사결정자는 긴장과 갈등을 일으키게 된다. 일반적으로 교사들은 학생의 특성을 잘 파악하기 위해서는 주관식 평가문항을 선호하지만, 외부의 평가는 객관식 평가문항을 더 많이 활용하도록 요구하고 있는 것과 같이 상호 대립되는 경우가 많다. 예컨대, 형성평가와 총괄평가, 목표지향(절대)평가와 규준지향(상대)평가, 전통적 평가방법과 대안적 평가방법, 실제적 상황과 인공적 상황, 속도검사와 역량검사, 표준화 검사와 교사자작검사 등이 상호 대립되는 평가 유형의 대표적인 예이다.

3) 신뢰도의 원리

평가에는 필연적으로 오차가 포함되어 있다는 사실을 인정해야 한다. 평가자는 평가도구의 신뢰도가 어떻게 추정되고 오차가 어느 정도나 되는가를 알고 있어야 한다. 특히 자격시험, 학교평가, 교원평가 등과 같은 고부담 시험이나 평가에서는 측정의 표준오차, 신뢰도 계수, 신뢰구간, 준거설정 등과 같은 개념을 이해해야 한다.

4) 타당도의 원리

타당도는 검사 또는 시험이 평가하려고 하는 내용을 충실히 재고 있는 정도를 의미한다. 타당도는 평가도구의 목적에 대한 적합성에 해당되고, 검사점수로부터 만들어진 추리의 적합성, 의미성, 유용성과 관계되는 개념으로 파악된다. 평가자는 타당도의 종류, 평가의 의도된 결과와 의도되지 않은 결과, 타당도의 증거를 파악해야 한다.

5) 공정성의 원리

어느 특정 집단에게 분리하거나 유리하지 않도록 골고루 혜택을 받게 해야 한다는 분배의 정의와 마찬가지로, 평가의 실시과정에서는 타당한 평가가 실시되기 위한 근거로서 공정성이 강조되고 있다. 평가의 절차에서 편견이 작용되지 않아야 하고, 동등하게 처리를 해야 하며, 성과의 형평성을 고려해야 하고, 학습기회를 균등하게 부여해야 한다.

6) 다양성의 원리

공정하고 타당하며 신뢰로운 평가를 하기 위하여 다양한 평가방법을 활용해야 한다. 학생 행동의 전체 모습을 이해하기 위하여 다양한 평가방법을 동원하여 얻은 정보를 종합해서 판단해야 한다. 각 평가방법은 장점과 단점을 가지고 있기 때문에 다양한 방법을 활용하여 단점을 보완할 필요가 있다. 또한 문제은행, 컴퓨터기반 검사, 컴퓨터시뮬레이션 등과 같은 첨단 평가기법에 대한 이해와 활용도 필요하다.

7) 효율성의 원리

평가자는 주어진 시간과 자원이 제한되어 있으므로 다양한 평가방법의 효율성을 고려해야 한다. 효율성이란 최소한 시간과 자원을 투입하여 최대한의 성과를 가져오게 하는 것을 의미한다. 실제로 어떤 평가방법이 제한된 시간과 여건에서 가장 효과적인가를 검토해야 한다.

3. 교육평가의 도구

교육현장에서 평가활동을 수행할 때 어떠한 평가도구를 사용할 것인가의 문제는 매우 중요하다. 평가에 사용될 도구가 신뢰성이 없고 타당성이 결여된 것이라면, 이런 도구를 사용하여 평가한 결과는 의미가 없다. 따라서 좋은 평가도구가 되기 위해서는 타당도(validity), 신뢰도(reliability), 객관도(objectivity), 실용도(usability) 등의 조건이 필수적으로 구비되어야 한다(*Ibid.* 327~43).

1) 타당도(Validity)

타당도(validity)란 검사 또는 측정도구가 본래 측정하고자 하였던 것을 충실히 측정하고 있느냐의 문제와 관련된다. 다시 말해, 그 평가도구가 재려고 하는 것을 제대로 재고 있느냐를 나타내는 것이다. 예를 들어, 수학력을 측정하기 위해서 만든 수학고사는 수학실력을 측정하기에 알맞도록 만들어야지, 문법이나 어휘력을 측정하는 결과가 된다면, 그 고사는 타당성이 결여된 것이라 할 수 있는 것이다. 타당도의 개념에는 반드시 준거(criterion)가 필요하다. 준거란 "무엇에 비추어 타당한가?"라는 질문 중 '무엇'에 해당하는 것으로 평가에 있어 틀의 역할을 한다. Grooiund의 Linn(1990)은 타당도를 이해하기 위해 주의할 점으로 다음의 네 가지를 제시하고 있다.

첫째, 타당도는 피험자 집단에 사용된 측정도구나 검사에 의하여 얻어진 검사결과의 해석에 대한 적합성이지 검사 자체와 관련된 것은 아니다.

둘째, 타당도는 정도의 문제이다. 타당도가 있다 혹은 없다로 말하는 것이 아니라 낮다, 적절하다, 높다 등으로 표현해야 한다.

셋째, 타당도는 특별한 목적이나 해석에 제한된다. 즉 한 검사가 모든 목적에 부합될 수 없음으로 '이 검사는 무엇을 측정하는 데 타당하다'고 표현해야만 한다.

넷째, 타당도는 단일한 개념이다. 다양한 종류의 타당도 개념과 관계된 전통적인 관점은 무시되고, 다양한 종류의 근거에 기초한 단일한 개념으로 해석되고 있다.[13)]

2) 신뢰도(Reliability)

타당도가 무엇을 측정하고 있느냐, 측정하려고 하는 속성을 어느 정도 충실히 측정하고 있느냐의 문제임에 반해, 신뢰도는 얼마나 정확하게, 오차 없이 측정하고 있느냐의 개념이다. 즉 신뢰도란 측정하고자 하는 것을 얼마나 신뢰롭게 또는 정확하게 측정하느냐 하는 정도를 의미한다. 따라서 신뢰도는 믿음성(dependability), 안정성(stability), 일관

---

13) 타당도는 여러 가지 방법에 의하여 확인될 수 있는데 Froosh & Micheal(1966)이 제안한 바에 의하면 내용 타당도(content validity), 준거관련 타당도(criterion-related), 구인 타당도(construct validity)의 세 영역으로 나누어 볼 수 있다.

성(consistency), 예측성(predictability), 정확성(accuracy) 등과 동의어로 쓰이고 있다. 한 검사점수가 일관성이 없이 어제 측정한 결과와 오늘 측정한 결과가 예측할 수 없을 정도로 변화하며, 그 결과를 전혀 믿을 수 없다면 그 측정결과는 아무런 효용이 없을 것이다. 고장난 저울로 물건을 달아볼 수 없듯이 신뢰롭지 않은 평가 도구를 가지고 인간행동을 재어 볼 수는 없는 일이다. 신뢰도의 검증방법에는 여러 가지가 있으나 그중 대표적인 방법으로는 재검사 신뢰도, 반분검사신뢰도, 문항내적 합치도 등을 들 수 있다.14)

3) 객관도(Objectivity)

객관도란 측정의 결과에 대해 여러 검사자 혹은 채점자가 어는 정도로 일치된 평가를 하느냐의 정도를 말한다. 객관도란 결국 신뢰도의 일종이며, 검사자의 신뢰도(teacher's

---

14) 신뢰도를 검증하는 방법으로서 (1) 재검사 신뢰도(retest reliability)는 한 검사를 같은 집단에게 일정한 간격을 두고 두 번 실시해서 그 전후에 결과에서 얻은 점수를 기초로 상관 계수를 산출하는 방법을 의미한다. 이것은 두 검사 사이의 점수의 안정성에 관심을 갖기 때문에 안정성 계수(coefficient of stability)라고 부른다. 이와 같은 재검사 신뢰도는 다음의 몇 가지 문제점을 안고 있다. ① 전후검사의 실시간격을 어떻게 잡느냐에 따라 오차가 생긴다. ② 평가도구나 검사분포 문항의 오차변량이 진짜 변량으로 다루어질 수 있다. ③ 전후 검사자의 여러 가지 조건 등을 똑같이 통제하기가 어렵다. (2) 동형검사 신뢰도(equivalent from reliability)는 미리 두 개의 동형검사를 제작하고, 그것을 동일 집단을 대상으로 얻은 두 점수 간의 상관을 산출하여 얻는 신뢰도이며, 흔히 이것을 동형성 계수(coefficient of equivalence)라고도 한다. 동형검사란 표면적인 내용은 서로 다르지만 두 검사가 측정이론에서 보아 동질적이며 동일하다고 추정할 수 있는 문항들로 구성된 검사이며, 문항의 난이도 및 변별도가 같거나 비슷하고, 문항내용도 같은 것으로 구성된 검사이다. 동형검사 신뢰도는 재검사 신뢰도의 연습효과 및 시험간격 설정의 문제점을 해결할 수 있지만, 검사를 두 번 제작·시행해야 하는 어려움이 있으며 더 큰 단점은 동형검사 제작이 쉽지 않다는 것이다. (3) 반분 검사 신뢰도(split-half reliability)는 한 개의 검사를 어떤 대상에게 실시한 후 이를 두 부분으로 나누어 독립된 검사를 취급하여 이들의 상관계수를 내는 방법이라 하며, 흔히 동질성 계수(coefficient of homogeneity)라고도 한다. (4) 문항내적 합치도는 재검사 신뢰도, 동형검사 신뢰도, 반분 신뢰도는 실질적이든 형식적이든 두 개의 독립된 별개의 검사 간(inter-item consistency)은 한 검사 내(within-test)에 있는 문항 하나하나를 각각 독립된 별개의 검사로 간주하여 문항 내(inter-item)의 정답과 오답 사이의 일관성을 일종의 상관계수로 표시한 것을 말한다. 이때 한 검사에서 문항 간의 정답과 오답반응이 일치되고 있는 정도는 그 검사 문항이 갖고 있는 동질성의 정도에 의해서 결정된다. 따라서 문항내용 합치도를 검사의 동질성 계수라고도 하며 이 신뢰도의 추정방법은 Kuder-Richardson에 신뢰도로써 잘 알려져 있는 K-R 20과 K-R 21이다. K-R 20은 문항형식에서 문항의 반응에 맞으면 1 틀리면 0으로 채점되는 양분문항(dichotomaus item)의 경우에 사용하고 K-R 21은 문항점수가 1, 2, 3, 4, 5점 등의 연속점수일 때 사용한다.

reliability)이다. 즉 여러 검사자 간의 합의도라고 할 수 있다. 같은 답안지를 여러 사람이 채점해 본 결과 그 점수들이 각각 다르게 나왔다면 객관도는 낮은 것이다. 또한 같은 사람이 여러 번 채점하여 그 점수들이 각각 다르게 나왔다면 역시 채점자 신뢰도는 낮은 것이다. 객관도를 높이기 위한 방법 몇 가지를 제시해 보면 다음과 같다. ① 평가도구를 객관화시켜야 한다. ② 평가자의 소양을 높여야 한다. ③ 명확한 평가기준이 있어야 한다. ④ 여러 사람이 공동으로 평가해서 그 결과를 종합하는 것이 효과적이다. ⑤ 반응 내용에만 충실한 채점을 해야 한다.

4) 실용도(Usability)

실용도라 함은 측정도구의 실용적인 가치 정도를 의미한다. 즉 측정도구가 경비, 시간 및 노력을 적게 들여서 측정의 목표를 충실하게 달성할 수 있어야만 실용성이 있는 것이다. 검사와 다른 평가도구를 선택할 때, 실제적인 고려사항을 경시할 수 없다. 검사는 일반적으로 측정에서 최소의 연수과정을 이수한 교사에 의해 실시되고 해석되어야 한다. 검사시간은 항상 제한되어 있으며, 학교의 다른 수업시간도 고려되어야 한다. 비록 주된 고려사항은 아니지만, 검사의 비용도 학교 기금의 다른 지출처럼 행정가들에 의해 면밀히 검토된다. 검사의 실용성 및 평가 절차와 관련된 요소들은 평가도구를 선택할 때 고려되어야만 한다. 그런 실제적인 사항들은 특히 출판된 검사를 선택할 때 해당된다. 실용도를 높일 수 있는 조건을 제시하면 다음과 같다. ① 검사의 실시와 채점이 쉬워야 한다. ② 해석과 활용이 용이해야 한다. ③ 비용, 시간, 노력 등이 절약되어야 한다.

5) 교사제작 검사와 표준화 검사

(1) 교사제작 검사

교사제작 검사(teacher-made tests)는 글자 그대로 평가자인 교사 자신이 제작한 각종 평가도구들이다. 이러한 평가도구들은 특히 지적인 학업성취도를 측정 평가하는 데 있어서 가장 많이 사용된다. 예컨대, 대표적으로 학기말고사 때나 중간시험 때, 교사가 학생들에게 직접 만들어서 실시하는 시험문제가 교사제작 평가도구의 전형적인 예이다. 교사제작 검사는 직접 가르치신 선생님이 만들었다는 점에서 학생들과 친근감 있고, 또 학생들의 여러 가지 특성을 고려하여 만들었기 때문에 교사와 학생 간의 의사소통의 한 가지 도구로서도 매우 유용한 도구이다. 교사는 학생들의 학업진전을 점검하고, 또 자신의 수업진전을 점검하는 뜻에서 형성평가의 일환으로 쉽게 수시로 실시되기 위해서는 교사제작 검사가 편리하다. 그리고 거기서 얻어지는 결과는 쉽게 곧 수업에 환류될 수 있다. 또한 교사가 특정 영역이나 내용에 대해서 선택적으로 알아보기 위하여 검사를 실시할 때, 교사제작 검사가 가져다주는 도움은 크다. 교사는 자기 스스로 검사를 제작하면서, 특히 학업성취도 측정평가를 위한 경우에, 자신이 그동안 수업에서 부족했거나 소홀했던 점들을 발견하게 되는 계기도 된다. 일종의 자생적인 촉진제 역할을 교사에게 해준다. 교사제작 검사는 반드시 길어야만 되는 것도 아니고, 또 일정한 때에 꼭 작성되어서 실시되어야만 하는 것도 아니다. 작성과정이나 작성에 있어서 상당한 융통성이 있다. 뿐만 아니라 출제에서 결과처리 그리고 해석에 이르기까지 모든 것을 교사가 원하는 방식대로 처리하고 관리할 수 있다는 점에서도 큰 이점이 있다.

그러나 교사제작 검사는 대체로 지적인 학업성취도 측정에서는 그 제작이 용이하지만, 정의적 행동발달 특성의 경우는 다소 어렵다. 왜냐하면, 거기에는 여러 가지 심오한 심리학적 이론에 대한 연구를 바탕으로 하여야 할 경우가 많기 때문이다. 교사제작 검사를 위해서 교사는 문항제작에 관한 전문적인 지식과 통계적인 처리에 대한 기능적 소양이 쇄신되지 못하고 있는 데서 기인하는 것이다.

(2) 표준화 검사

표준화 검사는 교사가 임의로 만든 검사와는 달리, 누가 사용하더라도 검사의 실시, 채점 및 결과의 해석이 동일하도록 절차와 방법을 일정하게 만들어 놓은 검사를 말한다. Cronbach(1966)는 표준화 검사를 절차, 도구, 채점방법이 일정하여 어느 때, 어디서든 동일하게 실시할 수 있는 검사로 정의한다. 즉 표준화 검사는 절차, 도구, 채점방법 등이 표준화되어 있다. 이렇듯 표준화 검사란 표준화 절차(uniform procedure)를 통해서 행동을 표집하고, 그것을 기초로 해서 두 사람 이상의 행동을 비교하는 체계적 절차

(systematic procedure)이다. 표준화란 모집단에 대한 평균치나 어떤 기준을 기초로 하여 척도화하는 것을 말한다. 이와 같은 표준화 집단에 대한 분포 혹은 표준화된 척도가 규준(norm)이며, 이는 어떤 검사에서 얻은 원점수를 의미 있게 비교하고 해석할 수 있도록 만든 일종의 자라고 할 수 있다. 이런 측면에서 볼 때, 표준화 검사는 다음 조건을 충족하여야 한다.

첫째, 표준화 검사에서는 표준화된 절차가 가장 중요하다. 여기에서 표준화된 절차란 검사제작에 있어서 전문가에게 의한 엄밀한 실험절차를 뜻한다. 보다 구체적으로 말하자면, 표준화 검사는 동일한 지시문에 의하여 제한된 시간 내에 실시되고, 채점·해석도 동일한 표준에 따라 이루어진다.

둘째, 표준화 검사는 규준을 가지고 있어야 한다. 한 개인의 성취도 또는 특성이 비교하려는 집단에 대해 어떤 위치에 속하는가를 알기 위해서는 검사규준이 필요하기 때문이다. 즉 표준화 검사는 규준이라는 준거에 비추어 검사점수를 해석하거나 비교한다.

셋째, 표준화 검사는 체계적인 절차로 만들어져야 하고 그 신뢰도·타당도·객관도가 어떤 검사보다도 높아야 한다. 이는 표준화 검사가 주로 선발, 예언, 진단, 배치, 진급 등 개인이나 집단을 분류하고 판단하는 데 활용되기 때문이다.

교사가 만드는 교사자작검사와 표준화 검사의 차이점은 다음과 같다.

첫째, 교사자작검사는 대개 한 단원이나 한 학기의 내용을 다루는 반면에 표준화 검사는 이보다 훨씬 많은 내용을 다루고 있다. 즉 표준화 검사에서 다루어지는 내용이 교사자작검사에 비하여 훨씬 광범위하다.

둘째, 표준화 검사를 제작할 때에는 교육과정 전문가, 교과 전문가, 검사 전문가 등 여러 사람들의 도움을 받아야 하며, 다양한 교과서 및 프로그램을 분석하는 데에는 많은 시간, 노력, 비용이 요구된다. 이에 비하여 교사자작검사의 제작은 제작이 용이하다.

셋째, 모든 표준화 검사는 반드시 규준을 갖는 데 비하여 교사자작검사는 일반적인 규준을 갖고 있지 않다. 표준화 검사가 어떠한 절차와 과정을 거쳐 만들어지는가를 알아두는 것은 표준화 검사를 잘 이해하고 적절하게 활용하는 데 도움이 된다.

표준화 검사의 단계별 제작 과정은 규준 작성을 제외하면 교사자작검사에도 동일하게 적용되는 것으로 제시하면 다음과 같다.

① 제작계획 수립

먼저 검사목적, 검사내용, 검사대상, 검사방법 등을 구체적으로 확인하고 분석해야 한다. 이를 위해서 기존의 검사 및 문헌을 통해 자료를 수집하여 분석하고, 제작하려는 검사의 이론·형식과 수집된 자료 분석 결과 간의 논리적 타당도를 확인해야 한다. 또한 문항형식과 유형, 하위검사 수와 문항 수, 규준집단의 표집계획 및 규준 작성 등을 어떻게 할 것인가를 치밀하게 계획해야 한다.

② 문항작성

이 단계는 표준화 검사의 제작과정에서 가장 중요하며, 실제로 문항을 만드는 전문적인 단계에 해당한다. 따라서 이 단계에서는 문항제작에 관한 전문적인 지식과 실제적인 경험이 필요하다. 검사의 목적이나 대상이 확인되면 여기에 가장 합당한 문항 형식을 선택해야 하며, 선택된 문항 형식에 따라 문항을 제작한다. 이 경우에 제작하는 문항은 검사목적에 타당해야 함은 물론이고 문항의 수는 실제 검사에 포함될 문항 수의 두 배 이상은 되어야 한다.

③ 예비조사

앞서 제작된 문항들로 구성된 예비검사지를 사용하여, 활용하려는 대상을 대표할 수 있는 표본을 대상을 대표할 수 있는 표본을 대상으로 예비조사를 실시한다. 이를 통하여 문항을 수정하고, 실시시간 및 방법 그리고 실시 도중에 발생할 수 있는 제반 문제점을 사전에 검토하고, 문항분석을 위한 자료를 수집한다.

④ 문항분석

검사문항으로 적절한지를 통계적 방법을 이용하여 결정하는 절차를 문항분석이라 한다. 먼저 문항별로 난이도를 조사하여 극단적으로 쉽거나 어려운 문항을 제거한 후, 학습자 간 능력의 차이를 얼마나 잘 드러내는지를 나타내는 변별도를 분석한다. 문학분석에서는 각 문항에 대하여 문항의 난이도, 변별도, 동질도, 타당도, 선택지별 오답률 등을 충분히 검토하여 적절한 문항을 선정해야 한다.

⑤ 표준화 검사

문항분석의 결과에 따라 선택된 문항들로 구성된 검사를 최종적인 형태의 표준화 검사로 제작하고, 실사방법(특히, 검사시간, 지시문 등)과 채점방법을 결정한다. 각 문항이 적절하더라도 이들을 합한 하나의 검사가 전체적으로 반드시 적절한 것은 아니기 때문에, 경우에 따라서는 여러 번의 예비조사와 문항분석이 필요하다.

⑥ 규준 작성

최종적인 검사가 완성되면 평가대상인 모집단을 가장 잘 대표할 수 있는 집단을 모집하여 표준화를 위한 검사를 실시하고, 그 결과에 의하여 규준을 작성한다. 일반적으로 규준은 분포의 모양, 평균치, 분산도, 백분위 점수, 표준점수 등을 남녀별, 연령별, 지역별로 보고하여야 한다.

⑦ 신뢰도의 타당도 산출

마지막으로 통계적 방법을 통하여 검사 자체의 신뢰도와 타당도를 산출하고 검증하여야 한다. 이러한 과정을 거쳐 만들어진 표준화 검사는 검사지와 검사요강(test manual)의 모양으로 판매가 된다. 검사요강이란 검사의 실행·처리·해석의 지침서로서 검사전반에 걸친 상세한 내용이 수록되어 있다. 검사요강의 내용을 살펴보면 ① 검사의 목적과 특징 ② 검사의 문항내용과 형식 ③ 하위검사의 종류 ④ 검사의 실시방법 ⑤ 채점방식과 점수 표시 ⑥ 규준집단과 규준 ⑦ 신뢰도와 타당도 ⑧ 해석 및 활용방안 ⑨ 기타 주의사항 등이다.

4. 교육평가의 방법

1) 기독교교육 평가의 문제

기독교 교육자들이 그들의 교수에 대해 왜 평가하여야 할 필요가 있는지에 대해선 여러 가지 바람직스러운 이유가 있다.

첫째, 기독교 교사는 그들 자신들이 그들의 목표에 도달했는지, 아니면 도달하지 못했는지에 대해 관심을 가져야 한다(갈 6:4; 살전 5: 2).

둘째, 기독교 교사는 가르친 일에 대해 올바르게 사용된 평가는 학생들에게 학습에 대한 더 큰 흥미를 자극하는 것이 될 수 있다.

셋째, 기독교 교사는 가르친 일의 질에 대해 관심이 있다. 그 이유는 기독교 교사가 학생이 교실을 떠난 후에도 기독교 진리로 행하며 그리스도인의 품성과 행동을 나타내는지 그렇지 않은지에 대해 무엇보다도 관심을 가지고 있다는 사실에 있다.

평가가 이루어져야 할 영역에는 내용, 성경지식, 이해, 태도, 선택, 행동, 품성 등이 있다. 이와 같은 계획이 우리의 계층과 성경과 영적 지식에 대한 부족 및 눈앞에 닥친 과업의 심각성 등에 깔려있는 향상의 필요성을 감안해 봄으로써 정당화될 수 있다. 향상과 변화가 일어나기까지는 여전히 등급이나 성적에 의해 평가되는 전통적인 방식이 계속될 것이다.

기독교 교육자는 평가와 특정의 가치를 인정하지만 최종적인 분석에 있어선 학생 자체에 대한 관심이 가장 중요하다. 그러므로 교사들은 평가 결과를 개인적인 판단으로 보충할 것이며 지적인 성취의 범위를 초월해서 학생들을 평가하는데 주의를 기울여야 할 것이다. 평가는 목적을 위한 수단으로, 측정의 도구로, 그리고 경향성에 대한 증거로 사용될 수는 있으나 최종적인 결정 요소로 사용될 수는 없다. 기독교 교사는 삶(生) 자체가 교육을 제공해 준다는 사실을 간과해서는 안 된다.

2) 기독교교육 평가의 가능성

(1) 교육평가와 목표

기독교교육의 목적과 목표는 일반교육의 목적 및 목표와 다르다. 따라서 평가의 기준도 다르기 마련이다. 기독교 교사는 암기가 가치 있는 것임을 인정하지만 그것은 목적을 위한 수단일 뿐이다. 주님은 순종하는 마음과 신실한 복음적 삶을 살기를 원하셨다. 진리로 살아가는 것이 단순히 그것을 아는 것보다 중요하다. 그러므로 단순한 '교육의 지식적 목표'(Knowledge aim of education)는 거부되어야 한다. 그리스도인에게 있어 교육의 진정한 목적은 '구속적인'(Redemptive)것이다. 교육의 목적은 그리스도와 같은 인격과 품행으로 인도하시는 그리스도로 말미암아 인간 안에 하나님의 형상을 회복하는 것이다. 이러한 사람은 하나님을 중심으로 하여 모든 것이 하나님으로부터 나오고 하나님을 위해 존재하며 또한 하나님에 의해 평가된다는 하는 것을 발견하는 사람이다. 교과는 이 목적을 위한 하나의 수단인 것이다. 또한 이러한 사람은 사회 속에서 증인으로서 활동할 것이며 하나님 나라의 이상을 사회에 실현하기 위해 효과적으로 일할 사람이다.

그러므로 그리스도인을 위한 교육의 목적은 사회적 문화유산을 보존하고 영속시키며 개개인으로 하여금 가능한 인간 최상의 탁월성을 개발시킬 뿐만 아니라 학생의 자기활동을 통해서 인간 수준에서 최대한의 가능한 인격의 통합을 위해 자발적으로 노력하도록 자극시키고 지도하며 '그리스도 안의 온전한 사람'(perfect man in Christ)이 되도록 하는 궁극적인 목표를 지행하도록 지도하고 평가해야 한다.

(2) 기독교교육 평가의 기준

기독교교육 평가의 기준은 목적과 목표에 달려 있으므로 기독교교육에 있어서 교육평가의 기준은 기독교교육의 목적과 목표에 달려 있는 것이다. 기본적으로 기독교교육의 목적은 하나님께 영광을 돌리는 사람으로서 올바른 신앙고백이 중요한 것이다. 그러므로 첫째는 신앙고백으로 인도한다는 목표이며, 둘째로는 세례를 받은 성도들의 신앙훈련을 목표를 지니고 있다. 그러므로 이러한 두 가지의 목표를 교육평가의 기준으로 생각해야 할 것이다. 그리스도인은 시민적 자질을 함양키 위한 훈련의 가치를 받아들인다. 그러나 그리스도인이 받아들인 만한 인격의 최고의 열매를 도덕이라고 보는 일은 감가해야 한다. 도덕이 아니라 그리스도를 닮는 것이 인격발달의 표준인 것이다.

(3) 평가의 영역

① 교육공동체에 의한 평가의 영역

기독교교육의 교육공동체는 가정을 위시하여 주일학교와 일반교육을 실시하는 학교, 그리고 사회 등이다. 즉 가정, 주일학교, 일반학교, 사회에 따라 그 교육장으로서의 강조점이 각기 다르다. 각기 다른 교육장이 평가의 영역임을 고려해야 할 것이다. 진정한 교육은 성경적 권위와 내용에서 유효한 원리가 나온다. 하나님의 말씀 안에는 인간에게 새로운 심령을 창조하시고 영원을 지향하여 인품과 행동과 환경의 통합을 이루시며 인격을 위한 끊임없는 발전을 도모하시는 하나님의 계획이 있다는 사실을 발견하게 될 것이다. 이 과정은 자아적응, 사회적 적응, 은혜 안에서의 성장, 섬기는 위치 그리고 영원에의 전망 들을 포함 한다.

② 내용적인 평가의 영역

내용적인 의미를 지닌 영역이란 어떤 것일까? 이것은 큰 목적으로서의 신앙고백으로 인도하는 것과 신앙을 가진 성도의 영적 훈련이란 두 가지의 영역을 뜻한다. 그것에 관련하여 성경에 관한 지식습득이란 기독교적 태도, 그것에서도 학습태도와 생활태도로 구분된다. 기독교적 인격이란 기독교적 교육방법에 의해 평가하는 이외에 또 다른 문제가 있다. 그 문제란 하나님의 섭리와 경륜 혹은 하나님과 사람과의 양자 간의 문제로서 제3자의 개입을 절대로 허락할 수 없는 영역일 것이다.

3) 평가 방법

기독교교육을 평가하는 것은 단적인 측정과 달리 가치적인 의미로 존재하는 것을 평가하는 것이다. 그렇다면 가치판단이 선결문제가 된다. 그것은 평가에 있어서 하나의 인생관이 전제되어 있기 때문이다. 여기서 일반적으로 진화론적 실용주의적인 입장이 전제되고 있는 교육평가가 기독교교육의 교육평가를 어떻게 할 수 있을 것인가라는 것이 큰 문제가 되는 것이다. 왜냐하면 가치판단과 인생관을 실용주의적 입장에서 평가해서는 안 되기 때문이다. 기독교교육의 교육평가는 어쨌든 실용주의적 입장과는 완전히 다른 입장인 기독교적 가치판단과 인생관에서 교육평가를 해야 될 것이다. 그러므로 기독교교육의 평가 방법은 일반교육의 평가 방법을 적용할 수밖에 없다. 그 평가 방법에는 다음 세 가지로 기술된다(김득용, op. cit., 359).

① 관찰: 주일학교에서만 아니라 기독교계 학교, 기독교 사회 전체를 생각한 경우도 관찰은 평가의 한 방법으로 삼을 수밖에 없다.

② 객관적 방법: 필요에 따라서 질의 설문에 대한 답과 논문 등 객관적인 방법을 생각하는 것이다.

③ 자기평가 문제: 기독교교육에서 자기 평가라는 것은 매우 중대한 요소가 되는 것이다. 우리들이 주체적, 실존적이 되지 않는 문제를 평가의 문제와 관련하여 생각한 경우, 자기반성, 신앙의 자기 평가, 하나님 앞에서 신앙실존이 있게 하는 방법을 자문자답하는 자기 평가는 기독교교육에 있어서 매우 큰 비중을 차지할 수밖에 없다. 이것은 매우 중대한 문제가 아니겠는가? 기독교교육은 어디까지나 하나님 대 인간, 하나님 대 개인이라는 차원에서 시행되고 있으며, 하나님 앞에서의 올바른 인간의 실존과 유대성을 생각하기 때문에 끊임없이 신앙으로 반성해 나아가는 것은 매우 중요하다.

(1) 교회학교의 평가 기준

① 성경적 교과과정과 계단공과

인생은 성장과 발달 단계의 연속이다. 그러므로 어린이는 자라서 청년이 되고 또 장년이 된다. 그가 성장의 여러 단계를 통과할 때에 그는 여러 가지 음식과 옷과 운동과 주의와 수면과 이해가 요구된다. 지혜로운 부모들은 그들의 어린이들이 변화하고 성장하는 데 필요한 것들을 위해서 계획한다. 사회 학교의 교사들은 등급(계단)의 원칙을 기초로 해서 그들의 전체 교육 계획의 기준을 세운다.

기독교교육은 성경의 종합적이고 더욱 완전한 지식을 주기 위하여 계단 공과의 원리를 받아들였다. 왜냐하면 이 원리는 하나님과 인간과 세상에 관하여 진리에 대한 기본 원천이기 때문이다. 일반학교에서 세속적인 주제로써 모든 과정을 숙달하는 것과 같이 주일학교에서도 좀 더 체계적이고 조직적인 방법으로 성경을 가르쳐야 한다.

② 구원의 확신에 대한 문제

모든 거듭난 사람들의 75%는 거의 20세 이전에 거의 이루어진다. 13세 때가 거듭나는 데에 최고 절정에 도달한다. 21세 이후에 교회와 연합하여 예수님을 믿기로 작정한 사람에게 대항하는 시험이 3번 온다. 통계학적으로 보면 거듭난 장년 중에 87%가 5년 이내에 신앙생활에 대한 흥미를 잃는다는 놀라운 사실을 나타냈다. 그러나 어린이들의 경우에 있어서는 주일학교에서 그리스도 앞에 인도된 학생 중에서 계속적으로 나오지 못하는 학생은 불과 40% 이하이다. 어린이가 주일학교를 떠난 후 거듭나게 될 경우에도, 담당 교사가 어린이를 위하여 하나님의 말씀의 씨가 떨어져 잘 자랄 수 있도록 마음 밭을 준비해 준 학생에게 높은 확률을 나타내고 있다. 구원함을 받은 사람의 "은혜 속의 성장"에 관심을 가진 교사들로 관리되기까지는 만족하게 되었다고 할 수 없다. 그리스도를 영접한 사람에게 충분한 크리스천의 성숙한 생활로 인도해 주어야 한다. 곧 성경공부, 기도, 간증, 신뢰와 봉사, 인간의 노력과 하나님의 능력, 훈련과 교수 등은 하나님의 자녀로 성숙하고 자라나는 데 실제적이며 필요한 것이다.

③ 학생들의 성장과정의 기록관계

각 학생에 대한 기록에는, 시간 엄수, 행위, 노력, 태도 각 과목의 등수 등이다. 월말보고는 그 아이의 발달에 대한 것을 알려주기 위하여 부모들에게나 보호자에게 보내지는 것이다. 주일학교 학생들에 대한 조직적인 기록을 유지하고 사용하는 주일학교는 고차원적인 학교가 될 것이다. 만일 유능한 교사들과 학생 성장과정에 대한 시험을 더 조직적이고 합리적으로 한다면 주일학교도 역시 다른 교육 기관들과 같은 인정을 받게 될 것이다. 모든 기록 제도가 잘 개발되어야 한다.

(2) 교회학교의 평가 내용

첫째, 주일학교의 기록의 가치: 학생 평가에 대한 방법은 주일학교의 일을 하는 데 필수적인 요소인 것이다. 기록은 피할 수 없는 필수의 요소인 것이다.

둘째, 기록을 유지하기 위한 필수적 문서와 서류: 기록업무를 위하여 여러 가지 모양의 양식을 구입할 수 있다. ① 출석카드 ② 개인기록 카드 ③ 부별 기록 카드 ④ 월간 보고카드 등이다.

셋째, 기록문서의 보관: ① 등록 서기 ② 각부 서기 등이다.

넷째, 결석자 사후처리: 다음은 결석자 방지 및 사후처리를 하는 데 성공적인 요소가 될 것이다. ① 즉시 알아봄 ② 유기적인 사후처리의 계획 ③ 반 사후 처리 ④ 결석사유를 말한 자의 처리 등이다.

다섯째, 표창과 시상: ① 연례적인 표창증서 및 수료증서 수여: 월말 평균 석차에 의하여, 학생들은 진급일이나 졸업일에 수료증을 받게 될 것에 대해서 기록 서기는 결정한다. 이 증서에는 날짜, 활동, 성적, 또는 특별히 행한 업적을 기재한다. 이에 우수한 이들은 표창한다. ② 모범생에게 모범상장 수여: 모범생에게는 그들의 수료증에 모범생임을 첨부시켜 줌으로 인정을 받을 수 있게 된다.15)

---

15) *Ibid.*, 352~75.

제5장

기독교 교육행정

I. 기독교 교육행정의 개념

1. 교육행정의 개념

기독교교육 행정은 기독교교육의 제반활동을 지원하는 시스템으로 교육의 목적을 달성하기 위해 필요한 조건을 확립하고 정비하는 일련의 수단적 활동이라고 할 수 있다. 기독교교육 행정은 효과적인 기독교교육의 시행에 중요한 영향을 미치게 된다. 기독교교육 행정은 목회자나 교사가 교육활동을 활성화하는데 필요한 에너지를 지원하며 발생하는 문제를 해결하는데 유익을 주기 때문이다. 기독교교육에서 적절한 행정적 지원이 따르지 않으면 교육활동이 위축되기 쉬우므로 적절한 행정 시행은 교회교육이 더욱 체계화되고 활성화될 수 있는 것이다.

학자들의 행정에 대한 견해를 살펴보면, 아노트(Robert J. Arnott)는 행정이란 어떤 사회가 그들의 희망을 실제화하기 위하여 그들의 자원과 가치들을 할당하는 과정이라고 하였다. 린그렌(Alvin J. Lindgren)에 의하면 행정은 단순한 행위가 아니라 목적이 있는 행위이다. 그리고 그 목적은 사업, 교육 그리고 교회 같은 특별한 상황에 의해서 결정된다. 이러한 관점에서 그는 말하기를 행정이란 그것이 이루어지고 있는 장의 목표와 목적 그리고 그것들을 이루기 위한 응집적이고 포괄적인 방법들을 발견하고 명백하게 하는 일이다. 그의 행정에 대한 정의와 그것이 내포하는 것들 속에서 우리는 행정의 몇 가지 요소들을 발견할 수 있다. 가장 먼저 행정의 기능은 개인 또는 조직의 목표와 목적을 명백하게 하는 것이다. 그 다음에 행정을 통하여 우리는 목표에 다다르거나 목적을 성취하는 방법을 찾으려 시도한다. 이 과정 속에서 우리는 유용한 자원, 지도력 등을 얻게 된다.

리(Lee)는 그의 저서 "행정 신학"(Theology of Administration)에서 교회 상황 속에서의 행정이란 교회로 하여금 질서 잡도록 도와주고, 선교의 수행을 향해 움직일 수 있도록 해 주는 훈련이라고 정의될 수 있을 것이다. 아더 아담스(Arthur Adams)는 행정이란 어떤 일을 수행하기 위하여 성도들을 통하여 그리고 그들과 함께 일하는 것이라고 하였다. 린그렌 박사는 교회행정은 교회의 본질과 복음 선교의 발전을 포함하며, 교회로 하여금 인간에 대한 하나님의 사랑을 전파하는 선교의 사명을 완수하는 데 있어서 교회의 모든 자산과 인적 자원을 유용하게 사용할 수 있게끔 하게 하는 경험을 제공하는 데 대한 일관성 있고 이해력 있는 태도를 포함한다[1]고 하였다. 교회행정이란 교회의 목적에 대한 인식을 촉진하는 것, 경험과 활동을 고무하고 협동하는 것, 자산과 인적 자원을 발굴하고 활용하는 것 등으로 이루어져 있다.

2. 교육행정의 성경적 기초

성경은 행정에 대하여 어떻게 언급하고 있는가? 고린도전서 12:5을 보면 "직임은 여러 가지나, 주는 같으며" 여기서 행정의 의미는 사역이나 봉사활동의 의미와 연관되고 있다. 디아코니아(*diakonia*)라는 단어는 디아코노스(*diakonos*)에서 유래된 말로서 식사하는 데 시중을 들어주는 웨이터로 봉사하거나 혹은 심부름을 한다는 의미를 지니고 있으며 때로는 하인의 궂은일을 뜻하는 경우도 있다. 특히 신약에서는 '집사, 봉사자, 하인'의 의미로 통용되기도 한다. 그러나 고린도전서 12:28을 보면 그 단어가 킹제임스 역에는 '통치'(government)의 의미로 번역되어 있으며 NASB역에는 '쿠베르네시스'(*kubemesis*)라는 헬라어 단어에서 유래한 '행정'(administration)으로 번역되어 있다. 이 단어가 고린도전서 12:28에서는 조타수나 선장 혹은 항해사의 의미로 쓰이고 있으며 문자 그대로 조정사의 뜻을 지니고 있기도 하다. 한편으로 이 단어는 어떠한 초자연적인 능력을 가지고 교회의 기능에 대하여 지시해 주는 특별한 은사의 소유자를 가리키는 것으로도 알려져 있다.

---

1) 김득용, *현대교회행정학신강* (서울: 총신대학출판부, 1983), 23.

행정에 관한 성경적 근거로는 그 첫 번째는 하나님 자신이 행정관이요 관리자라는 점이다. 이러한 사실은 하나님의 창조 작업의 과정에도 나타나 있듯이(창 1~2장) 질서에 대한 성경적 개념과 질서를 보존하시려는 하나님의 사역을 통해서 입증되고 있다(시 104:19). 성경은 여러 곳에 하나님의 지시에 의하여 자연의 세계가 움직여지고 보존되며 유지된다는 사실을 발견하게 된다. 시편 147:8~19에는 하나님의 창조사역 중에서도 다스리고 보존하는 행정의 영역이 강조되고 있다. 이와 마찬가지로 신약에서도 하나님은 부활의 순서와 관련된 미래의 사건까지 다스리는 행정관으로 묘사되고 있다(고전 15:23~24).

또한 교회는 그 자체가 유기적인 조직체이기 때문에 반드시 체계적인 조직 편성과 효율적인 행정이 시행되어야 함을 명심해야 한다. 성경은 곳곳에서 교회가 살아 있는 생명체라는 사실을 강조하고 있으며 그렇기 때문에 행정이나 리더십은 유기적 조직체가 해야 할 과업을 수행하는 데 필수적인 요인이 되고 있다. 사도행전 6:1~8에서는 초대교회는 주된 책임을 완수하기 위하여 어떻게 행정을 진행시켜 나가고 있는가를 보여 주고 있으며 초대교회에서 행정을 실시한 결과는 다음과 같다. ① 제자들은 전혀 하나님의 말씀을 전하고 기도하는 일에만 전념하기로 결정했다(4절). ② "하나님의 말씀이 점점 왕성하여……제자의 수가 더 심히 많아지고"(7절). ③ 스데반과 빌립 같은 사람을 통하여 "은혜와 권능이 충만하여 큰 기사와 표적을 민간에……"(8절) 행함으로써 교회의 영적인 영향력을 세상에 알릴 수 있게 되었다.

1) 성령의 은사로서의 행정

로마서 12장 6~8절을 보면 하나님께서 우리에게 주님의 몸된 교회를 세우기 위해 다양한 은사를 주셨다. "우리에게 주신 은혜대로 받은 은사가 각각 다르니 혹 예언이면 믿음의 분수대로, 혹 섬기는 일이면 섬기는 일로, 혹 가르치는 자면 가르치는 일로, 혹 권위 있는 자면 권위하는 일로, 구제하는 자는 성실함으로, 다스리는 자는 부지런함으로, 긍휼을 베푸는 자는 즐거움으로 할 것이니라"

바울은 은사에 대한 구체적인 예들을 제시하고 있다. 6절에서 사용한 "은사"(카리스마)의 개념은 '영적인 것으로서의 종교적 황홀경과 기적 행함'이 아니라 '영적인 능력에서 비롯된 봉사의 직책'을 의미한다. "은사"의 개념은 바울신학의 중요한 요소이다. 그는 성령의 체험과 은사를 기독론적으로 제한시켜 교회를 섬기는 데 사용함으로써만 하나님의 은혜와 능력으로 그 유효성이 보증된다고 주장했던 것이다. 이 은사는 하나님께서 각 사람들에게 주신 특별한 은혜의 선물(9:4~5)이다. 이처럼 은혜는 그리스도를 믿음으로써 받는 하나님의 은혜의 구체화요 개별화이다. 다른 한편으로 각 개인이 갖고 있는 소양과 재능들도 신앙적 개인주의를 초월하여 '그리스도와 교회를 섬기는 일'에 사용된다면 은사로 여겨질 수 있는 것이다. 그러므로 바울은 열광주의자들이 강조하는 초자연적 종교적 요소들을 배제하지 않았고, 그러한 은사를 그리스도인의 신앙생활과 신앙 공동체의 일반적인 봉사와 분리시키려 하지도 않은 것이다.

여기 "다스리는 자(치리하는 자)"는 공동체의 집회와 논쟁의 조정 역할을 포함한 여러 다양한 조직적 책무를 갖는데(살전 5:12) 이들은 사람에게서 어떤 보답을 받는 것이 아니기 때문에 전적으로 헌신하도록 부르심을 받았다. 바울이 교회 안에서의 섬김의 은사들을 제시하는 가운데 주목할 만한 사실은 과부들과 고아들, 병인들, 그리고 나그네를 돌보는 일을 담당할 사람들이 중요하게 언급되고 있는 것이다. 이 사실은 초기의 교회 공동체 안에서 중요한 섬김의 직책, 곧 은사는 다른 사람들을 섬기고, 구제하고, 긍휼을 베풀면서 돌보는 일이었음을 시사하는 것이다. 중요한 사실은 하나님이 우리에게 개인적으로 다양한 은사들을 주셨다는 것을 말한다. 그러나 그러한 은사들은 이 땅에서 하나님의 목적을 이루는 데 사용되어야만 한다.

사도 바울은 에베소서에서 "어떤 사람은 사도로 어떤 사람은 예언자로 어떤 사람은 복음 전도자로 또 어떤 사람은 목사와 교사로 삼으셨습니다. 그것은 성도들을 준비시켜 봉사의 일을 하게하고 그리스도의 몸을 세우게 하시려는 것입니다"(엡 4:11~12). 모든 은사는 그리스도의 몸(교회)을 세우는 사역에 필요한 것이다. 특별히 "봉사의 일"에서 '봉사'는 직책상의 직무를 뜻하지 않고, 모든 그리스도인이 교회 안에서 맡아야 할 섬김의 활동을 나타내는 것이다.

리(Harris W. Lee)에 의하면 행정가라는 헬라어의 어원은 "배의 키잡이"라는 뜻으로 사용되었다. 그리고 그의 저서 '신약신학 사전'에서 이 말은 그리스도인에게 어떤 모임에서 키잡이의 자격을 부여한다는 것이다. 그 공동체의 질서와 생활의 진정한 지시자의 자격을 부여하는 것이다. 키잡이의 중요성은 폭풍이 불 때 더 커진다. 대중을 지시하는 직무는 아마도 특별히 내외적인 비상사태 때에 잘 개발되어 왔을 것이다. 말씀의 선포는 원래부터 이런 것이 아니다. 어떤 사회도 명령과 지시 없이는 존재할 수 없다. 그것은 다스리기 위해서 하나님이 주신 은혜인 것이다. 우리가 주목할 것은 고린도전서 12:29에서 바울이 "다 사도겠느냐, 다 선지자겠느냐, 다 치유의 은사를 가진 자겠느냐"라고 묻는데, 여기에는 행정가를 중요하게 여기는 상응한 질문이 없다는 것이다. 거기에는 근본적인 이유가 있다. 필요하다면 모임의 어떤 사람이라도 집사 혹은 지도자로 봉사할 수 있다. 그러므로 이러한 직무들은 고전 12:29에서 언급되는 것과는 달리, 아마도 선택적인 것일 것이다. 그렇다고 이것은 하나님의 권위가 반드시 필요하다는 사실을 변화시키는 것은 아니다. 이 인용문은 사회나 공동체나 혹은 조직들이 존재하기 위해서는 명령과 지시가 필요하다는 것을 보여준다. 행정의 역할은 사회, 공동체, 조직들이 존재하도록 돕는 것이다. 교회에 있어서 행정은 보다 궁극적인 목회의 정당한 모습이며, 하나님으로부터 은사로 주어진 교회 생활 고유의 것이다. 그러므로 행정가는, 키잡이가 바다에 있는 배를 인도하는 것처럼, 그리스도인 생활의 진정한 지시자이다. 게다가 청지기직으로 번역되는 행정은 하나님의 영을 통하여 목회의 직분을 위해 은사로 주어진 것이다.[2] 이것은 행정의 성경적인 기초 중 하나이다.

2) 위임의 원리로서의 행정

훌륭한 행정 책임자는 위임하는 능력이 탁월한 자이다. 시편 37:5에 "너의 길을 여호와께 맡기라 저를 의지하면 저가 이루시고"라는 말씀에서 '위임'에 대한 히브리적 개념은 누군가에게 짐을 맡기는 의미를 지니고 있으며 디모데후서 2:2을 보면 이러한 위임의 개념이 나타나 있다. "또 내가 많은 증인 앞에서 내게 들은 바를 충성된 사람들에게 부탁하라. 저희가 또 다른 사람들을 가르칠 수 있으리라." 바울이 우리에게 가르쳐 준 원칙은 모든 일을 한 개인이 책임지고 수행하기보다는 주어진 일을 효과적으로 해낼 수 있도록 특정한 사람들을 모집하여 교육하고 훈련시키는 책임과 밀접하게 연관되어 있다 (엡 4:11~12). 위임으로 얻어지는 이점은 특히 한 개인이 자기 자신이 직접 하는 일에서부터 관리하는 영역까지 업무의 범위를 연장시키고 확대시킬 수 있으며 자기의 주요 업무에만 전념하는 것이 가능하게 된다. 나아가서는 위임받은 사람들로 하여금 그들의 숨

---

2) 권오서, *교회행정과 목회* (서울: 도서출판 감신, 1996), 120~27.

은 재능과 지식, 기술, 창의력 등을 개발하고 성장시킬 수 있도록 도와줄 수도 있다.

지도자 느헤미야는 자기 혼자서만 그 일을 해내려고 하지도 않았고 다른 사람들에게 특정한 업무를 수행할 것을 지시하거나 필요한 리더십을 제공하지 않는 범위 내에서는 그 누구에게도 성전 재건의 책임을 묻거나 돌리지 않았다. 그 결과 52일 만에 재건된 성전으로 인하여 제사장들과 방백들 그리고 백성들이 서로 간에 얼마나 밀접하게 결합 되었는가를 느헤미야서를 통하여 알 수 있다. 효과적인 위임은 정책적이라기보다는 기 능적인 측면에서 주로 이루어지고 있으며 반드시 자격이 있는 사람에게 주어져야 한다. 그리고 행정책임자는 일단 어떠한 일을 누군가에게 위임했으면 위임해 준 그 사람에게 '권한과 책임을 함께 공유'(Empowering leadership)하는 자세를 끝까지 유지해야 한다. 위임이 전 과정에서 반드시 필요한 요소로는 상호간의 책임의식과 권위 그리고 위임된 업무에 대한 설명과 이해 등을 들 수 있다.

모든 사람들에게는 저마다 숨은 능력이 잠재되어 있기 때문에 겉으로는 눈에 띄지 않는 다른 사람의 잠재된 능력을 파악해 내는 것도 탁월한 행정관의 특징 중의 하나인 데 즉 적절한 장소에 적절한 사람을 배치하는 능력을 의미하고 있다. 예수님께서 12제 자를 택하는 과정 속에서 그들이 현재 처해 있는 상황을 보고 선택하신 것이 아니라 그들에게 잠재되어 있던 앞으로의 가능성을 꿰뚫어 보시고 그들을 제자로 부르셨던 것 이다. 크리스천 지도자는 고린도후서 3:5~6에 바울이 가르쳐 주고 있는 원리를 반드시 명심해야 한다. 그것은 자기만족이나 자기 확신이 아니라 하나님으로부터 말미암는 만 족이요 확신임을 기억해야 할 것이다.3)

유능한 행정 책임자는 조직의 구성원들을 혹사시키거나 혹은 그들의 장단점을 간과 하거나 뒤섞어 버리는 실수를 범하지 않는다. 어떤 특정한 업무가 그 일을 수행할 한 사람의 사역자만으로도 충분할 경우에는 똑같은 책임을 두 사람에게 맡길 필요가 없다. 기독교교육 프로그램을 주관하거나 그 프로그램에 참여하는 사람들은 각자 자기 자신이 책임지고 있는 분야에만 최선을 다하도록 노력해야 한다. 마지막으로 계획한 일들이 끝 났을 경우에는 그 결과가 성공을 했든지 혹은 실패에 그치게 되었다 할지라도 각자의 노고를 치하하는 과정을 생략해서는 안 된다. 그런 다음에는 결과에 대한 평가의 시간 을 가짐으로써 각자가 자기 자신의 업무수행 능력이나 책임 의식을 객관적인 시각으로 검토하고 판단해서 성장의 발판으로 삼을 수 있는 기회를 제공하도록 한다.

---

3) Werner C. Graendorf, *op. cit.*, 388~92.

Ⅱ. 교육행정 원리와 조직

1. 교육행정 원리

교회학교는 다음과 같은 원리에 의해 교육행정을 실시한다면 효율성과 효과성을 높이는 데 도움을 얻을 수 있을 것이다. 그러나 원리는 자연과학에서 말하는 원리처럼 어떤 법칙적인 것은 아니다. 상황에 따라 달라질 수도 있다.

1) **하나님 나라의 원리**: 교회교육은 모든 성도들의 각 개인의 구원과 영적인 성장을 통해 하나님의 뜻을 나타내고 그 나라를 확장하는 것을 목적으로 한다. 교육행정은 효율성을 우선적 가치로 여기는 현대경영 이론과는 구별된다. 기독교교육 행정은 기독교공동체의 목적에 합당한 행정으로 기독교교육의 목적지향적인 행정이어야 한다. 언제나 교회의 존재 목적을 질문해야 하며, 기독교교육 사역의 목적과 방향이 무엇인지 질문해야 한다. 교회의 각 교육기관과 행정부서는 이 원리를 지키기 위해 최선을 다해야 한다. 그것은 하나님 나라의 원리 또는 목적 지향성의 원리이다. 교회학교 행정은 이 원칙에 충실해야 한다.

2) **자주성존중의 원리**: 교회교육의 행정 책임자는 교회학교를 교회 안의 작은 교회들(Small churches in the church)로 보면서 그 조직체에 자율성을 부여해야 한다. 일반적으로 교육행정에서 자율성의 저해는 공교육의 파행을 초래함으로 교육의 정치적 중립성을 보장하기 위해 자율성, 전문성을 존중되고 확보되어야 한다. 이를 위해 인사와 재정의 독립성이 중요하게 고려되고 있다. 교회교육은 역시 교육 본래의 목적을 위해 자주성의 원리가 훼손되지 않도록 교단적으로 총회교육행정이나 지교회의 행정지도자들의 지나친 통제와 간섭에서 벗어나 자발적인 봉사에 의존하

는 자율성이 확보되고 보장되어야 한다.

3) **기회균등의 원리**: 주님의 몸된 교회에 지체된 모든 성도들은 정도에 따라 균등하게 교육을 받을 권리를 가진다. 기회균등은 나이, 성, 학벌 등에 따른 어떠한 차별을 두지 않는다.

4) **자치의 원리**: 각 부는 교육의 자주성을 확보하며 성도들의 뜻에 따라 각기 실정에 맞는 교육행정을 하기 위해 필요한 적절한 기구와 시책을 수립하여 실시한다. 교육행정은 복음의 말씀과 인간 응답의 순수한 만남을 제한하거나 방해해서는 안 되며 그러한 만남을 적극적으로 도와주는 행정이어야 한다.

5) **적도집권의 원리**: 이 원리는 집권화와 분권화가 적도의 균형점을 이뤄야 한다는 것을 말한다. 교회행정을 함에 있어서 위에서는 고도의 집권을 원하는 반면 각부에서는 분권을 원한다. 교회행정 책임자는 적도집권의 원리에 따라 통제와 위임을 균형 있게 할 필요가 있다.

6) **다양성 안에서의 일치 원리**: 교회행정은 획일성의 일치만을 추구하거나 분리된 다양성만을 추구하지 않는다. 개인과 그룹의 다양성을 인정하면서도 교회공동체의 목표와 하나님 나라를 위해 성령 안에서 하나 됨을 추구한다.

7) **준법주의 원리**: 교회교육은 성경에 근거하여 작성된 교회헌법에 따른다. 교육제도와 그 운영, 교육재정 및 교사의 지위에 관한 사항은 교회헌법에 따른다.

8) **타당성의 원리**: 교육행정은 교회교육의 목적에 타당한 교육계획과 실행계획을 세워 나가야 한다. 교회교육의 목적과 수단 사이에 어떤 괴리가 있어서는 안 된다. 목적에 비추어 타당한 행정 활동이 전개되어야 한다.

9) **민주성의 원리**: 교육행정은 독단과 편견을 배제한다. 교육정책의 수립과 집행과정에서 전체구성원들이 참여해야 한다. 그 참여의 기반 위에서 각 교육기관의 행정은 의사결정과정에서 구성원들의 의사를 반영되어야 하며 집행과정에도 교육의 주체자들의 참여가 제도적으로 보장되어야 한다.

10) **효율성의 원리**: 모든 교육행정 활동은 그 집행에서 능률적이고 효율적으로 수행되어야 한다. 기독교교육 활동에는 많은 인적, 물질적, 사회적, 영적 자원들이 투자됨으로 선택과 집중의 원리를 바탕으로 낭비를 극소화함으로써 최대한의 교육목표를 달성해야 한다. 성도들의 자발적인 헌금으로 마련된 교육재정은 지혜로운 청지기로서 경제성에 초점을 맞춰 적절한 결과를 얻을 수 있어야 한다.

11) **신축성의 원리**: 시대변화에 맞춰 신축성 있게 대응해 나간다. 교회교육은 시대변화에 따라 그 변화를 질서 있게 조절해 나갈 수 있도록 조정하는 역할을 해야 한다. 과거의 관습에 집착하면 새로운 시대에 적응할 수 없다. 기독교교육은 인간을 고정화된 과거의 틀 속에 얽매이게 하거나 짐승처럼 길들이기 식의 교육은 아니다. 그리스도 안에서 자유와 평화를 누리는 하나님 나라의 교육이다. 교육 행정가는 새로운 방법을 도입하고 변화를 시도하는 융통성을 가져야 한다.

12) **안정성의 원리**: 교회교육은 지속성과 안정성을 주기 위해 전통을 계승하고, 그 안에 있는 좋은 부분을 강화, 발전시켜 나가야 한다. 교육행정이 목회자나 교육기관 담당교역자의 이동과 경험 여하에 따라 교육사역의 안정성이 저해되어서는 안된다. 교회의 교육활동에서 지속성과 안정성의 확보는 필수적인 일이다.

13) **균형적 판단의 원리**: 교육행정에 관한 정책을 수립하고 그것을 집행해 나감에 있어서 사물의 본말과 경중을 분별하여 우선순위를 밝히고, 자원과 노력을 공정하게 배분하여 교육의 목적을 효율적으로 달성해야 한다. 이것은 능률성과 민주성의 원리 사이에서 균형을 얻는 것을 말한다.

2. 교육행정조직

1) 조직 편성의 특성

교회는 시간과 공간을 초월한 살아계신 그리스도의 몸이요 하나의 유기적인 조직체로서 존재하고 있다. 즉 그리스도의 몸 된 교회는 살아 있는 생명체로서 주님의 재림 때까지 계속해서 성장하게 될 것이다. 그중에서도 지역교회에서는 자체 상황에 맞는 구조와 형태를 갖추고 특정한 어느 지역에 거주하고 있는 성도들로 구성된 유기적인 조직체이다. 그렇기 때문에 아무리 작은 소규모의 지역교회라 할지라도 유기적인 조직체로서의 본질은 갖추고 있기 마련이다. 지역교회에서 필요로 하는 요소들이 파악되고 그러한 요소들을 충족시키기 위한 세부적인 목표들이 설정되고 난 다음에는 그 목표를 완수하기 위한 교육 프로그램과 사역을 계획하고 조직하도록 한다. 일정한 목표 달성을 위한 계획의 조직구성은 인적 자원과 프로그램의 적절한 조화가 밀접하게 관련되어 있다. 조직편성은 프로그램에 종사하는 사람을 중심으로 해서 이루어져야 하며 일에 대한 책임감과 연관성이 강조되어야 한다. 또한 어떠한 조직을 편성할 때는 인적 자원에 못지 않게 프로그램의 내용도 마찬가지의 중요한 비중을 차지한다. 이러한 과정을 통하여 교회의 전체 프로그램에 대한 각 부서의 역할이나 책임에 대해서 알 수 있게 되며 그들이 해야 할 일의 내용을 파악해서 그에 합당한 계획과 절차를 세울 수 있게 된다. 교회 프로그램의 조직편성 작업에는 몇 가지 특징이 있다.

첫 번째, 프로그램의 조직 편성은 일관성이 있어야 한다. 프로그램이 시종일관 하나의 주제를 향해 진행되지 못하고 뒤죽박죽이 될 경우 그 프로그램을 계획할 때 세웠던 목표는 결코 성취될 수 없으며 기대했던 믿음의 결과도 거둘 수 없게 된다.

두 번째, 프로그램의 조직편성은 단순해야 한다. 그래야 프로그램에 종사하는 사람들이 쓸데없는 것에 얽매여서 시간을 낭비하는 대신 자유롭게 일을 진행시켜 나갈 수 있게 된다. 이러한 단순성은 사역을 보다 수월하게 해줄 것이다. 또한 조직편성은 변화를 필요로 하는 상황에 대처할 수 있도록 융통성이 전제되어야 한다.

세 번째, 프로그램의 조직편성은 하나님의 권위에 대한 존중을 바탕으로 구성되어야 한다. 교회사역에 참여하는 모든 성도들은 하나님과 그분의 말씀 그리고 주님의 권위를 존중하는 마음으로 사역에 임할 때 성령의 도우심에 힘입어 더 큰 결실을 맺을 수 있다.

네 번째, 프로그램의 조직 편성은 상호연관성을 가져야 한다. 교회에서 실시되는 교육 프로그램을 담당하고 있는 특정 부서에서는 결코 다른 부서들과의 연관성을 무시해서는 안 된다. 각 부서들과 그 부서에 소속된 사람들 간의 연관성과 상호협조는 교과과정의 작성이나 프로그램 구성 그리고 그 밖의 행정과 실무의 측면에 있어서도 중요한 역할을 하게 된다. 교회의 교육 프로그램에 대한 각 부서들 간의 상호협조로 인하여 프로그램이나 사역의 내용이 반복되거나 생략되는 일은 발생하지 않게 될 것이다.

마지막으로 프로그램의 조직 편성은 참여성이 고려되어야 한다. 다양한 부서에 소속된 모든 성도들이 목표를 설정하고 프로그램을 계획하여 그 과정을 평가하는 데 참여할 수 있도록 구성되어야 한다. 케네스 O. 갠글(Kenneth O. Gangel)은 교회사역을 책임지고 있는 지도자들에 대해 말하기를 "유기적 조직체를 각 부별로 나누고 한편으로는 일관성을 부여하면서 상호 연관성을 맺어주는 과정 속에서도 우리는 교회의 조직적인 과정 과정마다 속속들이 주관하시는 성령의 권능과 도우심을 인정해야 한다."4) 교회 사역자들은 각각의 지체들이 자기의 기능과 역할을 제대로 감당할 수 있을 때 힘써야 하며 '각 지체의 분량대로 역사하여 그 몸을 자라게 하여 사랑 안에서 스스로'(엡4:16) 세워져 갈 수 있도록 최선을 다해야 할 것이다.

2) 교회교육 프로그램의 편성

교회 교육은 집권적, 공익적, 계급적 성격을 가진 공립학교의 교육과는 달리 교회의 비강제성, 교사의 비전담성, 반조직의 현실적 성격 등으로 인해 학교교육과 같은 원리를 그대로 따를 수 없다. 기독교교육 행정과 조직에서 고려해야 할 점은 심는 자와 물주는 자와 달리 '자라나게 하시는 하나님'(고전 3:9)이 제 1의 교사가 되심을 명심해야 한다. 그러므로 교회학교 교육은 기독교교육의 목적 달성을 궁극적 목표로 삼는다. 각 교회는 이 목적의 실현을 위해 구체적으로 계획을 세우고 프로그램을 확정한다.

- ◉ 목표는 장기 목표와 단기 목표로 나누고 그에 따라 프로그램을 세운다.
- ◉ 단기 목표는 분기별로 나누어 설정할 수 있다.
- ◉ 프로그램을 주제 군으로 묶어 교회전체가 일정기간 일관성 있게 운영되도록 한다.
- ◉ 전체 교회학교가 주제 중심의 목표 아래 참여토록 한다.

3) 계획 퇴수회

교육정책을 수립할 때는 교사들이 실무자이므로 교사들의 의견을 충분히 반영할 필요가 있다. 계획 퇴수회(planning retreat)는 그 가운데 한 가지 방법이다. 계획 퇴수회는 교회학교의 각 부서들이 분기별 또는 년별 프로그램을 계획하기 위해 실시하는 것이다. 한 부서에 속해 있는 전체 회원들이 함께 지난 기간에 있었던 프로그램들을 평가하고, 새로운 프로그램들을 제안하고 토의한다. 자신들을 반성하고 새로운 방향을 설정하며 친교의 시간, 멤버십 훈련, 결단의 시간 등도 가진다.(Bower, 1964) 퇴수회는 교회학교

---

4) Werner C. Graendorf, *op. cit.*, 321~23.

의 여러 활동 프로그램과 교육 프로그램을 회원 스스로 평가하고 계획하게 하며 스스로 반성하고 방향을 정하게 한다는 점에서 바람직하다. 이 방법은 교회의 프로그램에 대해 회원들의 참여도를 높이고 회원들의 마음을 하나로 결집시키는 효과가 있다.

- ◉ 리더는 퇴수회 준비 위원을 구성하고 퇴수회 일시, 장소, 프로그램 등을 준비한다.
- ◉ 부서에 속한 모든 그룹으로 하여금 준비 모임을 갖고 현재 프로그램에 대한 평가, 그룹 멤버들의 희망 사항, 새로운 프로그램에 대한 제안 등을 논의하도록 한다.
- ◉ 계획 퇴수회는 전체 회원들이 참여한 가운데 진행한다.
- ◉ 퇴수회에서 토의된 제안과 방향에 대한 결론은 프로그램 계획 위원회를 구성하여 구체적인 계획안으로 만들도록 한다.

3. 교회학교 행정조직

교회학교의 조직은 교회의 규모와 인적 수성, 그리고 교회의 환경과 시설에 따라 다양한 조직체계를 갖춰야 한다. 교육 행정은 전반적인 교육활동을 계획, 조직, 감독, 평가하는 기능을 가지야 하며, 교사는 전문성과 지속적인 헌신의 동기를 부여해야 한다.

1) 교회학교의 행정

교회학교의 행정조직은 라인 조직, 스태프 조직, 위원회 조직, 태스크포스나 프로젝트 팀, 매트릭스 조직, 협의회 조직 등 다양하게 구성할 수 있다. 그러나 교회의 조직은 '살아있는 유기체'로서 하나님 나라를 위해 항상 살아 움직이는 모습을 보여야 한다. 또한 하나님 나라를 구하고 그 의를 실현하는 목표를 효율적이고 수행하는 '목적 구현체'이며, 교회는 세상을 변혁할 책임을 가지고 있는 '사회 변혁체'이다.

- (1) 라인(Line)조직: 전통적인 조직 형태로서 군대처럼 명령이 상부에서 하부로 직선적으로 전달될 수 있는 조직이다. 교장, 교육위원회, 부장, 총무, 교사 등으로 이어지는

것이 보통이다. 이 조직은 위계가 뚜렷하고 권한과 책임의 한계가 명확하다. 최고 책임자가 강력한 통솔력을 발휘할 수 있는 장점이 있지만 책임자의 지나친 독자성으로 인해 전반적으로 능률과 사기가 저하될 가능성이 높다.

(2) 스태프(Staff)조직: 스태프 조직은 라인 조직에 전문성을 지닌 참모 스태프를 두는 것으로 교회학교 안에 각종 서비스 스태프, 자문 스태프를 두고 있다. 스태프는 라인 조직에 대해 조언적 권한을 가질 뿐 지휘 명령권은 없다. 그러나 전문성이 중요한 권력 원천으로 작용하고 있어 기능적 측면에서 막강한 권한을 행사할 수 있다. 스태프 조직을 두면 전문적인 부분에 주력할 수 있어 일이 능률적으로 수행되는 장점이 있다. 그러나 라인이 혼자 책임을 수행할 경우에도 스태프에 의존하는 성향이 있고, 스태프도 전문가적 권고를 넘어 간섭을 할 여지가 있으며, 라인과 스태프 사이에 불화가 발생하면 일이 진척되지 않을 수 있다.

(3) 위원회(Committee): 위원회는 라인과 스태프 사이, 각 기능 부문 사이, 각 명령 계통 사이에 발생하는 의견의 불일치, 불화, 마찰 등을 해결하기 위해 서로 다른 조직 단위나 기능 부문의 구성원들로 조직되는 통합 조직이다. 교회학교에서도 통합을 목적으로 정책분과, 기획분과, 예산분과, 조사분과, 인사자원관리분과 등을 두어 제반행정에 대해 의견을 조정하고 교회교육이 일관성 있게 시행되도록 한다. 이 제도는 민주적으로 문제를 조정하고 통합하는 데는 유익하지만 책임이 분열되고 창의적 제안이 수용되지 않고 타협에 머무르는 경향이 높다는 단점이 있다.

(4) 태스크포스(Task force), 프로젝트 팀(Project team): 태스크포스나 프로젝트팀은 특정 과제 수행을 위한 잠정적 소그룹 조직이다. 이것을 애드혹(Adhoc) 조직이라 한다. 이 제도는 특별기획 분야의 여러 분야에서 전문 지식을 가지고 있는 사람들로 임시적인 팀을 만들어 기획을 하고 임무가 끝나면 원위치로 돌아가게 한다. 태스크포스는 군대에서 특정 임무를 부여한 팀에서 유래된 것이다. 태스크포스는 프로젝트팀보다 임무나 규모 면에서 작고 기간도 짧다. 교회학교의 특정과제나 목표가 있을 때 태스크포스나 프로젝트팀을 두어 활동하게 하면 좋다. 이 제도는 라인이나 스태프 등 정적인 제도와 달리 동적인 제도라는 측면에서 각광을 받고 있다.

(5) 매트릭스(Matrix) 조직: 매트릭스 조직은 여러 프로젝트팀과 기존 부문의 기능을 서로 연결시키는 혼합형이다. 앞서 언급한 프로젝트팀은 새로운 사업에 새로운 팀을 구성하고 임무가 끝나면 원위치로 돌아오지만 매트릭스 조직은 기존 부문의 각

프로젝트에 지원하는 형태를 취한다. 교회의 각 행정 부문이 교회학교가 추구하는 여러 프로젝트를 기능에 따라 지원하는 것이 그 보기다.

(6) 협의회(Council): 협의회 조직은 자율적인 그룹들이 함께 연합하여 활동하는 것으로 공동의 이상이나 목표를 달성하기 위해 각 그룹들이 연합체를 형성하고 정기적인 회의에 대표를 파송하여 정책 결정에 참여한다. 회원 그룹들의 상호 협조와 연합 활동을 목표로 한다. 협의회에는 그룹 대표자 회의와 함께 본부 사무국, 실행 위원회, 사업별 분과위원회, 과제수행 그룹, 상설기구 등의 행정조직을 가지고 있다. 교회 안에서 협의회를 구성할 수 있다. 여러 교회들로 구성된 교육 협의회는 각 부서마다 교육 전체를 기획, 실행, 관장하는 집단 협의체로 교역자와 교육행정, 교육실행, 생활양육을 담당하는 지도자들로 구성된다. 이 협의회는 기존 부장이나 교역자가 담당했던 교육기획과 실행의 역할을 수행한다. 협의회는 함께 책임지고 함께 협력하여 일하는 집단 지도력을 발휘한다.

2) 교회교육 프로그램의 개발

교회교육 지도자는 모든 학습자들이 성경공부에서 사용하게 될 커리큘럼을 분석하고 채택한다. 커리큘럼은 교회의 일련의 학습과정으로 교육적인 목표에 도달할 수 있도록 도와주는 학습지도과정과 그 과정에서 겪게 되는 경험들과 학습 수행에 필요한 학습 자료까지 포함하는 포괄적인 것으로 준비되어야 한다. 커리큘럼 선택에는 성경적 기초, 탁월한 교육원리, 그리고 교사들에게 실제적인 도움을 주고 있는가를 고려해야 한다.

교회학교 프로그램은 크게 학습 프로그램, 활동 프로그램, 통합 프로그램으로 구분된다. 학습 프로그램은 구체적인 교육목표 아래 프로그램 목표가 교육목표와 일치하지 않으면 안 된다. 활동 프로그램은 단순히 어떤 행사를 치르고 재미로 끝나는 것보다 참가자들이 프로그램을 통해 스스로 배우고 느끼게 함으로써 교육적 목적을 달성하는 데 목적이 있다. 통합 프로그램은 학습 프로그램과 활동 프로그램을 통합한다. 학습-활동, 활동-학습의 연속적 과정을 통해 학습내용을 실제 행동에 옮기고 행동한 경험들을 다시 학습하는 것으로 행동-반응(Action-reflection)접근 방법이다.[5]

---

5) 양창삼, *기독교교육행정* (서울: 대한예수교장로회총회, 2000), 51~60.

Ⅲ. 교회의 인적자원관리

1. 인적자원관리

1) 인적자원관리의 개념

인적자원관리(HRM: Human Resources Management) 인적자원의 존엄성, 능동성, 개발성, 전략성에 바탕을 두어 그들의 잠재능력이 최대한 발휘될 수 있도록 조직의 분위기를 조성하고 이를 효율적으로 활용함으로써 개인의 목표를 만족시킬 뿐만 아니라 조직의 목표를 아울러 달성하고자 하는 것을 말한다.

일반조직에서의 인적자원관리는 크게 3단계의 변화를 거쳐 지금에 이르고 있다. 첫째는 인사행정(personal management)의 단계이다. 이 시대에는 최고경영의 인사방침을 행정적으로 처리하는 주된 업무였다. 두 번째로는 인사관리(personal administration)단계이다. 이 시대에는 인사업무를 모집, 선발, 교육, 개발, 보상, 노무관리 등 여러 전문기능별로 나누어 관리하였다. 세 번째로는 인적자원관리(Human Resources Management) 단계이다. 이 단계에서는 재래식인사관리를 탈피하여 인간을 단지 기계가 아닌 귀중한 자원으로 간주함은 물론 이 자원을 전략적으로 활용해야 한다는 사고가 담겨있다. 인적자원관리는 조직의 전략계획에 따라 적절한 인물을 선발하고 배치하고 교육하고 개발함으로서 경영목표를 달성하는데 중요한 역할을 하게 된다. 특히 외부환경의 변화에 따라 조직의 전략과 기본 업무를 설정하고 조직목표에 따라 적절한 인력관리 및 조직관리를 시도한 것이다. 이 방법을 사용할 경우에 있어서 사고의 전환과 함께 다른 관리적 선택을 필요

로 한다(양창삼, 교회경영학, 도서출판엠마오, 1994: 227)

2) 인적자원관리의 원리

교회의 인적자원관리를 최대한 개발하여 그 자원을 동원하며 훈련시키며 건강한 교회를 위한 에너지로 활용하는 것은 좋은 제도 방식의 개선이나 법률과 제재 수단의 정비만으로는 건전한 효과를 거둘 수 없다. 그러므로 효과적인 원리가 제시되어야 한다. 몇 가지 원리를 소개해 보면 다음과 같다.

(1) **개발의 원리**: 필요한 업무를 위하여 그 일을 할 수 있는 사람을 발견해야 한다. 필요한 인적 자원을 얼마나 능동적으로 개발하느냐가 중요하다.

(2) **양육의 원리**: 필요한 인재를 키워야 한다. 사람이 없다고 탓하기 전에 필요한 인재를 양성해야 한다.

(3) **분업의 원리**: 사람의 능력은 유한하기 때문에 아무리 유능한 인재도 여러 종류의 업무를 동시에 맡으면 수행상 차질이 온다. 더욱이 한 사람이 일을 독점한다는 것은 비합리적이며 목표를 달성하는 데 저해 요소가 된다. 그러므로 각자의 재능에 맞게 분업화해야 한다. 실력과 재능에 따라 사람을 적재적소에 배치하는 일은 무엇보다 중요하다.

(4) **공평의 원리**: 인사 행정은 공평하고, 동등한 위치에서 공개적으로 해야 한다. 그리스도의 영광과 교회의 부흥을 위해서라면 누구나 참여할 수 있는 기회를 부여함으로써 역량껏 소신 있게 헌신할 수 있어야 한다.

(5) **개방의 원리**: 교회의 모든 업무는 전체 교인에게 개방되어야 한다. 교회의 특수층이나 특정인이 모든 분야를 장악하는 것은 옳지 않다. 교회성장을 위해 필요하다면 각 분야에 모든 사람이 참여하여 자신들의 역량을 발휘할 수 있도록 해야 한다.

(6) **기능의 원리**: 사람은 각기 받은 재능이 다르다. 그러므로 각기 재능에 적합한 업무를 담당하게 될 때 효율성 있는 수행이 이루어진다. 즉 기능에 맞는 인사 관리가 필요한 것이다.

(7) **소명의 원리**: 문호가 개방되어 있다고 해도 무조건적으로 직분을 아무에게나 맡길

수는 없으며, 뛰어난 능력을 갖고 있다고 해서 그 이유만으로 직분을 맡길 수는 없다. 즉 직분에 대한 소명감이 없는 사람은 교회의 직분을 맡을 수 없다. 교회가 부여하는 모든 임무는 소명에 불타는 마음이 없이는 이루어질 수 없다.

(8) **적응의 원리**: 자기가 맡은 일에 적응할 수 있어야 한다. 업무자는 자신의 적성에 맞는 업무를 선택해야 하고, 행정가도 업무자들에게 그들의 적성에 맞는 업무를 맡겨야 한다.

3) 교회의 인적자원관리

교회가 보다 체계적으로 인적자원관리를 하려면 직무분석, 직무평가, 직무설계가 이루어진 다음 모집과 선발, 교육훈련, 인사고과, 승진관리, 징계관리, 보상관리, 경력개발, 퇴직관리, 전략적 인적자원관리 등의 여러 가지 면에서 발전이 있어야 한다.

(1) **직무분석**: 직무분석(Job analysis)은 인적자원관리의 가장 기본이 되는 관리 도구로서 조직 확립의 기초이자 모집, 교육훈련, 임금관리, 직무환경, 인사상담 등 여러 활동의 기초가 된다. 직무분석은 직무수행에 필요한 숙련, 지식, 능력, 책임 등 직무의 내용을 조직적이고 과학적으로 체계화하여 인적자원관리에 필요한 직무정보를 제공해 준다. 교회의 경우 모든 직원의 채용에서부터 목사, 부목사, 전도사 등 교역자의 초빙, 장로 및 집사의 선출, 각 부서의 임원 선정에 이르기까지가 직무분석의 적용대상이다.(Walz, 83: Wedel 53~54).

(2) **직무평가**: 직무평가(Job evaluation)는 크게는 직무분석에 속한다. 직무평가는 조직 내 각 직무가 가지고 있는 숙련도, 책임, 난이도, 복잡성, 노력, 위험도 등 직무끼리의 상대적 가치를 따져 임금체계를 공정하게 하고 인적자원관리 전반을 합리화하는 데 기여한다. 직무평가에 있어서 기본적으로 필요한 것이 바로 직무기술서와 직무명세서이다. 직무의 자격과 능력에 따라 임금이 책정되어야 하기 때문이다.

(3) **직무설계**: 직무설계(Job design)는 직무의 내용, 방법, 관계를 구체화하여 조직구성원의 욕구와 조직의 목표를 통합시키는 것을 말한다. 직무설계는 조직목표의 달성을 위해 구성원에게 동기부여를 하기 위한 전략으로 사용되고 있다. 이를 효과

적으로 수행하게 되면 직무만족이 증대되고, 생산성이 향상되며, 이직 및 결근율이 감소한다.

전통적으로는 직무표준화 및 전문, 직무순환, 직무 확대화에 치중했으나 인간적 요소의 중요성이 강조되면서 직무충실화, 직무특성모형 등으로 발전했고 지금은 통합적 작업팀, 자율적 작업팀, 분임조, 4-4O프로그램, 플렉시타임(flexitime), 플렉시플레이스(flexiplace) 등 다양한 방법들이 등장하고 있다.

(4) **모집 및 선발**: 모집은 교회에서 사람을 필요로 한다는 사실을 가급적 널리 알려 많은 사람들이 응모하도록 하는 것을 말하며, 선발은 이와는 달리 들어오고자 하는 사람을 가려서 뽑는 배타적 과정을 말한다. 모집은 교회 내에서 모집하는 내부모집과 교회 밖에서 모집하는 외부모집이 있다.

(5) **교육훈련**: 교육훈련은 선발된 사람들을 적재적소에 배치하는 것은 물론 그 사람이 교회를 통해 경력을 계속 쌓아가도록 훈련시키는 것을 말한다. 교회의 내외환경도 자꾸 바뀌고 전략도 그에 따라 수정되어야 하기 때문에 직원에 대한 예비훈련, 계속교육, 재훈련이 필요하다.

(6) **인사고과**: 인사고과(performance appraisal)는 교직원의 근무성적과 능력을 평가하여 그가 가지고 있는 현재적 유용성과 잠재적 유용성을 평가하는 것을 말한다. 과거의 인사고과는 실적평가를 하고 이것을 임금, 승진, 상여, 해직 등에 사용함으로써 상벌위주적 성격을 띠었다. 그러나 현대의 인사고과는 능력평가를 위주로 하고 이것을 배치, 교육, 동기부여, 조직개발 등 미래지향적 능력개발에 이용하는 성향을 띠고 있다. 교회도 고객위주로 바뀌고 능력에 대한 평가가 보편화되면서 교역자 및 장로에 대한 일반성도의 평가가 확산될 것으로 보인다. 인사고과를 할 때 고정관념, 현혹효과, 관대화 경향, 중심화 경향, 순위오류, 근접오류, 투사 등 여러 지각적 오류 등을 배제시켜야 공정한 평가가 이루어질 수 있다.

(7) **승진**: 승진은 조직 내에서 보수, 권한, 책임 등이 함께 수반되는 신분상의 상승을 의미한다. 승진은 보수와 함께 조직구성원들이 가지는 주요 관심사 가운데 하나이다. 목회자의 경우 전도사, 강도사, 목사로 이어지는 단계가 있지만 이것은 신학과정의 이수와 노회의 시험 등 여러 과정을 거치는 것이므로 엄밀히 말해서 일반조직의 승진과는 성격이 다르다.

(8) **보상관리**: 보상관리는 개인이 조직체에서 수행한 일에 대한 대가로서 임금, 상여금,

복리후생 등 금전적인 보상과 도전감, 책임, 안전, 성취감, 발전기회, 직무환경 등 비금전적 보상 모두를 포함하고 있다. 보상은 적절한 임금수준, 노력, 능력, 기술 수준에 맞는 공정성, 균형, 교회의 지불능력 등 여러 가지를 고려해야 한다.

(9) **징계관리**: 징계는 교직원 또는 교인으로서 기대되는 최저의 행동기준을 설정하고 이를 위반하는 구성원에 대해 적절한 조치를 취하는 것을 말한다. 교직원의 명백한 영적 부정행위뿐 아니라 부당한 행위 및 교회자산에 대한 의도적 파손행위 등도 징계에 해당된다.

(10) **안전, 보건, 휴가 관리**: 안전관리, 보건관리, 휴가관리가 적절하게 그리고 다양하게 이루어져야 한다. 교회는 특성상 작업상 안전은 비교적 문제가 되지 않으나 사람들을 많이 상대하는 곳인 만큼 스트레스가 쌓이고 위생관리가 문제가 된다. 그렇기 때문에 교직원들에 대한 체력단련, 스트레스관리, 휴가제도 등이 고려되어야 한다. 현재 리프레쉬(refresh)휴가, 독서휴가, 안식년 등 다양한 휴가제도들이 제시되고 있다.

(11) **퇴직관리**: 퇴직은 일정한 연령에 도달했을 때 교회와 직원 사이의 관계가 공식적으로 단절되는 것을 말한다. 우리나라의 경우, 취업규칙이나 총회에서 제시한 연령에 도달했을 때 노동계약이 종료되는 것으로 간주된다.퇴직에는 연금을 받기 시작하는 연령에 퇴직하는 통상퇴직, 조직체의 규정에 따라 일정한 연령에 도달한 경우 강제로 퇴직하는 강제퇴직, 퇴직연령에 대한 규정 없이 신축적으로 퇴직하는 신축적 퇴직, 어느 정도 근속연수를 쌓은 구성원이 정년 이전에 퇴직할 수 있는 기회를 주는 조기퇴직 등 다양한 제도들이 있다.

(12) **전략적 인적자원관리**: 인적자원관리는 통합적이고 전략적으로 이루어져야 한다. 통합적 인적자원관리(total HRM)란 인적자원의 확보, 개발, 유지, 보상 등 인적자원관리의 전과정이 서로 독립되어 있는 것이 아니라, 유기적으로 연관되고 보완된다는 통합시스템적 사고에 바탕을 둔 것이다. 그리고 전략적 인적자원관리란 인적자원관리에 전략적 개념을 투입하는 것으로 교회 내외의 환경요소를 분석하고 내부 여건의 강점과 약점을 파악하여 교회의 전체 활동 속에서 인적자원의 여러 관리기능이 교회의 목표를 달성하는데 실질적으로 도움을 주는 것을 말한다.

4) 교육전문사역자 양성

지역교회의 D. C. E(교육목사, Director of Christian Education)는 교회가 성장하면 할수록 대부분의 시간을 행정적인 업무에 투자하고 있는 실정이다. 더러 그러한 사람들 중에는 행정적인 업무에 타고난 소질이 있다 하더라도 본래의 교육사역에 충실하기 위해서는 본래의 말이 전도되지 않도록 일의 우선순위를 현명하게 정해야 할 것이다. D. C. E.라는 위치에 대한 존엄성과 영속성을 강화시키기 위해서는 무엇보다도 교육사역에 대한 사명감과 그 직분에 합당한 자격을 갖추고 있어야 한다. 이러한 자질을 갖춘 사람이 D. C. E.가 되었을 경우에는 그와 함께 일할 동역자나 혹은 예비 사역자들을 만나게 되었을 때에도 그들이 일하고자 하는 분야에 대한 사명감에 대하여 진실한 대화를 나눌 수 있으며 서로에게 필요한 정보와 도움을 주고받을 수 있을 것이다.

죠셉 베일리(Joseph Bayly)는 "어떤 사람이 새로 일하게 될 교회 사역자의 직분을 수락하기 전에 일단은 상황분석을 해보고 전에 일하던 교회에서 성공을 거두었던 프로그램을 옮겨 심는 식의 제안보다는 그 교회에 가장 적합할 것 같은 프로그램을 구상해 보아야 한다고 제안하고 있다. 루이스 르바는 D. C. E의 주된 책임을 동기부여, 평가, 통합, 행정, 훈련, 감독 그리고 상담의 범주로 나누고 있다. 교육분야에서 이러한 책임들은 개인이 완수한다는 것은 확실히 무리이다. 그러므로 D. C. E.는 교회 전체적인 필요성에 대하여 협조적인 태도를 취하고 다른 사역자들과 서로 도움을 주고받으면서 진행시켜 나갈 때 목사와 교인들에게 좋은 반응을 얻을 것이다."6)

---

6) Werner C. Graendorf, *op. cit.*, 365~75.

2. 인간관계와 갈등관리

1) 인간관계론

(1) 그리피스의 인간관계론

그리피츠(D. Griffiths)는 교육행정에 있어 건강한 인간관계는 인간의 권위와 가치에 대한 신념에 바탕을 둔 상호 존중과 호의라고 주장했다. 이를 위해 행정 책임자는 자신과 타인을 그들이 처한 사회적 상황에 관련짓는 기술이 필요하다고 보았다. 이 기술은 인간관계의 내용을 이해하고 지속적으로 실천함으로써 개선된다. 학교 행정가가 이해해야 할 인간관계의 주요 내용은 다음과 같다.(Griaths, 1956)

① **동기 부여**: 행정가는 사람들이 그 일을 하게 된 원인이 무엇인가를 알아야 한다. 심리학적 동기뿐만 아니라 사회학적 문화 인류학적 측면까지 고려한다.

② **언어**: 행정가는 교사, 학생, 교직원, 학부모, 시민 등과 의사소통을 함에 있어서 주로 언어에 의존하므로 의사를 효과적으로 전달할 수 있는 언어를 구사해야 한다.

③ **권력구조**: 권력은 사회조직의 시멘트이다. 학교뿐 아니라 학교 밖과의 관계를 유지함에 있어서 이를 지키고 운영하는 힘에 대한 지식을 가지고 있어야 한다.

④ **권한**: 권력의 제도적인 표현이 권한이다. 학교 행정가는 권한이 개인의 행위에 어떻게 영향을 미치는가에 관심을 가지고 있어야 한다.

⑤ **사기**: 집단에 나타나는 사기의 정도는 조직 내에서 좋은 인간관계 형성에 중요하다. 사기는 행복한 정신의 발현이며, 집단의 편에 서서 공동의 목적을 수용하고 이를 달성하기 위한 집단 노력과 고도의 단체정신을 유지한다.

⑥ **집단역학**: 행정가의 업무는 집단 안에서 이뤄진다. 집단성과 집단행동의 역학에 대한 지식과 집단과 더불어 일하는 기술을 통해 조직을 활성화시킬 수 있어야 한다.

⑦ **의사결정**: 의사결정은 진공에서 이루어지는 것이 아니라 경험을 배경으로 합리적으로 이루어진다. 각 결정이 학교 체제를 발전시키는 것이 되려면 행정가는 의사 결정 과정에 익숙하고 이에 대한 폭넓은 지식을 가지고 있어야 한다.

⑧ **리더십**: 리더십은 본질적으로 집단과정이다. 훌륭한 지도자는 때로 훌륭한 추종자

가 되어야 한다. 행정가는 현명하고 효과적인 지도성을 발휘할 수 있어야 한다.

(2) '데이비스'의 인간관계론

데이비스는 개인차, 전인성, 동기유발, 인간의 권위를 이해하고 발전시키면 보다 나은 인간관계를 유지할 수 있다고 보았다.(Davis, 1972)

(1) 개인차: 건강한 인간관계는 개인차에 대한 이해에서 비롯된다. 관리자는 개인차를 염두에 두고 동기부여를 해야 한다.

(2) 전인성: 관리자는 사람의 기술만 보고 말하는 것이 아니라 그 사람의 전체적인 인격과 말해야 한다. 관리자가 전인성에 얼마나 접근하느냐에 따라 조직의 성패가 달라진다.

(3) 동기 부여: 모든 사람은 욕구를 가지고 있다. 관리자는 그들의 욕구를 조직뿐 아니라 개인에게 유익이 되도록 동기 부여할 필요가 있다. 조직에서 동기부여는 조직을 움직이는 증기기관에 점화를 하는 것과 같다.

(4) 인간의 권위: 개인차, 전인성, 동기 부여가 과학의 문제라면 권위는 보다 도덕적이고 철학적인 문제다. 인간은 다른 생산 요소와는 달리 취급되어야 한다. 만물의 영장으로서 그 권위를 인정하고 존중해야 한다.

(3) 피그말리온 효과 자성예언

"좋은 것을 생각하면 좋은 일이 일어나고 나쁜 것을 생각하면 나쁜 일이 일어 난다" 이 법칙이 인간관계에 적용되는 것이 바로 피그말리온 효과와 자성예언 효과다. 관리자가 구성원의 성장 동기를 억제하고 타율적이고 수동적이며 종속적인 행동을 기대하면 결과적으로 구성원은 미숙한 상태의 행동 수준에 머무르게 되고, 그들을 성숙한 존재로 대우하여 자율적이고 창의적으로 업무를 수행할 기회를 갖도록 하면 성숙한 상태의 행동이 강화된다. 이것을 피그말리온 효과(Pygmalion effect)라 부른다. 인간은 기대하는 대로 성취된다. 높은 기대는 높은 성취를 낮은 기대는 낮은 성취를 가져온다. 이 기대를 자기의 것으로 내면화하면 자성 예언(Self-fulfilling prophecy) 효과를 가져 온다. 이 현상은 학교에서 인간의 성장과 발달을 목적으로 하는 조직이기 때문에 다른 조직보다 성장의 기회가 많이 제공된다. 그러나 학교 조직이라 할지라도 규칙과 제약이 많으면 많을수록 미숙하게 취급된다. 고등학생이 초등학생보다 미숙하게 취급되는 것도 이 때문이다(Hersey & Blanchard, 1982).

2) 갈등관리

(1) 갈등의 시각

갈등(Conflict)에는 대립과 적의감, 비양립성과 심리성이 깊게 담겨있다. 갈등은 일원적 시각, 다원적 시각, 급진적 시각 등 세 가지 시각으로 나뉘어져 있다.

① 일원적(unitary)시각은 교회의 공동목표를 달성하기 위해서는 일사불란해야 하며, 그러므로 어떤 종류의 갈등도 있어서는 안 된다는 것이다. 이것은 대표적인 시각으로 교인은 오직 교회의 충직한 봉사자여야 한다는 생각을 갖고 있다.

② 다원적(pluralistic) 시각은 교회에 갈등이 존재하는 것은 매우 정상적이며 갈등을 통해 보다 긍정적인 결과를 얻어낼 수 있다고 본다. 교회에는 다양한 이해관계가 얽혀져 있고 교인들이 서로 다른 것을 원하고 있다는 것을 인정하면서, 모두가 이득을 얻는 방향으로 교회 문제를 해결해 나가고자 한다.

③ 급진적(radical) 시각은 해방신학이나 민중신학의 견해를 반영하는 것으로 사회성을 드러내고 있다. 가진 자와 가지지 못한 자, 권력자와 비권력자 사이에는 넘을 수 없는 괴리가 있으며 이 괴리를 빚어내는 사회구조의 틀을 깨지 않으면 안 된다고 본다. 따라서 두 계급 사이의 갈등은 필연적이지만 이 갈등은 종종 억압된다.

(2) 갈등의 종류

갈등의 유형에는 목표갈등, 좌절갈등, 의사소통갈등, 역할갈등, 자원갈등, 인지갈등, 이질적 요소갈등, 불공정요인갈등, 권력 갈등 등 다양하다.

① 목표갈등(goal conflict)은 목표를 추구하는 동기들 사이에 심리적 갈등이 있는 것을 말한다. 레빈은 이것을 가리켜 인지적 부조화(cognitive dissonance)라 했다. 이것에는

접근-접근 갈등, 접근-회피 갈등, 회피-회피 갈등이 있다.

접근-접근(approach-approach) 갈등은 두 가지 모두 놓치고 싶지 않을 만큼 좋지만 어느 하나를 택하지 않으면 안 되고, 선택의 시기를 놓치면 둘 다 놓칠 수 있는 상태를 말한다. 접근-회피(approach-avoidance) 갈등은 선택에 위험성이 함께 내재해 있는 것을 말한다. 회피-회피(avoidance-avoidance) 갈등은 그 어느 것을 택해도 위험성이 따르지만 달리 피할 수도 없는 진퇴양난의 경우를 말한다.

② 좌절갈등(frustration conflict)은 목표를 추구하다가 장애물로 인해 더 이상 나아갈 수 없을 때 발생한다. 목표달성이 좌절될 경우 여러 형태의 반응이 나타나게 되는데 이것을 방어기제(defense mechanism)라 한다. 방어기제는 좌절상태에 있는 교인들을 이해하고 상담하는 데 도움을 준다. 대표적인 방어기제로서는 반발, 공격, 합리화, 억압, 부정, 억제, 전사, 도피, 전환, 동요, 철회, 체념, 고착, 타협, 동일시, 승화 등이 있다.

③ 의사소통갈등(communication conflict)은 의사소통의 왜곡 또는 어려움으로 근거 없이 불신과 적대감이 발생하는 것을 말한다. 수직적 의사소통과정에서 메시지가 왜곡되는 현상이 자주 발생하므로 목회자는 메시지가 의도와 다르게 전해지지 않도록 확인할 필요가 있다.

④ 역할 갈등(role conflict)은 역할 내 갈등, 역할 간 갈등, 지위불일치 등 여러 형태로 나타난다. 역할 내 갈등은 중간의 입장에서 양쪽을 이해해야할 때나 기대되는 역할이 전통이나 규범에 어긋날 때 발생한다. 역할 간 갈등은 주위에서 요구하는 기대가 서로 다른 경우 나타난다. 역할 내 또는 역할 간 갈등을 해소하기 위해서는 의사결정에 대한 참여를 높이거나 규정과 절차의 공식화 정도를 높이는 것이 바람직하며, 지위불일치에 따른 갈등을 해소하기 위해서는 공정성을 높여야 한다.

⑤ 인지 갈등(perception conflict)은 교회에서 자주 발생하는 것으로 다른 사람으로부터 고정관념이나 편견 등으로 모욕, 배반, 부당한 대우, 불신, 속임 해 등을 당하거나 입었을 때 주로 발생한다. 이런 경우 사람들은 자기를 희생자로 생각한다.

⑥ 자원 갈등(resource conflict)은 한정된 자원을 놓고 부서 사이에 적대감이 조성되는 것을 말한다. 루이스(G. Lewis)가 갈등을 '같은 장소, 같은 시간에 두 개 이상의 물체를 동시에 소유하려는 것'으로, 맥스웨인(G. Mcswain)등이 '두 사람이 동시에 소유할 수 없는 목표를 둘 혹은 그 이상의 사람이 소유하려는 상황'이라고 정의한 것은 자원갈등을 염두에 둔 것이다(Lewis,5: McSwain & Treadwell,25).

⑦ 의사결정 갈등(decision conflict)은 대안에 대한 갈등, 제한성에 따른 갈등, 모험성에 대한 갈등을 말한다. 요소

⑧ 이질적 요소갈등(hetero-genetic conflict)은 교인들 사이에 욕구 가치관, 성격, 교육수준, 연령, 경력, 배경 등의 심한 차이로 부조화가 발생하는 것을 말한다.

⑨ 불공정 요인갈등(inequity conflict)은 평가 및 보상체계가 목회자의 편애에 따라 작용하거나 각 부서에 따라 차이가 나 공정성이 결여되었을 경우 발생하는 갈등을 말한다.

⑩ 권력갈등(power conflict)은 총회, 노회, 당회는 물론 교회의 각 기관에서 조직정치가 난무하여 권력을 장악하고자 할 때 나타난다. 부서 이기주의가 팽배할 때 권력 갈등은 더욱 심화된다.

(3) 갈등해결 유형

① 맥스웨인과 트레드웰의 유형론

맥스웨인과 트레드웰은 갈등에 대처하는 목회자의 유형을 문제해결자, 초협력자, 권력브로커, 촉진자, 겁많은 패배자로 구분하였다.

문제해결자(problem solver)는 목회자가 소신을 갖고 갈등상황에 직접 개입하여 양자 모두에게 좋은 결론을 내도록 하는 유형이다.

초협력자(super helper)는 목회자 자신의 개인적 갈등에 대해서는 무관심 내지 수동적이지만 다른 사람의 갈등에 대해서는 적극적으로 나서는 유형이다.

권력브로커(power broker)는 목회자가 어떤 특수상황에서 자기의 목표를 이루기 위해 모든 자원(힘)을 동원하는 유형이다.

촉진자(facilitator)는 어느 한 유형에 집착하는 것이 아니라 상황에 따라 그 역할을 변화시키며 문제를 해결하고자 하는 것을 말한다.

겁많은 패배자(tearful loser)는 갈등이 발생하면 갈등의 핵심으로부터 도피하고자 구실을 먼저 찾는 유형이다(McSwain & Treadwell, 170~183).

② 홀의 유형론

홀(J. Hall)은 승패형, 조정형, 회피형, 타협형, 승승형으로 나누었다.

승패형(Win-lose)은 한 쪽은 좋지만 다른 쪽은 나쁜 결과를 가져 오는 것을 말한다.

어느 한 쪽에 승리를 안겨 준 경우 겉으로는 문제가 해결된 것 같지만 다른 경우에서 문제가 발생할 수 있다. 교인과 갈등관계에 있는 목회자가 자기에게만 유리한 쪽으로 결론을 낼 경우 교인의 불만은 쌓여간다.

조정형은 원만한 인간관계를 생각하여 웬만한 갈등은 잘 견디는 유형이다. 자기의 목표를 성취하지 못한다 하더라도 관계를 유지하는데 더 많은 관심을 가진다.

회피형은 일단갈등에 처하면 목표성취가 어렵고 인간관계도 좋아지지 않는다고 생각하여 자꾸만 갈등을 피하려 한다.

타협형은 갈등상황에서 자신의 것을 어느 정도 얻어 내지만 상대방과의 관계를 상하게 하고 싶지 않은 정도에서 끝내려는 유형이다.

승승형(Win-Win)은 자신뿐 아니라 상대방의 목표도 함께 이룰 수 있는 방안을 모색하는 쪽으로 문제를 풀어가는 유형이다(Hall, 76~79).

(4) 효과적인 대인관계

코비(S. Covey)는 패러다임의 변화와 함께 원칙중심의 삶으로 대인관계를 개선할 수 있다고 주장했다(Covey, 1989). 그가 주장하는 패러다임의 변화는 내면의 변화를 말한다. 내면의 본질적 변화 없이 어떤 외적인 방법을 통해 변화를 모색하는 것은 패러다임의 변화가 아니다. 그의 저서 「성공하는 사람들의 7가지 습관」에서 7가지 습관 중 습관 1, 2, 3은 우리를 의존적 단계에서 독립적 단계로 발전시켜 준다. 이같은 습관들은 성품 성숙의 본질이 되는 '개인적 승리'이다. 습관 4, 5, 6은 팀워크, 협동, 커뮤니케이션 등과 같은 '대인관계의 승리'를 효과적으로 달성할 수 있는 집단 및 조직에서의 리더십이다. 습관 7은 재충전의 습관으로 다른 모든 습관들을 둘러싸고 있다. 이것은 지속적인 자기 개선을 위한 습관으로 나선형의 상향적 성장을 가능케 한다.

① 주도적이 되라–개인비전의 원칙

주도성이란 스스로의 삶에 대해 책임을 져야 한다는 뜻이다. 우리의 행동은 우리가 하는 의사결정에 의한 것이지 결코 우리를 둘러싼 여건들에 의해 좌우되는 것이 아니다. 자신의 주도성 정도를 스스로 자각할 수 있는 방법은 바로 자신의 시간과 에너지를 어디에 집중시키는가를 살펴보는 것이다.

② 목표를 확립하고 행동하라 – 개인리더십의 원칙

인생에서 주도성을 확대시켜 주고 개인적인 리더십을 발휘하게 해주는 인간만이 가진 독특한 능력은 바로 상상력과 양심이다. 우리는 자신의 상상력과 양심을 이용하여 새로운 각본을 쓸 책임이 있다. 인생 목표를 확립하고 행동하는 가장 좋은 방법은 자신의 인생을 통하여 어떤 존재가 되고 싶고 또 무엇을 하고 싶은지 자신의 신조, 즉 자기사명 선언서를 작성하는 것이다. 이것이 있으면 다른 사람들의 지시,통제, 비판, 불필요한 간섭 등을 필요로 하지 않는다.

③ 소중한 것부터 먼저 하라 – 개인관리의 원칙

효과적 관리란 소중한 것을 먼저 하는 것이다. 어떤 활동을 결정하는 두 가지 요소는 바로 긴급성과 중요성이다. 이에 따라 시간관리 매트릭스의 4 가지 상한이 나온다. 제1상한에 속하는 것은 모두 급하고 중요한 것들이다. 이것은 즉각적인 처리가 요구되고 또 결과도 중대한 사안들을 다룬다. 제 3상한은 급하지만 중요하지 않은 일들이고, 제4상한은 하찮은 일이다. 제 2상한은 효과적인 자기관리의 핵심으로 급하지는 않으나 먼저 해야 될 중요한 사안들이 포함된다. 예컨대 인간관계 구축, 자기사명 선언서 작성, 장기계획 구축 등이다. 제 2상한을 중심으로 시간을 관리하는 목적은 자신의 삶에 가장 소중한 것 위주로 매주일을 계획, 실행하는 능력을 증대시켜 효과적으로 우리의 인생을 관리하자는 것이다.

④ 상호이익을 추구하라 – 대인관계 리더십의 원칙

인간관계에서는 상대에게도 나에게도 모두 이익이 되도록 하는 승승(WW), 나는 이기고 상대방은 지는 승패(WL), 나는 지고 상대방은 이기는 패승(LW), 두 사람 모두 지는 패패(LL), '나는 이겨야 된다'고 생각하는 승(W), 그리고 무거래 등이 있다. 승승적 사고는 모든 대인관계에서 서로의 이익을 추구하는 사고방식이다. 승승의 결과를 얻으려면 협상을 할 때 문제를 다른 사람의 관점에서 바라보라, 관련 문제의 핵심적인 쟁점과 관심을 파악하라, 어떤 결과가 완전히 수용 가능한 해결 방안이 되는가를 결정하라, 이같은 결과를 얻는 데 가능한 새로운 선택 대안들을 규명하라는 4가지 원칙을 생각할 필요가 있다.

⑤ 경청한 다음에 이해시켜라 – 공감적 커뮤니케이션의 원칙

승승이 되기 위해서는 서로 협조적이어야 하며 상대방의 입장을 이해하려는 감정이입적 태도(empathy)가 필요하다. 이것이 공감적 경청이다. 공감적 경청이란 이해하려는 의도를 가지고 경청하는 것을 말한다. 상대를 평가하고 판단하기에 앞서 내가 먼저 상대방을 이해하는 것, 즉 다른 사람의 관점을 통해서 사물을 보는 것으로, 눈과 가슴으로 그 말이 갖는 느낌과 의미를 듣고 상대방의 머리와 가슴 그 내부에서 일어나고 있는 실체를 느낀다. 이렇게 상대방을 이해하도록 노력한 다음 상대방에게 자기를 이해시키도록 한다.

⑥ 시너지를 활용하라 – 생산적 협조의 원칙

시너지(synergy)는 전체가 각 부분들의 합보다 더 크다는 것을 의미한다. 시너지의 본질은 사람들 간의 정신적, 감정적, 심리적 차이점들을 소중히 여기는 것이다. 이들 차이점을 소중히 여기는 관건은 모든 사람들이 세상을 있는 그대로가 아니라, 자기 자신의 관점을 통하여 본다는 사실을 깨닫는 것이다.

⑦ 심신을 단련하라 – 균형적인 자기쇄신의 원칙

자신이 최선의 상태에 있도록 노력한다. 습관 7은 자기쇄신, 즉 자기 자신을 유지 및 향상시키는 것을 말한다. 즉 운동, 독서, 교육 등을 통해 인생의 4가지 차원인 신체적, 영적, 정신적, 사회적, 감정적 차원을 규칙적이고 균형 잡히게 쇄신하는 것을 의미한다. 성공적인 삶을 위한 7 가지 습관은 이들 4 가지 차원들 사이에서 최적의 시너지 효과를 만들어 낸다. 이들 습관들은 서로 순차적으로 연속된 관계를 가지고 있기 때문에 한 가지 습관의 개선은 시너지 효과에 의해 나머지 다른 습관들도 실천할 수 있는 능력을 증가시켜 준다. 이것은 자기 자신을 혁신시켜 주고 집단 및 조직을 이끌어가는 관리자, 구성원 모두에게 유익한 아이디어를 줌으로써 각종 사회조직까지 변화시키게 될 것이다.

3) 교육상의 갈등 해소 방법

(1) 무언의 행동

무언의 행동(Action parable)은 여러 갈등을 담고 있는 계획된 경험 속에 들어가 무엇인가 행동하게 해 학생 스스로 그 갈등을 몸으로 느끼고 해결점을 모색하게 하는 방법이다. 이것은 인간관계에서 일어나는 문제들이나 환경에의 적응과 같은 문제들에 대해 학생 스스로 해결점을 발견할 수 있게 하는 것으로 말은 하지 않고 행동만으로 계획된 경험을 하게 한다. 자유로운 분위기 가운데 몸으로 느끼고 몸으로 말하게 하는 가운데 여러 시행착오를 통해 학습하게 한다. 이 방법은 경험을 먼저 하고 나중에 그 경험들을 돌아봄으로써 학습 내용을 발견하게 하는 것이므로 교사는 학습하고자 하는 내용을 먼저 제시하지 않도록 주의한다. 무언의 행동에는 짝을 지어 경험하게 하는 방법과 소그룹을 통해 경험하는 방법이 있다.

(2) 역할극

역할극(Role playing)은 상대에 대한 이해를 높이는 방법이다. 이것은 사람들 사이에 발생하는 문제를 해결하기 위한 것으로 문제 속의 인물 역할을 맡아 즉흥적으로 연기함으로써 문제 및 상대방을 이해하게 되고, 문제해결의 가능성을 높인다. 역할극은 문제 상황만을 제시하고 연기자들이 나름대로 자유스럽게 진행하는 방법, 과거의 상황을 실제 재현시키는 방법, 문제 상황의 일부 줄거리만 제시한 다음 계속 그 문제를 즉흥적으로 전개하여 풀어가는 방법 등 여러 가지가 있다.

역할연기는 주로 인간관계의 문제를 취급하는 데 주로 사용되고 있다. 교회학교에서는 성경의 이야기를 다시 재현해 성경을 연구하는 방법으로 활용할 수 있다. 이때 학생들로 하여금 자신의 입장과는 다른 역할을 맡도록 하는 것이 바람직하다.

(3) 피드백 게임

피드백 게임(Feedback game)은 인간관계 향상을 위한 기법이다. 다른 사람의 도움을 얻어 자신의 모습을 발견함으로써 자아의 성숙에 이르게 하기 위한 방법이다. 소그룹의 멤버들이 한 사람씩 돌아가며 그 그룹원 안에 들어가서 자신의 인상, 장점, 단점, 무의식적인 행동 등에 대해 다른 멤버들의 지적을 받게 하는 방법이다(Blumberg, 1976). 자신의 얼굴에 있는 티를 알기 위해서는 자신이 직접 거울을 보고 아는 방법과 다른 사람이 발견해 주는 방법 두 가지가 있다. 피드백 게임은 다른 사람들이 자기를 어떻게 보고 있는가를 알게 하여 자신의 모습을 새롭게 깨닫게 하는 것이다. 교사는 이 게임을 실시하는 목적과 가치를 간단히 설명한 뒤 전체 학생을 6~8명 정도의 소그룹으로 나눈다. 각 소그룹은 원형으로 둘러앉아 각자의 출생지, 출신학교, 가족사항, 이름, 나이, 취미, 특기 등에 대한 소개 시간을 가지고 서로 친숙한 분위기를 느낄 수 있게 한다.

Ⅳ. 교사와 리더십 훈련

1. 리더십의 개념

리더십(leadership)은 앵글로색슨어 '리탄'(lithan)에서 나온 말로 '가다'(go)라는 뜻을 가지고 있다. 이로 보아 리더십은 정지가 아니라 움직임이 있는 것이며, 가고자 하는 목표가 있는 아주 동적인 개념임을 알 수 있다. 리더십이 동태성과 방향성을 가지고 있다. 리더십은 무엇보다 헤드십(headship)과 구별된다. 학자에 따라서는 리더십에 헤드십을 포함시키기도 하지만 대부분의 학자는 이 두 개념을 구분한다. 리더십이 부하의 존재를 귀중하게 보고 그들 스스로 움직이도록 배려하고 민주적임에 비해, 헤드십은 부하를 자기 발아래 묶어 놓고 전제적으로 군림한다. 비전을 가지고 교인들을 키우며 교인들이 성숙할 수 있도록 도와주는 것이 바른 리더십이다.

2. 기독교 리더십의 유형

1) 리차드와 휄케의 모형

리차드(L. Richards)와 휄케(C. Hoeldtke)는 가족관계를 통해 리더십 모형을 명령계통모형, 동반자모형, 평등모형으로 나누었다. 이것을 목회자와 교인의 관계로 바꾸어 생각할 수도 있다.

(1) 명령계통(chain of command)모형은 하나님을 중심으로 남편, 아내, 자녀들 순으로 위계를 이루는 것을 말한다. 이것은 명령과 복종관계 또는 구약적 모형으로 간주된다. 지도자에 대한 복종과 순종을 원칙으로 삼고 있으며 권위, 의사결정, 통제가 위계에 따라 이루어진다.

(2) 동반자(partnership)모형은 하나님 아래 남편과 아내가 동반자적 균등관계를 유지한다. 남편은 혼자 의사결정을 하는 것이 아니라 가족과 함께 상의하여 결정하며 공동체로서의 삶을 이뤄나간다. 개인보다 상호관계를 강조한다.

(3) 평등(equality)모형은 하나님 아래서 부모와 자녀가 서로 마음을 같이 한다. 위계보다는 사랑으로 뭉쳐있고, 주 안에서의 평등한 권리와 책임이 강조된다. 남편은 봉사자로서의 역할을 수행한다. 아내와 자녀들의 의사를 존중하고 그들의 잠재력이 발휘되도록 한다. 임무와 역할보다 개인적 성장과 발전에 더 관심을 가진다.

2) 데일의 모형

데일(R. Dale)은 촉매형, 사령관형, 용기를 주는 형, 은둔형으로 나누었다. 그의 모형을 목회자-리더모형(minister-leader model) 또는 리더십-추종자모형(Leadership-followership model)이라 부른다. ①촉매형(catalyst)은 활동적이고, 긍정적이며, 능동적이다. 교인들과 적극적으로 접촉하고 반응한다. ②사령관형(commander)은 자신이 제시한 목표와 프로그램을 추종하도록 하는 유형이다. ③용기를 주는 형(encourager)은 좌절상태에 있는 교우들을 위로하고 용기를 주며 사기를 북돋우는 유형이다. ④은둔형(hermit)은 교인들과의 접촉을 꺼리고 내적으로 지도하거나 연구를 위주로 하는 유형이다(Dale, 1986).

3) 존스의 DISC모형

존스(B. Jones)가 제시한 DISC모형은 지배형(Dominance), 영향형(Influencing), 불변형(Steadiness), 추종형(Compliance)의 영어 첫 글자를 딴 것이다.

① 지배형은 목적달성을 위해 환경을 고쳐가면서라도 지배하는 유형을 말하고, ②영향형은 보다 온건하게 간접적으로 영향력을 끼쳐서 교인들이 일을 하도록 하는 형이며, ④ 불변형은 꾸준히 참고 충성하며 한결같이 일을 추진해 나가는 형이고, ④ 추종형은 규칙에 따라 질서있게 조직적으로 일을 수행해 나가는 형이다(Jones, 1988).

3. 교회 지도자의 리더십

교회 지도자에게 요구되는 리더십으로 다음과 같은 것들이 있다. 이것은 목회자로서 가져야 할 최소한의 리더십이다.

1) 비전을 주는 리더십(Visional leadership)

모든 시대에 목회자에게 요구되는 것은 그 시대에 꿈을 줄 수 있는 비전이다. 잠언 29: 18을 '묵시가 없으면 백성이 방자히 행하거니와'라고 했는데 흠정역은 이를 '꿈이 없는 곳에서는 백성이 망한다(where there is no vision, the people perish)'고 표현하고 있다. 목회자는 하나님 백성들이 어디로 가야 하는지 그 방향과 목표를 제시하고 그리로 함께 가야 한다. 목회자는 주어진 환경에 대한 분명한 이해를 바탕으로 하나님이 보여 주시는 바람직한 미래상을 제시할 수 있어야 한다(이용원, 77~78).

2) 모범적 리더십(Exemplary leadership)

목회자는 가정적으로나 사회적으로나 여러 면에서 모범, 곧 본보기가 되어야 한다. 목회자의 사생활은 목회자 개인의 지도력에 많은 영향을 준다. 특히 가정과 사회적으로도 모범이 되어야 한다. 목회자는 사회가 정한 규범을 철저하게 지켜야 하며 나아가 사회 윤리의 기준이 되어야 한다.

3) 사랑을 공급하는 리더십(Love-filling leadership)

목회자의 리더십은 그리스도의 사랑을 교회와 교인과 우리의 이웃들에게 가득 채우는 것이어야 한다. 사랑 그 자체이신 하나님은 우리를 사랑하심으로 독생자 예수를 우리에게 보내 주셨고, 그를 죽는 자리에까지 보내심으로 그 사랑을 우리에게 입증하셨다. 목회자는 이 사랑의 모범을 따라 이 땅에서 하나님의 사랑을 공급하고 채우는 사람이 되어야 한다.

4) 변혁적 리더십(Transformational leadership)

옛 사고와 태도를 가지고는 하등 쓸모가 없으므로 삶의 형식(form)을 바꾸는 것을 가리켜 변혁이라고 한다. 그러므로 변혁적 리더십은 패러다임전환의 리더십이다. 번즈(J. Burns)는 리더십을 거래적 리더십(transactional leadership)과 변혁적 리더십으로 나누었다. 거래적 리더십은 교환적 리더십이다. 변혁적 리더십은 마음을 변화시키는 일이 무엇보다 중요하게 여긴다.

5) 변화 주도적 리더십 (Change-initiated leadership)

목회자는 세상의 흐름에 대해 눈과 귀를 막고 지내는 것이 아니라 그 시대를 통찰하고 변화를 주도하고 촉진해야 한다. 그래서 그리스도의 문화가 세상을 변화시킬 수 있도록 해야 한다. 하나님의 것이 변하는 것이 아니라 세상이 변하는 것에 초점이 맞추어져야 한다. 목회자는 하나님의 것으로 세상을 변화시킬 수 있도록 리더십을 발휘해야 한다.

6) 엠파워먼트 리더십(Empowerment leadership)

엠파워먼트는 문자적으로 권한과 책임을 주는 것을 의미한다. 지금까지의 독선적인 관리의 틀을 벗어나 교인들에게 권한과 책임을 부여한다. 이로 인해 교인들이 자기에게 주어진 일에 대해 주인의식과 통제감을 경험할 때 엠파워먼트가 일어난다. 엠파워먼트를 가진 교인은 자기가 하는 일이 하나님의 일이라는 것을 잘 알게 된다. 따라서 자기가 그 일을 담당하게 된 것을 자랑스럽게 생각하고 최선을 다하게 된다.

엠파워먼트 리더십이란 지도자가 다른 사람들에게 힘을 주어 스스로 일하게 하는 리더십을 말한다. 사람은 누구나 나름대로의 장점이 있다. 지도자는 그 장점이 전체의 발전에 기여할 수 있다는 신념을 가지고 그것을 발굴해 내고 개발한다. 이런 지도자는 사람을 키우는 지도자 또는 가장 민주적인 지도자로 인정을 받는다. 이처럼 길러 주는 리더십을 가리켜 슈퍼 리더십(super leadership)이라고 한다.

7) 종의 리더십(Servant leadership)

목회자는 교회의 왕으로 세움을 받은 존재가 아니라 종으로 세움을 받은 존재라는 것을 잊어서는 안된다. 예수님도 섬김을 받으러 이 땅에 오신 것이 아니라 오히려 섬기러 오셨다고 말씀하셨다. 예수님의 제자된 목회자는 섬김에 있어서 주님보다 더 낮은 자세로 교회와 주님의 백성들과 우리의 이웃을 섬겨야 한다.

8) 유기적 리더십(Organic leadership)

목회자는 교회 안에 있는 다양한 여러 지체를 아끼고 돌보아 그들이 그리스도 안에서 하나가 되도록 유기적으로 연결해야 한다. 목회자가 교회에서 그 역할을 수행하지 못하면 교회는 날로 생명을 잃어 가게 된다.

9) 맨토링 리더십(Mentoring leadership)

멘토(Mentor)는 교육적 지도자이고 멘티(Mentee)는 학생이다. 그러나 멘토와 멘티의 관계는 기계적 관계가 아니다. 모범이 되어 본받을 수 있는 스승과 그분의 삶을 존경하고 사랑하는 학생의 관계이다. 지도자는 학습자의 천부적 가능성을 십분 발휘할 수 있는 기회와 풍토를 마련해주는 협조자가 되어야 한다. 지도자는 어디까지나 학생의 올바른 성장을 돕는 협력자요 동반자이며, 그들의 올바른 성장이 곧 리더의 영광임을 기억해야 한다. 교회교육에서 영원한 멘토의 모범은 예수님이시다. 그분은 제자들에게 가르쳤을 뿐 아니라 그 나라의 삶에 합당한, 온유하고 겸손하며 사람들을 속박에서 풀어주는 선생으로서의 모범을 보이셨다. 그를 대적하는 사람들조차 예수님을 선생이라 불렀다. 예수님이 제시한 복음과 그분의 삶을 가르치는 교회 지도자는 학생들에게 진정한 멘토가 되어야 한다. 그런 의미에서 교회학교에서 요구되는 리더십은 무엇보다 멘토링 리더십(Mentoring leadership)이다.

10) 사랑의 리더십

'칼라스'에 의하면 사랑은 훌륭한 교사다. 그러나 고통이 따른다. 후회는 겸손케 하는 교사이다. 그러나 오래 수강해서는 안 된다(칼라스, 1998). 교회교육을 담당한 지도자는 주님의 사랑을 보여주는 자이다. 지도자의 생각 속에 그리스도의 사랑이 충만해야 하고, 그 말에도 사랑의 언어가 있어야 한다. 사랑을 실천하지 않는 리더는 아무리 잘 가르쳐도 감동을 주지 못한다. 지도자는 그 고통을 마다하지 않고 그리스도의 사랑을 보여주고자 하는 사람들이다. 지도자로서의 성실한 태도와 학생을 사랑하는 마음 그리고 신앙을 바탕으로 봉사와 희생으로 교사직에 임해야 한다.[7]

4. 탁월한 리더십 훈련

1) 각각의 연령 그룹의 특징에 맞는 내용이어야 한다

교사를 위한 훌륭한 프로그램은 다음의 다섯 가지 특징을 지니고 있다. 학습의 기본 원리는 모든 연령층에서 다 같이 필요로 하는 것이지만 모든 교사들은 자신이 담당하고 있는 연령 그룹의 특성과 실제적으로 관계가 있는 훈련할 때 최선의 결실을 맺을 수 있게 된다. 각 연령층을 크게 그룹으로 나누어 그 특징에 맞는 내용과 형식으로 훈련이 실시되어야 한다.

2) 훈련은 실제적이어야 한다

단순히 학생들의 특징이나 학습 원리를 알고 있는 것만으로는 교사로서의 자질이나 기술을 향상시키는 데는 별다른 도움을 기대할 수 없다. 어떠한 종류의 훈련도 실제 상황에 적용했을 때 효과를 거둘 수 있도록 구성되어야 한다.

3) 커리큘럼 중심이어야 한다

학습자의 필요와 욕구를 파악하고 충족시키는 방법에 대한 훈련은 단계적으로 공과로부터 구체적인 보기를 선택해서 활용하도록 한다. 교사들은 반드시 그들의 학습지도

---

7) 양창삼, *op. cit.*, 199~10.

방식에 도움을 줄 수 있는 관련서적들을 꾸준히 읽어 나감으로써 새로운 학습과정을 시행할 수 있도록 노력해야 한다. 훈련과 커리큘럼은 자원봉사자들도 효과적으로 쉽게 수행할 수 있도록 기초적인 계획의 단계들을 뒷받침해 주면서 나란히 병행되어야 한다.

4) 훈련은 경험을 중시해야 한다

훈련에 참가한 교사들이 배운 지식이나 기술을 실제 교육 현장에서 활용할 수 있도록 훈련과정을 통하여 그러한 기회를 미리 제공할 수 있어야 한다. 또한 학습 자료나 도구에 대한 활용을 직접 훈련되어야만 효과적으로 지도하고 전달할 수 있게 된다.

5) 훈련은 규칙적이고 체계적이어야 한다

교사를 모집할 때 모집하는 측에서는 새로 모집한 교사들을 준비시키고 훈련시킬 명확한 계획이 전제되어 있어야 한다. 모든 훈련의 과정은 그러한 계획을 언제든지 재보강할 수 있도록 항상 신중하게 선별되어야 한다.

제6장

기독교교육과 공동체

I. 기독교교육의 공동체

1. 가정 공동체

가정은 하나님이 직접 제정하신 원초적 기관이다. 인간이 참여하게 되는 모든 기독교교육의 장중에 가정은 가장 원초적이고 기본이 되는 기독교교육 공동체이다. 어느 시대 어느 곳을 막론하고 가정은 교육의 중심 장이다. 가정은 인간 삶이 형성되는 터전이며 모판이요 인간 공동체의 핵이 되는 기초 공동체이기 때문이다. 종교개혁자 마틴 루터는 가정, 교회, 학교를 표준적 교육기관으로 여겼으며, 그 중에서 가정이 교육목표를 가장 잘 실현할 수 있는 교육의 장으로 보았다. 죤 칼빈도 믿는 자의 자녀들이 언약의 공동체에 포함될 수 있는 것은 부모의 신앙고백으로 유아세례를 통해 언약의 참여자가 되었기 때문에 가정에서의 신앙교육과 부모의 자녀양육과 훈련의 책임자로서 그 역할과 임무를 강조하였다.

1) 성경적 배경

초기 이스라엘백성들의 교육 헌장이라고 할 수 있는 쉐마(신6:4~9)는 하나님께서 부모에게 직접 부과하신 하나님의 명령이므로 가정교육의 원형이라고 할 수 있다. 신명기 6:4~9에 기록된 이스라엘의 쉐마(Shema)를 보면 기독교교육의 핵심내용은 우리 하나님 여호와는 오직 하나인 여호와시니 너는 마음을 다하고 성품을 다하고 힘을 다하여 네 하나님 여호와를 사랑하라는 것이다. 즉 마음을 다하고 성품을 다하고 힘을 다하여 하나님을 사랑하는 사람이 되도록 하는 것이 쉐마를 통해 나타난 교육의 목적이다. 이 목적을 이루기 위한 중요한 교육의 장은 가정으로, 가정에서의 모든 삶의 정황, 집에 있을 때에든지 길을 갈 때에든지 가정공동체의 모든 삶 속에서 교육의 목적은 이루어져야 한다. 여기에 부모는 유일의 교사인데, 교사로서의 부모의 자격은 교육의 핵심이 되는 말씀(신6:4~5), 즉 하나님이 오직 한 분이신 하나님임을 알고 그 유일하신 하나님을 사랑하는 것으로 온몸에 옷 입은 자이며 마음에 새긴 자이다. 네 손목, 네 미간, 네 집 문설주와 바깥문, 즉 이 말씀이 삶의 환경이 되게 하는 것이다. 그리고 부모는 어느 때에든지 모든 기회를 다 이용하여 이 말씀을 강론하는 자이다.

첫째는 교육의 방법으로 부모가 이 말씀을 마음에 새기는 것이다. 둘째는 모든 기회를 이용하여 이 말씀을 가르치는 것이다. 집에 앉았을 때에든지, 길을 갈 때에든지 누웠을 때에든지, 그리고 일어날 때에든지, 자녀와 같이 있는 모든 때인 것이다. 셋째는 환경을 통해서이다. 그러나 물리적 환경을 만들어서 귀만 이용해서가 아니라 눈을 이용하여 시각적으로 교육할 것을 이야기 하고 있다. 즉 네 손목과 미간에 표를 해서 붙이고 문설주와 바깥문에까지 기록해서 집안을 드나들며 봄으로 새기도록 한 것이다. 이처럼 쉐마를 통해 보면, 주위환경, 그 자신, 모든 때를 통해 통일된 교육을 함으로 하나님을 사랑하는 것이 그의 삶 전부가 되도록 하였고 그의 몸을 통한 구현이 되도록 했다. 이처럼 기독교 가정의 부모는 교사로서의 투철한 신분의식을 가지고 출생에서부터 끊임없이 자녀들을 하나님의 거룩한 백성으로 살도록 하나님의 말씀에 근거하여 가르치고 양육하되 모든 삶의 환경을 교육의 장으로 만들어 교육시켜야 한다는 것이다.

2) 역사적 배경

가정공동체를 통한 기독교교육의 모습이 기독교교육의 역사 속에서는 어떻게 나타나고 있는가? 성경역사 속에서 가정공동체에서의 교육의 모범을 찾는다면 구약시대의 히브리인의 가정교육과 신약시대의 초대교회의 가정교육을 생각할 수 있다. 먼저 히브리인들의 종교 교육은 가정이 가장 중요하고 근본적인 교육의 장이 되었다. 이들 공동체는 역사적, 정치적 불확실성 속에 살면서 하나님의 선택된 백성으로서의 역사적 계속성을 유지하며 신앙유산을 지켜 나가는 것이 민족적 과제였다. 이를 위해 이들은 그의 후손들에게 하나님의 선택된 백성, 하나님의 공동체로서의 민족적 종교적 정체성을 심어 주어 그것이 이스라엘의 성격, 윤리적으로 거룩한 이스라엘 사람의 모습 그 자체가 되도록 하는 것이 교육의 목적이었다. 이러한 교육을 위해 여러 부류의 선생들이 있었는데, 제사장과 선지자와 왕, 그리고 삶으로부터 지혜를 주고 도덕적 교육을 한 현자(Sage)도 있었다. 그러나 신앙교육의 핵심적 교사는 물론 가정에서 부모였다. 부모 중에서도 특별히 아버지가 중요한 역할을 담당했다. 아버지들은 자녀가 4세가 되면 자신들이 배워 온 대로 자녀들을 가르쳤으며 율법의 지식뿐만 아니라 율법을 가르쳤다.

그러면 구체적으로 그들은 어떻게 하나님의 백성이 되도록 가르쳤는가?

첫째는 성경적 배경인, 쉐마에서 본 것처럼 구약성경 여러 곳에서 볼 수 있는 '……을 기억하게 하라', '……을 가르쳐 지키게 하라'는 이야기를 들려주는 구전(Oral tradition)을 통해서이다. 하나님의 선택된 백성임을 확신케 하는 출애굽 사건을 핵으로 하여 그들은 이스라엘의 역사와 율법 속에서 하나님이 어떻게 자신을 계시해 왔는가를 되풀이해서 이야기를 해줌으로 전해 내려갔다. 이 역할은 가정 공동체에서 부모, 특히 아버지가 하나님께서 이스라엘 출애굽의 생생한 역사 속에서, 율법 속에 나타난 하나님의 말씀을 통해 자신을 보여 주셨음을 이야기로 전하는 반복과 암기에 의한 것이었다.

둘째는 가족과 함께, 가족 속에 참여를 통한 종교적 의식(Religious rites)과 절기를 통해서이다. 자녀들은 가족과 함께 종교적 의식에 참여함으로 분명하고 흥미 있는 활동에 의해 놀라움, 경외, 기쁨을 경험하게 되어 구체적이고 생생하게 종교교육이 이루어져 갔다. 이러한 의식과 절기는 그 예로 생후 8일 만에 남아에게 행하는 할례의식과 — 이스라엘인의 공동체의 일원이 된 표로 이스라엘인 성격의 기초를 이룸 — 쉐마를 손목이나 미간에 붙이고 다니며 말씀을 외우고 생활화하도록 하는 일, 문설주와 바깥문에 메주자(Mezuzah)를 걸고 입을 맞추도록 하는 의식, 13세가 되면 '바르 미즈바'(Bar Mizwah)라는 성인의식을 행함으로 종교적 책임을 감당하게 하는 의식, 안식일을 가족원이 같이 엄숙하게 하는 일, 유월절, 장막절, 그리고 부림절과 같은 절기를 지키고 참여함으로 이스라엘 민족 속에 역사해 오신 하나님을 경험하도록 하는 것이었다. 먼저 부모 자신들이 이러한 의식과 절기를 통해 계시를 새롭게 하고 더 잘 배우므로 자녀들도 행함으로 배우도록 했다. 이렇게 구체적이고 생생하게 삶 속에서 종교교육이 이루어진 것은 어떤 면에서 그들의 삶 자체는 종교와 분리될 수 없는 종교적 삶이었고 그 자체가 교육이었고 종교교육내용이었다.

셋째는 구전 전승의 방법으로 부모들은 자녀와의 직접 대화를 통해 가르쳤다. 물론 위에서 언급한 의식과 절기는 부모와 자녀 사이에 대화를 이끌 수 있는 좋은 계기들이 되었다. 자녀들의 호기심과 놀라움은 질문을 자아내었고 부모는 여기에 답을 하면서 그들의 수준에 맞게 성경을 해석해 줄 수도 있었고 토의를 이끌 수도 있었다. 이러한 대화와 토의는 가정에서 부모와 자녀 사이의 교육의 중요한 매체였다.

구약시대에는 가정이 교육의 핵심을 차지하고 있었지만 신약시대로 넘어오면서 기독교교육은 종교적 형태의 변화에 따라 랍비가 등장하고 회당이 생기면서 신앙교육의 여건과 환경에도 변화가 생기기 시작했다. 유대교 회당에서 기독교인들이 예배드리는 것이 금지 당하고 핍박을 받기 시작하면서 가정은 예배의 중심지가 되었다. 초대교회 시대는 가정에서 예배와 성만찬과 그리고 공동식사(common meal) 을 통하여 신앙교육이 이루어졌다. 이는 초대교회가 시작되었다는 의미 이외에도 구약의 전통과 연결하여 볼 때 가정은 가장 기초적인 단위의 교회 공동체(Original divine)였음을 알 수 있다. 이처럼 구약시대에서 신약시대까지의 가정은 신앙교육의 중심이었으며, 부모를 통하여 신앙이 전수되어왔으며, 살아있는 신앙교육의 산실이었다.

중세시대의 기독교교육은 기독교가 공인된 후 하나님의 말씀을 강조하기 보다는 종교적인 의식의 발달과 스콜라철학의 영향으로 신앙의 지적인 면이 강조되자 가정은 점점 교육의 영역으로서의 기능을 잃게 되었다. 따라서 중세시대는 교회의 성례만이 하나님의 은총의 통로로 중시되어 가정교육의 필요성과 자녀의 신앙을 위한 부모의 의무나 역할은 강조되지 못한 시기였다.

종교개혁 시대에 이르러 개혁자들에 의해 가정의 교육적인 역할이 강조되면서 기독교가정교육의 기능이 회복되게 되었다. 개혁자들은 가정의 교육적 기능을 강조하였고 가정에서의 신앙교육과 부모의 역할을 강조하였다. 그들은 부모들이 자녀들에게 효과적인 신앙교육을 실시하여 기독교 신앙교육 내용을 간략하고 쉽게 이해할 수 있도록 하는 <신앙교육서>을 작성하여 가정에서의 신앙교육을 장려하였다.

근세시대(17~18세기)의 가정교육은 자연주의적이며 아동중심의 가정교육이 전개되었다. 현대교육의 아버지로 불리는 코메니우스(J. A. Comenius)는 그의 저서 「대교수학」(The Great Didactic)은 '모든 사람에게 모든 것을 가르치는 완전한 기술'로서 성장의 기간을 네 단계로 나누어 각 단계를 6년의 기간으로 각각 특별한 학교를 지정하고 있는

데 첫째, 유아 시절의 학교는 어머니 학교, 어머니의 품안에서이며, 둘째, 소년시절의 학교는 초등학교, 또는 공적인 모국어학교이며, 셋째, 청소년시절의 학교는 라틴어학교 또는 인문학교이며, 청년 초기의 학교는 대학과 여행이다. 그는 출생부터 6세까지의 유아 시절의 학교인 어머니 무릎학교 또는 유아기 학교(*Schola infantiae*)에서는 아이의 전 생애의 필요를 위해 갖추고자 하는 모든 것을 이 첫 학교에서 다 심어 주어야 한다고 주장하였다. 그는 '모든 대상들의 첫 근거들은 처음에 잘 놓여져야 한다'라고 하면서 가정에서의 부모의 교육의 중요성을 강조하였다(대수학, 정일웅 역, 창지사, 2007: 361).

현대 이후의 가정공동체 교육은 19세기 중엽 호레이스 부쉬셀(Horace Bushnell)의 저서 「기독교적 양육」(Christian Nurture)에서 칼빈주의 언약공동체 사사엥 근거하여 가정이 하나님과의 언약이 후대에 전달되는데 중심적인 역할을 감당한다고 주장하면서 부모의 교육적 책임, 아동에 대한 교육의 관심과 기독교교육을 강조하였다.

3) 이론적 배경

(1) 부쉬넬의 가정교육

19세기 미국 뉴잉글랜드 지방의 신학자 호레스 부쉬넬(Horace Bushnell, 1802~1876)은 가정에서의 「기독교 양육론」(Christian Nurture, Yale University Press, 1888)을 기독교교육의 방안으로 체계화시켰다. 그 당시 미국에서 일었던 한순간의 회심의 경험만을 중시한 대각성운동이 어린이들을 하나님의 약속으로부터 배제하고 소외시키는 비극을 보고 이 운동은 교육적으로 볼 때 해악적이라고 반대하였다. 반면 교회의 본질과 생활에 있어서 회중교회와 칼빈의 언약공동체의 영향을 받은 그는 남녀노소, 즉 남자나 여자나 노인이나 어린이나 모두가 하나님의 언약 안에 있다는 데서 출발하여 기독교 학문의 선구자적 역할로서 기독교교육의 학문적 관문을 열었다. 부쉬넬에 의하면 하나님의 언약의 공동체인 가정은 부모가 자녀에게 미치는 모든 영향 속에서 함께 참여를 통한 신앙과 삶의 자리이며 영적 유기적 일체이다. 그는 언약의 공동체로 맺어진 부모의 역할과 그의 삶의 모델링을 통해서 체험될 수 있는 신앙교육의 이론을 제시한다. 그는 말하기를 자녀는 가정의 분위기를 호흡하고 부모의 눈을 통해 세계를 보며, 부모의 삶과 정신이 그를 형성한다(*Ibid.*, 216~30).

부쉬넬은 가정에서 기독교교육의 목적은 성령의 능력에 의해 영적 은혜를 소유한 기독교인이 되어 가도록 하는 것, 기독교적 인격을 이루어 가는 것이다. 이를 위한 구체적인 목적은 어린이들이 '경건 안에서의 성장'(Growth in piety)하도록 하는 것이었다. 부모는 단순히 지식을 전달자가 아닌 신앙의 방법을 가진 복음의 매개자로서 부모가 경건 안에서 성장을 통한 '거룩한 덕'을 함양하는 것을 교육의 목적으로 보았다(*Ibid.*, 25~27).

부쉬넬은 교육 방법으로 부모 자신이 신앙적으로 사는 '신앙의 생활화'가 가장 중요한 병법이라고 주장하였다. 기독교적 양육은 구체적으로 어느 때에 어떻게 이루어져야 하는가? 그는 기독교적 양육은 다른 습관들이 형성되기 전에, 다른 씨앗이 뿌려지기 전에 일찍이 경건훈련을 시작해야 한다고 했다. 가정에서 기독교 양육을 위한 가장 중요한 시기는 인생의 출발기, 즉 처음 출생에서 3세까지라고 했다. 이 시기는 플라스틱시기(Plastic age) 또는 각인시기(Impression age)로 우리의 말에서가 아니라 영으로부터 또 온 가족의 경건의 질로부터 그들의 인격이 빚어지고 있는 것이다. 이 시기는 말로 가르칠 수는 없으나 온 몸으로 배우는 시기이다. '각인의 시기'에는 수동적이고 유연한(Plastic) 존재로서 어린아이는 단지 부모의 의지 속에서만 살고 책임적 행동을 위해 발달된 의지를 가지고 있지 않다. 각인의 시기에는 아름다운 덕이나 악덕, 칭찬이나 꾸중의 인격적인 요소가 실제로 발달되어 존재하지 않는다. 그럼에도 불구하고 대부분의 경우에 그가 무엇이 될 것인지의 힘, 그 뿌리, 그 씨앗이 심겨져 있는 것이다. 그리고 다른 모든 종교적 발달에 앞서 종교 안에는 인격의 씨앗과 같은 것이 자라고 있는 것이다. 출생에서 시작하여 3세 이전에 기독교 안에서, 경건 속에서 인격의 씨앗이 잘 자라게 하려면 어떻게 해야 하는가?

부쉬넬은 부모는 이러한 기독교적 양육을 위한 교사임을 강조한다. 그럼 어떻게 부모가 신앙의 교사로서 기독교적 양육을 할 수 있을까? 교사로서 부모는 첫째, 신실한 사랑의 관계를 통해서 하나님과 자녀들과의 관계를 위한 통로, 수단이 되는 것이다. 여기에는 부모와 하나님 사이의 신실한 사랑의 관계, 또 부모와 자녀 사이의 신실한 사랑의 관계는 하나님과 자녀의 신실한 사랑의 관계를 매개하는 것이다. 이를 위해서는 먼저 부모들 자신이 주님의 양육 속에 거해야만 한다. 둘째, 교사로서 부모는 가정의 분위기를 통해 복음을 전달하는 통로가 되는 것이다. 부쉬넬은 부모들은 도식화된 원칙—즉 무엇 무엇을 해야 된다. 무엇은 해서는 안 된다.—속에서의 교육보다는 인내와 사랑,

기도의 분위기 속에서 교육해야 함을 강조한다. 가족원들의 아름다운 관계에 기초한 분위기를 통해 자녀들은 온몸으로 느끼며 배움으로 기독교적 인격을 가진 사람으로 성장해 갈 수 있음을 이야기한다. 셋째, 교사로서 부모는 부모의 삶 자체가 자녀들의 모범이 되도록 해야 한다. 그래서 부모와 자녀가 함께 신앙 안에서 신앙에 의한 삶을 살므로 자녀들은 참여를 통해 보고 듣고 행하는 자신들의 경험에 의해 신앙의 권위 속에 있게 되며 신앙의 방법을 배우게 되는 것이다. 또한 이러한 삶을 통해 삶 속에서 부모는 자녀에게 성경을 해석해 줄 수 있을 것이고 자녀들은 삶 속에서 성경을 배우게 될 것이다. 넷째, 교사로서 부모는 자녀와 대화를 나눌 수 있어야 한다. 다섯째, 교사로서 부모는 가족원이 같이하는 공동기도를 이끌 수 있으며 같이 드릴 수 있어야 한다. 이처럼 부쉬넬은 부모와 자녀들이 함께 경건과 신앙을 생활화하는 기독교적 분위기 속에서 기독교적 양육이 이루어짐을 말했다. 부쉬넬은 율법적 자세를 버리고 성령의 은총으로 이루어진 기독교화의 방법이 가정교육의 방법이라고 하였다. 즉 그는 가정교육이 경건한 부모를 중심으로 하는 '가정정부'(Family government)라는 방법으로 이루어진다고 보았다(*Ibid.*, 204).

(2) 볼스윅의 가정교육

볼쉬윅(Jack O. Balswick)은 심리학적 가정이론을 통해 하나의 시스템으로 이해하여 가정을 단순히 가족 구성원 개개인 행동의 총합으로 보지 않고, 상호 관련된 부분들의 한 단위로서 움직이는 모든 가족 구성원의 상호 작용으로 보았다. 그는 다원화된 현대의 가족관계를 사회학적 조명을 통하여 가정의 회복을 시도하고 있다. 그의 가정에 대한 관점은 무조건적 사랑이 충만한 언약이 가족에게 안전을 가져오고, 은혜로운 환경 속에서 가족 구성원들은 서로에게 힘을 부여할 수 있는 자유를 갖게 되고, 힘의 부여는 가족구성원들 사이의 친밀감으로 인도되어 더 깊은 수준의 언약적 서약으로 다시금 인도된다고 보았다[1].

불스윅이 주장하는 교육방법으로 중요한 영역은 응집력(cohesion), 적응성(adaptability), 대화(communication), 역할구조(role structure)이다(Ibid., 52~61). 이러한 네 가지 영역의

---

1) Jack O. Balswick & Judith K. Balswick, *The Family: A Christian Perspective on the Contemporary Home* (Grand Rapids: Baker BooksHouse, 1991), 21, 35.

건강함을 이루어가는 것이 가정교육의 방법이다. 이 가운데 대화는 부모－자녀관계의 강화를 위한 탁월한 가정교육의 방법이다. 가족 구성원들이 솔직하고 분명한 태도로 서로의 감정, 견해, 바람, 욕구들을 나눌 때, 자존감이 회복된 건강한 관계를 유지할 수 있다. 부모와 자녀의 관계가 원만할 때 부모가 전수하는 신앙이 자녀에게 역동적으로 전달될 수 있다. 이와같이 볼스윅은 언어적, 비언어적 상호작용을 통해 원활한 의사소통과 자존감의 증진을 꾀하는 것을 교육방법으로 보았다. 이는 자녀의 특성과 발달단계를 이해하여 자녀와 의사소통을 하는 것을 포함한다(L. W. Barber, 유아를 위한 기독교교육, 오태용역, 정경사, 1983: 21).

불스윅은 부모의 역할에 대해 창세기 2:24에 "이러므로 남자가 부모를 떠나 그 아내와 연합하여 둘이 한 몸을 이룰 지로다'는 말씀에 근거하여 건강한 가족의 기초를 세우는데 가장 중요한 요소는 원가족으로 부터 분화해야 한다는 것이다. 이는 볼스윅의 힘의 부여(empowerment)와 연결된 개념으로 건강한 부모역할은 힘을 부여해 주는 존재, 능력을 부여해 주는 존재, 떠나보낼 수 있는 존재로 보았다. 가정이 한 단계에서 다음 단계로 옮겨 갈 때 주요한 전이가 일어나야 하는데 개인이 태어난 원가족(family of origin)으로부터 독립하는 것은 매우 중요한 과제이며 반드시 결혼 전에 완수되어야 한다는 것이다(Jack O. Balswick, *op. cit.*, p.21). 그는 부모의 역할을 자녀가 성숙함에 따라 초기 언약이 상호언약(쌍무적 무조건적 서약)으로 발전할 수 있도록 하는 것, 부모자녀 관계가 상호 성숙할 수 있도록 하는 것이라고 보고 있다. 이러한 언약적 서약은 부모가 자녀에게 힘을 부여하고 자녀와 함께 새로운 단계의 친밀감에 이르게 하는 은혜와 용서의 환경을 조성하고, 친밀감을 가지고 어떤 당혹감이나 부끄러움도 없는 하나의 성숙한 지식으로 정의되는 것이라고 이해하고 있다.

볼스윅은 교육목적으로 상호작용을 통한 신앙의 성숙과 건강함을 추구하는 것을 교육목적으로 보고 있다. 가족체계가 건강하려면 응집력(cohesion), 적응성(adaptability), 대화(communication), 역할 구조(role structure)가 경계 지워지는 것이 아니라 한 가정 안에서 복합적으로 나타난다. 그는 네 가지 요소를 이용해 건강한 가정과 약한 가정과 특성을 설명하기를 건강한 가정은 다른 구성원을 지지해 주지만 간섭하지 않는 범위 내에서 서로에 대한 관계와 관심을 보여주는 응집력이 있고, 가족구성원 간에 분명한 대화를 통하여 역할들을 합의하면서 적응하는 능력을 가지고 있다. 또한 부부간, 자녀 간에 누가 어떠한 역할을 하느냐보다는 각자의 역할에 있어 합의가 이루어졌는가에 관심을 둔다. 그러나 약한 가정은 서로에게 지나치게 간섭하거나 무관심해 버리고 대화의 단절로 인해 역할구조의 혼돈을 겪으며 안정성을 잃게 된다. 따라서 건강한 부모는 훌륭한 자녀양육 기술을 가진 자라기보다는, 부모가 되는 과정에 더 많은 관심을 가지고 부모-자녀간의 상호 작용을 통해서 신앙을 성숙시키는 것을 교육목적으로 삼고 있다(Larry D. Stephens, Building a Foundation for Your Child's Faith, 정선준 역, 요단출판사, 2000: 21).

(3) 파브리지오의 가정교육

가정교육학자인 파브리지오(Pat Fabrizio)의 가정교육이론은 훈련중심, 문제중심, 사례중심, 적용중심의 가정이론으로 가정에 대한 관점보다는 가정의 실제 생활에 대한 적용에 집중하여 자녀들을 어떻게 훈련하고 적용할 것인지에 때한 실제적인 방법과 지침을 제시하고 있다. 따라서 그녀는 가정생활에서 특별히 부모자녀 관계에서 발생하는 여러 가지 문제와 사례들을 그때그때 성경말씀에 따라, 혹은 기독교적인 가치관에 따라 적용하고 훈련시키는 것을 목표로 하고 있다. 파브리지오(Pat Fabrizio) 이론의 교육방법은 평상시의 긍정적 보상이나 강화, 매, 꾸지람을 포함한 면책 등 징계를 통하여 규칙을 준수하게 하여 부모가 무엇을 요구하든지 아이가 반드시 순종할 것을 요구한다. 이기적인 사랑은 쉬운 것을 택하지만 희생적 사랑은 고통을 치르듯이 매가 주는 고통으로 인해 이기적인 의지의 생활로 인해 받는 고통을 없앨 수 있다면 부모는 기꺼이 자녀를 매로 훈련시킴으로 주의 율례를 가르쳐야 한다(Pat Fabrizio, Children Fun or Frenzy. 그리스도인의 자녀교육, 생명의 말씀사, 1980: 13~19).

파브리지오(Pat Fabrizio)는 부모의 역할에 대해 그녀의 저서 「그리스도인의 자녀 교육」(Children Fun or Frenzy)에서 '훈련은 가르침 이상이다'라고 말하며 훈련을 통해 자녀에게 순종을 가르쳐 결국은 자녀가 하나님과 직접 대면하여 순종을 배우도록 하는 것이 부모의 역할이라고 역설하고 있다(*Ibid.*, p.7). 그녀는 가정의 핵심적 기능은 '훈련의 장'이고 '가르침'(teaching)보다는 '훈련'(training)이라는 말로 가정교육을 이해하고 있다. 기독교가정이 단순히 '가르침의 장'으로서의 역할을 하기 보다는 '훈련의 장'으로서의 역할을 해야 한다고 강조한다. 파부리지오는 가정교육에서 부모의 역할을 자녀의 훈련자로 보고 있다(*Ibid.*, pp.7~9).

파브리지오(Pat Fabrizio)이론의 교육목적은 훈련을 통한 신앙 태도의 변화를 목표로 두고 있다. 그녀는 "가야할 길을 배우기만 한 아이는 다른 가르침을 듣고 떠날 수 있지만 자녀를 훈련시키는 부모에게는 늙어도 그것을 떠나지 아니하리라는 약속을 주셨다"(*Ibid.*, p.9)고 하면서 마땅히 행할 길을 가르치는 즉시 순종할 수 있도록 훈련시킴으로 자녀가 하나님께 순종하는 사람으로 평생 순종이 몸에 밴 사람으로 살게 하는 것이 목적이라고 주장하였다.

2. 교회 공동체

교회(*Ecclesia*)의 기원을 두 가지 관점에서 정의하다면 먼저 구속사적 측면에서 교회는 선택과 언약의 점에서 이해되는 하나님의 백성의 개념으로 요약되며, 둘째로 기독론적인 측면에서 교회는 교회의 실존적 양상을 표현하는 그리스도의 몸의 개념으로 요약된다. 나아가서 성경의 문맥 속에서 교회의 다양한 개념들을 살펴보면 첫째, 어떤 지역에 있는 신자들의 모임에 적용되어 지역적인 면모(행 5:11, 롬 16:4), 둘째, 어떤 특정한 지역에 있는 한 개인 집에 모인 가정적인 면모(고전 16:19, 골 4;15), 셋째, 어떤 특정한 지역에 있는 여러 회중들에게 집합적인 의미로 적용되어 집합적인 면모(행 9:31), 넷째, 교회라는 말이 모든 회중들에게 동일하게 적용되는 보편적인 면모(갈 1:13, 엡 1:22)을 가지고 있다(최홍석, 교회론, 솔로문출판사, 1988: 55~60). 또한 이 땅에 있는 교회는 과거에 존재했고, 미래에 존재할 교회와 연결시켜 생각해야 한다. 초시간적이요 초공간적 개념인 종말론적 신앙공동체로서의 교회는 시간과 공간의 범주 속에 사는 우리들에게는 다양한 면들로 경험될 수 밖에 없다.

1) 성경적 배경

교회교육에 대한 대명령은 신명기 6:4~9에 나타난 쉐마(Shema)에서, 그리고 주님의 지상대명령(마28:18~20)에서 제자를 삼으라는 말씀에서 찾을 수 있다. 따라서 사도행전

2:42~47은 초대교회의 모습 그 자체이며 또한 교회 교육의 장으로서 교회공동체의 모습이라고 할 수 있다. 사도의 가르침이 이루어진 교회공동체는 개인적 삶 뿐만아니라 공동체적 삶에 놀라운 변화를 가져온 것이다. 즉 모든 물건을 통용하고 필요에 따라 재산과 소유를 나누는 유무상통의 기적이 일어났고, 교제와 떡을 떼며, 기쁨으로 음식을 나눔이 이루어졌고, 칭송받는 공동체가 이루어졌다. 다시 말해서 교육의 결과는 신앙공동체의 변화를 가져왔고 신앙공동체의 변화된 삶 자체는 교육의 내용과 방법, 교육 그 자체가 되었다.

2) 신학적 배경

성경에 나타난 초대교회의 교육에 힘쓰는 신앙공동체의 교육은 성령의 은사와 직분으로 나타나고 있다. 성려의 은사에 대한 교훈은 로마서 12:6-11, 고린도전서 12:4~11, 28~-30, 에배소서 4:7~12 등에서 발견할 수 있다. 은사가 단수로 쓰일 때에는 구원을 의미하기도 하고(롬 5:15, 6:23), 은사는 성도로 하여금 맡은 일을 감당할 수 있게 하며(고전 7:7), 특수한 은사는 특별한 사역을 위하여 주어진다(고전 12:28이하). 그런데 이러한 은사는 직분과 무슨 관계에 있는가?

직분은 은사를 도우며 은사를 확장시킨다. 디모데후서 1:6에서 바울 사도는 디모데에게 은사를 소멸하지 말고, 불일 듯하게 하라고 훈계한다. 그리고 디모데전서 4:14에서는 "네 속에 있는 은사 곧 장로의 회에서 안수 받을 때에 예언으로 말미암아 받은 것을 조심 없이 말며"라고 권면한다. 디모데가 받은 은사는 과연 무엇일까? 그것은 13절에서 읽는 것과 권하는 것과 가르치는 것을 가리킨다. 그렇다면 그 은사를 어떻게 얻을 수 있었는가? 성경은 안수와 함께, 예언으로 말미암아, 장로의 회에서 디모데에게 주어졌다고 말한다. 여기서 우리는 은사가 직분을 매개로 하여 온 경우를 발견하게 된다. 또한 이 은사는 직분의 위임 시에 받은 것이며, 소명과 능력 충만과 은사는 하나님으로부터 온 것이고, 오직 그리스도와 회중 사이의 관계 속에서만 역할을 한다.

직분은 은사들을 전체로 통합한다. 회중 가운데서 은사는 발견되어야 하고, 깨우쳐져야 한다. 또한 은사들의 오용으로 말미암아 야기될 수 있는 분열과 균열과 같은 부조화를 방지하기 위하여 은사들은 조정되어야 한다. 바울이 고린도전서에서 명한 바와 같이

“모든 것을 적당하게 하고, 질서대로” 하여야 할 것이다(고전 14:40). 곧 ‘절제’(고전 11:22, 13:5, 14:30)와 ‘질서’ (고전 11:3, 12:19, 14:27)를 통하여 교회의 건덕은 유지되며(고전 14:3, 12), 또한 옳은 질서는 직분자들에 의해서 유지되어야 한다. 그러므로 은사는 직분을 필요로 하는 것이다. 한편으로 직분 그 자체는 은사 위에 세워지고, 다른 한편, 직분은 은사들이 상반된 목적으로 작용하는 것을 막기 위한 제한의 기능과 은사들의 목적인 하나의 몸을 세우는 것을 돕기 위한 활성화의 기능이 요구된다. 은사가 풍성하면 할수록 은사 사용에 있어서 조직과 전체로 통합하는 일과 훈련하는 일은 더 필요해진다. 이와같이 은사와 직분은 상호 모순되거나 반립적인 관계에 있는 것이 아니라, 상호 보완적인 관계에 놓여 있는 것으로 이해되어야 할 것이다.

주님께서는 교회를 위하여 지상에 계속 여러 직분들을 남겨 두셨다. 마치 아버지 하나님으로 말미암아 그리스도께서는 그의 백성을 가르치기 위한 선지자 혹은 선생으로 세움을 받았으며, 또한 그의 백성을 구속하기 위해 유일한 대제사장으로 세움을 받았고, 그리고 그의 백성을 다스리며 보호하기 위해 유일하신 왕으로 세움을 받으신 것처럼, 그리스도께서는 그의 회중을 가르치는 직분자들을 세워 그들을 통해 교훈하기를 원하셨고, 감독하는 직분자들을 세워 그들을 통해 인도하시며, 집사의 직분들을 세워 그들을 통해 자비를 베푸시기를 원하셨다.

이에 근거하여 개혁파 교회는 신앙고백과 교회법에 세 가지 직분을 말하였다. 말씀봉사의 직분, 감독의 직분, 집사의 직분이다. 양의 큰 목자장이신 예수 그리스도께서 그의 제자들에게 복음 전파의 임무와 그리스도의 양들을 양육해야 할 과제를 부여하였다. 주님의 사도들은 그 주인의 맡겨 주신 바에 충성하였고, 그들이 가는 곳에는 공적으로나 개인적으로나, 가정에서나 들판에서나 그 어디에서나 복음을 전파하며, 가르쳤다(행 20:20). 바울 사도는 에베소에 있는 장로들을 향해 권면하기를: “너희는 자기를 위하여 또는 온 양떼를 위하여 삼가라. 성령이 저들 가운데 너희로 감독자를 삼고, 하나님이 자기 피로 사신 교회를 치게 하셨느니라”(행 20:28). “그러므로 너희가 일깨어 내가 삼년이나 밤낮 쉬지 않고, 눈물로 각 사람을 훈계하던 것을 기억하라”(행 20:31). 주의 명령에 근거하여, 그리고 사도들의 전례를 따라 전 회중의 유익을 위하여 그들을 일깨우고, 또 어려움에 처한 특정한 회원들을 위해 그들을 돌보는 일은 감독자들의 임무이다(딤전 5:17, 살전 5:11~14). 하나님의 말씀을 가정에서 모든 사람들에게 전할 뿐 아니라, 특별히 회중을 거룩한 회중으로 나타내며, 모든 사람들이 말씀을 따라 행하도록 그들을 일깨우는 일에 섬겨야 한다. 이러한 이유 때문에 1536년, 이미 칼빈에 의해, 제네바 신앙고백서에는 설교자들이 하나님의 양떼들을 목양하도록 명해져 있고, 1561년의 교회법에는 말씀을 섬기는 자로 소명 받은 자들이 장로들과 더불어 가정을 심방하여 가르침을 준행하도록 격려할 것을 규정되어 있다.

3) 교회의 사명으로서 교육

하나님의 말씀이 없이는 교회가 없다(잠 29:18, 사 8:20). 말씀과 성례를 통하여 그리스도께서는 그의 교회를 모으신다(마 28:19). 사도들과 선지자들의 터(교훈) 위에 교회는 세워졌고(마 16:18, 엡 2:20), 말씀을 통하여 중생케 하시며(벧전 1:23, 약 1:18), 신앙을 일으키시며(롬 10:17), 교회를 정결케 하시고, 거룩하게 하신다(요 15:3). 그래서 칼빈은 말씀을 교회의 영혼이라고 말했다(Inst., IV. 12, 1). 근본적으로 교회에서의 모든 봉사는 말씀의 봉사이다. 다른 말로 표현한다면 하나님의 말씀의 표지 속에 다른 것, 즉 성례의 순수한 시행과 성경적인 권징의 시행이 이해된다. 이런 의미에서 바빙크는 "말씀의 순수한 봉사는 권징의 적용을 포함한다"고 하였다(최홍석, *op. cit.*, 129. 재인용). 루터는 말하기를 "참으로 유일하고 지속적이며 실패할 수 없는 교회 표지는 항상 말씀이었다"고 하였으며, 칼빈 역시 그의 『기독교 강요』에서 진리에 속한 자는 그리스도의 음성을 듣는다. 그리스도께서는 조금도 의심의 여지를 남기지 않는 표적으로 말씀을 교회에 주셨다(IV.2.4). 일반적인 개혁 신학적 전통에서는 참된 교회의 표지를 세 가지로 말한다.

첫째는 말씀의 참된 전파이다. 이는 셋 가운데 가장 중요한 표지다. 왜냐하면 말씀의 전파는 성례나 권징 없이도 존재할 수 있으나 성례와 권징은 말씀 없이 존재할 수 없기 때문이다. 이처럼 말씀의 참된 전파는 교회의 존립에 있어서 본질적으로 중요한 표지이다. 그런데 이같은 본질적인 표지로서의 말씀 전파가 전적으로 완전할 때, 비로소 참된 교회로 간주될 수 있다는 의미는 결코 아니다. 그러한 이상은 지상에서 실현되기 어렵다. 참된 교회이면서 때로는 비교적 불순하게 말씀이 선포될 가능성도 있다. 그러므로 이 땅의 교회들은 항상 진리에 머물도록 하나님의 은혜를 구하면서 진력해야 한다.

둘째로 성례의 정당한 거행이다. 성례는 말씀의 유형적인 전파이다. 그러나 성례 그 자체로는 스스로 내용을 지니지 못한다. 오직 하나님의 말씀으로부터 그 내용을 얻게 된다. 그리고 이 성례는 합법적인 사역자에 의해 하나님의 정하신 제도를 따라 신자와 그 자녀들에게만 거행되어야 한다. 이것이 개혁파의 전통이다. 이러한 개혁파의 전통은 로마교회의 오류를 극복하고자 하여 생겨난 것이다. 로마교회는 그들의 성례 개념 속에, 성례가 행해지게 되면 성례 그 자체가 자동적으로 역사한다는 자동주의적인 성례 이해를 가지고 있었기 때문에 많은 부분에서 오류를 범했다. 이처럼 그들은 성례를 말씀으로부터 분리시켰다. 정당한 성례의 중요성에 대해서는 성경 여러 곳에 나타나 있다(마 28:19, 막 16:15, 16, 행 2:42, 고전 11:23－30 등).

셋째는 권징의 신실한 시행이다. 신실한 권징은 교리의 순수성 유지와 더불어 성례의 거룩을 유지하게 하는 데에 있어서 본질적인 역할을 한다(마 18:18, 고전 5:1－5, 13, 14:33, 40, 계 2:14, 15, 20). 오늘날 교회가 안고 있는 문제들 가운데 한 가지는 신실한 권징의 부재 현상이라고 확언할 수 있다. 불의 한 일들을 뻔히 보고 있으면서도 권징을 실시하지 못하는 사례들이 교회 안에서 허다히 일어나고 있다. 이는 실로 교회의 순수성 유지를 위해 적신호가 아닐 수 없다. 기독교 윤리 부재를 통탄하기 이전에 신실한 권징의 회복을 먼저 이루어야 한다. 그러기 위해서는 가장 먼저 말씀의 권위가 회복되어야 하고, 이는 말씀의 사역자들에 위한 신실한 말씀 교육이 회복되지 않으면 안된다.

20세기에 들어 교육은 교회학교 교사들만이 아니라 전교회의 책임이라는 전제하에 교회의 교육적 사명을 천명한 제임스 스마트(James Smart)를 중심으로 교회 신앙공동체를 중심한 기독교교육이 더욱더 강조되기 시작했다. 그는 구약성경에서도 교육은 하나님과의 계약의 관계를 확대시키는 행위였으며, 신앙의 전 공동체가 하나님을 사랑하는 자녀로 양육시키는 것이었으며, 예언자들도 설교와 가르치는 일을 같이 해 왔음에 강조점을 둔다. 스마트의 교회교육의 목적은 성경을 탐구함으로 복음 전파의 힘을 다시 얻어 예수 그리스도를 섬기는 지체, 그리스도의 제자가 되게 하는 데 있었다. 이를 위해 교과과정은 신학에 기초해서 성경이 전체적으로 가르쳐질 수 있도록 성경 중심이 되어야 하며 성경 속에서 교육이 이루어져야 한다는 것이다. 또한 그는 제자 됨을 위한 교육은 평생의 관심사이기에 전교회(the whole church)에 교육의 책임이 있으며, 교육 그 자체가 교회이고 또 전교회는 교육하는 공동체임을 주장한다.

60년대 후반에 교회교육의 새로운 모형을 신앙공동체 속에서 찾고 있는 웨스터호프 III세(John Westerhoff III)는 교회교육이 교수방법, 평가방법, 학년 구분 등에서 학교에

너무 의존하여 지식 중심으로 학교화(Schooling)하므로 교회교육을 희생시켜 버렸고 기독교교육을 세속적 교육학에 가두어 버렸다고 한다. 즉 종교 교육을 일반교육의 틀 속에 조립해 넣어서 교회학교에 일반학교의 멍에를 씌웠기 때문에 교회학교의 영적 영향력을 잃어 버렸다는 것이다. 이 결과로 교회학교는 시대에 뒤쳐진 무용지물처럼 되어 기독교교육의 생명력이 상실되었고, 교사들은 신학적 인식과 신앙적 노력이 부족한 가운데 있음을 비판한다. 여기에 대한 대안으로 종교적 사회화(Religious socialization)를 통한 신앙의 문화화(Faith enculturation)의 신앙공동체 교육모델을 제시한다. 교회는 창조이야기, 아브라함의 이야기, 그리고 출애굽이야기와 같은 많은 성경이야기와 예수 그리스도의 삶과 죽음과 부활의 신앙적 사건의 이야기에 의해 조직된 신앙의 공동체로 과거로부터 전달된 공동체적 성격, 운명, 그리고 일체감을 갖고 있다. 이런 의미에서 교회교육은 무엇보다 영적(Spiritual)이어야 하며, 교육 프로그램은 신앙공동체 그 자체여야 한다. 기독교교육은 신앙의 문화화(Faith enculturation), 사람들이 신앙을 만나고 삶의 구조와 양식을 형성할 수 있는 신앙공동체를 세우기 위한 목적 속에 일어나는 자연스러운 과정이다. 즉 신앙공동체 속에서 기독교 신앙이 삶의 구조와 양태 속에 구현되는 것이다. 공동체가 신앙을 구현하고 한 세대에서 다음 세대로 이를 전달하는 교회, 바로 그 형태가 교육의 장이고 교육의 자원인 것이다. 그는 교과과정뿐만 아니라 간접적 교육과정(Hidden curriculum)이 공동체교육에 더 중요하게 영향을 미치고 있음을 지적하기를 신앙공동체의 구조, 신앙공동체의 관계, 신앙공동체 자체의 전통과 종교의식 등으로 이루어진 간접적 교과과정은 신앙공동체의 내용을 담고 젊은 세대에 관례, 관습, 가치 등의 공동체적 삶을 전달해 주는 중요한 역할을 한다. 그러므로 교육 목회는 하나님의 전백성의 책임이며, 기독교교육은 교회신앙 공동체 전체가 탈학교화(Deschooling)하여 신앙공동체 속에서 공동체와 함께 의도적, 종교적 사회화의 과정 속에서 일어나는 것이라고 하였다.

3. 사회 공동체

구약시대 이스라엘의 종교교육은 가정에서만이 아니라 민족적 공동체 사회에서 행해진 것을 볼 수 있다. 사회공동체라고 할 때 우리는 작게는 교회공동체가 아닌 사회 속의 그리스도인 단체나 기관들을 생각할 수 있으며 크게는 세상 모든 사람들이 포함된 전 사회를 생각할 수 있다. 여기에 오늘날에는 특별히 사회공동체에 커다란 영향을 미치고 있는 매스미디어(Mass-Media), 대중매체를 빼놓을 수 없다. 이러한 모든 장을 통한 사회 속에서의 기독교교육의 목적은 이 땅 위에 하나님 나라를 건설하는 것이라고 생각한다. 그래서 사회공동체를 통한 세분화된 장들을 기독교 기관이나 단체들, 대중매체, 그리고 전 사회로 생각하여 이러한 장들 속에서 어떻게 하나님 나라 건설을 위한 기독교교육이 이루어질 수 있을까?

1) 성경적 배경

"너희는 세상의 소금이니 소금이 만일 그 맛을 잃으면 무엇으로 짜게 하리요. 후에는 아무 쓸데없어 다만 밖에 버려 사람에게 밟힐 뿐이니라. 너희는 세상의 빛이라. 산 위에 있는 동네가 숨기우지 못할 것이요"(마 5:13~14). "너희는 가서 모든 족속으로 제자를 삼아 아버지와 아들과 성령의 이름으로 세례를 주고 내가 너희에게 분부한 모든 것을 가르쳐 지키게 하라"(마 28:19~20상). 예수님은 이러한 본문들을 통해 의도적이며, 비의도적 교육이 세상 가운데서, 모든 민족들 가운데서 이루어져야 함을 말씀하셨을 뿐만 아니라 그 자신 스스로 사회 공동체를 장으로 한 기독교교육의 모델을 보이셨다. 선생으로서의 지혜와 권위를 소유한 여행하는 나그네 선생으로서 예수님은 말과 행위로 다른 사람들에게 영향력을 미쳤으며 그의 삶 전체를 통해 비형식적 교육을 하셨을 뿐만 아니라 많은 곳에서 많은 사람들을 대상으로 형식적 교육을 하시기도 했다.

예수님의 교육의 장을 보면 그 당시 회당이나 성전을 장으로 해서 가르치신 것은 불과 셀 수 있는 몇 번에 해당하나 그의 삶 거의 모두를 통해 사람들이 있는 모든 곳, 즉 산, 강, 들, 사람들의 집, 거리 등의 세상 속에서, 사회 속에서 가르치시는 일을 하신 것이다. 다시 말해서 예수님은 사람들이 살고 있는 곳에서, 즉 그 삶의 한가운데에 오셔서 교육을 하신 것이다. 교육의 대상 또한 그 당시의 이스라엘 종교인에 머물지 않고 세상 속의 모든 사람이 예수님의 교육 대상이었다. 즉 바리새인들이나 사두개인들, 율법사들, 히브리 랍비들을 비롯하여 그의 제자들도 있었고 또한 이스라엘인들의 대중만 있었던 것이 아니고 로마의 군대장관이나 세리나 이방 여인 등도 있었고 남자와 여자 그리고 어린아이에서 노인에 이르기까지 사회공동체의 모든 사람들이 예수의 가르치심의 대상이 되었다. 세상 속에서 모든 사람들을 대상으로 예수는 이 세상에 하나님 나라를 건설하는 것을 교육의 목표로 하였다. 그래서 그는 하나님 나라가 어떤 것이며 하나님은 어떤 분이신가를 알게 함으로써 모든 사람들이 하나님 나라의 자녀로서 하나님 아래서 자아를 다스릴 수 있게 되는 데에 목적을 두었다.

예수님은 하나님의 나라와 하나님을 가르치는 데 있어서 때로는 설교도 하였고 때로는 당대의 유대인의 형식에 맞추어 가르치기도 하셨다. 그러나 자연 가운데서 자연과 삶을 소재로 한 일상생활 속에서 일어날 수 있는 비유가 많았다. 또 예수와 제자들 사이에는 서로 교차 질문이 많았다. 예수님은 그들의 질문의 모호함을 통해, 애매함을 통해 긴장을 불러일으키는 가운데 권세 있고 권위 있는 놀라운 교훈으로 말씀의 권세를 들어내셨다. 그리고 예수님은 대화와 토론과 같은 자유로운 방법을 택하셨으며 더불어 사는 삶을 통해 그의 행위를 관찰하고 모방하도록 하셨다. 이처럼 예수님은 그의 삶 전부를 형식적, 비형식적 교육을 통해 세상 가운데서, 사회공동체 속의 기독교교육의 모델을 남기셨다고 말할 수 있다.

2) 역사적 배경

사회공동체를 장으로 한 기독교교육의 모습을 역사 속에서는 1780년 로버트 레익스(Robert Raikes)에 의해 시작된 주일학교 운동을 생각할 수 있다. 영국 글로체스터에서 신문사를 경영하던 인쇄업자 레익스는 박애정신과 사회개혁의 의지 속에서 이웃에 가난하고 헐벗은 아이들의 무리, 주중에는 공장에서 일하고 주일 낮에는 버려진 아이들을 대상으로 선생을 고용하여 그 선생의 집에서 주일날 오전 10시에서 오후 5시까지 교육을 시작하였다. 이 주일학교 운동은 기독교 평신도 사역으로 교회 밖에 세워진 종교교육을 통해 사회를 개혁하려는 자선적인 교육운동이었다. 즉 주중에는 공장에서 일하고 주일에는 길거리를 헤매고 있는 미래에 불량배가 될 소지를 가진 어린이들에게 읽고 쓰는 것을 가르치고 예배를 드리도록 인도하고 교리문답을 해석해 줌으로 도덕적 태도와 훈련을 시켜 사회를 건전하게 만들려는 목적을 가지고 있었다. 이렇게 시작된 주일학교 운동은 굉장히 빠른 속도로 영국의 다른 도시로 퍼져갔으며 10년 안에 천개가 넘는 학교에 6만 5천명의 학생 등록을 가져왔다.

영국에서 시작된 주일학교 운동은 1790년 미국으로 건너가 미국 주일학교운동이 시작되었으며 필라델피아에 처음 교회학교연합회가 조직되었다. 여기에는 한 명의 감독을 제외하고는 모두가 평신도로 구성되어 있어 사회 속의 기독교 평신도운동이 된 것이다. 미국에서도 영국에서와 마찬가지로 가난한 자들을 위한 보다 나은 삶의 기회를 줌으로 유용한 시민을 형성하여 사회적 구조를 개선하려는 데 목적이 있었다. 교회 밖에 방을 얻어 시작한 미국 주일학교운동도 1800년까지 급속도로 퍼져나갔으며 도덕적 사회로의 개혁의 수단으로, 새로운 나라 건설을 위한 개척자로 사람이 모여 사는 곳이면 어디에나 주일학교를 세우려는 노력이 있었다. 기독교 평신도들은 믿지 않는 사람들을 복음화시키고 글을 가르쳐 성경적 인간을 형성하기를 원했다. 그래서 거의 100여 년 동안 주일학교는 ‘돈 없이 상 없이 하는 교육’으로 모든 시민들의 민주화의 가치를 확장하고 보호하려는 사회 속의 기독교교육이었다.

3) 이론적 배경

1900년에서 1930년 사이 미국 사회에 존 듀이(John Dewey)를 중심으로 한 진보주의 교육이론과 쉴라이에르마허를 중심으로 한 자유주의 신학의 영향을 받아 기독교교육의 학문성을 체계화한 조지 앨버트 코우(George Albert Coe)는 기독교교육은 가정과 교회, 교회 학교에서만이 아니라 일반 학교, 국가, 그리고 인쇄를 비롯한 모든 사회에서 이루어져야 함을 주장했다. 그는 교회가 세상에 의하여 오염되지 않게 함으로써 "교회는 교회가 되게 하라."는 종교는 뭔가 일반 사회로부터 분리되어야 하며 고립되어야 한다는 그 당시 교회의 입장에 도전하였다. 그러므로 복음주의 교회의 지배적인 개인주의와 교회의 사회로부터의 분리, 또 마찬가지로 사회의 교회로부터의 분리의 상황에 도전하여

전 사회를 위한, 또 전 사회의 종교교육이라는 대명제를 안고 나아 온 것이다.

코우에 의하면 하나님은 전 사회와 인간을 포함한 전 자연 속에 거하시는 내재하시는 하나님이시며, 우리가 무엇을 하든 우리가 어디에 있든 우리는 하나님과 함께 협동자로 있는 것이다. 교회는 사람들을 섬기기 위한 남녀노소의 교제(Fellowship)이다. 교회는 인간들을 섬기도록 세상의 모든 자원을 가능하게 만드는 것이다. 교회의 기능은 이 땅 위에 하나님의 나라를 세우기 위해 세상 속에서 자신을 비우려고 항시적으로 계속 노력하는 것이다. 그러기에 성과 속 사이에 뚜렷한 분리가 오면 기독교는 특별한 장소와 시대 속에 특별한 부류의 사람만의 것이 된다는 것이다. 교회와 사회의 분리의 벽을 없애고 모든 사회를 기독교화하려는 커다란 비전을 가진 코우는 교회는 기관이 아니고 사람들이기에 어디든지 사람들이 있는 곳이면, 어디나 그리스도인들의 사랑이 그들 삶 속에 나타난 곳이면 영적 모험을 통해 거기에 그리스도인 사회를 창조할 수 있는 교회가 있다고 주장한다. 여기서 지금 하나님을 사랑하라. 이웃을 사랑하라. 내 자신을 사랑하라. 그리고 사회를 섬겨라. 사회 그 자체는 근본적인 것으로 사회는 모든 교육적 시도 가운데 가장 중요한 것이다. 사회 또한 사람들을 위해 존재하지 사람들이 사회를 위해 존재하지 않는다. 그러므로 교육도 일반교육과 종교교육 둘이 아니요 하나인데 교육 그 자체가 삶이고 인간 속에 하나님의 운행함(Operation)이다. 그러므로 모든 참교육은 종교 속의 교육이어야 한다. 전 사회 속에서 기독교교육의 목적은 인간의 가치를 인정함으로 자아실현(Self-actualization)을 이룩하는 것과 종교적 친교 속에 전사회적 질서를 변혁(Transformation)함으로 신인 민주주의(Divine-human Democracy)를 이룸으로 하나님 나라를 건설하려는 것이다. 이는 개인적 민주적 정신의 완전한 발달을 의미하며 예수님의 삶 속에 나타난 것처럼 완전한 형제애와 하나님의 사랑의 실현을 의미한다. 그러므로 기독교교육 이론은 사회적 이론이어야 하며 기독교교육의 실제는 윤리적 사랑의 실제적 실천이어야 한다. 이처럼 코우는 종교교육은 모든 아이들에게, 모든 기관에서, 모든 사람의 참여 속에 실시되어야 하며 어떤 한 기관의 구원이 아닌 전 세계를 구원하기 위해 이루어져야 함을 주장한다.

지금까지의 기독교교육이 교회의 포로가 된 교육으로서 교회의 제도 보존상의 여러 가지 문제를 해결하기 위한 '반창고'로 이용되어 왔으며, 어린이나 청소년의 독립된 특정한 교육을 위한 도구가 되어왔다. 이러한 기독교교육은 하나님의 사랑의 선물인 생명의 빵을 돌로 변질시켜 사람들에게 무거운 짐이 되게 한 것에 교육의 본질적인 문제가 있다고 본다. 기독교교육은 교회에 예속된 것이라기보다는 모든 하나님의 자녀들에게 주어지는 하나님의 선물이다. 교회는 예수 그리스도를 증인의 삶을 살게 하는 진정한 교육을 통하여 그리스도와 화해를 이루는 증인의 공동체가 되어야 할 것이다. 그러므로 기독교교육은 그리스도의 제자를 삼는 교육으로 세상에서 빛과 누룩의 역할을 하는 것이다. 엠마오 도상의 두 제자에서 예수께서 찾아오셔서 그들과 대화 중에 그들의 '눈이 떠어져 가는' 경험 가운데 일어난 것처럼 삶의 한복판에서 일상생활의 사건과 성경의 사건이 교차하는 대화 가운데 일어나는 것이다. 즉 하나님을 섬기는 일과 이웃을 섬기는 일, 그리고 세상을 섬기는 일을 통해서이다. 여기에 봉사는 어떤 봉사의 형태이든 증인공동체의 봉사는 각자의 은사에 따라 일상생활의 한복판에서 이웃을 섬기는 일이다. 이는 무조건적인 사랑에 근거하여 제공되는 것이며 사회의 누룩처럼 모든 불의와 인간 소외의 문제를 근절하기 위한 방향을 찾는 것이다. 이처럼 이 세상 가운데서 그리스도의 손과 발이 되어 섬김으로 지금도 일하시는 하나님과 함께하게 될 것이다.

4. 학교 공동체

　J. A. 코메니우스는 그의 저서 「범교육학」(*PAMPAEDIA*)에서 세상은 태초부터 종말에 이르기까지 전 인류를 위한 하나의 학교인 것처럼, 각 개개인에게는 자신의 전 생애가 나면서부터 죽을 때까지 하나의 학교인 것이다. 인간으로 태어난 모든 사람들은 '천상의 아카데미'라고 할 수 있는 영원으로 들어가야만 한다. 이와같이 앞서 진행되는 모든 것들은 단지 준비과정이며 일터인 동시에 하나의 하위단계에 있는 학교라고 할 수 있다. 그러므로 진정한 학교는 전체에 관한 참된 앎의 학교, 즉 '범지혜의 학교'라고 불리며, 단계별로 감각성의 총체성, 지적인 것의 총체성, 영적인 것의 총체성을 펴낼 수 있는 학교를 뜻한다고 하였다(코메니우스, *op. cit.*,p. 130).

1) 성경적 배경

성경에 나타난 공적 교육의 장으로서 히브리 학교의 교육의 어떤 형태나 모습 등을 상세히 찾을 수는 없으나 사무엘 시대에 사무엘을 지도자로 한 선지학교가 있었음을 짐작할 수 있다(삼상 10:5~11, 19: 18~20). 이 선지학교는 엘리야 시대와 엘리사 시대에 왕성하여 벧엘, 여리고, 길갈, 요단 등에 있었으며 그 수효도 상당하였음을 짐작할 수 있다. 이들은 수도원처럼 공동생활을 하면서 사무엘이나 엘리야나 엘리사와 같은 선지자들로부터 직접 지도를 받은 것으로 보인다. 선지학교의 설립 목적은 대중을 가르칠 선지 생도들의 교육에 있었던 것으로 본다.

또 성경에서 회당(Houses of instruction)을 공적 교육의 원형으로 볼 수 있다. 바벨론 포로 시에 안식일에 성경공부와 기도를 위한 모임이 정례화되어 시작된 회당은 에스라 이후부터는 팔레스틴 전역에 많은 회당이 있었고 이는 유대인들의 초등학교로 발전하였다. 회당은 예배와 교육의 센터로, 회당예배는 가르치고 배우는 일을 중심으로 되었다. 회당의 선생인 서기관(scribes)은 율법을 가르치고 설명하고 지적하는 일을 하고 현자들(Sages)은 지혜를 가르치는 일을 했다. 이 지혜는 하나님의, 하나님으로부터의 지혜로 본질적으로 종교적이었고 실천적이었다. 유대 어린이들은 5~7살에 회당학교에서 공부를 시작하였다. 회당학교는 열 가구당 한 학교 정도가 설치되었으며 한 학급에는 25명 이하의 학생들이 공부를 하였다. 회당에서는 매주 율법을 낭독하고 해설해 주었으며 선지서도 가르쳐졌다. 물론 주 과목은 히브리어 성경을 가르치는 것이지만 이를 위해 읽기와 쓰기, 그리고 산술이 가르쳐졌다. 교육방법은 초등학교 과정인 '책의 집'(the House of the Book)에서는 암기하는 것이 주된 방법이었다. 히브리어 알파벳을 배우자마자 모세오경을 암기하기 시작하여 시편, 잠언, 전도서의 성경을 암기했다. '책의 집' 다음으로 출현한 '연구의 집'(the House of Study)에서는 율법의 계시적 차원을 해석하고 연구하는 방법이었다. 미쉬나(Mishnah)와 구전 율법이 선생에서 학생에게 입으로 전승되며 연구되었다. 이를 위해서는 질문과 토의도 있었고 성경 본문의 비교연구도 있었으며 성경 해석을 위해 논리를 도입하기도 했다. 분리된 학문으로가 아니라 율법서를 좀 더 밝히 보기 위한 지식적 차원에서 수학, 천문학, 지리학, 생물학 등이 쓰였다.

또 쉐릴에 의하면 A.D. 70년경 팔레스틴에는 대학과 같은 아카데미가 있었던 것으로 보인다. 이는 랍비들이 고급교육을 받는 신학교와 같은 것이었고 그 성격으로는 대법원의 성격을 갖고 연구와 교수에 의해 율법을 해석하고 법적 결정을 하였다. 회당학교를 중심으로 한 유대인 학교교육은 하나님의 계시와 만나게 하고 하나님의 뜻을 알게 함으로 유대인으로 종교적인 삶의 방식을 유지하고 유대인으로서 자의식을 갖도록 하는 것이었다. 에비(C. B. Eavey)가 말한 것처럼 이는 영적 교육만이 아니라 정치 전반에나 생활 전반에 영향을 미치는 생활 교육이 되었다. 즉 유대 학교 교육은 유대인을 하나님의 거룩한 백성인 유대인으로 형성하는 성격 교육이었고 공동체 교육이었다. 이는 하나님을 봉사하고 섬기는 가운데 훈련된 이론과 실천, 지식과 행동의 교육이었다.

2) 역사적 배경

교회 역사에서 기독교학교의 구조를 알렉산드리아에 세워진 교리문답학교(Catechetical School)에서 찾을 수 있다. 전통에 의하면 아테나고라스(Athenagoras)가 처음 선생이었고 판데누스(Pantaenus), 클레멘트(Clement), 오리겐(Origen)으로 이어지는데 원래는 초신자 세례학교(Catechumenal School)에서 발전된 것으로 알려진다. 초신자 세례학교는 초대교회의 최초의 형식적 교육으로 남녀노소, 유대인, 이방인 개종자를 초월하여 새신자들을 2년 내지 3년간 교리와 신앙생활을 훈련하여서 성도들이 바른 신앙생활을 하도록 교육하는 학교였다. 그런데 그 당시 헬라나 로마 문화에서 교육을 받은 개종한 교인을 위해 좀 더 나은 지성적 차원의 교육이 요청되었다. 이러한 요구에 응하기 위한 일환으로 지적으로 훈련된 성직자를 배출하기 위해 세워진 학교가 교리 문답학교이다. 쉐릴은 이 학교를 지리학, 천문학, 철학, 윤리학 등이 다루어지는 면으로는 인문대학과 비슷했고, 기독교만 아니라 과학, 철학이 교과목이 되는 것으로는 교단 대학과 유사했고 기독교 전통이나 신학 등이 연구되는 것으로는 신학교와 유사했다고 묘사한다. 어떻든 이 학교들은 성직자만을 위한 곳은 아니었지만 신학적 교육의 중심이었고 후에는 모두에게 보편적 교육의 장이었다.

에비(C. B. Eavey)는 클레멘트의 가르침은 헬라 문학과 문화를 기독교의 시녀가 되게 하려는 것이었다고 밝힌다. 오리겐(Origen)은 참교육(*Paideia*)은 기독교 종교 그 자체였다고 했다. 오리겐(Origen)에 의하면 교육은 하나님의 섭리의 점진적 성취이다. 그 당시 기독교에 대한 저항은 종교적 문제나 신앙의 문제라기보다는 문화적 논쟁이었기에 그는 교육은 문화적 이데올로기(ideology)를 통합하고 있다고 생각했다. 그러므로 조직적으로 사람을 교육하기 위해 기독교교육의 장으로서 학교를 세워야만 했던 것이다. 이는 신앙과 이성의 관계를 처음으로 모색한 기독교 학문적 교육의 장이었다.

3) 이론적 배경

학교공동체를 교육의 장으로 삼는 기독교교육은 종교개혁자 마틴 루터(Martin Luther, 1483~1546)와 요한 칼빈(John Calvin, 1509~1564)에 의해 확실해진다. 일반 대중교육의 중요성을 밝힌 루터는 교육은 빈부귀천의 구별 없이, 남녀의 차별 없이 모든 아이들과 청년들에게 이루어져야 하며 그러기에 교육의 책임을 교회와 국가와 사회가 져야 하며 학교는 국가의 비용으로 운영되어야 한다고 주장했다. 사회의 올바른 질서를 유지하기 위해 학교를 세움은 보람 있는 일이며 교육이란 근본적으로 기독교인이 되게 하는 것이라고 주장했다. 기독교인이 되는 것은 모든 것을 살피고 돌보는 종으로 이웃에 대한 사랑 속에 완전한 굴종으로 표현된다. 모든 학교는 성경을 주 과목으로 해서 어학, 역사, 음악, 기악, 수학을 가르쳐야 하며 이솝우화 또한 도덕교육에 중요한 가치를 두었다. 또 성경 이해를 돕기 위해 고대 언어인 라틴어와 헬라어, 히브리어를 가르쳐야 한다고 했다. 교육방법은 첫째 이해되도록 해야 하는데 그를 위해서는 기본적인 지식은 암기하도록 하며 한꺼번에 너무 많이 가르치지 말고 예를 통해 가르치도록 한다. 둘째, 실제 생활 속에서 가르쳐야 한다. 그들 스스로 이 세상 자연을 보고 듣도록 하고 관찰해서 배우도록 한다. 셋째, 학습자와 교사의 인간적 관계가 중요하다. 지독한 훈련을 피하고 사람을 향한 하나님의 방법으로 가르쳐야 한다. 넷째, 신뢰 속에 교육이 이루어져야 한다. 자신이 성취한 교수-학습과정을 통해 하나님을 신뢰하고 찬양해야 한다. 이러한 교육을 위해 교사는 매우 중요하다. 교사는 무엇보다도 소명의식이 있어야 하며 영적, 신체적, 지적인 요건이 갖추어져야 한다. 좋은 선생은 안내자로서 학생들에게 모델이 된다. 이처럼 루터는 기독교교육의 형태 속에서 일반학교 교육을 발달시켰다.

루터와 마찬가지로 칼빈도 기독교 신앙과 신학적인 기초에서 교육의 중요성을 깨닫고 제네바 시를 재조직하여 학교들을 설립하고 교육을 펼쳐 1599년에는 제네바대학을 세우는 데까지 이르렀다. 이 모든 학교들도 성경을 모든 학문의 기초로 해서 성경, 읽기,

쓰기, 문법과 수학을 가르쳤다. 이처럼 이들은 학교에서 어린이, 청년들에게 기독교교육을 가능하도록 일했다. 그래서 다른 나라에도 성경이 중심이 된 기독교학교가 세워지고 기독교교육이 이루어지도록 하는 데 커다란 공헌을 하였다. C. B.에비는 칼빈이 세운 제네바 아카데미의 종교적 훈련에 대해 말하기를 칼빈이 세운 제네바 아카데미에서는 수업시간마다 기도로 시작하고 감사기도나 주기도문을 암송함으로 끝났다. 낮에 한 시간은 시편을 노래하였고, 오후 4시에는 전교생이 모여 주기도문을 암송하고 신앙을 고백하며 십계명을 암송하였다. 수요일 아침에는 학생과 교사들이 설교를 경청하였다. 토요일 오후에는 전교생이 교리문답서를 공부하였고 일요일에는 학생들이 예배에 참석하였으며 남은 시간은 설교를 묵상하는 시간으로 보냈다고 하였다.

20세기 초, 코우는 종교교육은 종교를 위한 교육이 아니고 종교 속의 교육이라고 했다. 종교교육은 또한 일반교육의 한 부분이 아니고 그 자체가 일반 교육이다. 그러므로 참교육은 종교 속의 교육이며 이러한 종교교육은 모든 아이들에게 모든 기관에서 실시되어야 함을 주장했다. 그러나 오늘날 미국을 비롯한 세계의 학교교육의 현실은 종교교육, 기독교교육이 추방되어 있다. 사실 종교개혁자들의 교육 운동의 물결로 1620~1787년 사이 미국의 학교는 기독교교육이 기초된 기독교학교의 시기라고 불린다. 그러나 정부를 중심으로 공교육(Public education)과 만민의 교육(Universal education)의 개념이 부각되고 정교분리의 헌법이 대두되면서 기독교학교의 기독교교육과 공립학교, 주립학교 등의 공교육 사이의 양분화가 일어나게 되었다. 쉐릴은 이 양분화는 세속화를 거치면서 더욱 심화되어 기독교교육은 기독교학교나 교회 안에 가두어 버리고 기독교학교에 대한 정부의 보조도 중단되었고 교회의 공교육에 대한 참여도 거부되었다.

그러나 이제는 복음적 그리스도인들이 제반 문제들에 대한 요구와 도전을 딛고 일어나야 할 시기이다. 기독교 고등교육의 다섯 가지의 주요한 기능에 대하여 개블레인(Frank Gaebelein)은 이렇게 주장했다. 첫째, 기독교 고등교육은 교양교육과 직업교육의 프로그램이 균형있게 마련되어야 한다. 그것은 성경 중심적이어야 하고 선택된 젊은이들이 전적으로 사역자로서 일하든가 아니면 다른 직업을 가지며 헌신하는 사역자로서의 지도자 정신을 갖추도록 계획되어야 한다. 둘째, 기독교 고등교육이 기독교 가정에서 자라난 젊은이를 독실한 그리스도인으로 만들기 위하여 일반교육이나 다양한 형태의 직업훈련을 시킬 수 있다. 셋째, 기독교 고등교육은 이 연구로 얻어진 것들을 신앙에 연관시키려는 특별한 목적을 가지고 학자적 면학 정신으로 전공분야에서 과학적이고 창조적인 연구를 육성해야 한다. 또한 기독교 학자의 연구 결과를 보다 널리 알리기 위하여 논문집과 단행본을 발간해야 한다. 넷째, 기독교 고등교육은 저녁시간과 확장과정을 통하여 그리고 특별한 연구기관과의 강습회와 회의를 통하여 성인들에게 기독교를 조직적으로 알릴 수 있어야 한다. 다섯째, 기독교 고등교육은 지역사회와 그리스도의 복음의 확장을 위탁받은 지역적인 기관, 전국적인 기관, 그리고 세계적인 기관들에게 조언을 제공하며 지원해야 한다(Frank E. Gaebelein, *Christian Education of Democracy*, New York, Oxford University Press, 1951: 137-38)

Ⅱ. 기독교교육과 도덕공동체

1. 도덕훈련

1) 사람의 삼중적 신분(Threefold Status)

Mark Fekkema는 그의 저서 「*Christian philosophy and Its Educational Foundation*」[2]에서 사람의 도덕적 성격을 이해하려면 사람의 삼중적 신분, 곧 창조된 인간, 타락한 인간, 회복된 인간에 대해 명확하게 알아야 한다고 하였다. 또 칼빈의 기독교강요에서도 창조(Creation)-타락(Fall)-구속(Redemption)의 함의 속에서 인간이해를 보여 주고 있다.

(1) 하나님의 형상으로 창조된 인간

사람은 하나님에 의해 창조되었고 몸과 영혼으로 구성되었을 뿐만 아니라, 또한 하나님의 형상으로 창조되었음을 성경은 증거하고 있다(창 1:26, 27). 사람의 본래의 상태 즉 타락 전 사람은 성숙한 인격이었다. 아담과 하와는 어린 시절이 없는 성인이었고, 불멸적 영혼을 가진 존재이었다. 그들은 지정의를 조화 있게 조절하는 인격자들이었고 도덕적으로 거룩하고 의로운 상태에 있었다. 그들이 하나님의 뜻에 복종하는 동안 그들은 하나님과 더불어 충만한 기쁨과 평강을 누렸을 것이다. 또한 타락 전 아담과 하와의

---

2) M. Fekkema, *Christian philosophy and Its Educational Foundation*, 황성철 역, 기독교교육철학 (서울: 한국기독교교육연구원, 1988), 207~318.

몸은 완전하고 아름답고 건강하였음에 틀림없다. 그들의 몸에는 허약과 피곤과 질병과 고통이 전혀 없었을 것이다. 또 비록 죽음의 가능성이 전혀 없지는 않았지만, 그들의 몸은 죽지 않을 수 있는 몸이었다. 아담과 하와는 이러한 몸으로 에덴동산에서 얼마 동안 즐거운 삶을 살았을 것이다. 아담과 하와는 건강한 몸으로 생물들을 다스리는 그의 직무를 잘 수행하였을 것이다. 그러나 사람의 타락 전 본래의 상태는 최종적으로 완전한 상태는 아니었다. 아담과 하와의 의와 거룩은 이미 그들이 미칠 수 있는 최상의 상태에 도달하였음을 의미하는 것은 아니었다. 에덴 동산에서 인간의 상태는 예비적 시험 단계이었다. 만일 아담과 하와가 하나님께서 정하신 기간 동안 그 시험하신 첫 명령(창 2:16, 17)에 순종하였다면, 그들은 더 큰 존귀와 영광에 이를 수 있었을 것이다.

그러므로 '하나님의 형상' 곧 '형상'으로서의 사람은 그 자체로는 아무것도 아니다. 그러나 사람은 단순한 '형상'만은 아니다. 사람은 하나님을 '닮은' 자이기 때문이다. 위대한 원형을 닮은 형상은 이 원형의 속성을 닮았음에 틀림없다. 따라서 거울 속의 형상처럼 우리도 하나님을 반사하는 자이다. 즉 그 자체로는 아무것도 아니다. 그러나 사람은 하나님을 반사하되 기계적으로 반사하지는 않는다. 하나님을 '닮은' 자로서 하늘과 땅을 창조한 위대한 창시자를 '닮은' 자로서 자기 스스로 판단하고 행하는 '원형'이며, 하등 피조물을 다스리는 자이며, 창조적 능력을 가진 자이다. 이 두 개념을 잘 조화시키면 다음과 같은 결론을 얻을 수 있다. 사람은 '하나님의 형상', 곧 그의 신적 원형(Divine Original)을 반사하는 자로서 그 자체로는 '아무것도 아닌 자'이다. 그러나 한편, 사람은 기계적으로 반사하는 단순한 형상은 아니다. 사람은 위대한 원형을 '닮은' 자로서 '원형'적 성향을 가지고 있다. 따라서 사람은 하나님의 '원형적 형상'(original－IMAGE)[3] 이라 할 수 있다.

(2) 죄의 상태에 있는 타락한 인간

인류의 타락은 사단의 유혹에 넘어진 첫 사람 아담과 하와의 범죄로 말미암아 왔다. 첫 사람 아담의 범죄의 내용은 무엇이었는가? 아담의 범죄는 하나님의 명령을 어긴 불

---

3) '원형적 형상'이라는 말을 하등 피조물이 하나님을 무의식적으로 기계적으로 반사하는 것과는 달리 사람은 하나님을 의식적으로, 자원하는 마음으로 반사해야 한다는 것을 전달하기 위해 M. Fekkema가 사용한 용어이다.

순종이었다(창 2:16, 17). 첫 사람의 불순종의 행위는 교만과 불신앙에 관계가 있다. '너희가 그것을 먹는 날에는 너희 눈이 밝아 하나님과 같이 되리라'는 마귀의 말은 인간의 교만을 부추기는 말이었다. 첫 사람은 마귀처럼 교만의 죄에 빠져 들어갔다.

아담과 하와의 첫 범죄의 결과는 무엇이었는가? 첫째로, 아담과 하와는 창조될 때 하나님께로부터 받았던 지혜와 지식 그리고 거룩과 의를 잃어버렸다. 그들의 본성은 죄악된 경향성 곧 부패성을 갖게 되었다. 둘째로, 그들에게 본래 없었던(창 2:25) 죄 의식과 수치감을 갖게 되었다(창3:7, 5:8). 셋째로, 그들은 영적으로 하나님과 분리되고 하나님과의 복된 교제가 단절되었다(창 3:8). 넷째로, 그들은 세상에 사는 동안 많은 수고와 고통을 경험하게 될 것이었다(3:16~19). 다섯째로, 땅은 그들로 인하여 저주를 받았다(창 3:17, 18). 여섯째로, 그들은 마침내 영적 및 육체적으로 죽게 되었다(창3:19).

그럼 죄란 무엇인가? 첫째로, 죄는 하나님의 법을 어기는 것이다(요일 3:4, 롬 3:20). 소요리문답 제14문답, "죄는 하나님의 법을 순종함에 부족한 것이나 혹은 어기는 것이다." 하나님의 법을 어긴 것(commission)이나 하나님의 법을 지키지 못한 것(omission)이나 둘 다 실상은 하나님의 법을 어긴 것이다.

둘째로, 죄는 죄책(罪責)과 부패성으로 구성된다. 죄책이란, 하나님의 법을 어겼다는 법적 책임을 가리키며, 하나님의 공의에 따라 형벌을 받아야 한다는 사실을 포함한다. 셋째로, 말과 행동 뿐만 아니라, 죄악된 마음의 상태와 습관도 죄로 간주된다. 그러나 반(半)펠라기우스주의는 인간의 죄악된 욕구(concupiscence)는 죄의 기회일 뿐이며 그 자체가 형벌 받을 죄는 아니라고 보았다. 알미니우스주의도 죄가 하나님의 법을 어기는 인간의 자발적 행위라고 보며, 비자발적 범죄는 인성의 자연적 결과로서 죄책을 돌릴 수 없으며 엄밀히 말해 죄가 아니라고 보았다. 그러나 성경은 죄악된 마음의 상태와 습관도 죄라고 분명히 가르치고 있다(출 20:17, 렘 17:9, 마 5:22, 28, 마 15:19~20, 요일 3:15).

(3) 은혜언약 안에 있는 회복된 인간

구속언약이란 성부 하나님께서 사람의 구속을 위해 성자 하나님과 맺으신 약속인데(엡 1:4, 3:11), 여기에서 성자 하나님은 선택된 사람들을 대표한다. 언약의 조건은 성자 하나님께서는 죄 없는 사람이 되셔야 했고, 하나님의 율법에 복종하심으로 완전한 의를 이루셔야 했다(갈 4:4, 5, 빌 2:6-8, 마 26:28). 구속언약에 담긴 약속의 내용은 선택된 사람들의 얻을 영생이다.

은혜언약이란, 하나님께서 그가 택하신 사람들에게 예수 그리스도께 대한 믿음에 근거하여 은혜로 영생을 주시겠다는 약속이다. 웨스트민스터 신앙고백 7:3, "사람은 타락으로 행위 언약에 의해 생명을 얻을 수 없게 되었으므로, 주께서는 은혜언약이라고 불리우는 두 번째 언약을 맺기를 기뻐하셨는데, 그 언약으로 그는 죄인들에게 구원을 얻기 위해 예수 그리스도를 믿으라고 요구하시고, 영생에 이르도록 작정된 모든 사람들로 하여금 즐거이 믿을 수 있도록 그들에게 그의 성령을 주실 것을 약속하시며, 예수 그리스도로 말미암는 생명과 구원을 죄인들에게 값없이 주신다." 마태복음 26:28, "이것이 죄사함을 얻게 하려고 많은 사람을 위하여 흘리는 바 나의 피 곧 새 언약의 피니라." 로마서 3:24, "그리스도 예수 안에 있는 구속(救贖)으로 말미암아 하나님의 은혜로 값없이 의롭다 하심을 얻은 자 되었느니라." 은혜언약의 하나님과 그가 택하신 사람들이다. 언약의 조건은 택하신 사람들의 믿음이다. 이 믿음은 비(非)공로적이며 방편과 수단에 불과하다(엡 2:8, 9). 언약의 중보자는 구주 예수 그리스도이다(딤 2:5, 히8:6). 언약에 담긴 약속의 내용은 선택된 사람들의 영생이다(요 3:16).

역사상 교회 안에는 구약과 신약을 전혀 별개의 언약이 아니다. 구약과 신약은 본질적으로 동일하다. 왜냐하면 첫째, 중보자 예수 그리스도가 동일하시기 때문이다(계 13:8, 행 4:12, 히 13:8). 둘째, 사람이 하나님의 은혜로 구원얻는다는 진리가 동일하기 때문이다(창 15:6) 그러므로 구약과 신약은 전혀 별개의 두 언약이 아니고, 본질적으로 동일한 언약이다. 웨스트민스터 신앙고백 7:6은 "본질이 다른 두 개의 은혜언약들이 있는 것이 아니요, 다양한 시행들 아래 있는 동일한 한 언약이 있을 뿐이다."

2) 하나님 형상의 의미

그럼 사람이 '하나님의 형상으로 창조되었다'는 것은 무슨 뜻인가? 창세기 1:26의 '하나님의 형상'과 '하나님의 모양'이라는 말은 의미상 차이가 없다. 성경에서 '형상'과 '모양'은 의미상 차이 없이 사용된다. 그러면 '하나님의 형상'은 무엇을 말하는가? 하나님은 영이시므로, 하나님의 형상과 모양은 어떤 물질적 형상이나 모양을 의미할 수 없다. 그러므로 하나님의 형상은 하나님의 영의 특성들을 가리킴이 분명하다. 그러면 하나님의 영의 특성들을 따라 창조함을 받은 사람의 특성들은 무엇인가?

사람이 하나님께로부터 받은 가장 중요한 특성은 지식과 도덕성이다. 지식은 하나님을 알고 하나님의 창조하신 세계를 아는 것을 말하며, 그 지식을 적절히 활용하여 행동하는 지혜를 포함한다. 하나님께서 사람에게 땅을 정복하고 땅의 생물들을 다스리라는 명령을 주셨을 때, 그것은 하나님의 형상대로 지음을 받은 사람에게 지식과 지혜가 있음을 증거한다. 과연 첫 사람 아담은 하나님이 만드신 들짐승들과 새들의 이름을 지음으로써 그의 지식과 지혜를 잘 나타내 보였다(창 2: 19, 20).

도덕성은 이성적 판단과 의지적 자유를 가지고 하나님을 섬기며 그의 뜻에 순종하는 것을 말한다. 이것이 사람이 본래 가졌던 거룩과 의(義)이다. 이것을 흔히 '본래의 의'(原義, original righteousness)라고 부른다. 전도서 7:29은 증거하기를, "나의 깨달은 것이 이것이라. 곧 하나님이 사람을 정직하게 지으셨으나 사람은 많은 꾀를 낸 것이니라"고 하였다. 웨스트민스터 신앙고백 4:2은, [하나님께서 사람에게] 그 자신의 형상을 따라 지식과 의와 참된 거룩을 부여하셨다고 진술하였다.

이상 두 가지의 요소는 사람의 범죄로 인하여 상실되었다. 사람이 다른 생물들에 비해 여전히 지혜롭고 상당한 지식을 갖고 있는 것도 사실이지만, 사람이 알아야 할 가장 기본적인 사실인 창조주 하나님을 알지 못하고 있다는 것을 생각할 때, 사람에게 참 지식이 없다고 말할 수 있다. 또 도덕성은 두말 할 것도 없다. 사람은 본래의 그 거룩과 의를 다 잃어버렸다. 골로새서 3:10에서 "새 사람을 입었으니 이는 자기를 창조하신 자의 형상을 좇아 지식에까지 새롭게 하심을 받는 자니라"고 말씀했고, 에베소서 4:24은 "하나님을 따라 의와 진리의 거룩함으로 지으심을 받은 새 사람을 입으라"고 증거했다.

그러면 범죄한 사람은 더 이상 하나님의 형상이 아닌가? 성경에는, 타락 이후의 사람들에 대해서도 하나님의 형상이라는 표현이 사용된다. 예를 들어 창세기 9:6에는, "무릇 사람의 피를 흘리면 사람이 그 피를 흘릴 것이니 이는 하나님이 자기 형상대로 사람을 지었음이니라"고 말씀했다. 또 고린도전서 11:7은, "남자는 하나님의 형상과 영광이니 그 머리에 마땅히 쓰지 않거니와 여자는 남자의 영광이니라"고 말씀했고, 야고보서 3:9에는, "이것으로 우리가 주 아버지를 찬송하고 또 이것으로 하나님의 형상대로 지음을 받은 사람을 저주하나니"라는 말씀도 있다. 타락 이후에도 사람을 하나님의 형상이라고 부르는 것은 무슨 까닭인가? 그것은 하나님의 형상이라는 말이 지식과 도덕성뿐 아니라 또한 그 외의 요소들도 포함하기 때문일 것이다. 그러면 하나님의 형상에 포함시킬 그

외의 요소들이란 무엇일까? 우리는 사람이 다른 피조물들과 다른 그 밖의 독특한 점들을 거기에 포함시킬 수 있을 것이다. 그 독특한 점들이란 무엇인가? 그것들은 사람의 영혼의 불멸성, 인격성, 양심 등을 포함할 것이며, 또 사람의 몸도 영혼의 활동 기관 혹은 표현 기관이라는 점에서 거기에 포함될 것이다. 특별히 창세기 9:6에 살인을 하나님의 형상을 해치는 것으로 정죄한 것을 보면, 사람의 몸까지도 하나님의 형상에 포함시키는 것이 타당함을 알 수 있다. 또 창세기 1장에서 사람이 하나님의 형상으로 창조된다는 사실과 사람이 생물들을 다스리는 권한 혹은 의무를 가진다는 사실이 함께 언급되어 있다(창1:26-28). 이 말씀은 하나님의 형상 속에 사람에게 주신 생물 통치권도 포함됨을 보이는 것 같다. 우주 통치권은 하나님의 고유적 권한이지만, 하나님께서 자기 형상으로 지음을 받은 인간에게 그 권한의 일부를 부여하신 것이라고 볼 때, 생물 통치권도 하나님의 형상에 포함시킬 수 있다.

따라서 우리는 영원히 하나님의 형상이며 하나님은 영원히 우리의 원형이다. 이것이 바로 우리의 위치이며 우리와 하나님과의 관계이다. 하나님의 형상으로서 우리는 오직 한 가지 책임이 있을 분이다. 그것은 하나님의 생각과 뜻을 우리의 삶 속에 나타내는 것이다. 모든 것을 결정하는 것은 거울 속의 형상이 아니라 거울 앞에 있는 원형이다. 형상은 언제나 그 원형을 본받아야 한다. 원형이 형상을 본받을 수는 없다. 어떤 상황에서도 '만유의 주'이신 분은 하나님뿐이다. 우리의 원형이신 하나님은 그의 형상인 우리의 전부(everything to us)이다. 원형이 없으면 그 형상도 존재하지 않는다. 사람은 그 자체로는 아무것도 아니다. 그러나 사람은 위대한 원형이신 하나님에 대한 기계적인 반사체가 아니다. 사람은 위대한 원형이신 하나님의 '모양'(likeness)대로 창조되었기 때문에 '원형'적 성향을 가지고 있다. 우리는 하나님의 속성을 나타내되 스스로 그렇게 해야 한다. 따라서 사람은 '하나님의 원형적 형상'(original-image of God)이다. 사람은 창조주를 이성적으로, 곧 자발적으로 나타내야 한다. 비이성적 피조물도 비록 비이성적(기계적)이나 하나님을 나타낸다는 점은 사람과 같다. 모든 피조물은 하나님 안에서만 그 의미와 목적을 찾을 수 있다. 즉 모든 것은 하나님을 드러내기 위하여 창조되었다.

2. 공동체 생활

1) 개체생활과 공동생활

인간사회의 도덕적 성격을 논하기 위해서는 사회 구성원으로서의 공동생활에 대해 살펴보아야 할 것이다. 인간사회는 바닷가의 모래알처럼 개체의 단순한 집합이 아니다. 인간사회는 국가이든 지역 사회이든 개체들이 모여서 형성된 '하나의 유기체'(an Organic whole)이다. 유기체 내의 개체들은 '하나이자 여럿'이다. 모든 종족과 국가는 그 백성의 수는 '여럿'이나, 그 정신은 '하나'이다. 즉 각 종족과 국가는 '하나이자 여럿'인 것이다. 거의 모두가 같은 생활양식을 가지고 있다. 인간 사회는 개체의 단순한 집합이 아니다. 여럿이 모였지만 동시에 하나인 것이다. 각 개체는 독립적으로 살아가는 한편 어울려 공동생활을 하면서 살아가고 있다. 우리의 삶 전체가 독립적인 사물의 단순한 집합이라면 우리의 삶은 전혀 다른 형태가 되었을 것이다. 즉 체계화된 지식도 없었을 것이고, 과학도 없었을 것이다. 이 세계는 조화의 세계(Cosmos)가 아니라 혼돈의 세계(Chaos)가 되었을 것이다. 질서도 목적도 아무런 의미도 없는 혼돈의 세계가 되었을 것이다. 하나님의 '모양'(likeness)대로 창조된 사람은 당연히 하나님을 닮았다. 하나님은 위대한 창시자(the Great Originator)이시다. 따라서 하나님을 닮은 사람은 자원하는 마음을 가진 자, 곧 '원형'(Original)이다. 하나님의 '형상'(Image)을 따라 창조된 사람은 그 자체로는 아무것도 아니다(Nobody). 형상은 그 자체로 존재하는 것이 아니라 원형을 반사하는 자에 불과하기 때문이다. 형상의 위대함은 자기 내부에 있는 것이 아니라 자기가 반사하는 원형에게 있다. 형상인 우리가 살 수 있는 길은 주님의 말씀대로 자기 자신을 부인하고 날마다 제 십자가를 지는 것 뿐이다. 즉 우리의 원형을 높이는 것뿐이다.

2) 공동체 생활의 기원

우리는 모두 아담으로 말미암아 죄를 범하였다. 따라서 우리는 모두 하나님과의 사귐을 잃어버렸다. 그러나 그리스도 안에서 하나님과의 연합이 회복되었다. 하나님은 이 세계를 '하나이자 여럿'의 개념을 바탕으로 하나의 공동체로 만드셨다. 이것은 심오한 사회적 의미를 지니고 있다. 이것은 아담과 하와가 여럿(둘)으로 인식되었으며 각각 독립적으로 죄를 범하였음을 의미한다. 그러나 한편 모든 사람은 하나의 공동체로서 인류의 공동생활의 머리(원형)인 아담 안에서 함께 죄를 범하였다. 첫째 아담에게 사실인 것은 둘째 아담에게도 사실이다. 그리스도는 자기 혼자 고난을 받았으나 동시에 '자기' 안에 있는 사람들을 위하여 고난을 받으셨다 "한 사람의 순종치 아니함으로 많은 사람이 죄인 된 것같이 한 사람의 순종하심으로 많은 사람이 의인이 되리라"(롬 5:19). 우리는 나면서부터 첫째 아담 안에서 한 공동체이며, 죄에 빠진 인류와 공동체이다. 따라서 우리는 모두 죄인이다. 거듭나는 사람들은 아담과의 하나 됨에서 그리스도와의 하나 됨으로 바뀐다. 그리고 그리스도께서 이루신 일을 함께 누리며 그리스도와 함께 죽고 함께 살아남으로써 그리스도와의 하나 됨을 나타낸다.

그럼 '하나이자 여럿'의 개념에 바탕을 둔 우리의 삶이 어디에서 유래되었는가? 사람은 '하나이자 여럿' 곧 '하나이자 셋'인 하나님의 '모양대로' 창조되었다. 즉 성부, 성자, 성령의 삼위일체 하나님의 '모양대로' 창조되었다. 하나님이 '하나이자 여럿'인 것처럼 사람도 '하나이자 여럿'이라는 것이 우리의 결론이다. 다른 사람들과 함께 사는 이 '하나이자 여럿'의 삶을 공동생활이라 부른다. 그러나 단순히 어울려 사는 것을 공동생활이라고 부를 수는 없다. '몸에 여러 지체'가 있듯이, 그리고 그 지체들이 하나의 몸을 움직여 가듯이 그렇게 사는 것이 바로 공동생활이다. 믿는 자들과 그리스도와의 공동체는 그리스도가 우리를 위해 죽고, 우리가 그와 함께 죽고, 더욱 그와 함께 살 정도로 밀접한 관계이다. 성경이 명백하게 밝히고 있는데도 이것을 간과하는 사람이 적지 않은 것 같다(참고 롬 6:5, 골 3:1). 우리의 삶은 반드시 하나님과의 관계 속에서 파악되어야 한다. 하나님은 사람을 만드실 때, 하나님을 떠나서는 개체 생활에서도, 공동생활에서도 아무런 의미와 목적이 없도록 만드셨다. 더욱이 하나님을 삶의 중심에서 밀어내면 우리는 원형이 없는 형상이나 다름없다.

3. 도덕훈련의 기초

개혁주의 기독교 철학자인 도예벨트(H. Dooyeweerd)는 기독교적 실재론 특히 양상이론(Modality Theory)을 근거로 인간에 대한 전인적 개념을 발전시켰다. 양상이론을 기초로 인간을 묘사할 때, 인간은 양상(aspects)으로 결정된 존재로 간주된다. 인간에 대한 기독교 철학적 관점은 인간을 마음 중심으로 통일된 전인적 존재로 보면서 동시에 다차원적인 존재로 이해한다. 전인적 인간관은 인간이 다양한 측면을 소유하고 있다는 의미가 아니다. 인간은 무엇보다도 화학적, 물질적, 생물적학, 심리학적 측면을 가지고 있는 존재이며, 인간은 문화를 창조하고, 역사를 만들고, 사고하고, 말하고, 사회적으로 교제하고, 예술을 창조하고, 공의와 신의를 유지하며 신앙을 실천할 줄 아는 존재이다.

도예벨트는 창조세계의 양상들을 열 다섯 가지로 열거하여 설명하였다. 가장 하위 양상부터 열거하면, 수적, 공간적, 운동적, 물리적, 생명적, 심리적/감각적, 논리적/분석적, 역사적, 언어적, 사회적, 경제적, 심미적, 법적, 윤리적, 신앙적 양상 등으로, 여러 다양한 국면들 사이의 구별은 물질, 식물, 동물, 인간을 구분하는데 도움을 줄 수 있다. 첫째, 물질은 처음 네 가지 양상(수적, 공간적, 운동적, 물리적)만을 보여 준다. 둘째, 식물은 물질의 네 가지 양상에 생물학적 기능을 추가한다. 셋째, 동물은 더 복잡한 피조물이며, 느끼고 경험할 수 있으므로, 식물의 다섯 가지 기능에 감각적 측면이 추가된다. 넷째, 인간은 가장 복잡한 피조물로서 만물의 영장이므로, 동물이 갖고 있지 못한 아홉 가지(논리적, 역사적, 언어적, 사회적, 경제적, 심미적, 법적, 윤리적, 신앙적) 기능이 추가된다.

그러므로 사회적 존재, 이성적 존재, 정치적 존재, 도덕적 존재, 경제적 존재 등 인간이 가지고 있는 열다섯 가지 기능들 중 어느 한 가지 관점에서만 인간을 규정하려는 시도는 인간이 무엇이냐에 대한 단순화, 또는 환원주의적 이해방식이라고 할 수 있다. 실재의 모든 양상들은 인간 안에서 발견되어지는 것들이며, 인간의 각 측면은 구별되어 그 자체로서의 법을 가진 환원할 수 없는 양상들이다. 인간존재의 모든 양상은 똑같이 중요하며, 그 양상들 가운데 어떤 것도 과대 강조되거나 환원되어서는 안 된다. 인간의 양상들 혹은 구조들 각각은 학문적 탐구에서 개별적으로 탐구될 수 있다. 인간의 경험은 다양한 측면들의 복합체로 나타나며, 인간은 다양한 기능의 복합적이고 역동적인 구성을 특징으로 하는 다면적인 존재라고 할 것이다. 동시에 인간은 양상의 통합성의 기본적 특성을 보여준다. 인간 몸의 구조는 현세의 모든 기능들의 통합된 전체구조로서, 그 안의 모든 구조들이 나눌 수 없는 통합적 일치를 이루면서 인간고유의 본질을 드러내고 있다. 각 각의 구조는 다른 구조와 분리된 채 작동할 수 없다. 인간존재의 모든 양상은 인간의 종교적 응집점이라고 할 수 있는 마음 혹은 자아에 집결된다. 그러므로 인간 몸의 구조와 현세에서의 삶과 행동은 마음에 응집되거나, 마음에서 통합되고 마음에서 흘러나오는 놀라운 통전성을 드러낸다.

인간은 나눌 수 없는 전체성 혹은 복합성의 특징을 가지고 있다. 통일체, 전체성, 복합성 등의 용어가 부분들의 결합, 혹은 그 내부에서 여러 가지를 열거할 수 있는 산술적 개념을 내포하고 있으므로 인간의 복합성은 '전인 성' 혹은 '통전성'으로 칭해진다. 동시에 몸의 구조들과 양상들은 인간의 내적 실체나 구성요소들이 아니라, 기능구조 곧 내적 법에 의해 통제되는 기능구조일 뿐이다. 따라서 인간은 하나님이 인간의 생명에 부여하신 특별한 네 가지 법의 기능적 구조를 통하여 상호작용적 통전성을드러내 보이는 몸이라 할 수 있다. 인간은 존재의 각 차원에서 하나님의 규범에 복종하고 응답하는 다면적인 종교적 존재라고 정의할 수 있다.4)

따라서 성경은 사람이 "하나님의 형상을 따라"(창 1:26) 창조되었다고 말하고 있다. 이것은 사람이 하나님의 속성을 나타내는 '형상'임을 의미한다. 사람은 또한 "하나님의 모양대로"(창 1:26) 창조되었다. 이것은 사람에게 하나님과 하나님의 속성을 나타낼 책임이 있음을 의미한다. 즉 사람은 '원형'적 성향을 부여받은 피조물이다. 사람은 '형상'이기 때문에 하나님의 뜻을 반사하는 삶을 살아야 한다. 우리는 어린이가 어릴 때에 하나님의 뜻을 행하도록 훈계하여야 한다. 즉 부모 된 자들은 가족 공동체의 '머리'로서 자녀들을 훈계할 책임이 있다. 어린이는 점점 성장함에 따라 적당한 시기에 가정의 공동생활에서 벗어나게 된다. 그때는 누가 그들의 길을 인도할 것인가?

1) 가족 공동생활

사람은 삼위일체 하나님의 '형상과 모양'대로 창조되었다. 또한 지상의 가정은 천국의 가정(Heavenly Household)을 모방한 모형이라고 생각할 수 있다. 즉 천국 가정의 가족

---

4) 강용원, *op.cit.*, 361~62.

은 성부, 성자, 그리고 성령이시다. 하나님이 셋이자 하나(여럿이자 하나)이듯이 그것을 모방한 지상의 가정도 하나이자 여럿이다. 부모와 그 자녀들은 한편으로는 여럿이지만 또 한편으로는 하나, 즉 하나의 공동체이다.

(1) 결혼은 가족 공동생활의 시작이다

두 '원형적 형상'은 결혼을 통하여 하나의 공동체가 된다. 주님은 결혼에 대하여 다음과 같이 말씀하셨다. "그 둘이 한 몸이 될지니라. 이러한즉 이제 둘이 아니요 한 몸이니"(막 10:8) 결혼으로 말미암아 둘이던 사람들이 이제 하나가 되었다. 결혼 전에는 각자가 하나님을 반사했으나 결혼하면 둘이 합하여 하나님을 반사해야 한다. 이 두 사람은 특히 자녀들 앞에서 항상 하나가 되어야 한다.

(2) 어린이의 삶은 '원형'적 측면보다는 '형상'적 측면이 훨씬 강하다

하나님의 말씀에 따르면 남편과 아내의 공동생활은 그 자녀들의 생존도 포함한다. 어린이는 육체적으로는 독립된 개인이지만 심리적으로는 가족 공동체 생활의 한 부분이다. 어린이는 그 죄성으로 말미암아 '원형'이 되려는 욕망을 가지고 있다. 그러나 어린이는 그들의 윗사람의 뜻을 나타내야 하는 '형상'이어야 한다.

어린이는 '원형'이라기보다 하나의 '형상'이므로 '앞장서서 가는 자'라기보다는 '뒤따라가는 자'이다. 어린이의 삶은 그의 가정의 삶을 그대로 나타낸다. 어린이는 그 부모의 말씨를 배우며 어른들의 생각을 모방한다. 어린이는 그 부모의 습관을 배운다. 마찬가지로 어린이는 그의 기호(Likes and dislikes)와 관점, 가치관과 생활양식까지도 교사와 지도자를 모방한다. 어린이는 자기가 태어난 그 공동체를 선택하지 않았다. 그리고 어린이는 스스로 산다기보다는 길러지고 있다. 유명한 성경학자이자 성경심리학자인 바빙크 박사는 어린이의 '형상'적 종속성에 대해 다음과 같이 말하였다.

"어린이는 어떤 자극을 받으면 그것을 즉시 행동으로 옮긴다. 그것은 거의 자동적이며 무의식적인 행동이다. 어린이에겐 그의 충동이나 행동을 조절할 수 있는 힘이 없다. 그 충동이나 행동이 어린이를 완전히 압도해 버릴 뿐이다. 어린이는 아직 살고 있다기(독립적 개인으로서)보다는 길러지고 있다. 어린이에겐 아직 '나'라는 인식도 없고 '합리적 판단'도 없으며 의지도 없고 인격도 없다. 어린이의 생활은 내적인 자극이나 외적인 자극에 대한 반응일 뿐이다"(*De Opuoeding der Rijpere Jeugd* /「성장하고 있는 청소년에 대한 교육」에서 인용, p. 139).

이와 같이 어린이는 스스로 살고 있다기보다 공동체의 구성원으로서 보호받으며 살고 있다고 할 수 있다. 물론 어린이에게도 그 나름대로의 생활이 있다. 그러나 그 삶도 아직은 어린이의 삶일 뿐이다. 그의 '원형'적 성향이 잠자고 있는 동안은 다른 사람에게 영향을 미치는 삶보다는 영향을 받는 삶을 살고 있는 셈이다. 이것은 어린이 도덕훈련에 매우 중요한 의미를 지닌다. 잘 조화된 가정(부모와 자녀들)은 개인들의 단순한 집합이 아니다. 가정의 구성원들은 공동체를 이루고 있는 만큼 매우 밀접하게 연관되어 있다. 가족 공동체의 머리는 부모가 되어야 한다. 그리고 자녀들은 부모에게 순종해야 한다. 부모는 그 자녀들을 '키워야' 하며 자녀들은 "부모에게 순종해야" 한다(신 6:6~7, 엡 6:4). 이것은 부모의 엄숙한 의무이다.

(3) 공동생활의 '머리'(원형)는 점차 청소년 개인에게 그 자리를 비켜주어야 한다

어린이의 삶은 '원형'적 삶이라기보다는 '형상'적 삶이다. 그러나 '원형'적 삶이 전혀 없는 '형상'적 삶은 동물의 생활과 다를 바 없다. 어린이의 삶이라고 해서 '원형'적 삶이 전혀 없는 것은 아니다. 누구에겐가 속하고 싶은 어린이의 본성 때문에 가정이나 학교의 '머리'(원형)에 쉽게 종속될 뿐이다. 어린이가 스스로 책임을 질 수 있는 나이에 이르면 자기 스스로 모든 일을 결정하게 된다. 다시 말하면 어린이는 점차 공동체의 '원형'(머리)의 통제를 벗어나 성숙하고 있는 자기 자신의 '원형'을 의지하게 된다. 어린이는 부모가 가족 공동생활의 '원형'(머리)으로서 자녀들을 통제하는 가운데 '형상'으로서의 삶을 이어간다. 어린이의 삶은 근본적으로 성인들의 삶과 다르다. 이것은 성경의 명백한 가르침이다. "내가 어렸을 때에는 말하는 것이 어린아이와 같고 생각하는 것이 어린아이와 같다가 장성한 사람이 되어서는 어린아이의 일을 버렸노라"(고전 13:11). 어린이의 생각과 어른의 생각은 차이가 있다. 하나는 미숙성하며 또 하나는 성숙하다. "형제들아 지혜에는 아이가 되지 말고 악에는 어린아이가 되라 지혜에 장성한 사람이 되라"(고전 14:20). 어린이의 생각이 미숙한 것은 성숙한 사람에게만 있는 사고의 독립성이 어린이에겐 없기 때문이다. 어린이에겐 자기 스스로의 삶이 없다. 어린이는 그가 속한 공동체의 삶을 그대로 모방할 뿐이다. 어린이의 삶은 의존적이므로 이리저리 흔들리기 마련이다. 집에 있을 때에는 부모와의 공동생활에 파묻히고 낮에는 학교의 공동 생존에 동화된다. 일요일에는 주일학교의 공동생활을 경험한다. 어린이는 카멜레온처럼 무의식적으로 주위 환경에 따라 변한다. 사도 바울이 다음과 같이 말한 것도 이런 이유 때문이다. "모든 교훈의 풍조에 흔들리며 이리저리 몰려다니는 어린아이와 같이 되지 말고"(엡 4:14). 부모들은 자녀를 훈계하되 제멋대로 해서는 안 된다. 부모는 하나님의 총독으로서 하나님의 이름으로 훈계해야 한다. 자녀들에게 부모에게 순종하는 것이 하나님을 위한 일임을 알게 해야 한다. 부모는 하나님의 뜻대로 훈계해야 한다. 자녀를 다루는 것도 하나님 나라의 통치에 따라야 한다. "내가 진실로 너희에게 이르노니 누구든지 하나님의 나라(하나님 나라의 통치)를 어린아이와 같이 받들지 않는 자는 결단코 들어가지 못하리라"(막 10:15).

(4) 어린이는 가족 공동체의 종교적 성격을 그대로 나누어 가진다

가족 공동생활은 아내와 남편, 두 사람으로 구성되어 있지만 실제로는 하나의 생활이다. 모든 공동생활은 하나의 생활이므로 가정생활도 거룩하거나 거룩하지 않거나 둘 중의 하나이다. 부모들이 모두 믿는 자이면 그들의 공동생활은 거룩하다. 아무도 믿지 않으면 그 공동생활은 거룩하지 않다. 둘 중에 한 사람만 믿는 자이면 다른 하나는 그리스도 안에서 거룩한 자가 아니다. 그러나 믿는 배우자로 인하여 거룩하게 되어 거룩한 연합을 이룬다. 이러한 가정의 자손들도 다음 말씀에 근거하여 거룩하다고 할 수 있다. "믿지 아니하는 남편이 (믿는) 아내로 인하여 거룩하게 되고 믿지 아니하는 아내가 (믿는) 남편으로 인하여 거룩하게 되나니 그렇지 아니하면 너희 자녀도 깨끗지 못하니라 그러나 이제 거룩하니라."(고전 7:14). 우리는 이 말씀으로부터 믿는 가정에서 태어난 자녀들이 이미 거듭났다는 결론을 끌어 낼 수 없다. 여기서 '거룩하다'는 말은 중생을 의미하지 않는다. 믿지 않는 남편도 믿는 아내로 말미암아 거룩해진다고 말하고 있으므로 '거룩하다'는 말이 꼭 중생을 의미하지는 않는다.

그러나 믿지 않는 남편이 가족 공동생활 안에서 '거룩하게' 되듯이 이런 공동체에서 태어난 자녀도 역시 '거룩하다'고 할 수 있다. 그러므로 거룩한 연합을 이룬 가정에서 태어난 아이는 거룩하게 된다고, 즉 하나님을 위하여 구별된다고 결론지을 수 있다. 하나님은 그 자녀들이 자기 것이라고 말씀하신다. 어린아이가 태어난 그 거룩한 공동체는 그 어린이를 거룩하게 하는데, 이것은 성전이 그 재료로 쓰인 금을 거룩하게 하고 제단이 그 단 위에 놓인 제물을 거룩하게 하는 것과 같은 이치이다(마 23:17). 거룩하게 구별된 자녀는 확실히 은혜를 입었으며 특별한 기회가 주어진 셈이다. 그러나 단순히 이렇게만 생각하는 것은 어린이를 공동체의 구성원으로서 이해하지 않고 독립된 개인으로서만 이해하는 것이다. 우상에게 제물로 바쳐진 아이들을 가리켜 "나의(하나님의) 자녀"라고 한 것은(겔 16:21) 그 아이들이 거룩한 공동체의 구성원이기 때문이다. 고린도전서 7:14에서 거룩한 공동체의 자녀들을 가리켜 '거룩하다'고 말한 것도 그들이 이 거룩한 공동체의 지체(구성원)이기 때문이다. 가정의 자녀는 가정이라는 나무의 가지로 비유할 수 있다. 나무에서 일어나는 일은 그 나무 안에 있는 가지에도 일어나기 마련이다. 마찬가지로 믿는 가정에서 태어난 자녀들은 거룩한 공동체에 속해 있기 때문에 거룩하다고 말할 수 있다. 그러나 계속해서 거룩하게 되려면 나중에 자기 스스로 예수 그리스도를 믿어야 한다.

(5) 믿는 가정의 거룩한 자녀들도 빗나갈 수 있다

믿는 가정에서 태어난 자녀들의 거룩한 생활은 다음 두 경우에 소멸될 수 있다. 첫째, 부모와 교사가 그 어린이들에게 거룩한 영향을 끼치지 못할 때, 둘째, 스스로 책임질 수 있는 나이에 이르러 자기 스스로(의식적으로) 옛날의 '가족 신앙'을 거부할 때 믿음을 버린 자들에 대해서 주님은 이렇게 말씀하셨다. "나라의 본 자손들은 바깥 어두운 데 쫓겨나 거기서 울며 이를 갊이 있으리라"(마 8:12). 공동체의 구성원으로서 누렸던 그 거룩한 생활을 자기 스스로 소유하려면 자기 스스로 믿고 또한 그 믿음을 대중 앞에서 고백해야 한다. 이렇게 고백하지 않거나 고백에 어울리는 삶을 살지 않으면 어릴 때 가졌던 모든 것을 잃어버리게 된다. 이것은 나이가 들어 잠에서 깨어난 개인의 '원형'적 성향이 반드시 통과해야 하는 관문이다.

2) 가족 공동생활의 교육

믿는 부모로 구성된 가족 공동체는 그 공동체의 자녀들을 거룩한 하나님의 자녀 또는 잠재적 자녀로 여겨야 한다. 여기에 깊은 교육적 의미가 있다. 믿는 부모의 자녀들은 하나님의 은혜에 의해 구별되었기 때문에 하늘나라의 자녀로 여겨야 하며 또 그렇게 훈련해야 한다. 우리는 가정과 학교의 도덕훈련을 통하여 자녀들에게 주 예수를 '아는 지식'과 그의 '은혜' 가운데서 자라가도록 가르쳐야 한다. 자녀 교육의 목표는 그리스도의 인격이 그 자녀에게 온전히 형성되는 것이다. 즉 "하나님의 아들을 믿는 것과 아는 일에 하나가 되어 온전한 사람을 이루어 그리스도의 도덕성의 완전한 분량에까지 이르는" 것이다(엡 4:13, 윌리엄 역).

그러나 믿지 않는 부모의 자녀들을 다룰 때에는 우리의 교육 계획은 경우에 따라 다양해져야 한다. 그런 경우 어린이에 대한 우리의 책임은 그 어린이의 부모가 돌이켜 그 어린이의 가정생활이 거룩해지도록 하는 것까지 포함해야 한다. 믿지 않는 부모의 어린이들을 다룰 때에는 그들과 사귀면서 그들과 같이 앉아 성경을 펼 수 있는 데까지 이르도록 노력해야 한다. 빌립은 전혀 모르는 에티오피아 내시에게 이와 같이 하여 그에게 믿음을 심어 주었다(행 8장).

(1) 성령의 이중적 사역

우리는 거룩한 공동체의 구성원으로서 영적 생활을 시작하며 또한 독립적 개인으로서 자기 스스로 영적 생활을 시작한다. 어린이는 거룩한 가정에 태어나는 순간부터 거룩하다. 그들은 '천국의 자녀'며 '창세로부터' 마련되어 있는 '천국을 기업'으로 받을 수 있다. 공동체의 구성원으로서 천국의 자녀가 된 어린이는 '분별할 수 있는 연령'이 되면 자기 스스로 천국의 삶을 계속하겠다고 선언해야 한다. 그래야만 천국에 계속 머물 수 있다. 성년이 되어 그리스도를 위해 살겠다고 공적으로 결심하지 않으면 '쫓겨난 천국의 자녀'로 간주된다. 어린이들은 성령의 사역을 적어도 두 번 체험하게 된다. 하나는 기독교 가정에 태어난 채 거룩한 자녀로 인치심을 받는 것이며, 또 하나는 자기 스스로 그리스도를 위해 살겠다고 결심할 때 영원히 거룩한 백성으로 인치 심을 받는 것이다. 전자는 수동적인 경험이며 후자는 능동적인 경험이다.

예수 그리스도의 교회는 두 가지 경험을 모두 귀히 여긴다. 그러나 유아세례를 베풂으로써 전자를 강조하는 교파도 있고 자기 스스로 그리스도를 선택할 때까지 세례를 연기하는 교파도 있다. 우리는 여기에서 예수 그리스도의 교회에 대한 성령의 두 가지 사역을 분명히 엿볼 수 있다. 즉 하나는 자녀들이 거룩하기 때문에 기독교교육을 받아야 된다는 진리를 강조하고, 또 하나는 그리스도의 교회에서 온전한 지체가 되기 위하여 기독교교육을 받아야 된다는 사실을 강조한다. 교회가 그 자녀들에게 기독교교육을 베풀어야 하는 것도 바로 이 두 가지 이유 때문이다.

따라서 모든 인간은 잠재적 학생인 동시에 잠재적 교사이다. 관계 속에서 살아가는 인간의 삶은 본질적으로 상호교류적인 성격을 띠고 있기 때문에 학생으로서의 인간은 동시에 교사의 역할을 수행하게 있다. 즉 본질적으로 인간은 교수(teaching)와 학습(learning)이 변증법적인 관계를 맺으면서 서로 교류하는 가운데 배우며 변화하며 성장하는 존재이며, 잠재적 학생인 동시에 잠재적 교사의 역할을 수행하는 교육적 존재이다.

(2) 크리스천 가정의 공동생활

믿는 부모의 자녀들이 가지고 있는 영적 신분은 다음과 같은 깊은 의미를 내포하고 있다. ① 믿는 부모는 그 자녀들이 거룩한 공동생활의 축복을 온전히 누릴 수 있도록 가르쳐야 한다. 어린아이는 가능한 한 일찍부터 그 부모의 영적 생활에 참여하도록 가르침을 받아야 한다(잠 22:6, 고전 13:11). 부모는 그 자녀에게 될 수 있는 대로 일찍 거룩한 공동생활에 내포되어 있는 영적 유산에 대하여 자세히 알려 주어야 한다. 부모는 그 자녀에게 '주 안에서' 부모에게 순종하도록 끊임없이 훈계해야 한다(웹 6:1). 부모는 자녀에게 부모의 기독교적 가르침과 생환을 본받도록 훈계해야 한다.

② 가족공동생활의 기독교적 가르침은 기독교적인 학교의 공동생활을 통해 보완되어야 한다. 기독교 가정에서 태어난 자녀들은 자연히 그 가정의 거룩한 공동생활을 본받게 되어 있다. 한편 어린이는 반드시 가정에서 배운 기독교적 가르침을 더욱 강화시켜 주는 학교에 다녀야 한다.

③ 가족 공동체의 한 지체로서 거룩한 공동생활을 누리던 자녀라도 성년이 되면 그 공동생활을 잃어버릴 수 있다. 이것은 주로 자녀들이 세속적인 학교공동생활을 통해 양육되고 있기 때문이다. 성경은 이렇게 잃어버린 자들을 가리켜……"쫓겨난 천국의 자녀" 또는 "열매 맺지 못한 가지"라고 부른다(요 15:2). 우리 그리스도인들은 죄악된 세상에 살고 있는 하나님의 대사들이다. 따라서 우리는 우리 자녀들이 기독적인 삶을 가르치는 학교에서 교육받도록 힘써야 한다.

④ 기독교적 공동생활은 그 자녀가 자기 스스로 그리스도를 위해 살겠다고 결심하는 데서 그 절정을 이룬다. 이것은 절대적으로 필요한 과정이다. 이것은 유년기에서 성년기로 넘어가는 전환기에 이르러 일어나는 것으로서 보통 12세와 13세 사이에 학교공동체 속에서 새로운 인간관계를 경험하며 공동사회의 규칙과 질서를 학습하게 된다. 학교사회의 다양한 과제를 성취해야 하며, 부모와 교사 등 권위자와의 관계 형성 등 원만하게 해결 할 수 있도록 도와주어야 하며, 직면하는 문제들을 스스로 사고하고 판단하여 처리할 수 있는 문제 해결능력을 길러주도록 해야 할 것이다. 유대인들은 이 나이에 이른 청소년을 가리켜 '율법의 아들' 즉 율법에 대하여 스스로 책임을 져야 하는 자로 대우하였다. 그런다고 해서 스스로 결정을 내리기 이전에는 구원받지 않았었다고 말할 수 없다.

4. 도덕훈련의 기본 원리

어린이와 성인에 대한 개념은 도덕훈련의 기초가 된다. 어린이는 공동체의 삶에 참여하도록 창조되었다. 어린이는 공동체가 기독교이든 비기독교이든 어떤 공동체의 구성원으로서 생활하기 마련이다. 어린이는 '원형'적 성향보다는 '형상'적 성향이 훨씬 더 강하므로 많은 사람들이 가지고 있는 일반적인 가치 기준을 그대로 모방한다. 즉 자신의 '원형'적 성향이 아직 잠에서 깨어나지 않은 상태에 있으므로 다른 사람들의 이념, 태도, 신념, 관점 등을 고대로 모방하기 마련이다. 어린이는 아직 가정의 공동생활 속에 완전히 파묻혀 지낼 수밖에 없다. 어린이는 '원형'적 성향이 없으므로 겸손과 온유와 순종의 상징이다. 그리스도께서 스스로 높이는 제자들에게 어린이처럼 되지 않으면 결단코 천국에 들어갈 수 없다고 말씀하신 것도 이 때문이다. 우리는 자녀들이 자기 마음대로 혹은 반항적으로 행동할 때 그것을 그들의 '원형'적 성향 탓으로 돌리기 쉽다. 어린이들이 때때로 '원형'처럼 행동한다는 것은 분명한 사실이다. 그러한 행동은 어떤 어른의 '원형'적 성향을 흉내 낸 것일지도 모른다. 그러나 어린이의 지나친 독립성은 그 조성이 빚의 낸 결과인 경우가 적지 않다. 그럼 유년기와 성년기 사이에 가로 놓인 전환기의 깊은 의미와 이전 환기 전후의 삶의 특성에 관하여 살펴보자.

1) 어린이와 성인의 구분

어린이는 모두 적당한 나이에 이르면 신체적인 변화가 크게 일어나며, 신체적인 변화와 함께 심리적인 변화도 눈에 띄게 나타난다. 청소년의 삶에 신체적 및 심리적인 변화가 크게 나타나는 것은 언제인가? 즉 전환기는 언제인가? 헤르만 바빙크 박사는 성숙하고 있는 청소년에 관한 그의 책에서 다음과 같이 말하고 있다. "어린이는 13세 또는 14세에 이르러 자기의 생활에서 뚜렷한 변화를 체험한다. 이 변화기는 누구에게나 일어나는 것으로 육체적인 변화뿐만 아니라 영적인 변화도 동시에 일어난다. 이 전환기는 예부터 매우 의미 깊게 생각되었다. 즉 어느 민족에게나 이 변화를 기념하는 의식이 있었다"(p.140) 13세 또는 14세에 이르면 어린이의 생활에 주목할 만한 변화가 일어남에도 불구하고 세속 심리학에서는 이 전환기와 그것의 교육학적 의미에 대하여 별로 관심을 기울이지 않았다. 그러나 성경은 이 전환기와 이에 내포되어 있는 교육학적 의미를 모두 인식하고 있다. 고대 그리스의 교육가들도 이를 인식하였다고 생각된다.(Century Dictionary Encyclopedia, p. 4540을 참조하라)

2) 육체적 탄생과 심리적 탄생의 비교

태아의 생명은 어머니의 맥박으로 유지된다. 태아는 모체로부터 영양분을 공급받아서 성장한다. 태아는 독립적 개인으로 살아간다기보다 어머니에 의해서 길러지고 있다. 어린아이가 태어나는 순간, 그 아이의 독립적인 삶이 시작된다. 이제는 자기 스스로 공기를 마실 수 있다. 이제는 자기 스스로 먹고 소화시킬 수 있다. 이것은 누구나 알고 있는 상식이다. 조금 더 깊이 생각해 보면 이 육체적 탄생과 심리적 탄생이 서로 유사함을 알 수 있다. 즉 자연적(육체적) 탄생이 있듯이 13세와 15세 사이에 정신적(심리적) 탄생이라는 것이 있다. 자연적 탄생과 정신적 탄생(육체적 탄생과 심리적 탄생)은 모두 새로운 삶의 시작을 의미한다. 하나는 독립적 육체로서의 삶이며, 또 하나는 독립적 인격으로서의 삶이다.

3) 심리적 탄생 전후의 생활

독립적 심리 생활은 특히 10대에 걸쳐 뚜렷하게 나타난다. 10대 이전에는 자기의 사고와 판단과 신념이 없고 대체로 다른 사람을 모방할 뿐이다. 어떤 문제에 대한 생각도 다른 사람의 생각과 비슷하며 생활신조도 자기가 신뢰하는 사람의 신조와 비슷하다. 10대 이전의 어린이는 자기의 행위에 대하여 책임을 질 수 없다. 그래서 법도 이들을 처벌하지 않는다. 심리적으로 볼 때 그의 자아(Selfhood)는 아직 잠에서 깨어나지 않고 있다. 그는 태어나지 않은 아이처럼 아무것도 아닌 자(Nobody)로 간주된다. 이 모든 것은 적당한 시기가 되면 서서히 변하기 시작한다. 어린이가 옮으로써 자기에게 관심을 이끄는 것처럼 청소년은 비판함으로써 자기에게 관심을 이끈다. 청소년이 되면 그의 사고와 결심과 신앙고백 등이 점차 믿을 만해진다. 점차 자기의 생활을 인식하며 인격이 형성되어 간다. 무슨 일을 하더라도 스스로 하게 된다. 선거권을 행사할 수 있는 나이가 되면 그들은 자기 행동에 대해 전적으로 자기 자신이 책임을 져야 한다. 심리적으로 볼 때 잠에서 완전히 깨어난 시기이다. 즉 처음으로 "원형적 형상"이 된다. 처음에는 가족 공동체의 원형(머리)에 종속되어 있었으나 이제는 자기 스스로 책임을 진다.

4) 심리적 생활의 세 가지 특성

첫째, '아무것도 아닌 자'(Nobody)에서 '대단한 자'(Somebody)로의 심리적 전환은 오랜 기간에 걸쳐 일어난다. 일반적으로 7살 때에는 독립성(Independence)이 거의 드러나지 않다가 21살이 되면 독립성이 완전히 드러난다. 이 독립성은 14살을 전후하여 급격히 증가한다. 여자는 조금 더 빠른 경향이 있다.

둘째, 유년기에는 부모에게 의존하려는 성향이 매우 강하다. 또한 '소속'되기를 원하는 마음도 강하다. 어린이가 가정이나 교회, 또는 학교에서 올바른 기독교교육을 받았다면 가족 공동생활의 영향력이 감소함에 따라 하나님과의 공동생활이 잘 이루어질 수 있다. 이것은 하나님의 축복이다.

셋째, 어린이의 삶을 두 부분으로 나눈다. '유년기'로서 '공동생활' 곧 부모가 그 머리(원형)이고 자녀들이 그 지체(형상)인 가족 공동체의 생활을 나타낸다. 성년기로서 개인

생활 곧 '원형적 형상'으로서의 생활을 나타낸다.

지금까지 말한 것의 도덕적 의미는 명백하다. 어린이의 도덕훈련은 외부의 권위와 어린이의 순종을 문제 삼았다. 청소년의 도덕훈련은 삶의 통제력을 외부에서 내부로 옮기는 것, 곧 부모(교사)에게서 자기 자신으로, 공동생활의 '원형'(머리)에게서 개인생활의 '원형'으로 옮기는 것을 문제 삼았다. 이때 새로 통제력을 행사하게 된 자아(self)는 하나님 앞에 순복하는 자아가 되어야 한다. 그리스도인이 아닌 자들 자기의 '원형'적 성향을 자기를 과시하는 데 쓰지만, 그리스도인들이 '원형'적 성향을 절대적 주권자이신 하나님께 순종하는 데 쓴다.

5. 어린이 도덕훈련

1) 어린이 교육의 원리

도덕훈련의 성격을 이해하기 위해서는 사람의 본성에 관한 명확한 개념이 있어야 한다. 사람의 본성은 사람이 하나님의 '원형적 형상'이라는 사실에 바탕을 두고 있다. 사람이 형상으로서 하나님을 반사하는 방법에 대하여 생각해 보자. 모든 피조물들이 하나님을 반사하도록 창조되었지만 사람은 하나님의 '형상'을 따라 지음을 받았을 뿐만 아니라 그의 '모양'대로 창조되었다. 이것은 사람이 식물이나 동물보다 지어난 점이 있다는 것을 의미한다. 사람은 하나님의 속성을 반사하되 스스로 깨달아서 반사하는 피조물이다. 사람의 지어난 '그 무엇'에 대해 사람들은 여러 가지 이름을 붙였다. 즉 어떤 이는 이것을 사람의 '마음'이라고 부른다. 어떤 이는 이것을 사람의 '인격'이라고 부른다. 유럽의 기독교 심리학자인 제이 와터링크(J. Waterink) 박사는 이것을 사람의 '나'라고 부른다. 형상 개념의 철학에서는 이것을 사람의 '원형'적 요소라고 부른다. 사람이 하나님의 형상이라면 하나님은 사람의 원형이다. 사람이 원형의 모양대로 창조되었다면 어느 정도의 독립성과 주권을 가진 작은 '원형'이어야 할 것이다. 사람이 다른 피조물과 다른 점은 절대적 주권을 가진 하나님을 반사하는 자로서 어느 정도의 주권을 가지고 있다는 점이다. 사람의 이 주권적 독립성은 비이성적 피조물에는 찾아볼 수 없다. 사람의 이 주권을 우리는 사람의 '원형'적 성향이라고 부른다.

　이것은 '사람＝원형＋형상'이라는 말이 아니다. 사람은 하나이다. 사람의 원형인 하나님이 하나이기 때문에 사람도 하나이다. 사람을 가리켜 하나님의 '원형적 형상'이라고 지칭하는 것도 사람의 단일성을 나타내기 위함이다. 하나님의 창조의 면류관이며, 만물의 영장인 사람은 진실로 신비롭게 창조되었다. 서로 대립되는 속성을 가진 자, 곧 대단한 자인 동시에 아무것도 아닌 자이지만, 그럼에도 불구하고 사람은 하나(Unity)이다. 사람은 어떤 경우에도 하나님을 반사해야 하는 하나님의 형상인 것이다. '형상'과 '원형'을 따로 생각하면 '형상'은 '형상'대로 '원형'은 '원형'대로 하나님을 나타낸다. 이 둘을 연합하면 자원하는 마음으로, 의식적으로 하나님을 반사하는 '원형적 형상'이 된다. 이때에도 하나님을 반사하는 사람의 성향은 그대로 간직되며 오히려 더욱 강해진다. 우리가 하나님을 반사하고 있는 한 우리는 하나님과 하나이며 하나님과의 하나 됨은 영원토록 평화를 누리는 축복 중의 축복이다. 사람이 '형상'으로서 그 원형인 하나님을 반사할 때, 자원하는 마음으로, 다시 말하면 인격적으로 반사할 수 있는 것은 사람에게 '원형'적 성향이 있기 때문이다. 단순한 형상으로서 기계적으로 반사하는 것이 아니라, '원형'적 성향을 바탕으로 하여 기쁜 마음으로 반사해야 참형상이라 할 수 있다. 씨가 열매를 맺기 위해서는 특정한 꽃가루와 수정을 해야 한다. 마찬가지로 '형상'이 열매를 맺기 위해서는 '원형'적 성향과 결합되지 않으면 안 된다. 단순히 생존하는 것이 비인간적이듯이, '형상'의 기계적인 반사도 비도덕적이다. 어린이는 독립적 개인으로서 스스로 살아간다고 할 수 없다. 부모나 교사의 도움으로 양육된다고나 할까. 어쨌든 아직까지 '나'(I)가 없으며, 인격도 형성되지 않았다.

　어린이의 삶은 형상, 곧 아무것도 아닌 자의 삶이다. 어린이는 그 '원형'적 성향이 아직 잠자고 있는 셈이다. 처음 몇 해 동안 어린이는 오직 '형상'일 뿐이다. 이 기간에도 어린이는 하나님의 뜻을 반사해야 한다. 그러나 이것도 어린이를 지도하는 부모나 교사, 곧 하나님의 대리인들이 그렇게 하도록 시켜야 가능하다. 우리를 도덕적 존재로 만드는 것은 바로 우리의 '원형'적 성향이다. 그러나 어린이에겐 이 '원형'적 성향이 없다. 따라서 어린이는 학교나 가정의 공동생활에서 그 공동체의 머리(원형)에게 종속되어야 한다. 어린이는 그 공동체의 지체(형상)인 셈이다.

2) 어린이에 대한 부모의 책임

어린이에겐 '원형'적 성향(인격)이 없다. 따라서 어린이에겐 개인 생활보다 공동생활이 훨씬 더 많다. 어린이가 이웃에게 무슨 잘못을 해도 그 부모가 책임을 져야 한다. 어린이의 삶은 주로 가정의 공동생활이므로, 어린이를 보면 그 가정을 알 수 있다. 교사는 어린이의 말과 행동으로 그 가정을 파악할 수 있다. 어린이는 스스로 살아간다기보다 그들이 신뢰하는 어른들에 의해 길러지고 있다. 따라서 이 어른들은 반드시 하나님을 경외하는 자라야 할 것이다. 어린이에겐 아직 자기의 삶이 없고 가정이나 학교의 공동생활이 어린이의 삶의 전부이다. 따라서 가정생활이나 학교생활은 반드시 경건해야 한다. 자기 자신의 '원형'적 성향이 없기 때문에 윗사람들을 모방하는 것이 곧 어린이의 삶의 내용이다. 어린이는 시키는 대로 하기 마련이다. 우리는 이웃의 자녀에게 훈계하지 않는다. 그러나 부모는 자기 자녀에게 훈계해야 한다.

오늘날은 청소년 범죄가 눈에 뛰게 많아졌다. 그들은 예사로 법을 어기며 반항하고 있다. 이들의 빗나간 행동은 이들만의 잘못이 아니다. 부모나 교사가 마땅히 행할 길을 아이에게 가르쳤다면, 커서도 그것을 떠나지 않았을 것이다(잠 22:6). 청소년 범죄는 부모가 자녀 교육을 소홀히 한 결과이다. 부모의 자녀교육은 대부분 성경에 바탕을 두지 않고 있다. 대신 학교에서 보통 쓰는 현대의 교육방법을 채택하고 있다. 이 교육방법은 가고 싶은 대로 가라고 가르친다는 점에서 비도덕적이다. 이 얼마나 어리석은 짓인가? '원형'적 성향이 없는 어린이에게 스스로 갈 길을 결정하도록 하는 것은 어리석음 이전에 죄악이다. 진실로, 청소년의 범죄는 곧 부모의 범죄이다. 대부분의 부모들은 자녀를 가르치지 않는다. 그들은 자녀를 가르치지도 않고 가르치는 곳에 보내지도 않는다. 진화론적인 교육방법에 따라 어린이들은 자유롭게 자기를 '표현'하라고 가르침을 받는다. 그러나 '표현'할 것이라곤 하나도 없는 어린이들의 가슴은 안타깝기만 하다. 어린이의 삶은 '형상'의 삶이다. 즉 어린이의 교육은 가르친 것을 잘 실천하도록 하는 것이므로 우선 잘 가르쳐야 한다.

우리는 '율법과 증거'로 되돌아가야 한다. 우리는 아이에게 마땅히 행할 길을 가르쳐야 한다. 결코 하고 싶은 대로 하라고 가르쳐서는 안 된다. 그리하면 커서도 그 교훈을 떠나지 않을 것이다. 어린이는 공동체의 '원형'(머리)을 반사하는 '형상'(지체)으로서 그 '원형'(머리)의 명령에 순종해야 한다. 현대의 교육방법은 취할 것이 못 된다. 자녀교육은 부모나 교사에게 맡겨진 엄숙한 의무이다. 따라서 부모는 그 자녀를 마땅히 훈계해야 한다. 현대의 거짓 철학의 영향으로 말미암아 대부분의 부모와 교사는 자녀를 훈계하는 일을 잊어버렸다. 그 결과로 어린이 가장 아름다운 덕성인 '순종'을 잃어버렸다. 어린이의 가장 뛰어난 덕성은 순종이다. 어린이에겐 아직 '원형'적 성향이 없다. 따라서 그들이 속해 있는 공동체의 머리인 '원형'의 지도를 받으면서 살아야 되는데, 이 공동생활에서 가장 필요하고 아름다운 것은 순종이다.

하나님은 부모에게 자녀를 훈계하라고 명하신다. 하나님은 어린이를 창조하실 때 어른의 가르침과 지도를 받아 성장하도록 창조하셨다. 부모는 하나님의 대리인으로서 자녀를 훈계해야 한다. 물론 마음 내키는 대로, 변덕스럽게 훈계해서는 안 된다. 부모는 어린이를 훈계하되 '주안에서' 훈계해야 한다. "자녀들아, 너희 부모를 주 안에서 순종하라 이것이 옳으니라"(엡 6:1). 어린이가 순종해야 한다면, 부모는 훈계해야 한다. 또한 이렇게 하는 것이 옳다. 부모와 자녀 간의 관계는 하나님이 만드신 관계인 것이다. 자녀에게 더 이상 훈계가 필요 없는 때가 온다. 어린이는 끊임없이 어른으로 자라가고 있다. 유년기에도 문제가 있듯이, 청소년기에도 그 나름의 문제가 있다. '순종'이 어린이에게 가장 필요한 덕성이라면, '불순종'은 가장 심각한 문제이다.

3) 불순종에 대한 어린이 교육

불순종하며 나쁜 일을 한 어린이는 부모와 교사가 반드시 책망해야 한다. 그러나 처음에는 벌을 주는 것보다 사랑으로 옳고 그릇 됨을 반드시 가르쳐 주어야 한다. 자기의 행위가 나쁜 것인 줄 몰랐을 수도 있기 때문이다. 그러나 책망을 듣고도 나쁜 행동을 계속하면 점점 엄하게 다루어야 한다. 잘못에 대한 처벌을 그 행위에 대한 보복이라고 생각하는 부모나 교사가 없지 않다. 이들은 잘못한 자는 마땅히 잘못한 만큼의 고통과 불쾌감을 맛보아야 한다고 생각한다. 그러나 이것은 도덕훈련을 웃음거리로 만드는 어리석은 태도가 아닐 수 없다.

빗나간 어린이를 다룰 때에는 그 아이의 진정한 마음에 호소해야 한다. 이것은 '상육거점'을 확보하고 나서 해병대를 상륙시키는 상륙 작전에 비유하여 설명할 수 있다. 적이 장악하고 있는 요새를 향해 전함이 접근하고 있다고 가정해 보자. 그 요새를 탈취하는 첫 단계는 폭탄을 투하함으로써 상륙 거점을 확보하는 것이다. 적진의 방어가 완전히 소멸한 후에라야 해병 대원들이 그 전함을 떠나서 요새를 점령하게 된다. 도덕훈련에 있어서 상륙 거점의 확보는 서로 마음을 터놓고 대화를 나눔으로써 이루어진다. 이 개인 면담은 미래의 더 좋은 행동을 바라보는 데 목적이 있다기보다 지나간 일을 되돌아보는 데 목적이 있다. 다시 말하면 이 대화의 목적은 그 아이가 자기의 잘못을 시인하고 그 잘못에 대한 용서를 구하는 마음이 되도록 하는 데 있다. 뿐만 아니라 잘못한 사람에게 가서 용서를 빌도록 해야 한다. 이때 간과하지 말아야 될 것은 하나님에게 죄를 자복하고 용서를 구하도록 하는 것이다. 이때 용서를 위한 기도를 하도록 권할 수 있으나 강제로 시키면 안 된다. 하나님은 스스로 깨달아 기도하는 것을 기뻐하신다. 그 아이의 완악한 마음이 부드러워지고 말이나 눈물로써 마음의 변화를 표현하기 전에는 죄를 자복할 수도 하나님께 용서를 구할 수도 없다는 것을 잊지 말아야 한다. 그 아이가 진실로 잘못을 깨달으면 이 대화의 목적은 달성된 셈이다. 첫날 이 목적에 이르지 못하면 다음으로 미루어 언젠가는 해결해야 한다.

만일 아이가 마음 열기를 완강하게 거부하면 자신의 잘못을 깨닫게 하기 위하여 '벌'을 주어야 한다. 이 벌에는 힘든 일을 시키는 것, 권리를 빼앗는 것, 매를 드는 것 등이 있는데, 그 아이가 범한 잘못과 깊은 관계가 있는 벌이어야 한다. 벌을 준다고 해서 잘못한 일이 없어지는 것은 아니다. 따라서 벌은 결코 잘못에 대한 보복이 되어서는 안 된다. 벌은 그 다음 날에 서로 마음을 열고 대화하기 위한 준비이다. 슬픔과 후회와 죄사함을 경험하지 못하면 그 아이의 문제는 결코 해결되지 않았다는 것을 명심해야 한다. 어린아이가 진실로 회개하면 우리는 함께 기뻐해야 할 것이다. 우리는 죄인을 얼마나 자주 용서해야 하는가? 하나님이 우리를 용서하시는 만큼 자주 용서해야 한다. 우리는 이 문제에 관한 한 하나님의 대리인임을 기억해야 한다.

6. 청소년 도덕훈련

청소년기(Youth)는 성년기(Adulthood)의 초기단계로서 13세부터 15세까지는 '유년기' Childhood)에서 '성년기'로 전환하는 시기이다. 전환기 전에는 어린이에 더 가까웠으나, 전환기를 통과하면서 어른에 더 가까워진다. 유년기에서 성년기로 전환하는 시기에는 청소년(Youth)의 내부에 근본적인 변화가 일어난다. 심리학자들은 이 전환기를 가리켜, "충동과 긴장"(Storm and stress)의 시기라고 부른다. 이 "충동과 긴장"의 시기에 이르기 전의 청소년은 어린이에 더 가깝다. 그리고 이 시기를 통과한 청소년은 어른에 더 가깝다.

1) 충동과 긴장의 시기

(1) 주님의 모범

유대인의 어린이는 12살이 되면, '율법의 아들'(a son of the law)이라는 칭호를 받는다. 이것은 아이에게 의무와 권리가 부여되었다는 선포이다. 공식적으로 유월절(Passover Feast)에 참석할 수 있는 자격도 이때 부여된다. 이 나이에 이른 예수님은 그의 부모와 함께 유월절에 참석하기 위해 예루살렘으로 올라갔다. 일주일의 명절이 끝나고 그 부모는 되돌아갔으나, 이제 '율법의 아들'이 된 예수님은 예루살렘에 그냥 남았다. 그 부모는 그것을 알지 못하고 하룻길을 간 뒤, 친족과 아는 사람 중에서 그가 없는 줄 안 후 예루살렘으로 다시 돌아갔다. 그들이 예수님을 찾았을 때 그는 성전에 앉아서 여러 선생들과 이야기하고 있었다. 그의 어머니께서, "아이야, 어찌하여 우리에게 이렇게 하였느냐? 보라, 네 아버지와 내가 근심하여 너를 찾았노라"하고 아들 된 도리를 상기시켰다. 예수님은 보다 더 큰 의무를 내세우며 이렇게 대답했다. "내가 내 아버지의 집에 있어야 될 줄을 알지 못하셨나이까?"(눅 2:49). 그러나 그의 부모는, 이 나이의 자녀를 가진 대부분의 부모가 그렇듯이 예수님이 말한 것을 깨닫지 못하였다. 모든 그리스도인 청소년들은 비록 부모가 깨닫지 못한다 할지라도 예수와 같은 말을 할 수 있어야 한다. 그러나 예수님은 하나님이 부모에게 부여한 권위에 순종하였다. 즉 "나사렛에 이르러 순종하여 받들었던 것"이다(눅 2:51). 하나님이 주신 권위에 순복해야 한다는 것은 성경의 가르침이기도 하다. "각 사람은 위에 있는 권세에 굴복하라 권세는 하나님께로 나지 않음이 없나니 모든 권세는 다 하나님의 정하신 바라 그러므로 권세를 거스르는 자는 하나님의 명을 거스름이니 거스르는 자는 심판을 자취하리라"(롬 13:1~2) 아버지와 어머니는 자녀를 낳은 자에 불과한 것이 아니다. 그들은 가정 공동체를 다스리는 하나님의 대리인이다. 따라서 대리인으로서의 권위는 반드시 존중되어야 한다. "네 부모를 공경하라 그리하면 너의 하나님 여호와가 네게 준 땅에서 네 생명이 길리라"(출 20:12)

(2) 전환기에 대한 묘사(Description)

모든 청소년은 반드시 전환기를 통과해야 한다. 아직 어린아이일 때에는 부모의 보호 아래에 있지만, 자기를 움직이는 힘이 부모에게서 다른 곳으로 옮겨지는 때가 온다. 이 다른 곳이란 다름 아닌 자기의 '인격'이요, 자기의 '원형'적 성향이다. 즉 스스로 행동하려는 마음이 잠에서 깨어나는 시기에 도달하게 된다. 이 전환기는 또한 독립적 개체로서, 하나님의 '원형적 형상'으로서의 삶을 추구하려는 각성의 시기이어야 한다. 즉 하나님의 뜻을 반사하되 '원형'답게 자원하는 마음으로 반사해야 하는 시기인 것이다. 청소년기 중의 이삼년을 전환기라고 할 수도 있으나 사실은 청소년기 전체, 즉 약 14년간이 전환기인 셈이다.

(3) 전환기에 대한 설명(Explanation)

'유년기'(Childhood)가 21년에 걸쳐 계속되고 있음을 주목하라. 7살부터는 부모를 구심점으로 하는 원호가 대각선을 지나면서 자기 자신을 구심점으로 하는 원호로 바뀐다. 이것은 7살부터 어린이의 '원형적 성향'이 서서히 잠에서 깨어나고 있음을 의미한다. 21살에 이르면, 어린이는 완전히 성숙한 '원형적 형상'으로 발돋움하게 된다. 21살이 되면 독립적으로 갈 길을 결정하게 된다. 즉 자기의 삶은 자기가 알아서 계획하고 실천해 나간다. 그리하여 책임을 질 수 있는 한 독립적 개인이 되는 것이다. 어린이의 첫 몇 해 동안은 부모가 모든 것을 통제한다. 7살부터 21살까지는 부모를 중심으로 하는 가정의 공동생활과 서서히 '원형적 형상'이 되어가고 있는 자로서의 개인생활이 서로 밀고 밀리고 한다. 7살부터 14살까지는 부모의 통제가 점점 감소하고, 대신 스스로 움직이려는 성향이 증가한다고 할 수 있다. 13살과 15살 사이는 부모를 구심점으로 한 공동생활과 자기 자신의 개인생활이 팽팽히 맞서는 시기이다. 따라서 이 시기는 위기의 시기라고 할 수 있다. 부모, 아이 할 것 없이 모두 우왕좌왕하며 혹은 오해도 하고, 혹은 다투기도 한다. 이 시기를 '충동과 긴장'(Storm and stress)의 시기라고 부르는 것도 결코 과원이 아니다. 스스로 어떻게 해 보겠다는 청소년의 충동과 자녀에 대한 통제력을 상실해 가는 부모의 긴장이 극에 달하는 시기이기 때문이다. 바로 여기에 청소년 문제가 도사리고 있다.

모든 어린이는 이 전환기의 시련을 통과해야 한다. 우리의 모범이신 예수님도 예외는 아니었다. 예수께서 이 시기를 보낼 때 어떤 일이 일어났는가를 알면 이 복잡한 청소년 문제를 해결하는 데 도움이 될 것이다. 이제 '율법의 아들'이 된 예수님은 성전에서 부모와 논쟁할 때 제 3의 구심점을 제시하였다. 그것은 바로 하나님의 나라였다. 우리가 먼저 (기본적으로) 하나님의 나라를 구하면, 다른 두 구심점 (부모와 자녀) 간의 갈등은 저절로 풀어질 것이다. 이것은 우리 주님의 가르침이다. 예수님은 부모 앞에서 이렇게 말했던 것이다. "내가 내 아버지의 집에 있어야 될 줄을 알지 못하셨나이까?"(눅 2:49).

2) 전환기 청소년의 도덕훈련

어린이의 교육에서 가장 중요한 것은 순종이다. 어린이에게 순종을 가르치면, 모든 것을 다 가르칠 수 있고 어린이에게 순종을 가르치지 않으면 아무것도 가르칠 수 없다.

(1) 자기의 질문에 스스로 대답할 수 있도록 도와주어야 한다

전환기에 있는 아이들을 가르칠 때 가장 필요한 것은 인내이다. 이 시기에는 청소년들이 자기의 가정생활을 깨뜨리지 않는 것만으로도 만족해야 한다. 문제가 발생할 때 끝까지 이해하고 말다툼을 피해야 한다. 한편으로는 인내를 보이되 빗나간 행동을 간과할 수는 없다. 그러나 빗나간 행동에 대해서는 적당한 때에 같이 이야기하자고 하면서 그 해결을 뒤로 미루는 것이 좋다. 조만간 그 아이는 자기중심의 생활에서 부모 중심의 생활로 되돌아올 것이다. 시간을 가지고 충분히 그 문제를 검토하되 해가 지기 전에는 모든 상처가 아물도록 해 주어야 한다.

　청소년들은 전환기를 지나는 동안이나 그 직후에 어떤 의문스러운 장소에 가보고 싶어 한다. 이때 된다, 안 된다 하고 재판관 노릇하는 것보다 친구가 되어 주는 것이 더 좋다. 즉 '나에게 질문한 것을 보니 너도 의심스러워하고 있구나. 어떤 점이 의심스러운지 말해 보지 않으련?' 하고 말하는 것이 좋다. 이 나이의 아이들은 윗사람의 결정보다는 자기 스스로의 결정을 따르고 싶어 하므로 자기의 질문에 스스로 대답할 수 있도록 도와주어야 한다.

(2) 하나님을 신뢰하고 자기를 스스로 결정하도록 도와주어야 한다

　즉각적으로 대답하지 않는 편이 더 좋을 때가 많다. 장점과 단점에 관하여 서로 이야기를 나눈 다음에는 이렇게 말하는 것이 좋다. "여기에 대하여 좀 더 생각한 다음 이야기를 나누어 보자." 그렇게 해도 끝내 고집하면 그 아이로 하여금 다시 한 번 생각할 수 있도록 도와주어야 한다. 그러나 이것은 이 나이에 있는 청소년에게는 쉬운 일이 아니다. 청소년이 자기 스스로 결정을 내리도록 도와주기 위해서 다음과 같은 제안을 하는 것도 지혜로운 방법이다. "네가 가고 싶은 그 장소에 대하여 좀 더 알 필요가 있는 것 같다. 우리 같이 가서 어떤지 보고 오자. 그러고 나서 다시 한 번 이야기 해보자."

　언제나 잊지 말아야 될 것은 이러한 문제들은 하나님께 순종하지 않는 데서 비롯되었다는 사실이다. 하나님께 순종함은 모든 문제의 가장 근원적인 원인을 해결해 주는 진리이다. 모든 문제의 해결은 바로 이 근원적인 원인으로 말미암는다. 가정의 공동생활과 청소년의 개인적 관점의 충돌도 예외는 아니다. 이 모든 문제는 하나님을 무시함으로 말미암는다. 문제를 해결하는 가장 좋은 방법은 공동체와 독립적 개인을 모두 하나님께 종속시키는 것이다. 하나님은 우리에게 자아(Self)를 주셨다.

　하나님이 우리에게 자아를 주신 목적은 무엇인가? 자아는 스스로를 주장하기 위한 것이 아니라 스스로를 부인하여 "만왕의 왕"이신 하나님께 순종하기 위한 것이다. 하나님은 "만왕의 왕"이시므로 그의 뜻은 가장 좋은 뜻이며 그의 계획은 가장 좋은 계획이다. 따라서 우리 모두는 항상 하나님을 신뢰하고 자기 자신을 부인해야 한다. 자기를 부인하는 것이 곧 자기를 되찾는 길이다. "이에 예수께서 제자들에게 이르시되 아무든지 나를 따라 오려거든 자기를 부인하고 자기 십자가를 지고 나를 좇을 것이니라. 누구든지 제 목숨을 구원코자 하면 잃을 것이요 누구든지 나를 위하여 제 목숨을 잃으면 찾으리라"(마 16:24~25, 막 8:34~36. 눅 9:23~24, 요 12:24~25 참고). 우리가 자신을 부인하는 것은 하나님을 "만유의 주"로 섬기기 위함이다. "하나님 외에는 다른 신이 없으며" 하나님보다 더 높은 자는 아무 것도 없다. 즉 자기 자신을 부인하되 하늘나라를 얻기 위한 수단으로서가 아니라 그 자체가 목적이어야 한다. 하나님을 위하여 자기 자신을 부인하는 것 자체가 바로 천국의 삶인 것이다. 이것은 어린이가 부모에게 완전히 순종함으로써 참된 가족 공동생활을 누리게 되는 것과 같다. 어린이가 나면서부터 자유스럽게 가족 공동생활에 들어가게 되듯이 청소년도 천국 공동생활의 임무를 자연스럽게 감당해야 한다.

따라서 모든 사람은 하나님의 형상을 지녔으므로 하나님께 영광을 돌리도록 교육받아야 한다. 믿는 부모의 임무는 궁극적으로 창조주 하나님과 관련해 자녀들이 책임을 완수하도록 그들을 격려하는 일이다. 하나님께 예배하고 봉사하면서 자녀들이 세상과 사회에 감성을 부여하는 문화와 인류의 통일을 인지해야 한다. 이러한 관점에서의 하나님의 나라는 창조된 세계와 인간 사회를 포함하기 위해 영적이고 초세속적인 영역을 넘어 확장되는 하나님의 통치이다. 예수 그리스도 안에서 회복과 재창조로 인해 새 언약의 일군된 그리스도인은 성령의 새 생명을 얻게 하는 능력을 통해 인류공동체를 위한 문화적 의무와 기회를 받아 들어야 한다. 따라서 하나님이 세우신 최초의 기관인 가정은 하나님께서 그의 자녀들을 교육하시는 '공동체 학교'(Divine pedagogy, school of community)이다. 비록 현대 가정은 많은 문제가 노출되고 위기 앞에 놓여있다할지라도 삶의 관심들을 솔직하게 나누며 서로 배우고 격려함으로써 그리스도의 왕되심을 선포해야 한다.

Ⅲ. 기독교교육과 사이버 학습

1. 사이버교육과 학습공동체

1) 사이버교육의 기능적 특성

21세기는 벌써 인터넷시대에서 언제나 접속과 서비스가 가능한 시스템인 유비쿼터스 (ubiquitous)시대로 전환하고 있다. 제레미 리프킨(Jeremy Rifkin)은 그의 저서 "The Age of Access"에서 21세기를 「접속의 시대」(The Age of Access)라고 하였다. 사이버 교육 (Cyber education)은 1980년대 후반부터 인터넷망인 World Wide Web이 대중화됨으로써 종전과 다른 개념적 패러다임의 전환이 이루어졌다. 이때부터 On-line교육, 웹기반교육 (Web based education), 가상교육(Virtual education), 사이버교육(Cyber education) 그리고 최근에는 e-학습(e-learning)이라는 용어가 나타났다. 컴퓨터 과학 기술이 발달함에 따라 사이버 교육은 N차원의 가상공간에서 디지털 네트워크 중심으로 교사와 학생의 복합적 상호작용과 학습자 중심 교육이 독립적 또는 통합적으로 이루어질 수 있으며, 교수-학습의 신속한 전달과 다양한 학습경험을 통해 학습 능력의 극대화를 도모할 수 있다. 사이버교육은 물리적 학교체제와 같이 학생지원, 교수와 학습지원, 지식과 정보지원, 교육상담 및 각종 행정지원 체제의 기능을 담당할 수 있다. 이렇게 사이버 교육은 학교교육의 모든 외형적 특성인 객체들을 수용할 수 있으나, 교육적 기능의 수행에 있어서 디지털 네트워크로 인한 시간과 공간의 압축으로 인해 학교 교육과 질적 차이를 보이는 사이버 교육의 기능적 특성은 다음과 같다.

첫째, 사이버 공간은 교육적 시간과 공간의 개념을 바꾸었다. 산업시대의 교육은 표준화된 시간과 공간의 경직된 틀 내에서 이루어졌다. 사이버 교육은 시간적으로 연령의 제한이 없으며, 공간적으로 지리적 장벽을 극복할 수 있다. 교육의 시작과 끝을 상징하는 학교 교육의 관점에서 시간적 장벽과 계급적 장벽이 존재하지 않는 사이버 교육은 시작과 끝이라는 개념이 존재하지 않는 평생교육(Life-long education)의 실질적인 터전을 마련하였다.

둘째, 사이버 공간은 네트워크적 교육을 가능하게 하였다. 학교 교육은 물리적 공간 내에서 면대 면(Face to face)과 교사와 학생의 단선적 관계에서 이루어진다. 네트워크형 교육은 사이버 공간의 그물망 체제로 인해 일대일, 일대다, 다대일, 다대다의 복합적인 교육이 이루어진다. 사이버교육은 실시간(Synchrous) 및 비실시간(Asynchrous) 교육이 동시에 이루어지며, 원하는 내용을 언제, 어디서든지 접근할 수 있으며, 다양하고 복합적인 만남을 통해 서로가 서로를 가르치는 네트워크적 학습의 장이다.

셋째, 사이버 공간은 살아 있는 전자도서관이며 그 자체가 학습의 장이다. 인터넷 통신망과 하이퍼텍스트의 기능으로 사이버 공간은 거의 무한할 정도로 넓은 생성과 흐름만이 존재하는 공간이다. 사이버 공간은 복합적인 생성관계를 통해 새로운 지식이 끊임없이 창출되는 자기증식 기관이다. 따라서 사이버 공간은 언제나 새로운 지식으로 메워지기 때문에 무한 양의 지식을 보유할 수 있는 역동적인 전자도서관이다.

넷째, 사이버 공간에서는 교사와 학생의 역할 관계가 분명하지 않다. 사이버 공간에서 가르치고 배우는 관계는 비선형적 만남을 통해서 이루어지기 때문에 고정된 역할이 존재하는 것은 아니다. 따라서 사이버 공간에서 교사와 학생의 역할은 구분되지 않고 혼존하는 역설적 관계이다.

다섯째, 현실적인 차별이 존재하지 않는 사이버 공간은 다양하고 새로운 교육공동체(Educational community)를 형성하게 한다. 사이버 공간에서는 계급, 학력, 연령의 장벽이 없는 역동적인 의사소통 교류는 자연스럽게 관심이나 흥미가 비슷한 사람들의 모임인 공동체를 형성하게 한다.

여섯째, 사이버 공간은 중심과 기준이 존재하지 않는 비선형적인 카오스적 장소이다. 따라서 사이버 공간에서는 생성과 소멸, 능동과 수동, 통제와 자율성이 동시에 공존하며, 주체와 객체가 구분되지 않는 역설적 공간이다. 이 공간 속에는 모두가 중심이 되고 모두가 주변이 되며, 모두가 정보의 생산자가 됨과 동시에 정보의 소비가 되는 양면성을 가지고 있다(백영균, 2001: 5).

2) 사이버 교육의 가능성과 한계

사이버 공간의 기능적 효과는 교육의 잠재적 가능성을 무한대로 팽창시켰다. 사이버 공간의 잠재성은 무한한 교육적 지평을 열었다는 점에서 그 가능성을 높이 평가할 수 있으나, 그에 못지않게 한계점도 분명히 가지고 있다. 이러한 사이버 교육의 가능성을 몇 가지로 지적할 수 있다.

① 사이버교육은 학습의 간접 경험을 극대화시킨다. 사이버 공간에는 새롭고 무한한 지식과 정보로 메워져 있으므로, 필요한 지식은 하이퍼링크를 통해 언제나 대면할 수 있다. 이러한 무한 공간의 지식 유영을 통해 지식의 깊이와 폭을 넓힐 수 있다. 학교교육은 교사와 교과서에 제시된 학습경험에 의존하지만, 사이버 공간의 교육적 경험은 깊이와 넓이에서 제한이 없기 때문에 학습의 간접경험을 극대화시킬 수 있다.

② 사이버교육은 교육과정은 개인의 학습능력에 적합한 수준별 교육과정이나 교육내용을 전달할 수 있다. 사이버 교육은 주어진 틀에 따라 움직이는 것이 아니라, 그때의 필요에 따라 다양한 모습으로 변화하여 탄력적으로 대응할 수 있다.

③ 사이버교육은 교육공간의 모든 지식과 정보는 개방을 전제하고 있으며, 원하면 언제나 공유할 수 있다. 교사와 학생, 교육전문가나 행정가 그리고 학부모나 일반시민 모두에게도 열린 공간이다. 사이버 교육 공간은 교수-학습자료, 교과교육자료, 교육정보 등 필요한 모든 사람에게 개방되어 있다.

④ 사이버교육은 빛의 속도로 지식의 링크가 이루어지며, 언제나 새로운 지식이 생성되고 있다. 사이버 공간에서는 가장 최신의 지식과 정보로 끊임없이 채워지고 있으며, 신속하게 검색할 수 있다. 사이버 교육은 학습능력을 신속하게 평가하고 즉시적 반응을 통해 학습의 구성력을 높일 수 있다.

⑤ 사이버교육은 익명성 중심의 상호 작용성을 통해 활발한 교류를 촉진한다. 익명성 기반의 교육적 상호작용성은 다양한 교육정보의 교환뿐만 아니라 교육현상에 대한 성찰적 사고를 공유하게 한다. 이러한 교육적 상호작용성은 그물망적 만남을 통해 과거에 생각하지 못한 새로운 세계에 대한 이해와 사고의 폭을 넓히게 한다.

⑥ 사이버교육은 다양한 학습공동체를 통해 다양한 계층들의 의미 있는 만남으로 공동의 목적을 실현하기 위해 다양하고 생생한 지식과 정보를 얻을 수 있다. 따라서 사이버 학습공동체의 활동은 교육의 질을 높이는 데 중요한 역할을 한다.

⑦ 사이버교육은 불특정 다수를 학습 대상자로 한다. 사이버 교육의 참여자는 연령, 직업, 학력 등의 제한 없이 모든 사람을 대상으로 한다. 사이버 학습자는 규정된 존재가 아니라, 불특정한 사람을 대상으로 적정 수의 제한을 두지 않는다.

⑧ 사이버교육은 특정지식의 이해와 생성을 위해 사이버공간 속의 개인은 혼자서 선택하고 판단해야 한다. 이를 통해 문제해결의 새로운 실마리를 찾거나 이해의 질을 높일 수 있다. 사이버교육은 자기 주도적 학습을 통해 학습자의 능동적 태도를 도모한다.

⑨ 사이버교육은 개별화 학습을 통해 학습능력에 적합한 교육과정이나 학습방법에 의해 교육의 질을 높일 수 있다는 것이다. 사이버 교육은 언제든지 자신에게 적합한 교육내용과 학습방법을 구성할 수 있는 개별화 교육이 가능하다는 것이다.

⑩ 사이버교육은 학생들의 흥미와 관심이 높은 학습은 몰입 가능성이 높아지며 자신도 모르게 학습한다. 흥미와 결합된 학습인 이러한 놀이 학습 즉 에듀테인먼트(Edutainment)는 높은 학습 효과와 정서적 만족감, 그리고 놀이 효과에서 파생된 자유로운 사고와 창의력이 배양될 수 있다. 사이버 교육에서 에듀테인먼트는 애니메이션, 게임학습, 가상현실 등의 기법을 통해 다양하게 구현되고 있다.

⑪ 사이버 교육은 지식의 자유로운 만남, 경계선이 존재하지 않는 만남은 교육과정의 분과적 경계선을 무력화시켜 모든 교육과정을 통괄하는 지식의 통합화를 촉진시킨다. 사이버 공간에서는 지식의 생성과 흐름만 있으면 어떤 지식과도 결합이 가능하며, 지식의 금기적 영역은 존재하지 않는다. 즉 경직된 의미 틀에서 벗어나 다양한 상상력을 통해 의미 확장을 도모하는 확산적 사고와 관련이 있다.

그러나 사이버 공간은 빛과 어둠의 양면적 얼굴로 인해 장·단점이 혼존하는 역설적 공간이다. 그 장점을 역으로 해석하면 그 자체가 단점이 될 수 있다. 따라서 사이버 공간은 많은 한계점을 가지고 있다. 이러한 사이버 공간의 한계를 지적하면 다음과 같다.

첫째, 사이버 공간은 인간의 정서적 발달을 확인할 수 없는 매우 무미건조한 공간으로 정적 교육을 거의 실현하기 어렵다.

둘째, 사이버 공간은 복수 자아인 다양한 인격체의 창조와 다양한 가치가 공존하는 복수 문화 속에서 자아와 문화 정체성의 혼란을 겪게 한다. 사이버 공간에서 지식의 바다에 항해를 하는 동안 다양하게 공존하는 가치의 세계를 접함으로써 주체와 객체의 혼란, 교사와 학생의 혼돈스런 역할 관계 그리고 다양한 가상자아의 창출 등은 자아 정체성 확립에 저해 요소로 작용할 수 있다.

셋째, 사이버 교육은 익명성을 전제로 한 가상적 만남은 인간 소외와 도덕적 무감증에 빠지게 할 수 있다. 이러한 익명성의 가면 아래 언어폭력이나 사이버 테러 같은 잔인한 공격성을 표출한다. 사이버 공간에서의 인간은 탈고정적이고, 탈물질화된 가상적 존재일 뿐이다.

넷째, 사이버 공간에서의 학습활동은 학교와 같이 물리적 통제 여과기가 없기 때문에 사실상 교육적 중재가 어렵다. 따라서 사이버 학습활동에서 자발적 참여는 학습동기와 태도 그리고 학업성취 등의 예측에 대한 신뢰도를 약하게 한다. 그 이유는 학생마다 학습동기, 주어진 환경 여건과 심리적 상태가 다르며, 학습 참여의 자발성에 따라 교육적 의미 정도가 달라질 수 있기 때문이다.

다섯째, 사이버 교육은 사이버 공간의 자유성은 오히려 학습자의 감정을 산만하게 하고, 학습동기를 약화시킬 수 있다. 즉 사이버 교육은 다른 공간 속에 잠재해 있는 감각적이고 즉흥적인 유해성은 학습효과의 역기능을 초래할 수 있다.

여섯째, 사이버 교육은 무수한 정보가 산재해 있는 공간에서 학습자에게 방향감 상실(Disorientation)과 인지적 과부하(Cognitive overload)를 느끼게 할 수 있다. 결국은 학습자 자신은 무엇을 학습했고 어떤 부분을 더 학습해야 하는 등에 대해서 알지 못하기 때문에 학습내용을 의미 있게 구성해 내지 못하게 된다. 즉 사이버 공간에서의 무한히 넓은 지식의 바다에서 나침반 없는 항해로 인한 선로 혼란은 많은 힘을 소진하게 한다.

일곱째, 사이버 교육은 비선형적 학습은 일정한 틀 없이 자유로운 사고를 통해 자신이 필요한 지식의 선택을 통한 인지적 과정을 촉진시켜 학습의 효율성을 높일 수 있다. 그러나 대부분의 경험적 연구는 하이퍼텍스트의 비선형 구조가 모든 학습자를 만족시킬 만큼 특별한 학습체계가 아니라는 것이다. 또한 비선형적 학습은 학습자의 학습양식에 따라 유리하게 혹은 불리하게 작용할 수 있으므로, 모든 사람들의 학습효과를 만족시키는 만능해결장치가 아니다.

여덟째, 사이버 공간에서의 교육평가 활동은 많은 잠재성과 편이성을 지니고 있다. 학생의 개인 능력에 비추어 학습 노력의 정도를 아는 능력참조평가(Ability reference evaluation), 교육과정을 통해 학습력의 성장 정도를 아는 성장참조평가(Growth-reference evaluation)의 사이버 교육평가는 학교에서 실시되는 평가보다 교육적, 경제적, 행정적 편이성이라는 많은 장점을 가지고 있다. 그러나 사회적 이해관계가 개입되는 평가활동 즉 졸업장, 자격증, 교과목 인증 같은 시험에 대한 사이버교육평가는 한계를 가지고 있다.

3) 사이버 문화에 대한 교회의 대응

디지털 시대의 특징은 먼저, 체험(Experience)의 시대다. 영상세대의 특성상 보고 느끼고 즐기는 것만이 존재적 의미가 있는 것이다. 인터넷을 통한 정보의 전달로 만족하는 아날로그식 사고가 아닌 오프라인에서 경험을 통해 체험적으로 완성하려고 한다. 둘째, 참여(Participatory)의 시대다. 디지털 시대는 주체와 객체의 구별이 없다. 완전한 독립적인 개체로서 내가 있고 네가 있을 뿐이다. 온라인상의 참여가 오프라인상에서 한데 모여 즐김으로써 축제적인 폭발성 에너지를 창출하고 있다. 셋째, 이미지화(Image-Driven) 시대다. 강렬한 이미지가 정서적 풍요를 자극하고 사람들은 그 정서적 자기 느낌에 반응하고 있다. 넷째, 연관(Connected)의 시대다. 1989년 베를린 장벽이 무너진 것을 전후해서 그 이전을 냉전의 시대 그 이후를 세계화의 시대라고 할 수 있다. 냉전시대의 상징이 베를린 장벽으로 대표되는 벽(wall)이라면 세계화 시대의 상징은 인터넷의 거미줄(Web)일 것이다. 아날로그시대의 정보유통이 일방적이라면 디지털 시대의 정보유통은 상호적이다. 디지털 시대는 온라인과 오프라인이 상호 보완적으로 연계되어 있다. 여기에는 대등한 상호 존중과 신뢰라는 디지털 문명의 기본가치가 전제되어야 한다.

C. A. 반 퍼슨은 그의 저서 '급변하는 흐름 속의 문화'에서 문화는 인류를 위한 커다란 학습과정으로 보았다. 그는 문화의 개념을 정체적이기 보다 역동적으로, 명사이기보다는 동사로 보았다. 문화 발전은 우리를 떠나서, 우리와 상관없이 일어나는 일이 아니기 때문에 우리 스스로 문화를 위한 전략을 발견해야 한다. 그는 문화는 무엇보다 '결정하고 변형하고 새로운 대안을 찾는 인간의 활동'이라고 하였다. 이러한 관점에서 볼 때 변화하는 문화 속에서 사이버 문화에 대해 우리는 어떠한 관점을 취하고 대처해 나갈 것인가를 살펴보는 것은 중요한 일이 아닐 수 없다.

첫째, 정보사회의 중요한 특성 중의 하나인 합리성은 반드시 도덕성에 입각한 것이어야 한다. 그러나 합리성과 도덕성이 전혀 무관한 별개의 것으로 인식되고 있는 것이 현실이다. 슈바이처는 이러한 현상에 대해 다음과 같이 이야기하고 있다. "우리 문화의 운명적인 불행은 문화가 정신보다 물질적으로 더욱 강력하게 발전한 데 있다. 그 균형은 파괴되었다." 이런 상황 속에 그리스도인과 교회는 사이버 문화의 정신적, 윤리적 영역에 관심을 가져야 하고 인간성과 도덕성의 회복을 위해 총력을 기울여야 할 것이다. 또한 비인간화나 사이버 중독에 대한 연구와 치료책들이 준비되어야 할 것이다.

둘째, 인터넷을 포함한 정보사회의 특성인 이기주의화된 개인주의와 인격적 교제 단절로 공동체가 파괴될 위험성을 내포하고 있다. 이런 상황에서 각 지체들이 그리스도를 머리로 하여 유기적 관계를 맺고 있는 교회공동체를 통해 개인주의와 인격적 교제의 단절을 회복하는 공동체가 되어야 할 것이다.

셋째, 정보사회의 상업화와 디지털 불평등 현상으로 인한 계층 간, 국가 간의 격차가 심해지게 될 것이다. 인터넷을 통한 전자상거래가 뿌리를 내리면서 지나친 소비주의는 인간의 내면적, 영적 욕구를 무디게 만든다. 또한 정보력이 곧 부와 권력에 연결될 것이며 정보를 가진 자와 못 가진 자, 정보 활용능력이 있는 자와 없는 자 사이에 격차가 더욱 심해질 전망이다. 이러한 새로운 불평등 현상을 계층 간에 격차를 해소하여 그들의 생존권 보장을 위한 역할을 감당해야 할 것이다.

넷째, 정보 독점과 독점자의 횡포로 인한 사생활 침해를 막아야 할 것이다. 이를 위해 사회운동 측면에서, 정보전달과 여론형성에 인터넷이 다른 매체보다 훨씬 효과적인 이점을 적극 활용하여 인터넷 실명제를 통한 책임 있는 사용과 부당한 방법으로 정보를 취득하는 것과 정보들의 남용을 막는 것은 건전한 사이버 문화를 만들어 가는 데 중요한 역할을 해야 할 것이다.

다섯째, 인터넷을 통해서 다양한 문화와 사상을 가진 사람들과 쉽게 만날 수 있다. 이것은 정보 사회가 문화적 다원주의를 열어갈 것이라는 의미이다. 따라서 이러한 다원주의를 대하는 교회와 그리스도인들은 다른 문화, 다른 종교에 대한 자신의 정체성을 지키는 자세가 필요하다. 이것을 위해서는 인터넷을 통해 들어올 휴머니즘, 일원론, 주술주의, 허무주의, 상대주의와 같은 많은 현대사상들과 파생되는 문화현상에 대한 정확한 이해와 영적 분별력이 필요할 것이다.

여섯째, 우리는 기술낙관주의, 즉 컴퓨토피아(Computopia)나 테크노피아(Technopia)에 대한 환상에 냉철한 비판의식을 가져야 한다. 인터넷의 이점들을 잘 활용하고 개발해야 하지만 이와 동시에 기술낙관주의에 대한 끊임없는 비판으로 인터넷 자체가 우상화되는 일을 막아야 할 것이다.

일곱째, 사이버 문화를 대항하여 기독교 세계관에 의한 문화 창조의 역할을 감당해야 할 것이다. 성장 세대들에게 인터넷을 포함한 미디어 활용방법만을 가르칠 것이 아니라 동시에 분별력을 키워주기 위해 가치관 교육을 실시해야 한다. 그리하여 인터넷을 통하여 인류에 보탬이 되고 복음을 전하는 문화를 조성하는 것은 중요한 사역의 하나이다.

2. 지역사회를 위한 학습공동체

최근에 평생학습 분야에서 나타나는 현상 가운데 '학습공동체'를 지칭하는 용어는 매우 다양하다. 학습 공동체(Learning community)를 비롯하여, 공동체 교육(Community education), 공동체 학습(Community learning), 공동체 내 학습(Community in learning), 공동체를 위한 학습(Learning for community), 학습 조직(Learning organization), 공동체 활동(Community work), 공동체 실천(community Action), 공동체 조직(Community organization), 공동체 참여(Community participation), 공동체 개발(Community development) 등과 같은 용어들이 사용되고 있다. 먼저 학습공동체 운동의 의미와 올바른 방향 설정을 위하여 학습공동체 운동을 역사적으로 살펴보자((이지혜, 학습공동체 운동의 의미와 전략, 한국방송통신대학교 원격교육연구소).

1) 학습공동체운동의 역사적 기원

학습공동체운동의 역사 중 가장 대표적인 것은 스웨덴의 스터디 서클(Study circle)을 원형으로 하는 학습동아리 운동이다. 스웨덴의 학습동아리(Study circle) 운동은 스웨덴 절제 운동의 지도자인 오스카 올슨(Oscar Olssen)에 의해서 발전하였다. 그는 미국의 쇼토쿼 문학, 문학 동아리(Chautauqua Literary and Scientific Circle)의 학습동아리로부터 아이디어를 얻어, 1902년 절제운동 내에 학습동아리를 조직하였다. 올슨은 학습동아리를 민중성인교육의 수단으로 발전시켰으며, 후에 "학습동아리의 아버지"로 인정받았다. 다른 사회운동 단체들 즉, 사회민주당, 노동조합, 소비자협동조합, 기독교 운동단체 등도 재빠르게 학습동아리를 조직하였다. 학습동아리는 조직 구성원을 모집하고 교육시키는 효과적인 수단을 조직에 제공하게 되었다. 스웨덴의 학습동아리는 19세기 후반 스웨덴이 직면한 어려운 상황에서 생겨났다. 그 당시 스웨덴은 가난, 인구성장을 뒷받침할 수 없는 경제조건, 사회적, 경제적 불평등, 농촌의 빈곤, 처참한 생활 조건, 높은 문맹률, 사회적 불안정 등의 어려운 조건에 있었다. 더욱이 1840년에서 1920년 사이 스웨덴은 미국이민으로 인해 인구의 1 / 3이 줄어들었다. 민중운동은 이러한 난관을 극복하려고 노력하였다. 따라서 학습동아리는 자연스럽게 민중운동이 사람들에게 그들의 주장을 알리고, 형식교육을 받지 못한 성인들에게 교육기회를 만들어 주며, 조직 구성원들에게 조직에 대해서 가르치는 매체가 되었다. 또한 학습동아리는 구성원들에게 지역 사회나 조직에 민주적으로 참여하는 방법을 가르치고, 동아리 구성원으로부터 새로운 지역 지도자를 배출하였다. 결과적으로 학습동아리에서의 학습은 정치생활에 반영되었고, 결과적으로 민중 운동은 정치 사안에서 적극적이게 되었다.

학습동아리운동은 1902년에 시작되어서 스웨덴의 교육받지 못한 성인들에게 정규 학교체제에서는 배울 수 없는 시각, 이해 그리고 기술들을 제공하였다. 비록 여러 지원들을 받고 있지만, 학습동아리는 자기 주도적 학습과 충실한 참여를 조장하였다. 데이비드 매튜(David Mathews)가 "민주주의는 대화에서 탄생한다"고 한 말은 20세기 초 스웨덴에 가장 적합한 것이었다. 학습동아리는 2차 세계대전까지 스웨덴에서 가장 중요한 성인 시민교육 형태로 성장하였다. 전쟁 이후, 학습동아리 활동은 민중운동, 정당, 종교단체, YMCA–YWCA, 대학확장프로그램, 공공기관 등의 구성원으로 확장되었다. 스웨덴 정부는 1947년에 정부기금으로 학습동아리 리더의 봉급과 학습자료 비용을 지원함으로써 학습동아리 조직과 실천을 인정하고 공식화하였다. 그러나 점차 학습동아리의 학습 내용은 예술, 기술, 문화, 여행 프로그램으로 변하기 시작하였고, 몇몇 학습동아리 협회의 직원들은 이러한 변화에 관심을 보이기 시작하였다. 정부와 협회들은 시민성을 증진시키기 위한 형태로 학습동아리의 활용에 힘써오고 있다. 1980년 핵무기에 대한 국민투표, 최근 컴퓨터의 영향에 대한 국가적 관심, 그리고 환경오염 등과 같은 국가적 이슈들은 학습동아리에서 공공의 문제들에 관심을 증진시키는 데 영향을 주고 있다.

한편 아메리카의 학습공동체 운동으로는 캐나다의 안티고니쉬(Antigonish) 운동과 남미의 기독기초공동체(Christian Base Community) 운동을 꼽을 수 있다. 1920년대부터 전개된 안티고니쉬 운동은 지역 사회를 기반으로 하는 공동체교육의 대표적인 예로 꼽힐 수 있다. 1919년 대공황 이후에 농업과 어업에 종사하는 안티고니쉬 지역주민들이 비참한 상태에 놓이게 되자, 그 지역 St. Francis Xavier 대학의 톰킨스(Thomkins)와 몇몇 교수들은 이들의 비참한 생활의 원인이 경제사회구조의 모순과 주민들이 스스로 문제를 해결하는 능력의 부족에 있다고 판단하였다. 이들은 대학을 중심으로 한 주민조직과 주민교육을 통해 주민들의 문제를 해결할 수 있다는 신념을 가지고 1921년 민중학교를 개설하여 지역주민을 대상으로 교육을 실시함으로써 안티고니쉬 운동이 본격적으로 시작되게 되었다(Lotz, 1977:105, Lovett, 1980:160). 이 운동은 민주적 과정을 통한 의사결정을 중시하며, 성인교육과 공동체조직을 통하여 합리적이고 합법적으로 그들의 사회·경제적 조건을 개선하도록 도와주는 것이다. 이 활동은 오늘날까지 많은 성과를 거두면서 이어지고 있다.

남미의 기독교기초공동체는 1960년대 중반에 출현하여 이후 급속히 전파되며 성장하였다. 이는 주로 농민, 농촌임금노동자, 도시빈민들로 구성되며, 일상생활 속에서 성경읽기와 토론, 공동참회, 기도, 기타 협력적 활동 등을 함께 한다. 대체로 한동네에 사는 빈곤 주민들 10명에서 30명 정도가 참여하는 소규모 집단들로, 한두 주에 한 번 정도 정규적으로 모여 성경을 읽고 대화한다. 공동체는 주민들에게 재화와 서비스를 매개하고 동시에 교제와 상호지원의 장을 마련한다. 이들에게 교회란 곧 신앙공동체를 의미하며, 공동체 학습은 이후 남미의 민중 신앙적 특성을 배태하는 토대가 된다(한승희, 2001:203~4).

또한 최근 활성화되고 있는 미국의 북그룹은 운영 형식과 최종적인 목적에 있어서 상당히 다양하게 나타나지만, 학습자들의 관심에 따라 형성되었다는 공통점이 존재한다(Kerka, 1996:82). '성인은 합의에 도달하는 것보다 차이를 탐색하는 데 훨씬 더 흥미를 가진다(Marshall, Smagorinsky & Smith, 1995:112)'라는 말에서 알 수 있듯이 북그룹은 다양성을 무엇보다도 중요한 요소로 강조하고, 다양성과 유사성 사이에서 균형을 이루어 나가기 위해 대화라는 방법을 제시한다. 이를 통해 구성원들은 텍스트에 대한 지식뿐만 아니라 자아와 타인에 대한 지식, 그리고 독서방법에 대한 지식까지 학습하게 된다. 또한 공통적인 관심사나 목적에서 일치하는 그룹 사이에 네트워크를 형성하여, 학습의 성과를 공유하기도 하고 다양한 정보나 기술이 교환되기도 하여 새로운 지식을 창출해 내기도 한다(Kerka, 1996:85)

일본의 경우에는 각 지역 사회에 위치한 공민관 등 일정 성인교육기관을 거점으로 한 '자주학습집단'을 중심으로 학습공동체 운동이 생겨나고 있다. 자주학습집단은 주 1~2회의 모임을 갖고 교양과 취미, 그리고 예능 활동을 자주적으로 운영하는 것으로, 지역 사회의 주민들이 참여하는 자주적 학습집단들은 시민관의 사회교육 프로그램을 매개로 하여 생겨난 것이 대부분이다. 즉 자주학습집단은 구나 시에서 개설한 "성인학교", "부인학교", "부인세미나", "부인대학", "성인세미나", "구민대학" 등을 모체로 한다. 공민관이 어떤 사회교육 강좌를 실시하면 이에 참가하였던 시민들이 자발적으로 모임을 구성하여 연구회를 결성하고 있으며, 그곳을 거점으로 교양, 취미, 동호인 활동을 계속하는 것이다. 공민관은 자주적 학습집단을 창출하는 데 기여하기도 하는 동시에 자주학습집단은 다시 공민관의 사회교육활동을 지탱하고 저변확대에 이바지하고 있다. 가와사키시의 사례를 볼 때, 9개 지역의 공민관에 속한 자주학습집단은 무려 456개나 되어 단위 공민관마다 약 50여 개의 집단이 활동하고 있는 셈이다.(川崎市, 1993)

학습공동체운동의 역사적 기원에서 알 수 있는 바는 학습공동체는 사회적 상황 속에서 자연스럽게 출현하며, 그 전개 과정 역시 사회적 맥락에 맞추어 변화한다는 당연하지만 주목할 만한 사실이다. 스웨덴의 학습동아리 운동은 산업사회로의 전이 과정 속에서 사회갈등과 불안이 고조된 문제 상황에 대한 대응이었으며, 남미의 기독교기초공동체운동은 주변국가로서 빈부갈등이 격화된 상황에서 공동체를 통하여 생존의 기반과 삶의 의미를 제공하기 위한 시도였다. 반면에 미국의 북그룹운동과 일본의 자주학습집단은 비교적 안정된 경제기반 위에서 중산층 중심의 문화 교양의 추구 경향을 보여 준다.

2) 학습공동체의 구성 원리

학습공동체는 아직까지 개념적인 혼돈을 겪고 있는 상태이기도 하다. 따라서 학습공동체에 대한 정의를 내리기보다는 일정한 개념범주의 설정을 위하여 공통적인 구성 원리를 제시하려고 한다.

첫째, 학습공동체는 '자발성'을 기초로 성립한다. '자발성'은 학습공동체가 추구하는 자유로운 의사소통과 상호작용을 보장하기 위한 가장 기본 요건으로서, 자발성이 선행되지 않는 학습공동체는 유지될 수 없거나 실체를 갖지 못한 채로 유지될 수밖에 없다. 그러므로 학습공동체는 학습자의 자발적인 의지와 '취향'을 토대로 한다.

둘째, 학습공동체는 '연대성'을 기반으로 한다. 공동체란 성원들이 같이 상생하기 위한 서로 나눔과 함께 만듦의 장이며,(한준상, 2001) 학습의 그물망 안에서 학습자들은 계층, 성별, 연령을 넘어서는 상호 학습동반자관계를 형성하며, 공동의 성장을 추진해 간다. 학습공동체는 배움과 가르침을 서로 나누며, 문제 상황에 대한 공감과 해결방안을 공유하며, 학습정보와 자원을 교류하는 공존의 장이며 학습 네트워크인 것이다.

셋째, 학습공동체는 '구성성'을 특징으로 한다. 인간은 공동체에 참여하는 과정을 통해 공통의 지식을 획득하게 되고 집단에 소속하게 되며 정체성을 획득하는 사회화를 겪는다. 개인은 공동체에 기여를 할 때 학습을 하게 되며, 공동체는 구성원들의 기여에 기초하여 실천을 재정의함으로써 학습을 하게 된다. 그러나 구성원들은 자신들이 사회화 과정을 겪었던 공동체를 거부할 수도 있다. 따라서 공동체가 유지되기 위해서는 개인과 집단은 학습을 해야만 한다. 이 학습은 '관계를 발전시키고, 약속을 재정립하고(align engagement), 이해(interests)를 정의하고, 의미에 대한 다양한 해석들 사이에 조화를 이루도록 하고, 담화행위를 위한 지식의 확장된 축적(repertories)'을 가능하게 하는 것이다(Wenger, 1998:95). 따라서 학습공동체는 지속적인 '구성의 과정'에 놓여 있다.

넷째, 학습공동체는 '실천성'을 필수 과정으로 한다. 학습공동체에서 공유되고 유통되는 지식기술 태도는 단지 습득 또는 획득을 목적하는 것이 아니라, 현실 속에서 '활용'되고 '실천'되기 위한 것이다. 학습공동체에서의 학습은 특정의 앎이나 깨침을 '입수'하는 것에서 멈추지 않고, 필요 상황에서의 '배출'까지의 과정을 거침으로써, 정련되고 고양될 수 있다. 이때의 실천이란 사회 비판적 실천행위로만 한정되지 않으며, 학습공동체 안팎의 학습자가 처한 생활세계 속에서의 실천을 모두 포함한다. 따라서 학습공동체 안에서 학습자는 지식의 소비, 향유자일 뿐만 아니라, 스스로 새로운 실천적 지식을 만들어 가는 생산자의 역할까지 맡게 된다.

3) 학습공동체의 유형

학습공동체는 학습목적, 학습방식 또는 학습주제 등에 따라서 다양한 유형화 방식이 가능하다. 크랜톤(Cranton, 1996:29~31)은 메지로우(Mezirow)가 제시하고 있는 세 가지 학습영역5)을 토대로 하여, 집단적 학습을 세 가지 유형, 즉 협동적 집단(Cooperative group), 협력적 집단(Collaborative group), 전환적 집단(Transformative group)으로 제시하고 있다.

먼저, '협동적 집단'이란 도구적 지식을 획득하기 위해 구축된 학습집단을 가리킨다. 학습자는 먼저 자신의 생존을 위한, 즉 '자신의 환경을 조정하고 통제하는 방식'의 관심

---

5) 메지로우는 하버마스가 제시하고 있는 세 가지 관심을 토대로 학습의 영역을 도구적 학습(Instrumental learning), 의사소통적 학습(Communicative learning), 해방적 학습(Emancipatory learning)으로 구분하고 있다.

에서 출발하여, 도구적 지식을 추구하게 된다. 협동적 집단은 지식의 획득을 추구하게 되어 있으며, 학습자 상호간의 필요성에 의해 관계가 형성되는 것을 특징으로 한다.

둘째, 협력적 학습집단은 '타인에 대한 이해와 사회적 규범을 이해하고자 하는 관심'을 추구한다. 즉 인간 상호간의 이해와 서로가 합의한 규범을 위해하는 것은 인간이 살기 위해서 추구해야 할 또 다른 지식이라고 볼 수 있다. 협동적 집단에서는 지식이 미리 주어져 있는 데 반하여, 협력적 집단에서는 지식이 참여자들에 의해 구성된다는 특성을 가지고 있다. 즉 협력적 집단에는 참여한 학습자들이 스스로 지식을 창출하고 진의를 확인해 가는 과정으로 이루어지는 것이다.

셋째, 전환적 집단은 자신의 삶을 되돌아보고 새로운 인식과 관점을 가지게 되는 관심과 관련되어 있다. 인격적 성숙과 발달과 관련이 되어 있는 해방과 자유에 대한 관심은 바로 해방적 지식과 연결되는 학습의 장이 된다.(Cranton, 1996:29~31)

이 같은 크랜톤의 분류를 참조하여 우리 사회에서의 학습공동체 실천경험을 기초로 유형을 구분하면 학습 목적 및 학습과정상의 특성에 따라 심화학습형, 전문탐구형, 문제해결형 등 세 유형으로 나누어 볼 수 있다(이지혜, 학습공동체 운동의 의미와 전략, 한국방송통신대학교 원격교육연구소).

첫째, 심화학습형 학습공동체는 우리 주위에서 가장 쉽게 접할 수 있는 유형이다. 대체로 일정한 성인학습프로그램을 마친 후, 참여자들이 배운 지식의 심층학습과 기술을 습득하기 위한 목적으로 만들어진다. 이러한 학습공동체는 학습의 초점을 개인에 맞추고, 개인 능력의 신장을 위한 주제를 학습하는 특성을 나타낸다. 운영방식 또한 리더나 강사를 중심으로 이루어지며, 리더와 강사, 참여자 간의 상호작용을 통해 학습이 이루어진다. 대부분 초빙강의와 독서토론을 중심으로 개개인의 관심사나 특정주제에 관련된 심층지식과 기술을 습득한다. 이러한 학습공동체 리더는 전체적인 실무를 담당하여 강사를 섭외하고, 자료를 준비하고, 참여자를 동원하고 독려하는 역할을 수행하게 된다.

둘째로, 전문탐구형 학습공동체는 일정한 수준의 지적능력을 공유한 학습자들이 전문영역별로 스스로 선택한 주제를 가지고 공동 토의와 탐구를 위해 만들어진다. 학습의 초점은 개인과 공동학습에 맞춰지며 전문가로서 더욱 전문능력을 함양하고 전문지식을 재생산하여 보급하는 형태로 학습이 진행된다. 그래서 운영방식 또한 참여자 중심으로 이루어진다. 학습유형은 내부참여자의 강의와 정보교류와 연구 토론을 중심으로 하는 학습으로 나타난다. 이러한 학습공동체는 대부분 전문영역별 지도자들의 모임으로 구성되는 경우가 대부분이다. 그래서 활동의 대부분이 전문지식 습득, 지식 생성, 전문지식의 보급에 맞추어져 있다. 이와 같은 전문탐구형 학습공동체의 리더의 역할은 집단학습 경험의 담지자로서 구성원 간의 역할 분담을 주도하고, 프로그램 기획 및 토론 촉진자의 역할을 수행한다.

셋째로, 문제해결형 학습공동체는 자신이 살고 있는 지역 사회의 당면과제나 장기과제를 찾아내고 그 해결을 위한 목적으로 만들어진다. 시민운동 단체에 속해 있는 학습공동체들이 이 문제해결형의 특성을 지니고 이슈 중심의 관심을 가지고 선호하는 주제로 학습을 한다. 운영방식은 리더와 참여자 중심으로 이루어지며, 조직의 특성상 리더와 참여자 간의 공유를 통해 학습이 이루어진다. 문제 상황에 적합한 의제를 선택하고 다양한 토론 촉진 자료로 TV, 신문, 국내와 사례자료 등을 활용한다.

문제해결형 학습공동체는 대부분 지역 사회문제중심 토론과 성찰을 통해 학습하고 이를 실천한다. 즉 사회적 실천을 위한 문제해결방안을 모색하고 대안을 제시하는 과정을 통해 학습을 하게 된다. 그러므로 학습자는 임파워먼트된 해결사로서의 위상을 지니며, 지역 사회의 구성원으로서 그 책임을 다하는 모습으로 나타난다. 이와 같이 문제해결형 학습공동체의 리더는 실천적 전략가이자 조직가, 토론 및 성찰의 촉진자 역할을 담당한다.

4) 학습공동체 활성화의 요건

미국의 저명한 성인교육학자인 호울(C. O. Houle)은 집단 내에서 학습이 발생하기 위한 조건을 다섯 가지로 들고 있다. 첫째, 집단의 구성원 개개인들이 집단의 목적에 대한 이해가 선행되어야 한다. 이는 학습을 이끌어 낼 수 있는 사회적 환경과 조건이 되는 것이다. 둘째, 리더가 집단의 명확한 한계에 대해 인식을 하고 있어야 한다. 왜냐하면 집단의 구성원들이 목표달성의 성취감을 느낄 수 있어야 하는데, 이는 집단의 한계에 대한 명확한 인식이 있어야만 하기 때문이다. 셋째, 개인의 학습욕구가 어느 정도 충족되어야 한다. 즉 집단 구성원들이 지니는 자신만의 배경과 경험이 집단의 경험과 통합되어야 한다. 넷째, 리더는 구성원들의 다양한 흥미를 포용할 줄 알아야 하지만 전체적인 계획을 가지고 있어야 한다. 다섯째, 다양한 학습방법을 활용해야 한다. 즉 대화의 방법 외에도 강의나 영상자료, 역할극과 같은 다양한 방법으로 학습을 유발시켜야 한다.(Houle, 1948, Rose, 1996:8에서 재인용)

이 가운데 무엇보다 중요한 것은 '비전의 공유'와 '리더'의 역할이다. 참여하는 학습자 개개인과 집단 전체는 상호 일치된 목적의식과 전망을 공유하는 것이 바람직하다. 비전에 대한 충분한 합의와 공유는 학습공동체를 지속 성장시키는 근본 동력일 뿐만 아니라, 학습공동체 활동이 갈등상황이나 문제 상황에 부딪칠 때, 가장 중요한 판단의 준거로 작동한다. 그러기 위해서는 공동체의 성원들이 비전의 구성과정에 동참하도록 하는 것이 중요하다. '학습자에게로' 제시된 것이 아니라, '학습자로부터' 우러나온 비전이 아니라면 아무런 추동력을 가질 수 없기 때문이다. 학습자들이 공유된 비전을 자신 안으로 체화함으로써 자신의 정체성과 공동체의 정체성 사이의 간극을 좁혀갈 때 비로소 학습공동체는 활력을 얻을 수 있을 것이다.

학습공동체 활성화의 또 다른 요건은 올바른 역할을 해낼 수 있는 '리더'의 확보이다. 리더의 가장 주요한 역할은 사회 단위 차원에서는 공동체 내의 커뮤니케이션을 활성화하고 촉진하는 것이며, 개인 학습자 차원에서 볼 때는 학습자들의 자각, 자기평가, 그리고 자아실현을 지원함으로써 자율성과 창발성을 자극하는 일이다. 즉 개방적이고 참여자들이 안전감을 느낄 수 있는 학습분위기를 조성함으로써, 학습자들이 자유로이 참여하고 공동체를 구성해갈 수 있도록 하는 것이 중요하다. 개방적 비판적 토론을 허용치 않는 지시적 리더십을 사용하거나, 학습자들이 공동체를 공공의 비판에 안전한 장소가 아니라고 생각한다면 학습분위기는 급격히 저하된다. 이런 때는 그들의 환경의 안정함에 대한 감수성을 검증할 수 있는 도움이 필요하며, 탐구와 대화기술을 익혀서 대립적인 이슈를 효과적으로 제기할 수 있도록 해야 한다. 또한 학습공동체의 경계가 유동적이거나 불투명한 경우에 참여자들은 그들이 포용할 수 없는 목적이나 실천을 따르기보다는 떠나는 쪽을 택하므로, 학습공동체의 이념적, 내용적 경계를 명확히 하는 일이 필요하다. 또한 개인학습자들의 자율성과 창발성을 촉진하기 위해서는 학습자들의 어려움을 들어주고 이끌어 줄 수 있는 멘토링(Mentoring)과 조언, 그리고 학습자 개인 삶 속에서의 경험학습의 향상을 꾀하도록 하는 것이 바람직하다(Marsick et al., 2000).

그러나 리더의 역할에서 더욱 근본적인 것은 리더 자신의 '자기 성찰'이다. 학습공동체 안에서 리더는 사회체제 안에 다른 학습자들과 같이 있는 존재이며, 지식을 함께 만들어간다. 리더는 공동체 전체의 필요와 그들과 함께 일하는 개인학습자들의 독특한 학습필요를 동시에 이해해야만 한다. 이는 말처럼 쉬운 일이 아니며, 이 같은 역할을 잘 하기 위해서는, 교육자 자신이 그 자신의 전기적 성찰성(Biographical reflexivity)에 먼저 눈 돌릴 필요가 있다(Dominice, 1990). 리더 스스로, 리더 먼저 성찰하고 변화하지 않는 한 공동체나 다른 성원들의 변화는 기대하기 어렵다(Marsick et al., 2000).

학습공동체 활성화를 꾀하기 위한 실질적인 대안으로서 '협력 탐구(Collaborative inquiry)'와 '참여 연구(Participatory research)'이다. 협력 탐구는 학습자가 살아가고 있는 현실세계의 문제와 직접적으로 관련되어 있다. 어찌 보면 현실세계의 문제가 학습자 자기 자신에 대한 학습을 불러일으킨다고 볼 수 있다. 협력 탐구에 참여하는 학습자들은 학습 목적과 사용할 방법, 제기될 수 있는 질문, 그리고 학습결과의 활용과 해석 등과 같이 집단적 학습의 과정에서 제기되는 여러 가지 문제를 결정하는 데에 참여하고, 그 결과를 공유함으로써 협력 탐구의 과정에 참여하게 된다.(Bitterman, 2000:31).

1970년대 탄자니아를 중심으로 퍼져나가기 시작한 참여연구는 본래 기존의 사회과학적인 방법론에 대한 대안으로 제기되었다. 참여연구는 단순히 학문적인 관심을 충족시키기 위해 제기되는 방법론이 아니라 민중들의 문제를 해결할 수 있는 방안을 찾고, 이를 통해 민중들의 삶을 개선시키기 위한 방법론이다. 참여연구는 가공의 문제가 아니라 현실적인 문제에 초점을 맞춤으로써 장기적, 단기적 해결책을 모색하려는 연구방법이다.(Kassam, 1982:4) 참여연구의 가장 큰 특징은 연구의 기획단계에서부터 문제점을 확인하고, 가능한 해결책을 모색하여 문제해결을 위한 정책을 수립하고 문제를 해결하기까지의 연구의 전 과정에 민중이 직접 참여한다는 점이다. 이는 종래 중심국의 연구 방법론이 흔히 취하는 '위에서부터(Top-down)' 연구 과정과 달리 '아래에서부터(Bottom-up)' 연구의 과정을 형성해 나간다는 의의를 지닌다(Kuhanga, 1982:7~8).

'협력탐구'와 '참여연구'는 공동체 성원들로 하여금 집단학습에 능동적으로 참여하도록 하고, 의사결정의 전 과정에 개입하도록 함으로써 공동체 내 협업과 집단의식의 고양, 학습역량 강화에 효과적이다. 실제로 병원에서 일하는 여성청소부를 대상으로 참여연구 방법에 의해 연구 서클(Research circle)을 조직하여 운영한 결과, 상당한 집단학습 효과를 얻은 것으로 보고된 바 있다. 자신들에게는 학습이 필요 없으며, 학습을 잘할 수도 없다고 생각한 학습자들은 공동체 안에서 자신들의 생애경험을 공유하고 공통의 직업 상황에서 부딪치는 문제를 함께 도출하고 해결하는 과정을 통해, 이들은 학습에 대한 자신감과 학습자로서의 정체성을 회복하고 있다(Harnsten, 1994). 협력탐구와 참여

연구 이외에도 다양한 집단학습 활동을 통해 학습공동체는 성원 상호간의 자유로운 의사소통과 상호작용을 통한 성장을 기할 수 있을 것이다.

5) 학습공동체운동의 과제

학습공동체 운동이 갖는 사회적 의미는 크게 '세력화(Empowerment)'와 '공진화(共進化)' 그리고 '분화에 의한 통합'의 세 가지로 나누어 생각할 수 있다. 첫째로 학습공동체운동은 개인과 집단, 나아가 사회 전체의 역량강화를 통한 '세력화'의 기제이다. 학습공동체 안에서 개개인은 새로운 정체성을 부여받고 스스로 구성할 뿐만 아니라, 의사소통능력과 토의, 협상능력 그리고 특정 영역에서의 전문성과 문제해결능력을 기를 수 있다. 개인을 넘어선 단위 공동체는 성원 상호 간의 소통과 연대 위에서 집단학습경험을 누적하여 집합적인 학습주체로서의 자기 역량을 강화하며, 이는 장기적으로는 사회 전반의 변화를 이끌어낼 수 있는 기반으로 작용한다. 즉 공동체 차원의 학습을 통해 개인과 집단은 자기 자신과 자신이 처한 환경을 이해하고, 목소리를 내어 통제할 수 있는 주체성을 회복할 수 있게 되는 것이다. 사회 내 개인과 집단의 세력화에 있어서 학습공동체가 갖는 중요한 의미는 학습공동체에서의 '세력화'가 의지 혹은 인식과 같은 추상적 요소에 머무르는 것이 아니라, 실천적인 변화의 힘을 가진 주체로 거듭나도록 하는 데 기여하기 때문이다.

둘째로, 학습공동체는 개인과 사회가 만나는 교차로로써, 개인과 집단, 사회 전반의 '공진화'에 의한 相生을 추구한다. 한숭희(2001:186)가 지적하였듯이, "공동체학습의 핵심은 개인의 변화를 넘어서, 개인과 공동체의 유기적 연계과정을 통해 드러나는 공동체 자체의 변혁과정"이다. 학습공동체 안에서 개인은 분절 고립된 개인이 아니라, '집단화된 개인'(Grouped individuals' St. Clair, 1998)이므로 개인 역량과 정체성은 공동체의 집단정체성 및 역량과 상호 분리되지 않은 채 연계되어 변화하고 성장한다. 나아가 단위 학습공동체의 각개 약진은 궁극적으로 하나의 풀뿌리 조직으로 자리 잡으며 사회 전반을 유지 지탱하는 큰 힘으로 작용한다. 학습공동체에서의 만남과 나눔, 그리고 배움을 통해 학습자들은 나 혼자만의 성장이 아니라 나와 집단, 그리고 지역 사회가 동시에 성장할 수 있는 토대를 갖게 되는 것이다.

셋째로, 학습공동체는 사회 내 다양성을 인정하고 촉구함으로써, 우리 사회의 '분화에 의한 통합'이라는 역설을 가능하게 한다. 학습공동체는 근본적으로 개인의 선택과 의지에 의한 자발성에 기초하므로, 개인과 집단의 다양한 삶의 결을 받아들이지 않을 수 없다. 단일한 문화양식의 강제 혹은 주류 문화에 근거한 계몽이 아니라, 스스로의 힘에 의해 자생하는 다양성의 조화를 통한 통합을 추구하는 것은 학습공동체가 갖는 주요한 역동이다. 각 학습공동체는 필요에 기초하여 자신들의 학습을 특화시켜 나가지만, 이는 다시 학습공동체 안팎의 연대체제를 강화시켜갈 뿐 아니라, 개인별 집단별 필요의 충족을 통해 삶의 질과 만족도를 높일 수 있기 때문이다. 학습공동체가 활력 있게 성장하는 사회는 마치 잘 정돈된 정원의 아름다움이 아니라, 갖가지 야생화가 피어 있는 들판의 조화로움을 갖출 수 있을 것이다.

이와 같이 학습공동체는 학습객체 아닌 학습주체가 이끌어가는 학습사회로 다가갈 수 있는 매우 유망한 대안이라 하겠다. 그러나 아쉽게도 학습공동체의 성장 기반은 이미 준비되었거나 기다리고 있는 상황이 전혀 아니다. 학습공동체 활동이 우리 사회 일각에서 나타나고는 있지만, 학습공동체를 주축으로 하는 평생학습사회의 도래는 아직까지는 '가능성'으로 남아 있을 뿐이다. 더욱이 OECD와 World Bank 등이 지역중심 공동체를 매개로 한 사회적 자본의 중요성을 한 목소리로 강조하는 배경에는 공동체의 복원과 재생과 같은 낭만주의가 아니라 지역 중심 '학습경제'의 구현으로 보다 효율적 생산적 사회를 구축하려는 경제논리의 저의가 숨어 있다는 의심을 버릴 수 없다(이희수, 2001). 학습공동체는 양날의 칼이다. 학습공동체 학습자로서의 시민들이 학습대상의 자리에서 벗어나 자신의 삶과 배움을 스스로 계획, 통제하는 학습주체로 거듭남으로써 이웃과 연대하는 실천의 장이기도 하지만, 만일 사회통제적 의도에서 쓰인다면 또 다른 계몽주의와 도구주의적 발전을 위한 저비용 고효율의 한 기제가 될 수도 있다. 따라서 '무엇을 향한 배움인가'에 대한 철저한 자기반성과 '무엇을 위한 학습공동체인가'에 대한 비판적 성찰을 동반하지 않는 학습공동체는 우리 자신을 '세력화'하는 대신에 또 다른 통제의 힘으로 작동할 수 있다.

'나'를 찾음으로써 '우리'를 구현하고, '인간의 얼굴을 한 성장'을 추진하려는 학습공동체의 이상은 낭만에 의해 실현될 수 있는 것이 아니라, 진지한 성찰과 치열한 투쟁의 소산으로만 얻어질 수 있다. 궁극에 어느 쪽으로 학습공동체의 날을 세울 것인지는 우리들의 '깨어있는 정신'만이 정할 수 있을 것이다.

3. Keller의 동기부여 방법

웹기반 교육을 인터넷의 제반 기능을 포괄적으로 활용하는 원격교육의 한 형태로 개념화할 때, 예상되는 문제점의 하나가 학습동기 문제이다. 즉 학습동기 정도는 학습자의 참여 여부와 중도탈락율, 코스완료율, 그리고 학업성취에 영향을 미친다(Belawati, 1998; Murphy, 1989). 학습동기의 유발과 유지를 위하여 학습자들은 학습의 목적을 알고, 학습과제는 학습자가 수행할 가치가 있다고 느낄 수 있는 것이어야 한다. 이와 관련해 Keller는 수업에서 동기를 결정짓는 여러 가지 변인들을 제시해주는 이론으로 ARCS이론을 정립했다. 기존의 수업지도안에서는 학생의 동기유발이 도입-전개-정리-평가 중에서 도입 단계의 몇 분 동안에만 수행되는 것으로 간주되고 있다. 그러나 ARCS 이론은 교사로 하여금 수업의 전 시간을 통해 학생들의 동기변화에 민감해야 함을 강조한다. 이 이론은 수업에서 주의력을 집중시키고, 학습자들의 요구나 흥미와 학습할 내용을 관련시키고 학습자들에게 새로운 내용을 획득할 수 있다는 자신감을 고취시켜주고, 학습과제를 성공적으로 수행한 결과에 따라서 만족감을 갖도록 하는 것을 그 핵심요소로 한다.

1) Keller의 동기유발 전략

Keller는 개인의 동기를 설명하기 위하여 네 가지 개념적 요소로 구성된 ARCS이론을 개발하였다. 이 ARCS이론은 미시적 교수설계인 이론으로서, 동기에 관한 기존의 각종 이론 및 연구들을 종합하여 체계화시킨 이론으로 교수-학습 상황에서 학습동기를 유발시키고 유지시키기 위한 동기 설계의 전략들을 제공하였다. 이 ARCS이론은 학습동기를 유발시키고 유지시키기 위하여 가장 중요한 변인들, 즉 주의력(Attention)을 집중시키고, 학습자들의 장단기 기간의 흥미와 학습할 내용의 관련성(Relevance)을 확인시키고, 학습자들에게 새로운 학습에 대한 자신감(Confidence)을 갖도록 하며, 학습과제를 성공적으로 수행한 결과에 따라 만족감(Satisfaction)을 갖도록 해주는 것 등 네 가지를 지적하였다. Keller는 이 ARCS이론의 각 요소들을 정의하면서 각 요소마다 세 가지 하위범주를 밝히고 이 동기요소들을 유발하고 유지시키는 데 필요한 전략들에 관해 구체적으로 제시하였다.

(1) 주의(Attention) 집중을 위한 전략

학습 동기에 있어서 첫 번째 요소는 주의이다. 학습이 일어나기 위해서는 적어도 학습자가 학습 자극에 주의를 기울여야 한다. 학습 동기가 유발되고 유지되기 위해 필수 조건으로써 학습자의 주의는 주어진 학습 자극에 기울여져야 하고 일단 기울여진 주의는 유지되어야 한다. 주의 집중은 호기심, 감동, 그리고 주의를 획득하는 데 도움을 주는 여러 요소들을 포함한다.

① 지각적 각성 전략
* 단계의 과정이나 개념을 구체적으로 만들기 위해 각종 삽화나 도표, 애니메이션, 그래프의 사용, 다양한 글자체의 사용 등으로 주의력을 유발한다.
* 호기심을 증가시키기 위하여 비일상적인 내용이나 사건, 정보를 제시한다.
* 학습자의 경험과 다른 역설적인 사실, 믿기 어려운 통계 등을 제시한다.
* 끊임없는 시선 교류와 열정적인 태도로 주의를 분산시키는 것을 피해야 한다.

② 탐구적 각성 전략
* 호기심을 증가시키기 위하여 학생 스스로 질문을 제기하거나 탐구하도록 한다.
* 추상적인 자료에서 학생들로 하여금 친숙한 어떤 것을 발견하도록 '유추'를 사용하여 제시한다.
* 호기심을 증가시키기 위하여 지적 갈등을 유발하여 낯선 것을 친숙한 것으로 친숙한 것을 낯선 것으로 만들 수 있는 비유를 사용한다.
* 문제 해결활동을 스스로 구상하거나 관련된 인상을 스스로 만들어 보도록 한 후 질문-응답-피드백의 상호작용을 활용한다.
* 스스로 문제를 풀어보고 탐구하는 과정을 안내해 주며 적절한 피드백을 제공한다.
* 호기심을 유발하거나 신비감을 주기 위한 방법으로 탐색과정에서 문제 상황을 제시하면서 필요한 지식을 부분적으로만 제공하여 준다.

③ 변화성 전략

* 교수의 한 단위를 간결하고 짧게 잡되 학습자의 주의 집중 시간에 따라 정보제시, 연습, 시험 등의 다양한 형태를 적절히 사용하여 적절한 변화를 추구한다.
* 일방적인 정보 제시 방식의 강의 형태와 상호 작용식 교수·학습의 기회와 토론식 수업을 혼합하여 변화를 추구한다.
* 교수자료의 형태에 있어 일관성을 유지하되 학습자의 흥미를 유발시키기 위하여 그림, 표, 다양한 글자 형태 등 적절한 변화를 추구한다.
* 능동적인 반응이 필요한 수업 활동을 통해 교수의 목표·내용·방법이 통합되어야 한다.

(2) 관련성(Relevance)을 위한 전략

일단 주의가 기울여지고 나면 학습자들은 왜 이 과제를 공부해야 하는가에 의문을 갖게 되고, 학습상황에서 볼 수 있는 중요한 개인적 필요를 지각하게 된다. 즉 관련성이 지각되어야만 학습 동기는 계속적으로 유지될 것이라는 가정 하에, 어떻게 이 과제가 나의 개인적 흥미나 목적에 관련되는가에 대한 긍정적인 해답을 제시하고자 한다. 학습자들이 학습을 해야 하는 이유에 대해 내용이 흥미롭다거나 장래에 중요한 목표를 성취하는 데 유익하다고 인식되면 학습자의 동기는 더욱 높아진다. 또한 미래뿐만 아니라 현재의 교수 내용이 학습자의 흥미와 목적, 경험 등과 연결되어 그 중요성이 부각된다면 관련성은 증가한다.

① 친밀성 전략
* 학습자들이 알고 있거나 가지고 있는 정보, 기술, 가치 및 경험에 바탕을 두고 새로운 과제를 제시한다.
* 학습자들에게 친밀한 과정, 개념, 기능 등과 현재 교재를 연결시키기 위해 비유나 은유를 사용한다.
* 구체적이고 친숙한 예문이나 그림을 사용하여 추상적이고 새로운 개념을 가르친다.

② 목표지향성 전략
* 학습자들이 미래 필요한 지식 및 기능과 분명하게 관련 있는 실례와 연습활동을

포함시킨다.

* 교수의 목표를 예문에 포함시키거나 목적 지향적인 학습형태를 활용한다.
* 학습자들에게 학습목표를 미래의 실용성과 목적 달성과 연관하여 인식시킨다.
* 다양하게 제시된 목적에 대하여 스스로 학습 방법 및 순서를 선택하도록 도움말을
  준다.
* 학습자들에게 일생적인 생활대처 기능이 얼마나 향상되는지에 대해 말하게 한다.

③ 모티브 일치 전략

* 학습의 목적을 어렵고 쉬운 다양한 수준으로 제시하여 본인의 능력에 따라 적절한
  수준을 선택하도록 하고 이에 필요한 피드백을 제공한다.
* 경쟁적 학습을 회피하는 학습자에게는 비경쟁적, 협력적 학습을 선택하도록 성취욕
  구와 친화의 욕구를 충족시킨다.
* 문제해결이나 성취 행동을 유발하는 퍼즐, 게임, 또는 모의 상황을 포함시켜 연습
  상황에서 학습자들이 서로서로 또는 자기 자신에 대해 설정된 준거에 대해 경쟁하
  도록 격려한다.
* 협동적 상호학습 상황, 협동적 집단활동, 잠깐 동안의 휴식, 부과된 과제에 따른 집
  단토론, 집단작업, 연극공연 등을 활용한다.
* 공동득점 체제하에서도 각 개인이 수행해야 하는 역할을 나누어주고 각 역할이 중
  요하다는 것을 주지시킨다.
* 수업 내용을 성공적으로 수행한 후 한 단계 높은 목적을 획득한 사람들로부터 실
  례, 증언 등을 사용하고 학업성취 여부를 기록하여 활용한다.

(3) 자신감(Confidence)을 위한 전략

지속적인 동기화를 위해서는 학습에 대한 관련성을 인식한 후 학습자들이 학습에서
성공할 가능성이 있다는 것을 믿게 하는 자신감이 부여되어야 한다. 학습의 과정에서
학습자들에게 자신감을 주기 위해서 학습자가 실수를 하여도 당황하지 않고 계속 학습
할 수 있는 자유로운 학습상황을 만들어 주어야 하며, 학습자들이 이러한 새로운 기능
과 지식을 숙달한 후 과제를 수행할 때에는 그들의 성취도를 최대한으로 높이기 위하여

어느 정도의 도전감과 모험심을 주어 자신의 능력에 대한 기대치를 높여주는 것이 필요
하다.

① 성공기대 증가 전략

* 수업의 목표와 전반적인 구조를 분명하게 제시한다.

* 평가기준을 분명하게 제시하면서 연습의 기회를 제공한다. 이때 학습자의 반응에
  따라 적당한 피드백을 제공한다.

* 필요한 선수지식을 알려줌으로써 자신의 선수학습 능력을 검토 보완하여 본 과제
  에 대한 성공의 가능성을 높인다.

② 성공기회 제시 전략

* 교재의 각 부분마다 단순한 과제에서부터 어려운 과제로 계열화한다.

* 학습의 필요조건과 선수지식을 부합시켜 지나친 도전이나 권태를 방지하고 적절한
  수준의 도전 수준을 만들어 준다.

* 수업 전에 준비시험을 치러 학습자의 수준에 맞는 내용에서 시작한다.

* 다양한 수준의 난이도를 제공하는 방법에는 시간의 조절, 자극의 속도 조절, 상황
  의 복잡성 조절 등이 있다.

* 만족한 반응을 확인하기 위해 피드백 제공, 준거와 다르면 교정적 피드백 제공한다.

③ 개인통제 증대 전략

* 학습의 끝을 조절할 수 있는 기회를 준다.

* 학습자에게 다음 내용으로 스스로 진행하도록 학습속도 조절의 기회를 준다.

* 언제든지 학습상황에서 빠져 나갈 수 있고 돌아오고 싶을 때 돌아오도록 한다.

* 선택 가능하고 다양한 과제의 난이도를 제공하며, 어려운 문제를 풀고 나면 학습자
  의 노력으로 성공하였음을 말해 준다(귀인적 피드백).

(4) 만족감(Satisfaction)을 위한 전략

학습자의 노력의 결과가 그의 기대와 일치하고 학습자가 그 결과에 대하여 만족한다
면 학습동기는 계속 유지될 것이며, 이는 학습자의 학업 수행에도 영향을 미치게 된다.

만족감은 학습의 초기에 학습자의 동기를 유발시키는 요소라기보다는 일단 유발된 동기를 계속 유지시키는 역할을 한다. 만족감에 영향을 미치는 요소로는 강화와 보상과 공정성이 있다.

① 외재적 보상 전략
* 반복 연습과 같은 지겨운 과제들로 인해 저하될 수 있는 부정적 영향을 줄이기 위한 방법으로 점수 제도와 같은 외재적 보상 시스템을 제공한다(적절한 강화 스케줄 활용).
* 학습과정에 단순한 긍정적 피드백보다는 학습 진행에 도움이 되는 정보제시 피드백을 준다.
* 옳은 반응 뒤에는 긍정적 외부 보상을 하고 틀린 반응 뒤에는 보상을 삼가한다. (외적 보상이 실제수업 내용보다 더 흥미를 끄는 것이어서는 안 된다: 선택적 보상 체제).
* 동기유발 피드백은 수행 직후에 주어져야 하고 교정적 피드백은 다음 수행 직전(즉각적으로 이용 가능한 시기)에 행해져야 한다.

② 내재적 강화 전략
* 연습문제를 통해 가능하면 새롭게 획득한 기능을 현실적인 상황에서 곧바로 사용할 수 있는 적용의 기회를 학습자에게 제공한다.
* 후속 학습 상황을 통해 관련되어 있는 흥미 있는 다른 영역에 대해 정보를 제공한다.
* 모의 상황을 통해 새로운 적용 영역에 학습자에게 적용의 기회를 제공한다.
* 주제에 대한 그들의 관심을 계속적으로 추구하는 방법에 대해 학습자에게 질문하고, 정보를 알려 준다.

③ 공정성 강조 전략
* 수업의 목표와 내용이 일관성 있게 제시될 때 학습자는 자신들의 목표에 대해 기대했던 것과 일치되게 느낀다.
* 최종 연습 문제와 사후 검사의 문제 내용과 유형이 교재에 있는 지식, 기능, 연습문제와 일치시켜야 한다.

　* 최종 연습 문제와 사후 검사의 난이도 수준이 이전의 연습 문제와 일치한다는 것
　을 보장한다.

　이상에서 살펴본 Keller의 동기 이론은 동기에 관한 기존의 각종 이론 및 연구들을 종합적으로 체계화한 것으로 수업 상황에서 학습 동기를 유발하고 유지시키는 설계의 전략들이다. 궁극적으로 동기는 통합적이다. 학습자들은 학습 환경을 주의 집중, 관련성, 자신감, 만족감의 범주로 구분하지 않는다. 그러나 교사와 수업 설계자는 동기를 이해하기 위하여 분석적 접근이 필요하다.

2) ARCS 동기설계의 과정

(1) 동기설계의 과정

　ARCS 모델은 동기설계의 과정을 제시한다. 이것은 흔히 최선의 추측(best guess)이라고 불릴 수 있는 것으로 자신이 가르칠 학생들의 동기유발 상태를 교사 스스로 머릿속에 그려보는 것이다. 교사가 수업에 임할 때 학생들의 학습동기 상태를 체계적으로 분석하기 위해서 ARCS 모델은 교사들에게 수업 전 최선의 추측을 제언할 뿐만 아니라 추측하는 방법에 대한 기본 틀을 제공하고 있다. 이때, 활용할 수 있는 것이 '역방향 U곡선'이다. 학습동기가 낮으면 학업성취도 낮다. 그러나 학습동기가 높다고 무조건 학업성취가 높아지리라고 예상할 수는 없다. 이러한 점을 고려하여 교사는 수업 전에 주의 집중, 관련성, 자신감, 만족감의 측면에서 학생들의 동기 상태를 추측해 볼 수 있는데 이때 '역방향 U곡선'이 유용하게 활용될 수 있다. 이들 네 가지 측면에서 학생들을 예측해 봄으로써 교사는 자신이 수업을 시작할 때부터 어느 것에 좀 더 초점을 맞추어 이끌어 가야 할지에 대한 그림을 그릴 수 있기 때문이다. 동기전략 설계 단계는 크게 예비전략 열거 및 최종전략 선택의 두 단계를 거쳐 수행된다. 예비전략 열거는 분석된 동기문제를 해결하는 데 필요한 동기전략을 문자 그대로 나열해보는 것이다.

(2) 유의점

① 동기전략이 전체 수업시간의 너무 많은 부분을 차지해서는 안 된다.
② 동기전략이 수업 자체보다 재미있고 따라서 수업에 지장을 초래해서는 안 된다.
③ 동기전략을 개발하는 데 지나친 시간과 비용이 소요돼서는 안 된다.
④ 동기전략이 대상자의 학습양식에 적합해야 한다.
⑤ 교사가 수행할 수 있는 전략을 선택한다.
⑥ 동기전략이 필요한 만큼만 사용되도록 한다. 위의 여섯 가지 기준 외에도 여러 가지가 있을 수 있으나 그것은 교사가 수업을 실시하는 상황에 따라 달라질 것이다.

3) ARCS전략에 따른 과학적 태도

(1) 과학적 태도의 구성요소

과학적인 태도란 경험 또는 학습의 결과로써 심리적인 대상에 대해 감정적인 반응성을 띤 지속적인 정서적 경향을 의미한다. 이러한 과학적 태도의 요소는 3가지로 나눈다.
① 인지적 요소(Cognitive component)-태도 대상물에 대한 개인들의 관념적 지각에 관련된 것으로서 인간이 생각하는 어떤 아이디어 또는 범주이다.
② 감정(정서)적 요소(Affective component)-태도 대상물에 대한 개인의 좋고 나쁜 느낌이나 감정에 관한 태도의 측면으로 태도의 평가적 요소로서 가장 중요하다.
③ 행동적 요소(Behavioral component)-태도 대상물에 대한 개인들의 전반적인 행동적 경향이다.

(2) ARCS전략에 따른 과학적 태도의 향상방안

과학교육에서 정의적인 면의 성장은 초등학교에서는 흥미조성의 정도이고, 중학교에서는 태도육성에까지, 그리고 대학에서 인격형성까지 그 심도를 진전함을 말한다. 과학을 하는 데 있어서 중요한 것은 자연의 현상에 대하여 솔직하고 안전하게, 그리고 객관성 있게 사고하고 처리하여야 한다. 따라서 학생은 탐구학습 과정에서 항상 잘 해보려는 태도로 자진성을 갖고 적극적이고 의욕적인 학습을 계속 유지함이 바람직하다.

과학의 가치가 학습자에게 수용 혹은 채택되면 학습활동에서 자진성을 보이고 계속적이고 적극적인 태도를 보임으로써 자진성, 적극성, 계속성, 적용성 등은 태도의 일반적 분야라 할 수 있으며, 과학적 가치를 깊이 감지하여야 자연에 대한 솔직성, 객관성, 정확성, 안전성 등이 일어나 과학적 태도의 전문적 분야에까지 발전되어 간다. 이 중 ARCS 동기유발전략에 따라 향상되는 과학적 태도 영역을 살펴보고자 한다.

① 주의 집중 전략에 따른 과학적 태도 향상

동기의 요소로써의 주의는 어떻게 하면 학습자의 주의를 끌고 그것을 유지시키느냐에 관심이 있다. 학습의 선수조건으로서의 주의는 단순히 감각적인 것으로 관심을 끄는 것만이 아니라 지적인 호기심을 동시에 유발시켜 학습-교수과정이 이루어지는 동안 학습에 대한 주의를 계속 유지시키는 것으로 해석된다.

ⓐ 탐구적 주의 환기 전략에 따른 호기심 향상

탐구적 주의환기 전략은 학습자에게 일단 지각적 주의환기 전략을 사용해 주의를 끈 후 더욱 심화된 수준의 호기심을 유발하고 유지하도록 한다. 여기에서 학습자는 보다 탐구적 과정에 몰입하고 구체적인 방법으로는 문제해결활동을 구상하게 하여 학습자의 탐구적 주의환기를 돕고 신비감을 주는 과정에서 문제 상황을 제시하면서 필요한 지식을 부분적으로 제공하는 것이다. 교사는 학생에게 지속적으로 탐구할 수 있는 활동을 공급해야 하며, 학생 자신이 문제를 제기하고 해결하도록 격려해 주어야 한다. 자신이 제기한 질문에 대한 해답을 추구하는 동안 계속 호기심을 야기하여 새로운 의문을 낳게 된다. 여기에서 학생들의 호기심이 향상된다.

ⓑ 탐구적 주의 환기 전략에 따른 자진성 향상

탐구적 주의 환기의 전략은 학습자의 능동적인 반응을 유도하고 내용과 관련된 연상을 스스로 만들어 보는 방법을 제시한다. 자연의 사상에 대해 보다 많은 의문을 갖고 주의 깊게 관찰하고, 과학학습에 보다 많은 시간을 할당하게 된다. 실험이나 기타 학습에 자진하여 시도하고 활동하도록 하고, 학습자가 과학적 활동에 보다 많이 참가하게 된다.

② 관련성 증가 전략에 따른 과학적 태도 향상

일단 주의가 기울여지고 나면 학습자들은 왜 이 과제를 공부해야 하는가에 의문을 갖게 되고 학습상황에서 볼 수 있는 중요한 개인적 필요를 지각하게 된다. 개인적 필요, 즉 관련성이 지각되어야만 학습 동기는 계속 유지될 것이라는 가정 하에 관련성의 원리는 어떻게 이 과제가 나의 개인적 흥미나 목적에 관련되는가에 대한 긍정적인 해답을 제시하고자 하는 노력으로 해석된다.

ⓐ 목표지향성의 전략에 따른 적용성의 향상

목표지향성의 전략은 결과 측면의 관련성을 높일 수 있는 구체적인 방법을 제시해 주기 위해 교수의 목표나 실용성을 나타내는 진술이나 예문을 포함시킬 것을 강조한다. 교사는 목표지향성을 높이기 위해 학습과제의 중요성이나 실용성에 중점을 둔 목표를 분명히 제시한다. 이 전략으로 동기를 가진 학습자는 생활에서 불편하고 위험한 것은 편리하고 안전한 것으로 개선한다. 그리고 산업이나 생활에 관계되는 실제문제를 스스로의 힘으로 탐구하게 된다. 그리고 교사는 학습자에게 다양하게 제시된 목적 중에서 스스로에게 적합한 목적을 선택하도록 한다. 이로써 학생은 지식을 적용하여 새로운 현상을 설명해보고, 이를 발전시켜 학습실제문제와 관련지어 생각하면서 실제문제 속에서도 학습의 과제를 찾아내게 된다.

③ 자신감 수립 전략에 따른 과학적 태도 향상

자신감은 학습자가 학업수행을 계속 학습하고 학업수행 그 자체에 영향을 미치기 때문에 동기의 요건으로 중시되고 있다. 자신감 있는 학생은 실수를 두려워하지 않으며 실패나 성공의 요인을 능력이나 노력의 부족으로 생각하고 문제 자체의 어려움으로 돌리지 않는다.

ⓐ 개인적 조절감 증대의 전략에 따른 개방성의 향상

조절감 증대의 전략은 학습자에게 다음 내용으로 스스로 진행하게끔 하는 학습속도 조절의 기회를 주고 또한 여러 학습과제와 난이도에 따라 자신에게 맞는 것을 선택하게끔 교수를 조직한다. 학습자는 스스로 학습내용을 조절할 때 새로이 밝혀진 근거에 따라 학습자의 주장을 변경할 수 있어야 한다. 그러기 위해 교사는 학습자들로 하여금 훌륭한 가설을 형성하게 하고 독특한 실험절차를 고안해낼 수 있는 기회를 마련하여 색다른 문제해결방법을 고안하도록 자극한다. 그러면 학습자는 마음을 개방하여 타인의 의견을 받아들일 수 있는 아량을 갖는다. 그래서 개인적 조절감 증대의 전략은 학생에게 개방적인 마음을 갖게 한다.

④ 만족감 증대 전략에 따른 과학적 태도 향상

만족감은 학습자가 스스로 수행한 것에 대해 기분 좋게 느끼게 도와줄 때 학습동기가 유발, 유지된다는 가정 하에 포함된 요소이다. 학습자 스스로 학습상황을 조절할 때 느낄 수 있는 학습의 자아조절로서, 내적 동기유발의 원리가 외적 보상에 비해 강조되어야 달성될 수 있다. 도전의식을 가질 수 있는 학습 환경을 제공하는 전략이 만족감 증대 전략이다.

ⓐ 공정성 강조의 전략에 따른 객관성 향상

교사는 공정성 전략으로 학습자의 학업성취에 대한 기준과 결과를 일관성 있게 유지해야 한다. 학습자의 학업 수행에 대한 판단을 공정하게 하면서 동시에 성공에 대한 보상과 강화가 기대한 대가로 공정한 원리에 의해 주어져야 함을 암시한다. 교사의 공정성은 전 수업과정에서 작용하고 학생들은 이러한 교사의 태도를 잠재적 교육과정에 의해 배우게 된다. 공정한 원리에 의한 과학적 태도가 과학수업에 적용되면 데이터를 수집할 때 개인적 감정에 좌우되지 않고, 데이터 해석에 필요한 감정이 어느 누구의 비인간적인 판단에 간섭을 받지 않는 것으로 나타난다. 여기에서 교사는 학생이 데이터를 수집하고 추리하는 등의 문제제기가 개인차에 따라 다양하게 나타날 수 있으며 편견에 구애받지 않는 연구가 중요하다는 것을 강조해야 한다. 그러면 학생들의 객관성이 향상된다.

ⓑ 공정성 강조의 전략에 따른 솔직성 향상

학습자는 과학을 학습함에 있어 자연의 사상을 공명정대한 마음으로 대해야 하고 사상을 주의 깊고 정확하게 관찰해야 하며 나타난 현상에 대해 기유 지식에 구애됨이 없이 솔직하게 받아들여야 한다. 교사에게 배운 공정함의 원리는 자연현상을 공정한 마음으로 세밀하게 관찰하고, 탐구의 결과는 하나의 수식도 없이 솔직하게 표현할 수 있어 솔직성이 향상된다.

현재 지식기반 사회에 공교육의 현장인 학교 수업에서 교사의 역할이 지식의 전달자에서 지식구성의 촉진자로 바뀌어야 한다는 주장이 제기되고 있다. 여기서 간과하지 말아야 할 것은 교사의 역할이 지식 전달자이든, 촉진자이든 학습자의 학습동기 없이는 아무것도 이룰 수 없다는 점이다. 학습동기의 중요성에 대해서는 이미 알고 있지만 어떻게 학습동기를 유발시킬 수 있는가라는 물음에 대해 ARCS 모델은 교사들에게 하나의 방법을 제공하는 것은 분명하다. 그러나 이를 성공적으로 수행하기 위해서는 무엇보다 교육활동에 대한 교사의 열정이 필요하다.

4. 정규적인 컴퓨터 리터러시(Literacy)교육

커뮤니케이션 기술의 발달은 사회의 모든 분야에서 큰 변화를 야기하고 있다. 물론 기술이 전적으로 사회를 변화시키는 요인은 아니지만, 미래사회에서 커뮤니케이션 기술은 사회의 핵심 동력으로서 이용될 것이라는 사실만은 분명하다. 우리에게 닥쳐올 미래사회는 정보가 동력으로, 그리고 모든 환경, 조직, 문제들의 중심으로 운영될 것이다. 그런 의미에서 커뮤니케이션은 본질적으로 정보의 생산과 수용을 목적으로 하고 있다. 즉 면대 면 커뮤니케이션이건, 매개 커뮤니케이션이건 간에 커뮤니케이션이 정보를 전달하고, 이를 구성한다는 것만은 분명한 사실이다. 이런 사실들은 결국, 미래사회에서 변화의 핵심은 커뮤니케이션의 변화와 그 축을 같이하고 있다는 것을 말해주고 있다. 따라서 리터러시의 중요성이 다시 한 번 대두될 수밖에 없다.

리터러시는 본질적으로 메시지를 구성하고, 평가하고, 분석하고, 수용하는 커뮤니케이션 능력을 의미한다. 그러나 전통적으로 리터러시는 현 세기까지 문자를 기반으로 한 인쇄매체로 한정된 개념으로 그 범위가 구성되어 왔다. 그러나 사회의 변화, 커뮤니케이션 기술의 변화의 중심에는 언제나 언어의 변화 및 생성이 존재했다. 정보사회로의 변화에도 '디지털 언어'라는 새로운 형태의 개념이 그 변화를 주도하고 있다. 과거에도 TV의 등장은 영상언어라는 새로운 문화를 탄생시켰다. 그러나 여전히 사회는 문자언어로서 구성되어 있었다. 하지만, '디지털 언어'의 등장은 더 이상 사회가 문자언어로 구성되고, 정의되기를 원하지 않고 있다. 디지털 언어의 등장은 사회의 질서를 변화시키고 있으며, 공간을 변화시키고 있으며, 커뮤니케이션 기술 또한 변화시키고 있다. 그래서 이 새로운 언어는 전통적인 리터러시가 사용하던 문자 언어와는 차별화된 새로운 형태의 매체와 그에 적합한 커뮤니케이션 기술 즉, 리터러시를 요구하고 있다.

1) 새로운 언어의 등장과 교육 커뮤니케이션의 변화

커뮤니케이션 기술의 발달에 대한 논의들이 지금처럼 21세기 '밀레니엄' 담론과 함께 가장 큰 이슈로서 다루어지는 데에는 또 다른 이유가 숨겨져 있을 것이다. 실제로 커뮤니케이션 기술의 발달은 단지 매체와 연관된 영역에서뿐만 아니라, 정치, 경제, 문화 등의 사회전반에 거대한 변혁의 흐름을 예고하고 있다. 이 같은 사회전반의 변화는 바로 '컴퓨터'의 등장에서부터 시작되었다. 컴퓨터를 구현하는 다양한 정보기술들, 그리고 이를 표현하는 새로운 언어, 그리고 이를 사용하는 주체인 인간의 능력변화가 함께 결부되어서 정보사회라는 큰 변화를 예고하고 있다. 이미 컴퓨터가 사용하는 새로운 언어, 즉 기존의 문자나 영상언어가 아닌 디지털 언어를 기반으로 하는 커뮤니케이션 기술의 발달은 정보화 사회의 토대로서 구성되고 있으며, 그 타당성을 얻어가고 있다. 따라서 자연히 이 새로운 언어, 기술의 등장은 산업사회를 근간으로 구성된 기존의 질서들을 변모시키고 있다. 앨빈 토플러, 네그로폰테 등의 수많은 학자들이 논의하였듯이 기존 사회의 단순성, 선형적, 수직적, 총체성, 단일성으로 구성된 질서를 복잡성, 비선형적, 수평적, 개별성, 복합성이라는 예측 불가능한 형태로의 전환에 있는 것이다. 구체적으로 살펴보면, 디지털 언어가 야기하는 기존질서의 파괴는 3가지 형태로 등장한다.

첫째, 디지털 언어를 기반으로 하는 새로운 언어의 등장은 기존의 일방향적이고, '일대 다수'이었던 커뮤니케이션을 쌍방향적이고, '일대일' 또는 '일대 다수' 등의 자유로운 커뮤니케이션 흐름으로 변화시켰다. 이것은 시간적 공간적 구속성을 띠고 있던 기존의 매체 매개적 커뮤니케이션을 시간적 공간적 구속으로부터 벗어난 동시적이고, 새로운 형태의 다양성이 수반된 커뮤니케이션 형태로 변화를 의미한다.

둘째, 독자-저자의 관계를 변화시켰는데, 기존의 수직적 위계질서로 구성된 커뮤니케이션을 민주적이고 수평적인 커뮤니케이션 구조로 전환시켰다. 이것은 송신자-수용자의 관계에서의 변화를 의미하는데, 기존의 매스미디어 즉, 인쇄매체와 영상매체에서의 수용자는 주어진 의미만을 단지 해석해내는 역할만을 담당하는 수동적인 존재였다. 그러나 컴퓨터를 기반으로 하는 디지털 미디어에서는 발생의도와는 전혀 다른 새로운 의미를 창조해내고, 새로운 결말을 구성 및 창조해낼 수 있는 창조적이고, 능동적인 참여자로 변모하고 있다.

셋째, 이런 변화를 낳게 한 가장 큰 원인인 새로운 언어의 등장이다. 언어라는 것은 소쉬르(Ferdinand de Saussure)를 위시한 구조주의자들에 의하면, 사회에 의해서 공유된 하나의 약속이다. 따라서 언어가 변화한다는 것은 기존사회의 변화를 의미하는 것이기도 하다. 기존 언어들이 사용하던 문자, 영상, 기호 등의 모든 상징기호들을 0과 1이라는 단 두 가지 기호로 동일하게 부호 / 해석되는 과정은 커뮤니케이션을 전혀 새로운 공간 속으로 밀어 넣었다. 즉 기존의 사회구조가 반영되던 종이로 이루어진 '글쓰기 공간'이 아니라, 기존의 문자언어와 동일한 페이지 단위로 작성되지만 맥락과 결합이 자유로운 다양한 질서와 구조가 존재하는 3차원 공간, 사이버스페이스로 커뮤니케이션 공간이 이동되기 시작하고 있다. 이런 변화의 흐름은 디지털 언어와 기존언어를 구분 짓는 텍스트 / 하이퍼텍스트라는 특징 속에서 커뮤니케이션 속성의 변화를 쉽게 찾아볼 수 있다.

기존과는 차별화된 속성을 지닌 새로운 언어의 등장, 즉 커뮤니케이션 기술의 발달은 정치, 사회, 경제, 문화 등 모든 분야에 그 영향력을 확대시켜나가고 있지만, 무엇보다도 이들이 교육 분야에 이용되면서 일으키는 변화는 매우 중대한 의미를 지니고 있다.

전통적으로 교육이라고 하면, 먼저 학교 교육을 떠올리게 된다. 기존의 학교중심의 교육은 학교와 교실이라는 특정 공간 속에서 정해진 시간에 계획적으로 짜여진 교과과정과 학습내용을 중심으로 교사가 일정한 학생들을 대상으로 비록 면대 면 상황이기는 하지만 대부분 일방적으로 가르치는 교육을 의미했다.6) 그러나 교육 분야에서의 커뮤니케이션 기술 즉, 컴퓨터의 도입은 기존교육체계 내에서의 점진적인 변화뿐만 아니라, 전혀 다른 방식의 교육체계를 창조하는 패러다임의 변화를 야기하고 있다.

그 변화는 기존의 학교중심교육이 지니던 집단학습을 개별학습으로, 암기학습을 실천학습으로, 수동적 학습을 능동적 학습으로 변화시키고 있고, 인터넷의 교육적 활용 사례에서 보는 것처럼 지역적 학습을 국가적, 전 지구적인 학습으로 확대시키고 있으며, 교사와 학생의 역할은 물론 양자 간의 관계, 그리고 기존 교육의 형태나 내용에도 큰 변화를 주게 되었다.7) 즉 예전의 1차원적 공간에 묶인 문자로 구성된 텍스트 위주의 인쇄

---

6) 강상현, "정보화 시대의 교육: 온라인 원격교육을 중심으로", 한국언론학회 / 한국사회학회 공동세미나 발표문, 1998년 4월, p.188.
7) 황승연, "가상대학의 가능성과 문제점", 경희대 정보사회연구소·삼성경제연구소 편, <네트워크 트렌드>, 서울: 삼성경제연구소, 1997년, p.193.

교과서가 3차원 공간 속에서 문자, 소리, 영상들의 자유로운 이동이 가능한 하이퍼텍스트 위주의 전자교과서로 바뀌었으며, 이것은 단 한 번의 시행착오도 허용하지 않는 획일적이고, 일련적 순서로서 그리고 단 하나의 결론만을 요구하던 교육커뮤니케이션 과정을 개방된, 비일련적인 순서로 구성된 그리고 다양한 결론을 담고 있는 오히려 시행착오를 훈장으로 여기는 커뮤니케이션 구조로 변화시켰다. 또한 이런 교육도구의 변화는 시간적 공간적 제약을 없앴으며, 인터넷이라는 네트워크를 통해서 무수히 많은 사람들과 그리고 교사와의 일대일 커뮤니케이션을 가능하게 해주었다.

특히, 미래 교육에서의 변화에서 가장 중요한 변화는 교사-학생의 관계 및 역할의 변화에 있다. 커뮤니케이션의 속성 변화는 사회의 기존 질서 또한 개방적이고, 비선형적인 쌍 방향 흐름 형태로 변화시킨다. 이런 관점에서 볼 때, 사회에서의 공존 질서를 배우는 교육커뮤니케이션의 변화의 핵심은 수직적인 위계질서가 수평적인 질서로의 전환에 있다. 그중에서 대표적인 형태가 교사-학생 간의 관계의 변화라고 할 수 있다.

기존의 교육체계 내에서 교사는 지식을 제공해주고, 질문을 하고, 그 해답까지 제시해주는 거의 모든 커뮤니케이션 과정을 주도하는 존재였다. 이에 반해서 학생들은 지극히 소극적인 단 한번의 질문조차도 허용되지 않는 폐쇄된 공간에 갇힌 존재에 가까웠다. 그러나 컴퓨터의 도입은 학생들을 미지세계를 찾아 헤매는 용기 있는, 적극적이고, 창조성을 지닌 탐험가로서의 역할을 부여받게 되었다. 즉 미래에서의 교사는 교육내용의 제공자가 아니라, 학생들에게 스스로 발견하고 학습할 수 있도록 단지 안내자로서의 역할[8]만을 담당하게 된다.

실제로 미래의 교육 형태는 네트워크 공간 속에서 이루어질 것으로 보인다. 현재는 초기형태로 학교 공간에 놓인 컴퓨터를 통한 컴퓨터 자체 학습이나, 혹은 팀 단위로 이루어지는 공동학습이 주를 이루고 있지만, 머지않은 미래에는 커뮤니케이션 과정에 동등하게 참여하는 대화자로서의 역할을 학생들이 담당하게 될 것으로 예측되고 있다. 따라서 디지털 언어가 지배하는 공간에서의 수용자는 더 이상 수용자라는 용어로 설명되어서는 안 되며, 오히려 창조적 생산자, 정보를 찾아 새로운 모험을 떠나는 탐색가로서 명명되어야 할 것이다.

이 같은 교육커뮤니케이션에서의 변화는 궁극적으로 새로운 시대를 준비하는 인간의 대처능력에 대한 문제에서부터 비롯된 것이다. 실제로 커뮤니케이션 기술의 변화가 사

---

8) 허운나, 인터넷의 교육적 활용방식: http://forum.nca.or.kr/journal/97/1-rp3.htm

회의 기존질서를 변화시키고 있다면, 사회의 핵심인 인간이 이보다 먼저 변화해야만 할 것이다. 결국, 새로운 언어, 새로운 매체의 등장, 그리고 새로운 문명을 살아가기 위해서는 인간들이 정보화 사회에 대처해나갈 수 있는 능력을 구비해주는 것이 최우선의 과제일 것이며, 이것은 바로 '리터러시'에 대한 문제이며, 인간을 둘러싼 환경에 대한 이해의 문제이기도 하다. 따라서 현시점에서 우리에게 필요한 것은 리터러시에 대한 개념을 정확히 이해하고, 그 속에서 정보화 사회에 맞는 새로운 개념의 리터러시를 규정하는 일이다.

2) 매체발달과 리터러시 개념의 변화

(1) 전통적인 리터러시의 개념

리터러시(Literacy)에 대한 개념9)은 각기 다른 사회나 문화권에서 그리고 시대에 따라서 서로 다른 의미로 정의되고, 이해되어 왔다. 원래 리터러시란 용어가 등장한 것은 문자언어의 인쇄가 가능해진 19세기 중반이었다. 당시의 리터러시 개념은 단순히 문자화된 기록물들을 통해 지식과 정보를 획득하고 이해할 수 있는 수준을 의미하는 것이었다. 즉 단순히 단어나 철자들을 읽고, 쓸 줄 아는 능력으로 정의되었다. 이는 당시의 상황을 살펴보면, 쉽게 그 이유를 발견할 수 있다. 구텐베르그의 인쇄술이 등장하기 이전에 문자는 특권계층인 왕이나 교황과 같은 권력자들 사이에서만 사용되었다. 당시만 해도 일반대중들은 여전히 비언어적인 제스처나 구두 언어를 커뮤니케이션 수단으로 삼고 있었다. 대중들에게 문자리터러시는 단지 자신의 이름이나 기록하고, 대량 복제된 성경이나 왕명 등을 읽기 위해서만 필요한 실생활과는 분리된 부가적인 기술로서 인식되었다. 따라서 이들의 실생활에서 문자언어는 그다지 큰 영향력을 발휘하지 못하였다.

그러나 르네상스 이후, 문예부흥, 지적 호기심의 증대, 상인계급의 등장, 그리고 구텐

---

9) 리터러시(Literacy)란 일반적으로 일반적 문자해독률과 기능적 문자해독률의 2가지 수준으로 나누어진다. 리터러시 초기에는 문자 해독률이 중요시 되나, 이후에 사회적 의미와 결합되면 기능적 문자 해독률이 폭넓게 적용된다. 특히 기능적 문자 해독률이란 '활기능'life – skill)으로 표현되기도 하며, 실제로 사회구성원이 사회의 정치, 경제, 문화생활을 향유할 수 있는 능력을 구비하는 것을 전제로 하고 있다. Unesco, <Fundamental education; description and programmers>, paris; Unesco, 1947년.

베르크의 인쇄술로 대중화된 출판 및 인쇄술이 등장하게 되면서 문자언어는 보편적인 사회기준으로서 자리잡게 되었다. 여기에 산업혁명이라는 거대한 사회변혁의 흐름 속에 탄생한 '교육'이라는 제도적 장치가 산업사회체계 속에서 적합한 기능수행자로서의 인간을 생산해내기 위한 도구로서 리터러시를 선택하면서 본격적으로 확산되기 시작했다. 실제로 '보편적 이익'이라는 개념 하에서 실시된 문자 리터러시 교육은 사회발전에 적합한 인간을 생산하는 데 그 목적이 있었으며, 나아가 체계의 목적을 잘 수용할 수 있는 수동적 커뮤니케이션 기술만을 요구하고 있었다.

그러나 리터러시는 단지, 언어를 읽고, 쓰는 피상적인 의미만을 내포하고 있는 단어가 아니다. 리터러시는 일차적으로 시대적으로 혹은 그 사회 혹은 문화권에서 통용되는 커뮤니케이션 코드인 '언어'에 의해서 규정된다. 언어는 인간의 가장 중요한 본질적인 요소이다. 그렇지만, 이것은 인간이 의미를 표현하고 공유하기 위해서 사용하는 많은 상징체계들 중의 단지 하나에 그칠 뿐이다. 지난 100년 동안에 걸친 커뮤니케이션 기술들 내부의 변화는 새로운 문화환경을 창조하였으며, 이 새로운 문화는 언어와 문자의 역할을 확장시키고, 또한 재차 변형시켜 오고 있다. 결국, 언어는 문화의 상징이며, 이 언어를 공동으로 사용하는 사람들의 관계를 규정해주는 역할을 한다. 실제로 커뮤니케이션 기술의 발달 즉, 언어의 발달은 각기 그 문화권의 문화와 인간관계를 확실하게 하나의 표준으로 구조화해내고, 그 속에서 다양한 사회적 관계를 맺는 것이 가능하도록 해주었다. 리터러시는 한 개인의 언어를 읽고 쓸 수 있는 능력(기술)이며, 이는 곧 자신이 누구이며, 무엇을 경험하였는지, 그리고 세계와 언어에 대해서 무엇을 알고 있는 모든 것을 반영하고 있다.

(2) 매체 발달과 리터러시 개념의 변화

전통적인 리터러시는 문자언어를 읽고, 쓸 수 있는 능력으로 정의되고 있지만, 이 범위를 좀 더 확장시켜 보면, 인간의 커뮤니케이션 능력으로 논의될 수 있다. 즉 문자언어라고 한정된 전통적인 리터러시 개념을 사회 환경의 변화와 사회언어의 변화라는 두 가지 축으로 다시 설명하면, 리터러시의 개념은 얼마든지 다양하게 변화하는 것이 가능해진다. 따라서 '리터러시'란 용어가 등장한 것은 분명 문자언어가 사회적 표준으로 자리잡은 19세기이지만, 그 개념을 역사적으로 거슬러 올라가면, 리터러시는 인간의 커뮤니케이션을 가능하게 해준 '언어'의 등장과 함께 시작되었다고 볼 수 있다.

결국 리터러시는 구두언어시대 때부터 그림으로 표현된 상징물을 부호화하고 해석하는 능력으로 즉, 커뮤니케이션 능력으로서 정의된다. 실제로 인류 최초의 커뮤니케이션 행위로 평가받는 벽화는 문자언어가 존재하지 않는 시대적 상황에서 시각적인 언어인 그림을 통해서 의사소통을 정보의 저장과 축적을 가능하게 해주었다. 그러나 이 당시의 사회를 지배하던 언어는 구두언어였으며, 이 언어는 "말하기와 듣기"를 기본적인 커뮤니케이션 능력으로 사용하고 있었으며, 비언어적 기호들을 사용하는 것은 결코 당시 사회의 주된 표준적인 행위가 아니었다는 점이다. 여기에서 리터러시는 일반대중들이 사용하는 언어에 대한 기술이라는 점을 발견할 수 있는 것이다. 즉 커뮤니케이션 능력이라는 사실이 입증되는 것이다.

이렇듯 특화된 언어체계가 아니라, 사회에서 일반대중들에 의해서 보편적으로 사용되는 언어의 변화는 이를 담을 수 있는 용기인 매체와 리터러시 개념의 변화를 요구하고 있는 것이다. 따라서 문자언어의 등장은 이를 대중화시킬 수 있는 인쇄매체의 성장과 함께 인간커뮤니케이션의 매개커뮤니케이션을 보편적인 사회행위로 도입시킨 역사적인 사건이었던 것이다. 문자언어는 인간커뮤니케이션에서 가장 핵심적이고, 중요한 도구였으며, 현재까지도 모든 교육의 중심에 위치하고 있다. 실제로 앞에서 지적하였듯이 리터러시개념은 교육을 통해서 사회에 필요한 기본 커뮤니케이션 도구로서 "글쓰기와 읽기"를 정의하였다. 따라서 사회의 모든 규칙과 법률, 그리고 질서들은 문자언어 속에서 표현되었으며, "글쓰기 공간(Writing Space)" 속에서 형성 및 구조되었다. 자연히 인간도 이 공간 속에서 존재하고, 구체화되며, 생존을 위한 기본 도구로서 "글쓰기와 읽기"를 사용하게 되었다.

그러나 앞서 지적했듯이, 문자언어는 인간에게 커뮤니케이션을 가능하게 해주는 수많은 상징체계들 중의 단지 하나일 뿐이다. 인간커뮤니케이션에는 이외에도 무수히 많은 새로운 언어 형태들과 소리, 제스처, 이미지 등과 같은 비언어적인 요소들도 존재한다. 그리고 실제로 이런 다양한 형태의 상징들이 통합되어서 이해될 때 보다 완벽한 커뮤니케이션이 이루어진다. 따라서 역사적으로 진화해온 다양한 상징체계들은 기술적으로 진화한 매체가 등장하게 되면서 그 위치가 역전되기도 한다.

결국 대중 신문과 함께 탄생된 리터러시는 미디어를 둘러싼 환경변화에 민감할 수밖에 없다. 특히 리터러시에서 중요시되는 정보 생산과 수용 과정에 매개된 매체들의 형태와 기술들의 변화에는 더욱 적극적으로 대처할 수밖에 없다. 즉 언어를 달리하는 다양한 매체기술들의 발달 및 변화에 발맞추어 그 형태 및 개념들을 첨가, 수정 및 보완해나갈 수밖에 없는 것이다.

역사적으로 분석할 때, 매체의 대변동과정에는 4가지 유형의 언어가 있었다. 그 언어는 구두언어, 문자언어, 영상언어, 그리고 최근에 등장한 '디지털 언어'이다. 이 언어들은 정보전달과 매개에 필요한 고유의 매체 기술들을 발전시켰으며, 곧 그 시대의 주류매체로 등장하게 만들었다. 문자리터러시 개념에서는 쓰기와 읽기가 기본능력이었으며, 독자─저자의 관계로서 인간관계/인간─사회관계를 설명하였다. 그러나 영상매체를 중심으로 한 리터러시에서 쓰기는 영상제작으로, 읽기는 영상시청으로 변화하였으며, 저자는 생산자로, 독자는 수용자로 변화되었다. 그러나 가장 극적인 변화는 4세대인 디지털 언어의 등장으로 비롯되었다.

전통적인 리터러시에서도 발견되었듯이, 리터러시는 독자─저자의 관계를 구조화해준다. 따라서 인간 간의 상호관계 속에서의 질서까지도 구조화해준다. 마찬가지로 디지털 언어도 새로운 사회질서 즉, 인간관계를 창조해준다. 특히 디지털 언어는 기존의 위계적이며, 선형적이었던 커뮤니케이션 구조를 민주적이고, 비선형적인 다층적인 커뮤니케이션 구조로 변화시켰으며, 이는 나아가 수용자를 창조자 및 생산자의 위치로 수직 상승시키는 결과를 야기했다. 따라서 앞선 매체들에게서 발견되던 의미의 생산과 수용이 각기 비동시적으로 분리되어 있던 커뮤니케이션 형태가 디지털 언어를 기반으로 한 컴퓨터매체들에서는 동시적으로 생산과 수용이 가능한 형태로 변화한 것이다.

이 같은 매체의 의미생산/수용방식의 차이는 현재까지 매우 다양한 리터러시 개념들을 개별 매체에 한정되게 정의하도록 요구해왔다. 리터러시의 개념은 각 언어별로, 각 매체별로, 그리고 전문기술별로 한정적이고 소극적인 개념으로 다루어졌다. 매체별로 주로 한정되어 다루어져왔던 개념들로는 영상리터러시, 컴퓨터리터러시, 네트워크리터러시로 구분된다.

그러나 더 이상 리터러시 개념들을 각 미디어들로 한정된 그리고 단순화된 협의의 개념으로 발전되도록 내버려둘 수는 없다. 계속 언급하고 있는 사실이지만, 새로운 리터러시가 등장하고 새로운 매체가 사회를 지배하는 중심이 된다고 해도 기존의 리터러시나 미디어들이 완전히 소멸되는 것은 아니다. 19세기에 발생된 그리고 이제는 낡아버린 인쇄매체를 기반으로 한 문자리터러시는 지금도 여전히 사회의 표준으로 인정받고 있지 않는가? 새롭게 등장한 언어들은 사회의 변화와 복잡성을 입증해주고 있다. 인쇄매체를 중심으로 운영되던 커뮤니케이션 체계가 TV의 등장과 함께 문자 언어 외에 영상언어라는 것을 복합적으로 사용하기 시작하였으며 컴퓨터의 등장은 즉, 디지털 언어의 등장은 역사적으로 등장한 기존의 영상, 문자, 소리 등의 모든 커뮤니케이션 0과 1이라는 부호로 통합하여 사용하고 있다. 따라서 디지털 미디어들은 기존의 공간, 언어들을 보다 실제적이고, 향상된 그리고 확장된 범위로서 사용하고 있으며, 이는 문자언어와 영상언어들을 복합적으로 사용하고 있음을 의미하고 있다. 디지털 미디어 공간 속에서 하이퍼텍스트들의 구성은 문자언어가 형성한 텍스트들의 덩어리이며, 그 속에는 영상언어들이 문자언어와 복합적으로 사용되어 있다. 그리고 월드와이드웹 등의 네트워크 공간은 종이가 지닌 2차 공간 즉, 페이지 단위를 그대로 적용10)시키고 있음을 알 수 있다.

이와 같이 리터러시의 개념은 일차적으로 모든 언어와 그에 따른 커뮤니케이션 기술들을 효율적으로 통합할 수 있는 개념으로 확장되어져야 한다. 이는 커뮤니케이션 기술의 변화의 가장 큰 맥락인 디지털 언어가 다원화되고, 개별화된 사회로서 이제까지 역사적으로 진화해온 언어들과 매체들의 속성을 복합적으로 채택하고 있기 때문이다. 특히, 정보를 중심으로 하는 미래의 정보사회에 대한 전망들은 무엇보다도 리터러시 개념이 문자리터러시와 영상리터러시를 포괄하는 그리고 디지털 언어를 기반으로 하는 컴퓨터 리터러시의 수행능력, 그리고 사회적 맥락에서 네트워크화된 사회의 생활기술로서의 네트워크 리터러시를 모두 통합시킬 수 있는 방향으로 정의되어야 할 것을 요구하고 있다. 리터러시의 속성은 문화적으로, 역사적으로 다양하게 변화가능하다.11) 따라서 새로운 리터러시 개념에 대한 정의에는 읽기, 쓰기, 듣기를 수단으로 삼는 인쇄매체와 같은 낡은 기술들에 첨부하여 새로운 커뮤니케이션 기술들과 미디어들의 발전 가능성과 이에 대한 이해를 반드시 포함하고 있어야 하는 것이다.

(3) 정보사회에서의 리터러시 개념과 목표

각 리터러시들은 각자 다른 커뮤니케이션 기술들을 소유하고 있으며, 이를 통해서 정

---

10) Roger Fidler, <Mediamorphosis;Understanding New Media>, California: Pine Force Press, 1998, 82~85 참조.
11) W. Lambert Gardiner, *op.cit.*, 1988, 375.

보를 표현하고 이해한다. 그리고 정보를 전송하고 수용한다. 항상 커뮤니케이션의 중심에는 정보가 위치하고 있었지만, 미래사회에서 정보의 영향력은 더욱 커질 것으로 보인다. 즉 산업사회에서의 정보는 사회에서 중요한 역할을 담당하고 있었다. 그러나 산업사회에서의 정보는 산업의 생산성이나 효율성을 높이기 위한 효율적인 도구로서 정보가 이용되었다. 정보사회에서의 정보는 사회의 중심이며, 동력이며, 생산의 기반이며, 주체로서의 역할을 담당하게 될 것으로 전망된다.

따라서 정보사회에서의 리터러시의 개념은 커뮤니케이션의 의도이자, 본질인 정보처리 및 수용 능력, 즉 커뮤니케이션 능력에 대한 이해에서부터 정의되어야 한다. 정보는 커뮤니케이션의 목적이며, 정보사회에서의 동력이기 때문이다. 이런 관점에서 정보사회에서의 리터러시는 단지 앞서 살펴본 리터러시 개념들이 그러했듯이 디지털 언어만을 대상으로 삼은 '디지털 리터러시'의 형태12)로 규정되어서는 안 되는 것이다. 따라서 이제까지 역사적으로 발전해온 모든 리터러시 개념들을 통합시킬 수 있는 개념이 제시되어야 한다. 미래사회는 우리에게 단지 정보를 처리 / 수용하는 수동적인 커뮤니케이션이 아니라, 적극적으로 사회의 중심에서 정보를 창조 및 생산할 수 있는 창조적이고, 역동적인 커뮤니케이션 능력을 요구하고 있는 것이다. 결국, 정보사회에서의 리터러시 개념은 어떻게 인간이 언어와 상징적인 표현 형태들을 모두 이용하는 기술을 발전시킬 수 있을 것인가를 고려한 사회의 강력한 주체로서의 인간을 완성할 수 있는 토대를 제공해 주어야 한다. 따라서 앞의 논의를 중심으로 정보사회의 리터러시는 다음의 4가지 기본 개념을 포함시키는 형태로 확대되어야 할 것이다.

첫째, 메시지에 접근할 수 있는 능력: 부호상징, 어휘들을 모두 포함하는 기술을 사용할 수 있는가와 결부되어 있다. 이 접근 기술은 ① 정보의 위치지정, 구조화, 기억과 관련된 기술, ② 정보를 찾기 위해 책을 이용하는 기술, ③ 참고문헌으로 출판, 컴퓨터, 비디오 그리고 다른 정보원을 이용하는 기술 등을 포함하고 있다. 따라서 이 접근기술은 비디오기술과 컴퓨터를 포함하는 기술도구를 이용할 수 있는 능력을 의미한다. 다시 말하면, 정보고속도로기술 즉, 협의의 정보 리터러시 혹은 네트워크 리터러시로 불린다.

둘째, 메시지를 분석하는 능력: 해독적 이해를 위한 기술을 말한다. 구체적으로 살펴보면, ① 유형이나 개념, 아이디어들을 이용하는 능력, ② 장르를 결정하는 능력, ③ 질

---

12) '디지털 리터러시(digital literacy)'는 좁게는 네트워크 리터러시의 개념으로, 넓게는 컴퓨터 리터러시와 네트워크 리터러시가 결합된 디지털 미디어에 대한 이해를 전제로 한 개념이다.

문과 결론에 개입하는 능력, ④ 작가의 목적과 관점을 알아내는 능력을 포함하고 있다. 이는 미디어가 메시지를 구성하는 사회적, 역사적, 정치적, 경제적 그리고 미학적 상황 등을 인식하여 메시지를 분석하는 것을 의미한다. 다시 말하면, 의미해석능력으로 "문자리터러시", "영상리터러시"가 부분적으로 결합된 형태이다.

셋째, 메시지를 평가하는 능력: 이것은 독자 즉, 수용자의 영역에서 메시지를 평가 및 판단하는 기술을 말한다. 여기에는 ① 메시지를 해석하기 위해서 수용자의 사전지식을 만드는 기술, ② 더 나은 결말이나 논리적 결론을 예측하는 능력, ③ 메시지 속에서 가치를 골라내는 능력, ④ 메시지를 미학적 평가로서 감상하는 능력 등을 포함하고 있다. 정보를 생산하기 위해서 사전지식을 이용하고, 정보의 가치를 골라내고, 평가하는 수용자의 적극적 생산자 혹은 탐색자로서의 역할을 부여하는 영역이다. 굳이 리터러시로 표현하자면, 미디어교육에서 텔레비전만을 대상으로 삼고 있는 영상리터러시가 아니라, 보편적인 목적을 위해서 봉사하는 "미디어리터러시"의 개념13) 속에서 이를 찾아볼 수 있다.

넷째, 메시지를 커뮤니케이션할 수 있는 능력: 전통적인 리터러시를 의미한다. 이는 메시지를 커뮤니케이션할 수 있는 능력 즉, 다양한 형태의 표현 및 이해수단을 의미하며, 협의로는 쓰기와 읽기로 한정되기도 한다. 다양하게 변화하는 미디어들 속에서 특정 미디어에 한정된 커뮤니케이션 능력을 정의하는 개념이라고 볼 수 있다. 즉 커뮤니케이션 언어 및 수단에 대한 이해를 전제로 하고 있다.

이런 4가지 토대를 중심으로 재구성된 리터러시의 개념은 각 리터러시 개념들이 모두 통합되는 "정보리터러시"로서 규정될 수 있다. "정보리터러시"는 정보화 사회를 살아가기 위해서 인간에게 요구되는 모든 가능한 커뮤니케이션 기술들을 통합시킨 개념으로 확대 규정되어야 한다. 실제로 어느 누구도 최근의 미디어 기술발달로부터 유추해서 미래에 등장한 새로운 미디어나 새로운 언어형태를 예측할 수 없다. 그러나 한 가지 분명한 사실은 미래에 등장할 새로운 매체는 기존 언어들과 리터러시 개념들을 모두 포함한 통합적인 형태로 발전해나갈 것이라는 사실이다. 이제까지의 역사적 증거들이 이를 입증해주고 있다. 결국, 정보사회에서의 리터러시는 정보사회에서 필요한 커뮤니케이션 능력이고, 이것은 정보문제를 처리할 수 있는 기술적인 수행능력, 문화적인 이해능력, 창조적인 수용자로

---

13) 미디어리터러시 온라인프로젝트에서는 미디어리터러시를 다양한 형태로 표현되는 메시지들을 접근하고, 분석하고, 평가하고 그리고 커뮤니케이션할 수 있는 능력으로 정의내리고 있다. 이 개념은 미디어리터러시를 영상미디어에 국한시킨 것이 아니라, 매체일반으로 확대 적용시켰으며, 커뮤니케이션 메시지들의 모든 표현수단들을 포함하는 개념이다.

서의 독해능력 등이 복합적으로 조화를 이루는 정보사회의 생활능력으로 정의된다. 따라서 이런 '정보리터러시'가 갖는 궁극적인 목표는 바로 문명을 이끌어나가는 사회의 주체, 커뮤니케이션의 주체인 인간의 창조성, 능동성을 개발해나가는 데 있는 것이다.

3) 미디어교육으로서의 정보 리터러시

실제로 매체발달과 연관된 리터러시의 개념이 본격적으로 대두된 것은 전 세계적으로 TV가 대중매체로서 보급되면서부터이다. TV의 등장, 즉 방송매체의 등장은 미디어를 중심으로 한 새로운 미디어세대를 등장시키는 파급효과를 낳았으며, 인간의 인식능력을 평면에서 입체로 바꾸는, 단어중심에서 사물중심으로 변화시켜 주었다. 새로운 미디어가 가져다준 이 같은 변화는 구두언어 시대 때에 일부 계층에게 독점되었던 시각기호의 사용능력을 일반 대중들에게로 가져다주기도 하였다. 궁극적으로 언어의 대중화는 언어의 사회를 상징하고 구조화시키는 힘과 '교육'이라는 사회적 제도와의 결합을 통해서 하나의 커뮤니케이션 능력으로 완성되는 것이었다.

따라서 리터러시를 사회적 및 역사적 의미로 살펴보면, 이 개념은 다양한 형태로 구성된 메시지들을 접근하고, 분석하고, 평가하고, 커뮤니케이션하는 능력이라고 정의된다. 이 정의에서 다양한 형태라는 것은 다양한 표현수단을 의미하는 것이며, 언어를 의미하는 것이기도 하다. 따라서 협의의 미디어리터러시는 전통적인 리터러시와 '언어'라는 중심요소를 통해서 같은 맥락 속에서 연구되어야 하는 문제인 것이다. 여기에 정보사회에 적합한 민주적이고, 창조적인 주체로서의 인간, 정보탐험가로서의 인간을 창조해내어야 한다는 대명제는 미디어 교육 즉, 미디어리터러시의 본질적 의미와 일치하는 부분이기도 하다. 정보사회에서의 리터러시의 핵심은 정보리터러시교육에 있다. 정보리터러시는 그 궁극적인 목적이 정보사회를 살아가는 데 필요한 역사적으로 진화해온 다양한 커뮤니케이션 기술들과 언어들을 이용하여 정보사회로의 변화에 대처 및 적응할 수 있는 창조적이고, 적극적인 탐색가로서의 인간을 창조하는 데 그 목적이 있다. 마찬가지로 미디어교육도 그 기원은 TV미디어의 등장으로 야기된 영상리터러시에 중심을 둔 협의의 미디어리터러시를 대표적인 형태로 삼고 있지만, 실제로 그 목적 및 개념은 미디어에 대한 적응력을 높임으로서, 사회에서 더욱 창조적이고 적극적인 미디어 생산자를 탄생시키는 데 있다.14) 결국 커뮤니케이션 매체기술 즉 정보기술이 사회의 중심에서 변화의 동인으로 작용하는 이 시점에서 정보사회로의 변화에 대처하고 새로운 정보기술들이 제시하는 다양한 커뮤니케이션 도구들에 대한 적응력을 높이고, 이를 통해서 기존의 수동적인 수용자로서의 인간이 아니라, 적극적인 참여자, 창조적인 생산자로서의 인간을 창조한다는 것이 미래 정보사회에서의 미디어교육의 목표인 것이다. 이런 관점에서 미디어교육과 정보리터러시 교육은 양자가 모두 기존의 교육방식 즉, 학생－교사의 관계변화를 요구하고 있다는 점도 주지해야 할 점이다.

이런 관점에서 볼 때, 미디어교육은 정보리터러시 개념과 목표, 실천형태 등에서 그 맥락을 같이하고 있음을 알 수 있다. 따라서 정보사회에서의 리터러시에 대한 개념 확장에 대한 논의는 '미디어 리터러시'에 대한 고민에서부터 시작되어야 할 것이다. 이제까지의 일방향적인 커뮤니케이션 방식에 대한 회의, 초·중등학교 교육으로만 그쳐 있는 리터러시 교육의 대상 확대, 모든 언어를 대표하는 커뮤니케이션 기술들에 대한 이해, 그리고 이를 둘러싼 즉, 인간을 둘러싼 환경에 대한 이해를 전제로 정보리터러시교육은 미디어교육 속에 편입되어야 할 것이며, 이것은 바로 미래의 핵심적인 미디어교육이 될 것으로 예측된다.

따라서 정보사회에서의 정보리터러시 교육은 전통적인 문자리터러시, 영상리터러시, 컴퓨터리터러시와 같은 매체지향적인 리터러시 개념과, 일반대중들을 대상으로 한 보편적인 생활기술로서의 네트워크리터러시를 포함시킴으로써 정보사회에서 요구되는 커뮤니케이션 기술, 정보문제처리기술, 정보에 대한 이해, 환경에 대한 이해라는 대전제를 만족시켜줄 수 있는 형태로 통합되어야 하는 것이다. 결국, 이것은 미래사회에서의 미디어교육의 개념 및 영역 확대를 요구하는 것이기도 하다.

---

14) 유네스코에서는 미디어리터러시라는 개념 대신에 미디어교육이란 다소 포괄적인 용어를 사용한 것이 바로 이런 사회변화에 대처하는 기술로서의 리터러시 개념을 적용시키기 위한 것이다. 유네스코 편, "media education", Paris; Unesco, 1984년 / 김양은 "미디어교육에 관한 연구", 중앙대학교 대학원 신문방송학과 석사학위논문, 1994년 참조.

5. 대중문화와 인터넷 선교

1) 문화에 대한 일반적인 개념

문화란 무엇인가? 문화(文化)라는 말은 동양 유교권에서 글을 알고 유교의 사서오경을 비롯한 문헌을 섭렵하여 해박한 지식과 그를 통한 수신을 이룩하여 군자가 되는 과정을 문화라고 이해하였다. 그러므로 문화인이란 많은 독서와 서예, 그리고 문장에 능한 사람을 가리킨다. 서양에서 문화(Culture)라는 말의 협의적 의미는 인간 창조성의 극치를 보여주는 예술활동에 사용되었으나, 광의적 의미는 창조주 하나님이 인간에게 부여한 창조적 활동에 적용되었다. 하나님이 부여한 자연을 갈고 닦는 모든 경작(Cultivation) 행위에 적용되어, 농경문화(Agriculture)로부터 모든 생산 활동, 즉 산업과 기업, 그리고 과학과 예술 등을 비롯하여 사회적 창조, 즉 정치, 경제, 교육, 군사 등 모든 인간공동체의 창조방식에도 포괄적으로 사용되었다.

성경은 문화의 기원은 하나님의 창조 행위로부터 비롯되었음을 찾아 볼 수 있다. 인간의 창조적 행위는 무에서 유를 창조하는 하나님의 창조와 구분되는 모조(Imitating) 또는 제조(Making)이지만, 하나님은 인간을 단순한 소비자가 아니라 하나님을 닮은 문화대리인이자 동역자로서 하나님의 '문화명령'(cultural mandate)을 순종하는 창조의 도구들로 사용한다. 그러므로 인간의 문화창조는 하나님의 창조세계에 내재된 가능성들을 개발하여 있는 그대로의 보존 상태를 목적한 것이 아니라 하나님의 영광을 위해 완성으로 나아가는 것이다. 하나님은 태초에 세계를 창조하면서 인간을 '자기 형상대로(*imago Dei*)' 창조함으로써 그에게 문화창조의 능력을 부여하고 '문화명령(Cultural mandate)'을 주셨다: "생육하고 번성하여 땅에 충만하라. 땅을 정복하라. 바다의 고기와 공중의 새와 땅에 움직이는 모든 생물을 다스리라"(창 1:28). 여기에서 문화 활동의 소명을 찾을 수 있다. 인류의 보존과 번성, 그리고 자연의 효율적 관리와 통치는 인간문화를 형성하고 발전시켰다. 그런데 문화명령은 몇 가지 필수적인 전제들을 가지고 있다.

첫째, 문화명령은 모든 인류에게 주어졌으며 하나님과의 올바른 관계가 전제된다. 인간의 범죄와 그로 인한 하나님과의 관계 단절은 문화창조의 방향성을 혼돈시켰다. '하나님의 영광'(soli Deo gloria)만을 추구하는 하나님 중심으로부터 자기 중심성(egocentricity)으로 전환되면서 개인적 혹은 이기적 문화가 범람하여 상호파괴적인 경향을 결과하였다. 이러한 무신(無神) 혹은 반신(反神)적 문화는 사실상 반문화(反文化)라고 할 수 있다. 이처럼 인간의 타락으로 인하여 문화명령의 대리인이 자신의 뜻이 문화명령의 기준이 되고 문화활동의 규범이 되기에 인간의 삶 전체가 하나님에게서 떠나는 자율성을 띠게 됨으로 인해 인간의 문화활동의 방향성은 왜곡되고 뒤틀렸다.

둘째, 문화명령은 인간과 인간과의 정상적인 관계가 전제되었다. 한 가족으로서 문화창조의 협력자라는 사랑의 관계에서 경쟁적이며 투쟁적인 상대로의 관계전략은 미움과 반목의 문화를 결과하였다. 아벨을 살해한 가인은 힘과 쾌락을 추구하는 도시문화를 건설하였다(창 4:16~24). 또한, 함의 불효는 인종차별의 문화를 유발시켰다.

셋째, 문화명령은 자연과의 올바른 관계를 전제하였다. 타락은 자연에 저주를 초래하였으며, 자연은 더 이상 하나님의 정원으로서 관리(Stewardship)의 대상이 아니라 자신의 소유권(Ownership)을 주장하고 자의적인 남용과 약육강식의 논리를 적용하는 대상이 되었다. 타락한 인간은 하나님과의 분리와 관계단절로 인해 문화적 활동과 소산물로 인해 하나님께 영광 돌리는 것은 더 이상 문화의 목적이 될 수 없었다.

넷째, 문화명령은 인간의 영혼과 육체의 올바른 관계를 전제하였다. 인간은 범죄하면서 영적 죽음의 상태에 이르고 영적 종속과 영육의 도착적 지배를 결과하였다. 이는 자연과 인간 그리고 하나님에 대한 올바른 이해와 관계를 오도하여 진정한 문화창조에 심각한 장애를 유발시켰다. 죄는 인간과 자연을 변질시키고 모든 관계를 악화시켰다.

따라서 인간은 하나님과의 관계회복만이 진정한 문화의 회복을 가능케 하는 유일한 길이며, 예수 그리스도를 통해 구속된 인간은 자신의 문화활동을 포함한 모든 활동에서 회복의 길이 열리게 되었다. 예수 그리스도를 통한 구속은 새로운 문화공동체 형성과 더불어 죄로부터 구속된 순종적 문화를 창출하여 그리스도에의 참여(*participatio Christi*)적 문화창조의 회복의 전환점이 된다. 죄의 구속을 통해 죄로부터의 구속된 인간만이 새 창조(New creation)를 할 수 있는 문화적 주체가 되기 때문이다. 나아가 구속받은 인간들은 새로운 공동체(New community)를 구성하여 하나님과의 화목을 통하여 죄로 인해 왜곡되거나 파괴된 인간관계를 치유하고, 만물의 구속(롬 8:18~25)을 실현하는 도구가 된다. 따라서 구속받은 그리스도인은 순종적 문화를 통해 세상을 향해 변혁의 책임을 하나님 나라의 확장을 이루어 나가야 한다. 그러므로 그리스도인의 삶은 창조적인 문화 변혁자로서 삶의 모든 영역에서 하나님의 창조사역을 함께 행하며 이행하는 청지기로서 그리스도와 연합된 삶이다. 따라서 창조는 인간에 대한 사랑과 은혜에 근거한 그리스도 안에서의 영원한 계획에 의하여 이루어진 것이다. 그러므로 인류를 향한 하나님의 사랑이 그 극치를 보여준 그리스도의 구속과 구원의 완성이 예정과 창조라는 문화명령의 기반과 연결되어 그리스도 안에서 통일되어야 한다.15)

(1) 기독교 문화

하나님의 문화명령과 그에 순종하는 문화창조의 당위성에 대해서는 광범위한 동의가 있지만, 우리가 건설해야 할 '기독교문화(Christian culture)'가 무엇이냐는 질문에 대한 답변은 불일치를 보이고 있다. 왜냐하면 모든 인간의 작업이 문화는 아니기 때문이다. 진정한 문화는 하나님의 창조사역의 연장으로서 하나님의 나라를 건설하는 반면, 그에 역행하는 반문화가 있다. 문화현상과 문화가치는 구별되어야 한다. 그렇다면 무엇이 그리스도인들이 추구해야 할 진정한 문화, 그리스도의 문화, 기독교 문화인가?

첫째, 기독교문화란 그리스도인들이 하나님의 명령에 순종하여 직접적으로 그리스도를 증거하는 제반 창조활동이라는 견해가 있다. 이 견해는 비기독교인은 진정한 문화를 창조할 수도 참여할 수도 없다는 배타적인 전제에 근거한다. 클라스 스킬더(Klaas Schilder)는 기독교인과 비기독교인은 공존(Sunousia)할뿐 진정으로 교제(Koinonia)할 수 없다고 주장하고 상호의 문화적 교제나 공동적 문화활동이 불가능하며, 둘 사이에는 '문화적 투쟁'이 있을 뿐이라는 반정립(Antithesis)이론을 제시하였다. 따라서 이 견해는 기독교적 주제를 명시적으로(Explicitly) 표현하는 것만을 기독교문화로 보고, 한층더 함축적으로(Implicitly) 표현하는 것은 무시하는 경향이 있다. 즉 성화나 성가, 성문학과 교회건축, 기독교 정당과 기독교 단체활동과 같은 직접적인 문화활동 만으로 기독교문화를 제한하고, 심지어 교회문화와 기독교문화를 혼동하기도 한다. 한편 실생활에서 비기독교인의 문화활동에 참여

---

15) 칼 바르트(Karl Barth)는 하나님의 일을 하는 예수그리스도의 일(요 4:34, 5:17, 36, 9:4, 17:4)에서 그리스도인의 문화활동의 모범과 패턴을 찾고 하나님의 창조사역을 본받는 우리의 문화창조사역이 곧 하나님의 일이며 주의 일이라고 그 의의를 평가하였다. 그는 인간의 문화사역이 섬김의 소명을 받은 인간으로서의 '자신을 확인하고 표현하며 증거하는' 행위이기 때문에 선택의 문제가 아니라 '하나님의 소명에 순종할 준비가 되어 있는 사람이라면 아무도 좌시하거나 무시할 수 없는 필수적인 의무'라고 강조하였다. 그러므로 우리의 문화활동은 그리스도에의 참여(participatio Christi)이며, 성령의 인도에 따라 하나님의 나라를 건설하는 작업이라고 보았다.

하여 대중음악이나 대중예술, 혹은 대중활동에 참여할 때는 스스로 죄책감에 빠지기도 하는 이원론적 문화생활을 하거나 금욕주의적 태도를 취한다.

둘째, 기독교문화란 진정한 문화를 건설하는 모든 창조활동이라는 폭넓은 견해가 있다. 이 견해는 하나님의 우주적 주권을 강조하며 하나님의 형상대로 창조된 인간이 수행하는 모든 긍정적 문화 활동은 하나님의 뜻이며, 모든 진리의 근원은 하나님이시다. 하나님의 것이 아닌 것은 거짓과 추함과 악함뿐이라고 보고, 진리와 아름다움과 선함을 반영하는 모든 문화활동을 기독교적이라고 포함시킨다. 아브라함 카이퍼(Abraham Kuyper)는 이러한 긍정적이고 포괄적인 기독교문화운동을 주장한다. 그의 이러한 견해는 기독교인과 비기독교인에게 공통적으로 주어지는 하나님의 일반은총(Common grace)이론에 근거하였다. 인간의 범죄와 타락에도 불구하고 인류를 향한 하나님의 사랑은 보편적인 은총의 대상이 된다는 이 일반은총론은 다음 일곱 가지 근거에 기인한다: ① 만물을 통치하고 보존하는 하나님의 보편적 섭리, ② 하나님의 속성적 자비와 사랑, ③ 일반계시를 통한 진리의 빛, ④ 가정을 비롯한 창조질서, ⑤ 하나님의 형상대로 창조된 인간성, ⑥ 그리스도의 대속과 그로 인한 세계의 구속, ⑦ 세상의 빛과 소금으로서의 언약공동체의 존재. 그러므로 헨리 미터(Henry Meeter)는 심지어 비기독교인에 의해 수행되었다 할지라도 "하나님이 베푸신 일반은총의 열매들이 어디서 맺히든지 하나님의 명예와 그의 나라의 발전을 위하여 그것을 감사함으로 사용하는 것(Thankful use)이 우리의 의무다"고 말하였다.

셋째, 위의 두 견해를 종합한 것이다. 헤르만 도예베르트(Herman Dooyeweerd)가 잘 지적한 대로, 일반은총은 반정립을 약화시키거나 제거하지 않으며, 사실상 일반은총은 반정립의 기초 위에서만 이해될 수 있다. 왜냐하면 일반은총은 특별은총을 전제하고 있기 때문이다. 인간은 범죄함으로써 타락하여 문화창조의 방향성, 특히 종교성과 윤리성에서 심각한 혼란을 초래하였다. 그러나 그럼에도 불구하고 아직 모든 인류에게는 "하나님을 알 만한 것"이 남아 있으며, 자연은 저주를 받았으나 아직 "창세로부터 그의 보이지 아니하는 것들, 곧 그의 영원하신 능력과 신성이 그 만드신 만물에 분명히 보여"(롬 1:18~22, 시 19:1~6) 하나님의 뜻을 알게 하며, 하나님은 인류에 대한 사랑으로 오래 참고 보존하신다. 혼란된 문화활동의 방향성은 그리스도 안에서만 회복되지만, 그리스도인도 지금은 "의인이며 동시에 죄인(*Simul iustus et peccator*)"이므로 불완전하다. 그러므로 정당한 견해는 이 두 원리 위에서 함께 문화를 이해하는 태도일 것이다.

진정한 문화는 하나님의 창조의 연속으로써 그가 창조한 인간과 자연을 관찰과 관조를 통하여 하나님의 진리를 발견하며, 그러한 발견을 창조적으로 표현하고 인간사회에 적극적으로 하나님 나라의 문화적 변혁을 시도하는 것이다. 따라서 그리스도 안에서 새로운 문화 창조의 사명과 능력과 방향성을 회복한 그리스도인들이 당연히 적극적으로 하나님의 나라를 향한 진정한 문화를 주도해야 하지만, 일반은총에 근거한 모든 인류의 긍정적 공헌과 참여도 수용해야 할 것이다.16) 현대에 우리가 처한 대중문화가 비록 심각한 내재적 문제점을 가지고 있지만, 기독교 신앙은 이 문화를 오히려 선용하고 정화하여 변혁하는 사명을 수행해야 할 것이다.

(2) 변혁의 문화관

그리스도인들에게 문화변혁과 발전을 위해 문화명령을 순종함으로써 하나님의 나라를 이룩할 의무가 있다면, 대중문화시대에 우리가 어떻게 문화적 사명을 수행할 수 있을까? 문화적 사명은 소극적으로 타인이 창조한 문화를 선택적으로 참여하는 문화비판과 적극적으로 그리스도인의 문화를 창조하여 보급하는 문화창조의 두 가지 활동으로 이루어진다. 그러면 무엇이 그리스도인의 문화이고 무엇이 반문화인가? 우리는 무엇보다 기독교 문화관에 입각하여 문화를 구별하는 능력을 배양하여야 한다.

개혁주의 문화관은 본질적인 핵심은 삶과 문화의 변혁이다. 변혁은 그리스도인이 구속된 후 시작되는 내적이며 외적인 삶의 형태이다. 이러한 삶을 반영하며 형성해 가는 그리스도인은 문화를 통해 그리스도인다운 공동체의 비전을 표현한다. 이러한 공동체의 비전을 통해 그리스도인의 문화는 세상의 문화와 다를 수 밖에 없다는 사실이 드러난다. 그러므로 세상을 향해 변혁의 책임을 지고 있는 그리스도인 공동체는 문화를 통해 하나님 나라의 확장을 이루어 가야한다. 하나님의 궁극적인 창조과정은 영광중에 오실 예수 그리스도의 오심을 향한다. 예수그리스도의 재림의 날은 영광중에 모든 만물이 변화될 그 날이다. 요한계시록에서 보여주고 있는 새 하늘과 새 땅의 회복은 현재 이 땅의 삶과 예술작품에서도 부분적으로 반영된다. 하나님은 그리스도

---

16) 문화적 상대주의나 지역문화주의는 잘못된 것이지만, 세계교회협의회는 "어떤 특정 문화도 다른 문화보다 예수 그리스도에게 더 가깝지 않다(No culture is closer to Jesus Christ than any other culture)"고 선언하였다. 그러나 기독교는 역사상 다양한 종류의 문화와 만났으나 어떤 문화도 그 문화 자체를 전적으로 부정하거나 정죄하지 않고 하나님 나라의 문화 변혁을 추구한다.

인을 부르실 때 세상의 빛과 소금으로, 세상을 변화시키는 부르심으로 부르셨다.

그러므로 그리스도인의 삶은 창조적인 예술가로서의 변화를 시도하는 삶이 되어야 한다. 특별히 삶의 모든 영역에서 하나님의 창조사역을 함께 진행하며, 문화명령을 이행해가는 청지기로써 영광 가운데 부름받은 변혁의 삶을 살아야 한다. 이 변혁의 삶은 곧 변형의 삶이며 변화의 삶이다. 예수 그리스도의 영광 가운데 모든 피조세계가 변형되어지는 것이다. 궁극적인 문화교육의 지향점이 바로 이러한 변형의 삶이며, 온전한 변화의 삶, 그리스도와의 연합된 삶이다. 그리스도인으로써 문화변혁의 삶을 살아가는 형식과 태도, 즉 문화명령의 이행에 있어서 가장 중요한 것은 그리스도의 몸된 교회인 그리스도인들 모두가 어디에서든지 예수 그리스도의 영광을 드러내는 것이다. 문화명령은 하나님의 영광을 가리게 하는 모든 불순종과 하나님의 형상을 파괴하며 무의미하게 하는 활동을 중지하고 적극적인 삶을 통한 변혁의 추구를 요구하며 영광 가운데 변화되어가는 삶을 추구하는 그리스도와의 연합된 삶을 지향한다. 성경에서 제시된 하나님의 나라는 '어린양과 사자가 뛰노는' 샬롬의 완성이며 '의와 화평과 희락의 샬롬이 구현되는 하나님의 통치가 펼쳐지는 곳이다. 그러므로 하나님 나라의 문화적 변혁을 시도할 때 샬롬은 변혁의 지향할 바이며 정의와 함께 궁극적으로 지향해야 할 문화의 지표가 된다. 구원이 전인적인 회복과 함께 그 개인의 모든 영역에서의 회복을 의미한다면 개혁주의 문화는 개개인뿐만 아니라 사회내의 모든 계층 특히 소외계층을 향해 영육간의 구원뿐 아니라 사회적인 회복, 공동체 내에서의 회복, 나아가 공동체 자체가 회복되는 데까지 나아가야 한다. 뿐만 아니라 전인적인 구원과 더불어 공동체 내에서의 구속의 삶, 샬롬의 삶을 문화적으로 구현하기 위해 문화교육은 필요하다(강용원, *op. cit.*, 307~308).

(3) 문화선택의 기준

그리스도인은 모든 문화에 대해 선택적 자세를 취해야 한다. 왜냐하면 모든 문화는 죄에 오염되어 있기 때문이다. 그리스도인들은 모든 그릇된 반문화들을 비판해야 한다. 이러한 문화비판은 문화선택에 작용되어 문화적 책임을 감당해야 한다. 다른 사람들이 생산한 문화를 '소비'하는 현대의 크리스천들은 그것이 단순한 상업적 구매활동이 아니라, 비록 소극적 문화 혹은 수동적 문화행위이지만, 분명히 문화선택과 문화참여를 통한 문화행위라고 할 수 있다. 그러면 구체적으로 그리스도인의 문화와 반문화를 구별하는 올바른 문화선택의 기준은 무엇인가?

첫째, 문화는 기본적으로 문화적 기능을 수행할 수 있는 자질과 품격을 가지고 있어야 한다. 문화적 기능이란 인간성을 건전하게 개발하여 인류의 바람직한 발전과 자연의 효율적 관리를 이룩하는 것이다. 그러나 모든 문화가 이런 목적을 효과적으로 달성하지 못한다. 오로지 문화의 목적에 대해 믿음과 사명감을 가지고 각고의 훈련과정을 거쳐 고도의 전문성을 성취한 그리스도인들에 의하여 창조된 걸작에 의해서만 문화적 기능이 수행된다. 현대의 대중문화는 인기와 판매가 모든 것을 정당화하기 때문에 문화 자체의 품격을 중시하지 않는 경향이 있다. 반대로 올바른 문화의식은 있으나 품질이 떨어지는 문화를 생산하는 경우도 있다. 문화 자체가 문화적 기능을 수행할 만한 고도의 문화적 품격을 가지고 있을 때에만 그 목적을 달성할 수 있다. 그러므로 우리는 문화를 선택함에 있어서 먼저 문화의 품질을 고려해야 한다. 그것은 그 분야의 전문가에 의해서 만들어져야 하고, 또한 전문가의 작품 중에서도 수작이어야 한다.

둘째, 문화의 목적이 인간성의 건전한 개발에 있기 때문에, 문화는 윤리적이어야 한다. 비록 현대문화는 문화와 윤리를 분리시키려 하지만, 문화가 인간을 위한 인간의 행위이므로 윤리적이어야 한다. 인간에게는 모든 행위에 있어서 해야 되는 일과 해도 되는 일과 해서는 안 되는 일이 있다. 더욱이 성도의 삶의 목적이 그리스도를 닮아가는 성화에 있기 때문에, 문화는 하나님의 거룩함과 선을 반영해야 한다. 실로 재미와 쾌락만을 추구하는 문화는 비윤리적이며 인류공동체에 파괴적 영향을 미치며, 하나님의 뜻에 역행하는 반문화를 생산한다. 이러한 문화는 절대가치를 부정하고 예술이라는 이름으로 윤리성을 거부하기도 한다. 비윤리성을 고무시키는 반사회적이며 비윤리적인 문화는 하나님의 창조를 연장 발전시키기보다는 오히려 창조질서에 도전하고 반항한다. 이러한 비윤리적 문화는 창조된 인간성을 구현하기보다 타락한 인간의 탐욕과 파괴성을 부추겨 하나님의 보존적 일반은총에 역행하여 인류를 더욱더 심각한 타락과 파멸로 이끌어 간다. 우리는 문화선택에 있어서 그 향유가 결과적으로 나와 사회의 도덕성에 해가 된다고 판단되면 아무리 재미있고 매혹적이라 할지라도 단호하게 삼가야 한다.

셋째, 그릇된 종교성을 부추기는 우상숭배와 사교적 문화는 비판되어야 한다. 오늘날 종교예술이라는 이름으로 우상숭배적 문화가 보호되지만, 진정한 문화는 하나님과의 올바른 관계에서만 가능하며, 최소한 인간이 만든 종교를 지향하거나 숭배하는 문화는 아니다. 물론 문화는 죄의 용서나 영적 구원의 문제가 아니라 모든 인류를 위한 일반은총의 영역에 해당되므로, 타종교인이나 무신론자라고 하여 좋은 문화를 창조할 수 없는 것은 아니다. 엄격히 따지자면 두 영역이 완전히 무관하지 않지만, 무신론자라 할지라도 자연에 대해 아름다운 노래를 만들거나 감동적으로 부를 수 있고, 인간성을 개발하는 데 도움이 되는 영화나 드라마를 만들 수 있다. 그러나 종교적인 주제가 명시적인 경우에 있어서 무신론을 계몽하거나, 인간을 신성화한 작품이거나, 뉴에이지종교를 증진하기 위한 목적으로 제작된 문화는 당연히 배제되어야 한다.

현대 문화는 신앙과는 달리 아무런 부담감 없이 즐기려하며, 피곤하고 무료한 현대생활에서 리모콘만 누르면 나오는 대중문화는 이미 습관화되었으며, 문화생활을 율법적으로 규제하거나 획일적으로 판단하기가 어렵다. 그러나 문화의 홍수 속에서 선택이 불가피하며, 선택을 해야 되는 일이라면 그리스도의 지성의 변혁을 위해 감정을 순화시키며 선한 의지를 강화시키는 데 도움이 되는 문화를 선별할 필요가 있다. 성령의 열매는 문화생활에서도 나타나야 하며, 특히 절제가 중요하다. 비록 현대 대중문화의 유혹은 거부하기가 너무 어렵고 시간적 제한도 기계적으로 이루어질 수 없으나, 성령께서 주신 자유는 절제를 전제로 하며 총체적인 삶의 균형이 중요하다. 그리스도인은 문화명령에 대한 책임성있는 응답적 존재로서 세상의 문화변혁에 적극적으로 참여자가 되어야 한다.

2) 대중문화에 대한 기독교적 이해

지금의 현대문화는 어떤 특성을 가지고 있는가? 가장 대표적인 성격은 "대중문화"(Mass culture)이다. 많은 사람들은 현대문화에 대해 이중적인 태도를 가지고 있다. 한편으로는 현대문화가 주는 편리함과 즐거움을 찬양하지만, 한편으로는 심각한 문제점을 느끼며 염려한다. 여기에 현대문화의 문제가 있다. 그러면, 이러한 대중문화시대에 사는 그리스도인들은 어떠한 삶을 살아야 할 것인가? 기독교는 여러 형태의 문화 속에서 존속하고 발전해 왔으므로, 현대의 대중문화도 근본적인 위협이 될 수 없다. 그러나 현대의 문화적 순종을 위하여 이 새로운 형태의 문화를 올바로 이해하고 적응하며 그리스도에게 거역하는 요소를 정화하고 순종하는 문화로 개혁해 나가는 작업이 요청된다.

(1) 대중문화의 긍정적 측면

현대의 대중문화에 대한 기독교의 평가는 크게 두 가지 입장을 나타내고 있다. 그러나 그것은 서로 상반된 입장이기보다는 대중문화의 두 측면에 대한 강조점의 차이라고 볼 수 있다. 하나는 대중문화에 대한 긍정적 견해이다. 대중이란 누구인가? 그는 대중을 '대다수의 사람들로 이루어지는 집합체'로서 '사회적 지위, 계급, 학력, 재산 등의 사회적 장벽을 초월해서 구성되는 사람들'이라는 일반적 의미로 이해한다. 이러한 긍정적 평가의 근거로 제시되는 것은 드디어 문화적으로 대중의 시대가 도래했다는 점이다. 문화가 과거에는 소수 귀족들의 전유물이었지만, 민주주의의 도래와 함께 문화도 대중이 평등하게 즐길 수 있는 형태로 변화되었다는 생각이다. 이러한 변화는 그리스도의 구속이 문화에 적용되어 일어난 현상으로서, 과거에 부르주아와 엘리트만을 위한 불평등적이며 자만한 소수문화를 극복한 보편적 은총이라고 해석한다. 인간의 타락과 죄악은 하나님께서 평등하게 창조한 인류를 지배자와 피지배자, 귀족과 천민, 그리고 부자와 가난한 자 등으로 분리하고 사회적 신분을 세습화하고 문화를 소수 지배계급의 전유물로 만들었으며, 다수의 대중은 문화적 혜택에서 소외되었다. 더욱이 힘없는 대중은 문화를 모르는 미개인 취급을 당하고, 그들이 즐기는 문화는 저급문화로 분류되어 천시되었다. 또한 침략적인 식민통치하에서 지배자의 문화는 우월하고 피지배자의 문화는 열등한 것으로 치부되었다. 현대 인류학은 이것이 얼마나 제국주의적이고 잘못된 문화관인가를 지적하였지만, 심지어 식민주의시대가 종식된 지금에도 그 여파로 형성된 서구화의 물결은 현대화라는 이름으로 계속되어 서구문화의 우월성이 실상 전 세계적으로 인정되고 있다.

또한 문화를 대중이 향유할 수 있게 만들어준 것은 정치적 민주화와 함께 일어난 과학의 발달이다. 과거에는 아름다운 음악을 듣기 위해서 먼 거리를 여행해서 비싼 입장료를 내고 음악회에 참석해야 되었으나, 과학기술의 발달은 거의 완벽한 음질을 가진 테이프나 CD를 값싸게 구입해서 아무데서나 그리고 반복적으로 편리하게 들을 수 있게 되었다. 거의 모든 가정에 보급된 텔레비전이나 라디오는 빈부귀천을 막론하고 모두가 즐길 수 있게 되었고, 전 세계에서 일어나는 것을 안방에서 편안히 볼 수 있다. 이러한 문화의 대중화는 인류에게 주신 보편적 은총에 의해서 가능하다. 고대에는 서민이 성경 한 권을 구한다는 것은 거의 불가능하였으나, 출판기술의 발달은 아무나 가까운 서점에서 읽기 좋은 성경을 값싸게 구할 수 있다. 그리고 과거에는 소수의 지배계급만이 의료 혜택을 누렸으나 이제 누구나 편리하고 진보한 진찰과 치료를 받을 수 있게 되었으며, 이런 혜택은 더욱더 확대되고 발전할 것이다. 이러한 문화의 대중화를 부정적으로 보기보다는 이러한 대중의 문화적 향유는 산업혁명과 자유시장체제라는 현대경제의 민주화와 대중화에 의해 가능하게 되었다는 점에서 대중문화의 두 측면에서 이해할 수 있다.

(2) 대중문화의 부정적 측면

한편으론 대중문화에 대한 이해는 매우 다르다. 대중이란 '대부분의 사람을 뜻하는 것이 아니라, 어떤 특정한 성격을 가진 인간군'을 가리킨다. 이 거대한 인간집단은 현대 산업사회에서 대량생산과 대중매체에 의하여 생겨난 획일화되고 규격화된 '소외된 인간군'이며, 따라서 대중문화는 '소외된 문화'라고 부정적으로 평가한다. 그리고 '기독교인 대중에 속할 수 없다'는 논리에서, 기독교인이 대중문화를 수용하거나 향유하는 것은 있을 수 없는 일이라고 주장한다. 그뿐 아니라 많은 신학자들과 문화이론가들이 대중문화에 대해 강렬한 비판을 가하고 심지어 '문화전쟁'까지 선포하고 있다. 왜 대중문화가 비기독교적이며 그리스도인이 비판적으로 대해야 하는 형태의 문화인가?

첫째, 문화의 대중화는 공동체와 자아의 상실을 유발시킨다. 문화를 모두가 함께 향유하게 되었다는 긍정적인 이면에는 부정적인 요소가 도사리고 있다. 문화는 공동체를 전제로 한다. 인간이 공동체를 형성하고 서로 교제하며 사는 삶의 방식이 그 공동체 특유의 문화를 산출한다. 독특한 언어를 사용하며 독특한 예의와 의식을 거행하며 독특한 삶을 살아가는 방식이 모든 민족과 공동체에 고유의 문화를 형성하게 만든 것이다. 고대로 갈수록 생활공동체의 규모는 작다. 산업혁명과 도시화 이전에는 인류가 서로 인격적 교제를 나누는 부족이나 민족공동체에서 그들 나름대로의 문화적 정체성을 가지고 안정되게 살고 있었다.

그러나 문화의 현대적 대중화는 문화적 공동체를 무한히 확대시켜 세계 전체에 이르도록 만들어가고 있다. 과거에는 문화적 공동체가 곧 삶의 공동체였으며, 문화는 공동체 생활의 수단이며 공감대를 이루는 표시였다. 그러나 현대의 무한 대중화는 문화의 공동체와 인격적 교제를 나누는 삶의 공동체를 분리시키고, 그 결과 인격적 공동체를 파괴하여 공동체적 교제를 증진하는 방편으로 함께 놀이를 즐기고 함께 노래하며 함께 구경하기보다 혼자서 문화를 즐긴다. 심지어 많은 사람이 함께 영화를 관람할지라도 사실은 모르는 사람들끼리 모여서 혼자서 관람한다. 이러한 대중화는 현대인으로 하여금 군중 속의 고독을 느끼게 하고 문화가 공동생활의 수단이 아니라 목적 그 자체로 종속되게 만든다. 공동체의 상실은 인격적인 자아의 상실을 결과하고 인생을 무의미하고 고독하게 만든다. 너무 대형화된 공동체에서 개인의 요구나 필요는 무시되고 군중심리가 작용함으로써 인기에 지배를 당하여 거대한 흐름 속에 자신을 내어 던진다. 실은 그것이 자기의 능동적인 결정에 의해서라기보다 사회에서 소외당하지 않기 위하여 무의식적으로 대중 안에 있으려 한다. 대중이 문화의 주체가 되는 것이 아니라 대중성의 메커니즘에 의해서 조작당한다. 문화를 조작하는 사람들조차도 대중성의 논리에 지배당한다. 문화의 대중화는 획일화와 인기에의 무조건적 종속이라는 전체주의 논리에 희생당할 위험이 있다. 정치적인 세계 제국의 출현이나 문화의 대중적 획일화는 죄에 종속된 인류에게 있어서 크나큰 위험을 안고 있다. 그리고 문화의 공동체가 끝없이 확대됨으로써 발생하는 정보와 문화의 대량화는 인간의 수용한계를 넘을 뿐 아니라 압도하여 감정과 의지는 둔화되고 인간성은 서서히 파괴된다.

둘째, 문화의 대중화는 문화의 상업화와 비인간화를 부추긴다. 대중문화는 인류의 오랜 역사에 있어서 현대라는 특정한 시대에 일어난 새로운 문화현상으로서, 현대성이 그것을 가능하게 만든 본질적 요소인 것이다. 앤소니 기든스는 「현대성과 자아정체성」에서 현대성은 산업주의와 자본주의라는 두 축으로 구성되었으며, 그 특징은 시간과 공간의 분리, 탈피, 그리고 성찰성에 있다고 분석하였다. 20세기는 산업혁명으로 인한 경제적 갈등이 야기되어 공산주의와 자본주의라는 양대 이데올로기가 대립하였으나, 80년대에 접어들면서 공산주의는 대부분 붕괴되고 자본주의의 승리로 결말을 맺고 있다. 그러나 공산주의이든 자본주의이든 둘 다 경제주의라는 시대정신이 낳은 쌍둥이였고 사상적으로는 공히 물질주의의 지배를 의미한다. 이제 문화는 상품으로 전락하고, 상품가치가 문화의 가치를 결정한다. 과거에 문화는 경제와 무관한 분야였으며, 오히려 재정적인 도움을 필요로 하였다. 그러나 현대의 대중문화는 산업의 한 분야로서, 거대한 경제규모를 가진 고도의 부가가치산업으로 각광을 받기에 이르렀다. 비디오나 카세트, CD는 끝없는 복제를 통하여 손쉽게 이익을 곱해나갈 수 있고, 텔레비전이나 컴퓨터의 대량생산과 대량보급은 곧장 시청료나 광고료, 정보료나 판매수입과 비례한다. 대중매체의 보급이 천문학적이기 때문에, 대중문화의 경제규모도 가히 상상을 초월하고 있다. 이러한 대중문화의 상업성은 자연히 대기업이나 정부의 관심을 불러일으키고, 21세기를 '문화의 세기'

라고 부르는 데는 경제적인 관심이 상당부문을 차지하고 있다. 대중문화는 오락이나 흥행뿐 아니라 의식주와 같은 인간의 기본생활에서도 현대적 패턴으로 정착되고 있다.

현대에는 정통적 신분적 질서가 파괴되고 산업을 통한 부의 축적과 자본주의적 힘의 질서로 재편됨에 따라 거대한 사회적 혼란상이 야기되었으며 급격한 신분상승을 위한 자리잡기가 경쟁적으로 그리고 계속적으로 이루어지고 있다. 이러한 사회적 경쟁은 현대사회를 매우 역동적으로 만들었지만, 한편 문화형태를 매우 위험하게 만들었다. 문화는 산업화되어 거대한 시장으로 변모하였고, 따라서 거기에 종사하는 문화인들은 부에 대한 욕망을 충족시키기 위하여 스타를 제조하고 인기라는 우상을 섬기고 있다. 텔레비전이나 영화, 음악 등 모든 현대문화는 시청률과 판매량에 모든 관심을 집중시킨다. 이런 자본주의 논리와 기회주의적 인기조작은 대중의 유익을 위해서가 아니라 자신의 경제적 치부와 신분상승을 위해 대중이 원하는 것을 조작하며 죄악성을 부추기게 되는 위험을 결과한다. 현대문화는 로고스적 합리성이나 윤리성을 배제하고 재미와 인기가 지배적인 원리로 작용한다. 현대 산업사회가 가져온 인간의 소외와 비인간화가 문화와 윤리를 분리시켜 버린 것이다. 자본주의 논리에 종속된 현대성은 예술과 윤리를 분리시키고 문화를 비윤리적 영역으로 만들어 버렸다.

셋째, 대중문화의 테크놀로지는 인간성과 인류공동체를 파괴한다. 현대문화는 과거의 문화와 연속성을 가지지만, 지난 수천 년의 인류문화와 근본적인 차이를 가지는 급진적인 문화현상을 보이고 있는 것도 사실이다. 이는 산업혁명에 의한 사회구조의 변화와 테크놀로지의 급격한 발전에 의해 급속히 형성되었으므로 기술문화(Technological culture)라고도 부른다. 고대나 중세에도 테크놀로지가 없었던 것은 아니지만, 현대의 기계문명과 기술문화는 감히 비교할 수 없는 발전을 보이고 있다. 그러한 기계와 기술의 개발은 자연히 그러한 매체를 사용한 문화의 발생을 결과하였다. 현대문화의 대표적인 예는 아마도 텔레비전이나 오디오, 비디오, 또는 컴퓨터를 통한 문화형태일 것이다. 근대문화가 인쇄혁명에 의해서 이루어졌다면, 현대문화는 고도의 테크놀로지를 사용하는 전자제품에 의해서 발생하였고 계속 발전하고 있다. 그런데 이러한 기술문화는 대량생산체계를 가지고 있어서 그러한 매체를 소유한 모든 대중이 공유하는 문화의 성격을 가지기 때문에, 현대문화를 대중매체문화라고도 부른다.

프랑스의 문화비평가 자크 엘룰(Jacques Ellul)이 '테크놀로지의 허세'에서 지적한 대로, 갑자기 우리는 기술문화 속에 들어와 있다. '우리는 모두 이 게임 안에 들어와 있다.' 기술문화는 우리의 새로운 환경과 지배체제가 되어 우리의 자연환경과 인간성과 문화를 위협하고, 그것이 해결하는 것보다 훨씬 더 많은 문제를 발생시키는데, 그중에는 전환이나 치유가 불가능한 문제들도 있다. 테크놀로지가 더 발전할수록 예상할 수 없는 더 큰 문제들이 따라올 것이다. 더욱이 그 훼손과 위험은 오로지 돈의 액수로 측정되고, 그 문제와 해결도 오로지 기술의 방식으로 분석된다. 테크놀로지는 인간이 기계를 섬기도록 비하시키고 모든 제품을 즐거워하도록 강요한다. 이는 실로 어처구니없는 일이다. 나아가, 우리가 심지어 그것을 폐기하려고 해도 그럴 수 없다는 현실은 우리를 슬프게 만든다. 그래서 엘룰은 현대의 기술문화를 무적의 악마적인 '테러리즘'이라고 불렀다(Jacques Ellul, The Technological Bluff, Grand Rapids: Eerdmans, 1990: 384−94).

또한 많은 지성인들이 기술문화가 이미 우리의 통제를 벗어났다고 심각하게 우려하고 있다. 르네 듀보(Rene Dubos)는 '테크놀로지가 이론적으로는 인간의 통제를 벗어날 수 없지만, 실제에 있어서는 본질상 독자적인 길을 걸어가고 있다'고 보았으며, 케네스 갈브레이스(Kenneth Galbraith)는 '우리가 생각과 행동에 있어서 우리를 섬기도록 창조한 기계의 종이 되어가고 있다'고 보고하였고, 마르틴 하이덱거(Martin Heidegger)는 '테크놀로지의 발전은 갈수록 빨라질 것이며 아무도 중단시키지 못할 것이다. 삶의 모든 영역에서 인간은 점점 더 테크놀로지의 힘에 의해 포위되고 목 졸리게 될 것이다'고 개탄하였다. 데이빗 호퍼(David Hopper)는 이 테크놀로지의 메커니즘이 자만과 탐욕이라는 인간의 문제와 결합하여 인류를 '지구상의 멸절(Global death)로 이끌어 가고 있다'고 경고하였다. 현대 기술문화에 대한 비관론은 단순히 테크놀로지에 대한 두려움 때문만이 아니라, 그것이 인간성의 소외와 파괴 그리고 결과적인 인류 공동체의 불행과 파멸을 결과할 수 있기 때문이다(David H. Hopper, Technology, Theology, and the Idea of Progress, Louisville: Westminster & John Knox Press, 1991: 73).

넷째, 대중문화의 세속성은 삶의 의미를 상실시킨다. 산업화는 도시화를 유발시켜 핵가족화와 대가족의 붕괴, 그리고 급기야는 가족의 약화와 이혼의 급증이라는 기본공동체의 파괴를 결과하였다. 산업화는 또한 기계화를 통하여 사람의 삶을 종속시키고 문화 적응력을 약화시켰으며, 이는 여유와 자유를 제한하여 자연과 친밀한 인간적인 삶을 불가능하게 만들었다. 자연은 파괴되고 인간의 정서는 고갈되고 마음은 조작 당한다. 진리와 지혜는 사라지고 지식과 정보만이 넘친다. 군중 속의 고독을 느끼며 현대인은 문화의 홍수 속에서도 진정한 문화를 갈급해한다. 테크놀로지의 놀라운 발전은 모든 것을 상품화하고, 그것을 즐기면서도 진정한 기쁨이나 행복을 느끼지 못한다. 인간은 테크놀로지와 기술문화로 만족하지 못하며 진정한 문화의 회복을 갈망한다. 미국의 사회학자 피터 버거(Peter Berger)는 기술문화가 필연적으로 '집을 잃어버린 느낌'(Feeling of homelessness)을 유발시키며, 이것이 현대문화의 내재적 한계라고 주장한다. 즉 현대인은 삶의 의미를 상실하고 살아간다(Peter Berger et al, The Homeless Mind: Modernization and Consciousness, New York: Vintage Books, 1973:181−200).

그러면, 현대문화는 돌이킬 수 없는 것인가? 오늘날 이 근본적인 위협을 제거하고자 여러 가지 하부문화(Sub−culture) 혹은 저항문화(Counter−culture) 운동을 전개하여 문화회복을 시도하고 있다. 지금까지 환경운동, 인권운동, 노동운동, 여성해방운동, 인종운동, 청소년문화, 여가문화, 민족문화운동 등이 일어나 현대문화에 대한 억제작용을 수행했으나, 근본적인 문화회복을 이룰 수는 없었다. 현대문화의 근본적인 문제가 문화의 세속화에 기인하고 있기 때문에 예수 그리스도의 구속을 통한 문화명령의 회복만이 문화적 가능성이다. 한스 큉의 말대로, 고도(Godot)를 기다리는 현대인은 진정한 신(God)을 발견할 때에야 문화적 방황을 끝내고 인생의 의미를 회복하게 될 것이다.

3) 문화선교의 사명

그리스도인들은 문화선택을 통해 타인이 창조한 문화에 참여함으로써 자신과 공동체의 건전한 발전을 추구한다. 비록 우리의 삶에서 대부분 타인이 만든 작품이나 제품을 사용하고 향유하지만, 우리에게는 적극적으로 문화창조의 사명이 주워져 있다. 모든 그리스도인들에게는 문화창조의 명령과 함께 '달란트' 혹은 은사가 주어져 있다. 이를 능동적으로 개발하고 활용하여 소명된 분야에서 그리스도의 문화를 창조함으로써 하나님 나라의 확장에 기여해야 한다. 이러한 문화적 소명은 예술분야뿐 아니라 삶의 모든 분야를 포함한다. 예를 들어, 공무원은 정의롭고 효율적인 행정을 통하여, 주부는 평화롭고 정결한 가정관리를 통하여, 그리고 공장직공은 정교하고 실용적인 제품을 생산함으로써 그것을 사용하는 사람들에게 도움과 기쁨을 제공할 수 있다. 특히 대중문화 분야에 종사하는 그리스도인들은 그 문제점과 중요성을 올바로 인식하고 하나님이 기뻐하시며 사람들에게 유익한 문화창조에 최선을 다해야 하며, 대중문화시대에 성령의 은사가 있는 자들이 전문적인 훈련을 통하여 적극 진출하는 것을 권한다. 모든 문화활동이 그렇듯이, 이런 기독교적 문화창조는 결코 혼자서 이룰 수 없다. 같은 달란트를 가진 믿음의 형제자매들이 같이 모여서 서로 도우려고 격려하며 아름다운 노래를 만들고, 고운 시를 쓰고, 훌륭한 소설을 지으며, 깊이 있는 영화를 만들 수 있어야 할 것이다.

기독교 신앙은 단순한 내세신앙이나 심리종교가 아니라 '삶의 원리'로써 우리 삶의 전 영역에 그리스도의 구속을 실현한다. 그러므로 복음의 수용은 우리의 삶과 일, 즉 문화창조를 변화시킨다. 이러한 변화는 개인뿐 아니라 지역과 국가에도 적용된다. 그러므로 한국인들이 예수 그리스도 안에서 새로운 삶을 얻을 때 한국의 문화도 변화되고 성화된다. 한국의 그리스도인들은 문화명령에 순종하여 우리의 전통문화에 나타난 하나님의 일반은총의 열매를 감사함으로 보존 발전시키며, 문화비판을 통하여 비윤리적이거나 우상숭배적인 요소는 그리스도인의 문화 변혁에 힘쓰며, 나아가 세계문화의 긍정적인 요소들을 개방적으로 도입하면서 우리와 함께하시는 성령의 감동과 창조능력에 힘입어 새로운 문화를 이룩해야 한다.

기독교는 세계종교로서 지역주의를 거부하지만 결코 지역문화를 정죄하지 않는 한편, 문화에 대해 개방적으로 문화교류와 그를 통한 긍정적 문화변화를 수용한다. 지역문화나 전통문화는 집단적 이기주의에 기초하고 있기 때문에 '폐쇄적 문화(closed culture)'의 성격을 가지지만, "문화의 개방은 신앙에 의해 인도 된다"(Herman Dooyeweerd, 서양문화의 뿌리, 문석호 역, 크리스챤 다이제스트, 1994: 66). 나아가 문화창조에서 과거에 창조된 기독교문화에 정죄하지 않고 오늘 지금 살아 있는 하나님의 역사하는 성령의 감동과 창조적 능력에 힘입어 항상 새로운 문화 창조를 이룩한다.

이러한 문화전도는 특히 종말론적으로 매우 중요하다. 하나님 나라와 흑암 권세와의 종말론적 투쟁이 '문화적 투쟁(Cultural struggle)'의 성격을 가지기 때문이다. 현대문화는 강력한 반문화성을 가지고 있지만, 프란시스 쉐퍼(Francis Schaeffer)의 말처럼, 이미 '절망의 선'을 넘어서 버린 현대문화의 문제는 긍정적으로 기독교의 기회일 수도 있다(Francis A. Schaeffer, 기독교 문화관, 문석호 역, 크리스챤 다이제스트, 1994: 68-70). 또한 안토니 후크마(Anthony Hoekema)가 잘 지적한 대로, 하나님의 나라에 대하여 성경이 가르치는 '아직' 그러나 '이미'의 종말론적 긴장관계가 문화영역에도 존재해야 한다(Anthony A. Hoekema, 개혁주의 종말론, 류호준 역, 기독교문서선교회, 1986: 104-107). 대중문화가 가지고 있는 긍정적인 면은 감사함으로 누리고 부정적인 면은 억제하면서, 우리 그리스도인들은 성경적인 종말론적 구도 안에서 낙관과 비관, 수용과 비판을 문화적으로도 균형 있게 겸비할 필요가 있다.

6. 테크닉(Technique) 사회의 성경교육

성경은 언어와 문화, 그리고 다양한 전통으로 번역되어 사람들이 이해할 수 있는 적절한 방법을 통해 전해져 왔다. 구텐베르그에 의해 문자문화의 시대가 자리매김하였던 시대에서 컴퓨터 매체에 의한 사이버 문화가 도래하였다. 현대인은 부드러운 종이의 촉감을 감지하면서 한 장 한 장 페이지를 넘기며 연필로 줄을 긋기도 하면서 읽던 책을 접어두고 어느새 퍼스널 컴퓨터(PC)의 화면을 마주하고 플라스틱 마우스를 클릭하는 독자로 변모하였다. 사람들은 이제는 물리적 공간만이 아니라 꿈의 세계와 정신의 세계 그리고 현실의 세계의 경계를 넘나드는 가상공간에서의 삶을 즐기게 되었다. 한편 사이버 기술은 우리의 '삶의 방식'에 현격한 차이와 함께 새로운 기술의 출현으로 기성세대와 젊은 세대가 충돌하게 되었다. 테크닉의 사회에 대한 쟈크 엘률(J. Ellul)의 '윤리적 성찰'과 가브리엘 바니안(G. Vahanian)의 '신학 방법론'을 통해 사이버 문화에서 테크닉 사회에서의 성경교육의 중요성과 방법을 남은경 박사는 다음과 같이 제시하고 있다(기독교교육논총 제11집, 남은경, 테크닉 사회에서의 성경교육, 한국기독교교육학회, 2005).

1) 테크닉 사회의 신학

인구의 증가와 거대한 인공적인 사회를 산출하면서 개인은 공동체의 보호로부터 소외되고, 그 결과 대량화에로 전락하게 되었다. 이러한 상황들은 확실히 테크닉이 비약적인 발전을 할 수 있는 요건이 되었다. 테크닉(Technique)의 사회는 인간으로 하여금 다른 모든 것들을 희생시키면서까지 '효율성'의 차원을 중시하도록 조장하였다. 인간의 다른 가능성들을 파괴하는 대가로 테크닉은 보편화되었고, 사회에 기계가 영입되는 것을 조장하였다. 엘륄은 기술적 현상을 자동성, 자동 증식, 비분활성, 보편성, 자율성의 다섯 가지 특징으로 간파한다. 테크닉은 그것을 사용하고 증진하는 인간에 비해 분명 독립적이며 자율적이다. 그는 사회적, 정치적, 경제적 변화를 야기하고 조건지울 수 있는 테크닉의 자율성의 도전에 인간이 그의 자율성을 발휘하지 못하게 될 것을 우리에게 경고한다. 스스로 발전하는 테크닉을 인간이 미처 따라잡을 수 없어 더 이상의 통제가 불가능할 수 있기 때문이다. 엘륄에게 있어 테크닉은 하나의 시스템(system)이다. 그가 말하는 시스템의 개념은 상호의존적인 테크닉들의 집합체로서의 체제이다. 이러한 시스템의 다른 요소들 간의 상호의존성은 컴퓨터 정보화의 출현과 함께 강해진다. 시스템은 부속품들의 연결에 의한 시계의 작동처럼 어떤 기계적 연관에 의해 성립되는 것이 아니라 정보들의 긴밀한 관계로 이루어지는 것이기 때문이다. 그래서 그는 컴퓨터를 여러 다른 기술들 중 하나로만 보지 않는다. 그것은 다른 모든 것들 사이를 연결할 수 있도록 하는 기술로서, 시스템을 '완료'하는 데서 본래의 정체성을 갖는다고 간주한다. 사회적 실재의 발전은 사람들이 장차 테크닉을 하나의 체계로 간주할 것을 강요하고 있다. 그런데 이 시스템은 어떤 특정한 계획이나 구상을 하지 않는다. 거기에는 오직 일종의 기계적 결과만이 있을 뿐이다. 시스템이 아무런 생각이나 의도가 배제된 채 움직인다는 것보다 더 심각한 문제는 시스템은 세계에 의미를 부여하기 위해 인간이 상징화할 수 있는 능력과 건설하는 재능을 파괴하며, 인간은 시스템의 '객체'가 되기 위해 '주체'로서의 자기의 신분을 상실하게 된다. 따라서 인간은 그 스스로 기술을 판단하고 비판할 수 있는 어떤 근거를 갖거나 준비도 할 수 없게 된다는 데 있다.

프랑스의 현대 신학자 바니안은 오늘날 교회와 기술 간의 친밀한 관계에서 오는 문제를 제기하면서, 현대사회를 변환시키고 있는 '테크닉(Technique)'을 기독교 신앙의 또 다른 실재로서 주목하고 있다. 엘륄과 같은 맥락에서 바니안도 테크닉을 더 이상 기계나 도구, 혹은 자동화 같은 식으로 언급하려 하지 않는다. 그는 그것을 인간과 세계를 바라보는 하나의 비전으로, 즉 '방법론'으로 삼는다. 현대인이 테크닉과 어떻게 조율해 가면서 하나님을 새로운 방식으로 바라볼 수 있을까? 그는 그동안 기독교인들이 '테크닉'보다는 '신화(Myth)'의 개념으로 하나님의 초월성을 이해해 왔음을 지적한다. 즉 인간은 하나님의 초월성을 인류의 실재와 그 이상향(Utopinanism)과 관계된 '종말론적' 비전보다 '구원론적' 관점에서 이해하는 실수를 범하였다는 주장이다. 그렇다면 우리가 이제 종교적 이해를 위한 하나의 틀을 '신화'에서 '기술'로 바꾸고자 할 때 문제가 되는 것은 무엇일까?

기독교는 역사를 통해 토착화와 세속화라는 이중적 과정을 거치면서 종교적 이해의 틀이 되었던 '신화'는 쇠퇴하고 '기술'의 출현을 맞이하게 되었다. 인간의 새로운 기술은 '성스러움'이나 '묵시'에 초점을 맞추지 않고 그것은 초월자의 이상적 개념에 집중한다. 구원의 개념으로 인간을 이해하려고 하는 '신화'와는 반대로, '기술'은 유토피아(Utopia)를 추구하는 성향이 있다. 그것은 기술이 그 자체로는 하나님의 존재가 당연한 것이라고 가정할 수 없기 때문이다. 기술은 따라서 인간 실재의 모든 개념, 즉 인간이 하나님의 현존이나 부재, 그의 가깝고 멀음, 그의 세상을 넘어서는 초월성과 편재성들을 시험하는 일을 피한다. 이렇게 테크닉은 초월자에 대한 신화적 개념에 종말을 고하는 것이다. 그는 종교성을 성(聖)스럽게 하는 시스템이 '신화적'이든 혹은 '기술적'이든 간에, 중요한 것은 '신앙(Faith)'이라고 보았다. 신앙은 서로 다른 것들이 부딪칠 때 불러일으켜지는 질문들을 보다 풍부하게 하기 때문이라는 주장이다.

바니안은 성육신의 종말론이 거하며, 신앙의 이상향(A utopianism of faith)이 발견되는 유토피아를 꿈꾸면서 "기술이 인간을 해방시킬 수 있을까? 이러한 유토피아적 이상이 사람(Man)을 인간(Human)으로 바꿀 수 있을까?"를 모색한다. 한편 그는 사람들이 기술의 합리성이나 인공성, 자동성, 자체 확대성, 일원론, 보편성, 자치성과 같은 죄성들로 인해 더 이상 그것을 비난해서는 안 된다고 주장한다. 오히려 인간이 이전에 축적한 기술들을 뒤흔들고 도전하는 그 방식에 대해, 기술이 합리성의 미명으로 인간의 본성을 바꾸는 것에 대해, 또한 인간으로 하여금 자유를 포기하도록 주도하고, 인간 중심적인 전통 안에 붙잡아 매어놓고 있는 모든 것들로부터 끊어놓기 위해 인간을 남용하는 것에 대해서 비판해야 함을 역설한다.

테크닉을 유토피아의 상징으로 보는 바니안은 "교회가 개혁해 가는 한 오늘날은 기술이 다시 자리잡을 수 있는 환경임에 틀림없다. 기술의 미래가 교회의 혁신을 요청할 것이다"라고 전망한다. 이상의 엘룰과 바니안의 논지들로부터 우리는 변화하는 환경에 새롭게 적응하는 가치들을 비판하고 그것을 새로운 영적인 자원으로 삼아야 할 기독교의 책임과 과제를 발견한다. 정보화의 도래는 교리의 시대의 종말을 예고하는 것일까? 자동화가 인간의 안전을 강화하고, 기술적 이상향이 초월성을 대변한다고 할 때 기독교의 전통과 신앙의 교육적 패러다임은 어떻게 변화될 것인가?

2) 사이버 문화와 성경해석

사이버 문화는 다양한 지식의 변화를 포괄적으로 구성하여 서로 그 변화를 공유할 수 있도록 통합적 지평을 제시한다. 절대적인 의미를 전달하는 의미론적 실체성의 진리 대신에 지식의 다양성 자체를 긍정적으로 수용하게 될 사이버 진리를 통해 사이버 문화는 그동안 종교가 수행했던 기능으로 대치된다. 즉 가상공간에서 접속하는 문화적 행위가 종교적 역할을 대신한다는 것이다. 사이버 진리는 정보의 새로운 상황화와 의미의 개방성 안에서 인간성을 규정한다. 그동안 인간의 자아 주체성에 대한 질문이 인간성의 근본을 규정하였다면 이제는 가상공간을 통해 그 자신만의 다양한 존재방식을 추구하는 인간이 등장한다. 개개인의 인간화의 과정은 가상공간을 통해 지금까지 주어진 모든 유산들과 앞으로 주어질 미래적 가능성에 대해 동시적으로(Ubiquitous) 현존하게 된다는 것이다. 다수의 기회, 다양한 연속성과 발생학적 집적 과정을 통한 통합적 지평이라는 '방향성'이 사이버 문화의 진리에 대한 인식 개념이라고 할 때 기독교의 진리는 어떻게 인식될 수 있는 것인가? 이 문화의 특징인 '획일적 전체성 없는 보편성'에서 발생하는 해석학적 논의점은 무엇일까?

(1) 캐논의 의미

지금의 성경(Canon)을 온라인상의 하이퍼텍스트(Hypertext)로 옮긴다고 할 때 그 특징상 독자가 새로운 저자가 될 수 있다는 점에서 그 해석의 주관성이 문제로 야기될 수 있다. 더 나아가 정경의 권위(Authority)의 문제도 대두된다. 그것은 디지털 매체의 상호작용성(Interactivity)의 결과로 정경이 변화될 수 있기 때문이다. 뮬랭(P. Mullins)은 전자매체에 의해 증진된 하이퍼텍스트로서의 성경의 본문이 정경성에 대한 위협일까 아니면 하나의 기회일까를 질문한다. 신성한 텍스트를 변화시킬 수 있는 것일까? 하이퍼텍스트 이론가인 파울러(R. Fowler)는 전자매체가 독자이면서 동시에 집필자인(Readers / writers) 사람들에게 개인과 공동체의 정책이 캐논(Canons)을 구축해 간다는 것을 상기시킨다고 주장한다. 새로운 전자적 컨텍스트에서 본문은 '하나의 목적으로 형성된 유일한 타입'이 아니라 '여러 종류의 복합물이라는 타입'으로 재인식된다. 그럼에도 불구하고 랜도우(G. Landow)와 같은 긍정론자들은 하이퍼텍스트의 확산이 역사적인 감각을 향상시킬 것이라고 본다. 다시 말해서 하이퍼텍스트는 인간의 가장 보편적인 사고방식들을 역사화할 수 있다는 주장이다.

(2) 해석학적 문제

컴퓨터 정보망을 통한 커뮤니케이션은 글쓰기의 본질을 바꾸어 놓았다. 책으로 쓰였을 때 그 메시지는 결정적인 방식으로 정해져서 컨텍스트와 상관없이 존재할 수 있었다. 그러나 사이버 공간에서 전후 맥락이 무시된(Decontextualisation) 각 메시지는 다른 메시지들과 항상 연결된다. 따라서 메시지는 접속과 주석들을 더해가면서 보다 광범위한 하나의 집합체 중의 한 요소가 된다. 각 자료는 이제 거대한 하이퍼텍스트 중 일부인 것이다. 사이버 공간의 세계는 상호 접속에 참여하면서 증식한다. "이 세계는 더 이상 '의미'로 종합하지 않고 이제는 상호작용에 의한 '접속'으로 연결한다." 이러한 기술적 장치는 글쓰기의 상태와 그 해석에 대해 가히 혁신적이라 할 수 있다. 하이퍼텍스트들 간의 연결은 저자와 독자 사이의 경계를 모호하게 만든다. 우리는 매 번의 독서가 독자 자신에 의해 다시 쓰인 것이라는 것을 염두에 둘 수 있다. 왜냐하면 독자는 그의 이정표를 결정하고 항해할 때마다 그가 원 자료의 일부를 창조하기 때문이다. 연결된 하이퍼텍스트들을 통해 아주 간단한 클릭으로 사이버 항해자는 전 세계의 텍스트들을 항해할 수 있다. 이렇게 하면서 각 자료는 그 자료가 삽입된 텍스트들의 작용에 따라 독서할 때마다 새로운 의미를 부여받게 되는 것이다.

이와 같은 맥락에서 사이버 문화에서는 개인이 어떻게 접속하느냐에 따라 성경본문의 해석이 결정된다. 사이버 공간에서 본문이란 변화하지 않는 통일성을 갖는 것으로 규정되지 않는다. 본문은 다양한 관계에 기초하여 스스로 변화할 수 있는 변화적 가능체로 이해된다. 그리하여 본문을 본문으로 규정짓는 가장 중요한 근거는 더 이상 본문이 말하였던 '내용의 동일성'이 아니라, 본문이 말하고자 하는 것을 '계속해서 말할 수 있게 만드는 연속성'인 것이다. 양 방향의 의사소통의 체제에 의해, 폭발적인 속도와 양과 함께 다양하고 동시다발적인 하이퍼 커뮤니케이션을 통해 성경본문이 단지 정보(Information)로서만 상호 교환되는 것은 아닐까? 이때 접속자인 신앙인의 해석은 어디에 위치하게 되는 것인가? 신학은 독자들의 해석의 과정을 이끌어 가는 데 얼마나 작용하는가? 여러 가지 질문들이 발생될 수 있다. 가상공간 안에서 성경의 본문은 신앙적 전제 없이도 수학적으로 처리된 정보의 단위로 나뉘어져 제공된다. 성경의 전체적 의미로부터 분리된 개별적 부분으로서의 구문은 접속된 가상공간의 컨텍스트를 통해서 새로운 의미를 나타내는 지식으로 변화될 수 있다. 이때 인간의 종교적 욕구에 따른, 인간의 주관성이 성경보다 더 중요한 위치에서 그 상징적 의미를 포괄적으로 해석하게 되는 것이다. 개인의 접속에 따라 성경본문의 의미를 변환시키는 것이 사이버 문화상의 해석방식이라고 할 때 교육자로서 우리는 하이퍼텍스트로 제공된 성경이해가 통전적인 성경이해를 방해한다고 보아야 하는가? 만일 그렇다면 가상공간을 하나님의 메시지를 찾는 현대적 도구로 활용할 수 있는 근거는 무엇일까? 초강력 커뮤니케이션의 특징을 수용하면서 성경본문 자체의 '내용적 동일성'이 '형식적 연속성'을 보장할 수 있는 해석학의 정립이 선결해야 할 기독교교육의 과제로 부각된다.

3) 하이퍼 커뮤니케이션을 활용하는 성경교육

포스트모던 시대에서 문화를 전수하고 간직하거나 혹은 변형시키는 데 컴퓨터의 중요성은 점점 커지고 있다. 그래서 뮬랭은 포스트모던 문화라는 애매한 이름보다 그것을 '컴퓨터를 매개(Computer-mediated)로 하는 문화'로 칭한다. 맥 데이드(McDaid)는 현대의 미디어를 '에코 시스템(Ecosystem)'이라는 은유로 표현한다. 그것은 디지털 미디어가 정보를 단순히 수동적으로 생산하는 것이 아니라, 인간의 경험을 재표현하는 데 있어 능동적으로 메시지를 작성하고 전달하는 역할을 한다고 보기 때문이다. 이 '미디어 에코 시스템'은 하이퍼텍스트 혹은 하이퍼미디어 문화에도 적용된다. 하이퍼텍스트는 인터넷과 '월드 와이드 웹(World Wide Web)'의 발달로 인해 폭발적으로 확장되었다. 하이퍼텍스트의 문화적 양상들에 흥미를 갖는 학자들은 그것의 기술적 측면과 인간적 측면을 연결시켜 보고자 하여 '휴먼 테크'의 가능성을 추구하고 있다. 더 나아가 하이퍼텍스트를 종교에 적용하고자 하는 시도도 일고 있다. 시대를 따라 복음을 전파하고 가르치는 양상도 바뀌어 가듯 기독교의 역사적 변천을 따라 다양한 접근의 성경교육 모델이 있었다. 오늘날 사이버 문화 환경에서 성경 읽기는 어떻게 달라지고 있는가? 본문과 독자의 관계는 어떠한가? '하이퍼 커뮤니케이션'을 활용한 성경교육의 가능성을 예견해 보자.

(1) 본문의 증식과 전자 텍스트의 유희성

하이퍼텍스트의 또 다른 특징은 본문을 증식(Proliferation)해 나간다는 점이다. 뮬랭은 근본주의의 성경해석의 방법에서나 고대비평의 해석방법 모두에서 '증식'이라는 공통분모를 찾았다. 즉 하이퍼텍스트로서의 본문은 이동하고 복사될 준비가 되어 있다. 사용하는 소프트웨어에 따라 원텍스트가 시작되는 곳의 상황을 창조하고, 그 상황을 파악하여 작성된다. 한편, 하이퍼미디어의 전자 글쓰기 환경에서 부각되는 것은 '비판적 자기의식'이다. 그것은 성경의 한 본문에서 한 저자만이 아닌 그 이상을 생각하게 한다. 거기에는 독자의 고유한 상상력과 관심사들이 나타나기에 '의미 생성'이 중요함을 인식하게 한다.

컴퓨터상에서 글을 읽고 쓰는 것은 텍스트를 펴 늘릴 수 있게 할 수 있어 인쇄문화에서와는 다른 독자와 저자의 태도의 특징들이 발견된다. 컴퓨터 앞에서 독자와 저자는 놀이를 하듯이 하이퍼텍스트를 대한다. 전자 글쓰기에 의해 형성된 문화는 구술(Oral)문화와 비슷하다. 다른 사람들이 쓴 글을 자르고 재구성하는 재활용의 활동은 서적 문화에서 출판되는 과정에서보다도 필자의 권위와 독자성을 약화시킬 수 있다. 그렇다고 해서 이 전자매체의 유희성(Playfulness)이 본문에 대한 신뢰감을 감소시키는 것은 아니다. 컴퓨터가 재미있고 쉽고 편하다고 해서 도덕적 책임성을 수반하는 '커뮤니케이션'의 기본원칙을 벗어날 수는 없는 것이기 때문이다.

(2) 하이퍼텍스트로 읽는 성경

1960년대에 테드 넬슨(T. Nelson)에 의해 명명된 하이퍼텍스트라는 이 용어는 전자적 형태의 텍스트, 새로운 정보기술과 그 생산양식을 가리킨다. 기호학자 롤랑 바르트(R. Barthes)가 어휘소(Lexia)라고 부르기도 한 텍스트의 블록들을 서로 결합시킨 전자적 연결점들로 구성된 텍스트이다. 이것은 쌍 방향의 커뮤니케이션이 가능한 디지털 화면을 통해 독자들로 하여금 선택을 하게 하는 비연속적인 글쓰기(Nonsequential writing)이다. 하이퍼텍스트는 언어적 정보와 비언어적 정보를 결합하는 정보매체이다. 언어로 표기된 문장들을 이미지와, 지도, 도표 그리고 소리와 결합시키는 하이퍼텍스트는 언어에 국한되었던 과거의 텍스트의 개념을 확장시킨다. 인터넷상에서 언어들이나 이미지는 일정한 부분을 지정하여 이 문서에서 저 문서로 쉽게 옮겨 놓을 수 있다. 하이퍼텍스트의 핵심

개념이 '탈중심'이기에 네트워킹하면서 떠돌아다니는 시간이 낭비로 보일 수 있다. 그러나 혼자서 길을 잃어버리는 경험을 겪으면서 학습자는 지도(Map)를 따라 보다 적극적인 탐험을 계속할 수 있다. 비연속적인 읽기를 가능하게 하는 하이퍼텍스트는 비선형적 혹은 다연속적으로 경험되는 새로운 텍스트를 창조해 내는 것이다. 웹상에서 주 텍스트인 성경본문을 읽어나갈 때 이해가 안 되거나 궁금한 부분을 클릭하여 그에 대한 정보로 쉽게 이동해 갈 수 있을 것이다. 필요하다면 관련 본문과 성경원문 사전이나 지도를 열어 볼 수 있다. 아날로그식의 성경연구를 위한 과정에서 주석전집, 성경사전, 신학용어집 등 여러 권의 두꺼운 책들을 늘어놓고 일일이 찾고 그것을 다시 편집해야 하는 번거로움과 시간을 단축시킬 수 있다.

(3) 커뮤니케이션의 자유

멀티미디어는 '공간'을 혁신하였다. 그것은 단지 지구의 어디에서나 '동시적' 방식으로 연결될 수 있도록 해 줄 뿐만 아니라, 그 공간에서 학습자가 학습의 '주체자'가 될 수 있는 가능성을 열어 주었다. 혼자서 공부하는 것보다도 공통 관심사 주위에서 만나는 그룹 안에서 상호 교환하는 시스템 안으로 들어감으로써 보다 풍부한 학습경험이 발생하게 되었다. 같은 관심사와 같은 관점을 공통으로 갖는 사람들 간의 '관계'에 우선권을 두는 이러한 커뮤니케이션의 방식은 여러 생각들을 섞음으로써, 그리고 다양한 실재들에 대해 개방함으로써 의견을 구축하고 공공의 토론에 기여하는 장점이 있다.

한편 사이버 공간으로 진입할 때 인간의 '자유'는 윤리의 문제, 정의의 문제를 야기할 수 있다. 오늘날 모든 사람들이 이 새로운 공간에로 들어가는 것을 당연시한다면, 그것은 사이버 공간이 인간에게 유익하리라고 여기기 때문일 것이다. 여기서 발생될 수 있는 다른 형태의 위험은 한 사회의 제도와 경제 시스템을 통과하지 않고, 세계적 사슬과 직접 커뮤니케이션할 수 있다는 가능성에서 비롯되는 문제이다. 모든 인터넷 사용자는 발신자인 동시에 수신자이다. 생각의 자유로운 순환을 조장하는 대신에, 학습자들이 사이트의 증식과 단편인 상황들을 강화하는 정보들만을 관찰할 뿐이라면 그것은 성경교육의 역효과를 초래할 것이다. 적합한 정보가 지나친 정보들에 의해 파묻힐 수 있기 때문이다. 수백만의 성경적 메시지가 하나의 구체적인 영역에 제공된다고 할 때, 학습자가 이 메시지들을 훑어보지도 않고 선별할 수 있는 가능성이 제공된다면 어떻게 될까? 만약 학습자 본인이 알지 못하는 규준에 따라 선별하는 도구에 의존한다면, 단지 몇몇 메시지들만이 적절한 장소에 나타나서 그에게 읽혀질 기회를 얻게 된다면 말이다. 이처럼 사이버 공간에서의 커뮤니케이션의 '자유'는 하나의 기회이기도 하며 동시에 위험이기도 하다. 기회란 실재들에게 열려질 수 있다는 점, 혹은 지금까지 가능했었던 것을 훨씬 넘어 파트너들과 함께 커뮤니케이션에 들어갈 수 있다는 것이라면, 위험이란 사회적 모델을 단계적이 아닌, 병렬적인 방식으로 선별된 공동체의 기초에 두라고 요구받을 수 있다는 점이다.

(4) 가상현실에서의 성경교육

하이퍼 커뮤니케이션(Hypercommunication)은 텍스트 자체에 대한 권위에가 아니라, 변환(Translation)에 권위를 부여한다. 즉 변하지 않는다고 간주되는 텍스트에 대해 그 변화의 가능성을 강조한다. 의사소통을 강화하기 위한 한 방법으로서 성경교육에 가상현실(Vitual Reality)을 통한 초커뮤니케이션을 적용할 때 보다 풍성한 학습 경험이 예측된다. 강화된 커뮤니케이션을 사용함으로써 현실감 있는 의사소통이 가능하기 때문이다. 가상매체에서 성경은 텍스트가 아닌 시각이나 청각 이미지로 번역되어 읽혀질 수 있다. 가상현실의 감각 환경에서 촉각 자극장치들을 착용하여 참여자에게 직접적인 느낌이 전달된다. 성경공부를 지도하는 가이드의 역할을 하는 에이전트(Intelligent agents)를 활용할 수 있다. 가상현실에 의해 조작된 상황은 이와 같은 다양한 방법으로 그 효율성을 살리면서 성경의 의미를 전달할 수 있을 것이다. 위의 가상현실을 활용하는 교육에서 발생되는 '가상과 현실과의 괴리감'과 같은 문제들도 해결해야 할 과제이나, 가상이 실재와 대치된다고 보지 않는 입장도 있다. 그들은 컴퓨터에서 창조되는 가상의 이미지가 실재를 보다 잘 이해하도록 해 줄 수 있다고 믿는다. 자연의 빛을 이용하여 만들어진 사진의 이미지가 실재와 이미지의 연속성을 단절하는 것과는 반대로, 가상의 이미지는 기계를 수단으로 하여 실재와 이미지 사이의 연속성을 창조할 수 있다는 것이다. 가상의 이미지들은 '의미'를 보다 구체적으로 구축하면서 학습자로 하여금 지식에 대한 정보를 보다 명철하게 접할 수 있게 한다. 이러한 신기술로 인해 교사와 학습자 사이의 교수관계도 새롭게 인식된다. 교사는 이제는 학습자보다 '더 많이, 더 잘 아는 자'가 아니다. 교사는 학습자의 창조성을 계발하도록 돕는 동반자의 관계에서 그들의 과감성과 예술적 감각을 극대화한다. 교사는 실제적 세계와 가상의 세계가 만날 수 있도록 조성하여 인간의 보이지 않는 내면성을 건드리는 교육을 추구한다. 이렇게 긍정론자들은 가상현실을 신앙교육의 새로운 기회로 삼고자 한다.

(5) 테크닉과 교회교육의 미래

테크닉의 사회는 진리의 내용과 그 이해에 관심을 갖기보다는 그 진리를 어떻게 대중화하느냐 하는, '기술'의 문제에 더 관심을 갖는다. 사이버 문화에서의 진리 개념은 본문에 대한 다양한 해석이 축적된 지식으로서, 계속적인 변화의 방향에 대한 정보를 제공해 주는 역할을 한다. 새로운 맥락에서 의미를 개방하는 가운데 인간의 존재를 이해한다. 이러한 의미에서 오늘날에는 사이버 문화가 추구하는 진리 이해와 참다운 인간의 본성이 '기독교적인 것'이 되도록 하는 성경교육이 절실한 것이다.

디지털 문화와 이 러닝(e-learning) 학습, 정보와 커뮤니케이션의 기술 활용 등의 광범위한 분야에 교육자가 접근할 때, 그는 교수-학습 테크닉을 단순히 교수 절차를 돕거나 그것을 대체하는 자원으로만 취급하는 소극적인 자세를 극복해야 한다. 교육에 기술이 접목될 때에는 우선 그것을 사용하는 유저(End-unser)의 계획과 철학적 지지가 뒷받침되어야 한다는 것이다. 인간의 발명의 산물인 이 러닝, 직접적 교수, 구조적 접근, 적합한 컴퓨터 고안이든 간에 그것은 모든 필요한 교육적 경험을 제공할 수 있는 것인가? 만약 그렇다면 교육 지도자들은 왜, 그리고 어떻게 그것들을 그렇게 할 수 있는지에 대한 개연적인 설명을 제공할 필요가 있는 것이다. 즉 이 발명의 산물들이 디자인된 교육적 경험을 어떻게 제공할 수 있는 것인지, 그리고 그 준비나 규정이 '전통적'이거나 다른 방법을 통해 제공된 학습경험들에 적합한지 혹은 보충이 되는지 등에 대해 충분히 설명하여야 한다는 것이다. 그리고 이 발명의 산물들이 제공하는 유익과 한계에 대한 '추가적 가치'에 대해서도 알려야 한다는 것이다. 이러한 원칙들은 새로운 교육적 기술을 프로그램화할 때 교회교육이 배워야 할 자세이기도 하다.

오늘의 교회교육 현장에서 디지털 교육 컨텐츠를 개발해야 한다는 요구가 드높다. 이에 부응하기 위해서는 테크닉에 대한 신학적 그리고 교육적 관점의 정립 하에 하이퍼 커뮤니케이션의 원리가 접목된 교육과정을 디자인할 필요가 있다. IT 강국인 우리나라에서 양 방향 형식으로 대화와 나눔이 가능하고, 과정 추론적이고 참여적이라는 디지털 환경의 특성에 기초한 현대교회의 교육의 변화가 기대된다.

학습자들 스스로 훌륭한 컨텐츠를 창조해 갈 수 있는 웹사이트의 구축은 성경연구의 방법과 현대의 디지털 기술과의 결합에 달려 있다고 볼 수 있다. 간단하게는 성경본문에서 하나님의 메시지를 발견하기 위한 여러 상황을 설정하고, 몇 개의 선택 가능한 링크(Lexia)를 만들어 학습자와 교사, 학습자와 학습자가 미로를 헤매면서 진리를 찾아갈 수 있도록 제공해 볼 수 있겠다. 충분히 숙고할 시간도 없이 공과 교재나 교사로부터 주어진 정답을 쉽게 얻는 방법보다는 혼자서 혹은 친구들과 협력하면서 실패와 혼란을 경험하면서 얻게 되고, 공유하게 되는 그것이 더 든든한 신앙의 기초가 될 수 있지 않을까?

한편 사이버 매체의 부정적인 효과도 고려해야 할 점이다. 넘쳐나는 멀티미디어 매체들, 그것들을 통해 유입되는 폭력이나 성적 자극 등 잘못된 가치관들이 기독교적 세계관에 거세게 도전한다. 디지털 공해라고 할 수 있는 비인간화의 가능성, 가상공간과 실제의 삶과의 불균형, 정보의 질적인 저하와 불확실성의 문제들이 아직 남아 있다. 자칫 신앙을 파괴하는 위험 요소로서, 기술 그 자체를 신화화하는 현대인의 가치관이 만연해 있기도 하다. 이렇게 현대인이 사는 테크닉의 사회는 다른 어느 때보다도 우리에게 성경을 읽는 식별력을 요청한다. 그럼에도 불구하고 '컴퓨터 미디어 커뮤니케이션'이 우리에게 보다 풍성한 감각을 지닌 문화를 제공할 수 있다고 낙관하는 뮬랭의 예견처럼 기독교교육자들이 진리와 실재에 대해 말하는 방법들을 열정적으로 추구하고 발견하고자 한다면 이 사이버 교육환경은 한국교회에서 제자리를 찾게 될 것이다.

7. 정보생태계의 위기와 기독교교육의 과제

모든 삶의 영역이 테크놀로지화되어 가고 있는 현실에서 인간이 테크놀로지와 어떠한 관련을 맺으며 살아가야 하는지가 큰 관심을 모으고 있다. 테크놀로지를 인간을 위한 도구나 시스템으로 이해하기에는 테크놀로지의 광범위하고 위협적인 영향력이 인간의 삶을 통제하고 위기감마저 갖게 한다. 특별히 급속하게 발달하는 정보 테크놀로지의 발달은 그것의 유용성에도 불구하고 많은 문제점들을 낳고 있다. 모두가 테크놀로지의 발달에 경이로워 하며, 그 경이로운 발달로 인해 생겨나는 편리성, 신속성, 정확성 등에 도취되어 인간과 테크놀로지와의 관계성과 테크놀로지의 발달로 인하여 생겨나는 많은 사회적인 문제들과 인간적인 문제들에 대해서는 관심을 기울이지 못하는 경향이 있다. 테크놀로지의 빠른 속도의 변화에 직면하여 그러한 변화의 흐름을 직시하지 않으면 인간은 테크놀로지의 노예로 전락하기 쉽다. 그러므로 테크놀로지의 시대를 어떻게 이해하고 정의해야 하며, 테크놀로지의 시대가 가져온 새로운 삶의 문제들을 어떻게 비판적으로 성찰하여야 하는지가 중요한 교육적 과제가 되고 있다. 이러한 시점에서 테크놀로지의 발달로 형성되는 새로운 사회 체계를 정보 생태계(Information ecology)로 정의하면서, 테크놀로지를 사용하는 인간의 주체성과 가치를 보다 강조하는 교육의 필요성이 요구되고 있다. 그러므로 인간이 테크놀로지를 어떠한 목적과 가치를 지니고 사용하느냐에 따라 정보 생태계가 형성, 유지되며, 정보 생태계가 직면한 위기 가운데 '기독교교육의 당면 과제가 무엇인가에 대해 백은미 교수는 다음과 같이 주장하였다(기독교교육논총, 제9집, 정보생태계의 위기와 기독교교육의 당면과제들, 한국기독교교육학회, 2003년)

1) 정보 생태계(Information Ecology)에 대한 정의

정보 테크놀로지, 화학 테크놀로지, 핵 테크놀로지, 생물학적 테크놀로지, 산업 테크놀로지, 농업 테크놀로지 등 모든 삶의 분야가 테크놀로지화되어 가고 있다. 그러나 우리는 테크놀로지의 시대를 살아가면서도 인간이 테크놀로지와 어떠한 관련을 맺으며 살아가야 하는지에 대해서는 많은 관심을 기울이지 못하고 있다. 인간과 테크놀로지의 관계를 이해하는 데는 다양한 입장들이 있다. 보니 나르디(Bonnie A. Nardi)와 비키 오데이(Vicki L. O'Day)는 학자들이 테크놀로지를 이해하는 세 가지 방식에 대해 설명하고 있다.

먼저, 테크놀로지를 도구(Technology as tool)로서 이해하는 견해다. 사람들이 테크놀로지에 대해 가지는 가장 대표적인 이해가 바로 도구일 것이다. 테크놀로지는 인간이 그들의 삶을 보다 편리하고 풍요롭게 하기 위해 고안해 낸 일상적인 삶을 위한 도구라고 생각한다. 전화기, 컴퓨터, 자동차 등과 같이 인간의 삶을 위한 도구로서 만들어진 테크놀로지를 인간은 그 사용하는 방법을 잘 습득하여 그들의 삶을 위해 적절하게 사용하면 된다는 것이다. 이러한 이해에서 테크놀로지는 인간의 삶을 위한 도구며 대상에 불과하다. 이러한 이해는 테크놀로지의 유용성, 효용성, 기술, 학습 등의 차원을 설명해 주는 데는 유용하지만, 인간이 테크놀로지를 사용하는 데 있어서의 동기와 가치, 그리고 관계성의 문제를 제대로 파악하는 데는 한계가 있다.

두 번째로는 테크놀로지를 텍스트(Technology as text)로서 이해하는 것이다. 이것은 테크놀로지는 커뮤니케이션의 한 형태로서, 사회적인 상황에 따라 재해석될 수 있는 의미의 전달자라고 이해하는 것이다. 즉 하나의 텍스트가 저자의 의도대로 읽혀지지 않고 다양한 사람들에 의해 다양하게 의미가 재해석되는 것처럼, 테크놀로지 역시 그것을 고안한 사람과 사용하는 사람들 사이에서 일어나는 메시지와 의미의 전달을 통해 다양하게 사용된다는 것이다. 물론 고안한 사람과 사용하는 사람이 직접 커뮤니케이션을 하는 경우는 극히 드물지만, 테크놀로지 자체가 바로 커뮤니케이션의 수단이 된다. 이러한 견해는 테크놀로지의 의미와 의도성을 이해하는 데는 유용하지만, 커뮤니케이션의 과정에서 일어나는 인간들의 창조성, 가치, 판단의 중요성을 충분히 설명하지는 못한다는 한계를 지닌다.

세 번째는 테크놀로지를 시스템(Technology as system)으로서 이해하는 것이다. 이러한 입장의 학자들은 테크놀로지는 가치중립적이며, 인간이 그것을 이해하고 통제할 수 있다고 주장한다. 인간이 그것을 어떻게 사용하는가에 따라 유용할 수도 위협적일 수도 있다는 것이다. 우리는 흔히 테크놀로지는 너무 복잡하고 강력한 힘을 지니고 있어서 인간이 통제하기 힘들며 오히려 테크놀로지가 그 자체의 독립성과 행동 지침을 가지고 인간의 삶을 지배하고 있다고 믿는다. 우리가 테크놀로지의 시스템을 이해하기 힘든 것은 바로 우리가 그 안에서 삶을 유지하고 있으며, 그것의 빠르고 복잡한 흐름을 정확히 파악하기 힘들기 때문이다. 그러므로 이들은 인간들이 테크놀로지의 변화가 인간의 삶에 가져올 수 있는 결과들에 대해 끊임없이 묻고 평가하여 의도하지 않은 결과들이 생겨나는 신호를 최대한 빨리 알아내어 수정할 필요가 있다고 주장한다. 이러한 견해는 인간의 가능성을 강조하고 테크놀로지의 거대한 체계에 대해서는 설명하고 있으나, 테크놀로지를 인간들이 자신의 구체적인 삶에서 어떻게 사용하여야 하는지의 지역적인 차원을 간과하고 있다고 나르디와 오데이는 비판한다.

나르디와 오데이는 이러한 세 가지 입장에 대한 고찰과 그 한계를 지적하면서, 테크놀로지의 사회를 하나의 은유적인 개념으로 "정보 생태계(Information ecology)"로 이해할 것을 제안한다. 여기서 정보 생태계란 "특정한 지역적 환경 안에서 인간(People), 테크놀로지(Technologies), 가치(Value), 그리고 실행(Practice)으로 이루어진 체계"를 의미한다. 정보 생태계의 핵심은 테크놀로지 자체가 아니라, 바로 그 테크놀로지를 사용하는 인간의 가치와 행위에 있는 것이다. 이러한 은유적 정의는 바로 테크놀로지를 사회적, 경제적, 정치적 상황에서 상호 관계적이고 복합적인 체계로서 이해함으로서 인간의 적극적이고 성찰적인 사고와 행위를 이끌어 내고자 하는 것이다. 즉 인간이 테크놀로지를 어떠한 가치를 지니고 어떻게 사용하느냐에 따라 정보 생태계가 형성, 유지된다는 것이다. 인간이 어떠한 목적과 가치를 가지고 자연 환경과 더불어 살아가는지에 따라 생태계의 운명이 좌우되는 것과 같은 논리인 것이다.

정보 생태계라는 은유적인 정의는 생물학적 생태계와의 유사성에서 정의된 것이다. 생물학적 생태계처럼 정보 생태계 역시 다양한 구성 요소를 가지며, 그 구성 요소들은 상호 관계적이며 상호의존적인 복잡한 체계로 구성되어 있다. 다양한 구성 요소들이 서로 상호의존적으로 공존할 때 건강한 자연 생태계가 유지되는 것처럼, 정보 생태계 역시 다양한 요소들이 상호보완적으로 공존할 때 건강하게 유지될 수 있다. 인간이 자연과 더불어 살아가면서 자연과의 상호 의존성의 가치를 깨닫지 못하고 자연을 도구 삼아 정복하고 파괴시킨 결과 엄청난 환경오염과 생명의 위협들에 직면하게 된 것처럼, 이제 인간들이 창조하고 만들어 낸 테크놀로지를 어떻게 효과적으로 사용할 것인가에만 관심을 갖고 그 기술 자체를 전수시키고 받기 위해 몰두한 결과 정보 생태계의 파괴라는 무서운 위험에 직면하게 된 것이다.

나르디와 오데이는 정보 생태계의 정의에 있어서 지역적 환경(Local environment)을 강조하고 있는 것은 중요한 점을 내포하고 있다. 테크놀로지의 거대한 체계와 힘은 인간의 능력을 한없이 왜소하게 만들어 버린다. 그러나 이러한 테크놀로지의 체계를 특수한 지역적 차원에서 이해하게 될 때 우리는 보다 분명한 체계와 그 안에 내포되어 있는 가치를 읽어 낼 수 있게 된다. 즉 테크놀로지는 그것의 사용에 따라 그 정체성이 달라진다. 예를 들어, 병원이라는 특수한 지역적 환경을 생각해 보자. 병원에는 의사, 간호사, 환자와 같은 사람들이 있고 수많은 테크놀로지가 사용된다. 그런데 그러한 테크놀로지의 사용을 습득한 사람들이 그것을 사용하는 데는 환자의 생명을 가장 중시하는 중요한 가치가 담겨져 있다. 병원이라는 지역적 환경 안에서 테크놀로지를 사용하는 모든 판단과 기준은 바로 이 생명의 존엄성이라는 가치에 근거하게 된다. 정보 생태계에서 지역성이 갖는 중요성은 바로 우리 자신의 지역적 환경에 대해서 우리 자신이 가장 잘 알 수 있다는 사실 때문이다. 우리가 직접 참여하고 우리가 가장 잘 알 수 있는 지역적 환경 안에서 우리는 보다 책임 있는 테크놀로지의 사용자가 될 수 있기 때문이다. 모든 테크놀로지는 인간이 어떠한 가치를 가지고 사용하느냐에 따라 그것의 의미가 달라진다. 인간들이 인간과 자연의 존엄성과 행복을 위해 테크놀로지를 사용할 때 기술 문명은 더 이상 피할 수 없는 힘으로서가 아니라, 인간이 통제하고 실행할 수 있는 대상이 될 것이다. 이제는 테크놀로지에 대한 수용이냐 거부냐의 질문이 아니라, 어떻게 이 정보 생태계에 참여하고 참된 가치들을 위해 결단하는가의 문제가 남겨진 것이다.

2) 정보 생태계의 위기들

다양하게 발달되고 있는 테크놀로지는 새로운 삶의 위기들과 문제들을 가져다주고 있으며, 새로운 교육적인 과제들을 우리에게 던져 주고 있다. 급격한 사회적인 변화에 직면하여 테크놀로지를 '피할 수 없는 진보'라고 찬양하는 사람들이 있는가 하면, 테크놀로지의 침입적인 영향이 우리의 삶을 오히려 역행시킬 것이라고 주장하는 사람들도 있다. 테크놀로지의 긍정적인 면을 부각시키든지 부정적인 면을 부각시키든지 테크놀로지의 발달의 '불가피성'을 강조하다 보면 인간의 창조적인 힘과 변혁의 가능성을 무기력하게 만든다. 그러므로 테크놀로지의 수동적인 대상으로서가 아니라, 테크놀로지를 개발하고 사용하는 주체로서의 인간 이해에 근거하여 정보 생태계가 직면한 위기들을 직시하는 것이 필요하다. 특별히 새로운 정보 테크놀로지의 개발은 많은 사람들의 삶에 새로운 가능성과 위기감을 가져오고 있다. 테크놀로지의 발달이 삶의 전 영역에 새로운 변화들을 만들어 가는 과정에서 많은 사람들이 가장 심각하게 경험하게 되는 위기들은 바로 자아 정체성의 위기와 가치의 혼란, 그리고 공동체적 삶에 대한 위기들이다.

(1) 자아 정체성의 위기

근대사회의 인간은 자신을 타인과 구분하고 자신만의 고유하고 안정된 '자아 정체성(Self-identity)'을 형성하는 것을 성장과정에서 중요한 발달과업으로 여기며 살아왔다.

그러나 이러한 고정적이고 안정된 정체성에 대한 이해는 정보 기술 사회로 접어들면서 심각하게 위협받고 있다. 자신의 이름 대신에 ID라는 것을 사용하며 살아가는 시간이 점차 길어지면서 현실 세계에서 하나의 이름으로 살아가던 것보다 훨씬 다양한 자아를 경험하게 된다. 현실 세계에서 제한받던 자신들의 생각과 경험의 가능성을 사이버 공간이라는 새로운 환경에서 무한대로 확장시킬 수 있게 되었다. 사이버 공간에서 사람들은 전혀 다른 사회적 역할을 수행하고 다양한 인간관계를 형성하면서 계속적으로 새로운 자신의 모습을 만들어 간다.

인터넷을 사용하는 대부분의 사람들은 적어도 두세 개의 ID를 가지고 살아간다. 인터넷 시대의 정체성에 대해 연구한 셰리 터클(Sherry Turkle)에 따르면, 현재의 인터넷 문화에서는 어린이부터 어른에 이르기까지 자연스럽게 다중적인 인간으로 살아가게 된다는 것이다. 온라인상에서 사람들은 새로운 인격체를 만들어 내고 그것을 나름대로 묘사하고 그를 자신의 일부분처럼 느끼며 살아간다. 특별히 채팅과 같은 상황에서는 자기 자신을 현실의 모습보다는 이상적인 모습으로 표현하는 경향이 강하다. 현실적인 자기 모습이 아니라, 자기가 원하는 모습을 만들고 미화시켜 표현하는 것이다. 이것은 단지 미화의 수준에 그치지 않고, 자신의 연령을 바꾸거나 성 역할 교환(Gender swaping)처럼 성별을 다양하게 바꾸는 것에까지 이를 수 있다. 다중 정체성의 일상적인 형성을 자연스럽게 여기는 가상 공동체들 안에서 현실적이고 단일한 자아에 대한 개념은 그 의미가 점차 위협받고 축소되고 있다.

보다 안정적이고 고정적인 현실의 정체성에 비해 유동적이고 다양한 사이버 정체성으로 인하여 사람들은 심리적인 혼란을 경험하게 된다. 단일적인 정체성을 지녔다고 믿는 각 개인이 사이버 공간에서 다양한 자아의 내면 모습을 드러내고 경험할 때, 심리적인 불안이나 혼란을 경험하거나 현실 세계와는 다른 여러 가지 일탈 행위들을 나타낼 수도 있다. 사람들에 따라 이러한 혼란을 해결하는 방식에는 차이가 나타난다. 복잡하고 다양한 정체성의 현실에 직면하여 단일한 자아를 고집하는 사람들이 있는가 하면, 다중적 인격으로 인한 다중 인격 장애(Multiple personality disorder)에 시달리게 되는 사람들도 생겨나게 된다. 이 두 가지 방식은 모두 건강한 자아 정체성을 형성하며 살아가는 데 바람직하지 못하다. 단일한 자아를 추구하는 사람은 그 단일성을 유지하기 위해 그 단일성에 적합하지 않은 모든 것들을 억압하며 살아간다. 이러한 사람은 확고하게 정의된 규칙과 역할을 강조하는 사회구조에서는 가장 잘 기능할 수 있을지 모르지만, 다양한 역할과 능력을 요구하는 현대 사회에서는 적응하기 힘들게 된다. 다중 인격 장애에 시달리는 사람은 자아의 다양한 면들이 가상적 인격들 안으로 응고되어 버려 계속적인 심리적 분리 현상이 일어나는 것이다. 이러한 다중 인격 장애에 시달리는 사람은 다중적 인격을 소유한 것이 문제가 아니라, 다중 인격들 사이의 분리 현상 때문에 일어나는 혼란과 일탈적 행위들이 문제가 되는 것이다. 복잡하고 다양한 정체성을 경험하게 되는 현대인들은 어떠한 방식으로든 안정적이고 건강한 자아 정체성을 형성하고자 노력하지만, 그것이 쉽게 이루어지지 않는 문제로 인하여 정체성의 위기를 경험하게 된다.

이러한 다중적이고 유동적인 정체성의 경험은 데이터를 통해 형성되는 자신의 이미지와도 밀접하게 연결된다. 테크놀로지의 발달로 사람들은 자기 자신의 자아 개념이나 타인에 대한 인식에 있어서 많은 부분을 데이터에 의존한다. 이를 "데이터 이미지(Data-image)"라고 부른다. 개인에 대한 데이터는 삶의 많은 영역에서 모아진다. 개인이 사는 곳, 타는 차 등 물리적인 것부터 소비 형태, 행동반경, 관심 분야, 친구, 모임 등에 따라 개인의 데이터가 형성된다. 이러한 데이터는 보통 자신에 의해 주어지는 경우가 많은데, 흔히 우리가 상품을 구입할 때 쉽게 응하게 된다. 결국 일상의 생활을 반복하면서 우리는 계속적으로 자신에 관한 데이터들을 축적해 나가게 된다. 문제는 사람들이 자신의 데이터 이미지를 보다 잘 만들기 위해 계획적으로 거짓 데이터 이미지를 만들기도 한다는 사실이다. 계속적이고 의도적으로 거짓 데이터 이미지를 만들어 가게 되면 결국 그 데이터 이미지와 자신을 혼동하거나, 거짓 데이터 이미지를 근거로 하여 여러 가지 일탈적인 행위들을 하게 되는 경우가 생겨난다. 이 데이터 이미지의 확산은 공간상의 거리나 익명성을 이용하여 비인격화를 조장하고 촉진시키는 경우가 많으며, 데이터 이미지들을 자신의 정체성 안에서 통합적으로 형성시키지 못하고 정체성의 혼란을 경험하는 경우도 많이 일어나고 있다.

현실 세계에서 안정되고 단일한 정체성을 추구하며 살아오던 사람들이 새로운 사이버 공간에서 무한하게 확장된 자아의 모습을 경험하고, 자신의 내면에 감추어져 있던 다양한 모습을 발견하는 일은 정체성의 혼란과 위기로 이어질 수 있다. 이러한 혼란과 위기를 적극적으로 자아 성장을 위한 기회로 삼는 사람은 건강하고 유연한 자아 정체성을 가지고 살아갈 수 있지만, 그것에 실패할 경우 다중 정체성으로 인한 정신적인 장애나 여러 가지 사회적인 일탈 행위들로 이어질 수 있는 위험성을 안고 있는 것이다.

(2) 자아 가치의 위기

다양한 테크놀로지를 사용하는 현 사회만큼 지적인 발달과 도덕적 발달 사이의 간격이 심각하게 벌어진 적이 없었다는 우려가 나올 만큼 정보 테크놀로지의 급격한 발달과 인간들의 윤리적인 사고와 행위 사이에는 점차 큰 간격이 벌어지고 있다. 컴퓨터, 하이퍼미디어, 멀티미디어, CD-ROMs, 텔레커뮤니케이션 등 정보 테크놀로지가 가져다 준 엄청난 효과와 생산성에 도취되어 중요한 가치들이 쉽게 경시되고 비윤리적인 행동들이 공공연하게 일어나고 있다. 소프트웨어의 소유권에서부터 타인의 개인적인 파일 사용, 온라인상의 폭력적인 행위들, 정보의 파손 등 헤아릴 수 없을 정도의 비윤리적인 행위들에 대해 우리는 점점 무감각해져 가고 윤리 의식도 점차 상실해 가고 있다.

이러한 비윤리적인 행동들이 일어나게 되는 데는 사이버 공간에서 특수하게 형성되는 인간의 심리가 사이버 공간에서만이 아니라 현실 공간에서도 광범위하게 영향을 미치고 결국 사회 전반에 걸쳐 가치의 위기를 가져오게 되는 것이다. 사이버 공간에서의 행위들은 현실 공간과는 다른 심리적 상태에서 일어나고, 폭력적인 행동들도 현실의 범죄가 아니라 사이버 공간에서 벌어지는 소설적 양식의 사회적 일탈 행동이므로 사이버 공간에서 일어나는 행동 표현에 대해 현실과 동일한 방식으로 판단할 수 없다는 견해도 있다. 그러나 사이버 공간에서 가상적 경험을 하는 주체 역시 인간이기 때문에 폭력적인 행위로 인하여 느끼는 고통은 현실 세계에서와 동일한 경우가 많다. 예를 들어, 사이버 공간에서 성희롱이나 성폭력 행동으로 피해를 입은 여성들은 그것이 육체에 직접 가해진 행위는 아닐지라도 현실에서 일어난 성폭력에 상응하는 정신적 피해를 입는 것으로 나타난다. 잔인하고 폭력적인 게임에 빠져 있던 청소년들이 실제로 폭력적인 행위들이나 총기 난사 사건을 벌이는 예도 많다. 그러므로 이러한 폭력들이 단지 현실보다 과장된 행동과 자기표현이 일어나는 사이버 공간의 특수성이라고 하기에는 많은 위험성을 안고 있다. 특별한 물리적인 제재나 법적 통제가 상대적으로 적은 사이버 공간에서 경험한 탈억제 행위들, 자기노출 심리, 관음적 행위들, 폭력적인 언어 행위들은 개인의 윤리 의식과 가치 체계에 상당히 부정적으로 영향을 미친다.

정보 생태계의 여러 가지 일탈적이고 폭력적인 행위들 외에도, 일반적으로 많은 사람들이 일상의 삶에서 명확하게 인식하지 못하고 자연스럽게 여기는 문제들이 더 심각한 가치의 위기를 초래하고 있다. 그것은 바로 사생활과 소유권의 침해, 정보의 공유성과 정확성의 문제 등이다. 정보 생태계에서 개개인의 인간은 자유와 권리와 책임을 지닌 하나의 존엄한 인격체로 존재하기보다는 하나의 정보, Databases, 숫자로서 존재하게 되는 경우가 흔하다. 사생활의 권리는 개개인의 인간들에게 가장 기본적인 권리임에도 불구하고, 개인의 사생활이 거침없이 침해당하는 것이 바로 이 정보 생태계다. 컴퓨터는 저장, 처리, 모니터링 등의 기술을 통해 다른 사람의 사생활에 대한 침해를 보다 쉽게 만들고 있다. 정보 생태계에서의 프라이버시나 사적 소유권은 단지 신체적, 공간적인 의미만을 지니지 않는다. 그것은 개인의 사고와 행위들에 대한 보호까지를 의미한다. 그러나 정보 중심의 사회에서는 개인의 인격과 존엄성이 하나의 정보라는 이름으로 가치가 전락되는 경우가 흔하다. 자신이 인식하지 못하는 가운데 자신에 관한 기록들이 하나의 통계 치수로 사용되거나, 자신의 행동이나 사고가 관찰되는 경우도 흔하며 이러한 개인적인 정보들은 우리의 삶을 통제하는 거대한 힘으로 작용할 수도 있다. 개인의 사적인 e-mail이 해킹당하는 일이 있는가 하면, 개인의 사적인 정보나 개인의 학문적인 연구가 무단으로 복제되는 경우도 허다하다. 웹 기반 전자 출판물들이 증가하면서 저작권 침해와 표절의 문제가 새로운 상황에 직면하고 있다. 그렇다고 정보 테크놀로지의 발달과 사용을 억제하거나 금할 수도 없다. 그러므로 인간의 자유와 창조성, 테크놀로지의 발달을 가로막지 않으면서, 개인의 사생활과 소유권을 어떻게 보호하고 보장받을 수 있는가가 정보사회의 심각한 윤리적 딜레마다.

정보 테크놀로지의 공유성과 정확성의 문제 역시 심각한 위기감을 갖게 한다. 테크놀로지의 발달은 정보의 개방성과 공유로 인하여 보다 평등하고 자유로운 사회로의 이행을 가능하게 할 것이라는 기대가 있었다. 그러나 지식과 정보를 얻을 수 있는 가능성에 누가 보다 쉽고 빠르게 접근하고 통제할 수 있는가 하는 것이 힘의 원천이 되는 정보화 사회에서 가난한 자와 부자, 후진국과 선진국의 격차는 보다 심화될 가능성이 높다는 연구 결과들이 나오고 있다. 컴퓨터가 정치적, 경제적 힘의 중앙화를 분산시키리라는 기대는 오히려 현재의 힘의 질서와 정치적, 경제적 중앙화를 더 효과적으로 강화시키고 있다는 염려들로 바뀌고 있다. 또한 정보를 자유롭게 제공하고 공유하는 정보 생태계의 자유한 생리로 인하여 부정확한 학문적인 정보들과 불확실한 개인에 대한 정보들, 사건들이 쏟아져 나오고 있으며, 이러한 부정확한 정보들에 대한 문제의식이나 책임 의식이 희박하다는 것도 심각한 문제들로 대두되고 있다.

이 외에도 수많은 윤리적인 문제들이 정보 생태계 안에서의 우리들의 삶을 위협하고 도덕적 딜레마에 빠지게 한다. 책임감과 신뢰성의 결핍, 자신의 창조성보다는 다른 사람의 아이디어를 모방하려는 경향, 다른 사람과 커뮤니케이션하거나 공유하는 데 미숙한 사람들이 정보 생태계를 파괴시키고 있다. 또한 익명성이 보장되는 사이버 공간에서 일어나는 여러 가지 일탈적인 행위들은 법적 제재와 단속을 필요로 할 만큼 심각한 상황에 이르렀다. 익명성의 보장으로 인하여 사람들은 행동의 규제를 덜 느끼게 되고 사회적인 틀이나 제한에서 해방된 것 같은 착각을 하게 된다. 그로 인하여 여러 가지 언어 폭력들과 성적인 표현들이 난무하게 되는 것이다. 인간의 권리, 정의, 평등, 자유 등의 윤리적인 가치들이 새로운 정보 생태계에서 어떻게 정의되고 받아들여져야 하는지가 심각한 과제로 우리에게 던져지고 있다. 이러한 가치들과 관련된 윤리적인 딜레마들이 시간과 공간의 개념이 보다 복잡해지고 다양해진 정보 생태계에서 어떻게 이해되고 추구되어야 하는지를 판단하는 것은 쉬운 일이 아니기 때문에 가치의 혼란은 더 가중되어 가고 있다.

(3) 공동체의 위기

정보 테크놀로지의 발달은 인간에게 새로운 유형의 공동체들을 경험하게 하고 있다. 현실 세계에서 얼굴과 얼굴을 맞대고 이루어지던 공동체의 형성과 유지는 이제 사이버 공간이라는 새로운 삶의 공간에서 가상 공동체의 이름으로 만들어지는 다양한 공동체들에게 자리를 조금씩 내어 주고 있다. 시간과 공간의 제약을 받지 않고, 보다 평등하고 개방적인 공동체의 형성이 가능하고, 자신의 의사에 따라 언제나 가입과 탈퇴가 자유로운 사이버 공동체는 이상적인 공동체의 모습처럼 여겨질 수도 있다. 사람들이 컴퓨터에 익숙해질수록, 컴퓨터에 머무는 시간이 길어질수록 현실 세계에서 타인들과의 접촉이 줄어들고 공동체적인 참여와 나눔 등의 기회가 점차 줄어들게 된다. 채팅을 통해 나누는 대화를 자신의 배우자와 나누는 시간보다 더 의미 있게 여기는 부부들이 증가하고 있고, 사이버 커뮤니티에서 만나는 친구들과 더 깊은 대화를 나누는 젊은이들이 증가하고 있다. 이러한 현상을 단지 우려하는 것보다는 이러한 다양한 공동체의 출현의 성격과 그로 인하여 인간들의 공동체적 삶에 일어나고 있는 변화들과 위기들을 인식하는 것이 중요하다.

정보 테크놀로지의 발달은 다양한 공동체의 가능성을 열어 주고 있다. 사이버 공간에서 이루어지던 공동체적 활동이 현실 공간의 공동체로 확대되는 경우도 있고, 현실 공간의 공동체가 사이버 공간에서 새로운 형태의 공동체로 다시 살아나는 경우도 있다. 인터넷을 통해 형성되는 수많은 동호회들과 커뮤니티들은 특정한 주제나 관심을 중심으로 자신을 구체적으로 표현하고 또한 자신과 동일한 관심과 생각을 가진 사람들과 일체감과 소속감을 갖기 위해 형성된다. 그러므로 사이버 공동체의 기본은 참여의 자유를 보장함으로써 시작되고, 공동체의 발전 방향도 혼란 속에서 질서를 찾아가는 방식이다. 전제군주에 의한 질서가 아니라 개개의 참여자가 각기 만드는 공동체의 질서가 있으며, 혼돈세계의 자기 조직적 변화를 통해 질서는 창발적으로 나타난다. 이렇게 자발적이고 주체적으로 형성되어 가는 가상 공동체들은 단지 현실 공동체를 모방하는 데 그치지 않고, 실제적으로 현실 공동체를 대치하거나 현실 공동체로 확대되고 있다.

이러한 가상 공동체의 성격을 하워드 레인골드(Howard Rheingold)는 “사람들이 사이버 공간에서 인격적인 관계성의 연결망을 형성하기 위하여 충분한 인간적인 감정을 지니고 충분한 시간 동안 공적인 대화를 형성해 갈 때 네트로부터 형성되는 사회적인 집합체”19)라고 정의한다. 그러나 사실상 많은 가상 공동체들이 이러한 지속적이고 책임 있는 공동체를 형성하고 유지하고 있는 것은 아니다. 먼저 “충분한 인간적 감정(Sufficient human feeling)”을 지닌 공동체를 형성하기 위해서는 지속적인 감정의 교류와 감정이입이 가능한 관계를 유지하는 것이 필요하다. 그러나 대부분의 사이버 공동체는 언제든지 가입하고 탈퇴할 수 있는 아주 간단하고 자유로운 형태를 띠는 경우가 많다. 한 번의 클릭으로 소속되고 한 번의 클릭으로 탈퇴하는 공동체에 우리는 하루에도 여러 번, 여러 곳에 가입하고 탈퇴하는 것이 가능하다. 이러한 일회적이고 충동적인 관계성에 대한 경험은 사이버 공동체에서의 관계성 이해로 끝나는 것이 아니라, 현실에서의 인간관계와 공동체 형성에도 영향을 미치게 된다.

“충분한 시간 동안의 공적인 대화”를 통해 형성되는 공동체란 지속적인 공동체 구성원들 사이의 커뮤니케이션을 통해 형성되는 공동체를 의미한다. 사이버 공동체에서 공동체 구성원들은 현실 세계의 공동체 안에서 못지않게 자유롭게 자신의 생각이나 느낌을 표현하고, 공동의 관심을 갖는 사람들끼리의 활발한 교류를 나누기도 한다. 그러나 익명성이 보장되는 공간에서 사람들은 자유로운 의사 표현이라는 자신의 권리만을 주장하게 되고, 건강한 공동체의 유지라는 책임감은 쉽게 망각하게 된다. 그러므로 사이버 공동체에서 이루어지는 커뮤니케이션에 있어서 도덕성, 신뢰, 존중, 책임감 등은 계속

문제시되고, 이러한 문제들은 현실 공동체에서의 커뮤니케이션의 방식에도 부정적인 영향을 미치게 된다.

사이버 공동체는 대부분의 경우 공통적인 관심과 생각을 가진 사람들이 공동체에 참여함으로써 이루어지며, 현실 세계에서 제약을 받는 여러 가지 점들을 초월하여 자신을 보다 적극적으로 표현하고 공감대를 형성해 나간다. 이러한 공동체들은 공동의 관심사를 지니고 있는 특성상 즉각적이고 직접적으로 공론을 형성하고 집단적 자기표현을 통해 가상적인 동질성을 느낀다. 그런데 현실 세계의 공동체나 사이버 공동체나 모두 공동체의 강한 집단 정체성은 다른 공동체나 개인에 대한 배타적인 감정이나 차별로 이어지는 경우가 많다. 오히려 현실 공간보다 더 빠르게 형성된 사이버 공동체의 집단성은 현실과는 비교할 수 없을 정도의 강한 배타적인 행동과 압력을 유발할 수도 있다. 그로 인해 다른 공동체에 대한 집단적인 공격적 행동들, 인종차별적이고 성차별적인 언어와 행위들이 공공연하게 일어나게 되는 것이다. 사이버 공간에서 형성된 적대적인 감정들은 현실 세계에서의 적대적인 감정들과 폭력적인 행위들로 표현되는 경우도 많다. 공동의 관심을 기반으로 형성된 공동체가 공동체적 가치와 규범을 가지고 책임 있는 구성원들에 의해 유지되는 것이 필요하지만 그것이 쉽게 이루어지지 않고 있다. 일시적이고 감정적이고 무책임한 구성원들의 태도와 관계 형성은 사이버 공동체의 유지에 심각한 위기를 초래하고, 이러한 관계성과 공동체의 경험은 현실 세계의 인간관계와 공동체의 형성에도 부정적으로 영향을 미치고 있다.

이상에서 언급한 세 가지의 대표적인 위기들은 개별적인 것들이 아니라, 서로 밀접한 관계를 맺으며 정보 생태계를 위협하고 있다. 다양한 정체성의 탐색과 추구가 다양한 가상 공동체를 통해 표현되는 과정 속에서 현실 세계와는 다른 정체성의 혼란과 가치의 혼란을 경험하게 되고 새로운 정체성 이해, 윤리 의식, 그리고 공동체 의식을 요청하게 되는 것이다.

3) 정보 생태계를 위한 기독교교육의 과제

인류가 심각한 생태계의 파괴에 직면하여 인간의 삶 자체가 위협을 받게 되자, 신학계에서 자성의 목소리가 높아져 갔고, 그 결과 생태신학이 등장하게 되었다. 생태신학은 이전의 신학적 이해에 일대 전환을 가져왔고, 자연과 인간의 삶을 치유하고 회복하기 위한 대안적인 신학적 이해와 교육적인 과제들을 제시하였다. 이제 인류가 새롭게 직면한 정보 생태계의 위기에 직면하여 기독교교육은 이러한 위기를 극복하고 보다 성숙하고 건강한 정보 생태계를 만들어 가기 위한 교육적 과제들을 제시하는 것이 필요하다.

(1) 다중성(Multiplicity)과 유연성(Flexibility)을 지닌 자아 정체성 형성을 위한 교육

정보 테크놀로지의 발달과 더불어 사람들은 자아 정체성, 시간과 공간의 의미, 개인적인 것과 공동체적인 것, 현실적인 것과 가상적인 것 사이의 경계가 모두 모호해지고 불확실해지고 있음을 경험하고 있다. 이러한 모호하고 불확실한 시대에 인간의 성숙한 자아에 대한 이해는 새로운 모습으로 추구된다. 새로운 테크놀로지, 새로운 환경, 새로운 직업, 새로운 성 역할에 얼마나 유연하게 적응하고 변화하는가가 정신 건강에 주된 작용을 하게 되면서, 정신 건강에 있어서 안정성(Stability)보다는 유동성(Fluidity)과 유연성(Flexibility)이 더 중요하게 작용하기 시작하였다. 또한 다양한 문화에 쉽게 노출되는 시대에 살아가면서 사람들은 자신의 신념과 태도를 상대화시켜 성찰하고 끊임없이 새로운 질문들과 도전에 대하여 변화될 준비가 필요하게 되었다.

사회심리학자 케네스 거진(Keneth Gergen)은 이러한 변화된 시대의 자아개념을 '침투적 자아(Saturated self)'라고 정의한다. 인류의 다양한 목소리들이 서로 스며듦으로써 다양한 신념, 이미지, 언어들을 받아들이고, 결국 모든 사람들은 타인이 자신의 부분이 되고 자신이 타인의 부분이 되는 삶을 살고 있다. 사회적 침투 현상이 사람들로 하여금 자신과 모순되거나 관계없었던 자아의 부분들을 다중성의 이름으로 받아들이게 한다. 인간들의 관계성이 지구촌으로 확대되고, 자신의 문화가 상대화되는 시대에 사람들은 끊임없이 자아를 새롭게 구성하고 재구성하며 살아가게 된다. 인간의 자아 정체성이 고정된 것이 아니라, 다양성 속에 노출됨으로써 끊임없이 새롭게 변화되고 타인과 상호적으로 영향을 주고받게 되는 것이다. 이러한 자아인식은 사람들을 심리적으로 불안하게 하고 고통스럽게 할 수도 있다. 그러나 이것은 새로운 자아 발견과 가능성으로의 열림을 뜻할 수도 있다. 더 넓은 관계성 안에서 자아로서 살아가기 위해 독립적이고 고정화된 자아 개념으로부터 해방되어 보다 유연하고 다중적인 자아를 형성해 나가야 한다.

이러한 맥락에서 인간 개인의 정체성은 이제 다중 정체성(Multi-identity)이라는 새로운 개

넘으로 정의되고 있다. 다중 정체성 이해에 있어서 중요한 것은 본래 자아의 본질은 단일적이지 않으며, 다중적인 자아의 상태는 부동적이고 고정된 실재들이 아니라는 점이다. 자아의 다양한 실재들은 서로간의 끊임없는 커뮤니케이션을 통해 그들 자신을 변화시킨다. 자아의 다양한 면들 사이에서 끊임없는 커뮤니케이션이 일어나는 것이 바로 유연한 자아다. 자아의 다양한 면들 사이에 열려 있는 커뮤니케이션은 내 안의 다양성과 타자 안의 다양성들에 대해 존중하는 태도를 고양시킨다. 사람들은 자신의 내적 다양성을 인식함으로써 동시에 자신의 한계들을 인식하여, 자신이 자신에 대해 그리고 세계에 대해 완전하게 알지도, 알 수도 없음을 깨닫게 된다. 자아의 한계와 유연성을 인식할수록 사람들은 다양성에 대해 보다 더 열려 있는 시각을 가질 수 있게 되는 것이다.

이러한 다중적이고 유연한 자아 정체성에 있어서 중요한 과제는 다중적인 자아가 어떻게 동시에 일관성을 유지하며 도덕적으로 살아갈 수 있을까 하는 것이다. 로버트 리프튼(Robert Jay Lifton)은 다중적인 인격에 있어서 가장 위험한 것은 도덕성의 결여와 일관성을 상실한 유동성임을 지적한다. 리프튼은 도덕성과 일관성을 결여한 무책임하고 비도덕적인 인격은 다중적인 자아가 아니라, '분열된 자아(Fragmented self)'라고 말한다. 다중적 인격은 도덕성과 일관성을 유지하는 자아이며, 그러한 의미에서 그는 건강한 자아의 가능성으로 '프로티언 자아(Protean self)'를 제안한다. 프로티언 자아란 그리스 신화의 프로테우스 신처럼 유동적으로 변하지만, 일관성 있는 토대를 형성하고 있고 도덕성을 유지할 수 있는 자아이다. 다중적이지만 통합된 정체성을 유지하며 도덕성을 지닌 인격을 의미하는 것이다. 즉 건강하고 성숙한 자아란 하나의 단일한 자아가 아니라 다중적인 자아의 면들을 지니고 있으나, 그 자아들이 보다 통합적이고 유연하게 일관성을 유지하며 도덕적으로 살아가는 것을 의미한다.

다중성과 유연성, 개방성을 요구하는 정보화 시대에 기독교교육은 그 공동체의 구성원들이 다중 인격 장애나 경직된 자아 정체성을 지니고 어려움을 겪지 않도록 새로운 자아 정체성 이해에 근거하여 공동체의 구성원들이 다중적이고 유연하면서도 일관성과 도덕성을 지닌 자아 정체성을 형성할 수 있도록 다각적인 노력을 기울여야 할 것이다. 일반적으로 한국 사회에서는 다중적 인격과 유연한 인간이라는 것이 긍정적으로 받아들여지지 않는다. 다중적 인격이라는 것은 상황에 따라 변하는 비도덕적 인간을 대표하는 의미로 사용되었고, 유연하다는 것은 자신의 주체적인 의지가 결여된 나약한 인간으로 여겨졌다. 단일하고 고정적인 자아 정체성을 지닌 인간은 상당히 도덕적이고 일관성 있는 인간으로 여겨질 수 있지만, 다른 한편 상당히 배타적이고 경직된 모습을 나타낼 수 있으며, 다양한 역할과 환경에 노출되는 정보화 시대에 적응하지 못하는 인간이 될 수도 있다. 우리는 지금 상상할 수 없을 만큼 다중적이고 복잡한 정체성들이 작용하는 삶의 한 가운데에 살고 있다. 이러한 정체성의 불안정성은 상대적으로 더 많은 가능성을 자유롭게 모험할 수 있도록 하며, 우리 자신과 우리의 삶을 보다 의미 있게 만들 수 있는 길을 찾을 수 있도록 더 많은 기회와 자원을 제공할 수 있다. 자신의 정체성의 불안정성과 다중성을 추구하는 것은 곧 자아 인식의 해방과 창조성을 위한 새로운 가능성으로 열려질 수도 있다. 사이버 공간에서의 삶을 단지 스크린상의 삶이라고 그 의미를 격하시킬 필요도 없으며, 대안적인 삶이라고 이상화할 필요도 없다. 그곳에서 실험되는 다양한 정체성을 통해 우리의 인격을 성장시키고 영적인 삶을 풍요롭게 할 공간으로 사용하는 것이 필요하다.

교육자들은 사회적으로나 종교적으로 강요되거나 주입되어 온 자아에 대한 경직되고 고정화된 이해에서 벗어나, 각각의 개인들이 자신의 존재에 대한 끊임없는 질문들과 다양한 경험과 관계들에 대한 열린 태도들을 통해 새롭고 다양한 자아의 모습들을 발견하도록 도와야 할 것이다. 다양한 자아의 탐색의 과정을 통해 사람들이 그들 안에 숨겨져 있던 잠재력들을 발견하고, 다양한 사람들과의 다양한 관계 속에서 자신의 다양한 모습들을 실현시켜 나갈 수 있도록 도울 수 있는 교육과정의 개발이 시급한 과제라 할 수 있다. 또한 이러한 다중적이고 유연한 자아 탐색과 형성의 과정에서 오는 여러 가지 혼란과 위기로 인하여 다중 인격 장애나 일탈적인 행위들로 고통당하지 않도록 하는 교육적인 관심과 보살핌의 행위 역시 중요한 교육자들의 과제가 된다. 기독교 공동체의 구성원들이 다중적인 자아의 탐색의 과정을 자아 성장의 기회로 삼고, 보다 도덕적이고 통합된 자아를 형성할 수 있도록 돕는 것이 기독교교육의 당면 과제인 것이다.

(2) 비판적 사고와 지혜를 추구하는 교육

정보화 사회에 접어들면서 교육의 참된 의미에 대한 물음이 진지하게 던져지고 있다. 교육이 단지 필요한 정보나 지식을 전달하거나 주입시키는 것을 넘어서야 한다는 비판은 계속되어 왔지만, 실제로 현대 사회에서 교육이 이러한 기능을 넘어서서 인간의 삶에 참된 진리와 지혜를 얻도록 하는 데는 큰 성공을 거두지 못하였다. 오히려 누구나 쉽게 정보와 지식에 접근할 수 있도록 하는 테크놀로지의 발달로 인하여 단순한 지식 전달식의 교육의 한계는 더욱더 심각한 위기에 직면하게 되었다. 스크린 앞에 앉아 수동적인 정보의 수용자가 될 것이 아니라, 창조적으로 사고하고 비판적으로 성찰하는 지혜를 키워 나가도록 하는 것이 교육적인 과제가 된 것이다.

정보와 기술을 사용하는 데 있어서 야기되는 여러 가지 가치와 행위의 문제들은 그 어느 때보다도 비판적 사고와 지혜로운 행위의 필요성을 요구한다. 사람들은 테크놀로지를 사용함에 있어서 그것을 어떻게 유용하게 효과적으로 사용하느냐에 몰두하느라 그것의 보이지 않는 결과에 대해서는 무관심하여 왔다. 테크놀로지는 많은 경우 눈에 보이는 현상으로서보다는 눈에 보이지 않게 작용하기 때문에 비판적 성찰의 중요성은 더욱 심각하다. 그러므로 테크놀로지의 빠른 흐름 속에서 잠시 흐름을 멈추고 지속적으로 진지하게 관심을 기울이고 그 흐름을 성찰하는 것이 필요하다. 테크놀로지에 관련되어 사람들이 주로 물어 온 질문은 '어떻게(How)'라는 질문이었고, 그것은 테크놀로지의 생산성과 효과에만 관심을 갖는 것이었다. 이제 '왜(Why)?'라는 질문이 함께 물어져야 한다. '어떻게'와 '왜'라는 질문이 함께 물어질 때 바로 테크놀로지를 사용하는 목적과 동기, 가치에 대해 보다 비판적인 사고를 할 수 있게 된다. 새로운 테크놀로지의 출현은 항상 의도하지 않은 결과들을 가져온다. 그 발전을 멈추게 할 수는 없다. 다만 예상하고 평가하여 변화시킬 수는 있다. 그러므로 테크놀로지를 둘러싸고 무엇이 일어나고 있으며, 그것에 대해 어떻게 생각하고 있으며, 어떠한 유용한 대안이 있는지를 끊임없이 물어야 할 것이다.

기독교교육은 테크놀로지를 만들고 사용하는 과정에서 사람들이 끊임없이 기독교적인 가치를 묻고 비판적으로 사고하고 행동으로 옮길 수 있도록 돕는 교육을 행해야 할 것이다. 테크놀로지를 만들어 내고 사용하는 인간은 자신의 가치를 반영한다. 가치들이 테크놀로지를 만들고 사용하는 데 공공연하게 논의되지는 않을지라도, 가치들은 여전히 고려되고 반영된다. 사실 테크놀로지를 사용하는 매순간 우리는 가치와 밀접하게 관련된 선택들을 행하게 된다. 그러므로 인간과 자연의 가치와 존엄성을 지키며, 더불어 살아가는 지혜를 깨닫고, 삶에서 실천할 수 있는 결단력을 키워 주는 교육이 요구되는 것이다.

정보 테크놀로지의 발달로 많은 사람들이 손쉽게 수많은 양의 정보를 소유할 수는 있지만, 그 정보의 질과 정확성에 대해서는 진지한 성찰이 이루어지지 않고 있다. 인터넷상의 정보들과 하이퍼링크의 속성은 정보들이 신뢰할 수 있는지의 여부에 대한 여과

장치 없이 제공된다는 위험을 안고 있다. 웹사이트상의 수많은 링크 목록들은 어떠한 가치 평가도 없이 단지 단어 그 자체로서 연결되어 있는 것이므로, 많은 사람들이 정보의 질을 어떻게 평가하여야 하는지에 대해 무지하거나 또는 그러한 정보를 분류할 만한 충분한 지식이나 경험을 가지고 있지 않은 경우가 많다. 기독교 신앙에 관련된 수많은 정보들도 비판적인 성찰 없이 단어 그 자체로서 서로 연결되고 무비판적으로 수용되는 위험성에 직면하여 있다. 그러므로 기독교적인 지식과 정보를 제공하던 교육은 이제 이러한 다양한 정보와 지식을 어떻게 비판적으로 성찰하고 해석하고 받아들여야 하는지에 더 많은 관심을 기울여야 한다.

이제 성경의 이야기들이나 해석들, 기독교의 교리나 신학 체계들 역시 교회나 기독교 공동체 안에서만 가르치거나 배우지 않는다. 성경에 대한 다양한 해석들, 다양한 교리적인 해석들과 신앙 유형들이 다양한 형태와 방법으로 사람들에게 전달된다. 성경 본문 자체가 문자, 이미지, 음악 등을 넘나들며 하이퍼텍스트(Hypertext)의 형태로 읽혀지게 되었다. 하나님의 말씀이 전자 형태로 존재하고, 하이퍼텍스트로서 전달된다. 각각의 개인은 자신의 경험과 상상력을 바탕으로 성경 본문들을 자유롭게 연결하고 본문에 대한 다양한 해석들과 이미지들, 소리들을 연결시킴으로써 다양한 본문의 의미들을 창조해 갈 수 있게 된다. 저자와 독자 사이의 엄격한 구분, 진리의 객관성과 주관성에 대한 이원론적 구분이 모호해진다. 인쇄된 성경을 가지고 문자적인 해석을 통해 객관적이고 절대적인 해석과 진리를 주장해 온 사람들에게는 이러한 성경 본문에 대한 읽기의 형태와 해석이 성경 권위에 대한 도전이나 불신앙의 모습으로 비쳐질 수도 있다. 그러나 중요한 것은 이러한 다양한 해석들을 도전이나 불신앙으로 받아들이기보다는 이러한 다양한 성경 해석이나 이미지들, 음악, 그림, 시뮬레이션, 게임 등이 어떠한 신학적인 토대를 통해 이루어졌는가에 대한 비판적인 사고와 해석이 필요한 것이다.

컴퓨터 앞에서 모든 사람은 배움의 주체로서 독립적이고 주체적으로 자신이 원하는 정보와 데이터들을 얻어낸다. 이제 인쇄된 성경이나 교재가 없이도 하나의 CD-ROM이나 인터넷만 연결되어 있으면, 성경에 나타나는 다양한 시기에 관한 지도들이나 연대표들, 성경 인물이나 사건에 대한 다양한 그림, 사진, 영상, 지도, 슬라이드, 주제별, 인물별 검색들, 성경 본문에 대한 다양한 해석과 주석들을 자신의 요구에 따라 다양하게 접할 수 있게 되었다. 수많은 링크들로 연결된 가상 매체에서 다음의 링크를 선택하는 것은 각자 자신의 몫이며, 그러한 선택은 자신의 관심과 경험, 그리고 가치관에 의해

결정된다. 이렇게 가르치는 자와 배우는 자의 엄격한 경계가 사라지는 시대에 교육자들의 책임은 각각의 개인들이 보다 주체적이고 비판적으로 성찰할 수 있는 능력을 키워주고, 보다 의미 있는 가치를 추구할 수 있도록 돕는 것이 필요하다. 개인이 습득할 수 있는 정보의 양과 가능성이 폭발적으로 증가하고 있는 사회에서 비판적으로 성찰하고 진리를 깨닫는 지혜는 결국 각 개인과 공동체의 몫이 되는 것이다. 그러므로 일방적으로 전달하고 수용하는 교육의 방법에서 벗어나 다양한 문제 해결을 위해 필요한 정보를 찾고, 그러한 다양한 정보와 지식을 기독교적인 가치에 근거하여 비판적으로 성찰하고, 진리를 깨달을 수 있는 지혜를 얻도록 돕는 교육이 요청되는 것이다.

(3) 다양한 공동체적 삶의 양식을 추구하는 교육

생태 신학자들은 지구 공동체의 모든 생물, 무생물들을 피라미드식으로 위계질서에 따라 구분하는 것이 아니라, 서로가 서로에게 의존하여 공존하는 거미줄(Web)로 인식할 것을 제안하였다. 자연을 지배하고 정복하고 다스리는 것을 하나님의 명령이라 주장하며, 인간과 자연에 대한 지배와 착취를 일삼은 것에 대한 강한 비판과 자성의 목소리였다. 그러한 주장이 있은 지 얼마 지나지 않아 실제로 지구 공동체는 world wide web이라는 하나의 거미줄에 서로 얽혀 공생하게 되었다. 하루에도 우리는 수없이 www를 컴퓨터 자판에 찍으며, 지구가 하나의 거대한 거미줄에 얽혀 있음을 인식하며 살아간다. 정보 테크놀로지로 엮여진 지구촌이 진정한 의미의 공동체가 되기 위해서는 새롭게 등장하고 있는 다양한 공동체들의 출현과 그 특성에 대한 보다 깊이 있는 성찰과, 그러한 공동체를 유지시킬 수 있는 공동체적인 삶의 양식에 대한 이해가 필요하다.

새로운 정보 테크놀로지는 개인의 삶의 영역을 전 지구적으로 확대시켜 나가는 것이 가능하게 하고 있으며, 다양한 공동체들의 형성과 그 공동체들 안에서 살아가는 여러 가지 방식의 가능성을 열어 주고 있다. 새로운 테크놀로지의 유연성은 다른 형태, 다른 장소, 다른 활동의 영역들을 함께 일할 수 있도록 하는 조직적 결합의 다양성을 제공해 주고 있다. 정보 테크놀로지의 발달은 새로운 긍정적인 문화를 형성하기도 하였다. 위계적인 사회 질서와 권력 구조에 의해 정보나 지식이 독점당하고 통제되던 사회에서 정보의 공유가 개방적이고 평등한 형태로 변화되고 있다. 사이버 공간에서는 개인의 사회적 지위나 권력 등이 큰 영향력으로 나타나지 않기 때문에 정보의 개방성과 평등성, 그리고 보다 친밀하고 협동적인 형태의 관계가 형성될 수 있다. 그러나 사실상 테크놀로지가 평등하고 정의로운 공동체의 이상을 실현시키기보다는 힘과 권력의 도구로서 작용하고 인종, 성별, 계층에 따라 다르게 작용하여 사회적인 불평등과 부정의를 심화시키고 있다는 우려도 나오고 있다. 실제로 인터넷상의 기독교 공동체 역시 현실 세계의 대형 교회 중심으로 자원이 집중되고 배분되는 현상을 그대로 반영하여 불평등한 기독교 공동체의 구조를 더욱 심화시킬 위험을 안고 있다. 그러므로 불평등한 사회구조 안에서 위계적이고 폐쇄적인 공동체들을 재생산해 내는 것이 아니라, 보다 평등하고 개방적인 공동체의 이상을 현실 공동체와 가상 공동체에서 확산시켜 나가야 하는 것이 기독교교육의 중요한 과제인 것이다.

현실 세계의 공동체든지 가상 공동체든지 공동체를 평가하는 기준은 그 공동체가 추구하는 가치와 비전, 그리고 구성원들 사이의 관계의 질이다. 다양한 공동체의 출현이 다양한 가능성을 제공해 주고 있는 가운데 수많은 공동체들이 각기 추구하는 가치와 비전에 대한 성찰이 무엇보다 중요하게 된다. 거대한 정보 생태계를 구성하는 체제들로서 건강한 생태계를 형성시켜 나갈 수 있도록 하는 공동체적인 가치 추구와 실천적인 노력들이 필요한 것이다. 기독교 신앙 공동체는 다양한 공동체들에게 기독교적인 가치와 비전을 제공해 줄 수 있어야 한다. 이제 테크놀로지의 위협적인 발달에 직면하여, 기독교 공동체는 이러한 위기를 극복하기 위한 대안적인 가치들과 비전들을 함께 모색하고 추구해야 한다. 인간의 존엄성, 모든 생명체에 대한 존중, 테크놀로지의 결과에 대한 민감성, 테크놀로지의 통제와 조종에 대한 저항, 인간관계의 질에 대한 관심 등이 기독교 공동체 안에서 끊임없이 성찰되고 대안적인 미래의 비전을 제시하는 것이 필요하다.

공동체의 가치와 비전 못지않게 중요한 것은 바로 공동체 구성원들 사이의 관계의 질이다. 공동체는 구성원들 사이의 ‘상호간의 책임감, 공동의 참여와 결단, 그리고 상호간의 존중’을 통해 형성되는 연대성을 통해 유지되고 발전된다. 개인의 관심과 자발적인 참여를 통해 형성되는 공동체들이 보다 성숙한 공동체로 성장해 가기 위해서는 지속적인 커뮤니케이션과 책임 있는 참여와 노력이 요청된다. 무한하게 펼쳐지는 가상 공동체들의 출현과 다양한 공동체에의 참여는 자칫 무책임하고 일시적인 관계의 반복으로 이어질 위험이 있다. 그러므로 공동체의 구성원들은 현실에서든지 가상 세계에서든지 상호적이고 대화적인 문화를 형성하고, 감정이입을 통해 깊이 있는 감정의 교류들을 통해 다양한 삶의 방식들을 공유하는 노력들을 기울여야 할 것이다.

　개인의 삶의 영역이 지구적으로 확대되어 나가고, 다양한 공동체 안에서의 다양한 삶의 양식들을 터득해 나가는 과정에서 중요한 것은 사람들이 지구적이면서 동시에 지역적으로 살아가는 방식을 습득하도록 하는 것이다. 다양한 사이버 공동체들의 출현으로 이제 기독교 신앙 공동체 역시 특정한 장소나 시간에 얽매이지 않고 보다 다양한 공동체들로 확산되고 있다. 인종, 성, 지역, 문화의 벽을 넘어 기독교 신앙으로 형성되는 가상의 신앙 공동체는 새로운 공동체적 대안으로 제시되고 있다. 가상성(virtuality)을 설명하는 많은 학자들은 그 예로서 기독교 신앙을 드는 경우가 많다. 두세 사람이 예수님의 이름으로 모인 곳에는 예수 그리스도께서 항상 임재한다는 기독교의 신앙이 바로 그 대표적인 예라는 것이다. 가상의 공간에서 우리는 예수의 이름으로 만나는 많은 이들과 다양한 신앙 공동체들을 형성할 수 있는 것이다. 예를 들어, 인터넷을 통해 우리는 현실적으로 경험하거나 들을 수 없었던 세계 각처에서 일어나고 있는 전쟁과 폭력, 인간 억압과 차별의 현장에 대해 보다 빠르고 정확하게 들을 수 있게 되었고, 그러한 고난의 극복을 위해 여러 가지 형태의 공동체적인 노력을 기울일 수 있게 되었다. 현실적인 삶을 나누는 공동체가 아닐지라도, 기독교 신앙의 가상성은 지구 공동체를 하나로 엮어 함께 공동의 책임과 참여를 결단하도록 요청하는 것이다.

　지구적인 차원의 인식과 참여와 더불어 중요한 것은 지역적인 차원에서의 인식과 실천이다. 정보 생태계는 그 복잡성과 거대한 구조로 인하여 인간의 인식의 한계를 뛰어넘어 존재하는 것으로 여겨진다. 그래서 그것을 건강하게 유지하고 살아간다는 것이 인간의 노력을 벗어나 있는 것처럼 느껴진다. 이러한 의미에서 정보 생태계를 정의하면서 나르디와 오데이가 강조한 '지역성'은 큰 의미를 지닌다. 지구적으로 사고하지만, 지역적으로 실천하는 것이 바로 정보 생태계를 지키는 방식이 될 것이다. 생태 신학의 등장과 환경 운동의 실천 속에서 우리는 지구 전체의 위기에 대한 심각성과 세계적인 차원에서의 문제의식과 실천 못지않게 일상의 생활에서의 지역적인 환경 운동을 강조하였다. 자신이 속한 가정, 학교, 직장, 교회 등의 지역적인 차원에서 테크놀로지와 더불어 건강하게 살아가기 위한 방법들을 모색하는 교육과 결단하고 실천하는 운동이 공동체적으로 모색되어야 할 것이다.

　테크놀로지의 발달은 지구가 하나의 공동체라는 사실을 보다 실감나게 하고 있다. 서로의 삶과 미래를 공유하는 상호의존적인 존재들로서 모든 인간은 이 정보 생태계의 공동 운명체이면서 공동의 책임자가 되어 가고 있다. 자연 생태계의 파괴에 직면하여 기독교 공동체가 하나의 우주선과 같은 지구의 운명을 함께 지켜 나아갈 것을 촉구했다면, 이제 정보 생태계의 위기 앞에서 공동의 책임과 결단이 요구되고 있다. 자연 생태계의 파괴는 그것의 회복이 얼마나 힘든 과정인가를 우리로 하여금 경험하게 하고 있다. 생태 신학이 생태계 안에서의 인간에 대한 이해, 가치에 대한 이해, 공동체적 삶에 대한 이해의 전환을 요구한 것처럼, 이제 정보 생태계의 위기에 직면하여 기독교 공동체는 새로운 자아 정체성 이해, 가치의 이해, 공동체의 이해의 방향을 제시하고, 이를 위한 교육의 과정을 시작하여야 한다. 테크놀로지의 발달은 지식과 정보를 함께 공유하고 사고할 수 있도록 하는 교육적 패러다임의 전환을 가져왔다. 지식과 정보를 소유하는 것이 아니라, 공유하고 지혜를 모아 가는 교육으로의 전환을 통해 공동체의 문제들을 함께 고민하고 해결해 가는 공동의 노력이 가능해진 것이다. 무한하게 확장되어 가고 있는 다양한 신앙 공동체의 장에서 공동체의 구성원들이 보다 다중적이고 유연한 자아 정체성을 형성시켜 나가고, 보다 지혜롭게 기독교적인 가치들을 깨닫고 실천하며, 새롭고 다양한 공동체적인 삶의 방식을 터득해 나갈 수 있도록 돕는 교육적인 노력들이 이루어져야 할 것이다.

참고 문헌

<영문서적>

Adams, Jay E., *Christian Living in the Home*, Grand Rapids: Baker Book House, 1979.

Adams, Jay E., Adams Jay E. *Competent to Counsel*, Phillipsburg, NJ: Presbyterian & Reformed Publishing Co., 1970.

Adams, Jay E., *Competent to Counsel*, Nutley, N. J.: Presbyterian and Reformed Publishing Co., 1970.

Adams, Jay E., *The Christian Counselor's Manual*, Grand Rapids: Baker Book House, 1973.

Adams, Jay E., *The Use of the Scriptures in Counseling*, Nutley, N. J.: Presbyterian & Reformed Publishing Co., 1975.

Adams, Jay E., *What about Nouthetic Counseling*, Nutley, N. J.: Presbyterian & Reformed Publishing Co., 1976.

Adams, Jay E., *Godliness Through Discipline*, Nutley, N. J.: Presbyterian & Reformed Publishing Co., 1972.

Adams, Jay E., *More Than Redemption:* A Theology of Christian Counseling, Phillipsburg, NJ: Presbyterian and Reformed Publishing Co., 1979.

Anderson, Fulton H. *The New Quganon and Related Writings*, Grand Rapids: Baker Book House, 1960.

Atchoarena, David(1995). "Lifelong learning revisited", in Lifelong Education in Selected Countries, ed. David Atchoarena, Paris: IIEP.

Augustine, *The First Catechetical Instruction*, trans. Johseph P. Christopher, New York: Newman Press, 1946.

Bandura, A. *Behavior Theory and the Models of Man*, American Psychologist, 1974.

Banson, Clarence H. *The Christian Teacher*, Chicago: Moody Press, 1950.

Barclay, William. *Educational Israel of the Ancient World*, Grand Rapids: Baker, 1974.

Bavinck Herman, *Our Reasonable Faith*(Grand Rapid: Wm. B. Eerdmans Publishing Co., 1956.

Borger Robert, and A. E. M. Seaborne. *The Psychology of Learning* (Baltimore: Penguin Books) 1966.

Boson, Warren S., *Christ the Master Teacher, Christian Education: Foundations for The Future*, ed. Robert E. Clark, et. al.,Chicago: Moody Press, 1991.

Bergevin, Paul, Dwight Morris and Robert M. Smiss. *Adult Education Procedures:* New York The Seabury Press, 1963.

Berkhof Louis. *"The Covenant of Grace and Its Significance for Christian Education"* in *Fundamental in Christian Education*, ed. Cornelius Jaarsma, Grand Rapids: Eerdmans, 1953.

Bittterman, J.(2000). *Learning Community: From Learning Organization to Learning Communities toward a Learning Society*, The Ohio State University.

Blid, H.(1989). *Education by the people: Study Circle.* Sweden: Trickeri AB Plimo.

Brown. J. A. *"Media Literacy Perspectives"*, <Journal of Communication>, vol.48(1), 1988년 1월. Catherine E. Walsh(eds), <Literacy as Praxis: Culture, Language, and Pedagogy>, New Jersey: Ablex Publishing corporation. 1991.

Borwn, Arlo A. *A History of Religious Education in Recent Times*, New York: Charles Scribner and Co., 1861.

Brubacher, John S. *A History of the Problems of Education*, New York: McGraw−Hill Book Co., Inc., 1974.

Byrne, H. W., *A Christian Approach to Education*, Milford: Mott Media Press, 1981.

Callon, Michel. *The Dynamics of Technoeconomic Networks: in Technological Change and Company Strategies*, ed. R. Coombs, London: Academic Press, 1992.

Charles R. McClures, *Network Literacy in Electronic society:Educational disconnect?* <Media Literacy in the Information age>, Kuber Robert(eds), New Brunswick & London; Transaction Publisher, 1998.

Calvin John, *Institutes of the Christian Religion*(Grand Rapid: Wm. B. Eerdmans Publishing Co.) 1956.

Clark, Allen D. *A History of the Church in Korea*, Seoul C. L. S., 1971.

Cambell Wyckoff, D. *Theory and Design of Christian Education Curriculum*, Philadelphia: The Westminster Press, 1961.

Cober, Kenneth L., *The Church in Teaching Ministry*, Valley Forge, PA.: Judson, 1964.

Coetzee, R. C., *Calvin and School, John Calvin, Contemporary Prophet*, ed. Jacob T. Hoogstra, Grand Rapids: Eerdmans, 1959.

Crabb, Lawrence J., *Effective Biblical Counseling*, Grand Rapids: Zondervan, 1977.

Cummings, David B. ed., *The Purpose of a Christian School,* Phillipsburg, NJ: Presbyterian and Reformed Publishing Company, 1979.

David Buckingham and Julian Sefton−Green, *Multimedia Education; Media literacy in the Age of Digital Culture*, <Media Literacy in the Information age>, Kuber Robert(eds), New Brunswick & London; Transaction Publisher, 1998.

Dean, A. Dalton. *The Board of Christian Education: An Introduction to Evangelical Christian Education*, ed. J. Edward Hakes, Chicago: Moody Press, 1964.

Debra Jones, *Critical Thinking in an Online World*; 인터넷 사이트 http://www.library.ucsb.edu/untangle/jones.html

Dejong, Alexander, *The Christian Family and Home*, Grand Rapids: Baker Book House, 1959.

Dominice, P. *Composing Education Biographies: Group Reflection through Life Histories.* In Fostering Critical Reflection in Adulthood: A Guide to Transformative and Emancipatory Learning. by J. D. Mezirow & Associates. San Francisco.

Eavay, C. B. *History of Christian Education*, Chicago Moody Press, 1968.

Eavay, C. B., *Principles of Teaching for Christian Teacher*, Grand Rapids: Zondervan, 1940.

Eavay, C. B., *The Art of Christian Teaching,* Grand Rapids: Zondervan, 1953.

Eisenstein, Zillah. *Global Obscenities: Patriarch, Capitalism, and the Lure of Cyberfantasy*, New York and London: New York University Press, 1998.

Ellul, Jacques. *The Technological Society*, New York: Vintage Books, 1964.

Fakkema Mark, *Christian Philosophy: Its Educational Implications* (Chicago: National Association of Christian School), 1953.

Fallaw, Weaner, *Church Education for Tomorrow*, Philadelphia: Westminster Press, 1960.

Fant, David J. and French, Addle M., *All about the Sunday School*, Harrisburg: Christian Publication, Inc, 1947.

Gary Ferrington, *What is Media Literacy?*; http://interact.uoregon.edu/MediaLit /FA / ML ArticleFolder/whatisml.html

Gergen, Kenneth. *The Saturated Self: Dilemmas of Identity in Contemporary Life*, New York: Basic Books, 1991.

Grandorf, Werner C. ed. *An Introduction to Biblical Christian Education*, Chicago: Moody

Press, 1981.

Gray, Robert M. & Moberg, David O., *The Church and Old Person*, Grand Rapids: Eerdmans, 1962.

Habermas, J. *Knowledge and Human Interests*, Translated by J. Shapiro. London: Heinemann, 1972.

Habum, William B., *"Methods in Teaching"*, *Introduction to Biblical Christian Education*, ed. Werner C. Graendorf, Chicago: Moody Press, 1981.

Harnsten, Gunila. *Cleaners tell her life −histories*; in Hoar, Mary, Comp et al. Life histories and learning: language, the self and education. papers from an Interdisciplinary Residential Conference at the University of Sussex, Brighton, UK.(ERIC Document, ED377356), 1994.

Harper, Norman E. *Making Discipline: The Challenge of Christian Education at the End of the 20th Century Memphis:* Christian Studies Center, 1981.

Henry, Carl F., *Aspect of Christian Social Ethics,* Grand Rapids: Eerdmans, 1964.

Houle, C. O. *"The Importance of Adult Education"*, *In Study −Discussion Group Techniques for Parent Education Leaders,* Chicago: National Congress of Parents and Teacher, 1948.

Hodgson, Robert and Paul A. Soukup, eds. *From One Medium to Another: Basic Issue for communicating the Scripture in New Media,* New York: American Bible Society, 1997.

Jaarsma, Cornelius. *Human Development, Learning and Teaching*, Grand Rapids: Eerdmans, 1961.

Jaarsma, Cornelius., *Fundamentals in Christian Education,* Grand Rapids: Eerdmans, 1953.

Jaarsma, Cornelius., *The Educational Philosophy of Merman Bavinck,* Grand Rapids: Eerdmans, 1935.

Jarvis, P. Adult and Continuing Education: Theory and Practice(2nd), London & New York: Routlege, 1995.

Jay David Bolter, <*Writing Space: The Computer, Hypertext and the History of Writing*>, New Jersey; Lawrance Erilbaum Associates, Inc. 1991.

Keller, J. M. *Motivation and instructional design: A theoretical perspective.* Journal of Instructional Development, 2(4), 1979.

Keller, J. M. *Motivational design of instruction.* In C. M. Reigeluth(Ed.), Instructional− desing theories and models: An overview of their current status. Hillsdale, NJ:

Lawrence Erlbaum Associates, 1983.

Keller, J. M. *Motivation by design*. Tallahassee, FL: John Keller Associates, 1993.

Keller, J. M. Motivation in cyber learning environments. International Journal of Educational Technology, 1(1), 1999.

Keller, J. M., & Suzuki, K. *Use of the ARCS motivation model in courseware*. In D. H. Jonnassen(Ed.) Instructional designs for microcomputer courseware. Hillsdale, MJ: Lawrence Erlbaum Associates, 1988.

Kevin McGarry, Literacy, *Communication & Libraries: A Study Guide,* London;Library Association Publishing, 1991.

Kennedy, William B., *Christian Education through History, Introduction to Christian Education,* ed. Marvin Taylor, Nashville Abingdon Press. 1966.

Kraft, Vernon R. *The Director of Christian Education in the Local Church*, Chicago Moody, 1957.

Marsick, V, Bitterman, J. & Ruud van der Veen, *Learning Organization to Learning Communities toward a Learning Society*, The Ohio State University, 2000.

Latour, Bruno. *Mixing Humans and Nonhumans Together:* The Sociology of a Door－Closer, in Ecologies of Knowledge, ed. Susan L. Star. NY: State University of New York Press, 1995.

Lifton, Robert Jay. *The Protean Self: Human Resilience in an Age of Fragmentation*, New York: Basic Books, 1993.

Lotz, J. *Understanding Canada: Regional and Community Development in a New Nation*, Toronto: N.C. Press, 1948.

Lovett, T. *Adult Education and Community Action,* In Thomson, J. L.(eds.). Adult Education for a Change, London: Hutchinson, 1980.

Lovelace, Richard F., *Dynamics of Spiritual Life－An Evangelical Theology of Renewal*, Downers Grove, IL: Inter Varsity Press, 1979.

Mark Fakkma, Christian Philosophy: *Its Educational Implications*, Chicago: The National Association of Christian School, 1952.

Mason, Harold C., *The History of Christian Education, An Introduction to Evangelical Education*, ed, J, E. Hakes, Chicago: Moody Press, 1964.

Meyer, H. H. *Education: International Standard Bible Encyclopedia II*, Chicago: Howard－Severance Co., 1930.

Miller, Randolph C., *The Clue to Christian Education*, New York: Scribnerls Sons, 1950.

Nancy Richard, *Media Literacy; What is it, and why do we need it?*,
http://www.capecod.net/c3tv/medlit1.htm

Nardi, Bonnie A. and Vicki L. O'Day. *Information Ecologies: Using Technology with Heart*, Cambridge, Massachusetts: The MIT Press, 1999.

Norman, Donald. *The Design of Everyday Things*, Garden City, NJ: Doubleday, 1990.

Norman, Donald., *Turn Signals Are the Facial Expressions of Automobiles*, MA: Addison−Wesley, 1993.

Norman, Donald., *Things That Make Us Smart*, MA: Addison−Wesley, 1994.

Oliver, L. *Study Circle.* Seven Locks Press, 1987.

Peterson, Gilbert A., *The Christian Teacher, Introduction to Biblical Christian Education*, ed. Werner C. Graendorf, Chicago: Moody Press.

Pullinger, David. *Information Technology and Cyberspace*, Cleveland: The Pilgrim Press, 2001.

Reed, James E. and Prevost, Ronnie, *A History of christian Education*, Nashville: Brodman & Holman Publishers, 1993.

Renee Hobbs, *Expanding the concept of Literacy,* <Media Literacy in the Information age>, Kuber Robert(eds), New Brunswick & London; Transaction Publisher, 1998.

Rheingold, Howard. *The Virtual Community: Homesteading on the Electronic Frontier*, Reading, MA: Addison−Wesley, 1993.

Rhys Gwyn, *Toward a Pedagogy of Information*, <Information Technology and Education; the Changing School>, Richard Emnals(eds), 1998.

Rian, Edwin H., *Christian and American Education*, San Antonio, TX: Baylor Co. 1949.

Richard, Lawrence O., *Creative Bible Study*, Grand Rapids Zondervan, 1971.

Richard, Lawrence O., *Creative Bible Teaching*, Chicago: Moody Press, 1970.

Richard, Lawrence O., *Developing Family Life Ministries, Family Life Education*, Glen Ellyn, IL: Scripture Press Ministries, 1979.

Roger Fidler, *Mediamorphosis;Understanding New Media*, California; Pine Force Press, 1998.

Sambthra, S. J., *Dialogue as a Continuing Christian Concern*, Mission Trends, No.1, ed. G. H. Anderson, Grand Rapids: Eerdmans, 1974.

Sherrill, Lewis Joseph. *The Rise of Christian Education*, New York: Macmillian, 1953.

Shrader−Frechette, Kristin and Laura Westra, eds. *Technology and Values,* Lanham: Rowman & Littlefield Publishers, Inc., 1997. 3.

Singer, C. G. John Calvin; *His Root and Fruits*, Grand Rapids: Baker Book House, 1967.

Smart, James D. *The Teaching Ministry of the Church*, Philadelphia: The Westminster Press, 1954.

Smith, Athanel & Others, *Fundamentals of Curriculum Development*, New York: World Book Co., 1950.

Smith, W. C., T*he Meaning and End of Religion*, New York: Mentor Book, 1962.

Toews, Rodney G., The learner: Adults, *Introduction to Biblical Christian Education,* ed. emer C. Graendorf, Chicago Moody Press, 1981.

Towns, Elmer. Ed. *History of Religious Educations*, Grand Rapids: Baker Books, 1975.

Turkle, Sherry. *Life on the Screen: Identity in the Age of the Internet*, New York: A Touchstone Book, 1995.

Van Til, Cornelius. *Dewey and Modern Education Critique*, Phillipsburg, N. J.: Presbyterian and Reformed Publishing Co., 1979.

Van Til, Henry R. The *Calvinistic Concept of Culture, Philadelphia:* Presbyterian & Reformed Publishing Co., 1959.

Vieth, Paul, *The Church and Christian Education*, St. Louis: Bothany Press, 1947.

Wallace, Patricia. *The Psychology of the Internet, Cambridge:* Cambridge University Press, 1999.

Walls, John. *"Global Networking for Local Development"*, *in Global Networks*, ed. Linda Harasim, Cambridge, Mass: The MIT Press, 1993.

Welton, M. R. *In Defense of the Lifeworld:* Critical perspectives on adult leanring, Albany: State University of New York Press, 2000.

Wilbur, Shawn P. *"An Archaeology of Cyberspaces:* Virtuality, Community, Identity", in Internet Culture, ed. David Porter, New York and London: Routledge, 1996.

Wilds, Elmer Harrison., *The Foundation of Modern Education,* New York: Rhinehart & Company, Inc., 1942.

Williams, Mary B. *"The Ethical Issues of Computing:* Work, Privacy, and Justice", in Computers, Ethics, and Society, ed. M. David Ermann, Mary B. Williams, Michele S. Shauf, New York: Oxford University Press, 1997.

Williams, Sherman., *The Pastor and Christian Education, Introduction to Biblical Christian Education,* ed., Werner C. Grdendorf, Chicago: Moody Press, 1981.

Willson, Clifford A., *Jesus the Master Teacher*, Grand Rapids: Baker Books, 1974.

Winner, Langdon. Autonomous Technology: Technics−out−of−Control as a Theme in Political Thought, Cambridge: MIT Press, 1977.

W. Lambert Gardiner, *Can Computers Teaching Inside-Out, Transform Education, and Redefine Literacy?*, Kuber Robert(eds), New Brunswick & London;Transaction Publisher, 1998.

Zee, H. *The learning society.* in Raggatt, P. et al.(eds.). The learning Society: Challeges and trends. London: Routledge, 1996.

〈국내 및 번역서〉

강희천, *기독교교육사상*, 연세대학교출판부, 1991.

게리 R. 콜린스편, *그리스도인을 위한 카운슬링 가이드*, 정석환 역, 기독지혜사, 1988.

게리 콜린스 / 정동섭, *훌륭한 상담자*, 생명의 말씀사, 1983.

고든 챔벌린 / 김관석 역, *기독교교육 서론*, 대한기독교교육협회, 1970.

고려대학교 심리학과 교수실 편, *심리학개설*, 고려대학교출판부, 1977.

고재방, "인적자원개발정책의 비전과 추진방향", 지역인적자원개발 추진방향 검토를 위한 공청회. 한국교육개발원. 2001.

권대훈 외 3인, 교육심리학, 교육과학사, 1998.

권오서, *교회행정과 목회*, 도서출판 감신, 1996.

김국환, *기독교교육 사역론*, 대한 기독교교교육협회, 1993.

김남식, *웨스트민스터 소요리문답해설*, 한국복음문서연구회, 1973.

김득렬, *학습과 지도*, 대한예수교장로회 총회교육부, 1970.

김민호, *지역 평생학습 문화 활성화 방안: 지역공동체 형성을 위한 평생교육의 과제*. 한국평생교육학회 추계학술대회, 2001.

김신일, *학습권 개념내용과 교육학의 새 연구과제: 평생교육연구 1(1)*, 서울대학교 교육연구소, 1995.

김신일, *평생학습사회 실현의 방향과 과제: 21세기 평생학습사회 도래와 새로운 학습체제 구상*(2000년도 평생교육정책 세미나), 2000.

김승한, *平生教育入門*, 정민사, 1981.

김양은, *미디어교육에 관한 연구*, 중앙대학교 대학원 신문방송학과 석사졸업논문, 1994.

김영수, *미디어리터러시, 비주얼리터러시, 텔레비전리터러시, 컴퓨터리터러시의 통합적 접근* <교육공학연구>, 3권, 한국교육공학연구회, 1987.

김영호, *공동체 교회운동과 기독교교육*, 종로서적, 1991.

김영호, *교회교육방법론*, 종로서적, 1985.

김영호, *교회교육 행정*, 종로서적, 1985

김희보, *구약이스라엘사*, 총신대학출판부, 1994.

김희자, *정보화 사회와 기독교교육*, 총신대학교출판부, 1996.

남철우, 초등학교에서 과학적 태도 교육의 심화방안, 광주교대 과학교육연구 25, 2000.

노르만 E. 하퍼 / 이승구, *제자훈련을 통한 현대기독교교육*, 엠마오, 1993.

노만 디종 / 신청기, *기독교교육철학의 원리와 실제*, 성광문화사, 1983.

노오만 디종 / 신청기, *진리에 기초를 둔 교육*, 생명의 말씀사, 1985.

내래모어, C. M. *상담 심리학*, 양승달 역, 성암사, 1976.

다니엘 아담스 / 이기문, *기독교교육 철학*, 대한예수교장로회총회교육부, 1985.

도날드 E. 밀러 / 고용수 장종철 역, *기독교교육개론*, 대한예수교장로회총회교육부, 1988.

라도삼, *비트의 문명, 네트의 사회: 가상공간에 대한 철학적 탐색*, 커뮤니케이션북스, 1999.

베버르루이스 최광석, *기독교교육철학*, 개혁주의신행협회, 1979.

베르너 그랜도르 김국환 역, *복음주의 기독교교육론*, 기독교문서선교회, 1992

벤톤 이비 / 박영호 역, *기독교교육원리*, 기독교문서선교회, 1984.

빌렘 플루서 지음, 윤종석 옮김, *디지털시대의 글쓰기: 글쓰기에 미래는 있는가?*, 문예출판
      사, 1998.

래리드 해리스 배제민, *교회교육과 성경*, 보이스사, 1979.

레이 로우질 / 양은순, *교회학교 교수요령*, 생명의 말씀사, 1975.

로날드 하버마스 외, *화목을 위한 가르침*, 디모대, 1997.

로렌스 콜버그 / 이동훈, 이기운 역, *도덕교육철학*, 대한예수교장로회총회교육부, 1985.

로렌스 J 크렙 / 오현미, 이용복, *격려를 통한 상담*, 나침반사, 1991.

로렌스 크렙, *성경적 상담학*, 정정숙 역, 총신대학 출판부, 1982.

로버트 바우어, 신청기역, *기독교교육행정의 원리 실제*, 성광문화사, 1983.

로버트, N. D. *프로이드 / 스키너 / 로저스*, 이영만 / 유병관 역, 중앙적성 출판사, 1991.

루시엔 콜멘 / 박영철 역, *교육하는 교회*, 요단출판사, 1986.

롤랑알렌, *바울의 선교방법론*, 김남식 역, 도서출판베다니, 1993.

리처드 라이처트, *기독교교육의 학습과정*, 대한기독교서회, 1997.

리차드 오스머 박봉수 역, *교육목회의 회복*, 한국장로교출판사, 1996.

R. B. ZUCK 권성수, *성령과 교육*, 한국기독교교육연구원, 1976.

마이클 L. 더투조스 지음, 이재규 옮김, *21세기 오디세이*, 한국경제신문사, 1997.

마빈 L.룰로프 장종철, *기독교교육*, 컨콜디아사, 1991.

마빈테일러 편 이기문, *기독교교육의 새방향*, 대한예수교강로회총회교육부, 1985.

마조리 소더흘름, *초등부 교육*, 정정숙 역, 성광문화사, 1979.

매스터, T. B., 성경 *그리고 현대가정*, 이석철 역, 요단출판사, 1991.

맹용길, *기독교 도덕교육서설*, 성광문화사, 1984.

명성훈, *창조적 리더십*, 서울서적, 1991.

Martha M. Leypoldt / 권용근 외, *40가지 교수 - 학습방법*, 대한예수교장로회총회출판국, 1979.

M. Fakkema / 황성철, *기독교교육철학*, 한국기독교교육연구원, 1988.

박승재, 과학 교육, 교육과학사, 1994.

반피득, *기독교교육*, 한국기독교교육협회, 1966.

버니스 T. 코리, J. 에드와드 해익스편, *기독교교육학개론*, 정정숙 역, 성광문화사, 1979.

버클래이, W. *고대세계의 교육사상*, 유재덕 역, 기독교문서선교회, 1993.

벤콘 이비, *기독교교육원리*, 박영호 역, 기독교문서선교회, 1984.

서영석, *교사의 활용능력 중요: '서점서 공부하라'식 될 수도* <새교육>, 1996년 6월.

소더흘름 M. E., *학생을 이해하려면*, 양은순 역, 생명의 말씀사, 1974.

송재신, "미국 1만 3천 개 초등학교 올 봄 인터넷으로 연결", <새교육>, 1996년 6월.

쉐릴, Lewis. J., *기독교교육의 발생* 이숙종 역, 대한기독교서회, 1994.

스피어, J M., *칼빈주의 철학이란 무엇인가?* 김남식 역, 새순출판사, 1986.

신청기 편저, *주교교육행정학.* 대한예수교장로회총회교육부, 1982.

심웅기, *컴퓨터리터러시 교육과정 운영* <정보사회와 교육>, 1998.

아놀드 그라프 / 신청기 역, *교육목회학*, 기독교문서선교회, 1988.

아우구스티누스 김종흡, *기독교교육론*, 크리스천다이제스트, 1992.

아이리스 V. 컬리, 고용수역, *커리큘럼의 계획과 선택*, 한국장로교출판사, 1993.

양병찬. *지역인적자원개발 촉진을 위한 지역평생교육시스템 구축 방향과 과제*: 지역인적자원개발을 촉진하는 평생교육시스템 구축, 운영 방향과 과제 탐색을 위한 정책 토론회. 한국교육개발원. 2001.

양승훈, *기독교 세계관의 이해와 적용*, 대구기독교대학 설립 동역회 출판부, 1989.

양용칠 외 7인, *교육학개론*, 교육과학사, 1999,

양참삼, *사회 변동과 기독교 정신*, 성광문화사, 1982.

앨빈 토플러, 이규행 감역, *제3의 물결*, 한국경제신문사, 1989.

엄요섭, *한국 기독교교육사 소고*, 대한기독교교육협회, 1959.

에드와드 해익스, J., *기독교교육학개론*, 정정숙 역, 성광문화사, 1979.

워드링커, *기독교교육원론*, 김성린. 김성수 공역, 소망사, 1978.

윌리엄 R. 캐논 서영일 역, *중세교회사.* 기독교문서선교회, 1991.

윌리엄 바클레이 / 유재덕, *고대세계의 교육사상*, 기독교문서선교회, 1993.

유네스코 *한국평생교육기구공편*, *평생교육의 기초와 체제*, 법문사, 1985.

은준관, *교육신학*, 대한기독교서회, 1996.

이기우, 임명진 공역, *구술문화와 문자문화: 언어를 다루는 기술*, 문예출판사, 1995.

이상호, *상담심리학 입문*, 박문사, 1986.

이숙종, *코메우스의 교육사상*, 교육과학사, 1995.

이승익, 노인학교 운영의 실제, 목회와 신학, 1994년 5월호.

이성희, *교회행정학*, 한국장로교출판사, 1994.

이지혜, *학습공동체를 통한 학습권의 실현*, 사회교육연구: 19권, 1994.

이희수, *인적자원 개발 관리를 위한 평생학습체제 종합발전방안 탐색세미나.* 한국교육개발원
　　　세미나 자료집, 2001.

이희수, *지역공동체 형성을 위한 지역평생교육추진기구의 현황과 역할 개선방안 대한 토론.*
　　　지역공동체 형성을 위한 평생교육의 과제. 한국평생교육학회 추계학술대회. 2001.

임청환 외 3명, 초등과학교육 – 구성주의적 접근, 시그마프레스, 1999.

정민승, '학습공동체' 개념 구안을 위한 시론 – 자유주의와 공동체주의 논쟁의 함의를 중심으
　　　로, 평생교육연구: 3(1), 1997.

정민승. *학습집단의 두 경향: 학습조직과 학습공동체*, 평생교육연구 Ⅲ(1), 1999.

O. C. 와이코프 / 김국환, *기독교교육과정의 이론과 설계*, 성광문화사, 1992.

장원철, 발달과업에 따른 노년주일학교 교육 프로그램 연구, 총신대학 대학원 논문집, 1987.

잭 페네마, *기독교 아동교육*, 정희영 역, 도서출판 양서각, 1987.

전호진, *선교학*, 개혁주의신행협회, 1985.

정성구, *칼빈주의 사상대계*, 총신대학출판부, 1995.

정웅섭, *기독교교육개설*, 대한기독교교육협회, 1996.

정일웅, *교육목회학*, 솔로몬, 1999.

정일웅, *종교개혁시대의 기독교 신앙의 가르침*, 한국로고스연구원, 1991.

정웅섭, *기독교교육개설*, 대한기독교교육협회, 1987.

정정숙, *기독교교육개론*, 성광문화사, 1987.

정정숙, *기독교교육과정론*, 대한예수교장로회 총회교육부, 1980.

정정숙, *기독교교육심리학*, 대한 예수교장로회 총회출판부, 1982.

정정숙, *기독교상담학*, 도서출판 베다니, 1994.

정정숙, *종교개혁자들의 교육사상*, 총신대학 출판부, 1983.

정종서, *잠재적 교육과정의 이론과 실제*, 교육과학사, 1994.

정택희, *초, 중등학교 정보처리교육의 현황과 발전 동향: 컴퓨터리터러시교육을 중심으로*,
　　　<정보처리>, 1996년 3월.

제이. A. 코메니우스, *대교수학*, 정확실 역, 교육과학사, 1987.

제이. A. 코메니우스, *코메니우스의 범교수학*, 정일웅 역, 여수룬, 1996.

제랄드 코리 / 한기태, *상담과 심리용법의 이론과 실제*, 성광문화사, 1985.

제랄드 코리 / 오성춘, *상담학개론*, 장로회신학대학출판부, 1991.

제이 E. 아담스 / 정정숙, *상담학개론*, 베다니, 1992.

제이 E. 아담스, *목회상담학*, 정정숙 역, 총신대학 출판부, 1981.

제이 E. 아담스, *상담학 개론*, 정정숙 역, 도서출판 베다니, 1992.

조복희 외, *인간발달*, 교문사, 1991.

죤 스톳트, *현대 기독교 선교*, 김명혁 역, 성광문화사, 1981.

죤 T. 씨저모어 / 한춘기, *교회와 교육*, 총신대출판사, 1993.

짐 휠호이트 / 신서균, *현대 기독교교육*, 기독교문서선교회, 1991.

J. 워터링크 / 김성린, 김성수, *기독교교육원론*, 소망사, 1982.

J. M. Keller & 송상호. *매력적인 수업설계*, 교육과학사, 1999.

주병란, *성인교육 입문*, 안증호 역, 대한예수교장로회 총회 교육부, 1983.

주영흠, *서양교육사상사*, 도서출판 양서원, 2001,

지원용, *루터와 사상*, 컨콜디아사, 1961.

찰스 그레삼 외 2인 / 이은규 역, *기독교교육학 개론*, 동서남북, 1993.

찰스 셀, *가정사역*, 양은순. 송헌복 공역, 생명의 말씀사, 1989.

최성희, <97에듀넷 연구, 시범 학교운영 사업보고>, PR97 – 3, 멀티미디어 교육지원센터.

칼 R. 로저스, *카운슬링의 이론과 실제*, 한승호 역, 집문당, 1991.

케니스 O. 갱글, 워렌 S.벤슨 / 유재덕 역, *기독교교육사*, 기독교문서선교회, 1992.

코넬리우스 야스마, *헤르만 바빙크의 교육철학*, 정정숙 역, 총신대학출판부, 1983.

피터 퍼슨 / 이정기 역, *기독교교육개론*, 보이스사, 1988.

필립 메이 / 정애숙, *어떤 교사가 될 것인가?*, IVP, 1994.

필립 메이 / 최수경, *어떻게 가르칠 것인가?*, IVP, 1994.

하워드 클라인벨 / 박은원, *목회상담신론*, 대한예수교장로회총회출판국. 1987.

하워드 헨드릭스 / 정명신, *삶을 변화시키는 가르침*, 생명의 말씀사, 1992.

하워드 헨드릭스 외 이상일, *교회교육, 어떻게 할 것인가?*, 햇불, 1994.

H. W. 버쥐스 / 오태용, *기독교교육론*, 정경사, 1986.

한승희, *문해(文解)의 문화정치학*, <교육개발 106호>, 1995. 인터넷 사이트
　　　http://plaza.snu.ac.kr/~lifelong/shhan/literacy_pe.htm

한승희, *평생학습과 학습생태계: 평생교육론의 새로운 패러다임*, 학지사, 2001.

한유경, *2001년의 교육환경 변화*, 인터넷 사이트
　　　http://forum.nca.or.kr/journal/97/2 – rp3.htm

한준상, *지역공동체 형성을 위한 평생교육의 과제: 지역공동체 형성을 위한 평생교육의 과*

제. 한국평생교육학회 추계학술대회, 2001.
해로 반 브루멜론 / 기학연, *교실에서 하나님과 동행하십니까?*, IVP, 1996.
허버트번, *기독교교육학 총론*, 신현광 역, 대영사, 1988.
허운나, *인터넷의 교육적 활용방식: 선진 사례를 중심으로*, 인터넷사이트
　　　http://forum.nca.or.kr/journal/97/1－rp3.htm
헤르만 호온 / 박영호, *예수님의 교육방법론*, 기독교문서선교회, 1980.
헤르만 바빙크 / 정정숙, *기독교교육철학*, 총신대학출판부, 1990.
헨리 모리스, *기독교교육 개요*, 생명의 말씀사, 1987.
황상민, *사이버 공간에 또 다른 내가 있다*, 김영사, 2000.
황승연, *가상대학의 가능성과 문제점*, 경희대 정보사회연구소 · 삼성경제연구소 편, <네트워
　　　크 트렌드>, 삼성경제연구소, 1997.

<기타>

http://www.ed.gov/21stcclc
http://www.lifelonglearning.co.uk/learningcities; accessed 4 April, 2000.

· 저자 ·

이홍찬

·약 력·

이홍찬(李洪贊) 교수는 고신대학교와 총신대학교 신학대학원을 졸업하고 도미하여, 미국 Central University(BA & MA), Calvin Theological Seminary(Th. M)에서 기독교교육학을 전공하였으며, Reformed Theological Seminary(D. Min)에서 설교학을 전공하였으며, Columbia University Graduate School 및 Faith Christian University Graduate School(Ph. D)에서 상담심리학을 전공하여 철학박사학위를 받았다. 서울창신교회에서 부목사, 뉴욕새순교회 부목사, 동뉴욕교회 담임목사, 前 뉴욕총신대학 신학대학원 전임강사, 미국 Piedmont University 전임교수, 서울중앙교회 담임목사로 섬겼다. 현재 서울성경신학 대학원대학교 전임교수로 재직 중이며, 개혁신학회, 고려신학회, 한국복음주의신학회 회원이며, 기독일보와 교육일보 논설위원으로, 서울왕성교회 협동목사로 섬기고 있다.

·주요논저·

「연구논문」

「삼위일체론에 대한 교리사적 고찰」(M.Div)

「The Relationship between Student Participation Rates in New York Public School Extracurricular Activity Programs and Related Factors of Academic Achievement」(MA)

「An Action Research Approach to Strategic Planning in the Context of a Christian Organization」(Th.M)

「An Analysis of Problems in Preaching to a Korean Congregation from the Expository Preacher's View」(D.Min)

「A Study of the Application of Orienting Framework in Theoretical Sociology for Facilitating Integrative Family Therapy」(Ph.D)

『저서 및 역서』

『Redemptive Expository Preaching』, 에센스서적(주)

『Korean Religion and Protestant』, 에센스서적(주)

『언약과 이스라엘』(공역), 예장총회출판국

『성경적 구원론』, 예장총회출판국

『요한복음강론』, 칼빈신학연구원(출)

『신약총론』(편저), 칼빈신학연구원(출)

『개혁주의 설교학』, 한국학술정보(주)

『개혁주의 목회상담학』, 한국학술정보(주)

『개혁주의 구원론』, 한국학술정보(주)

외 다수

개혁주의 기독교교육학

• 초판 인쇄	2008년 7월 21일
• 초판 발행	2008년 7월 21일
• 지 은 이	이홍찬
• 펴 낸 이	채종준
• 펴 낸 곳	한국학술정보㈜
	경기도 파주시 교하읍 문발리 513－5
	파주출판문화정보산업단지
	전화　031) 908－3181(대표)·팩스　031) 908－3189
	홈페이지　http://www.kstudy.com
	e－mail(e－Book사업부)　ebook@kstudy.com
• 등　　록	제일산－115호(2000. 6. 19)
• 가　　격	53,000원

ISBN　　978-89-534-9737-5 93230 (Paper Book)
　　　　　978-89-534-9738-2 98230 (e－Book)